Johannes von Zastrow

Rechtsformen der Staatsverwaltung – eine Dekonstruktion

Unter besonderer Berücksichtigung des Landes Niedersachsen

PL ACADEMIC RESEARCH

Bibliografische Information der Deutschen Nationalbibliothek
Die Deutsche Nationalbibliothek verzeichnet diese Publikation in der Deutschen Nationalbibliografie; detaillierte bibliografische Daten sind im Internet über http://dnb.d-nb.de abrufbar.

Zugl.: Hannover, Univ., Diss., 2016

Gefördert durch die Dr. Giesing-Stiftung

D 89
ISSN 0531-7312
ISBN 978-3-631-70134-8 (Print)
E-ISBN 978-3-631-70135-5 (E-PDF)
E-ISBN 978-3-631-70191-1 (EPUB)
E-ISBN 978-3-631-70192-8 (MOBI)
DOI 10.3726/978-3-631-70135-5

PL Academic Research ist ein Imprint der Peter Lang GmbH.
Peter Lang – Frankfurt am Main · Bern · Bruxelles · New York · Oxford · Warszawa · Wien

Diese Publikation wurde begutachtet.

www.peterlang.com

Vorwort

Die Arbeit wurde im Sommersemester 2016 von der Juristischen Fakultät der Leibniz Universität Hannover als Dissertation angenommen. Auf Empfehlung der Prüfungskommission erfolgte eine sprachliche Überarbeitung, in deren Rahmen insbesondere die ersten beiden Kapitel neu strukturiert wurden. Im Wesentlichen waren diese Änderungen bereits im Vortrag zur Disputation berücksichtigt worden.

An erster Stelle gilt mein Dank Herrn Prof. Dr. Veith Mehde. Über vier Jahre begleitet er kritisch mein Promotionsvorhaben. Er gewährt mir den erforderlichen Freiraum, ohne den diese Arbeit nicht entstanden wäre. An zweiter Stelle gilt mein Dank Herrn Prof. Dr. Kay Waechter. Mit der zeitnahen Erstellung des Gutachtens und seinen konstruktiven Ratschlägen trug er ebenfalls zum Gelingen des Promotionsvorhabens bei.

Dankbar bin ich auch all jenen, denen ich meine Gedanken bereits in der Entstehung darlegen konnte, die meine Arbeit Korrektur gelesen und überhaupt mir in zeitweise langen vier Jahren beigestanden haben.

Nicht zuletzt gilt mein Dank der Dr. Giesing-Stiftung in Hannover, die sich bereit erklärte, die Druckkosten dieser Arbeit zu übernehmen.

Inhaltsverzeichnis

A. Einleitung

I. Einführung in die Problemstellung

Das Thema der Rechtsformen der Staatsorganisation hat eine lange Tradition. Dennoch ist es weiterhin regelmäßig Gegenstand wissenschaftlicher Auseinandersetzung und politischer Diskussion.

Die zeitliche Dimension zeigt sich unter anderem daran, dass rechtswissenschaftliche Abhandlungen, welche sich mit der Organisation des Staates, seiner Verwaltung und seinen Rechtsformen befassen[1], auch aktuell[2] auf die „Definition" der Anstalt des öffentlichen Rechts durch O. Mayer aus dem Jahr 1896[3] zurückgreifen.

Angestoßen wird diese Befassung vielfach durch die Rechtssetzungspraxis[4], die sich wiederholt mit „neuen" Strukturen der Staatsverwaltung beschäftigt, und hierfür auf die hergebrachten Rechtsformen der Rechtswissenschaft zurückgreift[5]. Zu nennen ist hier für Niedersachsen die Einführung einer Trägerschaft für Hochschulen in der Form einer Stiftung des öffentlichen Rechts[6], die Erweiterung der Rechtsformen für eine wirtschaftliche Betätigung der Kommunen um eine Anstalt des öffentlichen Rechts[7] oder auch die Umwandlung und damit den Wechsel der Rechtsform einzelner Einrichtungen[8]. Eine insbesondere phasenweise

---

1 Bspw. *Alscher,* DStiftungÖffR, 2006, *Blessing,* ÖffrAnstBetPr, 2008, *Bohn,* AnstÖffBetDritt, 2005, *Gölz,* DStaatalsStift, 1999, *A. Lange,* BetPrivrechtsfAnst, 2008, *E. Müller,* DBundStift, 2009.

2 *Broß/Mayer* in: v. Münch/Kunig, GG-Kom Bd. 3, 2012, Art. 86, Rn. 1 (Fn. 7); *Burgi* in: Erichsen/Ehlers (Hrsg.), AllgVerwR, 2010, § 8, Rn. 13; *ders.* in: v. Mangold/Klein/Starck, Kom-GG Bd. 3, 2010, Art. 86, Rn. 51; *Erbguth,* AllgVerwR, 2016, § 6, Rn. 19; *Fett,* ÖffrAnstabKonU, 2000, S. 30; *Forsthoff,* VerwR Bd. 1, 1973, § 25, S. 494; *Han,* UnabBaFin, 2015, S. 48; *Jestaedt* in: Hoffmann-Riem/Schmidt-Aßmann/Voßkuhle, GdlVerwR Bd. 1, 2012, § 14, Rn. 27; *Kemmer,* JA 2015, 328 (331); *Krebs* in: Isensee/Kirchhof, HdBdStR Bd. 5, 2007, § 108, Rn. 38; *Löer,* KöranstRmZwK, 1999, S. 14; *Loeser,* SysVerwR Bd. 2, 1994, Rn. 128; *Maurer,* AllgVerwR, 2011, § 23, Rn. 46; *N. Müller,* RechtsFormW, 1993, S. 68; *M. Müller* in: Wolff/Bachof/Stober/Kluth, VerwR Bd. 2, 2010, § 86, Rn. 2; *Ochmann,* RfwPrivöffrAnst, 2005, S. 47; *Peine,* AllgVerwR, 2014, § 2, Rn. 94; *Röpke,* HschStiftöffR, 2006, S. 20; *Wallerath,* AllgVerwR, 2009, § 5, Rn. 12.

3 *O. Mayer,* DtVerwR, 1896, § 51, S. 318.

4 Hiermit sollen im Folgenden die Rechtsakte des Gesetzgebers im materiellen Sinne (Legislative und Exekutive) verstanden sein, welcher sich der Rechtsformen in Gesetzen, Verordnungen, Erlassen usw. bedient und diese damit rechtstatsächlich ausgestaltet.

5 Bspw. Nds. LT-Drs. 17/3886, S. 1.

6 § 55 Abs. 1 NHG.

7 §§ 141 ff. NKomVG; vgl. auch *Grziwotz* in: MüHBGesR Bd. 3, 2012, § 2, Rn. 23.

8 z. B. die NBank – GmbH zur Anstalt des öffentlichen Rechts, § 1 Abs. 1 IuFB(G1); § 1 Abs. 1 HWW(G), Harzwasserwerke – Anstalt des öffentlichen Rechts zur GmbH;

verstärkt zu verzeichnende Organisationsprivatisierung ist hierbei noch gar nicht berücksichtigt[9].

Vor dem Hintergrund der umfangreichen wissenschaftlichen[10] Literatur zum Thema der Rechtsformen der Staatsverwaltung sowie deren traditioneller Verwendung durch die Rechtssetzungspraxis drängt sich die Frage auf, warum dieses Thema erneut in einer Dissertation aufgegriffen wird. Naheliegenderweise könnte angenommen werden, dass aufgrund der langen Tradition und umfangreichen rechtswissenschaftlichen Aufarbeitung die Rechtsformen der Staatsverwaltung einen bereits hinreichend bestimmten Inhalt erhalten haben sollten. Gerade unter diesem Aspekt ließe sich daher annehmen, dass das Thema der Rechtsformen der Staatsverwaltung bereits erschöpfend behandelt wurde.

Sobald man jedoch beginnt, sich mit den Rechtsformen der Staatsverwaltung näher zu befassen, stellt man fest, dass sie sich nur schwer fassen lassen. In zunehmendem Maße erfassen einen dann Zweifel[11], ob die Rechtsformen sich überhaupt in einem hinreichenden Maße differenzieren lassen[12]. Kennzeichnend hierfür ist, dass

---

vgl. auch § 1 StTIB(G), TIB – nicht-rechtsfähige Anstalt zur Stiftung des öffentlichen Rechts.

9 Vgl. statt vieler *Loeser*, SysVerwR Bd. 2, 1994, Rn. 87, m.w.N.

10 Vgl. bereits zu einer entsprechenden Feststellung *Joppich*, BöffrtStift, 1951, S. 31.

11 In diesem Sinne pointiert bereits *Kempen*, FormWFVerw, 1989, S. 93, dass „[m]an [...] allgemein davon aus[geht], *daß* es verschiedene Handlungs- und Organisationsformen gibt."

12 Zu diesem Befund bereits, *Alscher*, DStiftungÖffR, 2006, S. 11, „dass es zumindest fließende Übergänge zwischen den genannten Organisationsformen geben kann", *dies.*, aaO., S. 80; *B. Becker*, Die Verwaltung 1979, 161 (178 f.); *F. Becker*, VernLandBank, 1998, S. 245; *Bieback*, ÖffKörp, 1976, S. 343 f., unter anderem zur „Austauschbarkeit von privatem Verein und öffentlicher Körperschaft"; *Blessing*, ÖffrAnstBetPr, 2008, S. 49; *Brohm*, StrWirtVerwORgF, 1969, S. 123, dass „die beiden Organisationsformen der Körperschaft und Anstalt hierfür [Anm.: die Kooperation] beliebig austauschbar geworden sind"; *Breuer*, VVDStRL 44, 1986, S. 221; *Dreier*, HierVerwDemStaat, 1991, S. 239; *Ebersbach*, DStiftungÖffR, 1961, S. 22, 27; *Forsthoff*, VerwR Bd. 1, 1973, § 25, S. 488, 491, unter dem Gesichtspunkt „zahlreicher Mischformen" und einer „verwischenden Grenzlinie"; *ders.*, aaO., S. 510, dass „die Rechtsformen [...] in gewissem Umfang austauschbar sind"; *Gölz*, DStaatalsStift, 1999, S. 57; *Han*, UnabBaFin, 2015, S. 54; *Irriger*, GenEKöffR, 1991, S. 26; *Jestaedt* in: Hoffmann-Riem/Schmidt-Aßmann/Voßkuhle, GdlVerwR Bd. 1, 2012, § 14, Rn. 28; *Jecht*, DöA, 1963, S. 34, dass „[b]ei den Anstalten[...] diese Feststellung deshalb besondere Bedeutung [gewinnt], weil diese von ihrer Funktion her die größte Ähnlichkeit mit den Behörden der allgemeinen (unmittelbaren) Staatsverwaltung aufweisen. Gerade hier können daher leicht Abgrenzungsprobleme entstehen." *M. Kilian* in: DStaatalsStift, 2003, S. 77; *Köttgen*, VVDStRL 6, 1929, 105 (129); *Kraft*, VerwGesellR, 1982, S. 70, dass die „Aufsichts- und Einflußverpflichtung [...] die Eigengesellschaft in die Nähe der kommunalen Eigenbetriebe [stellt]"; *Krebs* in: Isensee/Kirchhof, HdBdStR Bd. 5, 2007, § 108, Rn. 37; *Krebs*, NVwZ 1985, 609 (613); *Krebs* in: Schmidt-Aßmann/Hoffmann-Riem, VerOrgRSteuR, 1997, S. 343, dass die „Organisationsrechtsformen (Körperschaft, Anstalt, Stiftung) derart

sich vermeintliche Unterscheidungskriterien zumeist aufzulösen scheinen, je näher man sich mit ihnen auseinander setzt. Umso erstaunlicher ist, dass eine umfassende und fundierte rechtsformkritische Auseinandersetzung mit den Rechtsformen der Staatsverwaltung ersichtlich noch nicht stattgefunden hat[13]. Umgekehrt wird der Abgrenzung der Rechtsformen zumeist sogar nur ein geringes Gewicht beigemessen[14]. So klar der – nachfolgend noch herausgearbeiteter – Rechtsformenkanon auf den ersten Blick erscheint, so wenig Vergleichendes findet sich zu den Rechtsformen der Staatsverwaltung insgesamt. Um die sich hieraus ergebende Problematik – in einer ersten Näherung – erfassen zu können, ist zunächst der Gegenstand nachfolgender Untersuchung herauszuarbeiten.

---

konturenlos [sind], daß sie als rechtsnormative Begriffe kaum taugen"; *A. Lange*, BetPrivrechtsfAnst, 2008, S. 56; *K. Lange*, VVDStRL 44, 1986, S. 171; *Loeser*, SysVerwR Bd. 2, 1994, Rn. 85, 123; *Mann*, ÖffrechtGes, 2001, S. 113; *Maurer*, AllgVerwR, 2011, § 23, Rn. 55; *E. Müller*, DBundStift, 2009, S. 137; *Mittmann*, DemÜbStuAnst, 1971, S. 27; *Rüfner*, FormöffVerw, 1967, S. 235, Fn. 1; *ders.*, DÖV 1985, 605 (610); *Schmidt-Aßmann* in: ders./Hoffmann-Riem, VerOrgRSteuR, 1997, S. 22; *K. Schmidt*, GesR, 2002, S. 51; *Stettner*, ZUM 2012, 202 (208); *Totenhöfer-Just*, ÖffrechtStft, 1973, S. 21; *Wallerath*, AllgVerwR, 2009, § 5, Rn. 25, *Weber*, KörAnstStiöffR, 1943, S. 57; *Wolf*, AnstöffRWettu, 2002, S. 165; vgl. auch *Gaß*, UmwgemUnt, 2003, S. 63; *Jecht*, DöA, 1963, S. 81, dass die Anstalt auch in Privatrechtsform betrieben werden kann, ohne eine Abgrenzungsproblematik der Rechtsformen jedoch erkannt wird; *Scholz/Langer*, SitftVerf, 1990, S. 78 ff.; zur Verwendung des Begriffs der Körperschaft auch synonym für die juristischen Personen, vgl. *Bull* in: Wassermann, Akom-GG, 2001, Art. 87, Rn. 41.

13 Die Zweifel lediglich auf Annahmen ohne inhaltliche Begründung und Festlegung beschränkend, vgl. *Blessing*, ÖffrAnstBetPr, 2008, S. 47; *Holz/Kürten/Grabolle*, KommJur 2014, 281 (283); *M. Kilian* in: Werner/Saenger (Hrsg.), DStfRStW, 2008, Rn. 996, unklar, soweit eine Einrichtung eine Stiftung „gleich welcher Rechtsform" sein kann; *E. Müller*, DBundStift, 2009, S. 117; *Oebbecke* in: Isensee/Kirchhof, HdBdStR Bd. 6, 2008, § 136, Rn. 97.

14 Vgl. *Alscher*, DStiftungÖffR, 2006, S. 78 ff., 115 f.; *Blessing*, ÖffrAnstBetPr, 2008, S. 50; *Bohn*, AnstÖffBetDritt, 2005, S. 107 f., dessen Abgrenzung sich auf die Feststellung beschränkt, dass „zwischen Anstalt und Stiftung kaum Unterschiede [bestehen]. Die Rechtsform der Stiftung wird meist aus eher optischen Gründen gewählt, da der Bezeichnung Stiftung ein weitaus besserer Klang und ein besseres Image anhängt"; *Brohm*, StrWirtVerwORgF, 1969, S. 30; *Chen*, ÖffrechtAnst, 1994, S. 21; *Dreier*, HierVerwDemStaat, 1991, S. 245; *M. Kilian* in: Werner/Saenger (Hrsg.), DStfRStW, 2008, Rn. 1083; *A. Lange*, BetPrivrechtsfAnst, 2008, S. 35 f.; *Mann*, ÖffrechtGes, 2001, S. 116; *E. Müller*, DBundStift, 2009, S. 163 f.; *Ochmann*, RfwPrivöffrAnst, 2005, S. 48; *Tomsen*, stnStiftBerAut, 1991, S. 25; *Totenhöfer-Just*, ÖffrechtStft, 1973, S. 56; *Traumann*, OrgbundeigVerw, 1998, S. 276; *v. Campenhausen/Stumpf* in: v. Campenhausen/Richter (Hrsg.) StfRHdB, 2014, § 1, Rn. 8; ohne Abgrenzung bspw. sogar, *Badura* in: FS BayVerfG, 1997, S. 15 ff.; *F. Becker*, VernLandBank, 1998, S. 245; *Fett*, ÖffrAnstabKonU, 2000, S. 30; *Gölz*, DStaatalsStift, 1999; *Wolf*, AnstöffRWettu, 2002.

1. Zum Problem des grundsätzlich hohen Abstraktionsniveaus der Definitionen der Rechtsformen – der Ansatzpunkt der Untersuchung

Die Rechtsformen der Staatsverwaltung werden von der h. M. nur sehr abstrakt definiert. Die Körperschaft zeichnet sich demnach einhellig dadurch aus, dass sie Mitglieder hat[15]. Für die Anstalt wird, wie bereits angedeutet, auf die Definition von O. Mayer zurückgegriffen. Eine Anstalt ist demnach „ein Bestand von Mitteln, sächlich wie persönlich, welche in der Hand eines Trägers öffentlicher Verwaltung einem besonderen öffentlichen Zweck dauernd zu dienen bestimmt sind."[16] Regelmäßig wird für die Anstalt zusätzlich betont, dass sie in Abgrenzung zur Körperschaft nur Nutzer und keine Mitglieder habe[17]. Für die Stiftung wird regelmäßig angeführt, dass sie sich durch ein zweckgebundenes Vermögen auszeichne, dass ihr endgültig übertragen wurde und auf das der Stifter nach Errichtung der Stiftung keinen Einfluss mehr habe[18]. Für die Privatrechtsformen wird im Wesentlichen auf die damit verbundene Haftungsbeschränkung abgestellt[19]; bei der AG zusätzlich auf den Ausschluss von

---

15 Statt vieler, *Bull/Mehde*, AllgVerwR, 2015, § 3, Rn. 103; *O. Werner* in: Werner/Saenger (Hrsg.), DStfRStW, 2008, Rn. 9; *Wallerath*, AllgVerwR, 2009, § 5, Rn. 7.

16 *O. Mayer*, DtVerwR, 1896, § 51, S. 318.

17 *Bull/Mehde*, AllgVerwR, 2015, § 3, Rn. 103; *Gärtner*, FinzBetPrivAnöffR, 1994, S. 8; *Gaß*, UmwgemUnt, 2003, S. 38; *Hsu*, InstkörpSV, 2004, S. 10; *Kemmer*, JA 2015, 328 (331); *H. Korte/Rebe*, VerfVerwNieders, 1986, S. 503; *Löer*, KöranstRmZwK, 1999, S. 15; *Mehde* in: Hartmann/Mann/ders., LdRNds, 2015, § 2, Rn. 22; *M. J. Müller*, RtfwissHochS, 2015, S. 64; *Ochmann*, RfwPrivöffrAnst, 2005, S. 48; *Schraml* in: Wurzel/ders./Becker (Hrsg.), RkommUnter, 2015, S. 158; *Wallerath*, AllgVerwR, 2009, § 5, Rn. 7; *Wolf*, AnstöffRWettu, 2002, S. 90; a. A. *H. Faber*, VerwR, 1995, § 9 II, S. 57, dass Anstalten auch ohne Nutzer bestehen können; ebenso *Laubinger* in: FS Maurer, 2001, S. 647.

18 **SöR:** *Alscher*, DStiftungÖffR, 2006, S. 75; *G. Burmeister*, HerInStGEsVorb, 1991, S. 228; *Gaß*, UmwgemUnt, 2003, S. 38; *Kluth* in: Wolff/Bachof/Stober/ders., VerwR Bd. 2, 2010, § 87, Rn. 15; *M. Müller* in: Wolff/Bachof/Stober/Kluth, VerwR Bd. 2, 2010, § 86, Rn. 25; *Peine*, AllgVerwR, 2014, § 2, Rn. 105; *Rüfner*, FormöffVerw, 1967, S. 240; *Thalmessinger*, DrfStiftöffR, 1934, S. 55; zurecht kritisch, *M. J. Müller*, RtfwissHochS, 2015, S. 184 f.; **st. SbR:** *Beuthien* in: MüHBGesR Bd. 5, 2009, § 77, Rn. 23; *Dewald*, PrivStiftöffZw, 1990, S. 17; *Groß*, KollprVerwOrg, 1999, S. 148; *Kreienschulte*, RchStiftVolksw, 1969, S. 32; *Tomsen*, stnStiftBerAut, 1991, S. 20; *Nissel* in: Werner/Saenger (Hrsg.), DStfRStW, 2008, Rn. 233; *Schwake* in: MüHBGesR Bd. 5, 2009, § 79, Rn. 25; *Stettner*, ZUM 2012, 202 (212); *Tomsen*, stnStiftBerAut, 1991, S. 65; *v. Campenhausen/Stumpf* in: v. Campenhausen/Richter (Hrsg.) StfRHdB, 2014, § 1, Rn. 9; **SöR und st. SbR:** *v. Campenhausen/Stumpf* in: v. Campenhausen/Richter (Hrsg.) StfRHdB, 2014, § 1, Rn. 8; a. A. *Hof* in: v. Campenhausen/Richter (Hrsg.) StfRHdB, 2014, § 4, Rn. 209, die „Einbindung" der Stiftung des öffentlichen Rechts betonend.

19 **st. GmbH:** *Grziwotz* in: MüHBGesR Bd. 3, 2012, § 2, Rn. 25a; *Gundlach*, LKV 2000, 58 (59); *Hogeweg*, KomAnstNds, 2007, S. 45 f.; **st. AG:** *Claussen*, TeilprikomSparK, 1990, S. 199; **st. GmbH und st. AG:** *Erdmann*, NdsVBl. 2003, 261; *Engellandt*, EinflKomKapGes, 1995, S. 6; *Kämmerer*, Privatisierung, 2001, S. 256 f.; *N. Müller*, RechtsFormW,

Weisungen gegenüber den Mitgliedern des Aufsichtsrates[20]. Insbesondere die (nichtrechtsfähigen) Verwaltungseinheiten zeichnen sich entsprechend der h. M. durch ihre Eingliederung in ihren Träger bzw. die Unterordnung in einem hierarchischen Verwaltungsaufbau aus[21].

Bei näherer Betrachtung stellt man schnell fest, dass eine Abgrenzung der Rechtsformen anhand dieser Definitionen schwerlich gelingen kann. Es ist sogar davon auszugehen, dass die Definitionen nur jeweils Teilaspekte einer Organisation schwerpunktmäßig betrachten, wenn pointiert für die Körperschaft ihre Mitglieder, für die Anstalt ihr Zweck und die Stiftung ihr Vermögen als Kern herausgestellt wird[22]. Diese Aspekte können jedoch nicht alleine stehen und schließen sich insbesondere nicht gegenseitig aus. So könnte die Mitgliedschaftsstellung, der Zweck, das Vermögen und als weiterer Aspekt das Personal jede Rechtsform in grundsätzlich vergleichbarer Weise charakterisieren. Als Zwischenergebnis ist hiernach festzuhalten, dass die Rechtsformen nach der h. M. nur in einer Weise allgemein definiert sind, dass sie als nicht vollständig definiert anzusehen sind. Sie könnten demnach allenthalben als Typenbegriffe angesehen werden.

Jedoch auch als Typenbegriffe sind die Rechtsformen der Staatsverwaltung zu hinterfragen. Die Unterscheidung zwischen Körperschaft und Anstalt stellt so lediglich auf den ersten Blick ein hinreichendes Differenzierungskriterium dar, soweit

---

1993, S. 73; *Röger*, InsokommUntPrv, 2005, S. 29; **JPbR:** *Ehlers*, VerwPrivRf, 1984, S. 315; *Forsthoff*, VerwR Bd. 1, 1973, § 25, S. 518; *Hauser*, WahlOrgForm, 1987, S. 6; *A. Lange*, BetPrivrechtsfAnst, 2008, S. 117; *Stober*, NJW 1984, 449 (457); *Wallerath*, AllgVerwR, 2009, § 6, Rn. 91.

20 **st. AG:** *Brenner*, AöR 2002, 222 (242); *Cronauge/Westermann*, KommUntern, 2006, Rn. 209; *Fett*, ÖffrAnstabKonU, 2000, S. 111; *Gundlach/Frenzel/Schmidt*, LKV 2001, 246 (248); *Hellermann* in: Hoppe/Uechtritz/Reck (Hrsg.), HdBkommUnt, 2012, § 7, Rn. 111; *Hoffmann-Becking* in: MüHBGesR Bd. 4, 2015, § 29, Rn. 17; *Klein*, BetöffHAktion, 1992, S. 65; *Mann*, ÖffrechtGes, 2001, S. 176, 204 f.; *Oebbecke* in: Hoppe/Uechtritz/Reck (Hrsg.), HdBkommUnt, 2012, § 9, Rn. 41; *Pielow*, FS K. Ipsen, S. 736; *Schintowski*, NJW 1995, 1316 (1318).

21 Statt vieler *Blessing*, ÖffrAnstBetPr, 2008, S. 48; *Bohn*, AnstÖffBetDritt, 2005, S. 78; *M. Müller* in: Wolff/Bachof/Stober/Kluth, VerwR Bd. 2, 2010, § 86, Rn. 36.

22 In diesem Sinne jedoch bspw., *Jellinek*, VerwR, 1931, § 8, S. 173, soweit für die Abgrenzung der Stiftung zur Körperschaft für Letztere angenommen wird, dass es sich um „die zur juristischen Person erhobene Personenmehrheit, [und für die] Stiftung die zur juristischen Person erhobene Vermögensmasse“ handele; in diese Richtung ebenfalls *Gölz*, DStaatalsStift, 1999, S. 149, dass eine „Stiftung nicht körperschaftlich organisiert, sondern lediglich rechtlich verselbstständigtes Vermögen“ ist; *M. Kilian* in: Werner/Saenger (Hrsg.), DStfRStW, 2008, Rn. 1992; *Röpke*, HschStiftöffR, 2006, S. 21, dass für die Anstalt „die Erledigung ständiger Verwaltungsaufgaben im Vordergrund steht“; *O. Werner* in: Werner/Saenger (Hrsg.), DStfRStW, 2008, Rn. 9, dass „[d]ie Stiftung [...] nicht körperschaftlich, sondern kapitalmäßig organisiert“ sei; *ders.*, aaO., Rn. 52; *R. Werner*, NVwZ 2013, 1520 (1521).

sich die Rechtsstellung als Mitglied und Nutzer nicht ausschließen müssen[23]. Hinterfragt werden müsste dagegen die Rechtsstellung des Staates als Träger oder als Stifter im Vergleich zu der eines Mitglieds einer Körperschaft. Ggf. ist das Vorhandensein von Nutzern durch außerhalb der Rechtsformen liegende Gründe bestimmt und damit von dieser unabhängig. Ebenso ist die Definition der Anstalt zu abstrakt, um die sächlichen Mittel bereits von dem Vermögen einer Stiftung, Körperschaft oder GmbH abgrenzen zu können. Auch wird sich noch zeigen, dass ebenso wenig eine Stiftung ohne einen Zweck auskommen kann wie die Körperschaft, Anstalt oder jede andere Rechtsform. Die Anstalt vermag dieses abstrakte Merkmal eines besonderen Zwecks daher ebenso wenig zu charakterisieren. Ob der Einfluss des Staates auf seine Stiftung ausgeschlossen ist bzw. sich überhaupt ausschließen lässt, ist ebenso fraglich wie möglicherweise die Haftungsbeschränkung bzw. ein entsprechender Haftungsdurchgriff für jede Rechtsform in gleicher Weise gegeben wie ausgeschlossen sein kann.

Festzuhalten ist, dass die Definitionen der Rechtsformen der Staatsverwaltung hiermit jedoch – als vorläufiger Befund – bei näherer Befassung tendenziell jegliche Konturen verlieren. Ob damit überhaupt relevante Unterschiede bestehen, bedarf daher einer detaillierteren Untersuchung. Die Untersuchung dabei allein auf die h. M. zu stützen stellt sich – als erstes Ergebnis – als kein gangbarer Weg dar. Die nachfolgende Untersuchung nimmt diese vielmehr zum Anlass, die Typenbegriffe der Rechtsformen der Staatsverwaltung selbst zu dekonstruieren.

2. Zur Untersuchungsmethode – die Dekonstruktion der Rechtsformen mittels Vergleichs ihrer materiellen Merkmale

Es stellt sich die Frage, wie die Zweifel an der Unterscheidbarkeit der Rechtsformen untersucht werden können. Ausgangspunkt für eine Untersuchung ist, dass Rechtsformen sich aus einem Begriff (formelles Merkmal) und einer hiermit ggf. verbundenen Ausgestaltung (materielle Merkmale) zusammensetzen – mit anderen Worten „konstruiert werden". Die Dekonstruktion[24] stellt die Umkehrung dieser rechtlichen Konstruktion der Rechtsformen dar, wie sie anhand ihrer Merkmale – zwingende oder nicht-zwingende – begründet wird.

Dabei ist zu beachten, dass der Gegenstand einer rechtswissenschaftlichen Untersuchung wesentlich durch das juristische Grundverständnis geprägt ist, was sich bereits an Folgendem zeigt: Wie noch weiter auszuführen sein wird, sind die

---

23 Vgl. in diesem Sinne bereits kritisch, *Berg*, NJW 1985, 2294 (2295); *Krebs* in: Isensee/Kirchhof, HdBdStR Bd. 5, 2007, § 108, Rn. 39, dass sich die Rechtsstellungen als Mitglied und als Nutzer nicht zwangsläufig gegenseitig ausschließen.

24 Hinzuweisen ist darauf, dass der Begriff der Dekonstruktion vorliegend in einem juristischen Sinne verwendet wird; vgl. zur philosophischen Verwendung statt vieler, *Blume* in: Rehfus (Hrsg.), HdBPhil, 2011, Dekonstruktion.

Rechtsformen sowohl in der Rechtswissenschaft als auch in der Rechtssetzungspraxis mit einem einigermaßen[25] feststehenden Kanon bestimmter Begriffe verbunden, die sich selbstverständlich voneinander unterscheiden, soweit Körperschaften, Anstalten, Stiftungen[26], GmbH, AG, e. V., Eigen-, Regie- und Landesbetrieb begrifflich differenziert werden können. Insofern könnte die Untersuchung der verschiedenen Rechtsformen der Staatsverwaltung bereits an dieser Stelle beendet sein. Ergebnis wäre, dass die Rechtsformen aus gerade den von dem Kanon[27] umfassen bzw. aus den durch die Rechtssetzungspraxis gewählten Rechtsformen bestehen.

Diese Herangehensweise verschließt sich mit der ausschließlichen Anknüpfung an die Begriffe jedoch gerade einer kritischen, wissenschaftlichen Auseinandersetzung mit diesen Begriffen. Damit kann der Untersuchungsgegenstand nicht allein die begriffliche Ausdifferenzierung der Rechtsformen sein[28]. Diesem Grundverständnis, dass wesentlich auf die Begriffe zur Abgrenzung der Rechtsformen abzustellen sei (Wortlaut), soll nachfolgend daher nicht gefolgt werden. Die (Typen-)Begriffe selbst bilden insofern nur die formellen Merkmale einer Rechtsform, welche sich durch ihre materiellen Merkmale begründen und differenzieren lassen müssen oder umgekehrt zu dekonstruieren sind[29]. Die Untersuchungsmethode ist damit eine

25 Gerade ältere Werke zeigen, dass die Begrifflichkeiten eines Rechtsformkanons keineswegs so feststehend sind, wie die neuere Literatur den Eindruck erwecken könnte, soweit insbesondere auch *O. Mayer* die Gemeinde als Genossenschaft des öffentlichen Rechts in Abgrenzung zu den Körperschaften darstellte, vgl. ebenso *Forsthoff*, VerwR Bd. 1, 1973, § 25, S. 487; *Jellinek*, VerwR, 1931, § 8, S. 180; *Köttgen*, RfVerwEinh, 1939, S. 63; *O. Mayer*, DtVerwR, 1924, § 35, S. 47, § 56, S. 330, insbesondere § 57, 342 ff.; *Weber*, KörAnstStiöffR, 1943, S. 17 f.; in der Absolutheit insoweit unzutreffend daher, *Kempen*, FormWFVerw, 1989, S. 108, dass das Recht „[n]eben der Anstalt, der Körperschaft und der Stiftung [...] das öffentliche Recht keine weiteren rechtlich verselbständigten Organisationsformen bereit [hält]." vgl. hierzu zur begrifflichen Austauschbarkeit von Körperschaft und Genossenschaft aus der Zeit, *Jellinek*, VerwR, 1931, § 8, S. 180, „die Körperschaften des öffentlichen Rechts, auch Genossenschaften des öffentlichen Rechts genannt"; vgl. auch *Fleiner*, InstrDtVerwR, 1928, S. 105, als „Korporation des öffentlichen Rechts".

26 Insoweit bereits einschränkend von einem „formellen" Stiftungsbegriff sprechend, *Alscher*, DStiftungÖffR, 2006, S. 113; *M. Kilian* in: Werner/Saenger (Hrsg.), DStfRStW, 2008, Rn. 1025; *E. Müller*, DBundStift, 2009, S. 140.

27 Vgl. *Kempen*, FormWFVerw, 1989, S. 92; unter dem Begriff der Organisationsformen diesen Rechtsformenkanon ansprechend; Ungenauigkeiten ergeben sich jedoch bereits an dieser Stelle, soweit bereits dieser Kanon unterschiedlich weit auch auf die durch den Staat verwendeten Privatrechtsformen erstreckt oder nicht erstreckt wird.

28 So bereits zutreffend *Fittschen*, NdsVBl. 2006, 216 (218); *Jecht*, DöA, 1963, S. 28, 68 (Fn. 120), 74, als im Ergebnis belanglose Rechtsform „nur ‚im formellen Sinne'"; *E. Müller*, DBundStift, 2009, S. 140 f., dass „der formelle Stiftungsbegriff [...] zur Abgrenzung einer Stiftung von anderen Rechtsformen ungeeignet [ist]".

29 So bereits *Jecht*, DöA, 1963, S. 62, 68; zur Problematik ebenfalls *Bull* in: FS Maurer, 2001, S. 552 ff.

vergleichende, welche darauf aufbaut, identische materielle Merkmale der Rechtsformen herauszuarbeiten. Dass hierfür über die abstrakten Definitionen der h. M. hinausgegangen werden muss, wurde bereits herausgearbeitet.

Dennoch sind es nicht allein die materiellen Merkmale, die Gegenstand der nachfolgenden Untersuchung sein können. Auch in einer wissenschaftlichen Untersuchung können die Begriffe nicht ausgeblendet werden, insbesondere soweit diese rechtsformkritisch untersucht werden sollen. Insofern sind es gerade die Begriffe, die den Sachzusammenhang begreiflich machen[30] und so selbst regelmäßig in einem Zusammenhang stehen, den es herauszuarbeiten gilt. Die Begriffe gewinnen so die Funktion, einen Zusammenhang wieder zu verdeutlichen[31], ohne welche insbesondere diese Untersuchung nicht möglich wäre. Angewendet auf die Rechtsformen der Staatsverwaltung bedeutet dies, dass die Begriffe der Rechtsformen als formelle Merkmale nur den Ausgangspunkt dieser Untersuchung bilden können, die insofern nicht ohne ihren materiellen Kern als schwerpunktmäßiger Untersuchungsgegenstand verbleiben können. Die Begriffe geben gleichzeitig jedoch zwingend den Rechtsformenkanon vor, der hiervon ausgehend dekonstruiert wird.

Bereits an dieser Stelle muss darauf hingewiesen werden, dass die Differenzierung zwischen formellen Merkmalen – insbesondere dem Wortlaut – und materiellen Merkmalen[32], wie Funktion und Wirkung auf unterschiedlichen Ebenen betrachtet werden muss und sich der Untersuchungsgegenstand somit als mehrdimensional erweist. Der Untersuchungsgegenstand ist in dieser Beziehung nicht nur zweidimensional, wie die vorgenannte Gegenüberstellung von Begriff und Inhalt (formelle und materielle Merkmale) den Anschein erwecken könnte. Die Bedeutung der Begrifflichkeiten setzt sich vielmehr zusätzlich im Rahmen der materiellen Merkmale, die die Rechtsformen differenzieren könnten, fort. Erst eine Betrachtung der Funktionen eines Mitglieds, eines Trägers usw. oder eines Nutzers wird bspw.

30 *Kluth* in: Wolff/Bachof/Stober/ders., VerwR Bd. 2, 2010, § 79, Rn. 75, insoweit als „Aufgabe der rechtswissenschaftlichen Dogmatik [...] ein Teilrechtsgebiet systematisch zu durchdringen, [was] angesichts des Primats der gesetzgeberischen Entscheidung gegenüber der rechtswissenschaftlichen Systembildung erheblich erschwert [wird]" ansehend; zu eng dagegen *Forsthoff,* VerwR Bd. 1, 1973, § 25, S. 507, der für die Bestimmung der Stiftung des öffentlichen Rechts „grundsätzlich" auf die „Deklaration d[er] Stiftung durch das Gesetz" abstellen möchte; *M. Kilian* in: Werner/Saenger (Hrsg.), DStfRStW, 2008, Rn. 1087, als „die äußere Bezeichnung als öffentlich- oder privatrechtlich [als] Indiz", für eine staatliche Zuordnung einer Stiftung.

31 Bereits zutreffend hierauf hinweisend, *Pestalozza,* FromMißBrSt, 1973, S. 2, dass die Sprache „insoweit nichts anderes als [die] Gestalt [ist], in der [das Recht] uns wahrnehmbar und kontrollierbar entgegentritt".

32 In dieser Differenzierung zutreffend, *Pestalozza,* FromMißBrSt, 1973, S. 1, „daß die äußere Erscheinung des Rechts in einer Weise verwandt wird, die mit seinem Gehalt nicht in Einklang steht."; in der Begrifflichkeit unklar dagegen *Kraft,* VerwGesellR, 1982, S. 61, der „formal" die Zuordnung zur Kommune nennt, ohne darzulegen, warum diese Zurechnung in ihrer Wirkung allein formell bleiben soll.

eine Aussage darüber zulassen, ob anhand dieser Merkmale die Rechtsformen unterschieden werden können oder ob ggf. die Funktionen des Mitglieds und des Nutzers für alle Rechtsformen in vergleichbarer Weise maßgeblich und prägend sind. Entscheidend sind auch für diese weiteren Ebenen die rechtlichen Auswirkungen, die anhand der organisationsrechtlichen Regelungen zu untersuchen sind. Als rechtliche Aussagen können diese Merkmale die Abgrenzung der Rechtsformen und damit einhergehend die Begrifflichkeiten nur begründen, soweit hiermit mehr als eine bloße begriffliche Differenzierung verbunden ist. Insofern gewinnen systematische Argumente entscheidende Bedeutung, welche die materiellen Merkmale in einen rechtsvergleichenden, funktionalen Zusammenhang stellen.

Zu verwerfen ist dagegen der Ansatz, dass vorrangig auf das Ziel abzustellen ist, was mit der Wahl einer Rechtsform verbunden wird (Sinn und Zweck). So wird vielfach mit einer Rechtsform eine Verselbständigung der mittelbaren Staatsverwaltung angestrebt[33]. Gleichwohl ist dieser Wunsch bereits nicht geeignet die Rechtsformen abzugrenzen, soweit sogar mit den nicht-rechtsfähigen Verwaltungseinheiten eine Verselbstständigung verknüpft wird[34]. Zusätzlich lässt sich die Verselbstständigung nicht abstrakt festlegen und für die Auslegung der materiellen Merkmale heranziehen, ohne selbst als Argumentation zirkelschlüssig zu werden. Nur solange aus der konkreten Ausgestaltung Argumente hergeleitet werden können, welche die Verselbstständigung ohne Rückgriff auf den Sinn und Zweck begründen können, lässt sich diese ohne entsprechenden Zirkelschluss begründen.

Ebenso ist als Ausgangspunkt für die weitere Untersuchung auch ein weiterer Ansatz zu verwerfen, der aufgrund der langen Tradition der Rechtsformen der Staatsverwaltung sowohl in der Rechtswissenschaft als auch in der Rechtssetzungspraxis eigentlich naheliegend erscheint. Insofern entspricht es zwar der langen Tradition der Befassung mit den Rechtsformen, die historische Entwicklung in Rechtswissenschaft und Rechtssetzungspraxis als Ausgangspunkt einer Untersuchung der Rechtsformen der Staatsverwaltung zu wählen[35]. Diesem Ansatz ist sicherlich zuzubilligen, dass eine historische Darstellung die oben bereits angesprochene Entwicklung der Sprache zutreffend nachzeichnet. Gleichwohl ist die Untersuchung eines Begriffs

---

33 *Brenner*, AöR 2002, 222 (232); *Lübbecke*, KommUntNRW, 2004, S. 118; *R. Schmidt*, ZGR 1996, 345 (350).

34 Vgl. **nr-VE:** *Krebs*, NVwZ 1985, 609 (615).

35 Vgl. **KöR:** *Kluth* in: Wolff/Bachof/Stober/ders., VerwR Bd. 2, 2010, § 85, Rn. 1 ff.; **AöR:** *Bohn*, AnstÖffBetDritt, 2005, S. 16 ff.; *M. Müller* in: Wolff/Bachof/Stober/Kluth, VerwR Bd. 2, 2010, § 86, Rn. 1 ff.; **SöR:** *Ebersbach*, DStiftungÖffR, 1961, S. 3 ff.; *Gölz*, DStaatalsStift, 1999, S. 24 ff.; *Kluth* in: Wolff/Bachof/Stober/ders., VerwR Bd. 2, 2010, § 87, Rn. 1 ff.; *Röpke*, HschStiftöffR, 2006, S. 4 ff.; *Thalmessinger*, DrfStiftöffR, 1934, S. 11 ff.; *Tomsen*, stnStiftBerAut, 1991, S. 4 ff.; siehe auch *Forsthoff*, VerwR Bd. 1, 1973, § 25, S. 507; **SöR und st. SbR:** *Fiedler*, StEStwFwFm, 2004, S. 30 ff.; *Totenhöfer-Just*, ÖffrechtStft, 1973, S. 29 ff.; **JR:** *Kempen*, FormWFVerw, 1989, S. 5 ff.; *N. Müller*, RechtsFormW, 1993, S. 25 ff.; *Rüfner*, FormöffVerw, 1967, S. 17 ff.; **nr-VE:** *Anders*, EigbtrR, 2011, S. 11.

jedoch immer auch eine Momentaufnahme, soweit durch eine weitere zukünftige Entwicklung jeder Begriff eine andere Bedeutung erhalten kann[36]. Die historische Auslegung wird nachfolgend daher nur eine untergeordnete Stellung einnehmen[37].

Die nachfolgende Untersuchung verfolgt damit insgesamt das Ziel, dieses Mosaik der materiellen Merkmale – unter Einschluss der Rechtssetzungspraxis – so widerspruchsfrei wie möglich zusammenzusetzen. Die Rechtsformen werden daher in ihren materiellen Merkmalen (gerade auch unter Berücksichtigung zahlreicher Selbstverständlichkeiten) vergleichend zu einem neuen, wesentlich dekonstruierten Bild zusammengesetzt. Dem liegt die Überlegung zugrunde, dass Rechtsformen, die sich nicht unterscheiden lassen, keine rechtlich relevanten Rechtsformen sind. Dies wird die zumindest bisher als weitgehend gesichert geltende Einschätzung der Existenz eines Rechtsformenkanons für die Staatsverwaltung erschüttern.

3. Zum Gegenstand der Untersuchung – die Unzulänglichkeiten der Rechtswissenschaft und der Rechtspraxis

Dies leitet zu der Frage über, was Grundlage der nachfolgenden Untersuchung sein kann. Die Rechtsformen der Staatsverwaltung finden sich – insofern abschließend – in Rechtswissenschaft und Rechtssetzungspraxis wieder. Die Grundlage der nachfolgenden Untersuchung der Rechtsformen der Staatsverwaltung kann damit sowohl die bereits in der Einleitung angeführte rechtswissenschaftliche Auseinandersetzungen als auch Ausgestaltungen der Rechtsformen durch die Rechtssetzungspraxis sein. Bevor jedoch geklärt werden kann, in welchem Maße diese beiden Aspekte als Grundlage gewählt werden können, und vor allem in welchem Verhältnis sie zueinanderstehen, ist jedoch auf weitere Unzulänglichkeiten beider Aspekte einzugehen.

a. Die detaillierte Befassung mit den Rechtsformen in der Rechtswissenschaft

Bedenken begegnet bereits der am nächsten liegende Ansatz einer wissenschaftlichen Untersuchung. Die Rechtswissenschaft hat sich jenseits der h. M. immer wieder auch in detaillierterer Weise mit den Rechtsformen der Staatsverwaltung befasst. Diese Untersuchungen beschränken sich jedoch regelmäßig auf eng umrissene Ausschnitte der Rechtsformen der Staatsverwaltung insgesamt. So werden in detaillierteren Abhandlungen zumeist nur einzelne Rechtsformen behandelt – die (Selbstverwaltungs-)Körperschaft, die Anstalt, die Stiftung oder die Privatrechtsformen[38].

---

36 Siehe bereits ebenfalls Kap. A.I.5.b.; vgl. hierzu auch *Bohn*, AnstÖffBetDritt, 2005, S. 75; *Hoffmann-Riem* in: ders./Schmidt-Aßmann/Voßkuhle, GdlVerwR Bd. 1, 2012, § 10, Rn. 1.

37 Dem aufmerksamen Leser wird jedoch nicht entgehen, dass die ausgewertete Literatur diese zeitliche Dimension einbezieht und durch eine entsprechende Zeitangabe deutlich macht.

38 Siehe hierzu insbesondere die Nachweise in Fn. 50.

Dass die Abgrenzung der Rechtsformen hierbei nur eine untergeordnete Rolle spielt, ist bereits hervorgehoben worden[39]. Außerdem erscheinen die Ausführungen auch regelmäßig inkonsistent, wenn nicht sogar in sich widersprüchlich[40]. Nicht zuletzt lassen sich diese Meinungen aufgrund dessen – wie insbesondere auch die nachfolgende Untersuchung noch eindrucksvoll zeigen wird – nicht auf einen gemeinsamen Nenner bringen.

Diesen Abhandlungen ließe sich aus diesen Gründen immer auch entgegenhalten, dass sie nur Einzelmeinungen darstellen würden, welche somit nicht zur Grundlage einer Dekonstruktion der Rechtsformen als Typenbegriffe gemacht werden können. Unerheblich ist es daher auch, dass in diesen Untersuchungen und Darstellungen der Rechtsformen vielfach nicht deutlich wird, ob einzelne Merkmale als zwingende Voraussetzungen einer Rechtsform angesehen werden oder nur als mögliche Ausgestaltung. So verschwimmen – wie bereits angeklungen – die Konturen der Rechtsformen ebenso in diesen detaillierteren Betrachtungen, sodass die Rechtsformen zunehmend ineinander übergehen[41]. Diese Darstellungen als Grundlage einer umfassenden, vergleichenden Untersuchung zu wählen, erscheint daher problematisch.

b. Der Einzelfallcharakter der Rechtsformen in der Rechtssetzungspraxis

Diesen Bedenken begegnet auch eine Untersuchung, welche sich auf die Rechtssetzungspraxis stützen würde. Die Rechtsformen in der Rechtssetzungspraxis bilden ein äußerst heterogenes[42] Bild. Unter diesem Aspekt ist bereits wiederholt die Ansicht vertreten worden, dass in der Rechtssetzungspraxis jede Einrichtung eine

---

39 Vgl. Fn. 14.

40 Hierauf soll bewusst kein Schwerpunkt der Untersuchung gelegt werden – dem aufmerksamen Leser wird dies gleichwohl anhand der Fußnoten deutlich werden, soweit sich zu einzelnen Aspekten eine andere Ansicht regelmäßig aus der gleichen Quelle begründen lässt.

41 Dabei wird sich die Konturlosigkeit vielfach in den Fußnoten widerspiegeln, soweit hier kenntlich gemacht wird, dass Ansichten und Regelungen sich regelmäßig für die Körperschaft des öffentlichen Rechts **(KöR)**, die rechtsfähige, teil-rechtsfähige und nicht-rechtsfähige Anstalt des öffentlichen Rechts **(AöR, tr-, nr-AöR)**, die Stiftung des öffentlichen Rechts **(SöR)**, die (staatliche) GmbH **(st. GmbH)**, die staatliche AG **(st. AG)**, den (staatlichen) eingetragenen Verein **(st. e. V.)**, die (staatliche) eingetragene Genossenschaft **(st. e. G.)**, die (staatliche) Stiftung des bürgerlichen Rechts **(st. SbR,** auch nicht-rechtsfähig, **nr-SbR)** sowie die nicht-rechtsfähigen Verwaltungseinheiten **(nr-VE)**, teilweise allgemein auch nur für juristische Personen des öffentlichen **(JPöR)** oder bürgerlichen Rechts **(JPbR)** oder gar allgemein für juristische Personen **(JP)** in gleicher Weise finden und so die Rechtsformen gerade nicht zu unterscheiden vermögen.

42 So bereits **AöR:** *Bohn*, AnstÖffBetDritt, 2005, S. 13; **SöR:** *M. Kilian* in: Werner/Saenger (Hrsg.), DStfRStW, 2008, Rn. 1048; a. A. dagegen *Alscher*, DStiftungÖffR, 2006, S. 116, ohne Nachweis aus den „Materialien zu den öffentlich-rechtlichen Stiftungen [...] ein homogeneres Bild als die verschiedenen Formen der Anstalt" unterstellend.

eigene Rechtsform bilden würde, soweit eine Typisierung aufgrund der heterogenen Ausgestaltungen nicht möglich sei[43]. Dieser Ansicht soll nachfolgend zwar nicht gefolgt werden, soweit hier umgekehrt eine Dekonstruktion der Rechtsformen angestrebt ist. Jedoch wird sich diese Ansicht vielfach – insofern als Hinweis auf die weitere Untersuchung – in der weiteren Untersuchung wiederfinden lassen, soweit eine Variationsbandbreite im Rahmen der dekonstruierten Rechtsformen verbleibt und in diesem Sinne sich selbstverständlich jede Einrichtung von anderen unterscheidet. Festzuhalten ist jedoch, dass sich gegen jede konkrete Ausgestaltung einer Rechtsform in der Rechtssetzungspraxis anführen ließe, dass diese von den Idealformen und dem Typenbegriff der Rechtswissenschaft eine Ausnahme darstellen könnte. Es bestehen daher Bedenken, die Ausgestaltungen der Rechtssetzungspraxis zur Grundlage der vergleichenden Untersuchung zu nehmen.

Dabei wäre für diesen Ansatz wiederum Voraussetzung, um überhaupt eine Ausnahme von den Idealformen begründen zu können, dass sich überhaupt unterscheidbare Idealformen/die Rechtsformen als Typenbegriffe herausarbeiten lassen. Die Rechtsformen der Staatsverwaltung, wie sie sich in der Rechtssetzungspraxis wiederfinden, stellen damit zumindest keine geeignete Grundlage für eine Dekonstruktion der Rechtsformen als Typenbegriffe dar, da sie ohne die Idealformen der Rechtswissenschaft selbst keinen Maßstab bilden können. Eine ausschließliche Untersuchung der Rechtssetzungspraxis wäre damit tendenziell der Gefahr eines vorschnellen Zirkelschlusses ausgesetzt, soweit aus ihr gleichzeitig die Idealformen abgeleitet und diese den Maßstab einer Bewertung bilden würden.

Dies betrifft auch die Frage der Anknüpfung an die „Ausgestaltung" der Rechtsformen in den Verfassungen. Insofern wäre dieser Ansatz zwar nicht mit dem Makel des Einzelfallcharakters behaftet, jedoch gleichwohl ungeeignet. Eine umfassendere gesetzliche Definition der Rechtsformen findet sich hier gerade nicht. Umgekehrt zeichnet die verfassungsrechtliche Ausgestaltung wiederum ein hohes Abstraktionsniveau aus, welches bereits der h. M. entgegengehalten wurde. So sind im Grundgesetz Körperschaft und Anstalt (z. B. Art. 87 Abs. 3 GG) begrifflich nur erwähnt. Diese Nennung ist wiederum nicht geeignet, die Rechtsformen inhaltlich zu bestimmen, geschweige denn gegeneinander abgrenzen zu können[44]. Nur am Rande sei erwähnt, dass die Bayerische Verfassung an vergleichbarer Stelle stattdessen die Körperschaft und die Stiftung aufführt[45], ohne dass mit dieser bloßen Nennung der

---

43 **SöR:** *M. Kilian* in: Werner/Saenger (Hrsg.), DStfRStW, 2008, Rn. 1089; vgl. auch *E. Müller*, DBundStift, 2009, S. 135.

44 *F. Becker*, DÖV 1998, 97 (99); *Traumann*, OrgbundeigVerw, 1998, S. 65; *Wolf*, AnstöffRWettu, 2002, S. 85; ohne Begründung eine Abgrenzung dagegen aus der Verfassung herleitend: *Burgi* in: v. Mangold/Klein/Starck, Kom-GG Bd. 3, 2010, Art. 86, Rn. 6, unter dem Aspekt der Subsumtion unter Art. 86 GG als Rechtsfolge; *Groß* in: Frilauf/Höfling, Berliner Kom-GG Bd. 4, EL 2002, Art. 86, Rn. 20; vgl. auch *Kluth* in: Wolff/Bachof/Stober/ders., VerwR Bd. 2, 2010, § 80, Rn. 79 ff.; ebenso auf den Wortlaut des GG abstellend *Dittmann*, BundVerw, 1983, S. 95.

45 Art. 55 Abs. 5 BayVerf.

Begriffe eine Unterscheidung zur Anstalt deutlich werden könnte. Die Niedersächsische Verfassung nennt an vergleichbarer Stelle sogar nur die öffentlich-rechtliche Körperschaft[46]. Die Rechtsformen sind damit auch in den Verfassungen für einen Rechtsformvergleich nur unzureichend angelegt.

Weder die Voraussetzungen und die weitere Ausgestaltung der Rechtsformen, noch die Bildung als Typenbegriffe dürften damit aus den Verfassungen zu begründen sein. Insbesondere eine Auslegung dieser Vorschriften, um einzelne Voraussetzungen zum Zweck, Vermögen oder gar der Organstruktur für die Abgrenzung der Rechtsformen herzuleiten und die Rechtsformen so abgrenzen zu können, erscheint nicht Erfolg versprechend[47]. Dies lässt darüber hinaus nur den Schluss zu, dass die Verfassungen die Rechtsformen als bereits gegeben voraussetzen[48]. Die Rechtssetzungspraxis ist im Hinblick auf die Ausgestaltung in den Verfassungen daher mit der gleichen Problematik behaftet, wie die Definitionen der h. M. betreffend der Rechtsformen in der Rechtswissenschaft. Beide zeichnen sich durch ein hohes Abstraktionsniveau aus, auf dem die Rechtsformen nicht abgegrenzt werden können und das hier nur zum Anlass genommen werden kann, die Rechtsformen zu dekonstruieren.

c. *Zum Verhältnis von Rechtswissenschaft und Rechtssetzungspraxis für die Untersuchung – die abstrakte Begründung*

Die Untersuchung der Rechtsformen der Staatsverwaltung steht damit vor einem Dilemma. Herausgearbeitet wurde, dass sowohl die Rechtswissenschaft als auch die Rechtssetzungspraxis – welche beide nur als Grundlage für die nachfolgende Untersuchung in Frage kommen – erhebliche Unzulänglichkeiten aufweisen. Sowohl gegen die Rechtswissenschaft als auch die Rechtssetzungspraxis ließe sich wahlweise anführen, dass sie entweder zur abstrakt sind, um die Rechtsformen erfassen und abgrenzen zu können, oder dass Abhandlungen bzw. konkrete Ausgestaltungen nur Einzelmeinungen und Einzelfälle darstellen, welche die Rechtsformen nicht als Idealformen/Typenbegriffe bestimmen können. Damit stellt sich die Frage, wie der Gegenstand der Untersuchung zu bilden ist.

Auszuschließen ist zunächst, dass die Untersuchung auf die Rechtswissenschaft oder die Rechtssetzungspraxis beschränkt werden kann. Festzustellen ist insbesondere, dass die Rechtssetzungspraxis an die gleichen hergebrachten Begriffe anknüpft,

---

46 Art. 57 Abs. 1 NdsVerf; vgl. jedoch auch Art. 55 Abs. 3 NdsVerf.; trotzdem im Sinne einer einschränkenden Auslegung zur Vorgängernorm, *H. Korte/Rebe*, VerfVerwNieders, 1986, S. 506 f.

47 Vgl. *Alscher*, DStiftungÖffR, 2006, S. 10, 14, 108, aufgrund des „Rahmencharakters" des Grundgesetzes; *Bohn*, AnstÖffBetDritt, 2005, S. 11; *Burgi* in: v. Mangold/Klein/Starck, Kom-GG Bd. 3, 2010, Art. 86, Rn. 21; *Hermes* in: Dreier (Hrsg.), GG-Kom Bd. 3, 2008, Art. 86, Rn. 32.

48 *Peine*, AllgVerwR, 2014, § 2, Rn. 81; a. A. *Alscher*, DStiftungÖffR, 2006, S. 10 f.; vgl. auch *Hermes* in: Dreier (Hrsg.), GG-Kom Bd. 3, 2008, Art. 86, Rn. 32.

wie sie auch die Rechtswissenschaft verwendet[49], sodass von einer wechselseitigen Abhängigkeit auszugehen ist. Außerdem kann die Rechtssetzungspraxis aufgrund ihres Einzelfallcharakters eine Systematisierung nicht leisten. Die Rechtswissenschaft dient ebenfalls keinem Selbstzweck, sondern der Auseinandersetzung mit der Rechtswirklichkeit, welche durch die Rechtssetzungspraxis bestimmt wird. Auf den Rückbezug zur Rechtssetzungspraxis kann gerade nicht verzichtet werden[50]. In eine Untersuchung sind damit beide Aspekte mit einzubeziehen. Hieran schließt sich unmittelbar die Frage an, in welchem Rangverhältnis Rechtswissenschaft und Rechtspraxis, insbesondere für den Fall, dass sich Ergebnisse insofern widersprechen würden, zu einander stehen.

Ausgangspunkt für eine rechtswissenschaftliche Untersuchung kann nur ein rechtswissenschaftlicher Ansatz sein, wohingegen die Rechtssetzungspraxis (beispielhaft) anhand dieses Ergebnisses untersucht und bewertet werden muss. Aus der Rechtssetzungspraxis könnten sich darüber hinaus Differenzierungen der Rechtsformen ergeben, welche aus Sicht der Rechtswissenschaft zwar nicht zwingend wären, jedoch eine Rechtsform zumindest abgrenzen ließe. Die Auswertung der Rechtssetzungspraxis ist daher aus diesem Grund erforderlich, um im Sinne der Dekonstruktion eine Ausdifferenzierung der Rechtsformen auch insoweit auszuschließen.

Der Vorrang der Rechtswissenschaft vor der Rechtspraxis für die weitere Untersuchung wird durch den Blick aus der entgegengesetzten Perspektive bestätigt. Aufgabe der Rechtswissenschaft ist es, die Rechtssetzungspraxis zu systematisieren und ggf. zu bewerten. Entscheidendes Gewicht kommt daher der bereits herausgearbeiteten Erkenntnis zu, dass die Rechtssetzungspraxis in jedem Einzelfall von den Typenbegriffen bzw. Idealformen abweichen kann. Eine entsprechende Bewertung kann jedoch nur im Rahmen der Rechtswissenschaft erfolgen. Hiermit ist gleichzeitig auch das Rangverhältnis zwischen Rechtswissenschaft und Rechtssetzungspraxis für die nachfolgende Untersuchung festgelegt. Die entscheidende Erkenntnis ist jedoch, dass für diese Untersuchung ein umfassender Ansatz, welcher sowohl Rechtswissenschaft wie Rechtssetzungspraxis einbezieht, zu wählen ist.

---

49 Einschränkend ist hier bereits darauf hinzuweisen, dass die Rechtssetzungspraxis teilweise eine Wahl der Rechtsform offen lässt, soweit in einzelnen Fällen nur der andernfalls in der Rechtswissenschaft als Oberbegriff verwendete Begriff der „juristischen Person des öffentlichen Rechts" als Rechtsform verwendet wird, vgl. **JPöR:** § 1 Abs. 1 ARL(S2), S. 254; § 1 Abs. 1 BRRKv, S. 626; § 1 Abs. 1 CGGHKv.

50 Zu diesem methodischen Ansatz bereits überzeugend, *Kempen,* FormWFVerw, 1989, S. 126: „Die methodisch richtige Vorgehensweise besteht darin, erstens: die Lebenswirklichkeit zu erfassen, zweitens: die Rechtslage zu ermitteln und erst dann (rechts-) politische Folgerungen zu ziehen. Die ‚Resignation vor dem Faktischen', die aus den Äußerungen einiger Autoren erkennbar wird, darf nicht dazu verleiten, all dies miteinander zu vermengen und schließlich als Rechtslage etwas auszugeben, was nicht dem geltenden Recht, sondern nur einem utopischen Wunsch-Recht en[t]spricht."

d. Zur konkreten Begründung des Untersuchungsgegenstands

Der Gegenstand der Untersuchung, Rechtswissenschaft und Rechtssetzungspraxis, ist – hierauf deuten bereits die angesprochene lange Tradition des Themas, die vielfach widersprüchliche rechtswissenschaftliche Befassung und die unübersichtliche Rechtssetzungspraxis hin – zunächst weiter zu konkretisieren.

Die Rechtssetzungspraxis vollständig in dieser Untersuchung berücksichtigen zu können, stellt sich bei näherer Betrachtung schnell als illusorisch dar. Die Staatsverwaltung gewinnt in diesem Sinne ihre Struktur durch eine unübersehbare Anzahl von Organisationsgrundlagen/Rechtsgrundlagen (Errichtungsgesetze, Satzungen, Erlasse und Gesellschaftsverträge), die teilweise sogar noch aus der Zeit vor der Gründung der Bundesrepublik Deutschlands bzw. auch der Bildung des Landes Niedersachsen stammen[51]. Allein die unübersehbare Anzahl der Rechtsgrundlagen der Staatsverwaltung – Bund und Länder – führt insoweit zur Notwendigkeit der Eingrenzung auf einen Teilausschnitt. Zunächst sind es damit Praktikabilitätserwägungen, dass eine Einschränkung des Untersuchungsgegenstands im Hinblick auf die zu berücksichtigende Rechtssetzungspraxis zwingend erforderlich ist. Dass nachfolgend die niedersächsische Staatsverwaltung exemplarisch für die Rechtssetzungspraxis herangezogen wird und herangezogen werden kann, bedarf jedoch der Begründung.

i. Zur besonderen Berücksichtigung der niedersächsischen mittelbaren Staatsverwaltung

Die Beschränkungen früherer Untersuchungen in der Rechtswissenschaft, die sich entweder nur auf Bundesstiftungen (Stiftungen des Bundes), öffentliche Unternehmen oder ausgewählte Beispiele z. B. aus dem Bereich der (Landes-)Banken beschränkt haben[52], erscheinen aus der Perspektive eines umfassenden Vergleichs der

51 Vgl. **KöR:** AdWG, Genehmigung von 1751 als „Königliche Societät der Wissenschaften"; **SöR:** MBStB, S. 169.

52 **AöR:** *Blessing*, ÖffrAnstBetPr, 2008, unter dem Aspekt der „Öffentlichen Unternehmen"; ebenso *Bohn*, AnstÖffBetDritt, 2005; *A. Lange*, BetPrivrechtsfAnst, 2008; **SöR:** *Alscher*, DStiftungÖffR, 2006, nur eine Stiftungshochschule exemplarisch näher untersuchend; *Gölz*, DStaatalsStift, 1999, nur Bundesstiftungen untersuchend; *E. Müller*, DBundStift, 2009, ebenfalls nur Bundesstiftungen untersuchend; **JPbR:** vgl. auch *Forsthoff*, VerwR Bd. 1, 1973, § 25, S. 510, demzufolge das „öffentliche Unternehmen" als Sammelbegriff für die „privatrechtlichen Gliederungsformen [...] für die Zwecke der Verwaltung" verwandt wird; insoweit auch *M. Müller* in: Wolff/Bachof/Stober/Kluth, VerwR Bd. 2, 2010, § 86, Rn. 10; vgl. auch, insofern überzeugend, zum hier nicht weiter verwendeten Begriff des öffentlichen Unternehmens als „zu unscharf" zusammengefasst, *Loeser*, SysVerwR Bd. 2, 1994, Rn. 138; *Stober*, NJW 1984, 449; *ders.* in: Wolff/Bachof/Stober/Kluth, VerwR Bd. 2, 2010, § 89, Rn. 14. Insgesamt zur problematischen Begriffsbestimmung des „öffentlichen Unternehmens", *Groß* in: Hoffmann-Riem/Schmidt-Aßmann/Voßkuhle, GdlVerwR Bd. 1, 2012, § 13, Rn. 77; *Ronellenfitsch* in: Isensee/Kirchhof, HdBdStR Bd. 4, 2006, § 98, Rn. 2; *ders.*, aaO.,

Rechtsformen als ungeeignet. So könnte möglicherweise der Rückschluss von bestimmten Merkmalen auf eine Rechtsform unzutreffend und stattdessen durch die Sachmaterie bestimmt sein, soweit bspw. nur öffentliche Unternehmen oder Bundesstiftungen betrachtet werden. Dies gilt in besonderem Maße auch für die Bundesebene, die aufgrund ihrer beschränkten Verwaltungskompetenz keine geeignete Basis darstellt, um die Rechtsformen umfassend herausarbeiten zu können. Hier sind die entsprechenden Einrichtungen regelmäßig auch mit einem vergleichbaren Zweck ausgestattet, welcher wiederum die materielle Ausgestaltung bestimmt haben könnte. Insbesondere eine Beschränkung der Untersuchung auf einen bestimmten Zweck erscheint daher ausgeschlossen. Gleichzeitig erscheint die Landesebene für eine vergleichende Untersuchung besser geeignet, soweit die Verwaltungskompetenz primär bei den Ländern liegt[53]. Bereits hierdurch ist eine umfassendere Berücksichtigung verschiedener Zwecke angelegt. In diesem Sinne hätte selbstverständlich jedes Land als Beispiel für die hier darzustellende und zu untersuchende Rechtssetzungspraxis herangezogen werden können. Vorliegend wurde das Land Niedersachsen gewählt.

Die Beschränkung auf ein Land, hier das Land Niedersachsen, erscheint insofern auch zulässig. Es ist davon auszugehen, dass trotz möglicher Besonderheiten einzelner Länder die Ausgestaltung der Rechtsformen grundsätzlich den gleichen Voraussetzungen unterliegen dürfte. Insbesondere ist daran zu erinnern, dass die Rechtssetzungspraxis auch nur nachrangig im Vergleich zur Rechtswissenschaft herausgearbeitet und untersucht wird. Die Rechtswissenschaft ist wiederum als bundesweit einheitlicher Rechtskreis zu betrachten, an dem sich damit auch die Rechtssetzungspraxis der verschiedenen Länder und des Bundes in gleicher Weise messen lassen muss und die gleichen Idealformen herausarbeiten lassen müssen. Die Staatsverwaltung des Landes Niedersachsen wird in der vorliegenden Untersuchung daher als empirische Grundlage im Sinne eines repräsentativen Beispiels für eine Landesverwaltung herangezogen. Soweit ersichtlich, fehlt eine entsprechend umfassende und fundierte empirische Untersuchung der Rechtsformen der Staatsverwaltung bis heute.

ii. Die Erläuterung zu den konkret berücksichtigten Rechtsgrundlagen

Diese allgemeinen Erwägungen zur Auswahl der niedersächsischen Staatsverwaltung als Beispiel der Rechtssetzungspraxis erklären jedoch noch nicht die konkrete Auswahl der nachfolgend berücksichtigten Einrichtungen und der entsprechenden

---

Rn. 21, jedoch jeweils sowohl öffentliche wie private Rechtsformen unter dem Begriff zusammenfassend; dagegen die „öffentliche Anstalt" wiederum unter den Begriff des „öffentlichen Unternehmens" fassend, *O. Mayer,* DtVerwR, 1924, § 51, S. 268, als z. B. „Austrocknung eines Sumpfes", wiederum jedoch nur handlungs- und nicht organisationsbezogen; vgl. zu dieser handlungsbezogenen Begriffsbestimmung der Anstalt auch *Bohn,* AnstÖffBetDritt, 2005, S. 29; *Breuer,* VVDStRL 44, 1986, S. 216.

53 *Mehde* in: Hartmann/Mann/ders., LdRNds, 2015, § 2, Rn. 2; *Sachs,* NJW 1987, 2338 (2340).

Rechtsgrundlagen. Zwar stand am Anfang der Anspruch die niedersächsische Rechtssetzungspraxis für die nachfolgende Untersuchung vollumfänglich auszuwerten, um diese auf eine fundierte empirische Grundlage stellen zu können. Die Rechtssetzungspraxis vollständig zu erfassen, zeigte sich jedoch weiterhin als illusorisch. Wesentlicher Grund hierfür waren bereits erhebliche praktische Schwierigkeiten, die entsprechenden Rechtsgrundlagen überhaupt aufzufinden.

Da weder ein umfassendes bzw. abschließendes Verzeichnis der Einrichtungen der Staatsverwaltung noch eine Sammlung der Rechtsgrundlagen dieser Einrichtungen existiert, wurden als Ausgangspunkt das Niedersächsische Gesetzes- und Verordnungsblatt sowie das Niedersächsische Ministerialblatt gewählt. Diese wurden vollständig durchgesehen, um so ein möglichst vollständiges und umfassendes Bild zumindest im Hinblick auf die offiziell veröffentlichten Rechtsgrundlagen der Einrichtungen der niedersächsischen Staatsverwaltung zu erhalten. Dies heißt zum einen jedoch bereits einschränkend, dass es sich im Ergebnis bei jeder Einrichtung auch um einen Art Zufallsfund handelt, soweit händisch zehntausende von Seiten der Veröffentlichungsblätter durchgesehen werden mussten. Zum anderen zeigte sich wiederholt, dass Einrichtungen ihre Rechtsgrundlagen zwischenzeitlich nicht mehr in den Verkündungsblättern des Landes veröffentlichen, sondern ggf. in eigenen Veröffentlichungsblättern oder – soweit ersichtlich – nur noch im Internet.

Auf das Internet musste auch für die privatrechtlichen Einrichtungen zurückgegriffen werden, da entsprechende Rechtsgrundlagen in den offiziellen Veröffentlichungsblättern des Landes nicht berücksichtigt werden. Ausgangspunkt für das Auffinden dieser Einrichtungen war die Übersicht der Beteiligungen des Landes Niedersachsen durch das Niedersächsische Finanzministerium[54]. Soweit diese Einrichtungen jedoch gleichzeitig aufgrund eines Gesetzes (BGB, GmbHG oder AktG) errichtet wurden, beschränkt sich die Untersuchung aus pragmatischen Gründen auf Rechtsgrundlagen, die freundlicherweise durch die Einrichtungen selbst für diese Untersuchung zur Verfügung gestellt wurden. Dies betrifft insbesondere Einrichtungen in der Rechtsform der GmbH.

Ein weiterer Anhaltspunkt für das Auffinden entsprechender Einrichtungen war der Haushaltsplan des Landes Niedersachsen, welcher exemplarisch für das Jahr 2014 ausgewertet wurde. Hier konnten insbesondere eingetragene Vereine gefunden werden, deren Satzungen im Internet veröffentlicht sind und gefunden wurden – das Auffinden der eingetragenen Vereine mit Beteiligung des Landes Niedersachsen erwies sich dabei insgesamt als am schwierigsten. Es zeigte sich außerdem, dass die veröffentlichte Übersicht der Beteiligungen durch das Finanzministerium nach der hier gewonnenen Einschätzung unvollständig ist. So wurde, obwohl nicht im Beteiligungsverzeichnis aufgeführt, beispielsweise die Rammelsberger Bergbaumuseum Goslar GmbH in den Vergleich aufgenommen, da das Land Niedersachsen an der Besetzung der Organe beteiligt ist. Darüber hinaus zeigte sich, dass die HIS GmbH

54 Siehe Beteiligungsbericht des Landes Niedersachsen 2015, http://www.mf.niedersachsen.de/download/103195, zuletzt abgerufen am 21.06.2016.

im Rahmen einer Umstrukturierung und Umwandlung nunmehr eine eingetragene Genossenschaft ist.

Ebenso wurden in der Untersuchung Einrichtungen, die heute nicht mehr bestehen, berücksichtigt, da davon auszugehen ist, dass mangels erkennbaren Bruchs der Entwicklung, diese die heutigen Rechtsformen mitgeformt haben[55]. Dies erscheint auch deshalb überzeugend, da eine Berücksichtigung in zeitlicher Dimension auch bereits für die Rechtswissenschaft gilt, die sich in vergleichbarer Weise zumeist auf Meinungen aus vergangener Zeit bezieht – hierauf wurde bereits hingewiesen. Gleichzeitig lässt sich damit auch das Argument einer besonderen Dauerhaftigkeit, welches mit einzelnen Rechtsformen teilweise verbunden wird[56], zumindest rechtstatsächlich widerlegen. Eine Vollständigkeit zur Frage, ob eine Einrichtung weiterhin besteht, kann sowieso nicht garantiert werden, erscheint vor diesem Hintergrund jedoch als vernachlässigenswert.

Daneben führten Praktikabilitätserwägungen zu weiteren Beschränkungen der zu berücksichtigenden Rechtssetzungspraxis. So wurde als weiteres Kriterium eingeführt, dass die öffentlich-rechtlichen Einrichtungen aufgrund eines niedersächsischen Gesetzes errichtet wurden und ihren Sitz in Niedersachsen haben. Diese Kriterien erscheinen für die weitere Untersuchung unschädlich, da hiermit zum einen vorwiegend Selbstverwaltungskörperschaften ausgesondert wurden (z. B. Handwerkskammern), welche für die Dekonstruktion nur eine untergeordnete Rolle spielen werden. Eine Reihe weiterer Einrichtungen wurden außerdem nur exemplarisch berücksichtigt, da sich zeigte, dass viele Einrichtungen, welche aufgrund desselben Gesetzes errichtet wurden, sich auch in ihren Satzungen weitgehend gleichen. Als Konsequenz für diese Untersuchung wurden daher einzelne Einrichtungen ausschließlich beispielhaft herangezogen[57], ohne dass jede Abweichung im Detail berücksichtigt wurde. Dies trifft insbesondere auf die Realverbände zu, die allein wohl über tausend Einrichtungen in Niedersachsen umfassen, jedoch auch auf die Hochschulen, die öffentlich-rechtlichen Versicherungen und die Hochschulstiftungen.

Umgekehrt wurden die Eigenbetriebsverordnung sowie das Hannover Congress Centrum aus der kommunalen Ebene exemplarisch in die Untersuchung aufgenommen, um zu zeigen, dass die auf den ersten Blick möglicherweise relativ homogen wirkenden Landesbetriebe als nicht-rechtsfähige Verwaltungseinheiten im Ergebnis

55 Für die Auflösung einer Einrichtung dürften wohl auch eher politische Gründe, als die abstrakte Veränderung der Rechtsformen Intention sein.

56 Siehe Kap. C.II.4; C.III.8.

57 Dies gilt insbesondere für **KöR:** ÄKN; FrGWol; LUH; Nds.FischG(S); NJagdG(S); Stud-LUH; **AöR:** ÖffSB(S3); PrLV-H(S2); StW-H; **SöR:** St-TiHo(V); **st. GmbH:** § 1 Abs. 1 CUTEC; § 1 Abs. 1 DSMZ; § 1 Abs. 1 EaSoA; § 1 Abs. 1 HIS(S1); § 1 Abs. 1 HWW(S2); § 1 Abs. 1 LEA; § 1 Abs. 1 RamBmG; § 1 Abs. 1 GmbH1; § 1 Abs. 1 GmbH2; **st. AG:** § 1 Abs. 1 DMAg; § 1 Abs. 1 SagAG; § 1 VWAg; **st. e. V.:** § 1 Abs. 1 3NKN; § 1 Abs. 1 BrLsch; § 1 Abs. 1 DInKt; § 1 Abs. 1 EmLsch; § 1 Abs. 1 LVG; § 1 Abs. 2 N21; vgl. auch § 1 Abs. 2 NStT; **st. e. G.:** § 1 Abs. 1 HIS(S2).

nicht verallgemeinert werden können. Dieser Kompromiss spiegelt sich auch bei der berücksichtigten Literatur wieder, wie sogleich noch aufzuzeigen sein wird.

iii. Ergänzende Erläuterungen zur berücksichtigten Literatur

Der Kompromiss, demzufolge exemplarisch die Eigenbetriebe in die Untersuchung mit aufgenommen wurden, entspricht darüber hinaus der erforderlichen Berücksichtigung kommunalrechtlicher Literatur, soweit überwiegend dort die Privatrechtsformen im Rahmen der Staatsverwaltung behandelt werden. Ebenso findet sich eine rechtswissenschaftliche Auseinandersetzung mit der Stiftung hauptsächlich auf Bundesebene. Ein Widerspruch, der die Berücksichtigung im Rahmen der weiteren Untersuchung ausschließen würde, kann gleichwohl hierin nicht gesehen werden. Hinzuweisen ist insofern auf die bereits erfolgte Bewertung der Rechtswissenschaft als einheitlicher Rechtskreis.

iv. Zwischenergebnis – der Untersuchungsgegenstand als Kompromiss

Die Auswahl der Rechtsgrundlagen, wie auch die zur Verfügung stehende Literatur, stellt so in vielerlei Hinsicht einen Kompromiss dar, um die Rechtsformen der Staatsverwaltung untersuchen zu können. Dennoch wird sich die Anzahl und Vielgestaltigkeit der berücksichtigten Einrichtungen als ausreichend erweisen, um das Ergebnis dieser Untersuchung – die Dekonstruktion der Rechtsformen – letztendlich tragen zu können. Ebenso steht Literatur, welche sich unmittelbar mit der (niedersächsischen) Staatsverwaltung befasst, nur in sehr geringem Maße zur Verfügung. Das entscheidende Argument dürfte daher – wie bereits hervorgehoben – sein, dass der Bund und die Länder einen Rechtskreis mit einer gemeinsamen Rechtstradition bilden, in dem von einheitlichen Rechtsformen der Staatsverwaltung auszugehen ist.

Die nachfolgende Dekonstruktion basiert damit auf einer Näherung von zwei Seiten, um die Rechtsformen jeweils in einer Idealform (bzw. als Typenbegriff) herauszuarbeiten und zu untersuchen, der Rechtswissenschaft und der Rechtssetzungspraxis. Dieser Aufzählung zugrunde liegt gleichzeitig auch das Rangverhältnis dieser beiden Aspekte. Neben den bereits ausgeführten Erwägungen zur Berücksichtigung von Rechtswissenschaft und Rechtssetzungspraxis, ist dabei noch auf Folgendes hinzuweisen: Eine umfassende Herangehensweise erscheint umso notwendiger, als im Ergebnis trotz vieler noch aufzuzeigender Selbstverständlichkeiten, eine zumindest in dieser Klarheit überraschende und umfassende Dekonstruktion der Rechtsformen der Staatsverwaltung stehen wird.

4. Zum Untersuchungsziel – die Thesen der Untersuchung

Die Rechtsformen haben in der Rechtswissenschaft und Rechtssetzungspraxis eine Stellung eingenommen, welche selbstverständlich mit der nachfolgenden Dekonstruktion in Frage gestellt wird. Um das Ziel dieser Untersuchung zu verdeutlichen, ist bereits der Hinweis angezeigt, dass sich zeigen wird, dass die Rechtsformen im Wesentlichen nur durch allgemeine Anforderungen an eine Organisation überhaupt und die identischen verfassungsmäßigen Vorgaben geprägt sind. Darüber hinaus wird in diesem Rahmen für alle Rechtsformen allein eine übereinstimmende Variationsbandbreite ihrer Ausgestaltung festzustellen sein. Diese Regelungen, wie sie sich sodann auch in der Rechtssetzungspraxis wiederfinden lassen, sind womöglich im Ergebnis insgesamt unabhängig von den Rechtsformen zu betrachten. Hiermit verbunden sind gleichzeitig auch die Thesen der Untersuchung, welche zunächst in ihren wesentlichen Aussagen skizziert werden sollen.

a. Die fehlende rechtliche Wirkung der Rechtsformen

Die Dekonstruktion hat unmittelbar Einfluss auf die Verknüpfung bestimmter formeller Merkmale, mit den sie bestimmenden materiellen Merkmalen. Dass sich eine Rechtsform aus sowohl formellen wie materiellen Merkmalen zusammensetzt, wurde bereits herausgearbeitet. In diesem Sinne wird vielfach angenommen, dass mit einer formellen Wahl einer Rechtsform bestimmte rechtliche Folgen (materielle Merkmale) verbunden sind[58]. Deutlich wird dies insbesondere, wenn mit einer Rechtsform bestimmte Aussagen zur Steuerung bzw. Verselbstständigung verbunden werden[59], oder eine Haftungsbegrenzung hervorgehoben wird[60]. Die erste These ist demgegenüber, dass die Dekonstruktion zeigen wird, dass mit der Bestimmung/Zuordnung zu einer formellen Rechtsform gerade keine bestimmten/bestimmbaren Rechtsfolgen für eine Einrichtung verbunden sind. Gezeigt werden soll, dass die Rechtsfolgen sich nur durch die Regelungen im Einzelfall begründen lassen, welche sich gleichzeitig im Rahmen einer Variationsbandbreite der Rechtsformen insgesamt bewegen. Folge hiervon wäre insbesondere, dass durch die Wahl einer Rechtsform keine Regelungslücken im Einzelfall geschlossen oder die Rechtsform

---

58 So dagegen *Blessing,* ÖffrAnstBetPr, 2008, S. 39, soweit umgekehrt aus der formellen Wahl bereits auf ein bestimmtes, „unterschiedliche[s] Rechtsprogramme" bzw. „Normenprogramm" geschlossen wird; ebenso unzutreffend *Brünning,* PrivEkomAufg, 1997, S. 269; *Chen,* ÖffrechtAnst, 1994, S. 18; *Ehlers,* VerwPrivRf, 1984, S. 109; *Gaß,* UmwgemUnt, 2003, S. 56 f.; *Loeser,* WBRföffVerwOrg, 1988, S 27; *Loeser,* SysVerwR Bd. 2, 1994, Rn. 69; *M. J. Müller,* RtfwissHochS, 2015, S. 64; *N. Müller,* RechtsFormW, 1993, S. 21; *Trute,* DVBl. 1996, 950 (958 f.); *Wolf,* AnstöffRWettu, 2002, S. 170.

59 Vgl. hierzu weiterführend, Kap. C.I.2.a.

60 **st. GmbH:** *Grziwotz* in: MüHBGesR Bd. 3, 2012, § 2, Rn. 25a; *Gundlach,* LKV 2000, 58 (59); *Hogeweg,* KomAnstNds, 2007, S. 45 f.; **st. AG:** *Claussen,* TeilprikomSparK, 1990, S. 199; **st. GmbH und st. AG:** *Erdmann,* NdsVBl. 2003, 261; *Engellandt,* EinflKomKapGes, 1995, S. 6; *Kämmerer,* Privatisierung, 2001, S. 256 f.; *N. Müller,* RechtsFormW, 1993, S. 73; *Röger,* InsokommUntPrv, 2005, S. 29; **JPbR:** *Ehlers,* VerwPrivRf, 1984, S. 315; *Forsthoff,* VerwR Bd. 1, 1973, § 25, S. 518; *Hauser,* WahlOrgForm, 1987, S. 6; *A. Lange,* BetPrivrechtsfAnst, 2008, S. 117; *Stober,* NJW 1984, 449 (457); *Wallerath,* AllgVerwR, 2009, § 6, Rn. 91, insoweit am Beispiel der Kommunen sogar von einer Voraussetzung für die Indienstnahme der Rechtsformen der GmbH, AG und e. V. durch den Staat sprechend, ohne die Voraussetzungen der Haftungsbegrenzungen jedoch näher zu beleuchten.

überhaupt zur Auslegung bestimmter Regelungen im Einzelfall nicht herangezogen werden können. Eine Argumentation wäre insoweit notwendig zirkelschlüssig. Dies gilt insbesondere, soweit nur festzustellen sein wird, dass die Rechtsformen im Einzelfall ganz unterschiedlich sowohl bzgl. verschiedener Regelungen als auch der Regelungstiefe ausgestaltet sind.

b. Von der Wahlfreiheit der Rechtsformen zur Wahlbeliebigkeit

Insofern soll als zweite These hinterfragt werden, ob eine freie Rechtsformwahl[61] überhaupt besteht bzw. bestehen kann. Die im Rahmen dieser Untersuchung herauszuarbeitende Transparenz der Strukturmerkmale der Rechtsformen bildet daher zugleich den Anlass zu einer kritischen Auseinandersetzung mit dieser Wahlfreiheit, insbesondere vor dem Hintergrund der Erscheinungsformen der Rechtsformen in der Staatsverwaltung[62]. Die Strukturmerkmale (siehe die erste These), die mit den Rechtsformen regelmäßig als Wahlfreiheit verknüpft werden – insbesondere auch die „Wahl" des Staates zwischen den juristischen Personen des öffentlichen und den juristischen Personen des bürgerlichen Rechts – werden auch die „Wahlfreiheit" auf die Ausgestaltung im Einzelfall[63] und verfassungsrechtliche Grundentscheidungen reduzieren lassen.

---

61 Vgl. zur angenommenen „Wahlfreiheit", bspw. BVerwGE 94, 229 (231 ff.); *Blessing*, ÖffrAnstBetPr, 2008, S. 16, 52; *Bohn*, AnstÖffBetDritt, 2005, S. 115; *Ehlers* in: Schmidt-Aßmann/Dolde, ÖffWirtR, 2005, S. 205; *Forsthoff*, VerwR Bd. 1, 1973, § 25, S. 510, dass es „nicht gleichgültig [ist], auf welche [Rechtsform] die Wahl fällt"; *Groß* in: Hoffmann-Riem/Schmidt-Aßmann/Voßkuhle, GdlVerwR Bd. 1, 2012, § 13, Rn. 47; *Grziwotz* in: MüHBGesR Bd. 3, 2012, § 2, Rn. 24; *Hermes* in: Dreier (Hrsg.), GG-Kom Bd. 3, 2008, Art. 86, Rn. 47; *M. Kilian* in: Werner/Saenger (Hrsg.), DStfRStW, 2008, Rn. 1056; *Kluth* in: Wolff/Bachof/Stober/ders., VerwR Bd. 2, 2010, § 80, Rn. 48 ff., unter dem Punkt „Gründe für die Wahl einer bestimmten Rechtsform"; *E. Müller*, DBundStift, 2009, S. 39; *M. Müller* in: Wolff/Bachof/Stober/Kluth, VerwR Bd. 2, 2010, § 86, Rn. 3, unter dem Aspekt der Abhängigkeit „Rechtsfolgen [von] der Wahl der jeweiligen Organisationsform"; *Oebbecke* in: Isensee/Kirchhof, HdBdStR Bd. 6, 2008, § 136, Rn. 101; *Stober* in: Wolff/Bachof/ders./Kluth, VerwR Bd. 2, 2010, § 92, Rn. 8.; vgl. zur angenommen Umwandlung „eigenständiger Organisationsformen", *C. Lange*, PrivREchtsF, 1984, S. 20; kritisch zur Wahlfreiheit bereits *Ehlers*, VerwPrivRf, 1984, S. 65 ff.; *Kempen*, FormWFVerw, 1989, S. 111 f., 122 ff.; *Röger*, InsokommUntPrv, 2005, S. 121 ff.

62 Bereits kritisch zur insofern widersprüchlichen Wahlfreiheit und missbräuchlichen Verwendung der Rechtsformen, *Pestalozza*, FromMißBrSt, 1973, S. 168.

63 Insofern ist von einer Gestaltungsfreiheit statt einer Wahlfreiheit zu sprechen, soweit sich die Rechtsformen nicht typisieren lassen; inkonsequent daher *Jestaedt* in: Hoffmann-Riem/Schmidt-Aßmann/Voßkuhle, GdlVerwR Bd. 1, 2012, § 14, Rn. 29, soweit hier unter dem Aspekt „der ‚Konturenlosigkeit' öffentlich-rechtlicher Organisationstypen" trotzdem von einer „Wahlfreiheit des Organisationsrechtssetzers" gesprochen wird.

Vor diesem Hintergrund besagt die zweite These der Untersuchung, dass sich die Rechtsformen jenseits ihrer Variationsbandbreite im Einzelfall auf die Körperschaft und die nicht-rechtsfähige Verwaltungseinheit[64] als Teil einer Körperschaft reduzieren lassen, deren rechtliche Wirkungen statt von der Wahl einer Rechtsform von der Organstruktur der Einrichtung im Einzelfall und darüber hinaus nur von den verfassungsrechtlichen Grundentscheidungen im Allgemeinen bestimmt werden. Das Ziel der Untersuchung ist es, die Strukturen (die materiellen Merkmale) der Rechtsformen der Staatsverwaltung hierfür offen zu legen und deren organisationsrechtliche Bedeutungslosigkeit für die Bestimmung der Rechtsformen an sich aufzuzeigen. Insofern würde sich mit der Dekonstruktion die Wahlfreiheit auf eine „Wahlbeliebigkeit" reduzieren lassen[65].

Die Begründung dieser Wahlbeliebigkeit wird insofern die Grundlage dafür bilden, die heterogene Rechtssetzungspraxis und die Zweifel an der Unterscheidbarkeit der Rechtsformen zu erklären. Am Ende wird sich die Bedeutungslosigkeit unterschiedlicher rechtlicher Ausgestaltungen zur Differenzierung der Rechtsformen und damit für die Begründung einer Rechtsformwahl zeigen.

c. *Zur Verdeckung verfassungsrechtlicher Anforderungen an die Staatsverwaltung durch die Rechtsformen der Staatsverwaltung*

Im Rahmen der dritten These soll der Blick unmittelbar auf die verfassungsrechtlichen Anforderungen gelenkt werden, welche sicherlich im Laufe der Zeit eine größere Bedeutung erlangt haben, als sie z. B. im Jahre 1896 (siehe zur Definition der Anstalt O. Mayers aus diesem Jahr bereits oben) hatten. Festzustellen ist jedenfalls, dass bestimmte Aussagen zu einzelnen Rechtsformen zunehmend in das verfassungsrechtliche Ganze eingeordnet und so die einzelnen Merkmale neu bewertet werden[66]. In diesem Sinne finden sich viele Abhandlungen, die für die Auslegung der Merkmale einzelner Rechtsformen auf die Anforderungen vor allem des Demokratieprinzips abstellen[67], ohne jedoch die Folgen im Rahmen eines Vergleichs bzw. der Abgrenzung der Rechtsformen hinreichend zu berücksichtigen.

---

64 Vgl. zu diesem Begriff bereits *Köttgen*, RfVerwEinh, 1939, S. 6 ff.

65 Dies bereits im Hinblick auf einen Formmissbrauch annehmend, *Pestalozza*, FromMißBrSt, 1973, S. 163 ff., 186, soweit aufgrund der Beliebigkeit nicht von „adäquaten Rechtsformen" gesprochen werden könne.

66 Zu dieser rechtswissenschaftlichen Notwendigkeit einprägsam, *Kempen*, FormWFVerw, 1989, S. 87 f.

67 **KöR:** *Kluth* in: Wolff/Bachof/Stober/ders., VerwR Bd. 2, 2010, § 85, Rn. 79; *Papenfuß*, PersGrAöffrK, 1991, S. 134 ff.; **AöR:** *Fett*, ÖffrAnstabKonU, 2000, S. 102 ff.; *Lübbecke*, KommUntNRW, 2004, S. 73 ff.; **SöR:** *Alscher*, DStiftungÖffR, 2006, S. 34, 154, dass für die Stiftung des öffentlichen Rechts „aufgrund des Erfordernisses demokratischer Legitimation [das Erfordernis, dass der Organwalter nicht gleich der Stifter sein darf] zum Teil nicht erfüllt werden kann"; *Braukmann*, JZ 2004, 662 f.; **SöR und st. SbR:** *Fiedler*, StEStwFwFm, 2004, S. 106 ff.; **JPbR:** *Mann*, ÖffrechtGes, 2001,

Die dritte These besagt, dass die Rechtsformen insgesamt die Auseinandersetzung mit diesen verfassungsrechtlichen Anforderungen an die Staatsverwaltung verdecken, vielfach überlagern und verhindern. Soweit z. B. mit einer Rechtsform bestimmte Rechtsfolgen verknüpft werden, z. B. die Verselbstständigung, so besteht die Gefahr, dass eine mit der Staatsverwaltung möglicherweise aus verfassungsrechtlichen Gründen zwingend verbundene Steuerung übersehen wird. Gleiches zeigt sich besonders deutlich auch bei der Wahl einer Rechtsform des bürgerlichen Rechts, welche möglicherweise Wertungen mit in die Staatsverwaltung zu übernehmen versucht, welche im Widerspruch zu verfassungsrechtlichen Grundentscheidungen stehen könnten. Die Dekonstruktion wird daher Gefahren transparent machen, welche mit den Rechtsformen der Staatsverwaltung, ihrer Ausgestaltung und Befassung, verbunden sein könnten.

5. Zum Ausschluss potentieller Grenzen einer Dekonstruktion der Rechtsformen der Staatsverwaltung

Gegen eine Dekonstruktion könnte bereits grundsätzlich eingewandt werden, dass dieser Grenzen entgegenstehen, welche eine vergleichende Betrachtung der Rechtsformen bereits dem Grundsatz nach ganz oder teilweise ausschließen könnten. Bevor in die Dekonstruktion der Rechtsformen eingestiegen werden kann, sind daher zunächst diese potentiellen Grenzen zu betrachten. Notwendigerweise sind hier Erwägungen losgelöst von den Rechtsformen anzustellen – und damit auf einem höheren Abstraktionsniveau –, da andernfalls eine Argumentation mit den Rechtsformen selbst zirkelschlüssig wäre[68]. Als Grenzen in Betracht kommen die Unterscheidung in juristische Personen des öffentlichen bzw. bürgerlichen Rechts, die Verleihung der Rechtsfähigkeit bzw. die mit einer Rechtsform verbundenen Nicht-Rechtsfähigkeit einer Einrichtung sowie abschließend, ob Rechtsbegriffe – insbesondere soweit diese von der Rechtssetzungspraxis verwendet werden – zwingend mit einem Kernbestand verbunden sind, welcher einer Dekonstruktion entgegensteht. Diese Untersuchungen werden daher nachfolgend der Bestimmung des Rechtsformkanons im Rahmen der formellen Merkmale vorangestellt.

a. Die (formelle) Zuordnung der Rechtsformen der Staatsverwaltung zum öffentlichen oder bürgerlichen Recht

Einer Dekonstruktion der Rechtsformen könnte insbesondere entgegengehalten werden, dass zumindest die Abgrenzung der juristischen Personen des öffentlichen

S. 254 ff., unzutreffend dagegen *Engellandt*, EinflKomKapGes, 1995, S. 11, dass sich die Unternehmensmitbestimmung bei öffentlichen Unternehmen einer „rechtlichen [...] Bewertung entzieht"; *Hauser*, WahlOrgForm, 1987, S. 65, soweit für die Kommunen mit der Zuordnung zur Exekutive die Anwendbarkeit des Demokratieprinzips ausgeschlossen wird; **JP**: *Sachs*, NJW 1987, 2338 (2342 f.).

68 Hierzu sogleich.

von den juristischen Personen des bürgerlichen[69] Rechts eine Grenze auch für die Dekonstruktion der Rechtsformen der Staatsverwaltung darstellen müsste. So legt die Unterscheidung zwischen juristischen Personen des öffentlichen und des bürgerlichen Rechts bereits begrifflich nahe, dass hiermit die Abgrenzung zwischen einem staatlichen Rechtskreis als Zuordnung zur Staatsverwaltung auf der einen und einem privatrechtlichen Rechtskreis[70] auf der anderen Seite verbunden wäre[71].

Es bestehen jedoch erhebliche Bedenken, diese Unterscheidung auf die hier zu untersuchende Staatsverwaltung in dieser Weise anzuwenden[72]. Die Aussage, dass z. B. eine Stiftung sich „zwischen Staat und Gesellschaft" bewege[73], erlaubt nicht aus sich heraus eine Zuordnung zum Staat oder zu einem privaten Rechtskreis, sondern birgt die Gefahr, diese zu verschleiern. Ebenso wenig ist eine Argumentation aus der Rechtsform selbst heraus zulässig. Aus der Zuordnung z. B. der GmbH zu den juristischen Personen des bürgerlichen Rechts können nicht gleichzeitig rechtsformspezifische Merkmale begründet werden, sowie diese als Begründung für eine Grenze der Dekonstruktion herangezogen werden. Die Zuordnung zu bzw. Wahl einer juristischen Person des öffentlichen bzw. bürgerlichen Rechts stellt sich damit gleichzeitig als bloß formelles Merkmal im Sinne der bereits ausgeführten Untersuchungsmethode dar[74].

Eine Grenze für die nachfolgende Dekonstruktion kann zusätzlich auch durch allgemeinere Erwägungen ausgeschlossen werden. Soweit die Zuordnung zu den juristischen Personen des öffentlichen oder des bürgerlichen Rechts auf die den Einrichtungen zugrunde liegenden Rechtsvorschriften, des öffentlichen oder des

69 Bereits an dieser Stelle ist darauf hinzuweisen, dass hiervon abweichend in der Rechtssetzungspraxis ebenso von juristischen Personen „des privaten Rechts" die Rede ist, siehe § 1 Abs. 2 NWirtA(S), S. 410, ohne dass diese begriffliche Differenzierung eine unterschiedliche Bewertung begründen kann. Für diese Untersuchung werden daher juristische Personen des bürgerlichen und des privaten Rechts zusammengefasst.

70 Dies ist hier nur als Sammelbegriff für die Privatrechtssubjekte zu verstehen, um die Abgrenzung zum Staat zu verdeutlichen.

71 Zutreffend den Widerspruch aufzeigend, *Hendler*, SelbstOrdpr, 1984, S. 280; *Kempen*, FormWFVerw, 1989, S. 24, soweit auf den „Staatswillen[...] und staatsbegrenzende[n] Freiheitsschutz" auf der einen und die „eigentlich systemwidrige" Fiskustheorie auf der anderen Seite eingegangen wird; *ders.*, aaO., S. 38, dass der Dualismus von Staat und Gesellschaft [...] ‚zwingend' [ist]"; in diesem Sinne auch, *Groß*, KollprVerwOrg, 1999, S. 29; *Köttgen*, RfVerwEinh, 1939, S. 15; *Pestalozza*, FromMißBrSt, 1973, S. 174 ff.; vgl. auch *Storr*, StaataUntn, 2001, S. 85; dass „aus demokratiespezifischer Perspektive [...] sämtliche Maßnahmen des Staates Staatsgewalt [sind]"; als „staatlicher Verantwortungsbereich", *ders.*, aaO., S. 86.

72 Vgl. a. A. dagegen *Kreienschulte*, RchStiftVolksw, 1969, S. 138; *Vogel*, ÖffWirtprivH, 1959, S. 64, dass „der Staat keine andere Stellung als ein privater Unternehmer" hat.

73 Vgl. *M. Kilian* in: Werner/Saenger (Hrsg.), DStfRStW, 2008, Rn. 995.

74 Vgl. Kap. A.I.2.

bürgerlichen Rechts, bezogen wird[75], handelt es sich um eine Feststellung ohne Erkenntnisgewinn[76] und ohne eine Aussage zu einer materiell-rechtlichen Wirkung dieser Zuordnung. Erst eine materielle Wirkung[77] dagegen vermag eine Unterscheidung in juristische Personen des öffentlichen oder des bürgerlichen Rechts zu begründen[78]. Insbesondere handelt der Staat auch in Privatrechtsform weiterhin als Staat[79], ohne dass die Wahl z. B. der Rechtsform der GmbH oder der Stiftung

75 So jedoch *Detterbeck*, AllgVerwR, 2015, Rn. 181; *Fiedler*, StEStwFwFm, 2004, S. 25; *Hofmann* in: ders./Gerke, AllgVerwR, 2010, Rn. 32; *Hauser*, WahlOrgForm, 1987, S. 12; vgl. *Joppich*, BöffrtStift, 1951, S. 60, 62 f., kritisch *ders.*, aaO., S. 75; *Maurer*, AllgVerwR, 2011, § 21, Rn. 4, dass „[j]e nachdem, ob die Rechtsfähigkeit im Privatrecht oder im öffentlichen Recht wurzelt, [...] man von juristischen Personen des Privatrechts oder juristischen Personen des öffentlichen Rechts [spricht]."; *N. Müller*, RechtsFormW, 1993, S. 75; *Preußner*, LKV 2004, 299; *Saenger* in: Werner/ders. (Hrsg.), DStfRStW, 2008, Rn. 166, dass „[f]ür die Abgrenzung von den privatrechtlichen Stiftungen [...] nicht die Zwecksetzung der Stiftung entscheidend [ist], sondern ihr **Entstehungstatbestand**."; *Schwake* in: MüHBGesR Bd. 5, 2009, § 79, Rn. 56; *Stettner*, DStiftungÖffR, 2012, S. 22; *Strickrodt*, NJW 1962, 1480; *Tomsen*, stnStiftBerAut, 1991, S. 13; *Twehues*, RechtskommStift, 1996, S. 45; *v. Campenhausen/Stumpf* in: v. Campenhausen/Richter (Hrsg.) StfRHdB, 2014, § 1, Rn. 11, § 16, 9; bereits mit einem kritischen Unterton, *Jestaedt* in: Hoffmann-Riem/Schmidt-Aßmann/Voßkuhle, GdlVerwR Bd. 1, 2012, § 14, Rn. 26, ohne die Anknüpfung jedoch aufzugeben; zusätzlich widersprüchlich, *Kemmer*, JA 2015, 328 (311), dass „Öffentlich-rechtlich [...] die Stiftung einzuordnen [ist], wenn ihr Gründer staatlich ist und sie im staatlichen Aufgabenbereich tätig wird", was jedoch bei einer staatlichen Errichtung immer der Fall ist.

76 Soweit diese Unterteilung wiederum die Frage aufwirft, ob die Normen in der konkreten Anwendung dem öffentlichen oder dem bürgerlichen Rechtskreis zuzuordnen sind; im Ergebnis ebenso *Kraft*, VerwGesellR, 1982, S. 8 ff., ohne dies jedoch zu begründen.

77 Vgl. BVerfGE 15, 46 (67); 68, 193 (207 f.), BGHZ 91, 84 (97 f.); entscheidend für eine juristische Person des öffentlichen Rechts ist nicht die „Rechtsform als solche[, sondern dass] [e]s [...] namentlich auf die Funktion an[kommt], in der eine juristische Person des öffentlichen Rechts von dem beanstandeten Akt der öffentlichen Gewalt betroffen wird."; *Kempen*, FormWFVerw, 1989, S. 58.

78 Ein „Vorstadium zur Aufgabenprivatisierung", *Traumann*, OrgbundeigVerw, 1998, S. 290, ist daher abzulehnen.

79 *Alscher*, DStiftungÖffR, 2006, S. 98; *Badura* in: FS Schlochauer, 1981, S. 6; *F. Becker*, VernLandBank, 1998, S. 109; *Burgi* in: Erichsen/Ehlers (Hrsg.), AllgVerwR, 2010, § 7, Rn. 11; *Claussen*, TeilprikomSparK, 1990, S. 149; *Draf*, KörpöfffSReV, 2006, S. 33; *Dreier*, HierVerwDemStaat, 1991, S. 253 ff.; *Forsthoff*, VerwR Bd. 1, 1973, § 25, S. 519; *Groß*, KollprVerwOrg, 1999, S. 33, 38; *Ibler* in: Maunz/Dürig, GG-Kom, 2015, Art. 86, Rn. 116; *J. Ipsen*, AllgVerwR, 2015, § 4, Rn. 268; *Groß* in: Hoffmann-Riem/Schmidt-Aßmann/Voßkuhle, GdlVerwR Bd. 1, 2012, § 13, Rn. 10; *Krebs* in: Isensee/Kirchhof, HdBdStR Bd. 5, 2007, § 108, Rn. 8; *Naendrup*, PrivHaftbstaatVer, 1967, S. 103; *Ossenbühl*, ZGR 1996, 504 (508); *Pfeifer*, SteukomAktdG, 1991, S. 8 f.; *Püttner*, ÖffUntern, 1985, S. 25; *Schoch*, DVBl. 1994, 962 (973), als „Scheinprivatisierung"; *Storr, StaataUntn, 2001, S.* 88;

des bürgerlichen Rechts eine (materielle) Privatisierung beinhalten würde[80]. Die Zuordnung erfolgt stattdessen zunächst einheitlich anhand des Errichtungsaktes, welcher als Entscheidung der Legislative, z. B. als Errichtungsgesetz oder als Entscheidung der Exekutive, als Errichtungserlass, Stiftungsgeschäft oder Gesellschaftsvertrag Anknüpfungspunkt für die staatliche Zuordnung ist[81]. Im Ergebnis ist die Zuordnung damit unabhängig davon, ob es sich um eine öffentlich-rechtliche oder privatrechtliche Rechtsform handelt. Gleichzeitig zeigt sich, dass allein die staatliche Wahl einer juristischen Person des bürgerlichen Rechts für eine Einrichtung der Staatsverwaltung keinen Wechsel des Rechtskreises auslöst[82] und im Ergebnis organisationsrechtlich und für die Abgrenzung der Rechtsformen unbeachtlich ist[83].

Die Zuordnung zur Staatsverwaltung auf der einen und einem privaten Rechtskreis auf der anderen Seite verdeutlicht sich darüber hinaus insbesondere bei der Begründung einer materiellen Privatisierung[84], welche die Zuordnung zum Staat erst aufhebt[85]. Soweit der Staat eine Einrichtung privatisiert, handelt es sich um eine Aufgabenprivatisierung, mit der die Privatautonomie des die Aufgabe fortführenden Privaten nunmehr den Anknüpfungspunkt des Zwecks bildet und so an die Stelle der staatlichen Ableitung tritt. Auch wenn eine juristische Person ihren Zweck nur von (natürlichen) Personen ableiten kann[86], erfolgt mit einer Aufgabenprivatisierung ein Austausch des Ableitungspunktes des Zwecks. Solange der Staat eine Aufgabe wahrnimmt, handelt es sich um einen Teilzweck seiner Staatsgewalt, mit insbesondere seinen rechtlichen Bindungen bzgl. der Staatsstrukturprinzipien[87].

Tomsen, stnStiftBerAut, 1991, S. 184; *v. Danwitz*, AöR 1995, 595 (599); *Weiß*, DVBl. 2002, 1167 (1168 f.); vgl. auch *Fiedler*, StEStwFwFm, 2004, S. 51.

80 Vgl. *Burgi* in: Erichsen/Ehlers (Hrsg.), AllgVerwR, 2010, § 7, Rn. 11; *Groß* in: Hoffmann-Riem/Schmidt-Aßmann/Voßkuhle, GdlVerwR Bd. 1, 2012, § 13, Rn. 10; *J. Ipsen*, AllgVerwR, 2015, § 4, Rn. 276.

81 **SöR:** *M. Kilian* in: Werner/Saenger (Hrsg.), DStfRStW, 2008, Rn. 996, 1001.

82 Wie hier *J. Burmeister* in: FG v. Unruh, 1983, S. 638; *Kraft*, VerwGesellR, 1982, S. 65; *Naendrup*, PrivHaftbstaatVer, 1967, S. 106; vgl. in diese Richtung auch *Loeser*, SysVerwR Bd. 2, 1994, Rn. 148; *Pfeifer*, SteukomAktdG, 1991, S. 7; ohne Begründung a. A. dagegen *O. Werner* in: Werner/Saenger (Hrsg.), DStfRStW, 2008, Rn. 270, dass „[e]ine vom Hoheitsträger errichtete Stiftung des Privatrechts [...] nach privatrechtlichen Gesichtspunkten beurteilt [wird]."

83 **SöR und st. SbR:** *Totenhöfer-Just*, ÖffrechtStft, 1973, S. 28; **JPbR:** *Groß*, KollprVerwOrg, 1999, S. 273; a. A. ohne Begründung *ders.*, aaO., S. 271.

84 *Burgi* in: Erichsen/Ehlers (Hrsg.), AllgVerwR, 2010, § 7, Rn. 11; *Burgi* in: v. Mangold/Klein/Starck, Kom-GG Bd. 3, 2010, Art. 86, Rn. 54; *Maurer*, AllgVerwR, 2011, § 23, Rn. 63; *Traumann*, OrgbundeigVerw, 1998, S. 344; unklar dagegen *E. Müller*, DBundStift, 2009, S. 47, allein „auf das Merkmal der ‚Errichtung'" abstellend, obwohl im Gegensatz gerade allein die Momentaufnahme die Zuordnung alleine bestimmen kann.

85 *J. Ipsen*, AllgVerwR, 2015, § 4, Rn. 276, dass der Staat sich „mit der materiellen oder Aufgabenprivatisierung [...] sich [...] einzelner öffentlicher Aufgaben [entledigt]".

86 Vgl. zur Begründung der juristischen Person, Kap. A.I.5.b.

87 Hierzu eingehend, Kap. C.II.6 und C.III.4.

Auch soweit der Staat Aufgaben durch Private wahrnehmen lässt, handelt es sich weiterhin um staatliche Aufgaben und bei dem Privaten um einen Beliehenen[88] oder ggf. Verwaltungshelfer[89]. Anzudeuten ist an dieser Stelle bereits, dass entscheidend auf die Steuerungsfrage abzustellen sein wird, wie nachfolgend noch weiter herauszuarbeiten ist.

Eine materielle Privatisierung stellt demgegenüber nur eine Mittelprivatisierung dar, verbunden mit der Verpflichtung des Staates, eine Aufgabe zukünftig nicht mehr auszuüben und dem Recht des Privaten nunmehr an die Stelle des Zwecks aus der Staatsgewalt seinen eigenen privatautonomen Zweck zu stellen[90]. Umgekehrt erfolgt mit einer Verstaatlichung einer Einrichtung keine Übertragung des privatautonomen Zwecks, sondern nur eine Mittelverstaatlichung mit einer Ersetzung des privaten durch einen staatlichen Zweck. Bspw. wird ein Schwimmbad materiell privatisiert bzw. verstaatlicht, indem eine Übertragung der beweglichen und ggf. unbeweglichen Vermögensgegenstände erfolgt und das Personal auf den Privaten bzw. den Staat als neuen Träger übergeht. Der staatliche Zweck, z. B. ein Schwimmbad zu betreiben, endet und wird durch den privatautonomen Zweck des neuen privaten Trägers ersetzt, der das Schwimmbad nunmehr als Ausdruck seiner Zweckbestimmung fortführt[91]. Es zeigt sich, dass der formellen Privatisierung hierzu im Gegensatz zumindest auf dieser abstrakten Ebene eine organisationsrechtliche Relevanz fehlt[92]. Das Kriterium der Ableitung des Willens und der Entscheidung über den Fortbestand bzw. der Änderung des Zwecks bildet insoweit die Grundlage der Abgrenzung zwischen einer formellen Privatisierung, für die der Fortbestand einer Einrichtung weiterhin vom Willen des Staates abhängt und einer materiellen Privatisierung, bei der der private

---

88 *Burgi* in: v. Mangold/Klein/Starck, Kom-GG Bd. 3, 2010, Art. 86, Rn. 55; *Detterbeck,* AllgVerwR, 2015, Rn. 192; *Groß* in: Frilauf/Höfling, Berliner Kom-GG Bd. 4, EL 2002, Art. 86, Rn. 26; *Erbguth,* AllgVerwR, 2016, § 6, Rn. 22; *Maurer,* AllgVerwR, 2011, § 21, Rn. 11, § 23, Rn. 56; *Suerbaum* in: Epping/Hillgruber (Hrsg.) BeckOK GG, 2014, Art. 86, Rn. 21; *Wallerath,* AllgVerwR, 2009, § 5, Rn. 26.

89 *Burgi* in: v. Mangold/Klein/Starck, Kom-GG Bd. 3, 2010, Art. 86, Rn. 54; *Detterbeck,* AllgVerwR, 2015, Rn. 194; *Erbguth,* AllgVerwR, 2016, § 6, Rn. 23; *Hermes* in: Dreier (Hrsg.), GG-Kom Bd. 3, 2008, Art. 86, Rn. 35; *Hofmann* in: ders./Gerke, AllgVerwR, 2010, Rn. 96; *Maurer,* AllgVerwR, 2011, § 23, Rn. 59; *Wallerath,* AllgVerwR, 2009, § 5, Rn. 28.

90 Wie hier, *J. Ipsen,* AllgVerwR, 2015, § 4, Rn. 276, dass „[m]it der materiellen oder Aufgabenprivatisierung[...] sich Verwaltungsträger einzelner öffentlicher Aufgaben [entledigen] und [...] sie der Erfüllung durch Dritte [überlassen].“; vgl. auch *Traumann,* OrgbundeigVerw, 1998, S. 244; *Wallerath,* AllgVerwR, 2009, § 6, Rn. 98; nicht zielführend daher die „Veräußerbarkeit“ der Anstalt als Organisationsform prüfend, *F. Becker,* VernLandBank, 1998, S. 271.

91 *Burgi* in: Erichsen/Ehlers (Hrsg.), AllgVerwR, 2010, § 10, Rn. 36; *Spannowsky,* ZGR 1996, 400 (401).

92 Zutreffend *Burgi* in: Erichsen/Ehlers (Hrsg.), AllgVerwR, 2010, § 10, Rn. 7, zum Aspekt der mit einer Privatisierung vielfach einhergehenden „Vermögensprivatisierung“.

Träger über den Fortbestand der Einrichtung entscheidet. Dies gilt unabhängig von der formellen Wahl der Rechtsform einer juristischen Person des öffentlichen oder des bürgerlichen Rechts.

Damit ist die Feststellung ausreichend, dass statt der formellen Wahl einer juristischen Person des öffentlichen oder bürgerlichen Rechts die Ableitung des Zwecks einer juristischen Person die Zuordnung zu einem staatlichen bzw. privaten Rechtskreis bestimmt[93]. Ob sich darüber hinaus unterschiedliche Rechtswirkungen begründen lassen, insbesondere in Bezug darauf, ob der Staat sich selbst auf die Privatautonomie berufen kann, wird nachfolgend weiter vertieft werden müssen[94]. Ebenso wird zu untersuchen sein, ob zumindest materielle Merkmale die Abgrenzung der juristischen Personen des öffentlichen von denen des bürgerlichen Rechts begründen können.

Hiermit zeigt sich sodann gleichzeitig, dass die Zuordnung als juristische Person des öffentlichen bzw. des bürgerlichen Rechts nur ein formelles Merkmal darstellt, welches sich im Sinne der bereits dargestellten Untersuchungsmethode durch materielle Merkmale begründen lassen muss oder umgekehrt – soweit dies nicht möglich ist – der Dekonstruktion unterworfen ist. Zumindest eine Grenze einer zulässigen, vergleichenden Dekonstruktion ist mit der Zuordnung zu den juristischen Personen des öffentlichen bzw. bürgerlichen Rechts nicht verbunden.

b. Die formelle Verleihung der Rechtsfähigkeit im Zusammenhang mit den Rechtsformen der Staatsverwaltung bzw. deren Nicht-Rechtsfähigkeit

Einer Dekonstruktion der Rechtsformen könnte darüber hinaus bereits entgegengehalten werden, dass sich eine juristische Person so wesentlich von einer nichtrechtsfähigen Verwaltungseinheit unterscheidet, dass zumindest die Rechtsfähigkeit eine Grenze der Dekonstruktion darstellen müsste. In diesem Sinne wird vielfach die Rechtsfähigkeit einzelner Rechtsformen als diese charakterisierend hervorgehoben[95] und hierfür soweit erkennbar allein an die formelle Verleihung durch den Staat[96]

93 Im Grundsatz zutreffend daher *M. Kilian* in: Werner/Saenger (Hrsg.), DStfRStW, 2008, Rn. 1038, dass der „Staat und [die] Gesellschaft in der nach wie vor herrschenden Staatsrechtsdogmatik immer noch streng getrennt nebeneinander" stehen.

94 Siehe hierzu eingehend Kap. C.II.5.

95 **AöR:** *Han*, UnabBaFin, 2015, S. 56; *Holz/Kürten/Grabolle*, KommJur 2014, 281 (282); **nr-VE:** *Maier-Bledjian*, SondVerBund, 2001, S. 74.

96 Für den Bund, die Länder und die Gemeinden die Rechtsfähigkeit ohne Begründung voraussetzend, *Bull/Mehde*, AllgVerwR, 2015, § 3, Rn. 98; *Burgi* in: v. Mangold/Klein/Starck, Kom-GG Bd. 3, 2010, Art. 86, Rn. 50; *Groß* in: Frilauf/Höfling, Berliner Kom-GG Bd. 4, EL 2002, Art. 86, Rn. 23; *Stelkens*, LKV 2003, 489 (490); zur Rechtsfähigkeit unter dem Oberbegriff des Verwaltungsträgers als Voraussetzung *J. Ipsen*, AllgVerwR, 2015, § 4, Rn. 207; *Loeser*, SysVerwR Bd. 2, 1994, Rn. 28; *Oldiges*, NVwZ 1987, 737 (739); Gleiches für den Begriff des Rechtsträgers an sich, *ders.*, *aaO.*, Rn. 122; *Mann*,

angeknüpft[97]. Dem könnte jedoch entgegenzuhalten sein, dass die Rechtsfähigkeit gerade nicht bereits aus der formellen Verleihung eine materielle Wirkung ableiten kann[98]. Zu berücksichtigen ist hierbei insbesondere, dass eine eigene Rechtsposition

---

ÖffrechtGes, 2001, S. 124; *Maurer*, AllgVerwR, 2011, § 21, Rn. 2; **SöR:** *Thalmessinger*, DrfStiftöffR, 1934, S. 26; **st. GmbH:** *Groß* in: Hoffmann-Riem/Schmidt-Aßmann/Voßkuhle, GdlVerwR Bd. 1, 2012, § 13, Rn. 47; *Stober* in: Wolff/Bachof/ders./Kluth, VerwR Bd. 2, 2010, § 92, Rn. 13; *Stober*, NJW 1984, 449 (450), jeweils die Rechtsfähigkeit der Privatrechtsformen auch bei staatlicher Gründung ohne nähere Begründung bereits voraussetzend.

97 **KöR:** *Maurer*, AllgVerwR, 2011, § 23, Rn. 39; **AöR:** *G. Burmeister*, HerlnStGEsVorb, 1991, S. 224; *Fleiner*, InstrDtVerwR, 1928, S. 107; **SöR:** *Alscher*, DStiftungÖffR, 2006, S. 101; *Forsthoff*, VerwR Bd. 1, 1973, § 25, S. 507; **SöR und st. SbR:** *Joppich*, BöffrtStift, 1951, S. 5; **JPöR:** *Forsthoff*, VerwR Bd. 1, 1973, § 25, 485; „[die Rechtsfähigkeit] wird von der Rechtsordnung verliehen"; *J. Ipsen*, AllgVerwR, 2015, § 4, Rn. 208, demzufolge sich die Rechtsfähigkeit (allein formell) aus der Verfassung oder dem einfachen Gesetz ergibt; *Kluth* in: Wolff/Bachof/Stober/ders., VerwR Bd. 2, 2010, § 82, Rn. 15, als „positivistische Lösung"; *Maurer*, AllgVerwR, 2011, § 21, Rn. 2, demzufolge „bestimmte Organisationen Rechtsfähigkeit erhalten", *ders.*, aaO., S. 4 was neben „Personenvereinigungen" auch „sonstige Organisationen" sein können, ohne die Voraussetzungen näher darzulegen; **JP:** *Peine*, AllgVerwR, 2014, § 2, Rn. 45, mit der Begründung, dass „[d]as öffentliche Recht [den Verwaltungsträgern] diese Eigenschaft [verleiht]".

98 So bereits zutreffend *Gierke*, GenthdeuRspr., 1887, S. 21, dass es „dem Recht und ihm allein [...] die Entscheidung, ob ein irgendwie geschaffenes Etwas die Eigenschaft eines Rechtssubjektes hat oder nicht [, gebührt]. Wenn daher der Staat Rechtssubjektivität beilegt, so producirt er hierdurch niemals unmittelbar ein Rechtssubjekt, sondern er schafft entweder oder konstatirt einen Rechtssatz, welcher das Dasein eines Rechtssubjektes bejaht" weiter *ders.*, aaO., S. 118, dass „der Verleihungsakt nicht als *Erzeugung*, sondern nur als *Anwendung* eines die juristische Persönlichkeit gewährenden Rechtssatzes betrachtet werden [darf, und] ihm wieder nothwendig für die Entstehung der körperschaftlichen Rechtssubjektivität eine nur deklaratorische Bedeutung inne[wohnt] [...]. Sie schafft nicht ein Rechtssubjekt, sondern verschafft einem solchen die ihm vom Recht zugedachte Stellung"; ebenso *Berg*, NJW 1985, 2294 (2296); *Folz* in: FG v. Unruh, 1983, S. 909; *Köttgen*, RfVerwEinh, 1939, S. 10 f.; *Krebs* in: Isensee/Kirchhof, HdBdStR Bd. 5, 2007, § 108, Rn. 26, 40, 42, demzufolge sich die formelle Rechtsfähigkeit immer auf einen Rechtssatz, mithin auf eine materielle Aussage beziehen muss, soweit andernfalls keine juristische Person gegeben sei, stelle sich die „juristische Person" ebenfalls nur als eine nicht-rechtsfähige Untergliederung einer juristischen Person dar; unklar insoweit *M. Kilian* in: Werner/Saenger (Hrsg.), DStfRStW, 2008, Rn. 1065; dass sich bereits aus der Verleihung der Rechtsfähigkeit eine Autonomie der Stiftung ergeben würde, insbesondere Organingerenzen übersehend, vgl. hierzu ausführlich unten Kap. C.I.2.a.i., insbesondere auch C.I.a.ii.; a. A. auch *Bohn*, AnstÖffBetDritt, 2005, S. 77 (Fn. 207), unter dem Verweis auf das „Selbstverständnis einer Organisation", ohne dass die rechtliche Bedeutung erkennbar wird, insofern zur rechtlichen Bedeutungslosigkeit bereits Kap. A.I.5.b.; *Loeser*, SysVerwR Bd. 2, 1994, Rn. 122; vgl. auch *Tomsen*, stnStiftBerAut, 1991, S. 163; *Traumann*, OrgbundeigVerw, 1998, S. 89.

weiterhin von einer bloßen formellen Zuordnung abzugrenzen sein muss. So kann bspw. ein Gegenstand ebenso übereignet wie auch – ohne entsprechende Rechtsposition – bloß zur Verfügung gestellt werden. Vielmehr zeigt sich hieran, dass die Rechtsfähigkeit sich aus materiellen Merkmalen[99] herleiten muss, um ein rechtlich erheblicher Anknüpfungspunkt für materielle Merkmale sein zu können[100]. Umkehrt könnte sie als bloß formelle Verleihung sogar ohne rechtliche Wirkung bleiben. Hier zeigt sich, wie soeben für die Zuordnung zu der juristischen Person des öffentlichen bzw. bürgerlichen Rechts bereits ausgeführt, dass die Argumentation insofern zirkelschlüssig ist, als die Begründung bestimmter Merkmale einer Rechtsform aus ihrer Rechtsfähigkeit nicht gleichzeitig die Rechtsfähigkeit selbst begründen kann. Insofern stellt sich auch die Rechtsfähigkeit als bloß formelles Merkmal der Rechtsformen dar, welches nachfolgend der Dekonstruktion unterworfen ist. Für deren Begründung ist in diesem Sinne daher – da die Begründung nicht aus den Rechtsformen selbst hergeleitet werden kann – wiederum auf einer im Vergleich zu den Rechtsformen abstrakteren Ebene zu argumentieren.

Die Rechtsfähigkeit lässt sich in diesem Sinne unabhängig von den Rechtsformen auf einer höheren Abstraktionsebene begründen. Die Bewertung der Rechtsfähigkeit als formelles Merkmal – und damit eine potentielle Grenze einer Dekonstruktion – könnte in der Herleitung der Rechtsfähigkeit einer juristischen Person

---

99 Vgl. **nr-VE:** *Rüfner*, FormöffVerw, 1967, S. 238, das ebenso die damals nicht-rechtsfähige Bundesbahn aufgrund ihrer Ausgestaltung eine „teilrechtsfähige Anstalt" sei; ebenso *Mittmann*, DemÜbStuAnst, 1971, S. 130.

100 *Alscher*, DStiftungÖffR, 2006, S. 100; *Burgi* in: Erichsen/Ehlers (Hrsg.), AllgVerwR, 2010, § 8, Rn. 7; *Forsthoff*, VerwR Bd. 1, 1973, § 10, S. 185; *ders.*, aaO., § 25, 485, „Rechtsfähigkeit bedeutet die Fähigkeit, Träger von Rechten und Pflichten zu sein"; *Groß* in: Frilauf/Höfling, Berliner Kom-GG Bd. 4, EL 2002, Art. 86, Rn. 25; *Hofmann* in: ders./Gerke, AllgVerwR, 2010, Rn. 30, 38; *Jestaedt* in: Hoffmann-Riem/Schmidt-Aßmann/Voßkuhle, GdlVerwR Bd. 1, 2012, § 14, Rn. 14 (Fn. 68), dass es „alles andere als zwingend [ist], die Rechtsfähigkeit an die Zuweisung von Rechten und Pflichten durch „Rechtsnormen (= Außenrechtssätze [...])" zu knüpfen"; *Kluth* in: Wolff/Bachof/Stober/ders., VerwR Bd. 2, 2010, § 82, Rn. 11; *Krebs*, NVwZ 1985, 609 (615); *ders.* in: Isensee/Kirchhof, HdBdStR Bd. 5, 2007, § 108, Rn. 40, „Rechtsfähigkeit als Fähigkeit, Zurechnungssubjekt bestimmter Rechtssätze zu sein, sagt noch nichts darüber aus, im Hinblick auf welche Rechtssätze eine Verwaltungseinheit Zurechnungssubjekt sein muß, um als juristische Person qualifiziert zu werden.", *ders.*, aaO., Rn. 41; *Maurer*, AllgVerwR, 2011, § 21, Rn. 4, „Rechtsfähig ist, wer Zuordnungssubjekt von Rechtsnormen (= Außenrechtssätze, [...] und damit Träger von Rechten und Pflichten sein kann"; *O. Mayer*, DtVerwR, 1924, § 55, S. 322, „Die Einheit, mit welcher das Recht rechnet, ist die Person. Persönlichkeit ist die Fähigkeit, in rechtlich geordneten Verhältnissen zu anderen Personen zu stehen. Sie ist gleichbedeutend mit Rechtsfähigkeit, insofern darin die Kehrseite, die Pflichtfähigkeit, stillschweigend mit begriffen wird; sie bedeutet allgemein Empfänglichkeit für die Wirkungen der Rechtsordnung."; *v. Savigny*, SyströmR, 1840, § 60, S. 1 *Wallerath*, AllgVerwR, 2009, § 5, Rn. 14.

begründet sein. Für die Bestimmung der materiellen Wirkung lässt sich insofern an die Funktion der Rechtsfähigkeit im Rechtssystem anknüpfen. Die Rechtsfähigkeit folgt als Ausgangspunkt keinem Selbstzweck (bloße Fiktion[101]), sondern dient an erster Stelle der (Zu-)Ordnung von Rechtssubjekten auf der einen sowie Rechtsobjekten und Handlungen auf der anderen Seite. Insofern handelt es sich bei dieser rechtlichen Ordnung bzw. Bewertung zwar um eine Fiktion, genauer gesagt jedoch um eine rechtliche Abstraktion[102]. Diese knüpft Rechtsfolgen an Tatsachen[103]. Dabei ist es bereits Aufgabe des Rechts zu bewerten, ob und wie an Tatsachen rechtlich anzuknüpfen ist[104]. Die Rechtsfähigkeit bildet insoweit den Zurechnungsendpunkt[105] für die rechtliche Zuordnung und Bewertung von Rechtssubjekten, Rechtsobjekten und Handlungen.

Nun könnte eingewandt werden, dass der Gesetzgeber in der Verleihung der Rechtsfähigkeit und der Bestimmung eines Rechtssubjektes ungebunden ist. In diesem Sinne könnte angedacht werden, dass auch eine (materielle) Begründung der Rechtsfähigkeit entbehrlich wäre. Einem „Nichts" die Rechtsfähigkeit zu verleihen, wurde jedoch oben bereits verworfen. Dies ist auch nicht erforderlich, soweit eine juristische Person ebenso wenig aus dem „Nichts" entstehen kann. Eine juristische Person wird von einer anderen Person errichtet, mit Vermögen ausgestattet und

---

101 *Loeser,* SysVerwR Bd. 2, 1994, Rn. 28, demzufolge „Rechtswirkungen nicht an irgendwie beliebig vorgestellte (Gedanken-)Gebilde oder Gegenstände, sondern nur an den rechtssubjektiven Form-Baustein ‚Rechtsträger' anknüpft", ohne jedoch selbst eine Begründung der Rechtsfähigkeit des Verwaltungsträgers zu geben.

102 Insofern ist zu berücksichtigen, dass das Recht als Abstraktionsebene insgesamt eine Fiktion ist, welche jedoch an Tatsachen anknüpfen muss; in diesem Zusammenhang ebenso *K. Schmidt,* GesR, 2002, S. 189.

103 So bereits *Storr,* StaataUntn, 2001, S. 211 f.

104 So stellt das „Selbstverständnis" einer Einrichtung bezüglich ihrer Rechtsform zwar eine Tatsache dar, die jedoch rechtlich unbeachtlich ist, da sie aus sich hieraus keine Rechte herleiten kann; eine rechtliche Bedeutung dagegen ohne Begründung annehmend *Dewald,* PrivStiftöffZw, 1990, S. 7; *M. Kilian* in: Werner/Saenger (Hrsg.), DStfRStW, 2008, Rn. 1090; wie das „Ansehen (good will) in der Öffentlichkeit", so wiederum *ders.,* aaO., Rn. 1099; vgl. auch *Hellermann* in: Hoppe/Uechtritz/Reck (Hrsg.), HdBkommUnt, 2012, § 7, Rn. 98, auf einen „atmosphärischen oder psychologischen Aspekt" hinweisend; *Hendler,* SelbstOrdpr, 1984, S. 280 f.; *Hogeweg,* KomAnstNds, 2007, S. 47, soweit tatsächlich Steuerungsrechte durch die Mutterkörperschaft nicht wahrgenommen werden; rechtlich unbeachtlich entgegen *Ehlers* in: Schmidt-Aßmann/Dolde, ÖffWirtR, 2005, S. 208 f., dass „von Einwirkungsmöglichkeiten [vielfach] kein Gebrauch gemacht wird" und „die kommunalen Gesellschaften der Einflussnahme ihres öffentlich-rechtlichen Trägers entgleiten und sich nicht so sehr dem Wohl der Kommune, sondern den selbst definierten Interessen verpflichtet führen"; vgl. hierzu auch *Engellandt,* EinflKomKapGes, 1995, S. 79; *Lübbecke,* KommUntNRW, 2004, S. 68.

105 Vgl. zum Begriff bereits *Wolff,* OrgsftjurPers I, 1933, S. 199, der ebenfalls von Zurechnungssubjekten, sowie Zurechnungsendsubjekten spricht, vgl. *ders.,* aaO., S. 200.

ihr ein Zweck gewidmet. In einem nächsten Schritt stellt sich nur die Frage, ob die Wahl der Anknüpfungstatsachen beschränkt ist. Unvoreingenommen könnte daran gedacht werden, dass der Staat einer Stiftung oder Anstalt die Rechtsfähigkeit verleihen kann, soweit die Stiftung als Vermögensmasse und die Anstalt als zur Person erhobener besonderer Zweck angesehen werden[106]. Beides ließe sich unproblematisch als rechtlich erhebliche Tatsache betrachten. Dennoch erscheint dies einer weiteren Überprüfung würdig.

Zunächst dürfte nur der Ausgangspunkt eindeutig sein, soweit eine juristische Person durch eine Person errichtet (getragen) wird. Während eine natürliche Person als genuiner Träger von Rechten (unabgeleitete[107] Rechtsfähigkeit) als Ausdruck ihres Willens[108] anzusehen ist, kommt für eine juristische Person nur eine abgeleitete[109] Wille und damit (Teil-)Rechtsfähigkeit[110] in Betracht. Insoweit ließe

106 Vgl. Fn. 22.

107 *Bohn*, AnstÖffBetDritt, 2005, S. 88; *Forsthoff*, VerwR Bd. 1, 1973, § 25, S. 485, insoweit auch ausdrücklich von einer „Vollrechtsfähigkeit der natürlichen Person" sprechend; *Jellinek*, VerwR, 1931, § 8, S. 172; *O. Mayer*, DtVerwR, 1924, § 55, S. 323, „es ist naturgemäß, daß [die Rechtsfähigkeit] bei dem Menschen entsteht [...] und nicht von der Natur gefordert, daß sie sonst noch entstehe"; *Peine*, AllgVerwR, 2014, § 2, Rn. 44, „Rechtsfähig sind zunächst die Menschen, die natürlichen Personen: § 1 BGB"; unklar dagegen *Loeser*, SysVerwR Bd. 2, 1994, Rn. 29.

108 So bereits *v. Savigny*, SyströmR, 1840, § 60, S. 1 ff.; *O. Mayer*, DtVerwR, 1924, § 55, S. 323.

109 *Kluth* in: Wolff/Bachof/Stober/ders., VerwR Bd. 2, 2010, § 79, Rn. 1, Organisationen generell als „institutionellen Rahmen menschlichen Zusammenwirkens" begreifend; *ders.*, aaO., § 80, Rn. 142, ausdrücklich auf den Willen als Bezugspunkt abstellend, dass „alle übrigen Erscheinungen der öffentlichen Verwaltung [wie der Staat selbst] mittels der allgemein gültigen Legitimationsordnung und ihrer Mechanismen an das Staatsvolk (in Bund und Ländern) und seinen ‚Willen' rückgebunden werden müssen."; *ders.*, aaO., § 82, Rn. 12 (Fn. 13), zumindest für die „Verbände [mit Mitgliedern]" zu verstehen ist (ob dies einschränkend zu verstehen ist, bleibt unklar), ist dies somit wiederum eine Frage der Organstruktur; *O. Mayer*, DtVerwR, 1924, § 55, S. 325 f., dass „die juristische [Person] durch die Bezeichnung ihres Zweckes, d. h. des Ausschnittes von gemeinsamen Zwecken eines gewissen Kreises von Menschen oder eines zu dauernder Verwirklichung bestimmten Zweckes Einzelner [ihre Eigenheit erhält]. Der Zweck der juristischen Person ist immer der gewisser mehr oder weniger genau bezeichneter Menschen; einen ihr selbständig eigenen hat sie nicht. Jene Menschen aber sind die *Beteiligten*, für deren Zwecke sie mit ihrem Zwecke da ist. [...] Die juristische Person bekommt einen Willen, der für sie zählt als ihr Wille, immer nur durch *Vertretung*, und diese Vertretung kann nicht so von selbst und in gleichmäßiger Weise anknüpfen an die wechselnden oder ganz verschwindenden und mehr oder weniger unbestimmten Menschen, für deren Zwecke sie dient"; *K. Schmidt*, GesR, 2002, S. 168.

110 Wodurch es präziser ist, soweit ein Mensch nie vollständig in einer juristischen Person aufgehen kann, ohne wieder mit ihr identisch zu sein, die Ableitung nur ausschnittsweise anzunehmen und damit generell nur von einer Teil-Rechtsfähigkeit

sich anführen, dass die Rechtsfähigkeit unserer Rechtsordnung am Menschen ausgerichtet ist[111], welche sich in ihrer Ableitung auf juristische Personen erstrecken

der juristischen Personen zu sprechen; so zutreffend bereits *Hofmann* in: ders./Gerke, AllgVerwR, 2010, Rn. 33, zu diesem Gedanken bzgl. des Staates, der später auch als Körperschaft eingestuft wird, *ders.*, aaO. Rn. 39; *Jestaedt* in: Hoffmann-Riem/Schmidt-Aßmann/Voßkuhle, GdlVerwR Bd. 1, 2012, § 14, Rn. 21, dass „Weder die [Voll-Rechtsfähigkeit] noch die [Teil-Rechtsfähigkeit] verfügt über kategorialen, rechtswesenhaften Charakter; beide sind vielmehr angesichts der unausweichlichen Relativität von Rechtsfähigkeit bloß gradueller und rechtsinhaltlicher Natur. Als Geschöpfe der Rechtsordnung haben Rechtspersonen (dasselbe gilt für Rechtssubjekte auch dann, wenn man sie von Rechtspersonen meint unterscheiden zu können) nur so viel an rechtlicher Existenz (Rechtspersönlichkeit oder Rechtssubjektivität), wie ihnen an rechtlicher Essenz (Rechtsfähigkeit) zukommt."; *Kempen*, FormWFVerw, 1989, S. 76; *Kluth* in: Wolff/Bachof/Stober/ders., VerwR Bd. 2, 2010, § 79, Rn. 26, dass „[juristischen Personen] durch ihre Beschränkung auf die Verbandskompetenz konzeptionsbedingt nur teilrechtsfähig sind"; *ders.*, aaO, § 82, Rn. 16, § 85, Rn. 20; *Krebs* in: Isensee/Kirchhof, HdBdStR Bd. 5, 2007, § 108, Rn. 26; *Loeser*, SysVerwR Bd. 2, 1994, Rn. 33, allgemein, dass „jede Rechtsfähigkeit [...] relativ [ist]", ohne jedoch als Ursache die Ableitung der Rechtsfähigkeit der juristischen Person von natürlichen Personen zu erkennen; zunächst unklar, *Maurer*, AllgVerwR, 2011, § 21, Rn. 4, jedoch an anderer Stelle die Bedeutung der Voll-Rechtsfähigkeit einschränkend, *ders.*, aaO., Rn. 6, „Der Unterschied zwischen der Vollrechtsfähigkeit und der Teilrechtsfähigkeit darf jedoch gerade im Bereich des öffentlichen Rechts nicht überschätzt werden, da Verwaltungsträger ohnehin nur im Rahmen ihrer gesetzlich begründeten Zuständigkeit tätig werden dürfen," sodass hiermit durch die Begrenzung auf den übertragenen Zweck nur eine Teil-Rechtsfähigkeit die Folge ist. Daneben können juristische Personen generell keine höchstpersönlichen Rechte, wie die Ehe und das Wahlrecht in Anspruch nehmen, hierzu auch *Loeser*, SysVerwR Bd. 2, 1994, Rn. 34, ohne jedoch zu sehen, dass hierin die Teil-Rechtsfähigkeit begründet ist. Zur Vereinfachung wird jedoch auch im Rahmen dieser Untersuchung nur allgemein von der Rechtsfähigkeit der juristischen Person gesprochen, vgl. hierzu auch *Kluth* in: Wolff/Bachof/Stober/ders., VerwR Bd. 2, 2010, § 79, Rn. 26 f, mit der Begründung, dass mit der Vollrechtsfähigkeit nur „traditionell die Fähigkeit zur Teilnahme am Privatrechtsverkehr" verbunden ist. Zur eingeschränkten Folge auch für den Rechtsschutz, *Groß* in: Hoffmann-Riem/Schmidt-Aßmann/Voßkuhle, GdlVerwR Bd. 1, 2012, § 13, Rn. 43, dass der Rechtsfähigkeit „keine ausschlaggebende Funktion für rechtliche Zuordnungsprobleme mehr zu[kommt], so dass auch die Unterscheidung zwischen Voll- und Teilrechtsfähigkeit an Relevanz verliert."; unzutreffend dagegen auch bei den juristischen Personen ausdrücklich von einer „Vollrechtsfähigkeit" sprechend, *Ehlers*, TeilrfUltraViresöffR, 2000, S. 76; *N. Müller*, RechtsFormW, 1993, S. 69; *Peine*, AllgVerwR, 2014, § 2, Rn. 46, ohne dass die dort angesprochene „[R]elevan[z]" der Differenzierung zur Teil-Rechtsfähigkeit bei den juristischen Personen, deutlich wird; ebenso *F. Becker*, VernLandBank, 1998, S. 66, später dies jedoch bereits selbst relativierend, S. 67.

111 Vgl. zur Rechtsfähigkeit als Wesensgehalt der Grundrechte und Menschenrechte, *Kluth* in: Wolff/Bachof/Stober/ders., VerwR Bd. 2, 2010, § 82, Rn. 11 (Fn. 11), dass

kann. Um eine juristische Person sodann von einer natürlichen Person abgrenzen zu können, kann als Anknüpfungspunkt für Erstere an erster Stelle an eine gemeinsame Willensausübung einer Personenmehrheit („Willensorganisation“[112]) angeknüpft werden. Eine formelle Verleihung der Rechtsfähigkeit kann daher am Willen des Menschen, insbesondere an eine Willensmehrheit (tatsächliche Menschenmehrzahl, soweit gestuft allgemeiner als Personenmehrheit)[113], anknüpfen, welcher insofern Grundlage der juristischen Person ist. Dieser gemeinsame Wille wird so zu einem neuen Zurechnungsendpunkt, einem insofern „eigenen“ Willen und hiermit einer juristischen Person[114]. Ist es dagegen nur eine übereinstimmende Willenseinheit, entweder aufgrund einer natürlichen Person oder einer mit einer anderen juristischen Person identischen Personenmehrheit, so unterscheidet sich der Wille grundsätzlich nicht in seiner Ableitung von dieser anderen Person. Dies wäre nur der Fall, soweit der Wille im Verhältnis zu der die juristischen Person tragenden natürlichen Person verselbstständigt gebildet wird[115]. Damit zeigt sich, dass

„[n]atürlichen Personen [...] aufgrund ihrer Würde gem. Art. 1 Abs. 1 GG ein intrinsischer und vorstaatlicher Anspruch auf Anerkennung als Rechtssubjekt zu[steht]“; *O. Mayer*, DtVerwR, 1924, § 55, S. 323, „es ist naturgemäß, daß [die Rechtsfähigkeit] bei dem Menschen entsteht [...] und nicht von der Natur gefordert, daß sie sonst noch entstehe“; *Peine*, AllgVerwR, 2014, § 2, Rn. 44, „Rechtsfähig sind zunächst die Menschen, die natürlichen Personen: § 1 BGB“.

112 So *O. Mayer*, DtVerwR, 1924, § 55, S. 326, Fn. 7, mit der Aussage, dass der „[Wille der juristischen Person] anknüpf[t] an die wechselnden oder ganz verschwindenden und mehr oder weniger unbestimmten Menschen, für deren Zwecke sie dient; sie knüpft an sie an und tut es möglichst. Aber es bedarf besonderer Vorkehrung dafür.“; ähnlich unter dem Aspekt eines „sozialen Gebildes, das dauerhaft ein Ziel verfolgt und eine formale Struktur aufweist, mit deren Hilfe Aktivitäten der Mitglieder auf das verfolgte Ziel ausgerichtet werden“, *Groß* in: Hoffmann-Riem/Schmidt-Aßmann/Voßkuhle, GdlVerwR Bd. 1, 2012, § 13, Rn. 4.

113 Soweit dem entgegengehalten werden könnte, dass es sich hier um wechselnde Personenmehrheiten handeln könnte, so ist doch zu einem bestimmten Zeitpunkt diese Mehrzahl der Personen eine zumindest bestimmbare Tatsache und die Frage der Anknüpfung bereits eine Frage der rechtlichen Bewertung, vgl. *Kluth* in: Wolff/Bachof/Stober/ders., VerwR Bd. 2, 2010, § 82, Rn. 12.

114 So ausdrücklich bereits *J. Burmeister* in: FG v. Unruh, 1983, S. 651; hier wird das „Ob“ der rechtlichen Bewertung deutlich, dass eine Personenmehrzahl nicht automatisch zu einer juristischen Person führen muss, sondern sich der Staat die Entscheidung vorbehalten kann (als Voraussetzung der Verleihung); in diesem Sinne bzgl. der Privatrechtsformen, *Ehlers*, VerwPrivRf, 1984, S. 294; hieraus folgt jedoch auch, dass dieser Vorbehalt für den Staat selbst nicht greifen kann, sodass seine Rechtsfähigkeit unmittelbar aus der Willensmehrheit entsteht; soweit die Begründung des Staates als juristische Person zweifelhaft erschien, vgl. *O. Mayer*, DtVerwR, 1924, § 55, S. 329, entbehrt dies daher der Grundlage.

115 Vgl. die vertikale Ebene der Auslegung des Demokratieprinzips, Kap. C.I.3.b; insofern ließe sich wohl auch für eine Personeneinheit ein „eigener“ Wille und eine Rechtsfähigkeit begründen.

zumindest eine Personenmehrheit, ggf. jedoch auch eine Personeneinheit Grundlage für die Begründung der Rechtsfähigkeit einer juristischen Person sein kann.

Das Vermögen einer Stiftung oder der besondere Zweck einer Anstalt kann dagegen nicht Anknüpfungspunkt für die Verleihung der Rechtsfähigkeit sein. Zwar kann auch ein Gegenstand wie z. B. ein Tisch oder ein Hund, wie auch eine Handlung oder eine Kenntnis, eine rechtlich erhebliche Tatsache sein. Ein Tisch kann gleichwohl nicht rechtsfähig sein, auch wenn der Staat einem Tisch die Rechtsfähigkeit (formell) verleihen würde. Gleiches gilt für eine Handlung oder eine Kenntnis. Sie können stattdessen nur Zurechnungsobjekt eines Menschen bzw. einer Personenmehrheit (einer natürlichen oder juristischen Person) und nicht selbst Zurechnungssubjekt bzw. Zurechnungsendpunkt sein[116]. Mithin sind Sachen[117] und Handlungen (übertragen auf eine juristische Person der Zweck) nicht geeignet, als Anknüpfungspunkt für die Rechtsfähigkeit zu dienen. Sie wären eine willkürliche, mit dem Rechtsstaatsprinzip unvereinbare Grundlage einer formell verliehenen Rechtsfähigkeit. Es erscheint gleichzeitig auch nicht erforderlich, für eine Stiftung oder Anstalt an das Vermögen bzw. den Zweck für die Begründung der Rechtsfähigkeit anzuknüpfen, da auch in diesen Fällen an die Errichtung, Steuerung und Ableitung vom Willen des Stifters bzw. des Anstaltsträgers angeknüpft werden kann. Grundlage ist damit für alle Rechtsformen in gleicher Weise die Ableitung ihrer Rechtsfähigkeit von einer Personenmehrheit bzw. ggf. eine in seiner Ableitung eingeschränkte Steuerung von dem Willen einer oder mehrerer sie tragenden Personen.

Soweit dem entgegengehalten werden könnte, dass die formelle Verleihung gleichwohl konstitutiv für die Rechtsfähigkeit erscheint, hat dies eine andere Ursache. Aus einer Personenmehrheit folgt vielmehr nicht zwangsläufig auch die Rechtsfähigkeit und damit die Schaffung einer juristischen Person. Insofern kommt zum Tragen, dass es Aufgabe des Rechts ist, auch über das „Ob" der Anknüpfung rechtlicher Folgen an Tatsachen zu entscheiden. Dies kann anhand eines Beispiels aus dem Zivilrecht – ohne auf die im Detail umstrittenen Aspekte eingehen zu wollen – verdeutlicht werden. Eine Personenmehrheit als bestimmte Tatsache kann zwar Grundlage sein, die Rechtsfähigkeit einer juristischen Person zu verleihen, z. B. als eingetragener Verein. Eine andere Rechtsfolge tritt jedoch für die Erbengemeinschaft oder Gesamthandsgemeinschaft ein, da hier zwar ebenso eine Personenmehrheit in Bezug auf eine Zweckverbundenheit vorliegt[118], jedoch die Rechtsfähigkeit durch eine Entscheidung der Rechtsordnung (des Staates) dieser Personenmehrheit vorenthalten ist. Der Umkehrschluss, aus einer Personenmehrheit auf eine juristische Person zu schließen, ist somit nicht möglich. Damit zeigt sich, dass die Rechtsfähigkeit nicht allein durch die

116 So bereits *Beuthien* in: MüHBGesR Bd. 5, 2009, § 77, Rn. 13; *Flume*, AllgTBürgR, 1983, S. 29 f.

117 Dies gilt insbesondere auch für die Stiftung, deren Rechtsfähigkeit damit nicht mit ihrem Vermögen begründet werden kann.

118 Vgl. *K. Schmidt*, GesR, 2002, S. 168, 196 ff.

Verleihung des Staates entsteht, soweit ein Wille als Anknüpfungspunkt fehlt, jedoch die Verleihung durch den Staat auch für Willensmehrheiten vorbehalten sein kann.

Angewendet auf den Staat bedeutet dies, dass auch er für die Rechtsformen seiner Staatsverwaltung, soweit diese rechtsfähig sein soll, an Tatsachen anknüpfen muss, welche als Zuordnungsendpunkt (Zurechnungsendpunkt) die Rechtsfähigkeit begründen können. Damit hängt die Rechtsfähigkeit insgesamt von der Ableitung vom Willen einer oder mehrerer natürlicher Personen ab, ohne allein an eine formelle Verleihung der Rechtsfähigkeit als Fiktion anknüpfen zu können. Es ist allein davon auszugehen, dass der Staat die rechtliche Wirksamkeit einer Ableitung und damit Erlangung der Rechtsfähigkeit unter den Vorbehalt einer formellen Anerkennung stellen und sich somit vorbehalten kann.

Dies zeigt gleichzeitig, dass die Rechtsfähigkeit sich aus den gleichen Merkmalen wie bspw. die Rechtsform der Anstalt selbst begründen lassen muss, ohne mit dieser zwingend verbunden zu sein[119] und ohne selbst eine materielle Wirkung begründen zu können. Damit ist auch die Rechtsfähigkeit zunächst ein bloß formelles Merkmal, welches durch materielle Merkmale der Rechtsformen in der Ableitung von den Personen, welche die juristische Person tragen[120], begründet sein muss. Vorgreifend sei bereits darauf hingewiesen, dass sich diese Erkenntnis in der Bewertung der einzelnen materiellen Merkmale wiederfinden wird, soweit eine fehlende Ableitung der Rechtsfähigkeit einer materiellen Wirkung ebenso entgegensteht. Auch der Staat kann sich in diesem Sinne von dieser Begründung der Rechtsfähigkeit nicht loslösen.

c. *Die rechtliche Bedeutung der hergebrachten Begrifflichkeiten der Rechtsformen der Staatsverwaltung für die Dekonstruktion*

Es wurde bereits darauf hingewiesen, dass eine vergleichende, rechtswissenschaftliche Untersuchung nicht entscheidend auf den Wortlaut der Rechtsnormen abstellen

---

119 Den Anstaltsbegriff insgesamt ausdrücklich unabhängig von einer sie tragenden juristischen Person und der Rechtsfähigkeit betrachtend, *O. Mayer,* DtVerwR, 1924, § 56, S. 331, „Die rechtsfähige öffentliche Anstalt bedeutet eine öffentliche Anstalt in dem oben § 51 Eing. festgestellten Begriffe, welche einer besonders dafür geschaffenen juristischen Person des öffentlichen Rechts, der Anstaltspersönlichkeit, zugehört[1]. [Fn][1] Richtig *Kormann,* in Wörterb. d. St. u. V.R. III S. 1: ‚Unerheblich für den Begriff der öffentlichen Anstalt ist ihre Rechtsfähigkeit. Es gibt solche mit Rechtsfähigkeit und solche ohne Rechtsfähigkeit.'"; vgl. auch *Krebs* in: Isensee/ Kirchhof, HdBdStR Bd. 5, 2007, § 108, Rn. 37, dass „die Unterscheidung zwischen Verwaltungseinheiten, die juristische Personen sind, und solchen, die es nicht sind, mit Hilfe des Kriteriums ‚Rechtsfähigkeit' durchaus nicht so eindeutig ist, wie man meinen möchte."

120 Dies ist nicht zu verwechseln mit den Organwaltern, welche zwar auch natürliche Personen sind, deren Willen jedoch der juristischen Person zugerechnet wird, und welche nicht selbst Grundlage der Ableitung des Willens bzw. der Zurechnungsendpunkt sind.

kann. Gegen eine Dekonstruktion könnte jedoch eingewandt werden, dass die Begriffe, insbesondere soweit diese weiterhin in der Rechtssetzungspraxis Verwendung finden, dennoch bestehen bleiben. Es könnte argumentiert werden, dass sich die nachfolgende Dekonstruktion im Widerspruch zur Rechtswirklichkeit setzen würde, solange die Rechtsformen weiterhin begrifflich Verwendung finden.

Diese Argumentation kann, da sie an der Sprache ansetzt, ebenfalls nur unter Berücksichtigung der Bedeutung und Stellung der Begriffe in der Sprache entkräftet werden. Insofern gewinnt an Bedeutung, dass die Rechtssprache als Teil der Sprache deren Regelungen unterworfen ist. Die Untersuchung kann für die Beantwortung dieser Frage an die Funktion der Begriffe anknüpfen, die Teile eines Größeren, der Sprache, sind[121]. Die Sprache ist eine in vieler Hinsicht fließende Erscheinung, was sich insbesondere in Bezug auf zwei Phänomene zeigt. Auf der einen Seite sind die Möglichkeiten der Wortneuschöpfungen unbegrenzt[122]. So lebt die Sprache auch von der synonymen Verwendung[123] verschiedener Begriffe. Dabei muss ein Synonym gar nicht den Ausgangspunkt einer Entwicklung bilden, sondern kann im Laufe der Zeit durch inhaltliche Angleichung oder Einebnung von Differenzierungen zwischen zwei Begriffen, entstehen. Auf der anderen Seite wird eine eindeutige Bestimmung dadurch verkompliziert, dass Begriffe vielfach auch auf andere Zusammenhänge übertragen[124] oder in unterschiedliche Bedeutungen ausdifferenziert werden. Im Ergebnis entstehen so Polyseme[125], die ein und denselben Begriff in unterschiedlichen Zusammenhängen wiederfinden lassen und somit auch dessen Auslegung verändern. Es handelt sich dabei um eine natürliche Entwicklung[126] der Sprache, die im Ergebnis einer eindeutigen Zuordnung jedoch im Wege steht und der insbesondere auch die Rechtssprache unterworfen ist[127].

---

121 Vgl. *Kirchhof*, HdBdStR, 2004, § 20, Rn. 30 ff.; *Rüthers/Fischer/Birk*, RthjurMethL, 2015, Rn. 150.

122 *Jestaedt* in: Hoffmann-Riem/Schmidt-Aßmann/Voßkuhle, GdlVerwR Bd. 1, 2012, § 14, Rn. 18, diesen Aspekt als der Rechtswissenschaft abträgliche, ständig „neue[...] Begriffsschöpfungen" ansprechend.

123 Vielfach ist dies auch eine rein stilistische Frage; ebenso bereits *Rüthers/Fischer/Birk*, RthjurMethL, 2015, Rn. 165; *Krebs* in: Isensee/Kirchhof, HdBdStR Bd. 5, 2007, § 108, Rn. 39, spricht auch im Rahmen der Rechtsformen von einer vielfach anzutreffenden „terminologische[n] Beliebigkeit", wenn das „positive Recht" von Körperschaft und Anstalt spricht.

124 *Pestalozza*, FromMißBrSt, 1973, S. 3; vgl. auch *Kirchhof*, HdBdStR, 2004, § 20, Rn. 33, 171.

125 Statt vieler, *Nübling/Dammel/Duke/Szczepaniak*, HistSprwDt, 2010, S. 110; vgl. jedoch zur unklaren Abgrenzung zwischen Polysemie und Homonymie, siehe auch *Roelcke*, Lexicographica 2001, S. 98.

126 Hierzu bereits *Rüthers/Fischer/Birk*, RthjurMethL, 2015, Rn. 153; *Krebs*, NVwZ 1985, 609 (613).

127 *Kirchhof*, HdBdStR, 2004, § 20, Rn. 56; *Rüthers/Fischer/Birk*, RthjurMethL, 2015, Rn. 164 ff.

Dies führt jedoch bereits an dieser Stelle zu der Erkenntnis, dass die Präzisierung der Bedeutung eines Begriffs in Abgrenzung zu einem anderen Begriff[128] sich nur aus dem Inhalt sowie dem Zusammenhang – rechtlich gewendet den materiellen Merkmalen – und einer abgrenzbaren rechtlichen Wirkung ergeben kann[129]. Kern der Untersuchung wird daher sein, materielle Merkmale herauszuarbeiten, welche die Rechtsformen der Staatsverwaltung inhaltlich differenzieren lassen. Umgekehrt, soweit sie fehlen, wird dies jedoch die Dekonstruktion der Rechtsformen begründen und, wie bereits angedeutet, den Blick für die Wertungen der verfassungsrechtlichen Grundentscheidungen frei machen.

Um den Bezug zum Untersuchungsgegenstand bereits aufzuzeigen – insoweit vorgreiflich – könnten die Begriffe der Anstalt und der Stiftung auf der einen Seite Synonyme mit dem Begriff der Körperschaft des öffentlichen Rechts sein, gleichzeitig jedoch auch Polyseme, soweit sich die Begriffe ebenso als Synonyme mit den nicht-rechtsfähigen Verwaltungseinheiten, wie z. B. Eigenbetrieb, herausstellen würden. Dieser Auslegung steht insbesondere auch keine Wortlautgrenze[130] dieser Begriffe

---

128 Vgl. bereits *Ebersbach*, DStiftungÖffR, 1961, S. 34, dass die formelle Bezeichnung als Stiftung oder Anstalt „rechtlich irrelevant ist"; *H. Faber*, VerwR, 1995, § 9 II, S. 57; a. A. dagegen *Fiedler*, StEStwFwFm, 2004, S. 44, dass einer Rechtsform „ein spezifischer Inhalt innewohn[en]" muss, um von einer Rechtsform sprechen zu können; *Lecheler* in: FS Maurer, 2001, S. 665; ebenso bereits *Thalmessinger*, DrfStiftöffR, 1934, S. 26, dass „der Unterschied zwischen den beiden Formen der Stiftung nur ein Erscheinungsunterschied sein [kann], nur ein Funktions- oder Wirkungsunterschied".

129 So bereits zutreffend *Jestaedt*, DemPrKondVerw, 1993, S. 557, dass es nicht auf die „gesetzgeberische Wahlfreiheit", sondern die Binnenstruktur einer Einrichtung ankommt, ob ein Selbstverwaltungsträger besteht; vgl. auch *Ehlers*, VerwPrivRf, 1984, S. 72; *Pestalozza*, FromMißBrSt, 1973, S. 3, „Die Form wird zur Leerformel, beliebig auffüllbar und nur deshalb konstant"; nicht überzeugend dagegen, *Loeser*, SysVerwR Bd. 2, 1994, Rn. 130, soweit für die Abgrenzung der rechtsfähigen Stiftung des öffentlichen Rechts von der privatrechtlichen, nicht-rechtsfähigen und öffentlichen privatrechtlichen Stiftung nur auf die Begriffe eingegangen wird; *Stober* in: Wolff/Bachof/ders./Kluth, VerwR Bd. 2, 2010, § 89, Rn. 10, der die „Privatisierung" als Rechtsbegriff daraus ableitet, dass „er Eingang in die Gesetzgebung gefunden hat"; *ders.*, aaO., § 92, Rn. 9; *Thalmessinger*, DrfStiftöffR, 1934, S. 35.

130 Wobei bereits die Rechtsprechung des BVerfG zur Wortlautgrenze als widersprüchlich bezeichnet werden kann, vgl. auf der einen Seite BVerfGE 8, 28 (34), dass „[k]einenfalls [...] jedoch eine solche verfassungskonforme Auslegung das gesetzgeberische Ziel in einem wesentlichen Punkte verfehlen oder verfälschen [dar]", wenn die Norm eindeutig ist; nachfolgend BVerfGE 93, 37 (81), dass „[d]ie verfassungskonforme Auslegung [...] ihre Grenzen aber dort [findet], wo sie zu dem Wortlaut und dem klar erkennbaren Willen des Gesetzgebers in Widerspruch treten würde"; ebenso BVerfGE 110, 226 (267); auf der anderen Seite BVerfGE 35, 263 (278), „dass [der Richter] [a]m Wortlaut einer Norm [...] aber nicht haltzumachen [braucht]", vergleichbar BVerfGE 97, 186 (196), dass [e]ine Auslegung gegen den Wortlaut einer Norm [...] aber nicht von vornherein ausgeschlossen [ist]",

entgegen. So sind die Begriffe der Anstalt und der Stiftung, wie noch zu zeigen sein wird, zum einen bereits so unbestimmt[131], dass eine abstrakte Wortlautgrenze nicht bestimmbar sein dürfte[132]. Zum anderen wird die nachfolgende Untersuchung zeigen, dass eine Differenzierung bereits innerhalb der anerkannten Auslegungen dieser Begriffe nicht möglich ist[133]. Die Begriffsdifferenzierung wird sodann begründen, dass insoweit von Polysemen auszugehen ist, welche jeweils für sich betrachtet wiederum Synonyme zu den weiteren Begriffen der Körperschaft und Verwaltungseinheit darstellen.

Dies kann gleichzeitig ein weiteres Argument dafür sein, dass die historische Entwicklung in einer rechtsformkritischen Untersuchung der Rechtsformen der Staatsverwaltung nur eine untergeordnete Bedeutung hat, soweit sie ggf. unterstützend die Dekonstruktion der Rechtsformen erklären kann. Möglicherweise bietet insofern eine historische Betrachtung eine Erklärung für das Entstehen von Synonymen und Polysemen und damit der Dekonstruktion der Rechtsformen[134]. Insoweit rückt insbesondere in das Blickfeld, dass Begriffe gerade durch die Sprachentwicklung sowie durch eine neue Verwendung, sich von ihrer ursprünglichen Bedeutung entfernen und auch in einem übertragenen Sinne gebraucht werden können. Auf die verfassungsrechtlichen Implikationen der Auslegung der Merkmale der Rechtsformen der Staatsverwaltung wurde bereits hingewiesen. Festzuhalten ist an dieser Stelle nur, dass zwei Begriffe sowohl zu Polysemen (durch Bedeutungsdifferenzierung) als auch zu Synonymen werden können.

6. Zwischenfazit

Bereits die Einführung in das Thema der vorliegenden Untersuchung zeigt, dass die Rechtsformen der Staatsverwaltung sehr vielschichtig sind. Zu untersuchen ist die Wechselwirkung der Sprache mit ihrer Funktion in einem rechtlichen Zusammenhang, wie sie rechtlich angewendet hier als formelle und materielle Merkmale der Rechtsformen verstanden werden. Diese Erkenntnis beschränkt sich auch nicht lediglich auf eine Ebene, da sie ihre materielle Aussage vielmehr durch darunterliegende Ebenen erhält. Für diese und weitere Ebenen kommt jedoch wiederum

ebenso BVerfGE 105, 135 (157), dass „[keine Auslegungsmethode] einen unbedingten Vorrang vor einer anderen [habe]“, außer dass „[i]m Strafrecht [...] freilich der grammatikalischen Auslegung eine herausgehobene Bedeutung zu[kommt]“.

131 Siehe Kap. C.II.5.

132 Vgl. *Han*, UnabBaFin, 2015, S. 47; *M. J. Müller*, RtfwissHochS, 2015, S. 148; *Röpke*, HschStiftöffR, 2006, S. 13.

133 Vgl. *Kirchhof*, HdBdStR, 2004, § 20, Rn. 52, dass sie „den Textinterpreten vor allem auf diese vorgefundene Wirklichkeit verweist“.

134 Auf diesen ursächlichen Zusammenhang bereits zutreffend hinweisend, *Kempen*, FormWFVerw, 1989, S. 97, dass „die veränderte rechtsstaatliche Situation, [...] ursächlich für die allenthalben konstatierte Krise der verwaltungsrechtlichen Formen [ist].“

neben einer bloß formellen Betrachtung, die sich am Wortlaut orientiert, auch eine materielle Betrachtung hinzu. Diese unterschiedlichen Ebenen finden sich außerdem sowohl im Rahmen der Rechtswissenschaft als auch der Rechtssetzungspraxis wieder, welche insofern eine weitere Dimension dieser Untersuchung hinzufügt. Gerade die lange Tradition der Begriffe macht es zusätzlich erforderlich, die historische Entwicklung zumindest in die Betrachtung mit einzubeziehen. Bei all dem darf nicht vergessen werden, dass diese Aspekte im Ergebnis selbstverständlich ein Ganzes, hier die Rechtsformen der Staatsverwaltung, bilden und sie sich um unterschiedliche Aspekte eines Untersuchungsgegenstandes handeln. Zumindest konnten jedoch bereits grundsätzliche Bedenken gegen eine Dekonstruktion ausgeräumt werden.

II. Gang der Untersuchung

Die Untersuchung gliedert sich in zwei Teile. In einem ersten Teil (B.) werden – wie bereits begründet – zunächst die formellen Merkmale der Rechtsformen der Staatsverwaltung sowie der Rechtsformenkanon herausgearbeitet. Diese bilden sodann den Bezugspunkt für die weitere Untersuchung, welche nachfolgend einer Dekonstruktion der Rechtsformen zugeführt werden kann. Berücksichtigung finden insoweit die formellen Erscheinungen der Rechtsformen der Staatsverwaltung in der Rechtswissenschaft und Rechtssetzungspraxis, welche durch die gleichen materiellen Merkmale determiniert werden müssen.

Der zweite Teil (C.) gliedert die materiellen Merkmale anhand des zuvor gefundenen Rechtsformenkanons in die thematischen Zusammenhänge der Organstruktur, des Zwecks, des Vermögens und des Personals. In diesem Rahmen wird ein Idealtypus der Rechtsformen, soweit möglich und unter kritischer Auseinandersetzung mit der Literatur und Rechtsprechung, herausgearbeitet und einer rechtsformkritischen Würdigung und Dekonstruktion zugeführt. Hiermit verbunden wird die Rechtssetzungspraxis beispielhaft anhand der niedersächsischen Staatsverwaltung in die Betrachtung mit einbezogen und der Idealtypus sowie die Ausgestaltung der Rechtsformen in der Rechtssetzungspraxis zusammenfassend dekonstruiert. Die Untersuchung wird mit zusammenfassenden Thesen zum Untersuchungsgegenstand (D.) abgeschlossen. Hinzuweisen ist abschließend noch auf den Anhang, der – neben dem Abkürzungs- und Literaturverzeichnis – eine Liste der untersuchten Rechtsgrundlagen (Anhang 1) sowie eine grafische Darstellung des Untersuchungsergebnisses (Anhang 2) umfasst.

B. Die formellen Merkmale der Rechtsformen der Staatsverwaltung

Wie bereits ausgeführt, wird nach dem hergebrachten Verständnis die Staatsverwaltung durch einen hiermit verbundenen Rechtsformenkanon geprägt. Diese werden, hierauf wurde bereits eingegangen, traditionellerweise in juristische Personen des öffentlichen und des bürgerlichen Rechts unterteilt. Des Weiteren werden rechtsfähige und nicht-rechtsfähige Rechtsformen unterschieden und Erstere allgemein als juristische Personen bezeichnet. Auf der anderen Seite finden sich weitere Zuordnungen, insbesondere die Unterscheidung in eine mittelbare und unmittelbare Staatsverwaltung – die Begriffe sind teilweise schon zuvor gefallen. Diese Begriffe werden im nachfolgenden zunächst herausgearbeitet, um sodann dekonstruiert werden zu können.

I. Die Rechtsformen des öffentlichen Rechts

Eine Rechtsform im Rechtsformenkanon der Staatsverwaltung stellt die Körperschaft dar. Eine entsprechende Rechtsformwahl findet sich dementsprechend ausdrücklich in den Rechtsgrundlagen vieler einzelner Einrichtungen[135]. Als Alleinstellungsmerkmal soll hinzutreten, dass die Körperschaft sich formell dadurch auszeichnet, dass ihr die Rechtsfähigkeit grundsätzlich[136] verliehen[137] ist, teilweise unter Betonung ihrer Teilrechtsfähigkeit[138] als Variante neben einer (voll-)rechtsfähigen Körperschaft. Gleichwohl fehlt für die Körperschaft in der Rechtssetzungspraxis

135 **KöR:** § 2 S. 1 AdWGS, S. 775; § 2 S. 1 BrWG; § 8 Abs. 2 S. 1 NArchtK(G); § 24 Abs. 1 Nds.FischG(G); § 1 Abs. 2 S. 1 Nds.HKG; § 1 Abs. 2 S. 1 Nds.LwKG; § 2 Abs. 1 S. 1 Nds.RealvG; § 15 S. 1 NHG; § 13 S. 3 NIngG; § 16 Abs. 1 S. 1 NJagdG(G); § 2 Abs. 2 S. 1 NKomVG; § 8 Abs. 1 S. 1 NKomZG; § 1 Abs. 1 S. 1 NLB-Giro, S. 312; § 1 Abs. 1 S. 1 NSGV(S1), S. 245; § 1 Abs. 1 S. 1 NVdR(G1), S. 65; § 1 Abs. 1 OldL(G), S. 253; § 1 Abs. 1 S. 1 PrLV-H(S1), S. 478; § 1 S. 1 RitLBr, S. 517; § 1 Abs. 2 Stud-LUH.

136 An die Verleihung kann insoweit für den Staat aufgrund einer Konfusion selbst nicht angeknüpft werden, siehe hierzu bereits Kap. A.I.5.b.

137 **KöR:** vgl. bspw. BVerfGE 39, 302 (312); BVerwGE 30, 81 (88); BGHZ 77, 11 (15); *Alscher,* DStiftungÖffR, 2006, S. 78; *Erbguth,* AllgVerwR, 2016, § 6, Rn. 15; *Hermes* in: Dreier (Hrsg.), GG-Kom Bd. 3, 2008, Art. 86, Rn. 32; *Kluth* in: Wolff/Bachof/Stober/ders., VerwR Bd. 2, 2010, § 85, Rn. 17; *Jestaedt* in: Hoffmann-Riem/Schmidt-Aßmann/ Voßkuhle, GdlVerwR Bd. 1, 2012, § 14, Rn. 27; vgl. *Peine,* AllgVerwR, 2014, § 2, Rn. 81; *Sachs* in: ders. (Hrsg.), GG-Kom, 2014, Art. 86, Rn. 16, als „begriffsnotwendig".

138 *Kluth* in: Wolff/Bachof/Stober/ders., VerwR Bd. 2, 2010, § 85, Rn. 17; dagegen in Abgrenzung zur Vollrechtsfähigkeit, vgl. auch *Maurer,* AllgVerwR, 2011, § 21, Rn. 10, zur Teilrechtfähigkeit bestimmter Körperschaften; zur Unerheblichkeit des Streits über den Umfang der Rechtsfähigkeit vgl. bereits Nachweise Kap. A.I.5.b.

der Zusatz einer Rechtsfähigkeit zumeist[139], wobei die Rechtsfähigkeit dann aus der Rechtsform der Körperschaft selbst folgen dürfte[140]. Dies gilt auch für den Staat (Bund und Länder) selbst, der eine Körperschaft bildet und aufgrund der damit verbundenen Rechtsfähigkeit am Rechtsverkehr teilnehmen kann[141]. Ausschließlich der Zusatz der Teil-Rechtsfähigkeit[142] findet sich im Einzelfall. Dies gilt auch[143], soweit eine Körperschaft nur als rechtsfähig anerkannt wird, da nicht-rechtsfähige Körperschaften ihrerseits synonym mit Organen als bloßer Teil einer Körperschaft angesehen werden können[144], Nicht-rechtsfähige Erscheinungsformen der Körperschaften stellen somit keine Ausgestaltung der Körperschaft des öffentlichen Rechts als Rechtsform dar[145], sondern bilden auf einer darunterliegenden Ebene ggf. Organe einer Körperschaft[146]. Zusammenfassend lässt sich festhalten, dass für die Körperschaft somit neben einer formellen Rechtsformwahl ihre (Teil-)Rechtsfähigkeit ein charakteristisches Merkmal ist.

---

139 Vgl. **KöR:** § 2 S. 1 AdWGS, S. 775; § 2 S. 1 BrWG; § 8 Abs. 2 S. 1 NArchtK(G); § 24 Abs. 1 Nds.FischG(G); § 1 Abs. 2 S. 1Nds.HKG; § 1 Abs. 2 S. 1 Nds.LwKG; § 2 Abs. 1 S. 1 Nds.RealvG; § 15 S. 1 NHG; § 13 S. 3 NIngG; § 16 Abs. 1 S. 1 NJagdG(G); § 2 Abs. 2 S. 1 NKomVG; § 8 Abs. 1 S. 1 NKomZG; § 1 Abs. 1 S. 1 NLB-Giro, S. 312; § 1 Abs. 1 S. 1 NSGV(S1), S. 245; § 1 Abs. 1 S. 1 NVdR(G1), S. 65; § 1 Abs. 1 OldL(G), S. 253; § 1 Abs. 1 S. 1 PrLV-H(S1), S. 478; § 1 S. 1 RitLBr, S. 517.

140 **KöR:** *Maurer*, AllgVerwR, 2011, § 23, Rn. 39; *Hsu*, InstkörpSV, 2004, S. 9; *Jecht*, DöA, 1963, S. 26, 29; *Lecheler* in: FS Maurer, 2001, S. 666; *Wallerath*, AllgVerwR, 2009, § 6, Rn. 6; *Weber*, KörAnstStiöffR, 1943, S. 16; vgl. auch *Hermes* in: Dreier (Hrsg.), GG-Kom Bd. 3, 2008, Art. 86, Rn. 32; *Sachs* in: ders. (Hrsg.), GG-Kom, 2014, Art. 86, Rn. 16; vgl. auch ohne Begründung, *H. Faber*, VerwR, 1995, § 9 II, S. 57, dass die Rechtsfähigkeit der Körperschaft unverzichtbar ist.

141 Siehe bereits Kap. A.I.5.b.

142 Vgl. **KöR:** § 1 Abs. 2 Stud-LUH, von einer „rechtsfähigen Teilkörperschaft" sprechend.

143 Vgl. *Maurer*, AllgVerwR, 2011, § 21, Rn. 23, dass „das Organ [...] nicht Rechtsperson, sondern Teil einer Rechtsperson ist".

144 Zu der Frage des Perspektivwechsels unter anderem zwischen juristischen Person und Organ, *Jestaedt* in: Hoffmann-Riem/Schmidt-Aßmann/Voßkuhle, GdlVerwR Bd. 1, 2012, § 14, Rn. 15, dass es sich um eine begriffliche „Relativität der Unterscheidung von Ganzem und Teil" handelt, ob von einem „Verwaltungsträger [oder einem] Organ" gesprochen wird.

145 So dagegen **KöR:** *Kluth* in: Wolff/Bachof/Stober/ders., VerwR Bd. 2, 2010, § 85, Rn. 17; *Maurer*, AllgVerwR, 2011, § 23, Rn. 39.

146 **KöR:** So wird z. B. der Bundestag als nicht-rechtsfähige Körperschaft des öffentlichen Rechts qualifiziert, *Hofmann* in: ders./Gerke, AllgVerwR, 2010, Rn. 39; vgl. zu einem vergleichbaren Perspektivwechsel auch die nicht-rechtsfähigen Verwaltungseinheiten, Kap. C.I.2.

Des Weiteren findet sich im Rechtsformenkanon die Rechtsform der Anstalt, welche im Gegensatz zur Körperschaft sowohl[147] als rechtsfähige[148], teilweise auch unter Betonung ihrer Teilrechtsfähigkeit[149], als auch als nicht-rechtsfähige Anstalten[150] besteht. Eine Wahl dieser Rechtsform findet sich dementsprechend ausdrücklich in den Rechtsgrundlagen als rechtsfähige[151], teil-rechtsfähige[152] oder nicht-rechtsfähige[153], jedoch abweichend hiervon teilweise auch nur als Anstalt[154] (ohne den Zusatz der Rechtsfähigkeit bzw. Nicht-Rechtsfähigkeit) wieder. Zumindest Letzteres könnte wieder dafür sprechen, dass die Rechts- bzw. Nicht-Rechtsfähigkeit sich aus materiell-rechtlichen Gesichtspunkten ergeben muss[155]. Als dritte Rechtsform besteht

---

147 **AöR:** auf die rechtsfähigen Anstalten dagegen beschränkend, vgl. *M. Müller* in: Wolff/Bachof/Stober/Kluth, VerwR Bd. 2, 2010, § 86, Rn. 8.

148 **AöR:** *Cronauge/Westermann*, KommUntern, 2006, Rn. 29; *Erbguth*, AllgVerwR, 2016, § 6, Rn. 20; *Hermes* in: Dreier (Hrsg.), GG-Kom Bd. 3, 2008, Art. 86, Rn. 32; *Jestaedt* in: Hoffmann-Riem/Schmidt-Aßmann/Voßkuhle, GdlVerwR Bd. 1, 2012, § 14, Rn. 27; *Peine*, AllgVerwR, 2014, § 2, Rn. 97, als ausdrücklich „**vollrechtsfähige** Anstalten"; *Umbach/Clemens* in: ders./ders., GG Bd. 2, 2002, Art. 86, Rn. 18.

149 **AöR:** dagegen unzutreffend in Abgrenzung zur Vollrechtsfähigkeit, *Maurer*, AllgVerwR, 2011, § 21, Rn. 10; *M. Müller in: Wolff*/Bachof/Stober/Kluth, VerwR Bd. 2, 2010, § 86, Rn. 28, 30; *Peine*, AllgVerwR, 2014, § 2, Rn. 98; *Traumann*, OrgbundeigVerw, 1998, S. 277.

150 **nr-AöR:** *Alscher*, DStiftungÖffR, 2006, S. 79; *Bohn*, AnstÖffBetDritt, 2005, S. 76; *Cronauge/Westermann*, KommUntern, 2006, Rn. 29; *Erbguth*, AllgVerwR, 2016, § 6, Rn. 20; *H. Faber*, VerwR, 1995, § 9 II, S. 57; *Hofmann* in: ders./Gerke, AllgVerwR, 2010, Rn. 43; *Jestaedt* in: Hoffmann-Riem/Schmidt-Aßmann/Voßkuhle, GdlVerwR Bd. 1, 2012, § 14, Rn. 27; *Maurer*, AllgVerwR, 2011, § 23, Rn. 48; *Peine*, AllgVerwR, 2014, § 2, Rn. 99; *M. Müller* in: Wolff/Bachof/Stober/Kluth, VerwR Bd. 2, 2010, § 86, Rn. 32; *M. J. Müller*, RtfwissHochS, 2015, S. 176; *Sachs* in: ders. (Hrsg.), GG-Kom, 2014, Art. 86, Rn. 16; *Wallerath*, AllgVerwR, 2009, § 5, Rn. 14; kritisch dagegen *F. Becker*, VernLandBank, 1998, S. 67.

151 **AöR:** § 1 AfBF(S1), S. 226, „eine Anstalt des öffentlichen Rechts mit eigener Rechtspersönlichkeit"; § 4 Abs. 1 AGTierGesG(G2), S. 277; § 1 Abs. 1 S. 1 ARL(S5), S. 49; § 1 Abs. 1 FstKK, S. 554; § 1 Abs. 1 GEI(G1), S. 212; § 1 Abs. 1 HLKA, S. 739 f.; § 1 Abs. 1 S. 2 HWW(S1), S. 510; § 1 Abs. 1 IfE(S1), S. 688; § 1 Abs. 1 S. 1 IuFB(G1), S. 712; § 1 Abs. 1 S. 1 LBS-N(G), S. 230; § 1 Abs. 1 S. 1 LIAG(G), S. 428; § 68 Abs. 1 S. 1 NHG; § 1 Abs. 1 NLFst(G1), S. 616; § 37 Abs. 1 S. 1 NMedienG; § 1 Abs. 1 NordLB(G2), S. 631 (632); § 1 Abs. 2 NöVersG, S. 5.

152 **tr-AöR:** § 1 Abs. 1 BrLB; Art. 2 § 1 Abs. 1 PolAN(G), S. 444.

153 **nr-AöR:** § 2 S. 1 ATAfN, S. 364; § 1 Abs. 2 S. 1 HAB, S. 271; § 2 NIfR(S1), S. 834; § 1 Abs. 1 S. 1 StaN, S. 410; stattdessen als „unselbstständige" Anstalt, § 1 TIB, S. 820.

154 **AöR:** § 1 Abs. 2 RKrdSt(S3), S. 2.

155 Vgl. Kap. A.I.5.b.

die Stiftung ebenso als rechtsfähige[156] wie auch als nicht-rechtsfähige[157] Form. Die entsprechende Wahl als rechtsfähige Stiftung des öffentlichen Rechts findet sich wiederum in den Rechtsgrundlagen[158], teilweise jedoch ohne den ausdrücklichen Zusatz der Rechts- bzw. Nicht-Rechtsfähigkeit[159]. Da die Rechtsfähigkeit wiederum durch Auslegung ermittelt werden kann[160], ist ein fehlender Zusatz unschädlich, soweit er sich aus materiellen Merkmalen begründen ließe.

Sowohl die Körperschaft als auch die Anstalt und Stiftung werden in ihrer rechtsfähigen (bzw. teil-rechtsfähigen) Ausprägung als juristische Personen des öffentlichen Rechts zusammengefasst[161]. Sie werden als solche auch als Körperschaft des öffentlichen Rechts[162], Anstalt des öffentlichen Rechts[163] und Stiftung des öffentlichen Rechts[164] bezeichnet und bilden den Kanon der juristischen Personen des öffentlichen

---

156 **SöR:** *Hermes* in: Dreier (Hrsg.), GG-Kom Bd. 3, 2008, Art. 86, Rn. 32; *Jestaedt* in: Hoffmann-Riem/Schmidt-Aßmann/Voßkuhle, GdlVerwR Bd. 1, 2012, § 14, Rn. 27; *Kluth* in: Wolff/Bachof/Stober/ders., VerwR Bd. 2, 2010, § 87, Rn. 25; *Peine,* AllgVerwR, 2014, § 2, Rn. 105.

157 **nr-SöR:** *Dewald,* PrivStiftöffZw, 1990, S. 24; *Jestaedt* in: Hoffmann-Riem/Schmidt-Aßmann/Voßkuhle, GdlVerwR Bd. 1, 2012, § 14, Rn. 27; *Kluth* in: Wolff/Bachof/Stober/ders., VerwR Bd. 2, 2010, § 87, Rn. 25; *M. J. Müller,* RtfwissHochS, 2015, S. 183; *Peine,* AllgVerwR, 2014, § 2, Rn. 105; *Stettner,* DStiftungÖffR, 2012, S. 26; *Tomsen,* stnStiftBerAut, 1991, S. 16; ohne Begründung a. A.: *Hofmann* in: ders./Gerke, AllgVerwR, 2010, Rn. 45, dass Stiftungen „zwingend rechtsfähig" sind.

158 **SöR:** § 1 Abs. 1 AsseSt, S. 314; § 1 Abs. 1 MudCl(S1), S. 409; §§ 55 Abs. 1, 68 Abs. 1 S. 1 NHG; § 1 S. 1 SnGst(G), S. 494; § 1 Abs. 1 S. 1 StTIB(G), S. 151; § 1 Abs. 1 StZAPf(G), S. 20.

159 **SöR:** § 1 Abs. 1 S. 2 HWBl, S. 710; § 1 Abs. 1 S. 1 SBK, S. 649; § 1 Abs. 1 StZIN(G), S. 209.

160 **SöR:** *Alscher,* DStiftungÖffR, 2006, S. 102.

161 **AöR und SöR:** *Groß* in: Hoffmann-Riem/Schmidt-Aßmann/Voßkuhle, GdlVerwR Bd. 1, 2012, § 13, Rn. 45; *Hermes* in: Dreier (Hrsg.), GG-Kom Bd. 3, 2008, Art. 86, Rn. 32; *Jestaedt* in: Hoffmann-Riem/Schmidt-Aßmann/Voßkuhle, GdlVerwR Bd. 1, 2012, § 14, Rn. 27; *Kluth* in: Wolff/Bachof/Stober/ders., VerwR Bd. 2, 2010, § 87, Rn. 25; *Krebs* in: Isensee/Kirchhof, HdBdStR Bd. 5, 2007, § 108, Rn. 37; *Peine,* AllgVerwR, 2014, § 2, Rn. 80.

162 **KöR:** *Hermes* in: Dreier (Hrsg.), GG-Kom Bd. 3, 2008, Art. 86, Rn. 32; *Jestaedt* in: Hoffmann-Riem/Schmidt-Aßmann/Voßkuhle, GdlVerwR Bd. 1, 2012, § 14, Rn. 27; *Maurer,* AllgVerwR, 2011, § 21, Rn. 8; *Peine,* AllgVerwR, 2014, § 2, Rn. 81; *Sachs* in: ders. (Hrsg.), GG-Kom, 2014, Art. 86, Rn. 16.

163 **AöR:** *Fett,* ÖffrAnstabKonU, 2000, S. 29; *Hermes* in: Dreier (Hrsg.), GG-Kom Bd. 3, 2008, Art. 86, Rn. 32; *Jestaedt* in: Hoffmann-Riem/Schmidt-Aßmann/Voßkuhle, GdlVerwR Bd. 1, 2012, § 14, Rn. 27; *Maurer,* AllgVerwR, 2011, § 21, Rn. 8; *Peine,* AllgVerwR, 2014, § 2, Rn. 94; *Sachs* in: ders. (Hrsg.), GG-Kom, 2014, Art. 86, Rn. 16; *Wolf,* AnstöffRWettu, 2002, S. 91 f.

164 **SöR:** *Jestaedt* in: Hoffmann-Riem/Schmidt-Aßmann/Voßkuhle, GdlVerwR Bd. 1, 2012, § 14, Rn. 27; *Maurer,* AllgVerwR, 2011, § 21, Rn. 8; *Peine,* AllgVerwR, 2014, § 2, Rn. 105; teilweise auch als öffentlich-rechtliche Stiftungen bezeichnet, vgl. *Hermes*

Rechts[165]. So eindeutig dies auf den ersten Blick erscheinen mag, fallen Einrichtungen auf, die an vergleichbarer Stelle in den Rechtsgrundlagen ausschließlich als „juristische Personen des öffentlichen Rechts“ bezeichnet werden[166]. Diese Rechtssetzungspraxis könnte Ausdruck dafür sein, dass auf eine Rechtsformwahl möglicherweise verzichtet werden kann. Dass in der Rechtswissenschaft teilweise von Anstaltsstiftungen gesprochen wird[167], lässt zusätzlich an der formellen Differenzierung der beiden Rechtsformen Anstalt und Stiftung zweifeln. Grundsätzlich sind es damit jedoch drei Rechtsformen des öffentlichen Rechts, welche nachfolgend zu untersuchen sind, die Körperschaft, die Anstalt und die Stiftung des öffentlichen Rechts.

II. Die Rechtsformen des bürgerlichen Rechts

Daneben finden sich die privatrechtlichen Rechtsformen, derer sich der Staat bedient[168], wie insbesondere die Gesellschaft mit beschränkter Haftung (GmbH), die Aktiengesellschaft (AG), der eingetragene Verein (e. V.) und die eingetragene

---

in: Dreier (Hrsg.), GG-Kom Bd. 3, 2008, Art. 86, Rn. 32; nachfolgend wird jedoch einheitlich von Stiftungen des öffentlichen Rechts gesprochen.

165 **JPöR:** *Berg*, NJW 1985, 2294; *Broß/Mayer* in: v. Münch/Kunig, GG-Kom Bd. 3, 2012, Art. 86, Rn. 1; *G. Burmeister*, HerInStGEsVorb, 1991, S. 227; *Detterbeck*, AllgVerwR, 2015, Rn. 181; *Draf*, KörpöfffSReV, 2006, S. 74; *Forsthoff*, VerwR Bd. 1, 1973, § 25, S. 491; *Groß* in: Hoffmann-Riem/Schmidt-Aßmann/Voßkuhle, GdlVerwR Bd. 1, 2012, § 13, Rn. 45; *Hermes* in: Dreier (Hrsg.), GG-Kom Bd. 3, 2008, Art. 86, Rn. 32; *Jellinek*, VerwR, 1931, § 8, S. 173 f.; *Kemmer*, JA 2015, 328 (330); *H. Korte/Rebe*, VerfVerwNieders, 1986, S. 503; *Krebs* in: Isensee/Kirchhof, HdBdStR Bd. 5, 2007, § 108, Rn. 37; *Jecht*, DöA, 1963, S. 32; *Loeser*, SysVerwR Bd. 2, 1994, Rn. 123; *Maurer*, AllgVerwR, 2011, § 21, Rn. 8; *Stettner*, DStiftungÖffR, 2012, S. 22; *Totenhöfer-Just*, ÖffrechtStft, 1973, S. 19; *Umbach/Clemens* in: ders./ders., GG Bd. 2, 2002, Art. 86, Rn. 18 ff.; *Wallerath*, AllgVerwR, 2009, §, 5, Rn. 5; *Weber*, KörAnstStiöffR, 1943, S. 15; unklar daher *E. Müller*, DBundStift, 2009, S. 41; soweit daneben auch Mischformen der Rechtsformen der Staatsverwaltung zugelassen werden, vgl. auch *Alscher*, DStiftungÖffR, 2006, S. 11; *Hermes* in: Dreier (Hrsg.), GG-Kom Bd. 3, 2008, Art. 86, Rn. 32, dies widerspricht jedoch bereits der mit einem Rechtsformenkanon vorausgesetzten, notwendigen Abgrenzungsfähigkeit der Rechtsformen. Soweit eine Rechtsform sich einer bestehenden nicht zuordnen lässt, bildet sie demgegenüber eine neue Rechtsform, was jedoch im Rahmen der hier vorgenommenen Dekonstruktion unerheblich ist.

166 **JPöR:** § 1 ARL(S1), S. 57; § 1 Abs. 1 CGGHKv; vgl., so bereits feststellend, *Weber*, KörAnstStiöffR, 1943, S. 17.

167 **SöR:** *Alscher*, DStiftungÖffR, 2006, S. 8, 77, 141; *Andrick*, StiftRStaAufs, 1988, S. 51 f.; *Röpke*, HschStiftöffR, 2006, S. 85; **st. SbR:** *Schwake* in: MüHBGesR Bd. 5, 2009, § 79, Rn. 79 ff.; **SöR und st. SbR:** *v. Campenhausen/Stumpf* in: v. Campenhausen/Richter (Hrsg.) StfRHdB, 2014, § 1, Rn. 8.

168 Vielfach unter dem Begriff der „formellen Privatisierung“ oder „Organisationsprivatisierung“ zusammengefasst, vgl. *Burgi* in: Erichsen/Ehlers (Hrsg.), AllgVerwR, 2010, § 8, Rn. 17; *Groß* in: Hoffmann-Riem/Schmidt-Aßmann/Voßkuhle, GdlVerwR

Genossenschaft (e. G.), sowie nachfolgend nicht gesondert betrachtete Mischformen verschiedener Rechtsformen (z. B. GmbH & Co. KG). Allen diesen Rechtsformen ist gemeinsam, dass sie im Rahmen der Staatsverwaltung (fast) ausschließlich in ihrer rechtsfähigen Ausprägung existieren[169] und als juristische Personen des Privatrechts zusammengefasst werden[170]. Die formelle Rechtsformwahl beschränkt sich insoweit in der Rechtssetzungspraxis auch auf die Bestimmung als GmbH, AG, e. V. oder e. G.[171] als Teil des Namens[172]. Hierzu gehört auch die Stiftung des bürgerlichen Rechts, welche jedoch grundsätzlich sowohl als rechtsfähige als auch als nicht-rechtsfähige Ausformung besteht[173], und so von der Stiftung des öffentlichen Rechts formell zu differenzieren ist. Dass die Rechtsfähigkeit ausdrücklich verliehen wird, verbunden mit der Rechtsformwahl, findet sich ebenfalls nur bei der rechtsfähigen Stiftung des bürgerlichen Rechts[174]. Die Rechtsfähigkeit ergibt sich jedoch für die GmbH, AG, den e. V. und die e. G. bereits aus dem Gesetz[175], sodass sich ein entsprechender untergesetzlicher Zusatz bereits deshalb erübrigt. Nur für die Stiftung findet sich auch ausdrücklich die Bestimmung als juristische Person

---

Bd. 1, 2012, § 13, Rn. 79; *J. Ipsen*, AllgVerwR, 2015, § 4, Rn. 268; *Maurer*, AllgVerwR, 2011, § 21, Rn. 15; *Wallerath*, AllgVerwR, 2009, § 6, Rn. 91.

169 Siehe jedoch auch den nicht-rechtsfähigen Verein, vgl. *Schwarz van Berk* in: MüHBGesR Bd. 5, 2009, § 2, Rn. 1.

170 **JPbR:** *Groß* in: Hoffmann-Riem/Schmidt-Aßmann/Voßkuhle, GdlVerwR Bd. 1, 2012, § 13, Rn. 47; *Hermes* in: Dreier (Hrsg.), GG-Kom Bd. 3, 2008, Art. 86, Rn. 34; *Maurer*, AllgVerwR, 2011, § 21, Rn. 4; *Peine*, AllgVerwR, 2014, § 2, Rn. 45; *Schwarz van Berk* in: MüHBGesR Bd. 5, 2009, § 2, Rn. 8; *Stober* in: Wolff/Bachof/ders./Kluth, VerwR Bd. 2, 2010, § 92, Rn. 24.

171 **st. e. G.:** § 1 Abs. 1 HIS(S2).

172 **st. GmbH:** § 1 Abs. 1 CUTEC; § 1 Abs. 1 DSMZ; § 1 Abs. 1 EaSoA; § 1 Abs. 1 HIS(S1); § 1 Abs. 1 HWW(S2); § 1 Abs. 1 LEA; § 1 Abs. 1 RamBmG; § 1 Abs. 1 GmbH1; § 1 Abs. 1 GmbH2; **st. AG:** § 1 Abs. 1 DMAg; § 1 Abs. 1 SagAG; § 1 VWAg; **st. e. V.:** § 1 Abs. 1 S. 2 3NKN; § 1 Abs. 1 BrLsch; § 1 Abs. 1 DInKt; § 1 Abs. 1 EmLsch; § 1 Abs. 1 LVG; § 1 Abs. 2 N21; vgl. auch § 1 Abs. 2 NStT.

173 **st. SbR und nr-SbR**: *Andrick*, StiftRStaAufs, 1988, S. 43; *Dewald*, PrivStiftöffZw, 1990, S. 22 f.; *Joppich*, BöffrtStift, 1951, S. 14 f.; *Schwake* in: MüHBGesR Bd. 5, 2009, § 79, Rn. 61 ff.; *Tomsen*, stnStiftBerAut, 1991, S. 16; *O. Werner* in: Werner/Saenger (Hrsg.), DStfRStW, 2008, Rn. 1, 10; *v. Campenhausen/Stumpf* in: v. Campenhausen/Richter (Hrsg.) StfRHdB, 2014, § 2, Rn. 4.

174 **st. SbR:** § 1 BaStW(S), S. 243; § 1 FamN(S2), S 137; § 1 Abs. 2 GISMA(S1), S. 426; § 1 HEH, S. 623; § 1 HWK(S2), S. 1009; § 1 KTSt(S2), S. 1227; § 1 Abs. 2 NBingSt, S. 464; § 1 Abs. 2 NLotSpSt, S 294; § 1 Abs. 2 NLottSt(S2), S. 86; § 1 NUmwSt(S2), S. 1523; § 1 Abs. 2 NWattSt, S. 1096; § 1 Abs. 2 NWirtA(S), S. 410; § 1 Abs. 2 ResFN(S), S. 838; § 1 Abs. 1 StbRB(S2), S. 280; § 1 Abs. 1 StJbJ, S. 55; § 1 Abs. 1 StLSb(S), S. 16; § 1 StN(S2), S. 1209; § 1 Abs. 2 StOpfH(S), S. 99; § 1 VWSt(S), S. 488; § 1 ZeVA(S), S. 1001.

175 **st. GmbH:** § 13 GmbHG; **st. AG:** § 1 Abs. 1 AktG; **st. e. V.:** § 22 BGB; **st. e. G.:** § 17 Abs. 1 GenG.

des bürgerlichen Rechts[176]. Für die anderen Rechtsformen handelt es sich allein um eine Zusammenfassung der Rechtswissenschaft. Als weitere Rechtsformen sind die juristischen Personen des bürgerlichen Rechts, GmbH, AG, e. V., e. G. und die Stiftung des bürgerlichen Rechts, zu untersuchen.

III. Die mittelbare Staatsverwaltung

Eine weitere Zusammenfassung der Rechtsformen im Sinne der Bildung eines weiteren Oberbegriffs erfolgt traditionell unter dem Begriff der mittelbaren Staatsverwaltung, dessen Reichweite und Aussagegehalt jedoch gleichzeitig umstritten ist. Teilweise werden unter diesem Begriff nur juristischen Personen des öffentlichen Rechts verstanden[177], sodass der Begriff nur ein Synonym zu Letzterem darstellen würde. Eine eigenständige Bedeutung erlangt der Begriff der mittelbaren Staatsverwaltung dagegen nur, soweit alle juristischen Personen[178], die rechtsfähigen[179] Rechtsformen einschließlich der privatrechtlichen unter diesem Begriff zusammengefasst werden[180]. Dies entspricht im Übrigen auch dem Anspruch, die mittelbare

---

176 **st. SbR:** § 1 S. 2 BaStW(S), S. 243; § 1 S. 2 FamN(S2), S 137; § 1 Abs. 2 S. 1 GISMA(S1), S. 426; § 1 S. 2 HEH, S. 623; § 1 S. 2 HWK(S2), S. 1009; § 1 S. 2 KTSt(S2), S. 1227; § 1 Abs. 2 NBingSt, S. 464; § 1 Abs. 2 NLotSpSt, S 294; § 1 Abs. 2 NLottSt(S2), S. 86; § 1 S. 1 NUmwSt(S2), S. 1523; § 1 Abs. 2 NWattSt, S. 1096; § 1 Abs. 2 ResFN(S), S. 838; § 1 Abs. 1 S. 2 StbRB(S2), S. 280; § 1 Abs. 2 StJbJ, S. 55; § 1 Abs. 1 StLSb(S), S. 16; § 1 S. 2 StN(S2), S. 1209; § 1 Abs. 2 StOpfH(S), S. 99; § 1 S. 2 VWSt(S), S. 488; § 1 S. 2 ZeVA(S), S. 1001; im Wortlaut abweichend als Stiftung des privaten Rechts dagegen, § 1 Abs. 2 NWirtA(S), S. 410.

177 Insofern beschränkt auf die juristischen Personen des öffentlichen Rechts, *Badura* in: FS BayVerfG, 1997, S. 13; *Burgi* in: Erichsen/Ehlers (Hrsg.), AllgVerwR, 2010, § 8, Rn. 16; *Gölz,* DStaatalsStift, 1999, S. 13; *Kluth* in: Wolff/Bachof/Stober/ders., VerwR Bd. 2, 2010, § 87, Rn. 14; *Loeser,* SysVerwR Bd. 2, 1994, Rn. 121; *Maurer,* AllgVerwR, 2011, § 23, Rn. 1; *Tomsen,* stnStiftBerAut, 1991, S. 13; *v. Campenhausen/Stumpf* in: v. Campenhausen/Richter (Hrsg.) StfRHdB, 2014, § 15, Rn. 1; *Wallerath,* AllgVerwR, 2009, § 6, Rn. 44.

178 Vgl. *Erbguth,* AllgVerwR, 2016, § 6, Rn. 14; *Hermes* in: Dreier (Hrsg.), GG-Kom Bd. 3, 2008, Art. 86, Rn. 31; *Krebs* in: Isensee/Kirchhof, HdBdStR Bd. 5, 2007, § 108, Rn. 18; so ausdrücklich *ders.,* aaO., Rn. 22; *Jestaedt* in: Hoffmann-Riem/Schmidt-Aßmann/Voßkuhle, GdlVerwR Bd. 1, 2012, § 14, Rn. 32; vgl. auch *J. Ipsen,* AllgVerwR, 2015, § 4, Rn. 246, 268; *Maurer,* AllgVerwR, 2011, § 21, Rn. 12; *Peine,* AllgVerwR, 2014, § 2, Rn. 63.

179 *H. Faber,* VerwR, 1995, § 9 II, S. 56; *Kemmer,* JA 2015, 328 (329, 332); unklar dagegen *Peine,* AllgVerwR, 2014, § 2, Rn. 107, in Bild 1 die mittelbare Staatsverwaltung auch auf „Einheiten ohne Rechtspersönlichkeit" erstreckend, sodass die Bewertung als „mittelbar" und „unmittelbar" bereits an dieser Stelle begrifflich verschwimmt; ebenso *E. Müller,* DBundStift, 2009, S. 46; *Tomsen,* stnStiftBerAut, 1991, S. 163.

180 *Burgi* in: Erichsen/Ehlers (Hrsg.), AllgVerwR, 2010, § 8, Rn. 11; *J. Burmeister* in: FG v. Unruh, 1983, S. 646; *Detterbeck,* AllgVerwR, 2015, Rn. 176, 197; *Hermes* in: Dreier (Hrsg.), GG-Kom Bd. 3, 2008, Art. 86, Rn. 27, 30; *Jecht,* DöA, 1963, S. 33; *M. Kilian*

Staatsverwaltung umfassend zu beschreiben und die Privatrechtsformen, derer sich der Staat für die Staatsverwaltung bedient, einzubeziehen[181]. Als bloßer Oberbegriff erlangt der Begriff der mittelbaren Staatsverwaltung keine eigenständige Bedeutung[182], sodass dieser Streit offen gelassen werden kann. Der Begriff wird im Nachfolgenden dementsprechend in der weiten Auslegungsvariante verwendet, ohne dass die weitere Untersuchung davon abhängen würde. Zumindest kann aus der Begriffsbildung der mittelbaren Staatsverwaltung keine Beschränkung des Untersuchungsgegenstandes auf die öffentlich-rechtlichen Rechtsformen abgeleitet werden.

IV. Die unmittelbare Staatsverwaltung

Als weitere zusammenfassende Abstraktionsstufe bilden die rechtsfähigen (ggf. teil-rechtsfähigen) Rechtsformen zusammen mit den nicht-rechtsfähigen Verwaltungseinheiten die Staatsverwaltung. Die Begriffsvielfalt für die nicht-rechtsfähigen Einheiten ist wiederum unübersehbar und reicht von Behörde[183], (Verwaltungs-) Einheit[184], Einrichtung[185], Sondervermögen[186] bis zum Betrieb[187]. Für die weitere

---

in: Werner/Saenger (Hrsg.), DStfRStW, 2008, Rn. 1038, dass „[s]taatliche Stiftungen [...] unbestritten Teil der mittelbaren Staatsverwaltung [sind]", insbesondere auch „in privater Rechtsform", *ders.*, aaO., Rn. 1061 ausdrücklich zur Zuordnung auch der (staatlichen) Stiftung des bürgerlichen Rechts zur mittelbaren Staatsverwaltung; *Krebs* in: Isensee/Kirchhof, HdBdStR Bd. 5, 2007, § 108, Rn. 22, dass „auch durch Privatrechtsorganisationen Verwaltungsaufgaben erfüllt werden, Verwaltung durch Privatrechtssubjekte also Verwaltung durch rechtlich verselbständigte Organisationseinheiten ist"; *Maurer,* AllgVerwR, 2011, § 21, Rn. 12; *E. Müller,* DBundStift, 2009, S. 44; vgl. auch *Burgi* in: Erichsen/Ehlers (Hrsg.), AllgVerwR, 2010, § 10, Rn. 24, zusätzlich die Beleihung unter den Begriff der mittelbaren Staatsverwaltung fassend; den Begriff der mittelbaren Staatsverwaltung insgesamt ablehnend dagegen *Bull/Mehde,* AllgVerwR, 2015, § 3, Rn. 101.

181 Vgl. hierzu auch Kap. A.I.5.a.

182 Dieser Begriff ist bereits zuvor verwendet worden, vgl. zur bereits verworfenen Bedeutung, Kap. A.I.2.

183 Vgl. **nr-VE:** *Burgi* in: Erichsen/Ehlers (Hrsg.), AllgVerwR, 2010, § 8, Rn. 10; *Loeser,* SysVerwR Bd. 2, 1994, Rn. 111; *Peine,* AllgVerwR, 2014, § 2, Rn. 64 ff.; *Traumann,* OrgbundeigVerw, 1998, S. 130; vgl. auch *Rüfner,* FormöffVerw, 1967, S. 246, zur unklaren Zuordnung „rechtsfähiger Behörden" zum Begriff der Anstalt.

184 **nr-VE:** *Hofmann* in: ders./Gerke, AllgVerwR, 2010, Rn. 38; *Krebs* in: Isensee/Kirchhof, HdBdStR Bd. 5, 2007, § 108, Rn. 17; *Maurer,* AllgVerwR, 2011, § 21, Rn. 8.

185 **nr-VE:** *Burgi* in: v. Mangold/Klein/Starck, Kom-GG Bd. 3, 2010, Art. 86, Rn. 48; *Loeser,* SysVerwR Bd. 2, 1994, Rn. 111; *Wallerath,* AllgVerwR, 2009, § 5, Rn. 23.

186 **nr-VE:** *Backhaus,* ÖffUntern, 1980, S. 210; *Bull* in: Wassermann, Akom-GG, 2001, Art. 86, Rn. 53a; *Burgi* in: v. Mangold/Klein/Starck, Kom-GG Bd. 3, 2010, Art. 86, Rn. 48; *Loeser,* SysVerwR Bd. 2, 1994, Rn. 112; *Mann,* ÖffrechtGes, 2001, S. 102 f.

187 **nr-VE:** *Loeser,* SysVerwR Bd. 2, 1994, Rn. 112; vgl. jedoch auch *Maier-Bledjian,* SondVerBund, 2001, S. 92, dass der Begriff des Betriebs als Unterfall des Sondervermögens ansehend.

Untersuchung, neben den bereits angesprochenen nicht-rechtsfähigen Anstalten des öffentlichen Rechts und den nicht-rechtsfähigen Stiftungen des öffentlichen sowie bürgerlichen Rechts, erfolgt jedoch eine Beschränkung der Untersuchung auf die in diesem Zusammenhang regelmäßig genannten Eigen- und Regiebetriebe[188]. Außen vorgelassen werden damit Begriffe wie Behörde und Sondervermögen, welche sich teilweise in Rechtsgrundlagen ebenso wiederfinden. In anderen Fällen umfassen diese nur Teilaspekte der vorgenannten Rechtsformen, bezogen auf den Zweck oder das Vermögen. Einbezogen werden dagegen die in den Rechtsgrundlagen auf Landesebene regelmäßig als Landesbetrieb[189] oder teilweise auch nur als Einrichtung[190] bezeichneten Rechtsformen, welche so die Stelle eines Eigen- oder Regiebetriebs einnehmen dürften. Früher war dagegen von Regie-[191] und auf kommunaler Ebene ist von Eigenbetrieben die Rede[192]. Nachfolgend soll insofern verallgemeinernd von nicht-rechtsfähigen Verwaltungseinheiten die Rede sein. Die nicht-rechtsfähigen Verwaltungseinheiten selbst bilden insofern die unmittelbare Staatsverwaltung[193], die unter dem Aspekt der Steuerung grundsätzlich auch Ministerialverwaltung[194] genannt wird. Die Aussage, dass die unmittelbare sich hinreichend von der mittelbaren Staatsverwaltung unterscheiden[195] kann, wird dagegen im Ergebnis gerade die noch folgende Dekonstruktion relativieren[196]. An dieser Stelle bleibt festzuhalten, dass sich zumindest formal die unmittelbare Staatsverwaltung in Ermangelung einer Rechtsfähigkeit von der mittelbaren Staatsverwaltung abgrenzen lässt.

---

188 **nr-VE:** *Groß* in: Hoffmann-Riem/Schmidt-Aßmann/Voßkuhle, GdlVerwR Bd. 1, 2012, § 13, Rn. 77; *Ronellenfitsch* in: Isensee/Kirchhof, HdBdStR Bd. 4, 2006, § 98, Rn. 21; zur begrifflichen Beliebigkeit vgl. *Wallerath*, AllgVerwR, 2009, §, 5, Rn. 23.

189 **nr-VE:** § 1 Abs. 1 S. 1 ITN, S. 243; § 1 Abs. 1 IZN, S. 1150; § 1 Abs. 1 S. 1 LGLN(S2), S. 572; § 1 Abs. 1 S. 1 LSKN, S. 836; § 1 Abs. 1 S. 1 LWKN, S. 855; § 1 Abs. 1 S. 1 LZN, S. 696; § 1 Abs. 1 S. 1 VZG, S. 728.

190 **nr-VE:** § 1 Abs. 1 S. 1 NBiblS, S. 2084; § 1 Abs. 1 S. 1 NInL; § 1 Abs. 1 S. 1 VwÄKN; § 1 Abs. 1 S. 2 VwIngK.

191 **nr-VE:** Nr. 1 Abs. 1 S. 1 NStB.

192 **nr-VE:** § 1 EigBetrVO, S. 21; § 1 HCC.

193 *Burgi* in: Erichsen/Ehlers (Hrsg.), AllgVerwR, 2010, § 8, Rn. 10; *Hofmann* in: ders./Gerke, AllgVerwR, 2010, Rn. 73; *Ibler* in: Maunz/Dürig, GG-Kom, 2015, Art. 86, Rn. 68; *Kemmer*, JA 2015, 328; *Loeser*, SysVerwR Bd. 2, 1994, Rn. 106; *Wallerath*, AllgVerwR, 2009, § 6, Rn. 42.

194 Vgl. bspw. *Dreier*, HierVerwDemStaat, 1991, S. 134 ff.; *Emde*, DemLegfunktSelbst, 1991, S. 337 ff.; *Jestaedt*, DemPrKondVerw, 1993, S. 603; *Mehde* in: Hartmann/Mann/ders., LdRNds, 2015, § 2, Rn. 12.

195 *Alscher*, DStiftungÖffR, 2006, S. 25; *F. Becker*, VernLandBank, 1998, S. 66; *Dittmann*, BundVerw, 1983, S. 96; *Mittmann*, DemÜbStuAnst, 1971, S. 131; dagegen bereits ablehnend *Dreier*, HierVerwDemStaat, 1991, S. 246.

196 Vgl. zu der insofern vergleichbaren potentiellen Grenze einer Dekonstruktion, der Rechtsfähigkeit, Kap. A.I.5.b.

Mit der vorangegangenen Systematisierung nicht in Übereinstimmung gebracht werden kann[197] dagegen eine mit den Rechtsformen in der Rechtswissenschaft teilweise verbundene rechtliche Verselbstständigung[198] bzw. die Selbstständigkeit[199]. Eine rechtliche Verselbstständigung wird teilweise als Synonym für die Rechtsfähigkeit[200] gebraucht, soweit z. B. die Körperschaft als rechtlich verselbstständigt statt rechtsfähig[201] bezeichnet wird. Diese Austauschbarkeit findet sich teilweise auch in den Rechtsgrundlagen wieder[202]. Soweit es die Selbstständigkeit betrifft, verwischt sich diese Grenze insbesondere, soweit für die nicht-rechtsfähige Verwaltungseinheit eines Regiebetriebs eine Unselbstständigkeit[203], dagegen für den Eigenbetrieb

---

197 So bereits *Burgi* in: v. Mangold/Klein/Starck, Kom-GG Bd. 3, 2010, Art. 86, Rn. 50; *E. Müller*, DBundStift, 2009, S. 44 f.; *Krebs* in: Isensee/Kirchhof, HdBdStR Bd. 5, 2007, § 108, Rn. 27, insofern bei der Verselbstständigung von einem „Tendenzbegriff", der „gegenüber der ‚juristischen Person des öffentlichen Rechts' einen Verlust an Konturenschärfe hinnimmt", sprechend; vgl. auch *Groß* in: Hoffmann-Riem/Schmidt-Aßmann/Voßkuhle, GdlVerwR Bd. 1, 2012, § 13, Rn. 71.

198 Vgl. *Bull/Mehde,* AllgVerwR, 2015, § 3, Rn. 99; *Cronauge/Westermann*, KommUntern, 2006, Rn. 241; *Han*, UnabBaFin, 2015, S. 49; *Kluth* in: Wolff/Bachof/Stober/ders., VerwR Bd. 2, 2010, § 87, Rn. 14; *C. Lange*, PrivREchtsF, 1984, S. 61; *Maurer*, AllgVerwR, 2011, § 21, Rn. 8, hier für die juristischen Personen des öffentlichen Rechts, *ders.*, aaO, Rn. 15, hier für die GmbH und AG; *E. Müller*, DBundStift, 2009, S. 45; *Peine,* AllgVerwR, 2014, § 2, Rn. 63; *Tomsen*, stnStiftBerAut, 1991, S. 15; *Wallerath,* AllgVerwR, 2009, § 6, Rn. 42; als „rechtliche Unabhängigkeit", *Kraft*, VerwGesellR, 1982, S. 7.

199 Vgl. *Groß* in: Hoffmann-Riem/Schmidt-Aßmann/Voßkuhle, GdlVerwR Bd. 1, 2012, § 13, Rn. 74.

200 *Badura* in: FS BayVerfG, 1997, S. 16; *Burgi* in: v. Mangold/Klein/Starck, Kom-GG Bd. 3, 2010, Art. 86, Rn. 50; *Gärtner*, FinzBetPrivAnöffR, 1994, S. 6; *Hellermann* in: Hoppe/Uechtritz/Reck (Hrsg.), HdBkommUnt, 2012, § 7, Rn. 47; *Jecht*, DöA, 1963, S. 34 f., im nachfolgenden jedoch kritisch bereits; *Kempen*, FormWFVerw, 1989, S. 108; *Kreienschulte*, RchStiftVolksw, 1969, S. 36; *N. Müller*, RechtsFormW, 1993, S. 65; *Rüfner*, FormöffVerw, 1967, S. 240; *Wallerath,* AllgVerwR, 2009, §, 5, Rn. 14; *Weber*, KörAnstStiöffR, 1943, S. 17; a. A. dagegen *Mittmann*, DemÜbStuAnst, 1971, S. 131; *Stettner*, DStiftungÖffR, 2012, S. 23; *Wolf*, AnstöffRWettu, 2002, S. 91, dass „selbst die Voll-Rechtsfähigkeit nichts über die tatsächliche Verselbstständigung in organisationsrechtlicher Hinsicht aus[sagt]".

201 Vgl. *Burgi* in: Erichsen/Ehlers (Hrsg.), AllgVerwR, 2010, § 7, Rn. 7; *Krebs* in: Isensee/Kirchhof, HdBdStR Bd. 5, 2007, § 108, Rn. 17; *Loeser*, SysVerwR Bd. 2, 1994, Rn. 121, 171.

202 Vgl. **st. SbR:** KTSt(U), S. 986 (987); NWirtA(U); siehe auch § 1 NWirtA(S).

203 Dennoch von einem „verselbstständigten Regiebetrieb" sprechend dagegen *M. Müller* in: Wolff/Bachof/Stober/Kluth, VerwR Bd. 2, 2010, § 86, Rn. 37; ebenso *Gurlit*, NZG 2012, 249 (251).

eine Selbstständigkeit[204] angenommen wird[205]. Teilweise wird für beide wiederum auch die Unselbstständigkeit als charakterisierend angesehen[206]. Hinzuweisen ist an dieser Stelle bereits darauf, dass sich eine Selbstständigkeit dem Wortlaut nach gerade in den Rechtsgrundlagen der nicht-rechtsfähigen Verwaltungseinheiten findet[207] und damit auch aus diesem Grund nicht synonym mit der Rechtsfähigkeit erscheint. Es wird sich auch im Nachfolgenden zeigen, dass diese Beschreibung der Selbstständigkeit damit gerade, losgelöst von den Rechtsformen[208], einem dahinterliegenden Verständnis verfassungsrechtlicher Anforderungen entspringt und damit zusammen mit der Dekonstruktion der Rechtsformen betrachtet werden muss. An dieser Stelle reicht der Hinweis, dass die Selbstständigkeit kein formelles Merkmal ist und nicht zur Systematisierung der Rechtsformen taugt[209].

V. Fazit der formellen Merkmale der Rechtsformen

Die Rechtsformen der Staatsverwaltung stellen sich damit in drei Dimensionen dar. Zunächst betrifft dies die formelle Rechtsform, wie sie mit einem bestimmten Begriff verknüpft ist, wie z. B. Körperschaft[210], Stiftung oder GmbH. Als zweite Dimension werden die Rechtsformen der mittelbaren Staatsverwaltung formell in juristische Personen des öffentlichen Rechts und juristische Personen des Privatrechts unterteilt. Außerdem, als dritte Dimension, werden die Rechtsformen in rechtsfähige (bzw. teil-rechtsfähige) auf der einen und nicht-rechtsfähige Ausprägungen auf der anderen Seite unterteilt und insofern der mittelbaren oder unmittelbaren Staatsverwaltung zugeordnet. Eine Unterteilung darüber hinaus bezieht sich auf eine rechtliche Selbstständigkeit bzw. Verselbstständigung, welche jedoch unabhängig von der Zuordnung zur mittelbaren Staatsverwaltung bzw. der Qualifizierung als juristische Person auch für nicht-rechtsfähige Verwaltungseinheiten angenommen

---

204 *Blessing*, ÖffrAnstBetPr, 2008, S. 44; *Burgi* in: Erichsen/Ehlers (Hrsg.), AllgVerwR, 2010, § 8, Rn. 32; *Mann*, ÖffrechtGes, 2001, S. 104.

205 Vgl. *Ahmann*, ÖffprivOrgFkommE, 2009, S. 71; *Altmeppen*, NJW 2003, 2561; *Alscher*, DStiftungÖffR, 2006, S. 9; *Bohn*, AnstÖffBetDritt, 2005, S. 78; *Cronauge/Westermann*, KommUntern, 2006, Rn. 107; *Dreier*, HierVerwDemStaat, 1991, S. 226 f.; *Erdmann*, NdsVBl. 2003, 261; *Gaß*, UmwgemUnt, 2003, S. 34; *Gruneberg*, AbwkommUnt, 2007, S. *143; Hauser*, WahlOrgForm, 1987, S. 3; *Hellermann* in: Hoppe/Uechtritz/Reck (Hrsg.), HdBkommUnt, 2012, § 7, Rn. 33; *A. Lange*, BetPrivrechtsfAnst, 2008, S 36; *Rüfner*, FormöffVerw, 1967, S. 237.

206 *Brünning*, PrivEkomAufg, 1997, S. 269; *Holz/Kürten/Grabolle*, KommJur 2014, 281.

207 **nr-VE:** § 3 Abs. 1 LGLN(S1), S. 880; § 3 Abs. 1 LWKN, S. 855 (856); § 4 Abs. 1 LZN, S. 696; § 4 NBiblS, S. 2084.

208 Vgl. auch Kap. A.I.2.

209 Siehe unten Kap. C.I.3.

210 Dass der privatrechtliche Verein ebenso als Körperschaft bezeichnet werden kann, vgl. bspw. *Kluth* in: Wolff/Bachof/Stober/ders., VerwR Bd. 2, 2010, § 80, Rn. 32; *Schöpflin* in: BeckOK, 2014, § 21, Rn. 25 ff., sodass bereits formell die Begrifflichkeiten an Kontur verlieren.

werden kann und insofern bereits als formelle Zuordnung der zuvor gefundenen Unterteilung teilweise zuwiderläuft. Letzteres stellt somit möglicherweise keine eigene Kategorie dar, sondern ist bereits eine materielle Bewertung, die an dieser Stelle noch nicht behandelt werden soll. Insgesamt bilden diese Kategorien die formellen Merkmale, welche sich im Rahmen einer Rechtsformkritik einer Untersuchung ihrer zugrunde liegenden materiellen Merkmale stellen müssen und damit den Gegenstand der nachfolgenden Dekonstruktion bilden.

Bereits die Herausarbeitung eines Rechtsformenkanons gestaltet sich – als Zwischenergebnis – damit weniger eindeutig als zunächst angenommen. Entgegen der ersten Vermutung, dass die Rechtsformen aufgrund ihrer langen Tradition zumindest begrifflich eindeutig bestimmt sind, finden sich Weiterungen bereits auf formeller Ebene, die einen Rechtsformenkanon als uneinheitlich darstellen. Dies zeigt sich deutlich durch inzwischen in Vergessenheit geratene Rechtsformen, wie im öffentlichen Recht die Genossenschaft. In der Rechtssetzungspraxis werden die Rechtsformen der Staatsverwaltung zwar ebenfalls fast immer formell bestimmt, jedoch nur teilweise ausdrücklich dem öffentlichen oder dem bürgerlichen Recht zugeordnet. Darüber hinaus wird vielfach auf eine entsprechende Bestimmung sogar verzichtet, soweit allgemein nur von einer „juristischen Person des öffentlichen Rechts“ gesprochen wird. Darüber hinaus sind die formellen Merkmale der Rechtsformen in der Rechtswissenschaft und der Rechtssetzungspraxis nicht deckungsgleich[211]. Dies wird insbesondere deutlich, soweit eine Rechtsformwahl nicht zwingend mit der Bezeichnung „Körperschaft des öffentlichen Rechts“[212] verbunden ist oder eine formelle Rechtsfähigkeit gerade nicht ausdrücklich verliehen wurde, wie zumeist für die Körperschaften des öffentlichen Rechts, jedoch im Einzelfall auch für Anstalten und Stiftungen.

Trotz in Randbereichen nicht eindeutiger Ausprägungen ist damit der nachfolgend zu dekonstruierende Rechtsformenkanon aufgezeigt. Er gliedert sich damit formell in die juristischen Personen des öffentlichen Rechts, der Körperschaft, der Anstalt und der Stiftung des öffentlichen Rechts. Ebenso gehören zur mittelbaren Staatsverwaltung die rechtsfähigen juristischen Personen des bürgerlichen Rechts wie die GmbH, die AG, der e. V., die e. G. sowie die Stiftung des bürgerlichen Rechts. Hinzu kommen mit der unmittelbaren Staatsverwaltung die nicht-rechtsfähigen Verwaltungseinheiten, welche in der nachfolgenden Untersuchung nur in ihren öffentlich-rechtlichen Ausprägungen berücksichtigt werden. Damit ist der formelle Rechtsformenkanon für die nachfolgende Dekonstruktion abschließend festgestellt.

---

211 Vgl. *Hsu*, InstkörpSV, 2004, S. 10 f., dass es sich um eine Körperschaft handelt, soweit eine mitgliedschaftliche Struktur vorliegt, bzw. umgekehrt um eine Anstalt, soweit eine Körperschaft ohne mitgliedschaftliche Struktur besteht.

212 *Jecht*, DöA, 1963, S. 28.

C. Die materiellen Merkmale der Rechtsformen der Staatsverwaltung

Den weitaus größeren Umfang der Untersuchung der Rechtsformen der Staatsverwaltung wird damit, wie bereits ausgeführt[213], die Auseinandersetzung mit den materiellen Merkmalen der Rechtsformen einnehmen. Hierfür sind abstrakte Kriterien erforderlich, die als materielle Merkmale die Rechtsformen differenzieren. Nur anhand ihrer materiellen Merkmale lassen sich Idealtypen darstellen, herausarbeiten und im Vergleich der Rechtsformenkanon dekonstruieren. Insofern sind die Körperschaft, die Anstalt, die Stiftung (des öffentlichen Rechts), die juristische Person des öffentlichen Rechts, die GmbH, die AG, der e. V., die e. G., die Stiftung des bürgerlichen Rechts und verschiedene nicht-rechtsfähige Verwaltungseinheiten[214], wie insbesondere die nicht-rechtsfähigen Anstalten, Eigen-, Regie- und Landesbetriebe, zu untersuchen. Dies ermöglicht es jedoch noch nicht, die Rechtsformen unmittelbar vergleichend nebeneinanderzustellen. Insbesondere eine unmittelbare rechtsformkritische Auseinandersetzung erscheint auf dieser abstrakten Ebene nicht möglich.

Die weitere Untersuchung der materiellen Merkmale offenbart insofern ein weiteres Dilemma, als weitere Kriterien, mit denen die materiellen Merkmale zusammenfassend herausgearbeitet und bewertet werden können, weder wissenschaftlich klar umrissen, noch durch die Rechtssetzungspraxis eindeutig vorgegeben sind. Gegen die weitere Aufteilung in Einzelaspekte spricht außerdem, dass eine Rechtsform ein einheitliches rechtliches System darstellt. Die Wechselwirkungen und Abhängigkeiten zwischen diesen Aspekten widersprechen gerade einer weiteren Differenzierung. Dies zeigt sich auch daran, dass soweit die Rechtsformen ausdifferenziert werden, sie eine Vielzahl von zusammenhängenden Aspekten aufweisen, wie z. B. den Zweck und das Vermögen, mit dem dieser Zweck verfolgt wird. Diese Merkmale, welche die Rechtsformen differenzieren, stellen weiterhin ein diffuses Bild dar, dessen Untersuchung einer zusätzlichen Untergliederung bedarf.

Einzig umsetzbar erscheint, an die Funktionen der Rechtsformen in der Staatsverwaltung anzuknüpfen. Insofern dient jede Rechtsform der Aufgabenerledigung durch natürliche Personen, für die der Staat einen Rechtsrahmen schafft[215]. Die Aufgabenwahrnehmung als Zweck der Einrichtung bedarf darüber hinaus zusätzlicher Sach- und Finanzmittel, mithin eines Vermögens und als rechtliches Konstrukt einer Organstruktur durch entsprechend ausgestaltete Rechtssätze[216]. An erster Stelle steht jedoch die Notwendigkeit der Handlungsfähigkeit und Willensbildung einer

213 Siehe hierzu bereits Kap. A.I.5.b.

214 Zum im nachfolgenden übernommenen Begriff, vgl. auch *Krebs* in: Isensee/Kirchhof, HdBdStR Bd. 5, 2007, § 108, Rn. 42.

215 Vgl. *Kluth* in: Wolff/Bachof/Stober/ders., VerwR Bd. 2, 2010, § 82, Rn. 12, 119.

216 Vgl. *Kluth* in: Wolff/Bachof/Stober/ders., VerwR Bd. 2, 2010, § 82, Rn. 119 ff.

jeden Einrichtung. Im Folgenden wird sich zeigen, dass die Merkmale des Zwecks, des Vermögens und des Personals in ihrer rechtlichen Bewertung wesentlich gerade von der Organstruktur – und damit Willensbildung – im Einzelfall abhängen.

Die Einteilung der materiellen Merkmale der Rechtsformen erfolgt daher für die weitere Untersuchung anhand dieser thematischen Kategorien, ohne diese trennscharf abgrenzen zu können und unter dem Vorbehalt, im Ergebnis das Ganze einer jeden Rechtsform im Auge behalten zu müssen. Insofern ist die weitere Untersuchung in folgende Kategorien gegliedert, wie die oben bereits aufgeführten Bereiche des Zwecks, des Vermögens, des Personals und der im Folgenden vorangestellten Organstruktur.

I. Die Organstruktur als prägendes Element der Rechtsformen

Als Grundvoraussetzung verfügt jede juristische Person über Organe[217], damit sie im Rechtsverkehr handlungsfähig ist, insbesondere ihren Zweck erfüllen und Rechte erwerben kann[218]. Eine Aussage, dass die Anstalt sich durch ihren Zweck[219], die Stiftung durch ihr Vermögen[220] und dazu in Abgrenzung nur die Körperschaft durch ihre Mitglieder (Personen)[221] auszeichnet, ist damit zumindest nicht in der Weise zu

---

217 **KöR:** *Alscher,* DStiftungÖffR, 2006, S. 78; **AöR:** *Peine,* AllgVerwR, 2014, § 2, Rn. 104; **SöR:** *E. Müller,* DBundStift, 2009, S. 175; **st. SbR:** *Alscher,* DStiftungÖffR, 2006, S. 75; *E. Müller,* DBundStift, 2009, S. 175; **JP**: *Alscher,* DStiftungÖffR, 2006, S. 151; *Detterbeck,* AllgVerwR, 2015, Rn. 208.

218 **AöR und SöR:** *Alscher,* DStiftungÖffR, 2006, S. 5; **JP**: *dies.,* aaO., S. 151; *Peine,* AllgVerwR, 2014, § 2, Rn. 47; *K. Schmidt,* GesR, 2002, S. 408.

219 **AöR:** *Bull/Mehde,* AllgVerwR, 2015, § 3, Rn. 103; *Burgi* in: v. Mangold/Klein/Starck, Kom-GG Bd. 3, 2010, Art. 86, Rn. 51; *Groß* in: Frilauf/Höfling, Berliner Kom-GG Bd. 4, EL 2002, Art. 86, Rn. 24; *Hermes* in: Dreier (Hrsg.), GG-Kom Bd. 3, 2008, Art. 86, Rn. 32; *Hofmann* in: ders./Gerke, AllgVerwR, 2010, Rn. 43; *Jecht,* DöA, 1963, S. 32; *Jestaedt* in: Hoffmann-Riem/Schmidt-Aßmann/Voßkuhle, GdlVerwR Bd. 1, 2012, § 14, Rn. 27; *A. Lange,* BetPrivrechtsfAnst, 2008, S. 35; *Loeser,* SysVerwR Bd. 2, 1994, Rn. 128; *Peine,* AllgVerwR, 2014, § 2, Rn. 94, 96; *Umbach/Clemens* in: ders./ders., GG Bd. 2, 2002, Art. 86, Rn. 18; *Wallerath,* AllgVerwR, 2009, § 5, Rn. 12 f.

220 **SöR:** *Bull/Mehde,* AllgVerwR, 2015, § 3, Rn. 104; *Burgi* in: Erichsen/Ehlers (Hrsg.), AllgVerwR, 2010, § 8, Rn. 16; *Forsthoff,* VerwR Bd. 1, 1973, § 25, S. 508; *Groß* in: Frilauf/Höfling, Berliner Kom-GG Bd. 4, EL 2002, Art. 86, Rn 24; *Hermes* in: Dreier (Hrsg.), GG-Kom Bd. 3, 2008, Art. 86, Rn. 32; *Jecht,* DöA, 1963, S. 31, *Jestaedt* in: Hoffmann-Riem/Schmidt-Aßmann/Voßkuhle, GdlVerwR Bd. 1, 2012, § 14, Rn. 27; *A. Lange,* BetPrivrechtsfAnst, 2008, S. 35; *Loeser,* SysVerwR Bd. 2, 1994, Rn. 130; *M. Müller* in: Wolff/Bachof/Stober/Kluth, VerwR Bd. 2, 2010, § 86, Rn. 25; *Peine,* AllgVerwR, 2014, § 2, Rn. 105; *Wallerath,* AllgVerwR, 2009, § 5, Rn. 24; **SöR und st. SbR:** *Maurer,* AllgVerwR, 2011, § 23, Rn. 55.

221 **KöR:** *Burgi* in: v. Mangold/Klein/Starck, Kom-GG Bd. 3, 2010, Art. 86, Rn. 51; *Groß* in: Frilauf/Höfling, Berliner Kom-GG Bd. 4, EL 2002, Art. 86, Rn. 24; *Jestaedt* in: Hoffmann-Riem/Schmidt-Aßmann/Voßkuhle, GdlVerwR Bd. 1, 2012, § 14, Rn. 27.

verabsolutieren, dass Anstalt und Stiftung ohne Organe bestehen könnten[222]. Auch für die GmbH, die AG, den e. V., die e. G. und die Stiftung des bürgerlichen Rechts – mithin alle Rechtsformen – sind Organe unverzichtbar[223]. Das Vorhandensein von Organen unterscheidet damit die Rechtsformen wenig überraschend nicht.

Hierbei stellt die Vertretung im Rechtsverkehr, welche regelmäßig durch ein Leitungsorgan[224] (auch Direktions- oder Vorstandsorgan genannt[225]) wahrgenommen wird[226], nicht den einzigen Aspekt der Organstruktur dar. Neben diesem nach außen gerichteten Aspekt ist mit der Organstruktur insbesondere auch die Willensbildung innerhalb der Einrichtung verbunden, hierauf wurde bereits hingewiesen[227]. Diese Willensbildung einer juristischen Person kann durch weitere Organe neben einem Leitungsorgan, insbesondere durch ein Willensbildungsorgan[228] (teilweise auch Repräsentationsorgan[229] genannt) mit geprägt sein, ohne dass sich die Rechtsformen in dieser abstrakten Betrachtung insoweit bereits unterscheiden könnten. Außerdem sind Organe kein Alleinstellungsmerkmal der juristischen Personen, sondern auch nicht-rechtsfähige Verwaltungseinrichtungen verfügen über (Leitungs-)Organe[230] und teilweise sogar ebenso über eine Mehrzahl unterschiedlicher Organe[231]. Damit vermag noch nicht einmal das abstrakte Vorhandensein einer Organvielzahl eine

---

222 **AöR:** *Bohn*, AnstÖffBetDritt, 2005, S. 24; *Blessing*, ÖffrAnstBetPr, 2008, S. 47; *Gierke*, DeutPrivR, 1895, S. 640 ff.; *M. Müller* in: Wolff/Bachof/Stober/Kluth, VerwR Bd. 2, 2010, § 86, Rn. 56; **SöR:** *Gierke*, DeutPrivR, 1895, S. 654; *Kluth* in: Wolff/Bachof/Stober/ders., VerwR Bd. 2, 2010, § 87, Rn. 11, 36; *E. Müller*, DBundStift, 2009, S. 139; **st. SbR:** *Gölz*, DStaatalsStift, 1999, S. 50; **SöR und st. SbR:** *Alscher*, DStiftungÖffR, 2006, S. 119.

223 **st. GmbH und st. AG:** *A. Lange*, BetPrivrechtsfAnst, 2008, S. 44; **st. SbR:** *E. Müller*, DBundStift, 2009, S. 143.

224 **SöR und st. SbR:** *E. Müller*, DBundStift, 2009, S. 175; **JP:** *K. Schmidt*, GesR, 2002, S. 408.

225 *Alscher*, DStiftungÖffR, 2006, S. 35; *Kluth* in: Wolff/Bachof/Stober/ders., VerwR Bd. 2, 2010, § 82, Rn. 154.

226 Siehe hierzu eingehend Kap. C.I.2.b.ii.(2).

227 Vgl. Kap. A.I.5.b.

228 Vgl. *Hofmann* in: ders./Gerke, AllgVerwR, 2010, Rn. 43; *A. Lange*, BetPrivrechtsfAnst, 2008, S. 45; *K. Schmidt*, GesR, 2002, S. 408.

229 *Alscher*, DStiftungÖffR, 2006, S. 34; *Kluth* in: Wolff/Bachof/Stober/ders., VerwR Bd. 2, 2010, § 82, Rn. 128, 154; *Maurer*, AllgVerwR, 2011, § 23, Rn. 41; vgl. auch *Löer*, KöranstRmZwK, 1999, S. 25.

230 **nr-AöR:** *Bohn*, AnstÖffBetDritt, 2005, S. 79; *M. Müller* in: Wolff/Bachof/Stober/Kluth, VerwR Bd. 2, 2010, § 86, Rn. 32; **nr-VE:** *A. Lange*, BetPrivrechtsfAnst, 2008, S. 41.

231 **nr-AöR:** *M. Müller* in: Wolff/Bachof/Stober/Kluth, VerwR Bd. 2, 2010, § 86, Rn. 40; **nr-VE:** *A. Lange*, BetPrivrechtsfAnst, 2008, S. 41; *Ronellenfitsch* in: Isensee/Kirchhof, HdBdStR Bd. 4, 2006, § 98, Rn. 21; *Schneider* in: Wurzel/Schraml/Becker (Hrsg.), RkommUnter, 2015, S. 141.

Rechtsform – noch nicht einmal die juristischen Personen – zu charakterisieren und von anderen abzugrenzen.

Im Ergebnis kann offen bleiben, was ein Organ auszeichnet und rechtlich definiert. Neben den Funktionen der rechtsgeschäftlichen Vertretung[232] und der (Mit-) Wirkung an der Willensbildung der juristischen Person, welche typischerweise mit dem Begriff Organ verbunden werden[233], finden sich vielfach noch weitere Organe, wie Beratungsorgane[234], Gremien und Untergliederungen, welche sich, wie noch zu zeigen sein wird, im Einzelfall nicht immer eindeutig von den zuvor genannten Organen unterscheiden lassen. Die nachfolgende Untersuchung verwendet den Begriff des Organs daher in einem umfassenden Sinne, ohne dies auf besondere Formen der Zusammensetzung, Funktionen oder Zuständigkeiten zu beschränken. Dies erfolgt, um die Organstruktur der Rechtsformen herauszuarbeiten und weiter dekonstruieren zu können. Als Organ wird nachfolgend alles in den Rechtsgrundlagen Angelegte untersucht, in dessen Rahmen Personen mit der Wahrnehmung einer bestimmten Aufgabe betraut werden.

Die Uneinheitlichkeit der Organstruktur, insbesondere auch vor dem Hintergrund der Frage, was als Organ anzusehen ist, zeigt sich bereits in einer vielfach den Rechtsgrundlagen zu entnehmenden Auflistung der Organe. Bereits die Ausgestaltung, dass eine entsprechende Auflistung den Rechtsgrundlagen zu entnehmen ist, hängt dabei nicht von der Rechtsform ab. Zwar finden sich entsprechende Auflistungen sowohl für Körperschaften[235], rechtsfähige[236] wie nicht-rechtsfähige[237]

---

232 Vgl. *Kluth* in: Wolff/Bachof/Stober/ders., VerwR Bd. 2, 2010, § 85, Rn. 77.

233 *Bull/Mehde,* AllgVerwR, 2015, § 3, Rn. 102; *Burgi* in: Erichsen/Ehlers (Hrsg.), AllgVerwR, 2010, § 8, Rn. 28; *Hofmann* in: ders./Gerke, AllgVerwR, 2010, Rn. 46; *Jestaedt* in: Hoffmann-Riem/Schmidt-Aßmann/Voßkuhle, GdlVerwR Bd. 1, 2012, § 14, Rn. 34; *Kluth* in: Wolff/Bachof/Stober/ders., VerwR Bd. 2, 2010, § 82, Rn. 129 ff., § 85, Rn. 77; *Maurer,* AllgVerwR, 2011, § 21, Rn. 19, 22, als Zurechnung von „Wollen und Handeln"; *Peine,* AllgVerwR, 2014, § 2, Rn. 47; *Wallerath,* AllgVerwR, 2009, § 5, Rn. 33 ff.

234 *Kluth* in: Wolff/Bachof/Stober/ders., VerwR Bd. 2, 2010, § 82, Rn. 156.

235 **KöR:** § 18 Abs. 1 NArchtK(G); § 27 Nds.FischG(G); § 16 Nds.HKG; § 18 Nds.RealvG; § 36 Abs. 1 NHG; § 20 Abs. 1 NIngG; § 3 NJagdG(S); § 7 Abs. 1 NKomVG; § 10 S. 1 NKomZG; § 6 NLB-Giro, S. 312 (313); § 10 NSGV(S1), S. 245 (246); § 3 NVdR(G1), S. 65; § 4 OldL(V), S. 51; § 5 PrLV-H(S1), S. 478; § 6 RitLBr, S. 517; § 5 Abs. 1 Stud-LUH.

236 **AöR:** § 4 AfBF(S2), S. 226 (227); § 5 Abs. 1 AGTierGesG(G2), S. 277; § 5 Abs. 1 ARL(S5), S. 49; § 4 FstKK, S. 554; § 3 GEI(G1), S. 212; § 8 HLKA, S. 739 (740); § 3 HWW(S1), S. 510; § 3 IfE(S1), S. 688; § 9 Abs. 1 IuFB(G1), S. 712 (714); § 7 LBS-N(G), S. 230 (231); § 3 Abs. 1 LIAG(G), S. 428; § 4 NLFst(G1), S. 616; § 37 Abs. 2 S. 1 NMedienG; § 8 Abs. 1 Nord-LB(G2), S. 632 (633); § 5 Abs. 1 ÖffSB(S3), S. 213; § 4 RKrdSt(S3), S. 2 (3); § 5 Abs. 1 StW-H, S. 172 (173); **tr-AöR:** Art. 2 § 5 PolAN(G), S. 444 (445).

237 **nr-AöR:** § 5 ATAfN, S. 364; § 5 Abs. 2 NIfR(S1), S. 834.

Anstalten des öffentlichen Rechts, Stiftungen des öffentlichen Rechts[238], juristischen Personen des öffentlichen Rechts[239] sowie bei der staatlichen GmbH[240], e. V.[241], e. G.[242], Stiftung des bürgerlichen Rechts[243] als auch bei den nicht-rechtsfähigen Verwaltungseinheiten[244]. Für die Bestimmung eines Organs an eine formelle Auflistung anzuknüpfen, ist jedoch nicht überzeugend möglich, soweit auch die Körperschaft[245], die nicht-rechtsfähige Anstalt[246], die Stiftung des öffentlichen[247] sowie des bürgerlichen Rechts[248], der staatlichen e. V.[249] und die nicht-rechtsfähigen Verwaltungseinheiten[250] ebenfalls ohne eine entsprechende Auflistung der Organe bestehen können. Dass eine Auflistung für alle hier untersuchten staatlichen AGs fehlt und umgekehrt für alle juristischen Personen des öffentlichen Rechts vorliegt, dürfte nur ein Zufall sein und unterscheidet diese darüber hinaus nicht hinreichend von den anderen Rechtsformen. Ebenso scheint es reiner ein Zufall zu sein, dass sich bei den rechtsfähigen Anstalten kein Beispiel ohne Auflistung der Organe und bei den nicht-rechtsfähigen Verwaltungseinrichtungen, jenseits der Anstalt, kein Beispiel mit einer Auflistung unter den untersuchten Einrichtungen findet. Insbesondere ist zu berücksichtigen, dass sich bei den nicht-rechtsfähigen Anstalten wiederum Beispiele sowohl mit als auch ohne Auflistung der Organe finden und alle anderen Rechtsformen in dieser Frage uneinheitlich ausgestaltet sind. Für die Entscheidung, was ein Organ ist und welche Funktion es hat, kann

---

238 **SöR:** § 7 Abs. 1 AsseSt, S. 314; § 5 MudCl(S1), S. 409 (410); § 5 MudCl(S3), S. 170; § 59 NHG; § 5 Abs. 1 SBK, S. 649; § 5 SnGst(G), S. 494; § 6 StTIB(G), S. 151 (152); § 4 StZAPf(G), S. 20; § 4 StZIN(G), S. 209.

239 **JPöR:** § 5 ARL(S1), S. 57 (58); § 7 BRRKv, S. 626 (627); § 13 CGGHKv.

240 **st. GmbH:** § 5 CUTEC; § 4 DSMZ; § 4 EaSoA; § 7 HIS(S1); § 4 LEA; § 5 RamBmG; § 5 GmbH1; § 4 GmbH2.

241 **st. e. V.:** § 5 3NKN; § 5 BrLsch; § 4 EmLsch.

242 **st. e. G.:** § 15 Abs. 1 HIS(S2).

243 **st. SbR:** § 4 BaStW(S), S. 243 (244); § 5 FamN(S2), S. 137 (138); § 6 GISMA(S1), S. 426; § 6 Abs. 1 HWK(S2), S. 1009 (1010); § 5 KTSt(S2), S. 1227 (1228); § 7 Abs. 1 NBingSt, S. 464 (465); § 6 Abs. 1 NLotSpSt, S. 294 (295); § 6 Abs. 1 NLottSt(S2), S. 86; § 4 Abs. 1 NUmwSt(S2), S. 1523 (1524); § 7 Abs. 1 NWattSt, S. 1096 (1097); § 7 Abs. 1 NWirtA(S), S. 410 (411); § 6 StbRB(S2), S. 280; § 5 Abs. 1 StJbJ, S. 55; § 6 Abs. 1 StLSb(S), S. 16; § 6 Abs. 1 StN(S2), S. 1209 (1210); § 6 Abs. 1 ZeVA(S), S. 1001.

244 **nr-VE:** § 4 VwÄKN.

245 Vgl. **KöR:** AdWG, S. 775 ff.; BrWG; Nds.LwKG.

246 Vgl. **nr-AöR:** HAB, S. 271 f.; StaN, S. 410 f.; TIB, S. 820 f.

247 Vgl. **SöR:** HWBl, S. 710 f.

248 Vgl. **st. SbR:** HEH, S. 623 f.; ResFN(S), S. 838 f.; StOpfH(S), S. 98 ff.; VWSt(S), S. 488 ff.

249 Vgl. **st. GmbH:** HWW(S2); **st. AG:** DMAg, S. 1; SagAG; VWAg.

250 Vgl. **nr-VE:** EigBetrVO, S. 21 ff.; ITN, S. 243 f.; IZN, S. 1150 ff.; LGLN(S2), S. 572 ff.; LSKN, S. 836 ff.; LWKN, S. 855; LZN, S. 696 f.; NBiblS, S. 2084; NInL, S. 496 f.; NStB, S. 95 f.; VwIngK; VZG, S. 728 ff.

daher nicht an die Auflistung und Bezeichnung als Organ in der Rechtsgrundlage angeknüpft werden[251].

Dass die Auflistung keine Aussagekraft für die Bewertung eines Organs haben kann, wird auch dadurch deutlich, dass in vielen Fällen die Auflistungen Beratungsorgane nicht umfassen, obwohl diese in den Rechtsgrundlagen an anderer Stelle vorgesehen sind[252]. In einigen Fällen sind grundsätzlich[253] beratende Organe als Organe in den Rechtsgrundlagen dagegen mit aufgelistet[254]. In anderen Fällen werden Organe und weitere Einrichtungen, wie insbesondere die Beratungsorgane, getrennt aufgelistet[255]. Dieser Befund kann sich im Laufe der Zeit sogar ändern, wie im Fall der „Stiftung des Landes Niedersachsen für berufliche Rehabilitation", dessen Beiräte ursprünglich als Organe aufgelistet waren[256], und dann, obwohl weiterhin vorgesehen, in der Auflistung der Organe nicht mehr erwähnt werden[257]. Zusätzlich können in der Organauflistung weitere Untergliederungen neben den Organen auftauchen, deren Organeigenschaft mit Blick auf deren Funktion noch fraglicher ist. Beispielsweise finden sich in Einzelfällen Ausschüsse[258] oder weitere

---

251 Vgl. hierzu, *Kluth* in: Wolff/Bachof/Stober/ders., VerwR Bd. 2, 2010, § 82, Rn. 136, dass es nicht darauf ankommt, ob ein Organ in den Rechtsgrundlagen aufgelistet ist.

252 **KöR:** §§ 4, 8 OldL(V), S. 51 f.; **AöR:** §§ 4, 8 AfBF(S2), S. 252 (253); Nr. 3 IfE(S2), S. 1468; §§ 9 Abs. 1, 11 IuFB(G1), S. 712 (714); §§ 7, 14 LBS-N(S), S. 499 (500 f.); §§ 6, 20 Nord-LB(S), S. 118 ff.; §§ 5, 11 ÖffSB(S3), S. 213 ff.; §§ 9, 15 PrLV-H(S2), S. 912 (913 f.); **tr-AöR:** §§ 5, 15 BrLB.; **SöR:** §§ 5, 9 SnGst(G), S. 494 f.; §§ 6, 8 Abs. 2 StTiHo(S), S. 854 f.; §§ 6, 9 StTIB(G), S. 151 (152); **st. GmbH:** §§ 5, 13 CUTEC; §§ 4, 10 EaSoA; **st. SbR:** §§ 4, 8 BaStW(S), S. 243 (244).

253 Zu Beratungsorganen mit (punktuellen) Entscheidungskompetenzen, siehe Kap. C.I.2.b.ii.(4).

254 **KöR:** §§ 36 Abs. 1, 52 NHG; **AöR:** §§ 5 Abs. 1, 7 ARL(S5), S. 49 f., bzgl. einer Mitgliederversammlung; **nr-AöR:** §§ 5, 7 ATAfN, S. 364; **SöR:** §§ 5, 10a MudCl(S3), S. 170 f.; **JPöR:** §§ 5 Abs. 1, 8 ARL(S1), S. 57 (58); **st. GmbH:** § 4 DSMZ; **st. e. V.:** § 5 BrLsch; § 4 EmLsch; § 7 DInKt; § 6 N21; **st. SbR:** §§ 5, 8 FamN(S2), S. 137 (138); §§ 6 Abs. 1, 13 HWK(S2), S. 1009 (1010 f.); §§ 5, 9 KTSt(S2), S. 1227 (1228); §§ 7 Abs. 1, 12, 14, 16 NBingSt, S. 464 (465 f.); §§ 6 Abs. 1, 11, 13 NLottSt(S2), S. 86 f.; §§ 4 Abs. 1, 8 NUmwSt(S2), S. 1523 (1524); §§ 7 Abs. 1, 10 NWattSt, S. 1096 (1097); §§ 7 Abs. 1, 10 NWirtA(S), S. 410 (411); §§ 6 Abs. 1, 14 StLSb(S), S. 15 (16 f.).

255 Teilweise lautet die Überschrift „Organe, Wissenschaftlicher Beirat", vgl. **AöR:** §§ 5 Abs. 2, 9, 10 ARL(S5), S. 49 ff., bzgl. eines Wissenschaftlichen Beirats und eines Nutzerbeirats; § 3 Abs. 2 GEI(G2), S. 170; § 3 LIAG(G), S. 428, nach dessen Wortlaut demnach zwischen Organen und Beiräten differenziert wird; vgl. auch **nr-AöR:** § 6 Abs. 2, 3 NIfR(S1), S. 834, demzufolge „neben" den Organen ein wissenschaftlicher Beirat gebildet wird; **st. GmbH:** § 7 Abs. 2 HIS(S1), dessen Überschrift zufolge Organe „und" ein Kuratorium bestehen.

256 **st. SbR:** § 6 StbRB(S1), S. 955 (956).

257 **st. SbR:** §§ 3 6, 8 Abs. 5 StbRB(S2), S. 280.

258 **KöR:** § 18 Abs. 1 Nr. 1 NArchtK(G); § 20 Abs. 1 Nr. 3 NIngG; **AöR:** § 37 Abs. 2 S. 2 NMedienG; **JPöR:** § 5 Abs. 2 ARL(S1), S. 57 (58); **st. SbR:** §§ 6 Abs. 1, 11, 12 ZeVA(S), S. 1000 (1001 f.).

Untergliederungen[259]. Vergleichbare Untergliederungen können sich jedoch auch ohne eine entsprechende Auflistung aus den Rechtsgrundlagen ergeben, wie z. B. Klassen[260] oder andere Untergliederungen[261]; soweit nicht entsprechende Organe offensichtlich auch ganz ohne Nennung in den Rechtsgrundlagen bestehen können[262]. Verkompliziert wird die Betrachtung der Organstruktur zusätzlich dadurch, dass in einigen Fällen der Vorsitzende des Leitungsorgans selbst als Organ aufgeführt ist[263]. Auch weitere Organteile werden gelegentlich selbst als Organ aufgelistet[264]. Für keine der Rechtsformen kristallisiert sich damit aus der Auflistung der Organe eine die Rechtsform bestimmende Organstruktur heraus. Dies stellt damit einen weiteren Grund dar, den Begriff „Organ" nachfolgend so umfassend zu verwenden, dass neben dem Leitungsorgan auch weitere Willensbildungs- und insbesondere Beratungs- und Geschäftsführungsorgane untersucht werden können.

1. Die Grundzüge der Organstruktur

Bereits die Grundzüge der Organstruktur einer Rechtsform sind schwer herauszuarbeiten. Die Rechtswissenschaft beschränkt sich zumeist auf sehr allgemeine Aussagen. Aufgrund der heterogenen Rechtsgrundlagen handelt es sich bei jeder Einrichtung wiederum um mehr oder weniger stark voneinander abweichende Einzelfälle. Dies trifft auch auf die Anzahl und die Bezeichnungen der Organe als formelles Merkmal zu. Für die Vergleichbarkeit ist eine generalisierende Zuordnung zu einzelnen Organgrundtypen erforderlich, deren Austauschbarkeit – auch in der Benennung – nachfolgend aufzuzeigen sein wird.

a. Die eingeschränkte Abgrenzungsfähigkeit der Organstruktur anhand einer Organein- oder Organmehrheit

Dies beginnt bei der grundlegenden Frage, welche Organe für eine Körperschaft, Anstalt oder Stiftung des öffentlichen Rechts eingerichtet werden müssen bzw. können. Die Organanzahl ist bereits im Grundsatz in der Rechtswissenschaft alles andere als eindeutig geklärt. Für verschiedene Rechtsformen wird angenommen, dass

---

259 **KöR:** § 36 Abs. 2 NHG; **AöR:** § 5 Abs. 2 c)-f) ARL(S5), S. 49.

260 **KöR:** § 11 AdWG, S. 775 (776); § 3 BrWG.

261 Vgl. **KöR:** § 38 Abs. 1 Nds.LwKG; **AöR:** §§ 13, 14, 15 ARL(S5), S. 49 ff.; **st. GmbH:** § 13 CUTEC.

262 Vgl. **st. SbR:** für einen in den Rechtsgrundlagen nicht erwähnten Generalsekretär der Volkswagenstiftung, https://www.Volkswagenstiftung.de/stiftung/organisation-und-gremien/generalsekretaer.html, zuletzt abgerufen am 21.06.2016.

263 **KöR:** § 10 NSGV(S1), S. 245 (246); vgl. auch § 22 Nds.LwKG; **st. SbR:** § 6 Abs. 1 StN(S2), S. 1209 (1210).

264 Vgl. **st. SbR:** § 6 Abs. 1 StN(S2), S. 1209 (1210).

zwar nur ein Organ (eingliedrige Organstruktur) bestehen muss[265], weitere Organe (zwei- oder mehrgliedrige Organstruktur) jedoch eingerichtet werden können[266].

i. Die Organstruktur der öffentlich-rechtlichen Rechtsformen

Insofern verschwindet, ohne an dieser Stelle die Funktionen der Organe bereits weiter untersucht zu haben, das Unterscheidungskriterium, dass eine Körperschaft des öffentlichen Rechts lediglich über ein Willensbildungs-, die Anstalt oder Stiftung des öffentlichen sowie die Stiftung des bürgerlichen Rechts dagegen nur über ein Leitungsorgan verfügen müsse. Letzteres trifft insbesondere auch für die nichtrechtsfähigen Verwaltungseinheiten zu.

---

265 **KöR:** *Kluth* in: Wolff/Bachof/Stober/ders., VerwR Bd. 2, 2010, § 80, Rn. 32; ohne Begründung a. A. *Groß* in: Hoffmann-Riem/Schmidt-Aßmann/Voßkuhle, GdlVerwR Bd. 1, 2012, § 13, Rn. 70; **AöR:** *M. Müller* in: Wolff/Bachof/Stober/Kluth, VerwR Bd. 2, 2010, § 86, Rn. 56; *M. J. Müller*, RtfwissHochS, 2015, S. 176; **SöR:** *Kluth* in: Wolff/Bachof/Stober/ders., VerwR Bd. 2, 2010, § 87, Rn. 36; *E. Müller*, DBundStift, 2009, S. 175; *M. J. Müller*, RtfwissHochS, 2015, S. 186; **st. SbR:** *Alscher*, DStiftungÖffR, 2006, S. 151; *Gruneberg*, AbwkommUnt, 2007, S. 172; *Hauser*, WahlOrgForm, 1987, S. 47; *Riehmer*, KörpStiftOrg, 1993, S. 24; *Twehues*, RechtskommStift, 1996, S. 9; *v. Campenhausen/Stumpf* in: v. Campenhausen/Richter (Hrsg.) StfRHdB, 2014, § 1, Rn. 13; **SöR und st. SbR:** *Backhaus*, ÖffUntern, 1980, S. 261; *Totenhöfer-Just*, ÖffrechtStft, 1973, S. 57, jedoch als Ausnahme.

266 **KöR:** *Cronauge/Westermann*, KommUntern, 2006, Rn. 244, für den Zweckverband (Bundkörperschaft) als zwingend; *Gaß*, UmwgemUnt, 2003, S. 109; *Gruneberg*, AbwkommUnt, 2007, S. 151; *Hauser*, WahlOrgForm, 1987, S. 37; *Kluth* in: Wolff/Bachof/Stober/ders., VerwR Bd. 2, 2010, § 82, Rn. 128; *ders.*, aaO., § 98, Rn. 60; *Loeser*, SysVerwR Bd. 2, 1994, Rn. 127; *Mann*, ÖffrechtGes, 2001, S. 115, für die Bundkörperschaft; **AöR:** *Blessing*, ÖffrAnstBetPr, 2008, S. 47; *Breuer*, VVDStRL 44, 1986, S. 228; *Ehlers* in: Schmidt-Aßmann/Dolde, ÖffWirtR, 2005, S. 217; *Gierke*, DeutPrivR, 1895, S. 641; *Groß* in: Hoffmann-Riem/Schmidt-Aßmann/Voßkuhle, GdlVerwR Bd. 1, 2012, § 13, Rn. 73; *Kluth* in: Wolff/Bachof/Stober/ders., VerwR Bd. 2, 2010, § 82, Rn. 128; *Mann*, ÖffrechtGes, 2001, S. 111 f.; *Pencereci/Brandt*, LKV 2008, 293 (295); **SöR:** *Alscher*, DStiftungÖffR, 2006, S. 153; *Gierke*, DeutPrivR, 1895, S. 655; *Kluth* in: Wolff/Bachof/Stober/ders., VerwR Bd. 2, 2010, § 87, Rn. 36; *E. Müller*, DBundStift, 2009, S. 175; *M. J. Müller*, RtfwissHochS, 2015, S. 186; **st. SbR:** *Gruneberg*, AbwkommUnt, 2007, S. 172; *Hauser*, WahlOrgForm, 1987, S. 47; *Riehmer*, KörpStiftOrg, 1993, S. 24; *Twehues*, RechtskommStift, 1996, S. 10; *v. Campenhausen/Stumpf* in: v. Campenhausen/Richter (Hrsg.) StfRHdB, 2014, § 1, Rn. 13; **SöR und st. SbR:** *Backhaus*, ÖffUntern, 1980, S. 261; *Fiedler*, StEStwFwFm, 2004, S. 134; *Gölz*, DStaatalsStift, 1999, S. 128; *Schlüter/Krüger*, DVBl. 2003, 830 (832); *Totenhöfer-Just*, ÖffrechtStft, 1973, S. 57; **st. e. V.:** *Hauser*, WahlOrgForm, 1987, S. 45; **nr-VE:** *Ahmann*, ÖffprivOrgFkommE, 2009, S. 72; *Cronauge/Westermann*, KommUntern, 2006, Rn. 107; *Gaß*, UmwgemUnt, 2003, S. 34; *Hauser*, WahlOrgForm, 1987, S. 35; *Hellermann* in: Hoppe/Uechtritz/Reck (Hrsg.), HdBkommUnt, 2012, § 7, Rn. 56; *Mann*, ÖffrechtGes, 2001, S. 105; *Püttner*, ÖffUntern, 1985, S. 60 f.

Tatsächlich verfügt die überwiegende Anzahl der Einrichtungen, auch ohne Beratungs- und Geschäftsführungsorgane, unabhängig von der Rechtsform über zwei[267], drei[268] oder in Einzelfällen auch noch mehr Organe[269]. Diese Organe lassen sich als Leitungs-, Willensbildungs- oder auch Aufsichtsorgane[270] qualifizieren. Eine Mehrzahl der Organe ist damit für alle Rechtsformen in gleicher Weise charakteristisch[271], wie auch ein einstufiger Organaufbau im Einzelfall für verschiedene Rechtsformen bestehen kann. Dass sich ein einstufiger Organaufbau mit nur einem (Leitungs-)Organ für die niedersächsische mittelbare Staatsverwaltung nur bei Stiftungen in Einzelfällen findet[272], dürfte ein Zufall sein. Eine Verallgemeinerung für die Rechtsform der Stiftung ist auch deshalb nicht möglich, da Stiftungen in der Mehrzahl über zwei Organe verfügen, so wie ein einstufiger Organaufbau zumindest in der Theorie auch für die Anstalt und tatsächlich vielfach für die nicht-rechtsfähige Verwaltungseinheit bestehen kann. Ebenso wenig finden sich Körperschaften des öffentlichen Rechts mit nur einem Willensbildungsorgan.

Zu berücksichtigen ist außerdem, dass sich ein Organ als solches nicht unmittelbar und ausdrücklich aus den Rechtsgrundlagen ergeben muss. Eine Mitglie-

---

267 **KöR:** §§ 5, 10 BrWG; § 18 Abs. 1 Nr. 1, 2 NArchtK(G); § 27 Nds.FischG(G); § 16 Nds.HKG; § 18 Nds.RealvG; § 36 Abs. 1 NHG; § 20 Abs. 1 Nr. 1, 2 NIngG; § 3 NJagdG(S); § 6 NLB-Giro, S. 312 (313); Art. 2 § 3 NTH(G); § 3 NVdR(G1), S. 65; § 4 OldL(V), S. 51; § 6 RitLBr, S. 517; vgl. § 10 NKomZG; **AöR:** § 4 AfBF(S2), S. 252 (253); § 5 Abs. 1 AGTierGesG(G2), S. 277; § 5 Abs. 1 ARL(S5), S. 49, die Mitgliederversammlung als vorwiegend beratend außer Betracht lassend; § 4 FstKK, S. 554; § 3 GEI(G1), S. 212; § 8 HLKA, S. 739 (740); § 3 HWW(S1), S. 510; § 3 IfE(S1), S. 688; § 9 Abs. 1 IuFB(G1), S. 712 (714); § 3 Abs. 1 LIAG(G), S. 428; § 69 Abs. 1 S. 2 NHG; § 4 NLFst(G1), S. 616; § 37 Abs. 2 S. 1 NMedienG; § 4 RKrdSt(S3), S. 2 (3); **tr-AöR:** § 5 Abs. 1 BrLB, einen Kredit- und einen Förderausschuss außer Acht lassend; § 5 PolAN(G), S. 444 (445); **SöR:** § 7 Abs. 1 AsseSt, S. 314; § 5 MudCl(S3), S. 170, das Kuratorium als beratendes Organ außer Acht lassend; § 59 Abs. 1 NHG; § 5 Abs. 1 SBK, S. 649; § 5 SnGst(G), S. 494; § 6 StTIB(G), S. 151 (152); § 3 Abs. 1 StW-G; § 4 StZAPf(G), S. 20; § 4 StZIN(G), S. 209; **JPöR:** § 5 Abs. 1 ARL(S1), S. 57 (58); § 7 BRRKv, S. 626 (627); § 13 CGGHKv, siehe jedoch hierzu auch sogleich.

268 **KöR:** §§ 5, 19, 23 Nds.LwKG; § 7 Abs. 1 NKomVG; § 10 NSGV(S1), S. 245 (246); § 5 PrLV-H(S1), S. 478; vgl. § 10 NKomZG, dass im Einzelfall mehr als zwei Organe eingerichtet werden können; **AöR:** § 7 LBS-N(G), S. 230 (231); § 8 Abs. 1 Nord-LB(G2), S. 632 (633); § 4 Abs. 4 NöVersG, S. 5; § 5 Abs. 1 StW-H, S. 172 (173); vgl. jedoch auch **JPöR:** § 32 CGGHKv, sodass von einer „Trägerversammlung" als drittem Organ gesprochen werden könnte; **nr-VE:** § 6 Abs. 1 VwÄKN; §§ 4 ff. VwIngK.

269 **KöR:** § 3 Abs. 1 Stud-LUH; vgl. **SöR:** § 59 Abs. 2 NHG.

270 **JP:** *K. Schmidt*, GesR, 2002, S. 408.

271 So bereits zutreffend, **JP:** *Peine*, AllgVerwR, 2014, § 2, Rn. 49, allgemein für Verwaltungsträger feststellend, dass diese „[n]ormalerweise [...] mehrere Organe [besitzen]".

272 **SöR:** § 4 HWBl, S. 710.

derversammlung als Willensbildungsorgan der Akademie der Wissenschaft zu Göttingen, welche den Präsidenten „aus dem Kreis aller ordentlichen Mitglieder [...] wählt“[273] und bei der „mindestens [die] Hälfte aller nicht entpflichteten Mitglieder [anwesend]“[274] sein müssen, wird in der Rechtsgrundlage lediglich vorausgesetzt aber nicht ausdrücklich genannt. Ebenso beschließen für den Calenberg-Göttingen-Grubenhagen-Hildesheim'schen ritterschaftlichen Kreditverein die „Beteiligten“ gemeinsam über „Änderungen der Satzung“, ohne dass ausdrücklich in den Rechtsgrundlagen von einer Trägerversammlung gesprochen wird[275].

Aufgrund des tatsächlichen Befunds verschwindet die Abgrenzung zur nicht-rechtsfähigen Verwaltungseinheit, welche regelmäßig lediglich über ein Leitungsorgan verfügt[276]. Hinzuweisen ist jedoch darauf, dass die nicht-rechtsfähigen Verwaltungseinheiten im Einzelfall ebenso über ein Willensbildungsorgan verfügen können[277]. Insgesamt ist damit eine Organmehrheit nicht geeignet, um juristischen Personen von nicht-rechtsfähigen Verwaltungseinheiten abzugrenzen, soweit Letztere ebenfalls über mehr als ein Organ verfügen können[278]. Sowohl für die Körperschaft als auch die Anstalt des öffentlichen Rechts kann ein zusätzliches Aufsichtsorgan eingerichtet sein, sodass auch dieses Merkmal für eine Abgrenzung ungeeignet ist. Es ist darüber hinaus kein Grund ersichtlich, der es ausschließen würde, dass auch für die Stiftung des öffentlichen Rechts ein zusätzliches Aufsichtsorgan eingerichtet werden könnte. Dass für die niedersächsische Staatsverwaltung keine entsprechende Stiftung des öffentlichen Rechts gefunden wurde, erscheint wiederum rein zufällig. Noch nicht berücksichtigt ist insoweit, dass Beratungsorgane im Einzelfall Entscheidungsbefugnisse wahrnehmen, was die Organstruktur weiter ausdifferenziert.

Für die öffentlich-rechtlichen Rechtsformen kann damit zwar theoretisch nur bei der Körperschaft des öffentlichen Rechts auf ein Leitungsorgan und bei der Anstalt und Stiftung auf ein Willensbildungsorgan verzichtet werden. Insoweit können sich Anstalt und Stiftung jedoch nicht von den nicht-rechtsfähigen Verwaltungseinheiten unterscheiden. Außerdem wird nachfolgend noch weiter auszuführen sein, ob im Einzelfall ein Leitungsorgan einer Anstalt oder Stiftung an die Stelle eines Willensbildungsorgans treten kann[279]. Die Unterscheidung ist dabei regelmäßig

---

273 **KöR:** § 10 S. 3 AdWG, S. 775 (776).

274 **KöR:** § 8 Abs. 3 S. 3 AdWG, S. 775 (776).

275 **JPöR:** § 32 CGGHKv.

276 **nr-AöR:** § 5 ATAfN, S. 364; § 3 HAB, S. 271; § 3 Abs. 1 TIB, S. 820; **nr-VE:** § 4 Abs. 1 ITN, S. 243; § 4 IZN, S. 1150; § 4 Abs. 1 LGLN(S2), S. 572; § 3 LSKN, S. 836 (837); § 4 LWKN, S. 855; § 4 Abs. 2 LZN, S. 696; § 3 NBiblS, S. 2084; § 3 NInL, S. 496; § 3 Abs. 1 VZG, S. 728 (729); Nr. 2 NStB, S. 95.

277 **nr-AöR:** §§ 5 ff. NIfR(S1), S. 834; § 1 Abs. 2 StaN, S. 410; **nr-VE:** §§ 2, 3 EigBetrVO, S. 21; §§ 4, 5 HCC; § 4 VwÄKN; §§ 4 ff. VwIngK.

278 **nr-AöR:** *Bohn*, AnstÖffBetDritt, 2005, S. 166; **nr-VE:** *M. Müller* in: Wolff/Bachof/Stober/Kluth, VerwR Bd. 2, 2010, § 86, Rn. 40; *Ronellenfitsch* in: Isensee/Kirchhof, HdBdStR Bd. 4, 2006, § 98, Rn. 21.

279 Vgl. nachfolgend Kap. C.I.1.a.vii.

überhaupt nicht auf diesen einfachen Nenner zu bringen, da für alle Rechtsformen weitere Organe, damit insbesondere Willensbildungs- oder Leitungsorgane eingerichtet werden können.

Zusammenfassend lässt sich damit lediglich feststellen, dass die juristischen Personen des öffentlichen Rechts sich in gleicher Weise dadurch auszeichnen, dass sie typischerweise sowohl über ein Leitungs- als auch ein Willensbildungsorgan verfügen. Hierzu kann im Einzelfall zusätzlich ein Aufsichtsorgan hinzukommen. Auch dies ist kein taugliches Kriterium, um sie von den nicht-rechtsfähigen Verwaltungseinheiten abzugrenzen, welche über weitere Organe, insbesondere Willensbildungsorgane, verfügen können. Die Organstruktur der öffentlich-rechtlichen Rechtsformen bestimmt sich damit auf dieser abstrakten Ebene nur durch die Ausgestaltungen im Einzelfall.

ii. Die Organstruktur der privatrechtlichen Rechtsformen

Die juristischen Personen des öffentlichen Rechts können sich darüber hinaus auch nicht von den Privatrechtsformen abgrenzen. Dass für die GmbH mindestens zwei[280] bzw. für AG und Genossenschaft mindestens drei Organen eingerichtet sein müssen[281], unterscheiden sie gerade nicht zwingend von den öffentlich-rechtlichen Rechtsformen. Auch die privat-rechtlichen Rechtsformen verfügen jenseits hiervon uneinheitlich über zwei[282] oder drei Organe[283]. Hiervon unterscheidet sich die Stiftung des bürgerlichen Rechts auch nur scheinbar eindeutig, soweit hier ein Leitungsorgan – wie bereits für die Anstalt und Stiftung des öffentlichen Rechts – als ausreichend angesehen wird[284]. Auch für die Stiftung des bürgerlichen Rechts können weitere Organe eingerichtet werden[285]. Die Stiftungen des bürgerlichen

280 **st. GmbH:** *Bohn,* AnstÖffBetDritt, 2005, S. 163; *A. Lange,* BetPrivrechtsfAnst, 2008, S. 45; *Mann,* ÖffrechtGes, 2001, S. 177; **st. e. V.:** *Waldner* in: MüHBGesR Bd. 5, 2009, § 25, Rn. 55.

281 **st. AG:** *Bohn,* AnstÖffBetDritt, 2005, S. 157; *A. Lange,* BetPrivrechtsfAnst, 2008, S. 44; *Mann,* ÖffrechtGes, 2001, S. 174; *Wiesner* in: MüHBGesR Bd. 4, 2015, § 19, Rn. 1; vgl. jedoch auch **st. e. G.:** *Hauser,* WahlOrgForm, 1987, S. 48; *K. Schmidt,* GesR, 2002, S. 1270.

282 **st. GmbH:** § 1 Abs. 1 LEA; **st. e. V.:** § 1 Abs. 1 EmLsch; § 1 Abs. 1 LVG; § 1 Abs. 2 N21; § 1 Abs. 2 NStT.

283 **st. GmbH:** § 1 Abs. 1 CUTEC; § 1 Abs. 1 DSMZ; § 1 Abs. 1 EaSoA; § 1 Abs. 1 HIS(S1); § 1 Abs. 1 HWW(S2); § 1 Abs. 1 RamBmG; § 1 Abs. 1 GmbH1; § 1 Abs. 1 GmbH2; **st. AG:** § 1 Abs. 1 DMAg; § 1 Abs. 1 SagAG; § 1 VWAg; **st. e. V.:** § 1 Abs. 1 3NKN; § 1 Abs. 1 BrLsch; § 1 Abs. 1 DInKt; **st. e. G.:** § 15 Abs. 1 HIS(S2).

284 **st. SbR:** *Beuthien* in: MüHBGesR Bd. 5, 2009, § 77, Rn. 22.

285 **st. SbR:** *Alscher,* DStiftungÖffR, 2006, S. 76; *Lüke* in: MüHBGesR Bd. 5, 2009, § 91, Rn. 3; *Schwake* in: MüHBGesR Bd. 5, 2009, § 79, Rn. 327 ff., hierzu im Widerspruch ohne Begründung a. A. *ders.*, aaO., § 79, Rn. 52.

Rechts verfügen sogar regelmäßig über zwei[286], drei[287] oder auch mehr Organe[288]. Dass die Stiftung des bürgerlichen Rechts nur über ein Leitungsorgan verfügt, ist dagegen die Ausnahme[289]. Dies stimmt vielmehr mit den Ausführungen zur Stiftung des öffentlichen Rechts überein. Eine Organeinheit kann insofern auch die Stiftung des bürgerlichen Rechts nicht von der nicht-rechtsfähigen Verwaltungseinheit abgrenzen. Weiterhin verfügt zwar die AG immer, und die GmbH regelmäßig, neben dem Leitungs- und dem Willensbildungsorgan über ein weiteres Aufsichtsorgan. Hierbei handelt es sich jedoch weder um ein Alleinstellungsmerkmal der AG noch der e. G., soweit sich Aufsichtsorgane ebenso bei der GmbH und dem e. V. finden können, noch um ein Alleinstellungsmerkmal der juristischen Personen des bürgerlichen Rechts.

Zusätzlich handelt es sich auch nicht um ein bestimmendes Merkmal der Privatrechtsformen, soweit für die GmbH, den e. V. und die Stiftung des bürgerlichen Rechts kein Aufsichtsorgan bestehen muss. Außerdem finden sich ebenso Körperschaften und Anstalten, welche auch als juristische Person des öffentlichen Rechts über ein Aufsichtsorgan neben einem Willensbildungs- und Leitungsorgan verfügen können[290]. Wie diese Organmehrheit zu bewerten sein wird, ist im Folgenden noch zu untersuchen, soweit die Bedeutung eines Willensbildungsorgans einer GmbH oder AG möglicherweise anhand der konkreten Ausgestaltung weiter zu relativieren ist.

b. Keine Systematisierung der Organstruktur anhand der Bezeichnung der Organe

Es könnte daran gedacht werden, die Rechtsformen und ihre Organe anhand der Bezeichnungen bspw. als Kuratorium, Verwaltungsrat oder Vorstand zu systematisieren und so abzugrenzen. Jedoch kann umgekehrt, wie nachfolgend zu zeigen sein wird, die Begrifflichkeit eher als Ausdruck der Uneinheitlichkeit der Organstruktur gewertet werden. Die Namen der Organe sind nur für die AG einheitlich gesetzlich geregelt und lassen sich darüber hinaus gerade keiner Rechtsform eindeutig

286 **st. SbR:** § 4 BaStW(S), S. 243 (244); § 5 FamN(S2), S. 137 (138); § 6 GISMA(S1), S. 426; § 6 Abs. 1 HWK(S2), S. 1009 (1010); § 5 S. 1 KTSt(S2), S. 1227 (1228); § 7 Abs. 1 NBingSt, S. 464 (465); § 6 Abs. 1 NLotSpSt, S. 294 (295); § 6 Abs. 1 NLottSt(S2), S. 86; § 4 Abs. 1 NUmwSt(S2), S. 1523 (1524); § 6 StbRB(S2), S. 280, siehe jedoch eine frühere Fassung mit drei Organen sogleich; § 5 Abs. 1 StJbJ, S. 55; § 6 Abs. 1 StLSb(S), S. 15.

287 **st. SbR:** § 6 StbRB(S1), S. 956.

288 **st. SbR:** § 6 Abs. 1 StN(S2), S. 1209 (1210).

289 **st. SbR:** § 5 HEH, S. 623; § 7 NWattSt, S. 1096 (1097); § 7 NWirtA(S), S. 410 (411), dessen Kuratorium nur beratend tätig ist; § 4 ResFN(S), S. 838 (839); § 8 StOpfH(S), S. 99 (100); § 5 Abs. 1 VWSt(S), S. 488.

290 **KöR:** *Cronauge/Westermann*, KommUntern, 2006, Rn. 244; **AöR:** *Blessing*, ÖffrAnstBetPr, 2008, S. 47.

zuordnen[291]. Vielmehr erfolgt die Benennung der Organe uneinheitlich und teilweise sogar überraschend konträr. So finden sich Kuratorien sowohl bei den Anstalten[292] als auch bei den Stiftungen des öffentlichen Rechts[293], den juristischen Personen des öffentlichen Rechts[294], den staatlichen e. V.[295] und den Stiftungen des bürgerlichen Rechts[296]. Gleiches gilt für Verwaltungsräte, die sich bei Körperschaften[297], rechtsfähigen Anstalten[298], juristischen Personen des öffentlichen Rechts[299], Stiftungen des bürgerlichen Rechts[300] und nicht-rechtsfähigen Verwaltungseinheiten[301] finden lassen. Darüber hinaus finden sich Aufsichtsräte sowohl bei juristischen Personen des öffentlichen[302] als auch des bürgerlichen Rechts[303].

Ebenso finden sich Vorstände sowohl bei den Körperschaften[304] als auch den Anstalten[305] und Stiftungen des öffentlichen Rechts[306], juristischen Personen des öffentlichen Rechts[307] sowie der AG[308], dem e. V.[309], der e. G.[310], der Stiftungen des

291 So bereits, **KöR:** *Kluth* in: Wolff/Bachof/Stober/ders., VerwR Bd. 2, 2010, § 85, Rn. 6; **AöR:** *Bohn*, AnstÖffBetDritt, 2005, S. 143; **SöR:** *Alscher*, DStiftungÖffR, 2006, S. 34, 36 (Fn. 194); vgl. auch *Battis*, DÖV 2006, 498 (501); **st. SbR:** *Lüke* in: MüHBGesR Bd. 5, 2009, § 91, Rn. 9; *Schwake* in: MüHBGesR Bd. 5, 2009, § 79, Rn. 327.

292 **AöR:** § 6 ARL(S5), S. 49; § 4 GEI(G1), S. 212; § 4 IfE(S1), S. 688; § 4 LIAG(G), S. 428; **nr-AöR:** § 7 NIfR(S1), S. 834.

293 **SöR:** § 6 MudCl(S1), S. 409 (410); § 5 StZAPf(G), S. 20; § 6 StZIN(G), S. 209.

294 **JPöR:** § 6 ARL(S1), S. 57 (58).

295 **st. e. V.:** § 6 N21.

296 **st. SbR:** § 5 BaStW(S), S. 243 (244); § 6 FamN(S2), S. 137 (138); § 7 KTSt(S2), S. 1227 (1228); § 9 NWattSt, S. 1096 (1097); § 7 StLSb(S), S. 15.

297 **KöR:** § 7 NLB-Giro, S. 312 (313); § 7 PrLV-H(S1), S. 478.

298 **AöR:** § 6 AGTierGesG(G2), S. 277; § 9 HLKA, S. 739 (740); § 9 Abs. 1 IuFB(G1), S. 712 (714); § 6 NLFst(G1), S. 616; § 5 RKrdSt(S3), S. 2 (3); § 6 StW-H, S. 172 (173).

299 **JPöR:** § 7 BRRKv, S. 626 (627); § 13 CGGHKv.

300 **st. SbR:** § 10 NBingSt, S. 464 (465); § 9 NLottSt(S2), S. 86; § 8 StN(S2), S. 1209 (1210).

301 **nr-VE:** § 5 VwIngK.

302 **AöR:** § 7 LBS-N(G), S. 230 (231); § 8 Abs. 1 Nord-LB(G2), S. 632 (633); § 6 NöVersG, S. 5.

303 **st. GmbH:** § 5 CUTEC; § 4 DSMZ; § 4 EaSoA; § 7 Abs. 1 HIS(S1); §§ 4, 6 HWW(S2); § 5 RamBmG; § 5 GmbH1; § 4 GmbH2; **(st.)AG:** § 95 AktG; **st. e. G.:** § 24 HIS(S2).

304 **KöR:** § 21 NArchtK(G); § 28 Nds.FischG(G); § 28 Nds.HKG; § 19 Nds.LwKG; § 19 Nds.RealvG; § 23 NIngG; § 4 Abs. 1 NJagdG(S); § 12 NLB-Giro, S. 312 (315); § 6 OldL(V), S. 51 (52).

305 **AöR:** § 7 AGTierGesG(G2), S. 277 (278); § 13 HLKA, S. 739 (741); § 4 HWW(S1), S. 510; § 9 Abs. 2 IuFB(G1), S. 712 (714); § 7 LBS-N(G), S. 230 (231); § 8 Nord-LB(G2), S. 632 (633); § 5 NöVersG, S. 5.

306 **SöR:** § 9 MudCl(S1), S. 409 (410); § 4 StW-G.

307 **JPöR:** § 7 BRRKv, S. 626 (627); § 13 CGGHKv.

308 **st. AG:** § 4 DMAg, S. 1; § 5 SagAG; § 6 VWAg.

309 **st. e. V.:** § 6 EmLsch.

310 **st. e. G.:** § 16 HIS(S2).

bürgerlichen Rechts[311] und den nicht-rechtsfähigen Verwaltungseinheiten[312]. Auch dieser Begriff für ein Leitungsorgan ist dabei alles andere als einheitlich. In anderen Fällen finden sich stattdessen Direktoren sowohl bei rechtsfähigen[313], teil-rechtsfähigen[314] als auch nicht-rechtsfähigen Verwaltungseinheiten[315]. Zusätzlich findet sich der für die GmbH gebräuchliche Begriff des Geschäftsführers[316] für das Leitungsorgan auch für die meisten anderen Rechtsformen[317]. Es ist darauf hinzuweisen, dass gelegentlich der Geschäftsführer nicht selbst das Leitungsorgan[318], sondern einem Leitungsorgan untergeordnet ist[319]. Es finden sich sogar begriffliche Mischformen, soweit Regelungen einen geschäftsführenden Direktor vorsehen[320]. Damit ist festzustellen, dass für die Bezeichnungen der Organe ein begrifflicher Wildwuchs in dem Maße herrscht, sodass an die Begriffe für eine Systematisierung nicht angeknüpft werden kann. Insbesondere kann eine Auslegung nicht an den gewählten Begriff eines Organs anknüpfen.

311 **st. SbR:** § 10 GISMA(S1), S. 426; § 6 HEH, S. 623; § 8 NBingSt, S. 464 (465); § 7 NLotSpSt, S. 294 (295); § 7 NLottSt(S2), S. 86; § 7 NUmwSt(S2), S. 1523 (1524); § 4 ResFN(S), S. 838 (839); § 6 StJbJ, S. 55; § 8 StOpfH(S), S. 99 (100); § 9 ZeVA(S), S. 1001 (1002).

312 **nr-VE:** § 3 Abs. 2 LGLN(S1), S. 880; § 3 LSKN, S. 836 (837).

313 **KöR:** § 23 Nds.LwKG; **AöR:** § 5 GEI(G1), S. 212; § 6 IfE(S1), S. 688 (689); § 5 LIAG(G), S. 428; § 37 Abs. 2 S. 1 NMedienG; **SöR:** § 8 SBK, S. 649 (650); § 8 StTIB(G), S. 151 (152).

314 **tr-AöR:** Art. 2 § 6 PolAN(G), S. 444 (445).

315 **nr-AöR:** § 6 ATAfN, S. 364; § 3 HAB, S. 271; § 6 NIfR(S1), S. 834; § 3 TIB, S. 820; **nr-VE:** § 4 IZN, S. 1150; § 4 Abs. 1 LGLN(S2), S. 572; § 4 Abs. 1 LWKN, S. 855 (856); § 3 S. 1 NBiblS, S. 2084; § 3 Abs. 1 NInL, S. 496; Nr. 2 NStB, S. 95; § 3 Abs. 1 VZG, S. 728 (729).

316 **st. GmbH:** § 5 CUTEC; § 4 DSMZ; § 4 EaSoA; § 7 HIS(S1); § 4 HWW(S2); § 4 LEA; § 5 RamBmG; § 5 GmbH1; § 4 GmbH2; **st. e. V.:** vgl. § 8 3NKN, als „Geschäftsführung".

317 **KöR:** § 15 NKomZG; **AöR:** § 7 FstKK, S. 554 (555); § 8 StW-H, S. 172 (174); **SöR:** § 5 Abs. 1 SnGst(G), S. 494; § 6 StZAPf(G), S. 20; § 6 StZIN(G), S. 209; **st. SbR:** § 10 Abs. 1 BaStW(S), S. 243 (244); § 10 FamN(S2), S. 137 (138); § 11 KTSt(S2), S. 1227 (1228); § 18 NBingSt, S. 464 (467); § 9 NUmwSt(S2), S. 1523 (1525); § 7 StbRB(S2), S. 280; **nr-VE:** § 4 Abs. 1 ITN, S. 243; § 4 Abs. 2 LZN, S. 696; § 4 VwÄKN; § 8 VwIngK, als „Geschäftsführung".

318 Vgl. **KöR:** § 21 Abs. 3 S. 2 NArchtK(G); § 24 Abs. 1 S. 2 NIngG; § 4 OldL(V), S. 51; **AöR:** § 5 AGTierGesG(G2), S. 277; **SöR:** § 4 Abs. 1 StW-G; **st. e. V.:** § 5 BrLsch; § 7 DInKt; § 4 EmLsch; § 5 LVG; § 6 N21; § 5 NStT; **st. SbR:** § 7 NWattSt, S. 1096 (1097); § 8 NWirtA(S), S. 410 (411); § 6 Abs. 1 ZeVA(S), S. 1001.

319 Vgl. **KöR:** § 18 Abs. 1 NArchtK(G); § 20 Abs. 1 NIngG; § 7 OldL(V), S. 51 (52); **AöR:** § 9 AGTierGesG(G2), S. 277 (278); **SöR:** § 4 Abs. 1 StW-G; **st. e. V.:** § 10 BrLsch; § 12 Abs. 1 DInKt; § 12 Abs. 1 EmLsch; § 9 LVG; § 9 N21; § 12 NStT; **st. SbR:** § 11 NWattSt, S. 1096 (1098); § 11 NWirtA(S), S. 410 (411); § 9 ZeVA(S), S. 1001 (1002).

320 **KöR:** § 12 Abs. 3 NLB-Giro, S. 312 (315); **AöR:** § 13 Abs. 3 HLKA, S. 739 (741).

Verschiedene Begriffe werden außerdem nicht nur für grundsätzlich vergleichbare Organe, sondern auch umgekehrt ein Begriff für grundsätzlich unterschiedliche Organe verwandt. Ohne die Funktionen der Organe bereits im Detail zu betrachten, findet sich zwar als Kuratorium zumeist ein Organ, dem grundlegende Aufgaben übertragen sind[321], jedoch sind Kuratorien teilweise auch bloße Beratungsorgane[322], welche in vielen anderen Fällen dagegen wissenschaftlicher Beirat[323] oder schlicht Beirat[324] heißen. Gleiches gilt für eine Mitgliederversammlung, die für eine Anstalt – vorher als juristische Person des öffentlichen Rechts – überwiegend als Beratungsorgan ausgestaltet ist[325]. Einem Willensbildungsorgan kommt in den meisten Fällen dagegen – insbesondere für die Körperschaften des öffentlichen Rechts – die Entscheidungsbefugnis über alle grundlegenden Aufgaben zu[326]. Ebenso kann ein Vorstand im Einzelfall auch grundlegende Aufgaben wie ein Willensbildungsorgan erfüllen[327]. Entscheidend bleibt damit die noch zu untersuchende Funktion im Einzelfall.

Eine Systematisierung entsprechend der Bezeichnung der Organe wird zusätzlich dadurch erschwert, dass in Einzelfällen bestimmt wird, dass das Kuratorium der Vorstand[328] bzw. der Verwaltungsrat der Vorstand einer Stiftung ist[329], wodurch die Eindeutigkeit der Begriffe zusätzlich relativiert wird. Zwar findet sich die Bezeichnung als Stiftungsrat nur für die Stiftungen des öffentlichen[330] sowie des bürgerlichen Rechts[331]. Diese Organe unterscheiden sich jedoch zum einen nicht von den

---

321 **AöR:** § 6 ARL(S5), S. 49; § 4 Abs. 7 GEI(G1), S. 212; § 7 HWW(S1), S. 510; § 5 IfE(S1), S. 688 (689); § 4 LIAG(G), S. 428; **SöR:** § 7 MudCl(S1), S. 409 (410); § 5 Abs. 2 StZAPf(G), S. 20; § 5 StZIN(G), S. 209; **st. e. V.:** § 11 DInKt; **st. SbR:** § 5 BaStW(S), S. 243 (244); § 6 FamN(S2), S. 137 (138); § 8 StLSb(S), S. 15; § 5 VWSt(S), S. 488; siehe zu den Aufgaben der Willensbildungsorgane auch Kap. C.I.2.b.ii.(1).

322 **nr-AöR:** § 5 Abs. 2 HAB, S. 271; **SöR:** § 10a Abs. 3 MudCl(S3), S. 170 (171); **st. e. V.:** § 11 Abs. 1 N21; **st. SbR:** § 10 Abs. 1 NWirtA(S), S. 410 (411); § 9 Abs. 1 StOpfH(S), S. 99 (100).

323 **SöR:** § 9 Abs. 1 StTIB(G), S. 151 (152); **st. GmbH:** § 11 DSMZ; **st. SbR:** § 13 HWK(S2), S. 1009 (1011).

324 **nr-AöR:** § 7 ATAfN, S. 364; **st. e. V.:** § 7 EmLsch; **st. SbR:** § 8 BaStW(S), S. 243 (244); § 8 FamN(S2), S. 137 (138); § 10 NWattSt, S. 1096 (1097).

325 **AöR:** § 7 ARL(S5), S. 49 (50); **JPöR:** § 8 ARL(S2), S. 254.

326 **KöR:** § 30 Abs. 1 Nds.FischG(G); § 22 Abs. 1 Nds.RealvG; § 8 Abs. 1 NJagdG(S).

327 **st. SbR:** § 8 NWirtA(S), S. 410 (411); vgl. auch § 5 HEH, S. 623.

328 **st. SbR:** § 8 NWattSt, S. 1096 (1097); § 5 Abs. 1 VWSt(S), S. 488.

329 **st. SbR:** § 8 Abs. 3 S. 1 StN(S2), S. 1209 (1210).

330 **SöR:** § 8 AsseSt, S. 314; § 60 NHG; § 6 SBK, S. 649; § 6 SnGst(G), S. 494; § 6 StW-G; § 7 StTIB(G), S. 151 (152).

331 **st. SbR:** § 7 HWK(S2), S. 1009 (1010); § 9 NLotSpSt, S. 294 (295); § 5 NUmwSt(S2), S. 1523 (1524); § 8 StbRB(S2), S. 280; § 9 StJbJ, S. 55 (56); § 11 StN(S1), S. 126 (127); § 7 ZeVA(S), S. 1001.

Kuratorien[332] oder Verwaltungsräten[333] anderer Stiftungen, zum anderen auch nicht von den Kuratorien oder Verwaltungsräten anderer Rechtsformen[334]. Zusätzlich finden sich auch Stiftungsräte, die statt den Aufgaben eines „Willensbildungs"-organs, lediglich Beratungsaufgaben erfüllen[335].

Soweit bisher nur Organe betrachtet wurden, wird die Systematisierung zusätzlich verkompliziert, soweit einzelne Organteile mit in die Betrachtung einbezogen werden. Hinzu kommt, dass der Präsident entweder selbst ein Organ[336] oder nur der Vorsitzende des Organs Präsidium[337] ist. Dieser wird in vielen anderen Fällen lediglich als Vorsitzender bezeichnet[338]. Bereits die gebräuchlichen Bezeichnungen der Organe lassen sich damit auf keinen gemeinsamen Nenner bringen und erscheinen für eine Systematisierung ungeeignet.

Diese Erkenntnis wird zusätzlich dadurch verstärkt, dass sich daneben eine Reihe von weiteren Bezeichnungen für Organe finden, die teilweise nur in einem oder wenigen Fällen Verwendung finden, wie z. B. eine Landschaftsversammlung[339], ein Rittertag[340], ein Verbandsausschuss[341], eine Generalversammlung[342] oder ein Kollegium[343]. Eine vergleichende Betrachtung muss hier von den Begrifflichkeiten zwingend

---

332 **SöR:** § 5 StZAPf(G), S. 20; **st. SbR:** § 5 BaStW(S), S. 243 (244); § 7 KTSt(S2), S. 1227 (1228); § 7 StLSb(S), S. 15; § 5 VWSt(S), S. 488.

333 **st. SbR:** § 8 StN(S2), S. 1209 (1210).

334 Vgl. **KöR:** § 7 NLB-Giro, S. 312 (313); § 7 PrLV-H(S1), S. 478; **AöR:** § 6 AGTierGesG(G2), S. 277; § 9 HLKA, S. 739 (740); § 9 Abs. 1 IuFB(G1), S. 712 (714); § 6 NLFst(G1), S. 616; § 5 RKrdSt(S3), S. 2 (3); § 6 StW-H, S. 172 (173); **JPöR:** § 7 BRRKv, S. 626 (627); § 13 CGGHKv; **st. SbR:** § 10 NBingSt, S. 464 (465); § 9 NLottSt(S2), S. 86; § 8 StN(S2), S. 1209 (1210); **nr-VE:** § 5 VwIngK.

335 **st. SbR:** § 13 NBingSt, S. 464 (466); § 11 NLottSt(S2), S. 86 (87).

336 **KöR:** § 10 S. 1 AdWG, S. 775 (776); § 10 BrWG; **AöR:** § 5 AfBF(S2), S. 252 (253); § 5 NLFst(G1), S. 616; **st. SbR:** § 7 StN(S2), S. 1209 (1210), jedoch gleichzeitig ein Teil des Verwaltungsrates.

337 **KöR:** § 37 NHG; **AöR:** § 8 ARL(S5), S. 49 (50).

338 **KöR:** § 5 Abs. 4 NVdR(G1), S. 65 (66); vgl. auch § 6 OldL(V), S. 51 (52), dass der Vorsitzende die Bezeichnung Präsident führt; **AöR:** § 7 Abs. 3 AGTierGesG(G2), 277 (278); § 8 RKrdSt(S1), S. 65 (66); **tr-AöR:** § 13 Abs. 1 BrLB; **SöR:** § 7 Abs. 2 MudCl(S1), S. 409 (410); § 4 Abs. 4 StW-G; **JPöR:** § 11 Abs. 5 BRRKv, S. 626 (627); **st. AG:** § 84 Abs. 2 AktG; vgl. auch § 5 Abs. 3 SagAG; § 6 Abs. 2 VWAg; **st. e. V.:** § 7 Abs. 1 3NKN; § 7 Abs. 1 BrLsch; § 12 Abs. 1 Nr. 1 DInKt; § 7 Abs. 1 LVG; **st. SbR:** § 8 Abs. 1 NBingSt, S. 464 (465); § 7 Abs. 2 NLotSpSt, S. 294 (295); § 7 Abs. 1 NLottSt(S2), 86; § 8 Abs. 3 NWattSt, S. 1096 (1097); § 8 Abs. 2 NWirtA(S), S. 410 (411); § 6 Abs. 3 StJbJ, S. 55; § 5 Abs. 4 VWSt(S), S 488; siehe jedoch auch § 6 KTSt(S1), S. 986 (987), dass der Vorsitzende statt des Leitungsorgans Teil des Willensbildungsorgans ist; **nr-VE:** § 3 Abs. 2 LGLN(S1), S. 880; § 3 Abs. 1 LSKN, S. 836 (837).

339 **KöR:** § 5 OldL(V), S. 51.

340 **KöR:** § 6 RitLBr, S. 517.

341 **KöR:** § 10 NKomZG.

342 **st. e. G.:** § 15 Abs. 1 c) HIS(S2).

343 **AöR:** § 6 AfBF(S2), S. 252 (253).

Abstand nehmen. Die Bezeichnungen können zusätzlich sowohl im Laufe der Zeit ohne erkennbare inhaltliche Änderung ausgetauscht werden[344] oder sogar trotz Rechtsformwechsel beibehalten bleiben[345]. Soweit für die staatliche AG einheitlich das Leitungsorgan den Namen Vorstand tragen muss[346], folgt dies lediglich aus der einheitlichen gesetzlichen Grundlage, ohne dass die AG oder ihr Vorstand sich allein dadurch von den anderen Rechtsformen unterscheiden können. Auch nicht die Bezeichnung eines Organs als Vorstand kann die AG von den anderen Rechtsformen abgrenzen, da auch diese Bezeichnung, neben weiteren, für alle Rechtsformen, ja sogar für nicht-rechtsfähige Verwaltungseinheiten gebräuchlich ist.

Die Austauschbarkeit der Begriffe zeigt sich auch bei den öffentlich-rechtlichen Versicherungen, für die vorgesehen ist, dass „Organe bestehender öffentlich-rechtlicher Versicherungsunternehmen [ihre] bisherige[n] Bezeichnungen fortführen [können]; die ihnen nach diesem Gesetz zukommenden Bezeichnungen [...] in Klammern hinzuzufügen [sind]“[347]. Es zeigt sich damit, dass die Bezeichnung der Organe als allein formelles Merkmal im Ergebnis unbeachtlich ist[348]. Der Name eines Organs ist daher als Kriterium ungeeignet, um für die weitere Untersuchung der Organstruktur herangezogen zu werden. Die Bezeichnung der Organe wird daher für die weitere Untersuchung außer Acht gelassen und stattdessen die Oberbegriffe Willensbildungs-, Leitungs-, Aufsichts-, Geschäftsführungs- und Beratungsorgan verwendetet – auf eine noch zu untersuchende Austauschbarkeit sei an dieser Stelle nur hingewiesen.

c. *Zwischenfazit – die grundlegende Vergleichbarkeit der Organstruktur der Rechtsformen der Staatsverwaltung*

Die Organstruktur zeigt sich damit in den Grundzügen für alle Rechtsformen vergleichbar. Nur in der Theorie lässt sich die Körperschaft des öffentlichen Rechts mit nur einem Willensbildungsorgan von den anderen Rechtsformen abgrenzen, soweit für weitere Rechtsformen lediglich ein Leitungsorgan eingerichtet muss. Hervorzuheben ist, dass eine Organeinheit insofern sowohl für die Anstalt, Stiftung, jedoch auch für die nicht-rechtsfähige Verwaltungseinheit in Betracht kommt. Dies vermag gleichwohl die Organstruktur nicht abschließend zu erfassen, da für alle Rechtsformen sowohl ein Willensbildungs- als auch ein Leitungsorgan eingerichtet werden kann. Dies ist in der Rechtssetzungspraxis sogar überwiegend der Fall. Im Einzelfall, ohne die Funktion bereits näher betrachtet zu haben, können weitere Organe hinzukommen, wie bspw. Aufsichts-, Geschäftsführungs- und Beratungsorgane. Ersteres führt zwar für die staatliche AG und e. G. immer zu einer dreigliedrigen

344 **KöR:** Art. 1, § 5 NVdR(G2), S. 28; **SöR:** § 6 MudCl(S3), S. 170.
345 **st. GmbH:** § 1 Abs. 2 HWW(G), S. 251.
346 **st. AG:** *Wiesner* in: MüHBGesR Bd. 4, 2015, § 19, Rn. 46.
347 **AöR:** § 17 Abs. 1 Nr. 1 NöVersG.
348 Ebenso bereits *Sodan*, KollFunkVerp, 1987, S. 14, unter der Perspektive kollegialer Organe.

Organstruktur, welche sich jedoch ebenso bei Körperschaften, Anstalten, GmbH, e. V. wiederfinden kann.

Zusätzlich verkompliziert wird die Lage in Bezug auf daneben ggf. bestehende Beratungsorgane, deren abschließende Bewertung jedoch von der weiteren Untersuchung der Aufgaben abhängt. Ebenso hängt die Bewertung der Organstruktur davon ab, ob ein Willensbildungsorgan eine eigenständige Funktion hat oder ob für eine Einrichtung mit zugrundeliegender Willenseinheit[349] die Bedeutung dieses Organs im Einzelfall insgesamt zu relativieren ist. Dies wird noch zu untersuchen sein. Weder die Rechtsgrundlagen sind geeignet, die Organstruktur der Rechtsformen zu systematisieren, noch ergibt sich aus den Namen der Organe ein Anhaltspunkt für eine weitere Systematisierung oder Abgrenzung der Organe. Im Wesentlichen sind daher die Grundzüge der Organstruktur aller Rechtsformen vergleichbar, jedoch durch die Ausgestaltung im Einzelfall bestimmt.

2. Die Organstruktur unter dem Aspekt der Außen- und Binnensteuerung

Wie bereits die bloße Fiktion als Grundlage der Rechtsfähigkeit verneint wurde, so stellt auch die Steuerung keine aus dem Nichts entstehende Größe dar. Sie ist zum einen durch einen Impuls von außen, durch die die Einrichtung errichtende Mutterkörperschaft, sowie zum anderen innerhalb der Einrichtung durch das Verhältnis der Organe zueinander bestimmt. Vorgreifend sei jedoch bereits an dieser Stelle darauf hingewiesen, dass die Außen- und die Binnensteuerung sich nicht so klar voneinander abgrenzen lassen, wie es auf den ersten Blick vermutet werden könnte. Die Binnensteuerung kann im Einzelfall von Elementen der Außensteuerung ganz oder teilweise überlagert werden bzw. sich möglicherweise nur aufgrund eines Perspektivwechsels scheinbar voneinander unterscheiden.

a. Die Organstruktur als Vermittlung einer Außensteuerung

Wie bereits für die Herleitung der Rechtsfähigkeit näher ausgeführt, ist auch für die Organstruktur das Verhältnis der Organe einer Einrichtung zu ihrer Mutterkörperschaft das prägende Element. Die Einrichtungen der Staatsverwaltung werden insofern auf der einen Seite von dem Staat geschaffen, was einen Einfluss[350] (mit

349 Siehe hierzu bereits Kap. A.I.5.b.

350 **AöR:** *Wallerath,* AllgVerwR, 2009, § 5, Rn. 16; **JPbR:** *Maurer,* AllgVerwR, 2011, § 21, Rn. 15.

anderen Worten Steuerung[351] oder Leitungsmacht[352]) des Staates auf die Willensbildung grundsätzlich impliziert[353]. Jedoch werden mit den verschiedenen Rechtsformen gerade Einschränkungen des Einflusses (auch Einflussknick genannt[354]) im Rahmen der Willensbildung verbunden[355]. Insbesondere für die Stiftungen wird angenommen, dass der Einfluss des Stifters mit der Errichtung endet[356]. Eine organisatorische Verselbstständigung[357] (oder auch Unabhängigkeit von der

---

351 **AöR:** *K. Lange,* VVDStRL 44, 1986, S. 175; **JPbR:** *Kluth* in: Wolff/Bachof/Stober/ders., VerwR Bd. 2, 2010, § 79, Rn. 17, § 80, Rn. 30; *Loeser,* SysVerwR Bd. 2, 1994, Rn. 59; **JP**: *Blessing,* ÖffrAnstBetPr, 2008, S. 62; *A. Lange,* BetPrivrechtsfAnst, 2008, S. 63; *Schmidt-Aßmann* in: ders./Hoffmann-Riem, VerOrgRSteuR, 1997, S. 21; *Storr,* StaataUntn, 2001, S. 60.

352 **JP:** *Kluth* in: Wolff/Bachof/Stober/ders., VerwR Bd. 2, 2010, § 79, Rn. 1.

353 **KöR:** *Maurer,* AllgVerwR, 2011, § 23, Rn. 40; **JPöR:** vgl. *Suerbaum* in: Epping/Hillgruber (Hrsg.) BeckOK GG, 2014, Art. 86, Rn. 19.

354 *Loeser,* SysVerwR Bd. 2, 1994, Rn. 6.

355 **KöR:** *Hsu,* InstkörpSV, 2004, S. 103 f.; **AöR:** *Fett,* ÖffrAnstabKonU, 2000, S. 41; *K. Lange,* VVDStRL 44, 1986, S. 188; **SöR:** *E. Müller,* DBundStift, 2009, S. 179.

356 **SöR:** *Alscher,* DStiftungÖffR, 2006, S. 75; *G. Burmeister,* HerInStGEsVorb, 1991, S. 228; *Gaß,* UmwgemUnt, 2003, S. 38; *Kluth* in: Wolff/Bachof/Stober/ders., VerwR Bd. 2, 2010, § 87, Rn. 15; *M. Müller* in: Wolff/Bachof/Stober/Kluth, VerwR Bd. 2, 2010, § 86, Rn. 25; *Peine,* AllgVerwR, 2014, § 2, Rn. 105; *Rüfner,* FormöffVerw, 1967, S. 240; *Thalmessinger,* DrfStiftöffR, 1934, S. 55; zurecht kritisch, *M. J. Müller,* RtfwissHochS, 2015, S. 184 f.; **st. SbR:** *Kreienschulte,* RchStiftVolksw, 1969, S. 32; *Tomsen,* stnStiftBerAut, 1991, S. 20; **SöR und st. SbR:** *v. Campenhausen/Stumpf* in: v. Campenhausen/Richter (Hrsg.) StfRHdB, 2014, § 1, Rn. 8; a. A. *Hof* in: v. Campenhausen/Richter (Hrsg.) StfRHdB, 2014, § 4, Rn. 209, die „Einbindung" der Stiftung des öffentlichen Rechts betonend.

357 **KöR:** *Kluth* in: Wolff/Bachof/Stober/ders., VerwR Bd. 2, 2010, § 80, Rn. 32; **AöR:** *Alscher,* DStiftungÖffR, 2006, S. 80; *Berg,* NJW 1985, 2294 (2299); *Bohn,* AnstÖffBetDritt, 2005, S. 76 f.; *Bull/Mehde,* AllgVerwR, 2015, § 3, Rn. 103; *Breuer,* VVDStRL 44, 1986, S. 224; *Krebs,* NVwZ 1985, 609 (615); *K. Lange,* VVDStRL 44, 1986, S. 189; *Loeser,* SysVerwR Bd. 2, 1994, Rn. 128; *Maurer,* AllgVerwR, 2011, § 23, Rn. 47; *M. Müller* in: Wolff/Bachof/Stober/Kluth, VerwR Bd. 2, 2010, § 86, Rn. 10; *Peine,* AllgVerwR, 2014, § 2, Rn. 94; **SöR:** *Alscher,* DStiftungÖffR, 2006, S. 26; *Groß* in: Hoffmann-Riem/Schmidt-Aßmann/Voßkuhle, GdlVerwR Bd. 1, 2012, § 13, Rn. 45; *E. Müller,* DBundStift, 2009, S. 160; **AöR und SöR:** *Breuer,* VVDStRL 44, 1986, 224, 231; *Umbach/Clemens* in: ders./ders., GG Bd. 2, 2002, Art. 86, Rn. 20; vgl. auch *Wallerath,* AllgVerwR, 2009, § 5, Rn. 25; **AöR und nr-AöR:** *Alscher,* DStiftungÖffR, 2006, S. 80; *Blessing,* ÖffrAnstBetPr, 2008, S. 44; *Hofmann* in: ders./Gerke, AllgVerwR, 2010, Rn. 43; *Jecht,* DöA, 1963, S. 34, 37; *A. Lange,* BetPrivrechtsfAnst, 2008, S. 35; *K. Lange,* VVDStRL 44, 1986, S. 178; *Wallerath,* AllgVerwR, 2009, § 5, Rn. 14; **JPöR:** *Andrick,* StiftRStaAufs, 1988, S. 75; *Broß/Mayer* in: v. Münch/Kunig, GG-Kom Bd. 3, 2012, Art. 86, Rn. 15; *Bull* in: Wassermann, Akom-GG, 2001, Art. 86, Rn. 44; *Maurer,* AllgVerwR, 2011, § 21, Rn. 8; **st. AG:** *Ronellenfitsch* in: Isensee/Kirchhof, HdBdStR Bd. 4, 2006, § 98, Rn. 26; **st. GmbH und st. AG:** *Erdmann,* NdsVBl. 2003, 261 (262); *A. Lange,* BetPrivrechtsfAnst, 2008, S. 44; *Stober* in: Wolff/Bachof/ders./

Mutterkörperschaft[358]) trifft damit jedoch dem Grundsatz nach auf alle Rechtsformen in gleicher Weise zu[359]. Eine Abgrenzung der Rechtsformen ist auf dieser abstrakten Ebene damit wiederum nicht möglich.

Gleichzeitig zeigt sich diese angenommene Verselbstständigung im Spannungsverhältnis mit der zunächst dargestellten Steuerung durch die Mutterkörperschaft. Dieses Spannungsverhältnis ist dabei auch nicht allein mit Hinweis auf eine beschränkte Rechtsaufsicht[360] zugunsten der Verselbstständigung zu lösen, wie sie sich zumeist zwar aus den Rechtsgrundlagen ausdrücklich ergibt[361]. Hierbei handelt es

---

Kluth, VerwR Bd. 2, 2010, § 92, Rn. 135; **st. e. V.**: *Cronauge/Westermann*, KommUntern, 2006, Rn. 120; **st. SbR:** *Tomsen*, stnStiftBerAut, 1991, S. 52; *R. Werner*, NVwZ 2013, 1520 (1521); hierzu widersprüchlich *ders.*, aaO., (1523), eine Ingerenzpflicht annehmend; **JPbR:** *Krebs* in: Isensee/Kirchhof, HdBdStR Bd. 5, 2007, § 108, Rn. 9; **JP**: S. 34; *Loeser*, SysVerwR Bd. 2, 1994, Rn. 59; **nr-VE:** *Berg*, NJW 1985, 2294 (2296); *Blessing*, ÖffrAnstBetPr, 2008, S. 49; *Dreier*, HierVerwDemStaat, 1991, S. 246; *Groß* in: Hoffmann-Riem/Schmidt-Aßmann/Voßkuhle, GdlVerwR Bd. 1, 2012, § 13, Rn. 71; *Hermes* in: Dreier (Hrsg.), GG-Kom Bd. 3, 2008, Art. 86, Rn. 27; *Jecht*, DöA, 1963, S. 76; *A. Lange*, BetPrivrechtsfAnst, 2008, S. 41, a. A. *dies.* aaO., S. 58; *Laubinger* in: FS Maurer, 2001, S. 661; *Mehde* in: Hartmann/Mann/ders., LdRNds, 2015, § 2, Rn. 25; *Ronellenfitsch* in: Isensee/Kirchhof, HdBdStR Bd. 4, 2006, § 98, Rn. 21.

358 **SöR:** *Alscher*, DStiftungÖffR, 2006, S. 152; **JPöR:** *Jecht*, DöA, 1963, S. 33; **JPbR:** *Oebbecke* in: Hoppe/Uechtritz/Reck (Hrsg.), HdBkommUnt, 2012, § 8, Rn. 36; **nr-VE:** *Fichtemüller*, AöR 1966, 297 (307 ff., 312).

359 Vgl. hierzu auch bereits Kap. B.IV.

360 Daher nicht zielführend, **KöR:** *Ehlers*, VerwPrivRf, 1984, S. 125; **AöR:** *Fett*, ÖffrAnstabKonU, 2000, S. 47; *Folz* in: FG v. Unruh, 1983, S. 912; *K. Lange*, VVDStRL 44, 1986, S. 200; *Ochmann*, RfwPrivöffrAnst, 2005, S. 62, dies jedoch nachfolgend bereits selbst relativierend; *Ruffert*, VerwArch 2001, 27 (54); vgl. auch *Traumann*, OrgbundeigVerw, 1998, S. 277; in sich widersprüchlich, *Han*, UnabBaFin, 2015, S. 56, von einer „unbeschränkten Fachaufsicht [auf] ein gesteigertes Maß an organisatorischer Verselbstständigung" schließend; **SöR:** *Alscher*, DStiftungÖffR, 2006, S. 216; *Tomsen*, stnStiftBerAut, 1991, S. 161 f.; *Hof* in: v. Campenhausen/Richter (Hrsg.) StfRHdB, 2014, § 4, Rn. 213; *Pautsch*, StiftHschD, 2008, S. 31 f.; *v. Campenhausen/Stumpf* in: v. Campenhausen/Richter (Hrsg.) StfRHdB, 2014, § 21, Rn. 5; **JPöR:** *Alscher*, DStiftungÖffR, 2006, S. 25 f.; *Bull* in: Wassermann, Akom-GG, 2001, Art. 86, Rn. 43; *H. Faber*, VerwR, 1995, § 9 II, S. 57, zu unrecht als Folge der Rechtsfähigkeit betrachtend, vgl. Kap. A.I.5.b.; *Loeser*, SysVerwR Bd. 2, 1994, Rn. 122; *Maurer*, AllgVerwR, 2011, § 21, Rn. 8; *Suerbaum* in: Epping/Hillgruber (Hrsg.) BeckOK GG, 2014, Art. 86, Rn. 19; **st. SbR:** *Beuthien* in: MüHBGesR Bd. 5, 2009, § 77, Rn. 26; *Schwake* in: MüHBGesR Bd. 5, 2009, § 79, Rn. 316; **SöR und st. SbR:** *Fiedler*, StEStwFwFm, 2004, S. 133; *Hof* in: v. Campenhausen/Richter (Hrsg.) StfRHdB, 2014, § 4, Rn. 112; vgl. *Gölz*, DStaatalsStift, 1999, S. 120; so ausdrücklich *E. Müller*, DBundStift, 2009, S. 195; **JP**: *Wallerath*, AllgVerwR, 2009, § 6, Rn. 42; vgl. auch *G. Burmeister*, HerInStGEsVorb, 1991, S. 252.

361 **KöR:** § 13 Abs. 1 NArchtK(G); § 37 Nds.FischG(G); § 86 Abs. 1 Nds.HKG; § 34 Abs. 1 Nds.LwKG; § 32 Abs. 1 Nds.RealvG; §§ 37 Abs. 3, 51 Abs. 1 NHG; § 28 NIngG; § 16

sich jedoch gar nicht um das entscheidende Kriterium[362], da die Steuerung stattdessen im Wesentlichen durch Organingerenzen zwischen der Mutterkörperschaft und der Einrichtung[363] bestimmt wird. Gerade diese ermöglichen für die Rechtsformen der mittelbaren Staatsverwaltung eine Steuerung durch die Mutterkörperschaft[364]. Ob daher Regelungen zur Aufsicht im Einzelfall[365] oder für die Privatrechtsformen bis auf die Stiftungen des bürgerlichen Rechts, für die eine Stiftungsaufsicht

---

Abs. 1 NJagdG(G); §170 Abs. 1 NKomVG; § 20 NKomZG; § 17 NLB-Giro, S. 312 (315); § 28 Abs. 3 NSpG; § 12 Abs. 1 NVdR(G1), S. 65 (66); § 6 OldL(G), S. 253; § 11 Abs. 1 PrLV-H(S1), S. 478 (479); **AöR:** § 7 Abs. 1 AfBF(S2), S. 252 (253); § 10 Abs. 1 AGTierGesG(G2), S. 277 (278); § 1 Abs. 2 ARL(S5), S. 49; § 1 Abs. 3 FstKK, S. 554; § 7 GEI(G1), S. 212; § 34 Abs. 1 HLKA, 739 (743); § 10 Abs. 1 HWW(S1), S. 510 (511); § 1 Abs. 3 IfE(S1), S. 688; § 15 IuFB(G1), s. 712 (714); § 10 LBS-N(G), S. 230 (231); § 6 Abs. 1 LIAG(G), S. 428; § 68 Abs. 5 NHG; § 12 Abs. 1 NLFst(G1), S. 616 (617); § 25 Abs. 1 NMedienG; § 17 Abs. 1 Nord-LB(G2), S. 632 (633); § 14 Abs. 1 NöVersG, S. 5 (7); § 15 Abs. 1 RKrdSt(S3), S. 2 (4); **tr-AöR:** § 3 Abs. 1 PolAN(G), S. 444; **SöR:** § 1 Abs. 3 AsseSt, S. 314; § 6 HWBl, S. 710; § 2 MudCl(S1), S. 409; §§ 62 Abs. 1, 68 Abs. 5 NHG; § 9 SBK, S. 649 (650); § 12 SnGst(G), S. 494 (495); § 1 Abs. 3 StTIB(G), S. 151; § 8 StZAPf(G), S. 20; § 8 StZIN(G), S. 209 (210); **JPöR:** § 1 Abs. 2 ARL(S2), S. 254; § 18 Abs. 1 BRRKv, S. 626 (628); § 28 Abs. 1 CGGHKv.

362 Vgl. bereits *Gölz,* DStaatalsStift, 1999, S. 128.

363 **AöR:** *Ochmann,* RfwPrivöffrAnst, 2005, S. 62; *Ronellenfitsch* in: Isensee/Kirchhof, HdBdStR Bd. 4, 2006, § 98, Rn. 24; vgl. auch *Ehlers,* ZHR 2003, 546 (566); **SöR und st. SbR:** *Gölz,* DStaatalsStift, 1999, S. 128; **JPbR:** *Dreier,* HierVerwDemStaat, 1991, S. 258 f.; *Storr,* StaataUntn, 2001, S. 88; *Mann,* ÖffrechtGes, 2001, S. 194 ff.

364 **KöR:** *Kluth* in: Wolff/Bachof/Stober/ders., VerwR Bd. 2, 2010, § 82, Rn. 128; **AöR:** *Bohn,* AnstÖffBetDritt, 2005, S. 87; *Kluth* in: Wolff/Bachof/Stober/ders., VerwR Bd. 2, 2010, § 79, Rn. 23, § 80, Rn. 33; *A. Lange,* BetPrivrechtsfAnst, 2008, S. 36; *Ronellenfitsch in:* Isensee/Kirchhof, HdBdStR Bd. 4, 2006, § 98, Rn. 24; *Wallerath,* AllgVerwR, 2009, § 5, Rn. 16; **SöR:** *Kluth* in: Wolff/Bachof/Stober/ders., VerwR Bd. 2, 2010, § 87, Rn. 15; *M. Müller* in: Wolff/Bachof/Stober/Kluth, VerwR Bd. 2, 2010, § 86, Rn. 25; vgl. *Alscher,* DStiftungÖffR, 2006, S. 26; *Bull/Mehde,* AllgVerwR, 2015, § 3, Rn. 104, dass sie „anders als die Stiftung des bürgerlichen Rechts [...] in einer besonders engen Beziehung zur öffentlichen Verwaltung [steht]"; **AöR und SöR:** *Breuer,* VVDStRL 44, 1986, 229 f., 231; **st. GmbH:** *Groß* in: Hoffmann-Riem/Schmidt-Aßmann/Voßkuhle, GdlVerwR Bd. 1, 2012, § 13, Rn. 47, a. A. die Unabhängigkeit der Einrichtungen in Privatrechtsform hervorhebend, *ders.,* aaO., Rn. 77; **SöR und st. SbR:** *Gölz,* DStaatalsStift, 1999, S. 118; **JPbR:** *Groß* in: Hoffmann-Riem/Schmidt-Aßmann/Voßkuhle, GdlVerwR Bd. 1, 2012, § 13, Rn. 47, 77; *Krebs* in: Isensee/Kirchhof, HdBdStR Bd. 5, 2007, § 108, Rn. 9; *K. Lange,* VVDStRL 44, 1986, S. 179; *Maurer,* AllgVerwR, 2011, § 21, Rn. 15; *Pfeifer,* SteukomAktdG, 1991, S. 106 ff.

365 Vgl. **KöR:** AdWG, S. 775 ff.; BrWG; RitLBr, S. 517 ff.; **tr-AöR:** BrLB; **nr-AöR:** NIfR(S1), S. 834 f.; **nr-VE:** EigBetrVO, S. 21 ff.; NBiblS, S. 2084; VwÄKN.

besteht[366], generell fehlen[367], muss daher nicht verfassungskonform ergänzt[368] und an dieser Stelle nicht weiter untersucht werden.

Im Gegensatz zur Verselbstständigung kann sich daher auch eine vollständige Beherrschung durch eine andere Person, z. B. die Mutterkörperschaft, ergeben[369], ohne dass auch dies die Rechtsformen unterscheiden könnte. Wie der Einfluss der Mutterkörperschaft zu bewerten ist, lässt sich dabei den Rechtsgrundlagen zumeist nicht unmittelbar entnehmen, sondern ergibt sich – wie nachfolgend noch deutlicher werden wird – durch das Zusammenspiel verschiedener Regelungen. Steuerungsinstrumente wie Weisungsrechte der Mutterkörperschaft[370], z. B. gegenüber ihren

---

366 **st. SbR:** § 10 Abs. 1 NStifG.

367 Vgl. **st. GmbH:** CUTEC; DSMZ; EaSoA; HIS(S1); HWW(S2); LEA; RamBmG; GmbH1; GmbH2; **st. AG:** DMAg; SagAG; VWAg; **st. e. V.:** 3NKN; BrLsch; DInKt; EmLsch; LVG; N21; NStT; **st. e. G.:** HIS(S2).

368 **JPöR:** *H. Korte/Rebe*, VerfVerwNieders, 1986, S. 509; **JPbR:** *Gölz*, DStaatalsStift, 1999, S. 120.

369 **AöR:** *Backhaus*, ÖffUntern, 1980, S. 261; *Fiedler*, StEStwFwFm, 2004, S. 46; *Jecht*, DöA, 1963, S. 76; *Kluth*, FunkSbstVerw, 1997, S. 234; *Mann*, NVwZ 1996, 1996, 557; *Mittmann*, DemÜbStuAnst, 1971, S. 132; *M. J. Müller*, RtfwissHochS, 2015, S. 176; a. A. *dies.*, aaO., S. 177, insofern jedoch die Rundfunkanstalten unzutreffend verallgemeinernd; *Rüfner*, FormöffVerw, 1967, S. 240; *v. Campenhausen/Stumpf* in: v. Campenhausen/Richter (Hrsg.) StfRHdB, 2014, § 1, Rn. 8; **SöR:** BVerfGE 15, 46 (47); *Dittmann*, BundVerw, 1983, S. 273; *Kluth* in: Wolff/Bachof/Stober/ders., VerwR Bd. 2, 2010, § 80, Rn. 30, unklar dagegen *ders.*, aaO., § 87, Rn. 14; *M. Müller* in: Wolff/Bachof/Stober/Kluth, VerwR Bd. 2, 2010, § 86, Rn. 25; **AöR und SöR:** *Groß* in: Hoffmann-Riem/Schmidt-Aßmann/Voßkuhle, GdlVerwR Bd. 1, 2012, § 13, Rn. 45; **st. GmbH:** *Ehlers*, VerwPrivRf, 1984, S. 9; *Krebs* in: Isensee/Kirchhof, HdBdStR Bd. 5, 2007, § 108, Rn. 9; **st. AG:** BGHZ 69, 334 ff.; *Groß*, KollprVerwOrg, 1999, S. 144; *Rüfner*, FormöffVerw, 1967, S. 259; *Tomsen*, stnStiftBerAut, 1991, S. 188; **st. GmbH und st. AG:** *Ehlers*, DÖV 1986, 897 (901), unter Hinweis auf das hier nicht weiter vertiefte Konzernrecht; **st. SbR:** *Tomsen*, stnStiftBerAut, 1991, S. 144; vgl. *Twehues*, RechtskommStift, 1996, S. 30; **SöR und st. SbR:** *Gölz*, DStaatalsStift, 1999, S. 128; vgl. *Fiedler*, StEStwFwFm, 2004, S. 134 (Fn. 462); *Totenhöfer-Just*, ÖffrechtStft, 1973, S. 59, als „Scheinautonomie"; **JPbR:** BGHZ 91, 84 (97); *Detterbeck*, AllgVerwR, 2015, Rn. 197; *Forsthoff*, VerwR Bd. 1, 1973, § 25, S. 520; *Groß*, KollprVerwOrg, 1999, S. 37; *Kemmer*, JA 2015, 328 (332); *Krebs* in: Isensee/Kirchhof, HdBdStR Bd. 5, 2007, § 108, Rn. 9; *N. Müller*, RechtsFormW, 1993, S. 72; *Storr, StaataUntn, 2001, S.* 88; *Tomsen*, stnStiftBerAut, 1991, S. 184; *Traumann*, OrgbundeigVerw, 1998, S. 91, 294; **JP:** *Naendrup*, PrivHaftbstaatVer, 1967, S. 139; vgl. auch **nr-VE:** *A. Lange*, BetPrivrechtsfAnst, 2008, S. 54.

370 **KöR:** *Kluth* in: Wolff/Bachof/Stober/ders., VerwR Bd. 2, 2010, § 85, Rn. 28; **AöR:** *Fett*, ÖffrAnstabKonU, 2000, S. 46 f.; *Kluth* in: Wolff/Bachof/Stober/ders., VerwR Bd. 2, 2010, § 80, Rn. 36, § 82, Rn. 128; *A. Lange*, BetPrivrechtsfAnst, 2008, S. 61; *K. Lange*, VVDStRL 44, 1986, S. 200; ohne Begründung a. A. *Jecht*, DöA, 1963, S. 87; **st. GmbH:** *Blessing*, ÖffrAnstBetPr, 2008, S. 183; *Bohn*, AnstÖffBetDritt, 2005, S. 164; *A. Lange*, BetPrivrechtsfAnst, 2008, S. 55; *K. Schmidt*, GesR, 2002, S. 1068;

Vertretern im Willensbildungsorgan der betreffenden Einrichtung[371], sind – soweit ersichtlich – zumindest in keiner Rechtsgrundlage ausdrücklich vorgesehen[372]. Diese lassen sich jedoch, wie nachfolgend noch zu zeigen sein wird, jedoch auch durch Auslegung begründen.

Jedoch ist auch umgekehrt ein Ausschluss von Weisungsrechten kein charakteristisches Merkmal einer juristischen Person, soweit man annimmt, dass auch das Organ einer nicht-rechtsfähigen Verwaltungseinheit von Weisungen freigestellt sein kann[373]. Daher ist aus einer Fachaufsicht für die nicht-rechtsfähigen Verwaltungseinheiten[374],

---

st. AG: vgl. *Blessing*, ÖffrAnstBetPr, 2008, S. 182; **nr-VE:** *A. Lange*, BetPrivrechtsfAnst, 2008, S. 59.

371 Vgl. **KöR:** *Cronauge/Westermann*, KommUntern, 2006, Rn. 245; *Gaß*, UmwgemUnt, 2003, S. 110, unter Hinweis auf ein Weisungsrecht; *Kluth* in: Wolff/Bachof/Stober/ders., VerwR Bd. 2, 2010, § 85, Rn. 28; *ders.*, aaO., § 79, Rn. 24, als Steuerung durch „weisungsgebundene Vertreter"; *Mann*, ÖffrechtGes, 2001, S. 116; **AöR:** *Blessing*, ÖffrAnstBetPr, 2008, S. 199; *Löer*, KöranstRmZwK, 1999, S. 26; vgl. *Eichhorn/Schulz*, ZögU 2005, 187 (188); a. A. *Lübbecke*, KommUntNRW, 2004, S. 121, 123, jedoch Weisungsrechte nur mit dem nicht überzeugenden Argument ablehnend, dass ein Weisungsrecht bereits gegenüber dem Willensbildungsorgan insgesamt bestünde; **SöR:** *J. Ipsen*, NdsVBl. 2003, 1 (3); **st. GmbH:** *Engellandt*, EinflKomKapGes, 1995, S. 87; *Gaß*, UmwgemUnt, 2003, S. 369, als Regelungsmaterie des Gemeinderechts; *Hogeweg*, KomAnstNds, 2007, S. 46; unzutreffend dagegen eine Grundlage im „Gesellschaftsvertrag des Unternehmens" fordernd, *Lübbecke*, KommUntNRW, 2004, S. 120; *Mann*, ÖffrechtGes, 2001, S. 191; *Parmentier*, GlsöffUntern, 2000, S. 102; so ausdrücklich **st. AG:** *Blessing*, ÖffrAnstBetPr, 2008, S. 180; *Brenner*, AöR 2002, 222 (240); *Claussen*, TeilprikomSparK, 1990, S. 155; *Ehlers*, VerwPrivRf, 1984, S. 135, „über einen weisungsgebundenen Vertreter das Geschehen in der Hauptversammlung bestimmen[d]"; *Früchtl*, AktgRfwirtöffH, 2009, S. 156; *Gaß*, UmwgemUnt, 2003, S. 52 f., 377, einschließlich Weisungsrechte; *Klein*, BetöffHAktion, 1992, S. 92 f.; *Koch*, RStatkommUntPRivrf, 1994, S. 154; *Mann*, ÖffrechtGes, 2001, S. 199; *Traumann*, OrgbundeigVerw, 1998, S. 294; **SöR und st. SbR:** *Fiedler*, StEStwFwFm, 2004, S. 158 f., hierzu widersprüchlich *ders.*, aaO., S. 200; *Schlüter/Krüger*, DVBl. 2003, 830 (837 f.); **JPbR:** *Erichsen*, VertKomjurPers, 1990, S. 21 f., 45, 62, 73, 83; *T. Faber*, GesBindAufsM, 2010, S. 84; *Oebbecke* in: Hoppe/Uechtritz/Reck (Hrsg.), HdBkommUnt, 2012, § 9, Rn. 40 f.; *Pfeifer*, SteukomAktdG, 1991, S. 83; *Strobel*, DVBl. 2005, 77 (79); vgl. auch **JP:** *Groß*, KollprVerwOrg, 1999, S. 50; unzutreffend dagegen *Löer*, KöranstRmZwK, 1999, S. 5.

372 Vgl. *Erichsen*, VertKomjurPers, 1990, S. 45 f., 61 f., dass es sich insofern auch nicht um eine organisationsrechtliche Frage handelt, sondern das Rechtsverhältnis zwischen Vertretenem und Vertreter.

373 **nr-VE:** *Ehlers*, VerwPrivRf, 1984, S. 125; *Groß* in: Frilauf/Höfling, Berliner Kom-GG Bd. 4, EL 2002, Art. 86, Rn. 21; siehe auch zu den sog. „ministerialfreien Räumen", Kap. C.I.3.

374 **nr-AöR:** § 1 Abs. 3 HAB, S. 271; § 1 Abs. 1 StaN, S. 410; § 8 Abs. 1 TIB, S. 820 (821); unklar dagegen § 2 ATAfN, S. 364; **nr-VE:** § 6 Abs. 1 ITN, S. 243; § 5 Abs. 1 IZN, S. 1150; § 5 Abs. 1 LGLN(S2), S. 572; § 4 Abs. 1 LSKN, S. 836 (837 f.); § 5 Abs. 1

welche regelmäßig mit einer Unselbstständigkeit verbunden wird[375], gerade nicht zwingend auf eine durchgehende Steuerung zu schließen, soweit möglicherweise weisungsfreie Räume zu beachten wären. Nicht allein Letzteres hängt wiederum möglicherweise entscheidend auch von der Auslegung des Demokratieprinzips ab, worauf zurückzukommen sein wird[376].

Zunächst sind jedoch die Regelungen, wie sie sich in den Rechtsgrundlagen finden, auszulegen und zu untersuchen. Dementsprechend kann die Steuerung unter anderem durch Besetzungs- und Abberufungsrechte bezüglich der Mitglieder des Willensbildungsorgans[377] sowie die Ausgestaltung der Mitglieder und die Aufgaben(-verteilung) der Organe bestimmt sein. Als Zwischenergebnis ist jedoch festzuhalten, dass zumindest abstrakt sich keine Rechtsform durch eine Selbstständigkeit oder Abhängigkeit gegenüber ihrer Mutterkörperschaft auszuzeichnen scheint und von einer anderen Rechtsform abgrenzen lässt.

i. *Die Vermittlung der Außensteuerung durch Besetzungsrechte zum Willensbildungsorgan*

Ein Organ muss letztendlich immer mit natürlichen Personen besetzt sein[378], ohne dass sich die Organwalter selbst in diese Funktion einsetzen könnten. Damit stellt sich die Steuerung bzw. der Einfluss auch als Außensteuerung dar, soweit zumindest für ein Organ die Besetzung der Organe mit den Organwaltern durch eine die Einrichtung errichtende oder tragende Person erfolgen muss[379]. Wiederum bestätigt sich, dass eine Fiktion nicht der geeignete Anknüpfungspunkt und auch nicht erforderlich ist[380]. Entsprechende Besetzungsrechte der Mutterkörperschaft oder anderer natürlicher oder juristischer Personen finden sich in diesem Sinne insbesondere zu den Willensbildungsorganen. Hingewiesen sei an dieser Stelle bereits darauf, dass diese Ableitung nicht nur zufällig der Begründung der Rechtsfähigkeit entspricht[381].

Die Besetzung im Sinne einer Außensteuerung eignet sich für eine erste Differenzierung, jedoch innerhalb der Rechtsform der Körperschaft des öffentlichen

---

LWKN, S. 855 (856); § 6 Abs. 1 LZN, S. 696; § 1 Abs. 2 NInL, S. 496; Nr. 1 Abs. 3 NStB, S. 95; § 3 VwIngK; § 4 Abs. 1 VZG, S. 728 (729).

375 Vgl. *Groß*, KollprVerwOrg, 1999, S. 139.

376 Siehe hierzu weiterführend Kap. C.I.3.

377 *A. Lange*, BetPrivrechtsfAnst, 2008, S. 64.

378 *Gierke*, DeutPrivR, 1895, S. 498; *Maurer*, AllgVerwR, 2011, § 21, Rn. 19; *K. Schmidt*, GesR, 2002, S. 415; *Wallerath*, AllgVerwR, 2009, § 5, Rn. 36.

379 Vgl. *Blessing*, ÖffrAnstBetPr, 2008, S. 175; *Gölz*, DStaatalsStift, 1999, S. 130 f.; *Häußermann*, StkommEigenges, 2004, S. 57; *Hsu*, InstkörpSV, 2004, S. 175 f.; *A. Lange*, BetPrivrechtsfAnst, 2008, S. 64; *Hauser*, WahlOrgForm, 1987, S. 87; *Hoppe*, DabhStift, 2003, S. 135 ff.; *E. Müller*, DBundStift, 2009, S. 53.

380 Vgl. Kap. A.I.5.b.

381 Vgl. Kap. A.I.5.b.

Rechts. Auf der einen Seite betrifft dies die Selbstverwaltungskörperschaft[382], auf der anderen Seite die Bundkörperschaft[383] (auch Verbandskörperschaft genannt[384]). Für die Selbstverwaltungskörperschaft liegen die Besetzungsrechte bei von der Mutterkörperschaft personenverschiedenen Mitgliedern, die entweder im Willensbildungsorgan unmittelbar „vertreten" sind oder welche die Mitglieder des Willensbildungsorgans wählen[385]. Für die Bestimmung der Mitglieder gibt es zwar unterschiedliche Anknüpfungspunkte. Zuständig für die Besetzung der Willensbildungsorgane sind in diesem Sinne unter anderem die Mitglieder der Körperschaft, welche sich dadurch auszeichnen, dass sie z. B. in einem bestimmten Gebiet ihren Wohnsitz haben und wahlberechtigt sind[386]. In anderen Fällen sind dies die Eigentümer z. B. eines im Verbandsgebiet belegenen Grundstückes[387]. Für die Berufsverbände werden die Mitglieder des Willensbildungsorgans durch natürliche Personen gewählt, die einen bestimmten Beruf in einem bestimmten Gebiet ausüben[388]. Ebenso werden die Mitglieder des Senats einer Hochschule durch die Hochschulangehörigen[389], wie auch die Mitglieder des Studentischen Rats durch alle Studierenden gewählt[390]. Gleiches gilt für das Niedersächsische Versorgungswerk

382 *Maurer*, AllgVerwR, 2011, § 23, Rn. 30; die Bundkörperschaften dagegen ausblendend, *Breuer*, VVDStRL 44, 1986, 230, dass „[d]arin[...] sich die Anstalt von der Körperschaft des öffentlichen Rechts [unterscheidet]. Sowohl Gebiets- als auch Personalkörperschaften werden durch ein Interesse und einen Organisationsmodus der Verselbständigung ihrer Mitglieder dergestalt getragen, daß ein ausschließlicher oder zumindest primärer Bezug einer territorialen oder sozialen Teilgemeinschaft zu den jeweiligen korporativen Angelegenheiten besteht. Damit ist eine prinzipielle Ausgrenzung dieser Angelegenheiten aus der staatlichen Verantwortung verbunden."

383 **KöR:** *Hofmann* in: ders./Gerke, AllgVerwR, 2010, Rn. 42; *Jestaedt* in: Hoffmann-Riem/Schmidt-Aßmann/Voßkuhle, GdlVerwR Bd. 1, 2012, § 14, Rn. 27; *Kluth* in: Wolff/Bachof/Stober/ders., VerwR Bd. 2, 2010, § 85, Rn. 34; *H. Korte/Rebe*, VerfVerwNieders, 1986, S. 503; *Löer*, KöranstRmZwK, 1999, S. 13; *Peine*, AllgVerwR, 2014, § 2, Rn. 92.

384 **KöR:** *Erbguth*, AllgVerwR, 2016, § 6, Rn. 16; *Hofmann* in: ders./Gerke, AllgVerwR, 2010, Rn. 42; *Jestaedt* in: Hoffmann-Riem/Schmidt-Aßmann/Voßkuhle, GdlVerwR Bd. 1, 2012, § 14, Rn. 27; *Kluth* in: Wolff/Bachof/Stober/ders., VerwR Bd. 2, 2010, § 85, Rn. 34; *H. Korte/Rebe*, VerfVerwNieders, 1986, S. 503; *Löer*, KöranstRmZwK, 1999, S. 13; *Loeser*, SysVerwR Bd. 2, 1994, Rn. 125; *Wallerath*, AllgVerwR, 2009, § 5, Rn. 9.

385 **KöR:** *Forsthoff*, VerwR Bd. 1, 1973, § 25, S. 487; *Groß* in: Hoffmann-Riem/Schmidt-Aßmann/Voßkuhle, GdlVerwR Bd. 1, 2012, § 13, Rn. 70; *Kluth* in: Wolff/Bachof/Stober/ders., VerwR Bd. 2, 2010, § 85, Rn. 69; *Maurer*, AllgVerwR, 2011, § 23, Rn. 41.

386 **KöR:** § 48 Abs. 1 NKomVG.

387 **KöR:** § 23 Abs. 1 Nds.FischG(G); § 6 Nds.RealvG; § 1 RitLBr, S. 517.

388 **KöR:** § 10 Abs. 1 NArchtK(G); §§ 1, 2 Nds.HKG; § 14 Abs. 1 NIngG; vgl. § 7 Abs. 1 Nds.LwKG.

389 **KöR:** § 41 Abs. 4 S. 3 NHG.

390 Vgl. **KöR:** § 9 Abs. 1 Stud-LUH.

der Rechtsanwälte, dessen Mitglieder die Versicherten selbst sind[391]. Insofern wird teilweise auch von Gebiets-, Personal- und Realkörperschaften gesprochen[392], ohne dass hiermit erkennbar eine über eine Systematisierung hinausgehende Wirkung verbunden ist. In allen diesen Fällen erfolgt die Wahl aus den Reihen der Mitglieder[393]. Zumindest das Land Niedersachsen ist jedoch in keinem dieser Fälle selbst Mitglied dieser Körperschaften, auch wenn sie durch das Land errichtet wurden und Teil der niedersächsischen mittelbaren Staatsverwaltung sind. Hier lässt sich daher aufgrund der Personenverschiedenheit der Mitglieder kein Einfluss der Mutterkörperschaft durch Besetzungsrechte zum Willensbildungsorgan feststellen[394]. Diese Personenverschiedenheit der Mitglieder, wie noch weiter auszuführen sein wird, findet sich für die anderen Rechtsformen dagegen nur ausnahmsweise und ist in diesem Sinne charakteristisch für die Selbstverwaltungskörperschaft.

Wie bereits angeführt, ist die Selbstverwaltungskörperschaft nicht die einzige Ausgestaltung der Körperschaft des öffentlichen Rechts. Entscheidend für die Dekonstruktion ist vielmehr der Blick auf die Bundkörperschaft, in der eine Mehrzahl von Mutterkörperschaften, ggf. mit weiteren Mitgliedern, zusammenwirkt. Eine Personenverschiedenheit ist insofern gerade kein bestimmendes Merkmal der Körperschaft an sich. Die Willensbildungsorgane der Bundkörperschaften können in diesem Sinne im Einzelfall durch das Land Niedersachsen bzw. einem Ministerium[395], einer anderen juristischen Person des öffentlichen Rechts[396], unter anderem kommunale Gebietskörperschaften[397] oder auch natürlichen und juristischen, keiner staatlichen Stelle zuzurechnenden Personen[398] besetzt werden. Abweichend hierzu findet sich in Einzelfällen auch die Zuwahl weiterer Mitglieder durch das Willensbildungsorgan selbst[399]. Insgesamt erscheint damit die Bundkörperschaft eine größere Variationsbandbreite bezüglich der Besetzung des Willensbildungsorgans aufzuweisen als die Selbstverwaltungskörperschaft. Zumindest liegt für die Bundkörperschaft

---

391 **KöR:** § 2 Abs. 1 NVdR(G1), S. 65.

392 **KöR:** *Burgi* in: Erichsen/Ehlers (Hrsg.), AllgVerwR, 2010, § 8, Rn. 12; *Detterbeck,* AllgVerwR, 2015, Rn. 183 ff.; *Erbguth,* AllgVerwR, 2016, § 6, Rn. 16; *Hofmann* in: ders./Gerke, AllgVerwR, 2010, Rn. 40 ff.; *Jestaedt* in: Hoffmann-Riem/Schmidt-Aßmann/Voßkuhle, GdlVerwR Bd. 1, 2012, § 14, Rn. 27; *Kemmer,* JA 2015, 328 (330); *H. Korte/Rebe,* VerfVerwNieders, 1986, S. 503; *Löer,* KöranstRmZwK, 1999, S. 12; *Loeser,* SysVerwR Bd. 2, 1994, Rn. 125; *Maurer,* AllgVerwR, 2011, § 23, Rn. 30; *Peine,* AllgVerwR, 2014, § 2, Rn. 89 ff.; *Wallerath,* AllgVerwR, 2009, § 6, Rn. 9.

393 **KöR:** § 6 Abs. 1 NArchtK(S); § 21 Abs. 1 Nds.HKG; § 11 Nds.LwKG; § 49 Abs. 1 NKomVG; § 1 Abs. 4 IngKN(W); § 1 NVdR(W).

394 Vgl. *Pautsch,* StiftHschD, 2008, S. 15 f.

395 **KöR:** § 7 NLB-Giro, S. 312 (313).

396 **KöR:** § 7 NLB-Giro, S. 312 (313); § 11 Abs. 2 NSGV(S1), S. 245 (246); § 9 PrLV-H(S1), S. 478 (479).

397 **KöR:** § 11 Abs. 1 S. 1 NKomZG; § 5 Abs. 1 OldL(V), S. 51.

398 **KöR:** § 6 Abs. 1 NTH(S); § 5 Abs. 1 OldL(V), S. 51.

399 **KöR:** § 9 PrLV-H(S1), S. 478 f.

in Abgrenzung zur Selbstverwaltungskörperschaft jedoch eine Personenidentität zwischen Mutterkörperschaft(en) und Mitgliedern vor.

Die Besetzungsrechte, wie sie soeben bei den Bundkörperschaften festgestellt wurden, finden sich auch bei der Anstalt und der Stiftung des öffentlichen Rechts und der staatlichen GmbH, der AG, dem e. V., der e. G. und der Stiftung des bürgerlichen Rechts wieder, bei denen das Land Niedersachsen bzw. ein Landesministerium das Willensbildungsorgan ganz oder teilweise besetzt[400]. Daneben finden sich in vergleichbarer Weise Einrichtungen, deren Willensbildungsorgan ganz oder teilweise von weiteren juristischen Personen des öffentlichen Rechts[401], unter anderem dem Bund[402], aber auch kommunalen Gebietskörperschaften[403] oder auch nicht staatlichen Stellen zuzurechnenden Personen[404] besetzt wird. Als weitere Ausgestaltung kommt hier jedoch hinzu, dass weitere Mitglieder des Willensbildungsorgans

400 **AöR:** §§ 5 Abs. 2, 6 Abs. 1 AfBF(S2), S. 252 (253); § 6 Abs. 1 AGTierGesG(G2), S. 277 f.; § 6 Abs. 1 ARL(S5), S. 49 f.; § 5 Abs. 1 FstKK, S. 554; § 4 Abs. 1 GEI(G1), S. 212; § 9 Abs. 1 HLKA, S. 739 (740); § 6 Abs. 2 HWW(S1), S. 510; § 4 Abs. 1 IfE(S1), S. 688 f.; § 9 Abs. 3 IuFB(G1), S. 712 (714); § 4 Abs. 2 LIAG(G), S. 428; § 6 Abs. 1 NLFst(G1), S. 616; §§ 2, 22 Abs. 1 Nord-LB(S), S. 118 ff.; § 4 ÖffSB(S3), S. 213; **tr-AöR:** § 6 Abs. 2 BrLB i.V.m. §§ 2, 22 Abs. 1 Nord-LB(S), S. 118 ff.; § 6 PolAN(G), S. 444 (445), bzgl. des der Konferenz angehörenden Direktors; **nr-AöR:** § 7 Abs. 2, 3 NIfR(S1), S. 834; **SöR:** § 8 Abs. 1 Nr. 2 AsseSt, S. 314; § 6 MudCl(S3), S. 170; § 60 Abs. 1 NHG; § 6 Abs. 1 SBK, S. 649; § 6 Abs. 1 SnGst(G), S. 494; § 7 Abs. 1 StTIB(G), S. 151 (152); § 5 Abs. 1 StZAPf(G), S. 20; § 5 Abs. 1 StZIN(G), S. 209; **JPöR:** § 6 ARL(S2), S. 254; **st. SbR:** § 5 Abs. 1, 2 BaStW(S), S. 243 (244); § 6 Abs. 1 FamN(S2), S. 137 (138); GISMA(S2); § 7 Abs. 1 HWK(S2), S. 1009 (1010); § 10 Abs. 1 NBingSt, S. 464 (465); § 9 Abs. 1 NLotSpSt, S. 294 (295); § 9 Abs. 1 NLottSt(S2), S. 86; § 5 Abs. 2 NUmwSt(S2), S. 1523 (1524); § 8 Abs. 1 StbRB(S2), S. 280; § 8 Abs. 1 StJbJ, S. 55 (56); § 7 Abs. 1 StLSb(S), S. 15; §§ 9, 11, StN(S1), S. 126 (127), für sowohl Senat, wie Stiftungsrat; § 7 Abs. 1 ZeVA(S), S. 1001.

401 **AöR:** § 10 Abs. 1 LBS-N(S), S. 499 (500); §§ 2, 22 Abs. 1 Nord-LB(S), S. 118 ff.; §§ 7, 8 NöVersG, S. 5 (6), so z. B. § 4 ÖffSB(S3), S. 213; § 5 Abs. 1 RKrdSt(S3), S. 2 (3); **tr-AöR:** § 6 Abs. 2 BrLB. i.V.m. §§ 2, 22 Abs. 1 Nord-LB(S), S. 118 ff.; **SöR:** § 6 MudCl(S3), S. 170; § 60 Abs. 1 NHG; § 7 Abs. 1 StTIB(G), S. 151 (152); § 6 Abs. 1 StW-G; **JPöR:** § 6 ARL(S2), S. 254; § 14 Abs. 2 CGGHKv; **st. SbR:** § 5 Abs. 1, 2 BaStW(S), S. 243 (244); § 7 Abs. 1 HWK(S2), S. 1009 (1010); § 9 Abs. 1 NLotSpSt, S. 294 (295); § 9 Abs. 1 NLottSt(S2), S. 86; § 8 Abs. 1 StJbJ, S. 55 (56); **st. e. G.:** § 6 Abs. 1 HIS(S2).

402 **AöR:** § 4 Abs. 1 GEI(G2), S. 170; § 4 Abs. 1 IfE(S1), S. 688 f.; § 4 Abs. 2 LIAG(G), S. 428; **SöR:** § 8 Abs. 1 Nr. 1 AsseSt, S. 314 f.; § 6 Abs. 1 SnGst(G), S. 494; § 7 Abs. 1 StTIB(G), S. 151 (152).

403 **SöR:** § 8 Abs. 1 Nr. 3 bis 7 AsseSt, S. 314 f.; § 6 MudCl(S3), S. 170; § 6 Abs. 1 SBK, S. 649; **st. SbR:** § 7 Abs. 1 HWK(S2), S. 1009 (1010); § 7 Abs. 1 StLSb(S), S. 15.

404 **AöR:** § 39 Abs. 1 NMedienG; § 5 Abs. 1 RKrdSt(S3), S. 2 (3); § 6 Abs. 5 StW-H, S. 172 (173); **tr-AöR:** Art. 2 § 7 Abs. 1 PolAN(G), S. 444 (445); **nr-AöR:** § 1 Abs. 2 StaN, S. 410; **SöR:** § 6 Abs. 1 SBK, S. 649; § 6 Abs. 1 SnGst(G), S. 494; § 6 Abs. 1 StW-G; **st. SbR:** § 5 Abs. 1, 2 BaStW(S), S. 243 (244); GISMA(S2); § 9 Abs. 1 NLotSpSt, S. 294

teilweise durch das Organ selbst hinzugewählt[405] oder durch ein anderes Organ der Einrichtung bestimmt[406] werden. In Einzelfällen kann die Besetzung auch durch nicht-rechtsfähige Verwaltungseinheiten[407] oder die Beschäftigten erfolgen[408].

Im Unterschied zur Bundkörperschaft finden sich dagegen für diese weiteren Rechtsformen Fälle, in denen das Willensbildungsorgan vollständig in Personalunion mit einem Organ einer anderen juristischen Person besetzt ist[409]. Die Besetzung der Willensbildungsorgane unterscheidet sich im Ergebnis zumindest grundsätzlich nicht bei der Bundkörperschaft[410], der Anstalt[411] und der Stiftung des öffentlichen Rechts, der e. G. und der Stiftung des bürgerlichen Rechts. Insbesondere gilt dies auch für die nicht-rechtsfähigen Verwaltungseinheiten, soweit diese über ein Willensbildungsorgan verfügen[412]. Auszunehmen ist nur der Fall, dass das Willensbildungsorgan einer Anstalt oder Stiftung insgesamt in Personalunion mit dem Organ einer anderen juristischen Person besetzt ist, was in dieser Form für die Körperschaft des öffentlichen Rechts nicht anzutreffen ist.

Zwar fehlen Regelungen zur Besetzung der Willensbildungsorgane für die staatliche GmbH, die staatliche AG und den staatlichen e. V., jedoch unterscheidet dies die Privatrechtsformen nur auf den ersten Blick eindeutig von den zuvor dargestellten öffentlich-rechtlichen Rechtsformen. So erfolgt, wie bereits festgestellt, die Besetzung bereits für die Stiftung des bürgerlichen Rechts vergleichbar mit den öffentlich-rechtlichen Rechtsformen. Darüber hinaus erfolgt jedoch auch für die staatliche GmbH, AG und den e. V. die Besetzung des Willensbildungsorgans ebenso durch die Mutterkörperschaft, ggf. andere juristische Personen des öffentlichen Rechts oder Private als Gesellschafter, Anteilseigner oder Mitglieder der jeweiligen Einrichtung[413], ohne dass es somit einer ausdrücklichen Regelung bedürfte.

---

(295); § 9 Abs. 1 NLottSt(S2), S. 86; § 8 Abs. 1 StJbJ, S. 55 (56); § 7 Abs. 1 StLSb(S), S. 15; § 7 Abs. 1 ZeVA(S), S. 1001.

405 **st. SbR:** StbRB(S3), S. 306 f.; §§ 9, 11 StN(S1), S. 126 (127), für sowohl Senat, wie Stiftungsrat.

406 **AöR:** § 6 Abs. 1 ARL(S5), S. 49; § 4 Abs. 1 GEI(G2), S. 170; **st. SbR:** § 10 Abs. 1 NBingSt, S. 464 (465); § 9 Abs. 2 NLottSt(S2), S. 86.

407 **AöR:** § 6 Abs. 1 ARL(S5), S. 49 f.; § 5 Abs. 1 FstKK, S. 554; **SöR:** § 6 Abs. 1 SnGst(G), S. 494.

408 **AöR:** § 5 Abs. 1 FstKK, S. 554; § 10 Abs. 1 LBS-N(S), S. 499 (500); § 6 Abs. 8 StW-H, S. 172 (173); **nr-VE:** § 5 HCC.

409 **JPöR:** § 8 BRRKv, S. 626 (627).

410 In diese Richtung bereits, **KöR:** *Blessing,* ÖffrAnstBetPr, 2008, S. 49.

411 **KöR und AöR:** *Jecht,* DöA, 1963, S. 125, im Ergebnis die Bundkörperschaft jedoch als Ausprägungsvariante neben der Selbstverwaltungskörperschaft verkennend; **AöR:** *Blessing,* ÖffrAnstBetPr, 2008, S. 47, 49; *A. Lange,* BetPrivrechtsfAnst, 2008, S. 91.

412 **nr-VE:** § 5 HCC; § 5 VwÄKN; § 4 VwIngK.

413 Vgl. **KöR:** *Ahmann,* ÖffprivOrgFkommE, 2009, S. 89; *Blessing,* ÖffrAnstBetPr, 2008, S. 50; *Cronauge/Westermann,* KommUntern, 2006, Rn. 242; *Engellandt,* EinflKomKapGes, 1995, S. 12; *Gaß,* UmwgemUnt, 2003, S. 116; *Hellermann* in: Hoppe/

Zu guter Letzt unterscheiden sich die Fälle, bei denen das Willensbildungsorgan in Personalunion mit dem Willensbildungsorgan einer anderen juristischen Person besetzt wird, sich nicht von den nicht-rechtsfähigen Verwaltungseinheiten[414], soweit auch für Letztere, im Sinne der bereits angesprochenen Frage eines bloßen Perspektivwechsels, die Funktion des Willensbildungsorgans durch das Willensbildungsorgan der Mutterkörperschaft ausgefüllt wird[415].

Uechtritz/Reck (Hrsg.), HdBkommUnt, 2012, § 7, Rn. 145; *Hsu*, InstkörpSV, 2004, S. 147; *Lübbecke*, KommUntNRW, 2004, S. 63; *Mann*, ÖffrechtGes, 2001, S. 167; *Uechtritz/Reck* in: Hoppe/ders./ders. (Hrsg.), HdBkommUnt, 2012, § 16, Rn. 84; kritisch *Britz*, VerwArch 2000, 418 (433); **AöR:** *Badura* in: FS BayVerfG, 1997, S. 17, als „kapitalmäßige Beteiligung Privater"; *Blessing*, ÖffrAnstBetPr, 2008, S. 78 ff., 88 ff., 113; *Bull* in: FS Maurer, 2001, S. 555; *Burgi* in: Erichsen/Ehlers (Hrsg.), AllgVerwR, 2010, § 10, Rn. 16; *Gärtner*, FinzBetPrivAnöffR, 1994, S. 8, 13; *Gaß*, UmwgemUnt, 2003, S. 125; *Hellermann* in: Hoppe/Uechtritz/Reck (Hrsg.), HdBkommUnt, 2012, § 7, Rn. 174; *Jecht*, DöA, 1963, S. 118 f.; *K. Lange*, VVDStRL 44, 1986, S. 194 f., als „intermediäre Anstalten"; *Lübbecke*, KommUntNRW, 2004, S. 69 ff.; *Mann*, ÖffrechtGes, 2001, S. 113 f.; *Ossenbühl* in: Isensee/Kirchhof, HdBdStR Bd. 5, 2007, § 105, Rn. 15; *Traumann*, OrgbundeigVerw, 1998, S. 277; *Uechtritz/Reck* in: Hoppe/ders./ders. (Hrsg.), HdBkommUnt, 2012, § 16, Rn. 85; *Wolf*, AnstöffRWettu, 2002, S. 184; vgl. *Fett*, ÖffrAnstabKonU, 2000, S. 71, als „atypische stille Gesellschaft"; ohne Begründung a. A. *Gaß*, UmwgemUnt, 2003, S. 40; *Holz/Kürten/Grabolle*, KommJur 2014, 281 (285); **KöR und AöR:** *Brohm*, StrWirtVerwORgF, 1969, S. 123; **SöR:** *Gärtner*, FinzBetPrivAnöffR, 1994, S. 10; *Stettner*, DStiftungÖffR, 2012, S. 25; **SöR und st. SbR:** *Fiedler*, StEStwFwFm, 2004, S. 86; **JPöR:** *Ehlers* in: Schmidt-Aßmann/Dolde, ÖffWirtR, 2005, S. 235; **st. GmbH und st. AG:** *Blessing*, ÖffrAnstBetPr, 2008, S. 180 f.; *A. Lange*, BetPrivrechtsfAnst, 2008, S. 72, 103; *Ronellenfitsch* in: Isensee/Kirchhof, HdBdStR Bd. 4, 2006, § 98, Rn. 25; **st. e. V.:** *Knof* in: MüHBGesR Bd. 5, 2009, § 49, Rn. 4; **JPbR:** *Ehlers*, VerwPrivRf, 1984, S. 10; *C. Lange*, PrivREchtsF, 1984, S. 7; *Uechtritz/Reck* in: Hoppe/ders./ders. (Hrsg.), HdBkommUnt, 2012, § 16, Rn. 90 f.; **JP:** *Loeser*, SysVerwR Bd. 2, 1994, Rn. 127 ff., 140 f.; bereits kritisch unter dem Aspekt der Mitbestimmung der Bürger, *Püttner* in: FG v. Unruh, 1983, S. 182, dass Selbstverwaltung hierdurch nicht gestärkt, sondern im Gegenteil geschwächt wird.

414 Vgl. hierzu bereits *Forsthoff*, VerwR Bd. 1, 1973, § 25, S. 497, unter dem Aspekt, dass auch die „unmittelbare Verwaltung durch das Muttergemeinwesen [...] mit dem Begriff der rechtsfähigen öffentlichen Anstalt vereinbar [ist]"; vgl. auch zur Wahrnehmung der Gesellschafterversammlung einer GmbH durch den Gemeinderat in Personalunion, *Parmentier*, GlsöffUntern, 2000, S. 103; a. A. *Gundlach/Frenzel/Schmidt*, LKV 2001, 246 (249).

415 Vgl. **nr-VE:** *Bohn*, AnstÖffBetDritt, 2005, S. 167, dass „der Gemeinderat [...] oberstes Kontrollorgan" des Eigenbetriebs ist; *Cronauge/Westermann*, KommUntern, 2006, Rn. 144, 161; *Gaß*, UmwgemUnt, 2003, S. 35; *Hauser*, WahlOrgForm, 1987, S. 37; *Hellermann* in: Hoppe/Uechtritz/Reck (Hrsg.), HdBkommUnt, 2012, § 7, Rn. 58; *Mann*, ÖffrechtGes, 2001, S. 105; vgl. insofern zur Vergleichbarkeit mit der Eigengesellschaft zutreffend, **st. GmbH:** *Mann*, ÖffrechtGes, 2001, S. 179.

Dies ergibt sich teilweise sogar ausdrücklich aus den entsprechenden Rechtsgrundlagen[416].

Auch soweit Private im Rahmen einer nicht-rechtsfähigen Verwaltungseinheit nicht eingebunden werden können[417], unterscheidet sie dies nicht zwangsläufig von den juristischen Personen, für die eine Beteiligung Privater keine Voraussetzung ist. Es ist an dieser Stelle insbesondere wiederum auf die Eigengesellschaften bzw. die Personeneinheit hinter einer juristischen Person zu verweisen. Die Variationsbandbreite der Besetzungsrechte zu den Willensbildungsorganen einer Anstalt oder Stiftung des öffentlichen Rechts oder einer staatlichen Privatrechtsform ist damit vergleichbar mit der Bundkörperschaft, ergänzt um die weitere Ausgestaltung einer Besetzung in Personalunion. Soweit daher im Gegensatz zur Bundkörperschaft auch eine sie tragende Personeneinheit für diese Rechtsformen in Betracht kommt, unterscheidet sie die wiederum nicht von der nicht-rechtsfähigen Verwaltungseinheit.

Im Ergebnis unterscheiden sich die Besetzungsrechte zum Willensbildungsorgan nicht bei den Rechtsformen Bundkörperschaft, Anstalt und Stiftung des öffentlichen Rechts, den Privatrechtsformen sowie den nicht-rechtsfähigen Verwaltungseinheiten, sondern hängen von der Ausgestaltung im Einzelfall ab. Festzustellen ist daher nur eine von den Rechtsformen unabhängige Variationsbandbreite. Nur vom Einzelfall hängt es ab, ob die Besetzung durch das Land Niedersachsen oder eine andere juristische Person als Mutterkörperschaft, ggf. mit weiteren juristischen Personen des öffentlichen Rechts und Privaten, ohne das Land Niedersachsen oder durch Zuwahl oder durch andere Organe der Einrichtung erfolgt.

Insgesamt lassen sich die Besetzungsrechte damit keiner Rechtsform zuordnen. Insbesondere die Besetzung in Personalunion mit dem Willensbildungsorgan einer anderen juristischen Person relativiert die Abgrenzung zur nicht-rechtsfähigen Verwaltungseinheit. Herausgearbeitet werden konnte nur einerseits die Selbstverwaltungskörperschaft aufgrund ihrer zur Mutterkörperschaft personenverschiedenen Mitglieder und andererseits eine Organschaft in Personalunion mit einer anderen juristischen Person, welche sich nicht für die Körperschaft, darüber hinaus jedoch für alle Rechtsformen einschließlich der nicht-rechtsfähigen findet.

ii. Die Beschränkung der Steuerung durch Differenzierungen der Mitglieder des Willensbildungsorgans

Ob mit der Besetzung auch ein Weisungsverhältnis[418] besteht oder ob die (Außen-) Steuerung stattdessen eingeschränkt ist, lässt sich – wie bereits angemerkt – den Rechtsgrundlagen nicht unmittelbar entnehmen. Hinzuweisen ist insofern auch

---

416 **nr-VE:** § 5 VwÄKN; § 4 Abs. 1 VwIngK.

417 **nr-VE:** *Ehlers* in: Schmidt-Aßmann/Dolde, ÖffWirtR, 2005, S. 207.

418 Zur Klarstellung sei darauf hingewiesen, dass ein Weisungsverhältnis nicht zwingend die Notwendigkeit oder überhaupt das Vorliegen einer Weisung im Einzelfall voraussetzt, sondern nur deren Möglichkeit und damit nur das abstrakte Rechtsverhältnis aus Recht und Pflicht (Über- und Unterordnung) gemeint ist.

auf die bereits angesprochene beschränkte Steuerung (weisungsfreie Räume)[419], welche es an dieser Stelle zu untersuchen gilt. Nur im Einzelfall ist in diesem Sinne für einzelne Mitglieder eine Weisungsgebundenheit ausdrücklich ausgeschlossen[420]. Ebenso ist für die Selbstverwaltungskörperschaften teilweise ausdrücklich ein freies Mandat vorgesehen[421]. welches den Einfluss jenseits der Besetzung damit wieder einschränkt. Dies ist jedoch bereits nicht charakteristisch für die Selbstverwaltungskörperschaft soweit die Mitglieder der Körperschaft unmittelbar Mitglied auch in dem Willensbildungsorgan sein können (unmittelbare Eigenorganschaft der Mitglieder)[422] und so die Außensteuerung als Mitglied der Körperschaft unmittelbar in das Willensbildungsorgan hinein vermitteln[423]. Hier findet sich teilweise auch die Regelung, dass eine Vertretung zulässig ist[424]. Dies kann naheliegend im Sinne einer Weisungsgebundenheit ausgelegt werden, soweit davon auszugehen ist, dass mit der Vertretung keine eigene Rechtsposition verbunden ist. Gleichwohl finden sich auch Selbstverwaltungskörperschaften, deren Rechtsgrundlagen hierzu schweigen[425], sodass die Einflussrechte der Mitglieder der Körperschaft bezogen auf das Willensbildungsorgan nicht charakteristisch für die Rechtsform sein müssen.

Im Vergleich hierzu zeigen sich die Bundkörperschaften auch an dieser Stelle uneinheitlicher. Nur soweit in deren Rechtsgrundlagen von einem Vertreter die Rede ist, lässt sich hieraus zwar in gleicher Weise auf den fortdauernden Einfluss der entsendenden Stelle schließen[426]. So können auch die Mutterkörperschaften teilweise ausdrücklich Vertreter in die Willensbildungsorgane entsenden, um so ihren Einfluss im Sinne einer Organingerenz wahrzunehmen[427]. Die Stellung als Vertreter ist so Ausdruck des Einflusses im Sinne einer Organingerenz zwischen Mutterkörperschaft und der betreffenden Einrichtung und mit Weisungsrechten

419 Vgl. Kap. A.I.5.b.

420 **SöR:** § 60 Abs. 1 S. 3 NHG, für alle Mitglieder außer dem Vertreter des Fachministeriums.

421 **KöR:** § 11 Abs. 5 IngKN(S); § 4 Abs. 3 Nr. 1 NArchtK(S); § 54 Abs. 1 NKomVG; § 5 Abs. 1 NVdR(S).

422 Vgl. **KöR:** § 8 AdWG, S. 775 (776); vgl. § 5 BrWG; § 31 Nds.FischG(G); § 11 Nds. LwKG; § 7 Abs. 1 NJagdG(S); § 4 Abs. 1 NVdR(G1), S. 65; § 5 Abs. 1 OldL(V), S. 51, bzgl. der Mitglieder, die natürliche Personen sind; § 23 Abs. 1 Nds.RealvG; § 6 RitLBr, S. 517; § 7 Abs. 1 Stud-LUH.

423 **KöR:** vgl. *Alscher,* DStiftungÖffR, 2006, S. 45.

424 **KöR:** § 31 Abs. 1 Nds.FischG(G); § 23 Abs. 1 Nds.RealvG; § 7 Abs. 1 NJagdG(S).

425 Vgl. **KöR:** ÄKN; LwKN; Nds.HKG; Nds.LwKG.

426 **AöR:** *Jecht,* DöA, 1963, S. 121; **SöR:** *E. Müller,* DBundStift, 2009, S. 179, ohne Begründung a. A.: *ders.,* aaO., S. 178; **st. GmbH:** *Altmeppen,* NJW 2003, 2561 (2562); **JPbR:** vgl. auch, *Forsthoff,* VerwR Bd. 1, 1973, § 25, S. 521, dass die Mutterkörperschaft in den Organen der Gesellschaft durch Beamte „vertreten" wird; **SöR und st. SbR:** vgl. *Totenhöfer-Just,* ÖffrechtStft, 1973, S. 58; **st. SbR:** *Tomsen,* stnStiftBerAut, 1991, S. 55 f.; a. A. dagegen *dies.,* aaO., S. 77.

427 **SöR und st. SbR:** *Gölz,* DStaatalsStift, 1999, S. 119.

verbunden[428]. Gleiches könnte auch für die Fälle gelten, in denen eine Mutterkörperschaft das Mitglied in das Willensbildungsorgan entsendet. Diese Begrifflichkeit geht regelmäßig mit der Bezeichnung Vertreter einher, wie noch zu zeigen sein wird.

Soweit dagegen nicht-staatliche Stellen im Rahmen einer Bundkörperschaft das Interesse eines Dritten wahrnehmen bzw. eine besondere Fachkunde[429] als Mitglied in das Willensbildungsorgan einbringen, ist der Einfluss möglicherweise eingeschränkt. Die zuerst dargestellten Besetzungsrechte sind in diesem Sinne möglicherweise weiter zu differenzieren. Ebenso können Vorschlagsrechte Dritter als ein von der berufenden Stelle abzugrenzendes Interesse den Einfluss begrenzen[430]. Zu untersuchen ist daher, ob besondere Qualifikationen eines Organmitglieds für eine Beschränkung des Einflusses der besetzenden Mutterkörperschaft sprechen und eine Rechtsform charakterisieren können.

Den Willensbildungsorganen der Bundkörperschaften gehören in diesem Sinne weit überwiegend Vertreter der Mitglieder[431] an. Dies würde bereits nach dem Wortlaut der Rechtsgrundlagen für die Steuerungsmöglichkeit der Mutterkörperschaft und Weisungsgebundenheit der Mitglieder des Willensbildungsorgans sprechen. Gleichwohl ist eine entsprechende wörtliche Regelung nicht charakteristisch für die Bundkörperschaft. Vielmehr kann ebenso zwischen den Mitgliedern des Willensbildungsorgans einer Bundkörperschaft differenziert werden, insofern neben „a) dem Niedersächsischen Minister für Finanzen [und] b) dem Verbandsvorsteher des Verbandes, c) 18 weitere ordentliche Mitglieder [bestellt]" werden[432]. Hier könnte

---

428 Siehe hierzu auch bereits Kap. C.I.2.a.

429 **KöR:** *Blessing,* ÖffrAnstBetPr, 2008, S. 50; *Hauser,* WahlOrgForm, 1987, S. 38; *Kluth* in: Wolff/Bachof/Stober/ders., VerwR Bd. 2, 2010, § 85, Rn. 9, § 98, Rn. 62; **AöR:** *Blessing,* ÖffrAnstBetPr, 2008, S. 88 ff.; *Bohn,* AnstÖffBetDritt, 2005, S. 126; *Groß* in: Hoffmann-Riem/Schmidt-Aßmann/Voßkuhle, GdlVerwR Bd. 1, 2012, § 13, Rn. 73, 74, inkonsequenterweise jedoch eine Eigenverantwortlichkeit bei gleichzeitiger fehlender fachlicher Unabhängigkeit annehmend; *Jecht,* DöA, 1963, S. 34, 63 f., 117, ff.; *A. Lange,* BetPrivrechtsfAnst, 2008, S. 100; *K. Lange,* VVDStRL 44, 1986, S. 194 ff.; *Loeser,* SysVerwR Bd. 2, 1994, Rn. 128; **nr-AöR:** *M. Müller* in: Wolff/Bachof/Stober/Kluth, VerwR Bd. 2, 2010, § 86, Rn. 40; **SöR:** *Alscher,* DStiftungÖffR, 2006, S. 43 ff., 155; *Kluth* in: Wolff/Bachof/Stober/ders., VerwR Bd. 2, 2010, § 87, Rn. 14; *E. Müller,* DBundStift, 2009, S. 124; **SöR und st. SbR:** *Gölz,* DStaatalsStift, 1999, S. 60; **JPöR:** *Burgi* in: Erichsen/Ehlers (Hrsg.), AllgVerwR, 2010, § 10, Rn. 17; *Loeser,* SysVerwR Bd. 2, 1994, Rn. 128, 131; *Loschelder* in: Isensee/Kirchhof, HdBdStR Bd. 5, 2007, § 107, Rn. 67; **JPbR:** *A. Lange,* BetPrivrechtsfAnst, 2008, S. 99; **JP:** *Groß* in: Hoffmann-Riem/Schmidt-Aßmann/Voßkuhle, GdlVerwR Bd. 1, 2012, § 13, Rn. 54; *Loeser,* SysVerwR Bd. 2, 1994, Rn. 55; **nr-VE:** *Krebs* in: Isensee/Kirchhof, HdBdStR Bd. 5, 2007, § 108, Rn. 26.

430 Vgl. **st. GmbH:** *A. Lange,* BetPrivrechtsfAnst, 2008, S. 84; **JP:** *Oebbecke,* VerwArch 1990, 349 (367).

431 **KöR:** § 11 Abs. 1 S. 1 NKomZG; § 11 Abs. 1 NSGV(S1), S. 245 (246); § 6 Abs. 1 NTH(S); § 5 Abs. 1 OldL(V), S. 51.

432 **KöR:** § 7 Abs. 1 NLB-Giro, S. 312 (313).

aus einem Umkehrschluss, dass nur der Minister und der Verbandsvorsteher die Steuerung der Mutterkörperschaften vermitteln und die weiteren Mitglieder damit gerade keiner Weisungsgebundenheit unterliegen könnten, eine Beschränkung der Steuerung abgeleitet werden.

In einem anderen Fall ist das Willensbildungsorgan in Personalunion mit dem Willensbildungsorgan einer anderen juristischen Person besetzt und es werden zwei Mitglieder durch das Organ hinzugewählt[433], was wiederum die Steuerungsfrage in Bezug auf die hinzugewählten Mitglieder aufwirft. Insgesamt folgt hieraus für die Bundkörperschaft, dass eine unmittelbare Einflussnahme durch ggf. weisungsabhängige Vertreter der Mutterkörperschaft im Willensbildungsorgan für die Bundkörperschaft nicht zwingend ist, sondern von den Regelungen im Einzelfall abhängt bzw. diese einer Auslegung offen sein können. So könnten Differenzierungen der Mitglieder des Willensbildungsorgans im Einzelfall dafür sprechen, eine Weisungsunabhängigkeit von der Mutterkörperschaft zu begründen.

Von dem für die Bundkörperschaft gefundenen Ergebnis unterscheiden sich die weiteren Rechtsformen wiederum nicht mehr entscheidend. Für die Anstalt und die Stiftung des öffentlichen Rechts, den juristischen Personen des öffentlichen Rechts, sowie die Privatrechtsformen findet sich vielfach ebenfalls diese Differenzierung der Mitglieder. Mitglied in einem Willensbildungsorgan kann vergleichbar mit den Bundkörperschaften auf der einen Seite der Minister[434] oder[435] ein Vertreter[436] unter anderem des Landes Niedersachsen sein. Auf der anderen Seite können ebenso weitere Mitglieder vorgesehen sein. So findet sich auch ein e. V., dessen Willensbildungsorgan Vertreter „der dem Verein angehörenden Landkreise und kreisfreien Städte [sowie] kreisangehörigen Gemeinden“[437] angehören. In anderen Fällen findet eine Differenzierung in „entsandte“ sowie andere Mitglieder statt[438]. Diese weiteren Mitglieder werden teilweise auf Vorschlag eines anderen als des aufsichtsführenden Ministeriums[439], einer anderen juristischen Person des öffentlichen Rechts[440],

---

433 **KöR:** § 9 PrLV-H(S1), S. 478 (479).

434 **AöR:** § 5 Abs. 1 AfBF(S1), S. 225 (226); § 9 Abs. 1 HLKA, S. 739 (740); § 4 Abs. 1 IfE(S1), S. 688 f.; **st. SbR:** § 6 Abs. 1 FamN(S2), S. 137 (138).

435 Jedoch im Einzelfall auch beides, **st. SbR:** § 6 Abs. 1 FamN(S2), S. 137 (138).

436 **AöR:** § 6 Abs. 1 b) ARL(S5), S. 49; § 5 Abs. 1 a) FstKK, S. 554, als „Beauftragter“; § 4 Abs. 1 Nr. 2 GEI(G2), S. 170; § 6 Abs. 1 HWW(S1), S. 510; § 6 Abs. 1 Nr. 1, 2 NLFst(G1), S. 616; **nr-AöR:** § 7 Abs. 2 a), b) NIfR(S1), S. 834; **SöR:** § 8 Abs. 1 Nr. 1, 2 AsseSt, S. 314; § 60 Abs. 1 S. 2 Nr. 3 NHG; § 6 Abs. 1 Nr. 1 a) SBK, S. 649; **JPöR:** § 6 Abs. 1 a) ARL(S2), S. 254; **st. SbR:** vgl. § 7 Abs. 1 KTSt(S2), S. 1227 (1228); **st. e. G.:** § 28 Abs. 3, 4 HIS(S2).

437 **st. e. V.:** § 6 Abs. 1 BrLsch.

438 **AöR:** § 6 Abs. 1 AGTierGesG(G2), S. 277 f.; § 4 Abs. 2 LIAG(G), S. 428.

439 **SöR:** § 5 Abs. 1 StZAPf(G), S. 20; **st. SbR:** § 8 Abs. 1 S. 1 StbRB(S2), S. 280.

440 **AöR:** § 6 Abs. 1 AGTierGesG(G2), S. 277 f.; **tr-AöR:** § 6 Abs. 2 a), b) BrLB; **SöR:** § 5 Abs. 1 StZAPf(G), S. 20.

durch die Arbeitnehmer[441] oder durch nicht dem Staat zuzurechnende Stellen[442] berufen. Teilweise sind sie als „Wissenschaftlicher“[443], aufgrund „ihrer Stellung im öffentlichen Leben oder [da sie] in der Wirtschaft die erforderliche Kenntnis und Erfahrung besitzen“[444] oder als Personen „vornehmlich aus Wirtschaft, Wissenschaft oder Kultur“[445] näher bestimmt, auch wenn sie durch das Land als Mutterkörperschaft berufen werden. Wiederum in Einzelfällen sind sie nach dem Wortlaut sogar ausdrücklich „Vertreter der Wirtschaft“[446] oder Vertreter anderer gesellschaftlicher Einrichtungen[447]. In anderen Fällen „ist darauf Bedacht zu nehmen, daß die Landwirtschaftskammern des Bereichs vertreten sind“[448], „Vertreter der übrigen Verbandsmitglieder des Zweckverbands Großraum Braunschweig [...] berücksichtig[t] werden“[449] oder „ein Mitglied der Niedersächsischen Landesregierung“ vertreten ist[450]. In einem weiteren Fall ist ein Teil der Mitglieder aus den Reihen der Ritterschaft zu wählen, für weitere Mitglieder gilt dies dagegen nicht zwingend[451]. Letztendlich finden sich vielfältige Qualifikation, die sich nur einer allgemeinen Variationsbandbreite zuordnen lassen.

Daneben sind die Fälle zu berücksichtigen, in denen die Besetzung in Personalunion erfolgt[452]. Eine Personalunion von Mitgliedern des Willensbildungsorgans findet sich sogar im Verhältnis zu nicht-staatlichen Stellen[453]. Hier ist es daher wiederum allenthalben ein fremdes Interesse, das für eine Durchbrechung der Steuerung sprechen könnte. Die mit der Qualifikation[454] verbundene Beschränkung des Einflusses der Mitglieder hängt entsprechend der Vielgestaltigkeit damit nur von den Regelungen im Einzelfall und nicht von der Rechtsform selbst ab. Eine entsprechende

---

441 **tr-AöR:** § 6 Abs. 2 c) BrLB; **nr-VE:** § 5 S. 3 HCC.

442 **AöR:** § 6 Abs. 1 AGTierGesG(G2), S. 277 f.; § 6 Abs. 1 HWW(S1), S. 510; **SöR:** § 6 Abs. 1 S. 2 Nr. 4, 7 StTIB(S), S. 1542 (1543); § 4 Abs. 1 StZAPf(G), S. 20; **st. SbR:** StbRB(S3), S. 306 f.

443 **AöR:** § 6 Abs. 1 d) ARL(S5), S. 49 (50); **nr-AöR:** § 7 Abs. 2 c) NIfR(S1), S. 834.

444 **AöR:** § 6 Abs. 1 HWW(S1), S. 510.

445 **SöR:** § 60 Abs. 1 NHG.

446 **AöR:** § 6 Abs. 1 Nr. 3 NLFst(G1), S. 616.

447 **AöR:** Art. 1 Nr. 1 NLFst(G2), S. 306; **st. SbR:** § 6 Abs. 1 c), d) FamN(S2), S. 137 (138); § 7 Abs. 1 d)–f) KTSt(S2), S. 1227 (1228).

448 **AöR:** § 9 Abs. 3 HLKA, S. 739 (740).

449 **SöR:** § 6 Abs. 1 S. 1 Nr. 2 SBK, S. 649.

450 **st. SbR:** § 7 Abs. 1 b) KTSt(S2), S. 1227 (1228).

451 **JPöR:** § 14 Abs. 2 a) CGGHKv.

452 **AöR:** § 5 Abs. 1 AfBF(S1), S. 225 (226), noch bezogen auf die „Wirtschaftsminister der beteiligten Länder“; §§ 5 Abs. 2, 6 Abs. 1 AfBF(S2), S. 252 (253); § 4 Abs. 1 Nr. 3 GEI(G2), S. 170; § 5 Abs. 1 RKrdSt(S3), S. 2 (3); **SöR:** § 8 Abs. 1 Nr. 4, 6 AsseSt, S. 314 (315); **st. SbR:** b) GISMA(S2); § 7 Abs. 1 Nr. 2 HWK(S2), S. 1009 (1010); § 9 Abs. 1 NLotSpSt, S. 294 (295); § 9 Abs. 2 NLottSt(S2), S. 86; § 8 Abs. 1 b) StJbJ, S. 55 (56); § 9 Abs. 1 StN(S2), S. 1209 (1210).

453 **st. SbR:** b) GISMA(S2); § 8 Abs. 1 b) StJbJ, S. 55 (56).

454 Vgl. **SöR:** *Alscher,* DStiftungÖffR, 2006, S. 43 f.

Differenzierung ist auch nicht auf die juristischen Personen beschränkt, sondern umfasst insbesondere auch die nicht-rechtsfähigen Verwaltungseinheiten[455]. Die Bundkörperschaft kann sich insoweit nicht von der Anstalt und Stiftung des öffentlichen Rechts, der juristischen Person des öffentlichen Rechts und der Stiftung des bürgerlichen Rechts, oder sogar der nicht-rechtsfähigen Verwaltungseinheit, abgrenzen, wenn die Qualifikationen der Mitglieder eines Willensbildungsorgans betrachtet werden.

Ob bereits die vorgenannten Qualifikationen zu einer Beschränkung des Einflusses führen, ist gleichwohl nicht eindeutig, da teilweise die weiteren Mitglieder – insbesondere neben ausdrücklich benannten Vertretern – gerade nicht näher bestimmt sind[456]. Auch wenn in diesem Fall mit einem Umkehrschluss argumentiert werden könnte, verliert dieses Argument an Überzeugungskraft, soweit in anderen Fällen sich die Differenzierung in Vertreter und weitere Mitglieder insgesamt nicht findet, auch wenn alle Mitglieder von der gleichen juristischen Person benannt werden[457]. Die Differenzierung ist insbesondere in den Fällen nicht anzuwenden, in denen eine Personalunion des Willensbildungsorgans mit weiteren Organen der Einrichtung vorliegt[458]. Entsprechende Regelungen fehlen auch fast durchweg auch für die staatliche GmbH, AG und den e. V. Hier ließe sich lediglich damit argumentieren, dass das Organ insoweit ein fremdes Interesse wahrnehmen würde, was insofern jedoch bereits eine Frage der Beschränkung des Einflusses ist und somit einen Zirkelschluss darstellen würde[459].

Insbesondere lässt sich diese Differenzierung auch auf die staatliche GmbH, AG und e. V. nicht anwenden, für die die Gesellschafter, Eigentümer bzw. Mitglieder wiederum entweder unmittelbar Mitglied im Willensbildungsorgan[460] bzw. dort vertreten sind[461]. Für die Beantwortung der Frage nach der Steuerung lässt sich nur daran anknüpfen, dass die Mutterkörperschaft als (juristische) Person Mitglied in dem entsprechenden Willensbildungsorgan ist und daher mit einer notwendigen Stellvertretung im Willensbildungsorgan keine eigene Rechtsstellung, sondern eine Weisungsunterworfenheit des Vertreters verbunden ist. Hier zeigt sich erneut die Beliebigkeit in der Abgrenzung der juristischen Personen zur nicht-rechtsfähigen Verwaltungseinheit, für die Qualifikationen der Mitglieder des Willensbildungsorgans ebenso vorliegen wie fehlen können. Eine Beschränkung des Einflusses

---

455 **nr-VE:** ohne Begründung a. A. *A. Lange*, BetPrivrechtsfAnst, 2008, S. 99.

456 **AöR:** § 4 Abs. 1 GEI(G1), S. 212; § 4 Abs. 2 LIAG(G), S. 428; **SöR:** § 8 Abs. 1 Nr. 3 bis 7 AsseSt, S. 314 (315); § 7 Abs. 1 Nr. 4 StTIB(G), S. 151 (152), vgl. jedoch auch die Satzung; **st. SbR:** § 7 Abs. 1 f) KTSt(S2), S. 1227 (1228); StbRB(S3), S. 306 f.; § 8 Abs. 1 StJbJ, S. 55 (56).

457 **AöR:** § 9 Abs. 3 S. 1 IuFB(G1), S. 712 (714); **SöR:** § 6 Abs. 1 S. 1 StZIN(G), S. 209; **st. SbR:** § 5 Abs. 1, 2 NUmwSt(S2), S. 1523 (1524).

458 **AöR:** § 6 Abs. 1 AfBF(S2), S. 252 (253); **JPöR:** § 8 BRRKv, S. 626 (627).

459 Hierzu weiterführend, vgl. Kap. C.I.2.b.ii.(3).

460 Vgl. **st. e. V.:** § 6 Abs. 4 3NKN; § 8 DInKt; § 6 LVG; § 10 Abs. 1 N21; § 7 NStT.

461 **st. e. V.:** § 8 Abs. 8 DInKt.

aufgrund der Wahrnehmung eines fremden Interesses im Rahmen einer Personalunion ist ebenso wenig typisch für eine bestimmte Rechtsform. An dieser Stelle sei bereits darauf hingewiesen – wie noch weiter auszuführen ist[462] – dass für die Privatrechtsformen sich vergleichbare Regelungen zur Besetzung und der Differenzierung der Mitglieder eines Organs statt im Willensbildungsorgan im Aufsichtsorgan finden[463].

Der mit der Besetzung einhergehende Einfluss lässt sich demnach für die öffentlich-rechtlichen Rechtsformen sowie die staatliche Stiftung des bürgerlichen Rechts und im Einzelfall auch des e. V. zwar weiter differenzieren. Nur für die Selbstverwaltungskörperschaft auf der einen und die staatliche GmbH und AG auf der anderen Seite ist die Differenzierung in der Besetzung des Willensbildungsorgans offensichtlich nicht übertragbar – für GmbH und AG wird jedoch das Aufsichtsorgan möglicherweise an dessen Stelle treten[464]. Soweit eine Differenzierung der Mitglieder jedoch für keine Rechtsform charakteristisch ist, zeigen gerade auch mit der GmbH und AG vergleichbare Fälle, dass die öffentlich-rechtlichen Rechtsformen sich nicht abgrenzen lassen. Dies gilt insbesondere für die Vielzahl der Stiftungen des bürgerlichen Rechts sowie die noch zu behandelnden Aufsichtsorgane der GmbH und AG, die in den Vergleich noch einzubeziehen sind.

Noch nicht einmal die nicht-rechtsfähigen Verwaltungseinheiten lassen sich von den juristischen Personen abgrenzen, soweit auch für ihre Mitglieder des Willensbildungsorgans weiteren Qualifikationen vorliegen können. Soweit für eine Einrichtung, die von einer Personeneinheit getragen wird, hieran anknüpfend die Rechtsfähigkeit begründet wird, erscheint dies willkürlich. Letzteres erklärt auch, warum die rechtliche Verselbstständigung sich nicht anhand der Abgrenzung der unmittelbaren zur mittelbaren Staatsverwaltung systematisieren lässt[465]. Statt von der Rechtsform ist der fortdauernde Einfluss in Bezug auf die Differenzierungen eines besetzten Mitglieds in einem Willensbildungsorgan von den Regelungen im Einzelfall abhängig[466].

Eine entscheidende Erkenntnis ist, dass unter Berücksichtigung der Besetzungsrechte die Annahme, dass Anstalten und Stiftungen sich dadurch auszeichneten, dass sie über keine Mitglieder verfügen würden[467], außerdem widerlegt

---

462 Siehe Kap. C.I.2.b.i.(2).

463 Siehe hierzu weiterführend Kap. C.I.2.b.i.(2).

464 Vgl. Kap. C.I.2.b.ii.(3).

465 Siehe hierzu bereits oben, Kap. B.III.

466 So bereits **JPbR:** *Krebs* in: Isensee/Kirchhof, HdBdStR Bd. 5, 2007, § 108, Rn. 9, für die „staatliche Einflußnahme auf privatrechtliche Vereinigungen [die] sich weitgehend schematischer Bestimmung [entzieht] und [...] oft eine Frage des Einzelfalles [ist]".

467 **AöR:** *Alscher*, DStiftungÖffR, 2006, S. 79 f.; *Backhaus*, ÖffUntern, 1980, S. 212; *Bohn*, AnstÖffBetDritt, 2005, S. 76, 106; *Burgi* in: Erichsen/Ehlers (Hrsg.), AllgVerwR, 2010, § 8, Rn. 13; *Chen*, ÖffrechtAnst, 1994, S. 19, 22 f.; *Cronauge/Westermann*, KommUntern, 2006, Rn. 29; *Dreier*, HierVerwDemStaat, 1991, S. 238; *Erbguth*, AllgVerwR,

2016, § 6, Rn. 19; *H. Faber*, VerwR, 1995, § 9 II, S. 57; *Fett*, ÖffrAnstabKonU, 2000, S. 30; *Forsthoff*, VerwR Bd. 1, 1973, § 25, S. 496; *Gärtner*, FinzBetPrivAnöffR, 1994, S. 8, kritisch jedoch bereits *ders.*, aaO., S. 42; *Gaß*, UmwgemUnt, 2003, S. 37, hierzu im Widerspruch jedoch bereits eine Vertretung des Trägers annehmend; *Gierke*, DeutPrivR, 1895, S. 641; *Hermes* in: Dreier (Hrsg.), GG-Kom Bd. 3, 2008, Art. 86, Rn. 33; *Hofmann* in: ders./Gerke, AllgVerwR, 2010, Rn. 43, dass „[i]n Abgrenzung zur Körperschaft [die Anstalt] keine ihren Willen entscheidend bildenden Mitglieder [hat]; benutzbare Anstalten haben Benutzer."; *ders., aaO.* Rn. 43 jedoch zweifelnd, dass „[s]oweit ein Gremium (z. B. ein Rundfunkrat) oberstes Willensbildungsorgan ist, [...] es nicht von den Rundfunkteilnehmern gewählt, sondern aus anderen Gremien (z. B. vom Landtag), oder seine Mitglieder werden von Verbänden entsandt [wird]. Dieser Gesichtspunkt macht deutlich, dass der Unterschied zwischen Körperschaften und Anstalten gering sein kann."; *Houben*, RformUniKlin, 2014, S. 90; *Jellinek*, VerwR, 1931, § 8, S. 178; *H. Korte/Rebe*, VerfVerwNieders, 1986, S. 503; *Kraft*, VerwGesellR, 1982, S. 55; *A. Lange*, BetPrivrechtsfAnst, 2008, S. 35; *Laubinger* in: FS Maurer, 2001, S. 652; *Löer*, KöranstRmZwK, 1999, S. 15; *Loeser*, SysVerwR Bd. 2, 1994, Rn. 127; 128; *Maurer*, AllgVerwR, 2011, § 23, Rn. 52; *Mehde* in: Hartmann/Mann/ders., LdRNds, 2015, § 2, Rn. 22; *Mittmann*, DemÜbStuAnst, 1971, S. 129; *Wallerath*, AllgVerwR, 2009, § 5, Rn. 7, 16; **SöR:** *Alscher*, DStiftungÖffR, 2006, S. 79, 119; *Dewald*, PrivStiftöffZw, 1990, S. 17; *Dreier*, HierVerwDemStaat, 1991, S. 245; *Ebersbach*, DStiftungÖffR, 1961, S. 27; *Gierke*, DeutPrivR, 1895, S. 655; *Gruneberg*, AbwkommUnt, 2007, S. 149; *Kluth* in: Wolff/Bachof/Stober/ders., VerwR Bd. 2, 2010, § 87, Rn. 15; *Laubinger* in: FS Maurer, 2001, S. 647; *E. Müller*, DBundStift, 2009, S. 51, 141; *Röpke*, HschStiftöffR, 2006, S. 20; *Stettner*, ZUM 2012, 202 (204); *v. Campenhausen/Stumpf* in: v. Campenhausen/Richter (Hrsg.) StfRHdB, 2014, § 16, Rn. 10; **AöR und SöR:** *Brohm*, StrWirtVerwORgF, 1969, S. 30; *Bull/Mehde*, AllgVerwR, 2015, § 3, Rn. 103 f.; *Detterbeck*, AllgVerwR, 2015, Rn. 188, 190; *Forsthoff*, VerwR Bd. 1, 1973, § 25, S. 487; *Groß* in: Frilauf/Höfling, Berliner Kom-GG Bd. 4, EL 2002, Art. 86, Rn. 24; *Jecht*, DöA, 1963, S. 31; *Maurer*, AllgVerwR, 2011, § 23, Rn. 52, 55; *M. Müller* in: Wolff/Bachof/Stober/Kluth, VerwR Bd. 2, 2010, § 86, Rn. 24 f.; *Wallerath*, AllgVerwR, 2009, §, 5, Rn. 7, 16, 24; **st. SbR:** *Beuthien* in: MüHBGesR Bd. 5, 2009, § 77, Rn. 13; *Cronauge/Westermann*, KommUntern, 2006, Rn. 124; *Dewald*, PrivStiftöffZw, 1990, S. 7; *Hoppe*, DabhStift, 2003, S. 26; *Riehmer*, KörpStiftOrg, 1993, S. 21; **SöR und st. SbR:** *Kreienschulte*, RchStiftVolksw, 1969, S. 28, siehe jedoch auch S. 94; *N. Müller*, RechtsFormW, 1993, S. 70, 75; *E. Müller*, DBundStift, 2009, S. 151; *Mittmann*, DemÜbStuAnst, 1971, S. 26; *Stettner*, DStiftungÖffR, 2012, S. 20; *Twehues*, RechtskommStift, 1996, S. 6; *v. Campenhausen/Stumpf* in: v. Campenhausen/Richter (Hrsg.) StfRHdB, 2014, § 1, Rn. 7; siehe jedoch bereits *Joppich*, BöffrtStift, 1951, S. 24, unter dem Hinweis auf den „Stifterwillen"; **AöR, SöR und st. SbR:** *Fiedler*, StEStwFwFm, 2004, S. 44; vgl. auch **SöR und JPbR:** *Wolff*, OrgsftjurPers I, 1933, S. 189, „Bei einer Stiftung schließlich fehlen die Mitglieder ganz und bei der Ein-Mann-Gesellschaft kann auch weder von Mitgliedern noch von Rechtsverhältnissen zwischen ihnen füglich die Rede sein."

ist[468]. Vielmehr finden sich auch für Anstalt und Stiftung[469] vergleichbare Einflussrechte eines Mitglieds oder mehrerer Mitglieder wie bei einer Körperschaft des öffentlichen Rechts[470]. Die Mutterkörperschaft als Anstaltsträger einer Anstalt oder als Stifter einer Stiftung ist genauso Mitglied, wie sie das Mitglied einer

468 In diese Richtung bereits, **AöR:** *Alscher,* DStiftungÖffR, 2006, S. 192, jedoch zu unrecht auf die Destinäre abstellend; zutreffend dagegen *Blessing,* ÖffrAnstBetPr, 2008, S. 45 f., mit Hinweis auf „private Beteiligungen [...] und damit [verbundener] Einflussnahme"; *Breuer,* VVDStRL 44, 1986, 221; *Jecht,* DöA, 1963, S. 122, die „Verwaltungsräte, Rundfunkräte und sonstigen Gremien dieser Art [als] ein *körperschaftliches* Element" zutreffend bewertend, sodann dies jedoch wiederum unter Hinweis auf eine fehlende Selbstverwaltung ablehnend, die Bundkörperschaft insoweit übersehend; *Jestaedt* in: Hoffmann-Riem/Schmidt-Aßmann/Voßkuhle, GdlVerwR Bd. 1, 2012, § 14, Rn. 28.

469 In diese Richtung bereits, **AöR:** *Blessing,* ÖffrAnstBetPr, 2008, S. 49; *Breuer,* VVDStRL 44, 1986, S. 221; widersprüchlich Mitgliedschaftsrechte bejahend und die Mitgliedschaftsstellung dennoch ablehnend *Fett,* ÖffrAnstabKonU, 2000, S. 77; *Jecht,* DöA, 1963, S. 122, jedoch unzutreffend unter Verweis auf eine fehlende Selbstverwaltung sodann im Ergebnis ablehnend, die Bundkörperschaft übersehend; *Kraft,* VerwGesellR, 1982, S. 55, „idR ständig beeinflußte"; *A. Lange,* BetPrivrechtsfAnst, 2008, S. 36; *Maurer,* AllgVerwR, 2011, § 23, Rn. 51, inhaltlich Mitgliedschaftsrechte des Anstaltsträgers aufzählend; *O. Mayer,* DtVerwR, 1924, § 56, S. 331, „Mitwirkungsrechte [der Mutterkörperschaft] bei der Verwaltung" und damit letztendlich Mitgliedschaftsrechte benennend; *Thode/Peres,* BayVBl. 1999, 6 (9); vgl. auch *Bezzenberger/Schuster,* ZGR 1996, 481 (482, 491 f.); **SöR:** vgl. *E. Müller,* DBundStift, 2009, S. 59, dass „die Beteiligung an einer Stiftung [...] einer kapitalmäßigen und mitgliedschaftlichen Beteiligung ‚ähneln' soll"; **AöR und SöR:** *Alscher,* DStiftungÖffR, 2006, S. 5, dass sie „von außen her bestimmte Vertreter bekommen [müssen]", in diese Richtung auch *dies.,* aaO., S. 192, dass „körperschaftliche Elemente [...] eingeführt werden [können], als dass z. B. private Organisationen Organmitglieder benennen können"; *Blessing,* ÖffrAnstBetPr, 2008, S. 45 f.; **JPöR:** *Gurlit,* NZG 2012, 249 (252); **st. GmbH:** *Schiessl/Böhm* in: MüHBGesR Bd. 3, 2012, § 31, Rn. 1; **st. AG:** *Rieckers* in: MüHBGesR Bd. 4, 2015, § 17, Rn. 1 ff.; **st. GmbH und st. AG:** *Bohn,* AnstÖffBetDritt, 2005, S. 88; **st. SbR:** vgl. *Hoppe,* DabhStift, 2003, S. 219, zur Begründung der Grundrechtsfähigkeit entsprechend „institutionelle[r] Einflussrechte"; *Scholz/Langer,* SitftVerf, 1990, S. 112; paradox und nur begrifflich differenzierend bereits *K. Schmidt,* GesR, 2002, S. 179, von einem „Einfluß ‚über' die Stiftung, nicht ein[em] mitgliedschaftlichen Einfluß ‚in' der Stiftung" sprechend; *R. Werner,* NVwZ 2013, 1520 (1523); **JPbR:** Erichsen, VertKomjurPers, 1990, S. 21, 27, 48, 64; *Krebs* in: Isensee/Kirchhof, HdBdStR Bd. 5, 2007, § 108, Rn. 9; *Maurer,* AllgVerwR, 2011, § 21, Rn. 15.

470 **KöR:** *Bull/Mehde,* AllgVerwR, 2015, § 3, Rn. 102; *Groß* in: Hoffmann-Riem/Schmidt-Aßmann/Voßkuhle, GdlVerwR Bd. 1, 2012, § 13, Rn. 45; *Hofmann* in: ders./Gerke, AllgVerwR, 2010, Rn. 39; *Kluth* in: Wolff/Bachof/Stober/ders., VerwR Bd. 2, 2010, § 80, Rn. 32, § 85, Rn. 9; *Loeser,* SysVerwR Bd. 2, 1994, Rn. 125; *Maurer,* AllgVerwR, 2011, § 23, Rn. 40; *Wallerath,* AllgVerwR, 2009, § 5, Rn. 6 f., 16, a. A. für die Bewertung als Mitglied sogar auf Mitgliedschaftsrechte verzichtend *Forsthoff,* VerwR

Bundkörperschaft ist[471]. Für alle Rechtsformen sind es damit die Besetzungsrechte der Mutterkörperschaft, die in allen Fällen eine mitgliedschaftliche Struktur begründet. Inwieweit hierfür verfassungsrechtliche Anforderungen an die Staatsverwaltung ausschlaggebend sind, wird nachfolgend noch weiter zu behandeln sein.

Es findet sich damit unabhängig von der Rechtsform eine Variationsbandbreite der Ausgestaltung der Mitglieder der Willensbildungsorgane, welche unter anderem Vertreter, die Wahrnehmung eines bestimmten Interesses oder die Auszeichnung durch eine besondere Sachkunde umfassen kann. Angeknüpft werden kann hier auch an die bereits dargestellte Herleitung der Rechtsfähigkeit. So wie dort die Begründung in einer Ableitung von dem Willen natürlicher Personen gesehen wurde[472]. zeigt sich auch an dieser Stelle, dass diese Ableitung eine mitgliedschaftliche Struktur zur Folge hat. Sogar die festgestellten Differenzierungen der Mitglieder auch einer nichtrechtsfähigen Verwaltungseinheit stimmen hiermit überein, soweit die Rechtsfähigkeit neben einer Personenmehrheit möglicherweise auch durch eine Beschränkung der Ableitung begründet werden kann.

iii. Die Beschränkung der Steuerung durch Differenzierungen der Art und Weise der Besetzung zum Willensbildungsorgan

Die Differenzierung des Einflusses durch die Mitglieder lässt sich auch nur scheinbar durch die Art und Weise der Besetzung zum Willensbildungsorgan eindeutig bestimmen[473]. So ist der Wortlaut im Falle von Vertretern zwar vielfach mit dem „Entsenden" der berufenden Stelle verknüpft[474], jedoch finden sich ebenso Regelungen, die davon sprechen, dass die Vertreter bestellt[475], benannt[476] oder berufen werden[477];

Bd. 1, 1973, § 25, S. 488, inkonsequenterweise im Nachfolgenden jedoch wiederum die Mitgliedschaftsrechte für die Abgrenzung zur Anstalt voraussetzend.

471 Daher die Mitglieder an der „falschen Stelle" suchend, **AöR:** *H. Faber*, VerwR, 1995, § 12 III, S. 85, ausführend, die Nutzer seien keine Mitglieder der Anstalt; **SöR:** *Stettner*, DStiftungÖffR, 2012, S. 20, dass „die Destinatäre [...] keine Mitgliedschaftsrechte [haben]"; *ders.*, ZUM 2012, 202 (204); vgl. auch **st. GmbH und st. e. V.:** *Riehmer*, KörpStiftOrg, 1993, S. 33.

472 Siehe Kap. A.I.5.b.

473 So jedoch ohne Begründung: **SöR:** *Alscher*, DStiftungÖffR, 2006, S. 57; **JPöR:** *Groß* in: Hoffmann-Riem/Schmidt-Aßmann/Voßkuhle, GdlVerwR Bd. 1, 2012, § 13, Rn. 54; *ders.*, KollprVerwOrg, 1999, S. 56.

474 **AöR:** § 6 Abs. 1 c) ARL(S5), S. 49 f.; § 22 Abs. 1 Nord-LB(S), S. 118 (121); **SöR:** § 8 Abs. 1 Nr. 1, 2 AsseSt, S. 314; **st. SbR:** § 7 Abs. 2 StLSb(S), S. 15.

475 **AöR:** § 6 Abs. 2 HWW(S1), S. 510; § 6 Abs. 6, 7 StW-H, S. 172 (174); **SöR:** § 60 Abs. 1 NHG; § 7 Abs. 1 StTIB(G), S. 151 (152); § 6 StW-G.

476 **SöR:** § 6 Abs. 1 SnGst(G), S. 494; **st. SbR:** § 5 Abs. 2 S. 1 BaStW(S), S. 243 (244); § 10 Abs. 1 NBingSt, S. 464 (465).

477 **AöR:** § 4 Abs. 1 GEI(G1), S. 212; §6 Abs. 3 S. 1 NLFst(G1), S. 616; **nr-AöR:** § 7 Abs. 2 NIfR(S1), S. 834; **SöR:** § 8 Abs. 1 Nr. 3, 5, 7 AsseSt, S. 314 (315); § 6 Abs. 1

oder die Regelung verbleibt ohne ein entsprechendes Verb[478]. So uneinheitlich die Art und Weise der Besetzung bereits begrifflich geregelt ist, so wenig ist dies letztendlich geeignet, den Besetzungsvorgang aussagekräftig zu differenzieren. So werden umgekehrt in anderen Fällen trotz zusätzlicher Qualifikation der Mitglieder, z. B. einem Vorschlagsrecht, diese stattdessen benannt[479], bestellt[480] oder berufen[481]. Nicht zu vergessen die Fälle, in denen die Besetzung in Personalunion[482] oder durch Hinzuwahl erfolgt[483] und so die Bewertung der Steuerung insgesamt nicht an der Art und Weise der Besetzung festgemacht werden kann. Dass sich die Hinzuwahl nur bei einigen Stiftungen des bürgerlichen Rechts findet, dürfte Zufall sein. Umgekehrt ist dies aber auch für diese Rechtsform gerade nicht charakteristisch. Dass die weiteren, nicht näher bestimmten Mitglieder ebenfalls bestellt[484], bestimmt[485] oder berufen[486] werden, unterscheidet diese daher nicht eindeutig von den Mitgliedern, die von einer im Verhältnis zur Mutterkörperschaft verschiedenen juristischen Person des öffentlichen Rechts oder einer gesellschaftlichen Gruppe berufen[487] oder benannt werden[488]. Es scheint im Ergebnis zufällig zu sein, ob die Besetzung in den Rechtsgrundlagen als Bestellung, Berufung oder Benennung bezeichnet wird. Auch die Entsendung ist kein eindeutiges Zeichen für die Auslegung der Regelung im Sinne einer (Außen-)Steuerung durch einen Vertreter.

Insgesamt lassen sich zunächst nur die Selbstverwaltungskörperschaften mit einer bestimmten Art der Besetzung von anderen Rechtsformen abgrenzen. Charakteristisch ist, dass die Mitglieder der Körperschaft das Willensbildungsorgan

SBK, S. 649; § 5 Abs. 1 S. 2 StZIN(G), S. 209; **st. SbR:** § 6 Abs. 1 S. 2 FamN(S2), S. 137 (138).

478 **AöR:** § 6 Abs. 1 ARL(S5), S. 49 f.; § 5 Abs. 1 FstKK, S. 554.

479 **st. SbR:** § 9 Abs. 1 NLotSpSt, S. 294 (295); § 8 Abs. 1 StJbJ, S. 55 (56).

480 **st. SbR:** StbRB(S3), S. 306 f.; § 8 StbRB(S2), S. 280.

481 **tr-AöR:** § 6 Abs. 2 BrLB; **SöR:** § 6 Abs. 2 StW-G; § 5 Abs. 1 StZAPf(G), S. 20; **st. SbR:** § 7 Abs. 1 KTSt(S2), S. 1227 (1228); § 8 Abs. 1 StbRB(S2), S. 280.

482 **AöR:** § 5 Abs. 1 AfBF(S1), S. 225 (226), noch bezogen auf die „Wirtschaftsminister der beteiligten Länder"; §§ 5 Abs. 2, 6 Abs. 1 AfBF(S2), S. 2552 (253); § 4 Abs. 1 Nr. 3 GEI(G2), S. 170; § 5 Abs. 1 RKrdSt(S3), S. 2 (3); **SöR:** § 8 Abs. 1 Nr. 4, 6 AsseSt, S. 314 (315); **st. SbR:** b) GISMA(S2); § 7 Abs. 1 Nr. 2 HWK(S2), S. 1009 (1010); § 9 Abs. 1 NLotSpSt, S. 294 (295); § 9 Abs. 2 NLottSt(S2), S. 86; § 8 Abs. 1 b) StJbJ, S. 55 (56); § 9 Abs. 1 StN(S2), S. 1209 (1210).

483 **st. SbR:** § 7 Abs. 1 e) GISMA(S1), S. 426; § 7 Abs. 2 HWK(S2), S. 1009 (1010); vgl. auch §§ 9, 11 StN(S1), S. 126 (127).

484 **AöR:** § 9 Abs. 1 b) HLKA, S. 739 (740); § 9 Abs. 3 S. 2 IuFB(G1), S. 712 (714); **SöR:** § 60 Abs. 1 S. 2 Nr. 1 NHG; § 7 Abs. 1 S. 2 Nr. 4 StTIB(G), S. 151, (152), für die weiteren Mitglieder; **st. SbR:** § 7 Abs. 1 e) GISMA(S1), S. 426.

485 **AöR:** § 9 Abs. 3 IuFB(G1), S. 712 (714).

486 **AöR:** § 4 Abs. 1 GEI(G2), S. 170; § 4 Abs. 2 LIAG(G), S. 428; **st. SbR:** § 7 Abs. 1 f) KTSt(S2), S. 1227 (1228); § 5 Abs. 2 NUmwSt(S2), S. 1523 (1524).

487 **st. SbR:** § 9 Abs. 1 NLottSt(S2), S. 86.

488 **st. SbR:** § 9 Abs. 1 NLotSpSt, S. 294 (295).

wählen[489], soweit sie nicht unmittelbar die Mitglieder des Willensbildungsorgans sind[490]. Dass sich eine mit diesen Selbstverwaltungskörperschaften vergleichbare Situation auch bei einigen Anstalten, Stiftungen und juristischen Personen des öffentlichen Rechts findet, für die die Mitglieder das Willensbildungsorgan wählen[491], und so im Einzelfall aufgrund ihrer Organstruktur den Selbstverwaltungskörperschaften ähneln[492], hängt dagegen von der vergleichbaren Mitgliederstruktur ab. Hieraus allein auf die Weisungsunabhängigkeit zu schließen, greift aus den bereits genannten Gründen zu kurz[493].

Zusätzlich ist die Wahl der Mitglieder des Willensbildungsorgans kein charakteristisches Merkmal der Selbstverwaltungskörperschaft, da eine Wahl als Art der Besetzung auch bei Bundkörperschaften und anderen Rechtsformen[494], für die gerade keine von der Mutterkörperschaft personenverschiedenen Mitglieder für die Besetzung zuständig sind, stattfindet. Somit dürfte die Wahl durch von der Mutterkörperschaft personenverschiedene Mitglieder – und eine hiermit verbundene Beschränkung des Einflusses – nur für die Selbstverwaltungskörperschaft charakteristisch sein. Hier zeigt sich bereits, dass es nicht die Art und Weise der Besetzung, sondern die Personenverschiedenheit als Folge der Organstruktur und ggf. die Qualifikationen der Mitglieder, ist, welche allein die unterschiedlichen Rechtswirkungen zu begründen vermag. Die Begrifflichkeit der Besetzung ist dagegen für die rechtliche Bewertung allenfalls ein schwaches Indiz.

Insgesamt zeigt sich auch an dieser Stelle, dass die Bundkörperschaft mit den Rechtsformen Anstalt, Stiftung und den Privatrechtsformen grundsätzlich vergleichbare Regelungsvarianten zur Steuerung durch die Besetzung bzw. deren Beschränkung vorhält. So finden sich für die Bundkörperschaften in den Willensbildungsorganen ebenso Vertreter einzelner Mitglieder[495], entsandte[496] oder bestellte[497] Mitglieder sowie Mitglieder in Personalunion[498] und hinzugewählte Mitglieder[499];

---

489 **KöR:** § 19 Abs. 1 NArchtK(G); § 17 Abs. 1 Nds.HKG; § 6 Nds.LwKG; § 41 Abs. 3 NHG; § 21 Abs. 1 NIngG; § 47 Abs. 1 NKomVG.

490 Siehe hierzu bereits Kap. C.I.2.a.i.

491 **AöR:** § 5 Abs. 1 RKrdSt(S3), S. 2; § 6 Abs. 5 StW-H, S. 172 (173); **tr-AöR:** Art. 2 § 7 Abs. 1 S. 2 PolAN(G), S. 444 (445); **SöR:** § 60 Abs. 1 NHG; § 6 Abs. 2 StW-G; vgl. auch, **JPöR:** § 14 Abs. 2 CGGHKv.

492 So bereits **AöR:** *H. Korte/Rebe*, VerfVerwNieders, 1986, S. 504; **SöR:** *Alscher*, DStiftungÖffR, 2006, S. 66.

493 Siehe bereits Kap. C.I.2.a.ii., insbesondere die möglichen Ausgestaltungen als „freies Mandat" bzw. einem weisungsgebundenen Vertreter.

494 **KöR:** § 7 Abs. 1 c) NLB-Giro, S. 312 (313); **st. SbR:** § 7 Abs. 1 ZeVA(S), S. 1001.

495 **KöR:** § 11 Abs. 1 NSGV(S1), S. 245 (246).

496 **KöR:** § 11 Abs. 1 NKomZG; § 6 Abs. 1 NTH(S).

497 **KöR:** § 7 Abs. 1 NLB-Giro, S. 312 (313 f.).

498 **KöR:** § 11 Abs. 1 NKomZG; § 7 Abs. 1 NLB-Giro, S. 312 (313 f.); § 9 PrLV-H(S1), S. 478 (479).

499 **KöR:** § 9 PrLV-H(S1), S. 478 (479).

wiederum kann ein entsprechendes Verb fehlen[500]. Hier zeigt sich wiederum, dass der Besetzungsvorgang darüber hinaus nicht geeignet ist, die juristischen Personen zu charakterisieren. Vielmehr erfolgt auch für nicht-rechtsfähige Verwaltungseinheiten teilweise die Besetzung durch Wahl der Mitglieder eines Willensbildungsorgans[501].

Ob mit einem entsandten Mitglied ein größerer Einfluss oder mit einem gewählten Mitglied ein geringerer Einfluss verbunden ist, hängt zusätzlich von den weiteren Regelungen zur Besetzung, insbesondere den Qualifikationen im Einzelfall ab. Dies gilt insbesondere auch für die weiteren Bezeichnungen der Besetzung, dass die Mitglieder des Willensbildungsorgans bestellt, benannt, berufen oder ernannt werden. Nur indiziell mag eine Entsendung für eine Steuerung und eine Wahl für eine Beschränkung der Steuerung gelten, welche jedoch in all den Fällen nicht weiter hilft, in denen eine andere Formulierung verwandt wird. Zumindest ist für keine Rechtsform – jenseits der Selbstverwaltungskörperschaften, deren Mitglieder das Willensbildungsorgan entweder wählen oder die Mitglieder der Körperschaft selbst das Willensbildungsorgan unmittelbar bilden – die Art und Weise der Besetzung charakteristisch und für eine Abgrenzung der Rechtsformen geeignet.

iv. Die Beschränkung der Steuerung durch Amtszeiten und erschwerte Abberufungsvoraussetzungen

Der Einfluss ergibt sich dem Grunde nach aus der zuvor untersuchten Besetzung des Willensbildungsorgans und kann darüber hinaus durch eine festgelegte Dauer der Amtszeit[502] und eine eingeschränkte Möglichkeit der vorzeitigen Abberufung[503] wiederum beschränkt sein. Eine feste Amtszeit verringert den Einfluss, da die Neubesetzung erst nach Ablauf der Amtszeit den Einfluss erneuern kann. Dies wird seinerseits durch die Möglichkeit einer vorzeitigen Abberufung wieder relativiert. Bei den Mitgliedern des Willensbildungsorgans kann es sich so ausdrücklich um jederzeit abrufbare Vertreter handeln[504], sodass eine Steuerung jederzeit zumindest über eine Neubesetzung möglich wäre. Ist die vorzeitige Abberufung dagegen an besondere Voraussetzungen geknüpft, stellt dies eine Beschränkung des Einflusses dar[505]. Zu beachten ist jedoch, dass neben diesen organschaftlichen Regelungen eine

---

500 **KöR:** § 5 OldL(V), S. 51.

501 Vgl. **nr-VE:** § 5 HCC.

502 **st. AG:** vgl. *Klein*, BetöffHAktion, 1992, S. 38, 64.

503 **SöR:** *Alscher*, DStiftungÖffR, 2006, S. 59, 152, die Unabhängigkeit der Stiftung des öffentlichen Rechts mit der eingeschränkten Abrufbarkeit begründend; zutreffend dagegen a. A. *Hoppe*, DabhStift, 2003, S. 59 f.; **st. AG:** *Claussen*, TeilprikomSparK, 1990, S. 155; **JPbR:** *Traumann*, OrgbundeigVerw, 1998, S. 294; vgl. auch **JP:** *Groß*, KollprVerwOrg, 1999, S. 322.

504 **st. GmbH und st. AG:** *Erichsen*, VertKomjurPers, 1990, S. 47, 63.

505 **AöR:** *A. Lange*, BetPrivrechtsfAnst, 2008, S. 92; **SöR:** *Alscher*, DStiftungÖffR, 2006, S. 152.

Steuerung auch aus einer Rechtsbeziehung zwischen der besetzenden Stelle und dem Organwalter selbst resultieren könnte[506]. Dieser nicht-organisationsrechtlich bestimmte Einfluss ist möglicherweise zusätzlich zu den Regelungen zu Amtszeit und Abberufung zu berücksichtigen und wird im Rahmen der Auslegung des Demokratieprinzips noch näher zu betrachten sein[507], soweit dieser Einfluss nicht unmittelbar in den Rechtsgrundlagen angelegt, sondern ggf. Folge einer umfassenderen Auslegung ist.

Soweit das Land Niedersachsen oder eine andere Stelle im Willensbildungsorgan einer Anstalt vertreten ist, ist es entsprechend dieser Vorüberlegungen konsequent, dass regelmäßig keine Amtszeit festgelegt ist[508]. Eine Amtszeit würde der Stellung des Organwalters als Vertreter widersprechen. Gleiches gilt für die Selbstverwaltungskörperschaften, in denen die Mitglieder unmittelbar das Willensbildungsorgan bilden[509], sodass sich aus diesem Grund eine Amtszeit erübrigt. Hierfür spricht auch, dass umgekehrt eine feste Amtszeit zumeist in Fällen vorgesehen ist, bei denen das Land oder eine andere staatliche Stelle für die Besetzung zuständig ist, ohne diese als Vertreter zu bezeichnen. Ebenso finden sich für die Mitglieder eines Willensbildungsorgans, welche nicht die besetzende juristische Person selbst vertreten, regelmäßig festgelegte Amtszeiten[510], mit denen sich der Einfluss der bestimmenden Stelle auf

---

506 Vgl. VG Göttingen, Beschluss vom 29.11.2012 – 1 B 191/12 = BeckRS 2012, 60427, mwN.; vgl. auch *Backhaus*, ÖffUntern, 1980, S. 233; *Klein*, BetöffHAktion, 1992, S. 48 ff.

507 Siehe hierzu Kap. C.I.3.

508 Vgl. **KöR:** § 11 NSGV(S1), S. 245 (246); § 5 OldL(V), S. 51; **AöR:** § 5 AfBF(S1), S. 225 (226); § 6 Abs. 1 Nr. 3 AGTierGesG(G2), S. 277 (278); § 6 Abs. 1 a), b) ARL(S5), S. 49 f.; § 5 Abs. 1 a), b) FstKK, S. 554; § 4 Abs. 1 GEI(G1), S. 212; § 9 Abs. 1 HLKA, S. 739 (740); § 4 IfE(S1), S. 688 f.; § 13 Abs. 1 LBS-N(S), S. 499 (501); § 4 Abs. 2 LIAG(G), S. 428; § 22 Nord-LB(S), S. 118 (121); § 8 NöVersG, S. 5 (6); **SöR:** § 8 AsseSt, S. 314 f.; § 6 Abs. 1 Nr. 1 SBK, S. 649; § 6 SnGst(G), S. 494; § 7 Abs. 2 S. 2 Nr. 3 St-TiHo(S), S. 854 (855); § 7 Abs. 1 Nr. 1 – 3 StTIB(G), S. 151 (152); **JPöR:** § 6 ARL(S2), S. 254; **st. SbR:** § 5 BaStW(S), S. 243; § 6 Abs. 1 FamN(S2), S. 137 (138); § 7 Abs. 1 GISMA(S1), S. 426; § 7 Abs. 1 HWK(S2), S. 1009 (1010); **st. e. G.:** § 28 HIS(S2).

509 Vgl. **KöR:** § 8 AdWG, S. 775 (776); § 5 BrWG; § 31 Nds.FischG(G); § 23 Abs. 1 Nds. RealvG; § 7 NJagdG(S); § 4 Abs. 1 NVdR(G1), S. 65; § 6 RitLBr, S. 517.

510 **KöR:** § 7 Abs. 1 NLB-Giro, S. 312 (313); §§ 7, 9 PrLV-H(S1), S. 478 f.; **AöR:** § 6 Abs. 1 d) ARL(S5), S. 49 f.; § 9 Abs. 1, 4 HLKA, S. 739; § 5 Abs. 1 IuFB(V), S. 258; § 4 Abs. 2 LIAG(G), S. 428; § 6 Abs. 3 NLFst(G1), S. 616; insofern nicht ganz eindeutig für die Harzwasserwerke, für die eine Amtszeit aus § 6 Abs. 2 für die Mitglieder des Kuratoriums gilt, jedoch in Abs. 1 zwischen Vertretern und Mitgliedern differenziert wird, HWW(S1), S. 510; **nr-AöR:** § 7 Abs. 3 NIfR(S1), S. 834; **SöR:** § 6 Abs. 1 Nr. 2 SBK, S. 649; § 7 Abs. 2 St-TiHo(S), S. 854 (855); § 7 Abs. 1 S. 2 Nr. 4 StTIB(G), S. 151 (152), für die weiteren Mitglieder; § 5 Abs. 1 Nr. 2 – 4 StZIN(G), S. 209; **st. SbR:** § 6 Abs. 1 b) – d) FamN(S2), S. 137 (138); § 7 Abs. 2 HWK(S2), S. 1009 (1010); § 7 Abs. 1 KTSt(S2), S. 1227 (1228); § 10 Abs. 3 NBingSt, S. 464 (465); § 9 Abs. 2 NLotSpSt,

die Berufung begrenzen könnte. Auch sehen Regelungen im Einzelfall Amtszeiten für Mitglieder vor, die auf Vorschlag einer anderen Stelle berufen werden[511].

Dass sich Amtszeiten für die Selbstverwaltungskörperschaften, die eine Vertreterversammlung wählen[512], ebenso finden, entspricht damit in gleicher Weise der Annahme einer bestehenden Unabhängigkeit der Mitglieder. Vergleichbares kann sich auch für Anstalten und Stiftungen finden[513], die auch an dieser Stelle insoweit den Selbstverwaltungskörperschaften im Einzelfall entsprechen können. Einer eindeutigen Annahme der Steuerung anhand der fehlenden Regelung der Amtszeiten steht jedoch entgegen, dass eine Amtszeit auch ohne die Qualifikation als entsandter Vertreter fehlen kann[514]. Für keine Rechtsformen ist damit die Steuerung mangels begrenzter Amtszeiten charakteristisch. Es ist nur Folge der Regelungen im Einzelfall, ob eine Steuerung durch die fehlende Regelung zur Dauer der Amtszeit begründet oder eine Beschränkung der Steuerung aufgrund einer festgelegten Dauer der Amtszeit begründet werden kann.

Abweichend von den zuvor dargestellten Fällen ohne festgelegte Dauer der Amtszeit, gibt es gleichwohl abweichend auch Einrichtungen mit Amtszeiten für die Vertreter des Landes oder einer anderen staatlichen Stelle[515]. Umgekehrt finden sich ebenso Fälle, in denen keine Amtszeiten für Mitglieder, welche nicht als Vertreter benannt sind[516], vorgesehen sind. Im Fall des Amtes für Bodenforschung gehörte dem Kollegium unmittelbar dessen Präsident an, der seinerseits vom niedersächsischen Landesministerium „ernannt und entlassen“ wurde, ohne dass eine Amtszeit festgelegt war[517]. Die Amtszeit lässt daher regelmäßig keine abschließende Bewertung der Steuerung zu. Eine festgelegte Dauer der Amtszeit ist damit weder für eine

S. 294 (295); § 9 Abs. 3 NLottSt(S2), S. 86; § 5 Abs. 2 NUmwSt(S2), S. 1523 (1524); § 8 Abs. 1 StbRB(S2), S. 280; StbRB(S3), S. 307.

511 **AöR:** § 6 Abs. 1 Nr. 2 AGTierGesG(G2), S. 277 f.; § 4 Abs. 1 GEI(G1), S. 212; **tr-AöR:** § 6 Abs. 2 BrLB; **SöR:** § 5 Abs. 1 StZAPf(G), S. 20; **st. SbR:** § 7 Abs. 2 ZeVA(S), S. 1001.

512 **KöR:** § 19 Abs. 1 NArchtK(G); § 17 Nds.HKG; § 6 Abs. 2 Nds.LwKG; § 21 Abs. 1 NIngG; § 47 Abs. 2 NKomVG.

513 **AöR:** § 39 Abs. 7 NMedienG; § 5 Abs. 1 RKrdSt(S3), S. 2 (3); § 6 Abs. 11 StW-H, S. 172 (174); **SöR:** § 6 Abs. 2 StW-G; **tr-AöR:** § 5 Abs. 1 PolAN(S), S. 573.

514 **st. SbR:** § 8 Abs. 1 StJbJ, S. 55 (56).

515 **KöR:** § 12 Abs. 1 NKomZG; § 6 Abs. 3 NTH(S); **AöR:** § 6 Abs. 1 c) ARL(S5), S. 49; § 6 Abs. 2 HWW(S1), S. 510; § 6 Abs. 3 NLFst(G1), S. 616; **SöR:** § 6 Abs. 3 MudCl(S3), S. 170; § 5 Abs. 1 S. 2 StZIN(G), S. 209; **st. e. V.:** § 6 Abs. 1 S. 4 BrLsch; **st. SbR:** § 6 Abs. 1 b) – c) FamN(S2), S. 137 (138); § 7 Abs. 1 c) – e) KTSt(S2), S. 1227 (1228); § 9 Abs. 2 S. 2 NLotSpSt, S. 294 (295); § 7 Abs. 2 StLSb(S), S. 15.

516 **AöR:** §§ 5, 6 AfBF(S2), S. 252 (253); **SöR:** § 8 AsseSt, S. 314 f.; **st. SbR:** § 8 Abs. 1 StJbJ, S. 55 (56).

517 **AöR:** §§ 5 Abs. 2, 6 Abs. 1 AfBF(S2), S. 252 (253); nachdem ursprünglich ein vorher ausschließlich bestehendes Länderkuratorium unmittelbar aus den Wirtschaftsministern der beteiligten Länder bestand, § 5 AfBF(S1), S. 226 (227).

Rechtsform charakteristisch ist, noch ist sie konsistent in der Rechtssetzungspraxis angewandt.

Die Steuerung wird dabei, soweit damit überhaupt eine Beschränkung des Einflusses der besetzenden Stelle verbunden ist, auch nicht rechtsformspezifisch durch die Dauer der Amtszeiten beeinflusst. Es finden sich unabhängig von der Rechtsform nur selten kurze Amtszeiten, wie z. B. ein[518] oder zwei Jahre[519]. Insgesamt betragen längere Amtszeiten zumeist drei[520], vier[521] oder fünf Jahren[522]. Nur selten finden sich noch längere Amtszeiten, so z. B. auch eine Amtszeit von sechs Jahren[523]. Daneben kann die Amtszeit auch an eine anderweitig bestimmte Amtsperiode gebunden sein[524]. Die Amtszeiten sind im Ergebnis nicht von der Rechtsform vorgegeben, sondern eine Frage der Ausgestaltung im Einzelfall. Hierbei ist die Amtszeit kein eindeutiges Indiz für eine entsprechende Steuerung im Fall des Fehlens oder des beschränkten Einflusses im Fall einer festgelegten Dauer der Amtszeit. Dies gilt insbesondere, soweit diese Regelungen im Einzelfall konträr zu den Qualifikationen des Mitgliedes selbst verlaufen können bzw. von nicht-organisationsrechtlichen Regelungen bestimmt sein könnten.

---

518 **KöR:** § 7 Abs. 1 LUH; im Fall des Studentischen Rats der Studierendenschaft Hannover erfolgt die Wahl der direkt gewählten Vertreter für zwei Semester; § 9a Abs. 1 Stud-LUH, ebenfalls zwei Semester; **tr-AöR:** § 5 Abs. 1 PolAN(S), S. 573. **SöR:** § 6 Abs. 2 StW-G, in Bezug auf die Vertreter der Studierenden.

519 **KöR:** § 7 Abs. 1 LUH, für die übrigen Vertreter in Hochschulgremien außer den Studierendenvertretern; **AöR:** § 6 Abs. 1 c) ARL(S5), S. 49.

520 **AöR:** § 6 Abs. 3 S. 1 NLFst(G1), S. 616; **SöR:** § 6 Abs. 1 Nr. 2 SBK, S. 649; § 7 Abs. 2 St-TiHo(S), S. 854 (855); § 6 Abs. 2 StW-G; § 5 Abs. 1 S. 2 StZIN(G), S. 209; **st. SbR:** § 6 Abs. 1 S. 2 FamN(S2), S. 137 (138).

521 **KöR:** § 17 Abs. 1 NHG; **AöR:** § 4 Abs. 1 GEI(G1), S. 212; § 4 Abs. 1 S. 2 GEI(G2), S. 170; § 9 Abs. 4 HLKA, S. 739 (740); § 4 Abs. 2 LIAG(G), S. 428; **tr-AöR:** § 6 Abs. 4 BrLB; **SöR:** § 7 Abs. 1 S. 3 StTIB(G), S. 151 (152), für die weiteren Mitglieder; § 5 Abs. 1 StZAPf(G), S. 20; **st. SbR:** § 7 Abs. 2 HWK(S2), S. 1009 (1010).

522 **KöR:** § 19 Abs. 1 S. 2 NArchtK(G); § 21 Abs. 1 S. 2 NIngG; § 47 Abs. 2 S. 1 NKomVG; § 7 Abs. 1 NLB-Giro, S. 312 (313); § 4 Abs. 1 NVdR(G1), S. 65; **AöR:** § 6 Abs. 2 HWW(S1), S. 510; § 5 Abs. 1 IuFB(V), S. 258; § 5 Abs. 1 RKrdSt(S3), S. 2 (3); **tr-AöR:** § 5 Abs. 1 PolAN(S), S. 573; **nr-AöR:** § 7 Abs. 3 S. 2 NIfR(S1), S. 834; **JPöR:** § 14 Abs. 2 CGGHKv; **st. SbR:** § 7 Abs. 1 S. 3 GISMA(S1), S. 426, für die weiteren Mitglieder; § 7 Abs. 1 S. 2 KTSt(S2), S. 1227 (1228); § 10 Abs. 3 S. 2 NBingSt, S. 464 (465); § 9 Abs. 5 S. 2 NLotSpSt, S. 294 (295); § 9 Abs. 2, 3 NLottSt(S2), S. 86; § 5 Abs. 2 NUmwSt(S2), S. 1523 (1524); § 8 Abs. 1 S. 4 StbRB(S2), S. 280; StbRB(S3), S. 307 f.; §§ 9 Abs. 2, 11 Abs. 1 StN(S1), S. 126 (127); § 7 Abs. 2 S. 1 ZeVA(S), S. 1001.

523 **KöR:** § 6 Abs. 2 Nds.LwKG; **AöR:** § 39 Abs. 7 NMedienG.

524 **KöR:** § 12 Abs. 1 NKomZG; § 6 Abs. 3 NTH(S); vgl. auch §§ 7, 9 PrLV-H(S1), S. 478 (479), insoweit findet sich zwar der Hinweis auf eine „Wahlperiode des Verwaltungsrates", ohne dass sich diese aber aus der Satzung ergeben würde, insoweit auch bzgl. der hinzugewählten Mitglieder; **AöR:** § 4 Abs. 1 Nr. 2 AGTierGesG(G2), S. 277; **SöR:** § 6 Abs. 3 MudCl(S3), S. 170; **st. e. V.:** § 6 Abs. 1 S. 4 BrLsch; **st. SbR:** § 7 Abs. 1 Nr. 3 HWK(S2), S. 1009 (1010); § 7 Abs. 2 StLSb(S), S. 15.

Die uneindeutige Bewertung des Einflusses betreffend den Zeitraum zwischen der Besetzung und einer Neubesetzung setzt sich bei der Frage der vorzeitigen Abberufung fort. Zunächst bestärkt das Argument, dass bei einer vorgegebenen Amtszeit teilweise nur aus bestimmten Gründen (regelmäßig aus wichtigem Grund) die Mitglieder vorzeitig aus dem Willensbildungsorgan durch die berufende Stelle abberufen werden können[525], die zuvor bereits gefundene Annahme, dass so der durch die Besetzung vermittelte Einfluss abgeschwächt wird. Hier lässt sich aus der Einschränkung der vorzeitigen Abberufung auf eine Beschränkung der Steuerung schließen. Im Einzelfall kann sich dies auch aus anderen Formulierungen ergeben. Für die Braunschweigische Wissenschaftliche Gesellschaft erfolgt ein Ausschluss nur „wegen ehrenrührigem Verhalten“[526]. Die vorzeitige Abberufung kann auch an das Einvernehmen mit einer vorschlagenden Stelle geknüpft sein[527]. In anderen Fällen ist die Abberufung dagegen an ein erhöhtes Quorum gebunden[528]. Es finden sich auch Kombinationen. So findet sich mit der Stiftung Niedersachsen ein Beispiel, dass die Abberufung eines Mitglieds aus dem Stiftungsrat durch den Verwaltungsrat an eine 2/3-Mehrheit gebunden ist, mit dem festgestellt wird, dass das Mitglied dem „Ansehen oder den Interessen der Stiftung schaden würde“[529]. Insbesondere für die Selbstverwaltungskörperschaften finden sich Regelungen, welche an den Verlust der Wählbarkeit oder an ein Berufsvergehen für eine Abberufung bzw. den Verlust der Organmitgliedschaft anknüpfen[530]. Jedoch finden sich vergleichbare Regelungen auch für andere Rechtsformen[531]. Weiter gehen insofern Regelungen für die Akademie der Wissenschaften zu Göttingen und die Braunschweigische Wissenschaftliche Gesellschaft, deren Satzungen vorsehen, dass die Mitglieder ihre Rechte verlieren, wenn sie nicht mehr in Norddeutschland ansässig sind[532]. In allen diesen Fällen ließe sich eine Beschränkung der vorzeitigen Abberufung zusammen mit einer festgelegten Amtszeit als Argument für die Beschränkung der Steuerung anführen, jedoch insgesamt ohne für eine Rechtsform charakteristisch zu sein.

Einer vorgegebenen Amtszeit kann gleichwohl nicht immer ein eindeutiges Argument für einen beschränkten Einfluss sein. Es finden sich vielmehr auch Beispiele, bei denen trotz einer festgelegten Dauer der Amtszeit eine vorzeitige Abberufung

---

525 **AöR:** § 4 Abs. 1 GEI(G2), S. 170; § 6 Abs. 5 AGTierGesG(G2), S. 277 f.; **SöR:** § 60 Abs. 1 S. 2 Nr. 1 NHG; § 7 Abs. 1 S. 4 StTIB(G), S. 151 (152), für die weiteren Mitglieder; § 5 Abs. 1 S. 4 StZAPf(G), S. 20.

526 **KöR:** § 5 Abs. 3 BrWG.

527 **tr-AöR:** § 6 Abs. 5 BrLB.

528 **KöR:** bzgl. der Mitglieder in Personalunion mit dem Vorstand durch Abwahl mit einer 2/3 Mehrheit der Mitgliederversammlung, § 12 Abs. 1 NKomZG i.V.m. § 71 Abs. 9 S. 3 NKomVG.

529 **st. SbR:** § 11 Abs. 2 StN(S1), S. 126 (127).

530 **KöR:** § 21 Abs. 2 Nds.HKG; § 15 Nds.LwKG; § 52 Abs. 1 NKomVG; § 14 Abs. 3 NSGV(S1), S. 245 (247), siehe auch § 13 IngKN(W); § 11 Abs. 1 NArchtK(W).

531 **AöR:** vgl. § 5 Abs. 4 IuFB(V), S. 258; **st. e. V.:** § 6 Abs. 1 S. 5 BrLsch.

532 **KöR:** § 5 Abs. 3 S. 1 AdWG, S. 775.

erfolgen kann, ohne dass diese an weitere Voraussetzungen geknüpft wäre[533]. Teilweise erfolgt eine Abberufung allein durch die Bestellung eines Nachfolgers[534]. In anderen Fällen ist ein vorzeitiges Ausscheiden nur an den Verlust der Funktion in der entsendenden Stelle gekoppelt[535]. Dieses Ergebnis findet sich teilweise auch für die Fälle, in denen für Vertreter eine Amtszeit vorgesehen war. Mit den Niedersächsischen Landesforsten findet sich auch hierzu ein Fall, in dem das Land unmittelbar einen Vertreter entsendet, der trotz vorgegebene Amtszeit dennoch ohne Nennung von Gründen jederzeit abberufen werden kann[536]. Gleiches findet sich bei weiteren Anstalten, bei denen trotz vorgegebener Amtszeit die „Landesregierung [...] jeder Zeit die Abberufung eines Mitglieds [mit Ausnahme der Vertreter der Beschäftigten] beschließen" kann[537]. Entsprechende Regelungen zur Abberufung ohne, dass eine Amtszeit bestimmt wäre, finden sich auch für weitere Rechtsformen[538]. Insgesamt ist jedoch festzuhalten, dass eine Beschränkung der Steuerung durch eine festgelegte Amtszeit hiermit gerade nicht verbunden sein muss. Die Steuerung durch bestimmte Amtszeiten ist darüber hinaus möglicherweise durch weitere Kriterien geprägt, insbesondere durch das Demokratieprinzip, wie noch weiter auszuführen sein wird. Die zeitliche Begrenzung der Amtszeit könnte so entweder nur als Legitimationsgrundlage auf Zeit oder aber als Einschränkung der Weisungsbefugnisse auszulegen sein[539]. Dies gilt insbesondere für all die Fälle, bei denen eine vorzeitige Abberufung trotz festgelegter Dauer der Amtszeit nicht geregelt ist[540]. Spätestens hier erscheint die Amtszeit für die Annahme des Einflusses nicht ausreichend.

Insgesamt scheinen die Regelungen zur Amtszeit sowie die Voraussetzungen einer vorzeitigen Abberufung nur einzelfallabhängig zu sein. Soweit von Vertretern des Landes, des Bundes oder weiterer juristischer Personen die Rede ist, fehlen zwar

---

533 **AöR:** § 5 Abs. 4 IuFB(V), S. 258; § 4 Abs. 2 S. 4 LIAG(G), S. 428; § 6 Abs. 3 S. 2 NLFst(G1), S. 616; **SöR:** § 5 Abs. 1 S. 3 StZIN(G), S. 209; **st. SbR:** § 8 Abs. 1 S. 5 StbRB(S2), S. 280, S. 5 StbRB(S3), S. 306 f.

534 **KöR:** § 7 Abs. 3 LUH; **SöR:** § 8 Abs. 2 AsseSt, S. 314 (315), § 6 Abs. 3 StW-G.

535 **SöR:** § 6 MudCl(S3), S. 170; **st. SbR:** § 7 Abs. 1 KTSt(S2), S. 1227 (1228); § 8 Abs. 1 S. 5 StbRB(S2), S. 280, S. 5 StbRB(S3), S. 306 f.

536 **AöR:** § 6 Abs. 3 NLFst(G1), S. 616.

537 **AöR:** § 5 Abs. 4 S. 1 IuFB(V), S. 258.

538 **SöR:** § 8 Abs. 2 AsseSt, S. 314 (315); **st. SbR:** § 5 Abs. 2 S. 1 BaStW(S), S. 243 (244).

539 Siehe hierzu weiterführend Kap. C.I.3.

540 Vgl. **KöR:** § 7 NLB-Giro, S. 312 (313 f.); § 11 NSGV(S1), S. 245 (246); §§ 6, 9 RitLBr, S. 517 f.; **AöR:** § 6 AGTierGesG(G2), S. 277 f.; § 6 ARL(S5), S. 49 f.; § 9 HLKA, S. 739 (740); § 6 HWW(S1), S. 510; § 39 NmedienG; § 5 RKrdSt(S3), S. 2 (3); § 6 StW-H, S. 172 (173 f.); vgl. auch § 5 Abs. 4 IuFB(V), S. 258, dass die Abberufung für die Mitglieder auf Vorschlag der Beschäftigten von der Regelung ausnimmt; **tr-AöR:** § 5 PolAN(S), S. 573; **nr-AöR:** § 7 NIfR(S1), S. 834; **SöR:** § 6 Abs. 1 SBK, S. 649; § 7 St-TiHo(S), S. 854; **JPöR:** § 14 CGGHKv; **st. SbR:** § 6 Abs. 3 FamN(S2), S. 137 (138); § 7 Abs. 1 GISMA(S1), S. 426; § 7 HWK(S2), S. 1009 (1010); § 10 Abs. 3 NBingSt, S. 464 (465); § 9 Abs. 2 NLotSpSt, S. 294 (295); § 9 Abs. 3 NLottSt(S2), S. 86; § 5 NUmwSt(S2), S. 1523 (1524); § 7 StLSb(S), S. 15; § 7 ZeVA(S), S. 1001.

regelmäßig Regelungen sowohl zur Amtszeit als auch zur vorzeitigen Abberufung. Die weiteren Mitglieder, insbesondere die auf Vorschlag bestimmt werden oder auch die ohne entsprechende Qualifikation, werden für eine festgelegte Amtszeit bestimmt. Hieran anknüpfend sind jedoch die Regelungen zur vorzeitigen Abberufung so uneinheitlich und im Einzelfall offen, dass vielfach dennoch eine eindeutige Auslegung allein anhand der festgelegten Amtszeit nicht erfolgen kann. Dies gilt insbesondere auch vor dem Hintergrund, dass die Regelungen teilweise konträr zu der zunächst gefundenen Auslegung sind. Hinzu kommt, dass der Einfluss durch eine vorzeitige Abberufung ebenso wenig geeignet ist, die Rechtsformen zu differenzieren[541]. Sogar die nicht-rechtsfähigen Verwaltungseinheiten unterscheiden sich, soweit sie über ein Willensbildungsorgan verfügen, hier nicht. Darüber hinaus ist der Einfluss bzw. seine Beschränkung durch eine festgelegte Dauer der Amtszeit und vorzeitige Abberufung nur eine Frage der Ausgestaltung im Einzelfall und der Auslegung anhand des unabhängig von der Rechtsform zu beachtenden Demokratieprinzips[542] und damit möglicherweise von außerhalb der Rechtsformen liegenden Prinzipien bestimmt.

v. *Die Abhängigkeit des Einflusses der Mutterkörperschaft von den Mehrheitsverhältnissen im Willensbildungsorgan*

Soweit bis jetzt die Steuerung bezüglich der Besetzung des einzelnen Organmitglieds betrachtet wurde, ist zusätzlich das Willensbildungsorgan insgesamt zu betrachten, das regelmäßig aus einer Vielzahl von Mitgliedern besteht. Die Willensbildungsorgane sind in unterschiedlicher Weise entweder durch eine Mutterkörperschaft, z. B. das Land Niedersachsen, oder eine Mehrzahl von Trägern (Mitgliedern) besetzt. Hiervon abhängig ist der Einfluss einer Mutterkörperschaft stärker ausgeprägt, soweit sie mehrheitlich oder gar ausschließlich im Willensbildungsorgan vertreten ist[543]. Umgekehrt ist der Einfluss einer Mutterkörperschaft in Bezug auf eine konkrete Entscheidung eingeschränkt, soweit der Wille des Willensbildungsorgans nur gemeinsam mit weiteren Mitgliedern gebildet werden kann[544]. Damit ist eine

---

541 **st. SbR:** vgl. a. A. bzgl. eines Leitungsorgans *Gölz,* DStaatalsStift, 1999, S. 145, derzufolge die erhöhten Abberufungsvoraussetzungen charakteristisch für die Stiftung des bürgerlichen Rechts seien; vgl. auch *Lüke* in: MüHBGesR Bd. 5, 2009, § 92, Rn. 26.

542 **SöR:** *Alscher,* DStiftungÖffR, 2006, S. 156.

543 Vgl. **JP:** *Gölz,* DStaatalsStift, 1999, S. 131.

544 **KöR:** *Kluth* in: Wolff/Bachof/Stober/ders., VerwR Bd. 2, 2010, § 85, Rn. 28, unter Hinweis auf die „Bedingungen des Mehrheitsprinzips", „dass bei einer Mehrheit von Mitgliedern nicht jedes einzelne Mitglied seinen Willen durchsetzen kann"; *Mann,* ÖffrechtGes, 2001, S. 127, insofern zutreffend in Abgrenzung zum Eigenbetrieb; **st. GmbH:** *Mann,* ÖffrechtGes, 2001, S. 211; **st. GmbH und st. AG:** *Engellandt,* EinflKomKapGes, 1995, S. 45; *Pfeifer,* SteukomAktdG, 1991, S. 22; *Schlüter/Krüger,* DVBl. 2003, 830 (836); **st. e. V.:** *Groß,* KollprVerwOrg, 1999, S. 148.

Steuerung einer Einrichtung insbesondere auch von den Mehrheitsverhältnissen innerhalb des Willensbildungsorgans geprägt.

Die Bestimmung der Mehrheitsverhältnisse ist jedoch bereits im Grundsatz nicht eindeutig. Zwar könnten die Mehrheitsverhältnisse zunächst relativ eindeutig anhand der Besetzungsrechte bestimmt werden, welche ja bereits als Argument dafür angeführt wurden, die Mutterkörperschaften und ggf. weitere Personen als Mitglieder der Einrichtung selbst anzusehen. Wie bereits herausgearbeitet, ist das Besetzungsrecht jedoch nicht das einzige Kriterium, welches für die Bewertung der Steuerung der Mitglieder eines Willensbildungsorgans herangezogen werden könnte. Die Mehrheitsverhältnisse unterscheiden sich daher abhängig von der Bewertung dieser Differenzierungskriterien. Als Extreme lassen sich damit die Besetzungsrechte zur Begründung des Einflusses auf der einen und die Mehrheitsverhältnisse unter Berücksichtigung der Einschränkungen des Einflusses durch bestimmte Qualifikationen, Vorschlagsrechte, Interessen und eingeschränkte Abberufungsvoraussetzungen in Abgrenzung zur Entsendung eines Vertreters auf der anderen Seite gegenüberstellen.

(1) Die Bestimmung der Mehrheitsverhältnisse im Willensbildungsorgan anhand der Besetzungsrechte

Die zunächst eindeutigere Bestimmung der Mehrheitsverhältnisse liegt in der Anknüpfung an das Besetzungsrecht selbst. Nur die Selbstverwaltungskörperschaften lassen sich hier auf einen gemeinsamen Nenner bringen. Den Selbstverwaltungskörperschaften gehören – wie bereits herausgearbeitet – nur zum Land Niedersachsen personenverschiedene Personen (natürliche oder juristische) an. Die Bestimmung der Mehrheitsverhältnisse kann pro Kopf, aber auch nach wirtschaftlichen Kriterien erfolgen, z. B. Beteiligung nach Eigentum. Eine beherrschende Steuerung eines Mitglieds ist damit im Grundsatz gerade nicht verbunden. Die Selbstverwaltungskörperschaften sind vielmehr durch eine Gleichheit[545] der Mitglieder und deren Einfluss geprägt. Diese Einheitlichkeit findet sich dagegen bei den Bundkörperschaften nicht. Die Mehrheitsverhältnisse sind hier unterschiedlich ausgestaltet und können sowohl eine Gleichheit der Mitglieder vorsehen[546] wie von der Bewertung der Besetzung abhängen[547]. Die Bundkörperschaften unterscheiden sich in letzterem Fall nicht wesentlich von der Anstalt, der Stiftung des öffentlichen Rechts, dem staatlichen e. V. oder der Stiftungen des bürgerlichen Rechts, wie nachfolgend zu zeigen sein wird.

Soweit nur auf das Besetzungsrecht abgestellt wird, finden sich für alle Rechtsformen – außer der Körperschaft und dem staatlichen e. V. sowie der e. G. – Einrichtungen, für die eine Mutterkörperschaft, z. B. das Land Niedersachsen, sämtliche

545 **KöR:** *Alscher*, DStiftungÖffR, 2006, S. 159; *Irriger*, GenEKöffR, 1991, S. 163; *Kluth* in: Wolff/Bachof/Stober/ders., VerwR Bd. 2, 2010, § 81, Rn. 102, § 85, Rn. 70.

546 **KöR:** § 11 Abs. 1 NSGV(S1), S. 245 (246); § 6 NTH(S).

547 Vgl. **KöR:** § 7 Abs. 1 NLB-Giro, S. 312 (313), in Bezug auf 18 weitere Mitglieder.

Mitglieder des Willensbildungsorgans bestimmt[548]. Dies gilt in vergleichbarer Weise auch für die nicht-rechtsfähigen Verwaltungseinheiten[549]. Hier wird die Übereinstimmung in Bezug auf eine Personeneinheit und der Begründung der Rechtsfähigkeit erneut deutlich. Für alle anderen Rechtsformen ist das Land Niedersachsen bzw. eine andere juristische Person des öffentlichen Rechts vielfach jedoch nur mehrheitlich für die Besetzung zuständig[550]. Ebenso ist auch eine paritätische Besetzung mit weiteren juristischen Personen des öffentlichen Rechts zu finden[551]. Das Land Niedersachsen kann auch im Vergleich zu weiteren juristischen Personen des öffentlichen Rechts nur für die Besetzung einer Minderheit der Mitglieder eines Willensbildungsorgans zuständig sein[552]. Vielfach erfolgt die Besetzung – auch in den Fällen, in denen weitere juristische Personen des öffentlichen Rechts neben dem Land Niedersachsen in der Minderheit für die Besetzung zuständig sind – insgesamt ausschließlich durch staatliche Stellen[553].

Es finden sich jedoch auch Fälle, in denen die Besetzung mehrheitlich durch dem Staat nicht zurechenbare Stellen erfolgt[554]. Zumeist verfügen jedoch die juristischen Personen des öffentlichen Rechts zusammengenommen über eine Mehrheit

---

548 **AöR:** § 6 Abs. 1 AGTierGesG(G2), S. 277 f.; § 9 Abs. 1 HLKA, S. 739 (740); § 6 Abs. 2 HWW(S1), S. 510; § 9 Abs. 3 IuFB(G1), S. 712 (714); § 6 Abs. 3 NLFst(G1), S. 616; **tr-AöR:** § 6 Abs. 1 BrLB; **SöR:** § 5 Abs. 1 StZAPf(G), S. 20; § 5 Abs. 1 StZIN(G), S. 209; **st. GmbH:** § 2 CUTEC; § 1 Abs. 3 DSMZ; § 3 HWW(S2); § 3 Abs. 3 LEA; **st. SbR:** § 6 Abs. 1 FamN(S2), S. 137 (138); § 7 Abs. 1 KTSt(S2), S. 1227 (1228); § 5 Abs. 2 NUmwSt(S2), S. 1523 (1524); § 8 Abs. 1 StbRB(S2), S. 280.

549 **nr-AöR:** § 7 Abs. 3 NIfR(S1), S. 834; siehe jedoch auch § 1 Abs. 2 StaN, S. 410.

550 **AöR:** § 4 Abs. 1 GEI(G2), S. 170; § 4 IfE(S1), S. 688 f.; § 4 Abs. 2 LIAG(G), S. 428; **SöR:** § 60 Abs. 1 NHG; § 6 SBK, S. 649; § 6 Abs. 1 SnGst(G), S. 494; **st. GmbH:** § 3 GmbH1; § 3 GmbH2; **st. SbR:** § 10 Abs. 1 NBingSt, S. 464 (465); StbRB(S3), S. 306 f.; **nr-VE:** § 5 HCC.

551 **KöR:** § 7 Abs. 1 NLB-Giro, S. 312 (313); **st. AG:** Deutsche Messe AG, Beteiligungsbericht des Landes Niedersachsen 2015, http://www.mf.niedersachsen.de/download/103195, S. 118, zuletzt abgerufen am 21.06.2016; **st. SbR:** § 7 Abs. 1 HWK(S2), S. 1009 (1010), die bis zu sechs weiteren, hinzugewählten Mitglieder ausklammernd.

552 **AöR:** § 6 Abs. 1 ARL(S5), S. 49 f.; **SöR:** § 8 Abs. 1 AsseSt, S. 314 f.; § 6 MudCl(S3), S. 170; § 7 Abs. 1 StTIB(G), S. 151 (152); **JPöR:** § 6 Abs. 1 ARL(S2), S. 254; **st. GmbH:** § 4 HIS(S1); **st. SbR:** § 9 Abs. 1 NLottSt(S2), S. 86.

553 **AöR:** § 6 AfBF(S2), S. 252 (253); § 6 Abs. 1 ARL(S5), S. 49 f.; § 5 Abs. 1 FstKK, S. 554; § 4 Abs. 1 GEI(G1), S. 212; **SöR:** § 8 Abs. 1 AsseSt, S. 314 f.; § 7 Abs. 1 StTIB(G), S. 151 (152); **st. GmbH:** § 3 GmbH2; **st. AG:** Deutsche Messe AG, Beteiligungsbericht des Landes Niedersachsen 2015, http://www.mf.niedersachsen.de/download/103195, S. 118, zuletzt abgerufen am 21.06.2016; **st. e. G.:** §§ 6 Abs. 1, 28 HIS(S2).

554 **st. AG:** Salzgitter AG, Beteiligungsbericht des Landes Niedersachsen 2015, http://www.mf.niedersachsen.de/download/103195, S. 48; Volkswagen AG, Beteiligungsbericht des Landes Niedersachsen 2013, www.mf.niedersachsen.de/download/62582, S. 66, zuletzt abgerufen am 21.06.2016; **st. SbR:** § 7 Abs. 1 GISMA(S1), S. 426; § 8 Abs. 1 StJbJ, S. 55 (56).

der Besetzungsrechte[555]. In anderen Fällen erfolgt die Besetzung paritätisch durch staatliche Stellen und Private[556]. Die Mehrheit lässt sich jedoch vielfach nicht eindeutig aus den Rechtsgrundlagen ableiten[557] bzw. hängt diese von der Bewertung weiterer hinzugewählter[558] oder ggf. in Personalunion mit weiteren Organen der Einrichtung selbst bestellter Mitglieder ab[559]. Es finden sich ebenso Anstalten, bei denen die Besetzung des Willensbildungsorgans wie für die zuerst genannten Bundkörperschaften auf eine Gleichheit verschiedener Anstaltsträger aufbaut[560]. Abweichend hiervon erfolgt die Besetzung der Niedersächsischen Landesmedienanstalt unter anderem durch Parteien, Kirchen und eine Vielzahl weiterer gesellschaftlicher Einrichtungen, ohne dass das Land Niedersachsen als Mutterkörperschaft an der Besetzung beteiligt wäre[561] und ohne gleichzeitig von einer Gleichheit der Mitglieder im Sinne einer Selbstverwaltung sprechen zu können[562]. Eine paritätische Besetzung mit unterschiedlichen Mitgliedern ohne eine Beteiligung des Landes Niedersachsen findet sich auch in weiteren Einzelfällen[563]. Ebenso sind in den Studentenwerken als Gruppen neben den Studierenden, den nicht-studentische Hochschulmitgliedern, die Verwaltung und die Beschäftigten vertreten, ohne eine beherrschende Mehrheit vorzusehen und ohne dass das Land als Mutterkörperschaft an der Besetzung beteiligt wäre[564]. Letztere gleichen damit im Ergebnis wiederum den Selbstverwaltungskörperschaften.

Eine weitere Differenzierung anhand der Besetzungsrechte – es handelt sich genau genommen um den Kern der vorliegenden Dekonstruktion – kann gleichwohl bereits an dieser Stelle angebracht werden. Die Besetzung der Willensbildungsorgane kann für die Körperschaften und e. V. dahingehend abgegrenzt werden, dass für diese Rechtsformen immer eine Mehrzahl an Personen für die Besetzung zuständig ist[565]. Umgekehrt ist für die nicht-rechtsfähigen Verwaltungseinheiten, ohne an dieser Stelle mögliche Qualifikationen der Mitglieder in die Betrachtung mit einzubeziehen, nur

555 **AöR:** § 5 Abs. 1 FstKK, S. 554; **SöR:** § 6 Abs. 1 SnGst(G), S. 494; **JPöR:** § 14 Abs. 2 CGGHKv; **st. GmbH:** § 3 GmbH1; **st. SbR:** § 5 Abs. 1 BaStW(S), S. 243 (244); § 9 Abs. 1 NLotSpSt, S. 294 (295); § 7 Abs. 1 ZeVA(S), S. 1001.

556 **st. SbR:** § 5 Abs. 1 BaStW(S), S. 243 (244); § 7 StLSb(S), S. 15.

557 Vgl. **KöR:** § 5 Abs. 1 OldL(V), S. 51; **AöR:** § 5 Abs. 1 AfBF(S1), S. 225 (226); **JPöR:** § 6 Abs. 1 ARL(S2), S. 254.

558 **KöR:** § 9 PrLV-H(S1), S. 478 (479).

559 **KöR:** § 9 PrLV-H(S1), S. 478 (479); **AöR:** § 4 Abs. 1 GEI(G2), S. 170.

560 **AöR:** §§ 4, 13 Abs. 2 LBS-N(S), S. 499 f.; § 22 Abs. 2 Nord-LB(S), S. 118 (121); § 10 Abs. 1 ÖffSB(S3), S. 213 (214); vgl. § 5 Abs. 1 RKrdSt(S3), S. 2 (3); **st. e. G.:** § 28 Abs. 2 HIS(S2).

561 **AöR:** § 39 NMedienG.

562 Siehe hierzu auch Kap. C.II.1.

563 **AöR:** § 13 Abs. 1 PrLV-H(S2), S. 912 (914); **JPöR:** § 14 Abs. 1 CGGHKv.

564 **AöR:** § 6 Abs. 3 StW-H, S. 172 (173); siehe auch, **tr-AöR:** Art. 2 § 7 Abs. 1 PolAN(G), S. 444 (445); **nr-AöR:** vgl. § 1 Abs. 2 StaN, S. 410; **SöR:** § 6 Abs. 1 StW-G.

565 Siehe auch Kap. C.I.2.a.vi.(3).

die Mutterkörperschaft für die Besetzung des Willensbildungsorgans zuständig[566]. Dies knüpft an der Herleitung der Rechtsfähigkeit aus einer Personenmehrheit an, was für die Körperschaft (ebenso e. V. und e. G.) damit ein Wesensmerkmal darstellt[567]. Diese sie tragende Personenmehrheit kann im Einzelfall sowohl für Anstalt, Stiftung des öffentlichen Rechts als auch die GmbH, AG und die Stiftung des bürgerlichen Rechts[568] vorliegen. In diesem Sinne zeigen sich die Rechtsformen als synonym mit der (Bund-)Körperschaft. Im Einzelfall kann für diese Rechtsformen umgekehrt auch – insofern als Polysem – eine Personeneinheit vorliegen, soweit alle Mitglieder des Willensbildungsorgans durch die Mutterkörperschaft bestellt werden[569]. Nur für die nicht-rechtsfähige Verwaltungseinheit ist dagegen eine Personenmehrheit ausgeschlossen, soweit nur eine Mutterkörperschaft als Träger in Betracht kommt[570]. Hier zeigt sich die nicht-rechtsfähige Verwaltungseinheit ebenso als synonym mit den weiteren Rechtsformen außer der Körperschaft des öffentlichen Rechts und des e. V. und der e. G. Eindeutig ist damit nur die Bundkörperschaft auf der einen und

566 Vgl. hierzu bereits Kap. C.I.2.a.i.

567 Für den Verein lässt sich auch an den Wortlaut anknüpfen, dass „Verein" ein vereinen einer (Personen-)Mehrheit voraussetzt.

568 **KöR:** *Kluth* in: Wolff/Bachof/Stober/ders., VerwR Bd. 2, 2010, § 81, Rn. 102, § 85, Rn. 28; **AöR:** *F. Becker,* DÖV 1998, 97 (100); *Blessing,* ÖffrAnstBetPr, 2008, S. 47; ohne Begründung als Ausnahmefall annehmend, *Bohn,* AnstÖffBetDritt, 2005, S. 190; *Ehlers,* ZHR 2003, 546 (557); *Hogeweg,* NdsVBl. 2008, 33; *Holz/Kürten/Grabolle,* KommJur 2014, 281 (285); *H. Korte/Rebe,* VerfVerwNieders, 1986, S. 503; *Kraft,* VerwGesellR, 1982, S. 55; *Lübbecke,* KommUntNRW, 2004, S. 55 f.; **SöR:** *v. Campenhausen/Stumpf* in: v. Campenhausen/Richter (Hrsg.) StfRHdB, 2014, § 15, Rn. 9; **SöR und st. SbR:** *Gölz,* DStaatalsStift, 1999, S. 57; **st. GmbH und st. AG:** *Grziwotz* in: MüHBGesR Bd. 3, 2012, § 2, Rn. 23; *A. Lange,* BetPrivrechtsfAnst, 2008, S. 42; *Parmentier,* GlsöffUntern, 2000, S. 29; **JPbR:** *Burgi* in: Erichsen/Ehlers (Hrsg.), AllgVerwR, 2010, § 10, Rn. 14; Gaß, UmwgemUnt, 2003, S. 43 f.; vgl. *Forsthoff,* VerwR Bd. 1, 1973, § 25, S. 518; *Maurer,* AllgVerwR, 2011, § 23, Rn. 61.

569 **AöR:** *Blessing,* ÖffrAnstBetPr, 2008, S. 47; *H. Korte/Rebe,* VerfVerwNieders, 1986, S. 503; *Kraft,* VerwGesellR, 1982, S. 55; *Lübbecke,* KommUntNRW, 2004, S. 55; ohne Begründung als Grundfall annehmend, *Bohn,* AnstÖffBetDritt, 2005, S. 190; ebenso *Gaß,* UmwgemUnt, 2003, S. 39; **SöR und st. SbR:** *Gölz,* DStaatalsStift, 1999, S. 119; **st. GmbH:** *Grziwotz* in: MüHBGesR Bd. 3, 2012, § 2, Rn. 23; *Hauser,* WahlOrgForm, 1987, S. 42; *Mann,* ÖffrechtGes, 2001, S. 179; **st. AG:** *Hauser,* WahlOrgForm, 1987, S. 39; *Hellermann* in: Hoppe/Uechtritz/Reck (Hrsg.), HdBkommUnt, 2012, § 7, Rn. 108; *Mann,* ÖffrechtGes, 2001, S. 180; *Rüfner,* FormöffVerw, 1967, S. 259; **st. GmbH und st. AG:** *Engellandt,* EinflKomKapGes, 1995, S. 45; *A. Lange,* BetPrivrechtsfAnst, 2008, S. 42; *Parmentier,* GlsöffUntern, 2000, S. 29; **JPbR:** *Altmeppen,* NJW 2003, 2561 (2562); *Burgi* in: Erichsen/Ehlers (Hrsg.), AllgVerwR, 2010, § 10, Rn. 14; *Ehlers,* VerwPrivRf, 1984, S. 8 f.; *Forsthoff,* VerwR Bd. 1, 1973, § 25, S. 518; *Gaß,* UmwgemUnt, 2003, S. 44; *Maurer,* AllgVerwR, 2011, § 23, Rn. 61.

570 Vgl. **nr-VE:** *Cronauge/Westermann,* KommUntern, 2006, Rn. 97, dass ein „Eigenbetrieb [...] nur von der Kommune selbst betrieben werden kann" und daher eine Beteiligung Privater ausscheidet.

die nicht-rechtsfähige Verwaltungseinheit auf der anderen Seite bestimmt. Darüber hinaus lassen sich die Rechtsformen diesen beiden abschließend zuordnen. Diese Reduzierung auf Personenmehrheit im Fall der Körperschaft und Personeneinheit im Fall der Verwaltungseinheit bildet – wie im Folgenden noch zu zeigen sein wird – den Kern der vorliegenden Dekonstruktion.

Auch die Rechtssetzungspraxis ist nur in diesem Rahmen facettenreicher. Die Mehrheitsverhältnisse sind darüber hinaus nur für die Selbstverwaltungskörperschaft von einer Gleichheit der Mitglieder geprägt, während dies für die anderen Rechtsformen zwar nicht ausgeschlossen ist, jedoch nur in wenigen Einzelfällen der Fall ist. Die Mehrheitsverhältnisse für die Bundkörperschaft, Anstalt des öffentlichen Rechts und staatliche GmbH, AG und Stiftung des bürgerlichen Rechts sind dagegen facettenreicher und reichen von einer alleinigen Bestellung durch die Mutterkörperschaft oder zumindest zu einer Minderheitsbeteiligung gegenüber weiteren staatlichen Stellen, in Einzelfällen kann sogar einer Minderheitsbeteiligung gegenüber Privaten vorliegen. Ebenso wenig wie dies jedoch eine Rechtsform charakterisieren kann, stellt die Beteiligung Privater an der Besetzung der Willensbildungsorgane ein entsprechendes Merkmal dar.

Nur tendenziell erfolgt für die niedersächsische mittelbare Staatsverwaltung eine Minderheitsbeteiligung des Staates in Bezug auf die Besetzungsrechte zum Willensbildungsorgan faktisch häufiger in Form einer Stiftung des bürgerlichen Rechts oder einer AG. Gleichwohl ist auch dies für diese Rechtsformen nicht charakterisierend, soweit dies insgesamt nur in einer Minderheit der Fälle gegeben ist. Eine staatliche Minderheitsbeteiligung ist insgesamt betrachtet nicht charakteristisch für die Privatrechtsformen. Die staatliche GmbH ist dagegen umgekehrt mehrheitlich staatlich, wenn sie nicht sogar durch einen staatlichen Alleingesellschafter betrieben wird. Die Mehrheitsverhältnisse entsprechend der Besetzungsrechte sind daher statt durch die Rechtsform nur durch die Ausgestaltung im Einzelfall bestimmt. Die Besetzungsrechte unterscheiden nur die Körperschaft (einschließlich e. V. und e. G.) auf der einen und die nicht-rechtsfähige Verwaltungseinheit auf der einen Seite eindeutig voneinander, soweit für Erstere eine sie tragende Personenmehrheit und für Letztere eine Personeneinheit charakteristisch ist. Die weiteren Rechtsformen lassen sich insoweit diesen beiden Rechtsformen vollständig zuordnen.

(2) Die Bestimmung der Mehrheitsverhältnisse im Willensbildungsorgan anhand der Differenzierungen der Mitglieder des Willensbildungsorgans

Die Bewertung der Steuerung anhand der Mehrheitsverhältnisse ändert sich, sobald die oben bereits ausgeführten Qualifikationen der Mitglieder der Willensbildungsorgane betrachtet werden. Hiervon sind nur die Selbstverwaltungskörperschaften sowie die staatliche GmbH, AG und e. V. auszunehmen, soweit hier sich die Mehrheitsverhältnisse mangels Differenzierungen der Mitglieder der Willensbildungsorgane, wie bereits ausgeführt, nicht verändern. Für die GmbH und AG wurde jedoch bereits darauf hingewiesen, dass insofern womöglich auf das Aufsichtsorgan abzustellen ist, soweit dieses ggf. an die Stelle eines Willensbildungsorgans treten könnte.

Für die Bundkörperschaft sowie die weiteren Rechtsformen stellen sich die Mehrheitsverhältnisse anders dar, soweit nur noch Vertreter und von einer staatlichen Stelle entsandte Mitglieder in einem Willensbildungsorgan diesem zugerechnet werden. In keinem Fall ist die Mutterkörperschaft, unter anderem das Land Niedersachsen, unter dieser Prämisse im Willensbildungsorgan noch alleine vertreten. Die Vertretung des Landes Niedersachsen im Verhältnis zu weiteren juristischen Personen des öffentlichen Rechts ist sogar überwiegend nur noch minderheitlich[571], teilweise zumindest noch paritätisch[572], In all diesen Fällen wäre die Mutterkörperschaft nicht mehr in der Lage, die Einrichtung ohne den Konsens mit weiteren Beteiligten zu steuern. Es finden sich jedoch auch unter dieser Prämisse Einrichtungen, bei denen das Land Niedersachsen auch im Verhältnis zu den Mitgliedern, die keiner staatlichen Stelle zuzurechnen sind, sowie unter Berücksichtigung der Qualifikationen der Organmitglieder mehrheitlich vertreten ist[573], Vorwiegend finden sich jedoch weiterhin Einrichtungen, in denen zumindest zusammengenommen mehrheitlich die staatlichen Stellen vertreten sind, insbesondere im Verhältnis zu Mitgliedern mit einem bestimmten Sachverstand oder in Vertretung, auf Vorschlag bzw. im Interesse gesellschaftlicher Gruppen[574]. In einigen Fällen sind dennoch, auch unter Berücksichtigung der Qualifikationen der Mitglieder des Willensbildungsorgans, insgesamt nur staatliche Stellen vertreten[575].

Umgekehrt finden sich auch Einrichtungen, deren Willensbildungsorgan mit Mitgliedern, welche nach dem Wortlaut mehrheitlich keine Vertreter staatlicher Stellen angehören[576] oder bei denen die staatlichen Stellen mit diesen nur paritätisch

---

571 **AöR:** § 6 Abs. 1 ARL(S5), S. 49 f.; § 5 Abs. 1 FstKK, S. 554; § 4 Abs. 1 IfE(S1), S. 688 f.; § 6 Abs. 1 NLFst(G1), S. 616; **SöR:** § 6 MudCl(S3), S. 170; § 6 Abs. 1 SBK, S. 649; § 7 Abs. 1 StTIB(G), S. 151 (152); § 5 Abs. 1 StZAPf(G), S. 20; **JPöR:** § 6 Abs. 1 ARL(S2), S. 254.

572 **KöR:** § 7 Abs. 1 NLB-Giro, S. 312 (313); **AöR:** § 4 Abs. 1 GEI(G2), S. 170; § 4 Abs. 2 LIAG(G), S. 428; § 6 Abs. 1 AGTierGesG(G2), S. 277 f.; **SöR:** § 60 Abs. 1 NHG.

573 **st. SbR:** § 10 Abs. 1 NBingSt, S. 464; § 9 Abs. 1 NLottSt(S2), S. 86; **nr-VE:** § 5 HCC.

574 **AöR:** § 6 Abs. 1 AGTierGesG(G2), S. 277 f.; § 6 Abs. 1 ARL(S5), S. 49 f.; § 5 Abs. 1 FstKK, S. 554; § 6 Abs. 1 NLFst(G1), S. 616; **tr-AöR:** § 6 Abs. 2 BrLB; **SöR:** § 6 Abs. 1 SnGst(G), S. 494; § 5 Abs. 1 StZAPf(G), S. 20; **JPöR:** § 14 Abs. 2 CGGHKv; **st. SbR:** § 10 Abs. 1 NBingSt, S. 464; § 9 Abs. 1 NLottSt(S2), S. 86; § 9 Abs. 1 NLotSpSt, S. 294 (295).

575 **KöR:** § 11 Abs. 1 NSGV(S1), S. 245 (246); **AöR:** § 5 Abs. 1 AfBF(S1), S. 225 (226); § 4 Abs. 1 IfE(S1), S. 688 f.; §§ 4, 13 LBS-N(S), S. 499 ff.; §§ 3, 22 Nord-LB(S), S. 118 ff.; § 7 Abs. 1 NöVersG, S. 5 (6); **SöR:** § 6 MudCl(S3), S. 170; **JPöR:** § 6 ARL(S2), S. 254; **st. SbR:** StbRB(S3), S. 306 f.; **st. e. G.:** § 6 Abs. 1 HIS(S2).

576 **KöR:** § 7 Abs. 1 NLB-Giro, S. 312 (313); vgl. auch § 5 Abs. 1 OldL(V), S. 51; **AöR:** § 9 Abs. 1 HLKA, S. 739 (740); § 6 Abs. 1 HWW(S1), S. 510; **SöR:** § 60 Abs. 1 NHG; § 6 Abs. 1 SBK, S. 649; § 5 Abs. 1 StZIN(G), S. 209; **st. SbR:** § 7 Abs. 1 KTSt(S2), S. 1227 (1228); § 7 Abs. 2 StLSb(S), S. 15.

vertreten sind[577], besetzt ist. Hinzuweisen ist an dieser Stelle außerdem darauf, dass es daneben auch Willensbildungsorgane gibt, deren Mitglieder keine[578] oder mehrheitlich keine Vertreter sind oder keine bestimmende Qualifikation[579] aufweisen. Die Bewertung dieser Mitglieder beeinflusst damit zusätzlich die Bewertung der Steuerung anhand der Mehrheitsverhältnisse, ohne selbst durch die Regelungen der Rechtsgrundlagen eindeutig vorgegeben zu sein. Außerdem finden sich, vergleichbar mit den Selbstverwaltungskörperschaften, auch Anstalten und Stiftungen, in denen nur gesellschaftliche Gruppen in den Willensbildungsorganen vertreten sind[580]. Für diese ergeben sich die Mehrheitsverhältnisse ebenso wenig anhand der Bewertung einzelner Qualifikationen der Organmitglieder, sondern entsprechend dem bereits festgestellten Prinzip der Gleichheit der Mitglieder entsprechend der Besetzungsrechte. Die damit festgestellte Variationsbandbreite der Mehrheitsverhältnisse lässt sich gleichwohl keiner Rechtsform als charakteristisch zuordnen.

Sobald die Differenzierungen zur Bewertung der Steuerung herangezogen werden, welche den Einfluss der Mutterkörperschaft beschränken könnten, spiegelt sich dies zumeist auch in den Mehrheitsverhältnissen wider. Die Mutterkörperschaft, insbesondere das Land Niedersachsen, ist nicht mehr, wie bei Betrachtung der Besetzungsrechte, alleine in einem Willensbildungsorgan vertreten; insofern die GmbH außer Acht lassend. Zumeist ist sogar das Land Niedersachsen nur minderheitlich vertreten, sodass eine Willensbildung nur gemeinsam mit weiteren Beteiligten erfolgen kann. Soweit die Besetzungsrechte noch tendenziell für die Stiftungen eine höhere Beteiligung durch nicht-staatliche Stellen gezeigt hatten, so relativiert sich diese Unterscheidung anhand der Differenzierungskriterien. Nunmehr finden sich auch für die Bundkörperschaft und die Anstalt vielfältige Besetzungsvariationen mit Mitgliedern, welche keiner staatlichen Stelle unmittelbar im Sinne einer Steuerung zuzurechnen sind.

Die nicht-rechtsfähigen Verwaltungseinheiten können sich ebenso wenig hiervon abgrenzen, soweit auch hier anhand der Qualifikationen der Organmitglieder zumindest eine paritätische Besetzung mit nicht-staatlichen Stellen zu verzeichnen ist. Im Ergebnis bleibt festzuhalten, dass die Mehrheitsverhältnisse anhand der Differenzierungskriterien nicht Ausdruck einer Rechtsform sind, sondern nur der Ausgestaltung im Einzelfall folgen. Gleichzeitig zeigt sich hier, dass nur die Personenmehrheit eine Differenzierung begründen kann, soweit die Beschränkung

577 **AöR:** § 4 Abs. 1 GEI(G2); **nr-AöR:** § 7 Abs. 2 NIfR(S1), S. 834; **SöR:** § 7 Abs. 1 StTIB(G), S. 151 (152); **st. SbR:** § 5 Abs. 1 BaStW(S), S. 243; § 6 Abs. 1 FamN(S2), S. 137 (138); § 7 Abs. 1, 2 HWK(S2), S. 1009 (1010).

578 **AöR:** § 6 AfBF(S2), S. 252 (253); § 9 Abs. 3 IuFB(G1), S. 712 (714); **st. SbR:** § 5 Abs. 2 NUmwSt(S2), S. 1523 (1524); § 8 Abs. 1 StbRB(S2), S. 280; § 7 Abs. 1 ZeVA(S), S. 1001.

579 **AöR:** § 4 Abs. 1 LIAG(G), S. 428; **SöR:** § 8 Abs. 1 AsseSt, S. 314 f.; § 7 Abs. 1 StTIB(G), S. 151 (152).

580 **AöR:** § 69 Abs. 3 NHG; § 39 NMedienG; § 5 Abs. 1 RKrdSt(S3), S. 2 (3); **tr-AöR:** Art. 2 § 7 Abs. 1 PolAN(G), S. 444 (445); **SöR:** § 6 Abs. 1 StW-G.

der Steuerung durch Qualifikationen für die Personenmehrheit in gleicher Weise für die nicht-rechtsfähige Verwaltungseinheit als Personeneinheit angenommen werden kann.

Eine weitere Differenzierung erscheint für den Fall der Personeneinheit aus diesem Grunde dagegen willkürlich, soweit allein mit der Beschränkung des Einflusses die Rechtsfähigkeit auch für eine Personeneinheit begründet wird[581]. Das Argument der Willkürlichkeit spricht insofern dafür, die Rechtsformen weiter zu dekonstruieren und die (rechtsfähige) Personeneinheit mit der nicht-rechtsfähigen Verwaltungseinheit gleichzusetzen. Soweit dem entgegengehalten werden könnte, dass hiermit die ausdrücklich verliehene Rechtsfähigkeit übergangen würde, so ist dem zu entgegnen, dass eine willkürliche Entscheidung nicht Grundlage für eine rechtliche Beachtlichkeit sein dürfte. Außerdem kann einer lediglich formell begründeten Rechtsfähigkeit die gleiche Restgeltung zuerkannt werden, wie sie z. B. auch für nicht-rechtsfähige Verwaltungseinheiten in § 78 Abs. 1 Nr. 2 VwGO auch ohne Rechtsfähigkeit begründet wird. Der einer Einrichtung formell verliehenen Rechtsfähigkeit bei einer sie tragenden Personeneinheit mag insofern eine formelle Wirkung verbleiben. In diesem Rahmen kann sie wie eine nicht-rechtsfähige Verwaltungseinheit unter eigenem Namen auftreten, klagen und verklagt werden. An dieser Stelle zeigt sich damit die Differenzierung als beliebig, die für die Begründung der Rechtsfähigkeit im Rahmen einer Personeneinheit auf eine beschränkte Steuerung abstellen würde. Eine Dekonstruktion ist daher auch entsprechend dieser Auswertung der materiellen Merkmale angezeigt.

vi. Die Beschlussfassung und weitere Ausgestaltung der Mehrheitsverhältnisse im Willensbildungsorgan insbesondere durch Sonderrechte und Beschlussquoren

Die Mehrheitsverhältnisse und damit der Einfluss z. B. einer Mutterkörperschaft kann des Weiteren von erforderlichen Beschlussmehrheiten und der Beschlussfähigkeit des Willensbildungsorgans abhängen[582]. Je höher die erforderlichen Quoren sind, desto geringer ist der Einfluss der Mutterkörperschaft, soweit die Willensbildung in der betroffenen Einrichtung von weiteren Beteiligten abhängt. Umgekehrt könnte jedoch auch eine Sperrminorität gegeben sein und damit ein höherer, zumindest negativer Einfluss begründet werden. Die zuvor gefundenen Mehrheitsverhältnisse können sich so relativieren oder durch weitere Sonderrechte einzelner Mitglieder sogar umkehren[583]. Umgekehrt könnte sich der Einfluss des einzelnen Mitglieds auch mit

---

581 Vgl. Kap. A.I.5.b.

582 **JP:** *Gölz*, DStaatalsStift, 1999, S. 131; *E. Müller*, DBundStift, 2009, S. 52.

583 Vgl. **AöR:** *Bezzenberger/Schuster*, ZGR 1996, 481 (496); **st. AG:** *Hoffmann-Becking* in: MüHBGesR Bd. 4, 2015, § 30, Rn. 48 f.; **st. e. V.:** *Groß*, KollprVerwOrg, 1999, S. 148; *Knof* in: MüHBGesR Bd. 5, 2009, § 49, Rn. 21, 25 ff.; **st. e. G.:** *Hauser*, WahlOrgForm, 1987, S. 83; **JPbR:** *Oebbecke* in: Hoppe/Uechtritz/Reck (Hrsg.), HdBkommUnt, 2012, § 8, Rn. 59; *Vogel*, ÖffWirtprivH, 1959, S. 192.

der Größe des Willensbildungsorgans marginalisiert, indem das einzelne Mitglied einen entsprechend geringeren Einfluss ausüben kann. Die Beschlussfähigkeit, die Beschlussfassung ggf. mit Sonderrechten einzelner Mitglieder sowie die Größe des Willensbildungsorgans sind daher mit in die Bewertung der (Außen-)Steuerung der Rechtsformen einzubeziehen.

(1) Die Voraussetzungen der Beschlussfähigkeit des Willensbildungsorgans

Die Quoren für die Beschlussfähigkeit könnten naheliegenderweise entsprechend der Beteiligung nicht-staatlicher Stellen unterschiedlich ausgestaltet sein. Gleichwohl wird unabhängig von der Rechtsform die Beschlussfähigkeit gerade nicht dazu verwendet, die Mehrheitsverhältnisse anzupassen. In den meisten Fällen ist lediglich vorgesehen, dass das Willensbildungsorgan beschlussfähig ist, wenn mindestens die Hälfte[584] bzw. mehr als die Hälfte der Mitglieder anwesend ist[585]; teilweise wird hierfür wiederum an die Stimmrechtsanteile angeknüpft[586]. Der Grundfall der Beschlussfähigkeit ändert insofern in der Vielzahl der Fälle in der Rechtssetzungspraxis die Mehrheitsverhältnisse nicht, bzw. im Ergebnis nur für den Fall, dass Mitglieder abwesend sind.

Hiermit ist gleichwohl die Variationsbandbreite noch nicht abschließend erfasst. Für die Beschlussfähigkeit finden sich abweichend auch Beispiele, in denen jedes Mitglied vertreten sein muss[587]. Dazwischen finden sich auch Quoren über der

---

584 **KöR:** § 8 Abs. 3 S. 1 AdWG, S. 775 (776), bzgl. der Wahlen; § 14 Abs. 1 BrWG; § 16 Abs. 1 LUH; § 5 Abs. 1 LwKN; § 7 Abs. 3 NArchtK(S); § 65 Abs. 1 NKomVG; §§ 12 Abs. 3, 15 Abs. 4 NSGV(S1), S. 245 (246); § 6a Abs. 1 Stud-LUH; **AöR:** § 5 Abs. 3 FstKK, S. 554 f.; § 7 Abs. 4 IuFB(V), S. 258 (259); § 4 Abs. 6 LIAG(S); § 46 Abs. 1 NMedienG; § 7 Abs. 2 NTierSK.; § 7 Abs. 2 S. 1 RKrdSt(S3), S. 2 (3); § 13 StW-H, S. 172 (175); **tr-AöR:** § 7 Abs. 1 PolAN(S) S. 573 (574); **nr-AöR:** § 7 Abs. 6 NIfR(S1), S. 834 (835); **SöR:** § 6 Abs. 4 SnGst(G), S. 494; § 9 Abs. 2 S. 1 St-TiHo(S), S. 854 (855); § 5 Abs. 5 StZIN(G), S. 209; **JPöR:** § 6 Abs. 3 ARL(S2), S. 254; § 9 Abs. 3 BRRKv, S. 626 (627); **(st.)GmbH:** § 47 Abs. 1 GmbHG; **(st.)AG:** § 133 Abs. 1 AktG; **st. SbR:** § 7 Abs. 3 BaStW(S), S. 243 (244); § 10 Abs. 5 NBingSt, S. 464 (465); § 9 Abs. 5 NLotSpSt, S. 294 (295); § 9 Abs. 5 NLottSt(S2), S. 86 (87); § 5 Abs. 3 NUmwSt(S2), S. 1523 (1524); § 8 Abs. 3 StbRB(S2), S. 280, obwohl zu einem späteren Zeitpunkt die Mitgliederzahl von vier auf sieben erhöht wurde, soweit ersichtlich weiterhin zwei anwesende Mitglieder voraussetzend, vgl. StbRB(S3), s. 306 f.

585 **KöR:** § 65 Abs. 1 NKomVG; **AöR:** § 6 Abs. 3 ARL(S5), S. 49 (50); § 4 Abs. 3 GEI(G2), S. 170; § 8 Abs. 1 HWW(S1), S. 510; § 4 Abs. 2 IfE(S1), S. 688 (689); **SöR:** § 5 Abs. 5 StZAPf(G), S. 20; **JPöR:** § 15 Abs. 3 CGGHKv; **st. e. V.:** § 6 Abs. 5 BrLsch; **st. SbR:** § 9 Abs. 4 HWK(S2), S. 1009 (1010); § 7 Abs. 3 KTSt(S2), S. 1227 (1228); § 9 Abs. 3 StLSb(S), S. 15.

586 **st. GmbH:** § 8 Abs. 8 HIS(S1); § 6 Abs. 4 RamBmG; § 10 Abs. 4 GmbH2.

587 **AöR:** § 6 Abs. 3 AfBF(S2), S. 252 (253); § 13 Abs. 5 LBS-N(S), S. 499 (501); § 10 Abs. 4 ÖffSB(S3), S. 213 (214); **tr-AöR:** § 21 Abs. 4 Nord-LB(S), S. 118 (121); **SöR:** § 8 Abs. 2 S. 1 MudCl(S3), S. 170.

Hälfte[588] oder stattdessen ein doppeltes Quorum, indem „ein Drittel der Mitglieder und ein Drittel der satzungsmäßigen Stimmenzahl“ vertreten sein muss[589]. Insbesondere finden sich im Einzelfall tatsächlich Sonderrechte einzelner Mitglieder; beispielsweise zusätzliche Erfordernisse, wie die Anwesenheit des Vorsitzenden. Dieser kann der Vertreter des Landes[590], in anderen Fällen auch der Vertreter des Bundes[591] oder aber auch lediglich eines anderen Mitgliedes sein[592]. Gleichwohl hängt dies nicht davon ab, ob nicht-staatliche Stellen vertreten sind[593] oder nicht[594]. Ein Sonderrecht bzgl. der Beschlussfähigkeit ist damit weder für eine Rechtsform noch für bestimmte Mehrheitsverhältnisse oder die Beteiligung nicht-staatlicher Stellen charakteristisch. Andererseits finden sich auch Beispiele, bei denen bloß 1/5 der Mitglieder anwesend sein müssen[595]. In Einzelfällen wird auf ein Quorum für die Beschlussfähigkeit sogar verzichtet[596]. Da eine Beschlussfähigkeit nicht immer ausdrücklich geregelt ist[597], erscheinen Regelungen sogar entbehrlich. Es dürfte so im Regelfall für alle

---

588 **KöR:** vgl. § 22 Abs. 1 Nds.FischG(G); § 24 Abs. 2 Nds.HKG; § 24 Abs. 1 S. 1 Nds. RealvG; § 15 Abs. 3 NSGV(S1), S. 245 (247); **AöR:** § 6 Abs. 3 AfBF(S2), S. 252 (253); § 8 Abs. 1 HWW(S1), S. 510; § 13 Abs. 2 LBS-N(S), S. 499 (501); so noch z. B. für die Öffentliche Sachversicherung Braunschweigs in einer vorhergehenden Satzung: § 9 Abs. 4 ÖffSB(S1), S. 709 (711); **SöR:** ursprünglich nur ein höheres Quorum statt die Anwesenheit aller Mitglieder voraussetzend, § 8 Abs. 2 MudCl(S1), S. 409 (410); § 8 Abs. 2 S. 1 StTIB(S), S. 1542 (1543); **st. GmbH:** § 11 Abs. 4 EaSoA; § 6 Abs. 3 LEA; **st. SbR:** § 6 Abs. 4 FamN(S2), S. 137 (138).

589 **st. e. V.:** § 7 Abs. 5 S. 3 NStT.

590 **AöR:** § 10 Abs. 3 HLKA, S. 739 (741); § 7 Abs. 4 IuFB(V), S. 258 (259); **nr-AöR:** § 7 Abs. 6 NIfR(S1), S. 834 (835); **SöR:** § 9 Abs. 2 St-TiHo(S), S. 854 (855); § 8 Abs. 2 S. 1 StTIB(S), S. 1542 (1543); **st. SbR:** § 7 Abs. 3 BaStW(S), S. 243 (244).

591 **AöR:** § 4 Abs. 2 IfE(S2), S. 1468, ursprünglich noch ohne diese zusätzliche Anforderung, vgl. § 4 Abs. 2 IfE(S1), S. 688 (689).

592 **AöR:** § 7 Abs. 4 IuFB(V), S. 258 (259); vgl. auch § 7 Abs. 2 RKrdSt(S3), S. 2 (3), in dessen Fall der Vorsitzende gleichzeitig der Ritterschaftspräsident ist; **SöR:** § 9 Abs. 2 St-TiHo(S), S. 854 (855); § 7 Abs. 2 StW-G; **JPöR:** § 9 Abs. 3 BRRKv, S. 626 (627); § 15 Abs. 2 CGGHKv; **st. GmbH:** § 9 Abs. 2 EaSoA; § 8 Abs. 1 GmbH2; **st. e. V.:** § 6 Abs. 4 3NKN; **st. SbR:** § 5 Abs. 3 NUmwSt(S2), S. 1523 (1524).

593 **AöR:** § 10 Abs. 3 HLKA, S. 739 (741); § 9 Abs. 3 IuFB(G1), S. 712 (714); **nr-AöR:** § 7 Abs. 2 NIfR(S1), S. 834; **SöR:** § 7 Abs. 1 St-TiHo(S), S. 854; § 4 Abs. 1 StW-G; **JPöR:** vgl. auch § 8 BRRKv, S. 626 (627); § 14 Abs. 2 CGGHKv; **st. GmbH:** vgl. EaSoA; **st. e. V.:** § 3 Abs. 1 3NKN; **st. SbR:** § 5 Abs. 1 BaStW(S), S. 243 (244); § 5 Abs. 1 NUmwSt(S2), S. 1523 (1524).

594 **AöR:** § 4 Abs. 1 IfE(S1), S. 688 f.; § 13 Abs. 1 LBS-N(S), S. 499 (501); **st. GmbH:** § 3 GmbH2.

595 **st. e. V.:** § 10 Abs. 4 S. 1 N21.

596 **KöR:** § 8 Abs. 2 RitLBr, S. 517 (518); **st. e. V.:** § 6 Abs. 6 S. 1 LVG.

597 Vgl. **SöR:** § 6 SBK, S. 649 f.; § 7 StTIB(G), S. 151 (152); **st. e. V.:** § 8 DInKt; **st. SbR:** § 9 StJbJ, S. 55 (56); §§ 9, 11 StN(S1), S. 126 (127); § 8 ZeVA(S), S. 1000 (1001 f.); **nr-VE:** §§ 5, 6 HCC; § 5 VwÄKN; § 4 VwIngK; vgl. auch **st. AG:** *Austmann* in: MüHBGesR Bd. 4, 2015, § 40, Rn. 5.

Rechtsformen in gleicher Weise von einer Beschlussfähigkeit bei der Anwesenheit der Mehrheit der Mitglieder des Willensbildungsorgans auszugehen sein.

Festzuhalten ist an dieser Stelle nur, dass sich zumindest kein Beispiel findet, in dem die Regelungen zur Beschlussfähigkeit zu einem erhöhten Einfluss der Mutterkörperschaft für eine bestimmte Rechtsform führen, als bereits aus den zuvor festgestellten Mehrheitsverhältnissen folgt. Auch soweit im Einzelfall alle Mitglieder des Willensbildungsorgans anwesend sein müssen – und damit der Einfluss der Mutterkörperschaft beschränkt wäre – ist dies dennoch nicht charakteristisch für eine Rechtsform. Die Beschlussfähigkeit des Willensbildungsorgans ist dagegen insgesamt kein Ausdruck der Rechtsform, sondern nur eine Frage der Ausgestaltung im Einzelfall.

(2) Die Quoren für eine Beschlussmehrheit des Willensbildungsorgans

Die erforderlichen Mehrheiten könnten in diesem Sinne – wie bereits angedeutet – auch eine Sperrminorität begründen und in diesem Sinne die zuvor herausgearbeiteten Mehrheitsverhältnisse verändern. Die Beschlüsse werden gleichwohl überwiegend mit einer einfachen Stimmmehrheit gefasst[598], ohne dass sich damit die oben bereits dargestellten Mehrheitsverhältnisse im Willensbildungsorgan verschieben. Dies gilt insbesondere für die Einrichtungen, deren Mitgliedschaft sich nach dem Eigentum richtet, indem auf eine Mehrheit der Stimmanteile abgestellt wird[599]. Die

---

598 **KöR:** § 14 Abs. 3 BrWG; § 9 Abs. 3 LUH; § 5 Abs. 2 S. 1 LwKN; § 24 Abs. 3 S. 1 Nds. HKG; § 22 Abs. 2 S. 1 NIngG; § 66 Abs. 1 S. 1 NKomVG; § 8 Abs. 5 NLB-Giro, S. 312 (314); § 12 Abs. 4 S. 1 NSGV(S1), S. 245 (246); § 5 Abs. 5 S. 1 OldL(V), S. 51 (52); § 8 Abs. 2 S. 4 RitLBr, S. 517 (518); **AöR:** § 6 Abs. 3 S. 2 AfBF(S2), S. 252 (253); § 6 Abs. 3 S. 2 ARL(S5), S. 49 (50); § 5 Abs. 3 S. 1 FstKK, S. 554; § 4 Abs. 3 S. 2 GEI(G2), S. 170; § 10 Abs. 4 HLKA, S. 739 (741); § 8 Abs. 1 S. 1 HWW(S1), S. 510; Nr. § 4 Abs. 2 S. 2 IfE(S2), S. 1468; § 7 Abs. 5 S. 1 IuFB(V), S. 258 (259); § 4 Abs. 7 S. 1 LIAG(S); § 46 Abs. 2 NMedienG; § 22 Abs. 5 j) – q) Nord-LB(S), S. 118 (121); § 7 Abs. 2 S. 2 NTierSK; § 10 Abs. 8 ÖffSB(S3), S. 213 (215); § 7 Abs. 3 S. 1 RKrdSt(S3), S. 2 (3); § 13 Abs. 3 StW-H, S. 172 (176); **tr-AöR:** § 7 Abs. 2 S. 2 PolAN(S), S. 573 (574); **nr-AöR:** § 7 Abs. 7 S. 1 NIfR(S1), S. 834 (835); **SöR:** § 8 Abs. 6 S. 1 AsseSt, S. 314 (315); § 8 Abs. 3 S. 1 MudCl(S3), S. 170; § 6 Abs. 3 SBK, S. 649; § 6 Abs. 4 S. 2 SnGst(G), S. 494; § 7 Abs. 4 S. 1 StTIB(G), S. 151 (152); § 7 Abs. 2 S. 2 StW-G; § 5 Abs. 5 S. 2 StZAPf(G), S. 20; § 5 Abs. 5 S. 2 StZIN(G), S. 209; **JPöR:** § 6 Abs. 3 S. 2 ARL(S2), S. 254; § 9 Abs. 4 S. 1 BRRKv, S. 626 (627); § 15 Abs. 4 S. 1 CGGHKv; **st. AG:** § 8 Abs. 4 SagAG; § 15 Abs. 3 VWAg; **st. e. V.:** § 32 Abs. 1 BGB; vgl. auch §§ 6 Abs. 4, 7 Abs. 4 3NKN; § 6 Abs. 5 BrLsch; § 8 Abs. 7 DInKt; § 6 Abs. 6 LVG; § 10 Abs. 4 N21; **st. e. G.:** § 33 Abs. 1 HIS(S2); **st. SbR:** § 7 Abs. 4 S. 1 BaStW(S), S. 243 (244); § 6 Abs. 5 S. 1 FamN(S2), S. 137 (138); § 9 Abs. 2 S. 2 GISMA(S1), S. 426; § 9 Abs. 4 S. 2 HWK(S2), S. 1009 (1010); § 7 Abs. 4 S. 1 KTSt(S2), S. 1227 (1228); § 10 Abs. 5 S. 2 NBingSt, S. 464 (465); § 9 Abs. 5 S. 2 NLotSpSt, S. 294 (295); § 9 Abs. 5 NLottSt(S2), S. 86 (87); § 5 Abs. 3 NUmwSt(S2), S. 1523 (1524); § 8 Abs. 3 StbRB(S2), S. 280; § 9 Abs. 5 StLSb(S), S. 15.

599 **KöR:** § 34 Abs. 1 Nds.FischG(G); § 25 Abs. 1 Nds.RealvG; **st. GmbH:** § 11 Abs. 5 EaSoA; § 6 Abs. 6 LEA; § 6 Abs. 5 RamBmG; § 10 Abs. 5 GmbH2; **st. SbR:** § 9 Abs. 7 StJbJ, S. 55 (56).

entsprechenden Ausprägungsvarianten für die Selbstverwaltungskörperschaft setzen sich somit an dieser Stelle unverändert fort.

Satzungsänderungen, soweit die juristische Person hierfür selbst zuständig ist, erfordern regelmäßig andere Quoren, die über eine einfache Stimmenmehrheit hinausgehen. Typischerweise handelt es sich um eine 2/3-Mehrheit[600]. Es finden sich auch Fällen, bei denen eine Satzungsänderung eine 3/4[601] oder 5/7 Mehrheit erfordert[602]. Abweichend ist bei einigen Einrichtungen nur die Mehrheit der Mitglieder[603] oder umgekehrt eine Einstimmigkeit[604] für Satzungsänderungen Voraussetzung. In einigen Fällen finden sich keine Sonderregelungen für Satzungsänderungen[605]. Daneben dürfte – auch soweit nicht geregelt – Satzungsänderungen aus allgemeinen Erwägungen heraus unter dem Vorbehalt der Genehmigung durch die Mutterkörperschaft stehen[606]. Ob aus der Genehmigungsbedürftigkeit eine Steuerungswirkung der Mutterkörperschaft abzuleiten ist, kann damit offen bleiben, soweit dies zumindest für alle Rechtsformen in gleicher Weise gelten würde. Es ist jedoch zu beachten, dass gelegentlich die Satzung unmittelbar durch die Mutterkörperschaft erlassen

---

600 **KöR:** § 25 ÄKN; § 14 Abs. 2 S. 1 BrWG; § 23 Abs. 1 S. 2 LwKN; § 20 Abs. 2 NArchtK(G); § 41 Abs. 1 S. 3 NHG; § 22 Abs. 2 S. 2 NIngG, eine doppelte Mehrheit mit dem Mehrheitserfordernis der anwesenden Pflichtmitglieder vorsehend; § 9 Abs. 3 S. 1 NLB-Giro, S. 312 (314); § 5 Abs. 4 NVdR(S); § 36 S. 1 Stud-LUH; **AöR:** § 4 Abs. 3 S. 3 GEI(G2), S. 170; § 4 Abs. 3 LIAG(G), S. 428; § 17 S. 2 RKrdSt(S3), S. 2 (4), jedoch der Mitglieder des Rittertages; § 6 Abs. 1 Nr. 3 StW-H, S. 172 (173); **SöR:** § 8 Abs. 6 S. 2 AsseSt, S. 314 (315); § 16 Abs. 1 MudCl(S3), S. 170 (171); § 10 Abs. 1 SnGst(G), S. 494 (495); § 14 S. 1 St-TiHo(S), S. 854 (855); § 7 Abs. 4 StTIB(G), S. 151 (152); § 7 Abs. 1 StZAPf(G), S. 20; § 7 Abs. 1 StZIN(G), S. 209; **JPöR:** § 20 Abs. 2 BRRKv, S. 626 (628); **st. e. V.:** § 15 3NKN; § 7 Abs. 4 NStT; **st. SbR:** § 13 Abs. 1 KTSt(S2), S. 1227 (1228).

601 **KöR:** § 8 Abs. 4 S. 2 AdWG, S. 775 (776); § 20 RitLBr, S. 517 (519); **AöR:** § 22 Abs. 5 Nord-LB(S), S. 118 (121); **st. e. V.:** § 8 Abs. 7 DInKt; § 6 Abs. 6 LVG; **st. e. G.:** § 33 Abs. 2 HIS(S2); **st. SbR:** § 13 FamN(S2), S. 137 (138); § 14 Abs. 1 GISMA(S1), S. 425 (427); § 17 Abs. 1 S. 1 HWK(S2), S. 1009 (1011); § 20 Abs. 1 S. 1 NBingSt, S. 464 (467); § 12 Abs. 1 NLotSpSt, S. 294 (296); § 16 Abs. 1 NLottSt(S2), S. 86 (88); § 11 Abs. 1 NUmwSt(S2), S. 1523 (1525); § 13 Abs. 1 StN(S2), S. 1209 (1211), Einstimmigkeit nur bei Änderung des Zwecks.

602 **st. SbR:** § 8 Abs. 2 ZeVA(S), S. 1001 (1002).

603 **KöR:** § 12 Abs. 2 NKomVG; **AöR:** § 6 ARL(S5), S. 49 f.; § 8 NLFst(G1), S. 616 (617); **tr-AöR:** § 7 Abs. 4 PolAN(S), S. 573 (574); **st. e. V.:** § 6 Abs. 5 BrLsch; **st. SbR:** § 9 Abs. 6 StLSb(S), S. 15.

604 **AöR:** § 13 Abs. 7 LBS-N(S), S. 499 (501); **st. GmbH:** § 10 Abs. 5 GmbH2; **st. SbR:** § 12 Abs. 1 BaStW(S), S. 243 (245); § 10 Abs. 2 StJbJ, S. 55 (56), der Gründungsmitglieder; § 10 Abs. 2 StJbJ, S. 55 (56), im Fall der Änderung des Stiftungszwecks oder der Auflösung.

605 Vgl. **AöR:** § 6 Abs. 3 ARL(S5), S. 49 (50); § 6 FstKK, S. 554 (555); § 5 IfE(S1), S. 688 (689); § 46 Abs. 2 NMedienG; **SöR:** §§, 7, 11 StW-G; **JPöR:** § 6 ARL(S2), S. 254; § 32 CGGHKv; **st. SbR:** §§ 8, 11 StbRB(S2), S. 280.

606 *Ossenbühl* in: Isensee/Kirchhof, HdBdStR Bd. 5, 2007, § 105, Rn. 55.

und geändert wird[607], sodass sich die Frage der Steuerung durch die erforderliche Beschlussmehrheit im Willensbildungsorgan in diesen Fällen sowieso nicht stellen kann. Die besonderen Beschlussmehrheiten für Satzungsänderungen sind damit für alle Rechtsformen vergleichbar eine Variationsbandbreite und lediglich abhängig von der Ausgestaltung im Einzelfall.

Die Abweichungen der erforderlichen Quoren von der einfachen Stimmenmehrheit beschränken sich auch nicht – wie man annehmen könnte – auf Satzungsänderungen. Stattdessen finden sich unterschiedlichste Abweichungen von den allgemeinen Beschlussmehrheiten, ohne für eine Rechtsform charakteristisch zu sein. Es gibt dementsprechend Einrichtungen, deren Willensbildungsorgan insgesamt nur mit 2/3[608] oder 3/4 Mehrheit Entscheidungen treffen kann[609]. Daneben finden sich abweichende Anforderungen, in denen die Willensbildungsorgane mit der Mehrheit ihrer Mitglieder – Stimmen abwesender Mitglieder werden als Ablehnung gewertet – Entscheidungen treffen[610], dies teilweise jedoch wiederum nur bzgl. der Satzungsänderungen[611].

Höhere Quoren finden sich sowohl bei mehrheitlich durch nicht-staatlichen Stellen besetzten Willensorganen[612] als auch bei Einrichtungen mit einer Mehrheitsbeteiligung juristischer Personen des öffentlichen Rechts[613]. Höhere Quoren hängen daher weder von der Sicherung eines entscheidenden Einflusses der Mutterkörperschaft noch der staatlicher Stellen insgesamt im Vergleich zu nicht-staatlichen Stellen ab[614]. Nicht immer ist die erforderliche Mehrheit für die Beschlussfassung, teilweise auch nur im Unterschied zu Satzungsänderungen, überhaupt geregelt[615]. Insgesamt stellen sich die Abweichungen nur als Ausnahmefälle dar, die sich nicht für eine Rechtsform verallgemeinern lassen, jedoch zumindest eine allgemeine Variationsbandbreite aufzeigen. Zumindest die Rechtsformen selbst setzen dieser keine

---

607 **AöR:** vgl. AfBF(S2), S. 252 ff.; § 11 Abs. 2 m), „Vorschläge zur Änderung der Satzung zwecks Vorlage an das Niedersächsische Landesministerium"; § 12 IuFB(G1), S. 712 (714); § 17 RKrdSt(S3), S. 2 (4); **tr-AöR:** BrLB; **SöR:** § 6 HWBl, S. 710; vgl. auch SBK, ganz ohne Satzung neben dem Errichtungsgesetz; vgl. auch **JPöR:** § 20 Abs. 1 BRRKv, S. 616 (628).

608 **AöR:** § 13 Abs. 2 LBS-N(S), S. 499 (501); **st. GmbH:** § 9 Abs. 2 HIS(S1).

609 **KöR:** § 8 Abs. 4 S. 2 AdWG, S. 775 (776), bzgl. der Wahlen; **AöR:** § 4 Abs. 3 GEI(G1), S. 212; § 22 Abs. 5 Nord-LB(S), S. 118 (121).

610 **AöR:** § 6 Abs. 4 NLFst(G1), S. 616; **SöR:** § 9 Abs. 2 St-TiHo(S), S. 854 (855).

611 **tr-AöR:** § 7 Abs. 4 PolAN(S) S. 573 (574).

612 **KöR:** § 5 Abs. 1 AdWG, S. 775 (776); **AöR:** Art. 1 Nr. 1 NLFst(G2), S. 306, paritätisch; **SöR:** § 7 Abs. 1 St-TiHo(S), S. 854 (855).

613 **AöR:** § 4 Abs. 1 GEI(G1), S. 212; § 13 Abs. 1 LBS-N(S), S. 499 (510); § 6 Abs. 1 NLFst(G1), S. 616; § 22 Abs. 1 Nord-LB(S), S. 118 (121).

614 Vgl. **SöR:** *Alscher*, DStiftungÖffR, 2006, S. 59.

615 Vgl. **KöR:** NArchtK(G) und NArchtK(S); § 14 NKomZG; **tr-AöR:** BrLB; **st. SbR:** § 9 StJbJ, S. 55 (56); § 8 ZeVA(S), S. 1000 (1001 f.).

Grenzen; ggf. jedoch die noch darzustellenden Verfassungsprinzipien. Entscheidend ist damit wieder statt der Wahl einer Rechtsform die Ausgestaltung im Einzelfall.

Mehrheitsverhältnisse können grundsätzlich auch durch Sonderrechte einzelner Mitglieder, z. B. zugunsten der Mutterkörperschaft, verändert werden[616]. So finden sich in den Fällen, in denen privatrechtliche Einrichtungen oder Einzelpersonen im Willensbildungsorgan mehrheitlich oder paritätisch mit staatlichen Stellen vertreten sind, teilweise Vetorechte des Landes[617] und des Bundes[618]. Eine andere Form eines Sonderrechts findet sich im Fall der Oldenburgischen Landschaft, für die festgelegt ist, dass die Landkreise und kreisfreien Städte über die gleiche Stimmenanzahl wie die sonstigen Mitglieder – und damit insbesondere gegenüber den nicht-staatlichen Stellen – verfügen[619]. Eine weitere Art von Sonderrechten ist, dass eine Entscheidung gegen den Vorsitzenden, der der Vertreter des Landes ist, der Aufsichtsbehörde zur Entscheidung vorgelegt werden muss[620]. Gleichwohl sind solche Vetorechte im Fall einer Mehrheit nicht-staatlicher Stellen in den Willensorganen nicht immer vorhanden[621]. Zusätzliche Abweichungen finden sich in einer Reihe weiterer Einzelfälle. So haben im Fall der Senate der Hochschulen die Studierendenvertreter doppeltes Stimmrecht in Bereichen, welche die Bewertung der Lehre betreffen[622]. Diese Sonderrechte charakterisieren weder eine Rechtsform noch die zugrundeliegenden Mehrheitsverhältnisse; sie sind Ausdruck der Ausgestaltung im Einzelfall.

Als weiteres Sonderrecht kann die Stimme des Vorsitzenden, welcher gleichzeitig der Vertreter der Mutterkörperschaft ist, bei Stimmgleichheit den Ausschlag geben. Regelmäßig ist in diesem Sinne bei Stimmengleichheit die Stimme des

616 **SöR und st. SbR:** *Gölz*, DStaatalsStift, 1999, S. 119, 130 f.; **st. GmbH:** *Mann*, ÖffrechtGes, 2001, S. 191 f.; **st. AG:** *Blessing*, ÖffrAnstBetPr, 2008, S. 177; **st. e. V.:** *M. J. Müller*, RtfwissHochS, 2015, S. 260.

617 **AöR:** § 6 Abs. 6 ARL(S5), S. 49 (50); § 4 Abs. 3 S. 4 GEI(G2), S. 170; § 4 LIAG(S); § 6 Abs. 2 AGTierGesG(G2), S. 277 (278), jedoch nur für Satzungsänderungen; **SöR:** § 6 Abs. 4 SnGst(G), S. 494; § 7 Abs. 4 StTIB(G), S. 151 (152); § 5 Abs. 1 StZAPf(G), S. 20; § 5 Abs. 5 StZIN(G), S. 209; **st. GmbH:** § 10 Abs. 1 DSMZ; § 6 Abs. 7 LEA; **st. e. V.:** § 15 3NKN; **st. SbR:** § 7 Abs. 4 BaStW(S), S. 243 (244); § 17 Abs. 1 HWK(S2), S. 1009 (1011), für Satzungsänderungen; § 10 Abs. 2 StJbJ, S. 55 (56), bzgl. Satzungsänderungen; ein Vetorecht bzgl. der Finanzplanung, welches jedoch durch eine Mehrheitsentscheidung der Mitglieder des Stiftungsrates überstimmt werden kann, § 9 Abs. 5 StN(S1), S. 126 (127).

618 **AöR:** § 6 Abs. 6 ARL(S5), S. 49 (50); § 4 Abs. 3 S. 4 GEI(G2), S. 170; § 4 Abs. 7 LIAG(S); **SöR:** § 7 Abs. 4 StTIB(G), S. 151 (152).

619 **KöR:** § 5 Abs. 4 Nr. 1 OldL(V), S. 51.

620 **AöR:** § 8 Abs. 4 HWW(S1), S. 510 f.

621 **AöR:** § 10 HLKA, S. 739 (740 f.); § 8 HWW(S1), S. 510 f.; § 6 Abs. 2 AGTierGesG(G2), S. 277 (278), außer für Satzungsänderungen; **nr-AöR:** Vgl. § 7 NIfR(S1), S. 834 f., jedoch mittelbar durch die den Ausschlag gebende Stimme des Vorsitzenden.

622 **KöR:** § 41 Abs. 3 S. 4 NHG.

Vorsitzenden Ausschlag gebend[623]. Wiederum regelmäßig, jedoch nicht immer[624], ist dies der Vertreter des Landes[625]. In Einzelfällen entscheidet bei Stimmengleichheit das Los[626]. Umgekehrt findet sich jedoch auch die ausdrückliche Regelung, dass bei Stimmengleichheit ein Antrag abgelehnt ist[627]. Regelungen zur Beschlussfassung bei Stimmgleichheit haben ihre größte Bedeutung im Fall einer paritätischen Vertretung. Diese sind dennoch unabhängig davon, ob die staatlichen Stellen oder die Mutterkörperschaft mit weiteren staatlichen Beteiligten paritätisch im Willensbildungsorgan vertreten sind[628] oder nicht[629]. Die Vorgehensweise bei Stimmgleichheit

---

623 **KöR:** § 8 Abs. 5 NLB-Giro, S. 312 (314); **AöR:** § 6 Abs. 3 S. 3 AfBF(S2), S. 252 (253); § 6 Abs. 3 S. 3 ARL(S5), S. 49 (50); § 5 Abs. 3 S. 1 FstKK, S. 554 f.; § 8 Abs. 1 S. 2 HWW(S1), S. 510; § 4 Abs. 2 S. 1 IfE(S1), S. 688 (689); § 7 Abs. 5 S. 4 IuFB(V), S. 258 (259); § 4 Abs. 7 S. 2 LIAG(S); Art. 1 Nr. 1 NLFst(G2), S. 306; § 6 Abs. 14 StW-H, S. 172 (174); **nr-AöR:** § 7 Abs. 7 NIfR(S1), S. 834 (835); **SöR:** ursprünglich eine Entscheidung durch den Vorsitzenden, statt Ablehnung des Antrags vorsehend: § 8 Abs. 3 MudCl(S1), S. 409 (410); § 6 Abs. 4 SnGst(G), S. 494; § 9 Abs. 2 S. 3 St-TiHo(S), S. 854 (855); § 7 Abs. 2 StW-G; § 5 Abs. 5 StZIN(G), S. 209; **JPöR:** § 6 Abs. 3 ARL(S2), S. 254; BRRKv, S. 626 (627); **st. SbR:** § 6 Abs. 5 S. 2 FamN(S2), S. 137 (138); § 9 Abs. 2 S. 3 GISMA(S1), S. 426; § 9 Abs. 4 S. 3 HWK(S2), S. 1009 (1010); § 7 Abs. 4 S. 2 KTSt(S2), S. 1227 (1228); § 10 Abs. 5 s. 3 NBingSt, S. 464 (465); § 9 Abs. 5 S. 3 NLotSpSt, S. 294 (295); § 9 Abs. 5 S. 3 NLottSt(S2), S. 86 (87); § 5 Abs. 3 S. 5 NUmwSt(S2), S. 1523 (1524); § 8 Abs. 3 StbRB(S2), S. 280.

624 Vgl. **KöR:** § 7 Abs. 5 NLB-Giro, S. 312 (314); **AöR:** § 5 Abs. 2 FstKK, S. 554; § 7 Abs. 5 IuFB(V), S. 258 (259); § 6 Abs. 14 StW-H, S. 172 (174); **SöR:** § 60 Abs. 1 S. 5 NHG; **JPöR:** § 6 Abs. 3 ARL(S2), S. 254; BRRKv, S. 626 (627); **st. SbR:** § 6 KTSt(S2), S. 1227 (1228); § 10 Abs. 5 NBingSt, S. 464 (465); § 9 Abs. 5 NLotSpSt, S. 294 (295); § 9 Abs. 5 NLottSt(S2), S. 86 (87); § 5 Abs. 3 NUmwSt(S2), S. 1523 (1524); § 8 Abs. 3 StbRB(S2), S. 280.

625 **AöR:** § 6 Abs. 3 ARL(S5), S. 49 (50); § 8 Abs. 1 HWW(S1), S. 510; § 4 Abs. 2 IfE(S1), S. 688 (689); § 4 Abs. 1 LIAG(S); § 6 Abs. 2 NLFst(G1), S. 616; **nr-AöR:** § 7 Abs. 7 NIfR(S1), S. 834 (835); **SöR:** § 6 Abs. 1, 4 SnGst(G), S. 494; § 8 Abs. 3, S. 2 StTIB(S), S. 1542 (1543); § 7 Abs. 2 StW-G; § 5 Abs. 5 StZAPf(G), S. 20; § 5 Abs. 1, 5 StZIN(G), S. 209; **st. SbR:** § 6 Abs. 1, 5 FamN(S2), S. 137 (138); §§ 7 Abs. 2, 9 Abs. 2 GISMA(S1), S. 426; § 9 Abs. 1 HWK(S2), S. 1009 (1010).

626 **st. AG:** § 10 Abs. 6 SagAG; **st. e. V.:** § 8 Abs. 9 DInKt, für die Wahl von Personen; **st. e. G.:** § 35 Abs. 3 HIS(S2), bei Wahlen.

627 **KöR:** § 5 Abs. 5 LwKN; § 24 Abs. 3 Nds.HKG; § 66 Abs. 1 NKomVG; **SöR:** § 8 Abs. 3 MudCl(S3), S. 170; **st. e. V.:** § 6 Abs. 4, 7 Abs. 4 3NKN; § 6 Abs. 5 BrLsch; § 6 Abs. 6 LVG; **st. e. G.:** § 35 Abs. 3 HIS(S2), bei Abstimmungen; **st. SbR:** § 9 Abs. 5 S. 2 StLSb(S), S. 15.

628 Vgl. **KöR:** § 7 Abs. 1 NLB-Giro, S. 312 (314); **nr-AöR:** § 7 Abs. 2 NIfR(S1), S. 834; **st. SbR:** § 6 Abs. 1 FamN(S2), S. 137 (138); § 7 Abs. 1, 2 HWK(S2), S. 1009 (1010).

629 Vgl. **AöR:** § 6 Abs. 3 AfBF(S2), S. 252 (253); § 6 Abs. 1 ARL(S5), S. 49 f.; § 5 Abs. 1 FstKK, S. 554; § 6 Abs. 1 HWW(S1), S. 510; § 4 Abs. 1 IfE(S1), S. 688 f.; § 9 Abs. 3 IuFB(G1), S. 712 (714); § 4 Abs. 1LIAG(G), S. 428; Art. 1 Nr. 1 NLFst(G2), S. 306; § 6 Abs. 3 StW-H, S. 172 (173); **SöR:** § 6 MudCl(S1), S. 409 (410); § 6 Abs. 1 SnGst(G),

ist wiederum nicht immer geregelt[630], sodass entsprechende Regelungen insgesamt als entbehrlich erscheinen. In diesem Fall könnte auf den Grundfall, dass ein Antrag abgelehnt ist, rekuriert werden. Damit zeigt sich auch, dass das Sonderrecht, einer Entscheidung bei Stimmengleichheit durch den Vorsitzenden, allein abhängig von den Regelungen im Einzelfall ist.

Dass Beschlüsse des Willensbildungsorgans mit Stimmenmehrheit getroffen werden[631], ist damit nicht charakterisierend für eine Rechtsform, sondern nur als Grundfall anzusehen. Die Sonderrechte bei Stimmengleichheit[632] sind ebenso wenig eine Folge der Rechtsform, sondern nur eine Frage der Ausgestaltung im Einzelfall. Weitere Sonderrechte und Abweichungen bzgl. des Quorums einer Beschlussfähigkeit und der erforderlichen Beschlussmehrheit von diesem Grundfall sind nur Ausdruck einer allgemeinen Variationsbandbreite aller Rechtsformen.

(3) Die Steuerung in Abhängigkeit von der Größe des Willensbildungsorgans

Der Einfluss der Mutterkörperschaft ist umso größer, je kleiner das Willensbildungsorgan insgesamt ist, da der Einfluss mit zunehmender Größe marginalisiert wird[633]. Charakteristische Vorgaben für die Größe eines Willensbildungsorgans sind unabhängig von den Rechtsformen nicht ersichtlich. Nur für die Körperschaft, den (staatlichen) e. V. und die e. G. muss dieses Organ kollegial ausgestaltet sein[634]. Dies

---

S. 494; § 7 Abs. 1 St-TiHo(S), S. 854 (855); § 6 Abs. 1 StW-G; § 5 Abs. 1 StZIN(G), S. 209; **JPöR:** § 6 Abs. 1 ARL(S2), S. 254; **st. SbR:** § 7 Abs. 1 GISMA(S1), S. 426; § 7 Abs. 1 KTSt(S2), S. 1227 (1228); § 10 Abs. 1 NBingSt, S. 464 (465); § 9 Abs. 1 NLotSpSt, S. 294 (295); § 9 Abs. 1 NLottSt(S2), S. 86 (87); § 5 Abs. 1 NUmwSt(S2), S. 1523 (1524); § 8 Abs. 1 StbRB(S2), S. 280.

630 Vgl. **KöR:** § 14 BrWG; PrLV-H(S1), S. 478 f.; **AöR:** § 4 GEI(G2), S. 170; § 6 NLFst(G1), S. 616; § 7 RKrdSt(S3), S. 2 (3); **SöR:** § 6 SBK, S. 649; § 7 StTIB(G), S. 151 (152); **JPöR:** Vgl. § 15 CGGHKv.; **st. GmbH:** § 6 LEA; **st. SbR:** § 7 BaStW(S), S. 243 (244); § 8 ZeVA(S), S. 1000 (1001 f.).

631 **KöR:** *Kluth in: Wolff*/Bachof/Stober/ders., VerwR Bd. 2, 2010, § 98, Rn. 64**; JPöR:** *Alscher*, DStiftungÖffR, 2006, S. 151; **st. GmbH:** *R. Becker* in: Wurzel/Schraml/ders. (Hrsg.), RkommUnter, 2015, S. 196; **st. SbR:** *Hauser*, WahlOrgForm, 1987, S. 47; vgl. auch **JP**: *Groß*, KollprVerwOrg, 1999, S. 47.

632 **SöR und st. SbR:** *Gölz*, DStaatalsStift, 1999, S. 119.

633 **JPbR:** *Kluth*, FunkSbstVerw, 1997, S. 299; ohne Begründung a. A. *Krebs* in: Isensee/Kirchhof, HdBdStR Bd. 5, 2007, § 108, Rn. 9.

634 **KöR:** *Groß* in: Hoffmann-Riem/Schmidt-Aßmann/Voßkuhle, GdlVerwR Bd. 1, 2012, § 13, Rn. 114, dass ein Zweckverband aus mindestens zwei kommunalen Körperschaften bestehen muss; *Hauser*, WahlOrgForm, 1987, S. 3; *Hellermann* in: Hoppe/Uechtritz/Reck (Hrsg.), HdBkommUnt, 2012, § 7, Rn. 144; *Kluth* in: Wolff/Bachof/Stober/ders., VerwR Bd. 2, 2010, § 85, Rn. 7, dass „das Organisationsrecht [...] unter einer Körperschaft die organisatorische Zusammenfassung einer kraft Zurechnung willens- und handlungsfähigen Personenmehrheit [versteht]"; *Mann*, ÖffrechtGes, 2001, S. 127; vgl. auch, *Bull/Mehde*, AllgVerwR, 2015, § 3, Rn. 102, als „Personenverband"; *Hsu*, InstkörpSV, 2004, S. 103; **st. e. V.:** *Groß*, KollprVerwOrg, 1999, S. 105;

folgt daraus, dass diesen Rechtsformen eine Mitgliedermehrheit zugrunde liegt. In diesem Sinne „erlischt [ein Realverband] wenn sämtliche Verbandsteile in der Hand eines Mitglieds vereinigt werden"[635]. Ein eingetragener Verein, wie auch eine eingetragene Genossenschaft, ist durch die Aufsichtsbehörde – letztendlich von Amts wegen – aufzulösen, wenn „die Zahl der Vereinsmitglieder unter drei herab[sinkt]"[636] bzw. „die Genossenschaft weniger als drei Mitglieder [hat]"[637]. Dies entspricht im Übrigen auch der zuvor bereits festgestellten zwingenden Personenmehrheit, welche diesen Rechtsformen zugrunde liegt. Die Größe der Willensbildungsorgane der anderen Rechtsformen ist dagegen nicht bestimmt, sondern dies kann sowohl als Einzel- als auch als Kollegialorgan bestehen[638]. Offensichtlich handelt es sich in diesem Sinne auch um ein Einzelorgan, wenn die Mutterkörperschaft allein in einer Gesellschafterversammlung oder Hauptversammlung einer von ihr getragenen Eigengesellschaft vertreten ist. Noch zu untersuchen wird sein, ob insofern das Willensbildungsorgan an die Stelle des Leitungsorgans tritt bzw. marginalisiert wird. In gleicher Weise folgt für das Willensbildungsorgan einer GmbH oder AG, dass eine sie tragende Personenmehrheit eine kollegial ausgestaltete Gesellschafter- bzw. Hauptversammlung zwingend bedingt. Eine Beschränkung der Steuerung durch die Größe des Willensbildungsorgans ist für die anderen Rechtsformen jenseits der Körperschaft, des e. V. und des e. G. nicht vorgegeben, soweit dieses auch als Einzelorgan bestehen kann und damit wiederum einer nicht-rechtsfähigen Verwaltungseinheit gleicht, die über kein Willensbildungsorgan verfügt[639].

Anhand der Rechtssetzungspraxis kann lediglich die Selbstverwaltungskörperschaft, deren Willensbildungsorgane tendenziell deutlich größer sind, von den anderen Rechtsformen abgegrenzt werden. Im Fall der Akademie der Wissenschaften zu Braunschweig sind es höchstens 80[640]; der Braunschweigischen Wissenschaftlichen Gesellschaft 100 (ordentliche) Mitglieder[641]. Dem Senat einer Hochschule können zwischen 19 und 31 Mitglieder angehören[642]. Dem Gemeinderat gehören zwischen sechs und 66, bzw. dem Kreistag zwischen 42 und 70 Mitglieder – erhöht immer um den Hauptverwaltungsbeamten als Mitglied Kraft Amtes – an[643]. Für

---

Hogeweg, KomAnstNds, 2007, S. 50; vgl. jedoch auch *O. Korte* in: MüHBGesR Bd. 5, 2009, § 63, Rn. 21; **st. e. G.**: *Hellermann* in: Hoppe/Uechtritz/Reck (Hrsg.), HdBkommUnt, 2012, § 7, Rn. 131; **st. e.V und st. e. G.**: *Ehlers*, DÖV 1986, 897 (900).

635 **KöR:** § 39 Nds.RealvG.

636 **st. e. V.**: § 73 BGB.

637 **st. e. G.**: § 80 Abs. 1 GenG.

638 **SöR:** *Alscher*, DStiftungÖffR, 2006, S. 34, „vorwiegend eine kollegiale Organstruktur".

639 Vgl. Kap. C.I.2.a.vii.

640 **KöR:** § 5 Abs. 1 AdWG, S. 775.

641 **KöR:** § 4 Abs. 2 BrWG.

642 **KöR:** § 41 Abs. 4 NHG.

643 **KöR:** § 46 Abs. 1, 2 NKomVG, für die Region Hannover 84; jeweils zuzüglich des Hauptverwaltungsbeamten als Mitglied kraft Amtes, siehe § 45 Abs. 1 S. 2 NKomVG.

die Kammern der Heilberufe sind entweder höchstens 80, 60 bzw. 40 Mitglieder vorgesehen[644]. Die Vertreterversammlung der Ingenieurkammer Niedersachse umfasst 50[645], die Vertreterversammlung der Niedersächsischen Architektenkammer 69 Mitglieder[646]. Wiederum gehören 30 Mitglieder der Vertreterversammlung des Niedersächsischen Versorgungswerks der Rechtsanwälte an[647], Der Studentische Rat umfasst 59 Mitglieder[648]. Das Willensbildungsorgan der Landwirtschaftskammer besteht aus 138 Mitgliedern[649]. Die Größe des Willensbildungsorgans variiert damit, ohne dass eine bestimmte Größe als für die Rechtsform bestimmend herausgearbeitet werden könnte. Festzustellen ist nur, dass der Einfluss des einzelnen Mitglieds im Rahmen einer Selbstverwaltungskörperschaft strukturell nur gering ist und die Willensbildung auf eine gemeinschaftliche Ausübung angelegt ist. Hinzuweisen ist, dass mit den Realverbänden hiervon im Einzelfall jedoch durchaus Abweichungen denkbar sind, soweit hier nur zwei Mitglieder vorausgesetzt sind, im Einzelfall jedoch aufgrund der Eigenorganschaft der Mitglieder mit erheblichen Schwankungen zu rechnen ist. Die konkrete Größe des Willensbildungsorgans einer Selbstverwaltungskörperschaft dürfte nur von Zweckmäßigkeitserwägungen im Einzelfall abhängen.

Bereits die Bundkörperschaften als Ausprägung der Körperschaft des öffentlichen Rechts verfügen dagegen vielfach über kleinere Willensbildungsorgane. Der Verwaltungsrat der Niedersächsischen Landesbank – Girozentrale – umfasste 20 Mitglieder[650]. Für den Verbandsvorstand sieht die Satzung des Niedersächsischen Sparkassen- und Giroverbands vor, dass dem Willensbildungsorgan 16 Mitglieder angehören[651]. In einigen Fällen findet sich gleichwohl keine Angabe zur Größe des Willensbildungsorgans[652]. Zusätzlich zu den unterschiedlichen Mehrheitsverhältnissen schwankt der Einfluss anhand der Größe des Willensbildungsorgans damit stärker, als bei den Selbstverwaltungskörperschaften, jedoch abhängig von den Regelungen im Einzelfall.

Die Bundkörperschaften unterscheiden sich insofern auch an dieser Stelle nicht von den Anstalten und Stiftungen des öffentlichen Rechts und den staatlichen GmbHs, AGs, e. V., e. G. und Stiftungen des bürgerlichen Rechts. Es finden sich auch

644 **KöR:** § 20 Abs. 1 Nds.HKG.
645 **KöR:** § 11 Abs. 2 IngKN(S).
646 **KöR:** § 6 Abs. 1 NArchtK(S).
647 **KöR:** § 4 Abs. 1 NVdR(G1), S. 65.
648 **KöR:** § 9 Abs. 1 Abs. 1 Stud-LUH.
649 **KöR:** § 6 Abs. 1 Nds.LwKG.
650 **KöR:** § 7 Abs. 1 NLB-Giro, S. 312.
651 **KöR:** § 14 NSGV(S1), S. 245 (247).
652 **KöR:** § 31 Nds.FischG(G); § 23 Nds.RealvG; NJagdG(G); § 11 NKomZG; § 11 Abs. 1 NSGV(S1), S. 245 (246); OldL(V), S. 51 f.; RitLBr, S. 517 f.

dort Willensbildungsorgane, die über ein[653], drei[654], vier[655], fünf[656], sechs[657], sieben[658], acht[659], neun[660], zehn[661], elf[662], zwölf[663], 13[664], 15[665] oder 17 Mitglieder verfügen[666]. Hier zeigt sich jedoch, dass im Unterschied zur Bundkörperschaft (einschließlich e. V. und e. G.) für alle anderen Rechtsformen Einzelorgane in Betracht kommen.

Dass die Größe des Willensbildungsorgans eine Rechtsform nicht charakterisiert, zeigt sich auch daran, dass diese sich im Laufe der Zeit vielfach veränderte, wie im Fall der Akademie für Raumforschung und Landesplanung oder des Amtes für Bodenforschung, ohne dass ein Anlass erkennbar wäre[667]. Für die Stiftung Niedersachsen ist die Größe des Senats und des Stiftungsrates schwer zu ermitteln, weil dem Senat neben

653 **st. GmbH:** § 2 CUTEC; § 1 Abs. 4 DSMZ; § 1 Abs. 3 HWW(G), S. 251; § 3 Abs. 3 LEA.

654 **AöR:** § 4 Abs. 1 IfE(S1), S. 688 f.

655 **nr-AöR:** § 7 Abs. 2 NIfR(S1), S. 834; **st. SbR:** § 6 Abs. 1 FamN(S2), S. 137 (138); § 8 Abs. 1 StbRB(S2), S. 280.

656 **AöR:** § 6 Abs. 1 AfBF(S2), S. 252 (253); § 5 Abs. 1 RKrdSt(S3), S. 2 (3); **JPöR:** § 9 Abs. 1 RitLBr, S. 517 (518); **st. GmbH:** § 3 Abs. 2 GmbH2; **st. SbR:** § 7 Abs. 1 KTSt(S2), S. 1227 (1228), bis maximal sieben; § 8 Abs. 1 StJbJ, S. 55 (56), bis maximal sieben.

657 **SöR:** § 6 Abs. 1 MudCl(S3), S. 170; § 6 Abs. 1 SnGst(G), S. 494; **JPöR:** § 14 Abs. 1 CGGHKv; **st. e. V.:** § 6 Abs. 1 BrLsch.

658 **AöR:** § 6 Abs. 1 ARL(S5), S. 49 f.; § 9 Abs. 3 IuFB(G1), S. 712 (714); mindestens: § 69 Abs. 3 NHG; § 6 Abs. 1 NLFst(G1), S. 616; **SöR:** § 60 Abs. 1 NHG; § 7 Abs. 1 StTIB(G), S. 151 (152), weitere beratende Mitglieder außer Acht lassend; **st. SbR:** § 7 Abs. 1 KTSt(S2), S. 1227 (1228), minimal fünf; § 10 Abs. 1 NBingSt, S. 464 (465); § 9 NLottSt(S2), S. 86, für bestimmte Aufgaben um zwei weitere Mitglieder ergänzt und in einer vorangegangen Satzung noch insgesamt nur sechs, vgl. NLottSt(S1), S. 1691 (1692); StbRB(S3), S. 306 f.; § 8 Abs. 1 StJbJ, S. 55 (56), minimal fünf; § 7 Abs. 1 ZeVA(S), S. 1001.

659 **AöR:** § 9 Abs. 1 HLKA, S. 739 (740), den Finanzminister nur mit beratender Stimme außer Acht lassend; Art. 4 IuFB(G2); **SöR:** § 5 Abs. 1 StZIN(G), S. 209; **st. SbR:** § 5 Abs. 1 BaStW(S), S. 243 (244).

660 **AöR:** § 4 Abs. 1 GEI(G2), S. 170.; § 1 HWW(S1), S. 510; **SöR:** § 6 Abs. 1 SBK, S. 649; **st. SbR:** § 9 Abs. 1 NLotSpSt, S. 294 (295); § 7 Abs. 1 StLSb(S), S. 15.

661 **AöR:** § 4 Abs. 1 GEI(G2), S. 170; § 13 Abs. 1 LBS-N(S), S. 499 (501); § 22 Abs. 1 NordLB(S), S. 118 (121); **tr-AöR:** § 4 Abs. 1 PolAN(S), S. 573, zuzüglich eines weiteren Mitglieds ohne Stimmrecht für die Mitarbeiter aus Verwaltung und Technik; **SöR:** § 5 Abs. 1 StZAPf(G), S. 20.

662 **AöR:** § 4 Abs. 2 LIAG(G), S. 428; **st. GmbH:** § 3 Abs. 1 GmbH1.

663 **tr-AöR:** § 6 Abs. 1 BrLB; **SöR:** § 6 Abs. 1 StW-G; **st. SbR:** § 7 Abs. 1, 2 HWK(S2), S. 1009 (1010).

664 **AöR:** § 6 Abs. 1 AGTierGesG(G2), S. 277 f.; **SöR:** § 6 MudCl(S1), S. 409 (410).

665 **SöR:** § 8 Abs. 1 AsseSt, S. 314; **st. SbR:** § 5 Abs. 1 NUmwSt(S2), S. 1523 (1524).

666 **st. GmbH:** § 4 Abs. 2 HIS(S1).

667 **AöR:** § 5 Abs. 1 AfBF(S1), S. 226 (227), abhängig von den beteiligten Ländern, vgl. i.V.m. § 6 Abs. 1 AfBF(S2), S. 252 (253), mit vier Mitgliedern; § 8 Abs. 1 ARL(S3),

den Mitgliedern des Verwaltungsrates und den vom Stiftungsrat gewählten 20 Senatoren weitere Senatoren hinzugewählt werden können – jedoch begrenzt auf ein Viertel der vom Stiftungsrat bestellten Senatoren. Zusätzlich kann das Land Niedersachsen noch bis zu drei weitere Senatoren entsenden[668], wodurch sich eine maximale Größe von 31 Mitgliedern ergibt. Das Kuratorium der Stiftung Museumsdorf-Cloppenburg bestand ursprünglich aus 13 Mitgliedern, nach einer Umbenennung in Stiftungsrat gehören ihm nur noch sechs Mitglieder an. Eine kleinere Änderung erfuhr auch die Stiftung des Landes Niedersachsen für berufliche Rehabilitation (Behinderter), deren Stiftungsrat von vier auf sieben Mitglieder erweitert wurde. In anderen Fällen regelt die Satzung die Träger und damit die Größe der Trägerversammlung zumindest indirekt[669], ohne dass die Größe sich damit entscheidend abgrenzen könnte.

Die Größe eines Willensbildungsorgans lässt sich jedoch nicht immer eindeutig bestimmen. Dem Verwaltungsausschuss der Forstkleiderkammer gehören „je ein Vertreter der Berufsorganisationen [= Plural] der Forstbediensteten“ an[670]. Wesentlich größer und auch nicht abschließend geregelt, ist die Versammlung der Landesmedienanstalt, zu deren 34 ausdrücklich genannten Mitgliedern noch jeweils ein Vertreter jeder Fraktion des niedersächsischen Landtages hinzu kommt[671]. In einigen Fällen ist die Größe auch nicht bestimmbar[672]. Die Willensbildungsorgane der Rechtsformen jenseits der Selbstverwaltungskörperschaften sind daher so unterschiedlich ausgestaltet, dass eine generelle Aussage zur Gestaltung des Einflusses entsprechend der Größe nicht möglich ist. Zusätzlich ist zu berücksichtigen, dass insbesondere im Fall, dass alle Mitglieder Vertreter einer Mutterkörperschaft sind, wie beispielsweise bei der staatlichen GmbH oder AG, die Größe des Willensbildungsorgans aufgrund der einheitlichen Weisungsgebundenheit – mit anderen Worten aufgrund der Organingerenz – irrelevant wird.

Soweit die Größe des Willensbildungsorgans bzw. seine kollegiale Ausgestaltung[673] eine Auswirkung auf den Einfluss der Mutterkörperschaft haben könnte, folgt dies nicht aus der Rechtsform, sondern nur aus den Ausgestaltungen im Einzelfall. Die Beschränkung der Steuerung durch die Größe des Willensbildungsorgans ist für keine Rechtsform charakteristisch. Nur für die Selbstverwaltungskörperschaft ist aus Sicht des einzelnen Mitglieds der Einfluss tendenziell durch ein größeres

---

S. 915 (916), noch ohne § 6 Abs. 1 ARL(S5), S. 49, mit drei Vertretern der Ministerkonferenz für Raumordnung.

668 **st. SbR:** § 9 StN(S2), S. 1209 (1210).

669 **AöR:** § 2 Nord-LB(S), S. 118.

670 **AöR:** § 5 Abs. 1 c) FstKK, S. 554.

671 **AöR:** § 39 NMedienG.

672 **AöR:** § 5 AfBF(S1), S. 226 (227); **st. SbR:** § 7 Abs. 1 GISMA(S1), S. 426; für den Stiftungsrat, § 11 Abs. 1 StN(S1), S. 126 (127), dem neben den Senatoren noch eine unbestimmte Anzahl weiterer Mitglieder angehören kann; **JPöR:** § 6 Abs. 1 ARL(S2), S. 254, abhängig von der Anzahl der Länder, soweit diese sich „zur Mitarbeit im Kuratorium bereit erklärt“ haben.

673 **SöR:** *Alscher,* DStiftungÖffR, 2006, S. 34, 154 f.

Organ abgeschwächt. Darüber hinaus zeichnet sich die Körperschaft (wie für e. V. und e. G.) durch ein obligatorisches Kollegialorgan aus.

vii. Die alternative Steuerung mangels Willensbildungsorgan durch die Besetzung des Leitungsorgans

Zwar zeichnet sich die Körperschaft des öffentlichen Rechts dadurch aus, dass immer ein Willensbildungsorgan eingerichtet sein muss[674] und zumindest theoretisch auf ein zusätzliches Leitungsorgan verzichtet werden kann[675]. Umgekehrt kann für die Anstalt und Stiftung des öffentlichen Rechts sowie die staatliche Stiftung des bürgerlichen Rechts lediglich ein Leitungsorgan eingerichtet sein[676], ohne dass ein Willensbildungsorgan zwingend bestehen müsste[677]. Hierauf wurde bereits hingewiesen. Dies bedeutet zwar im letzteren Fall, dass der Einfluss der Mutterkörperschaft, anderer öffentlicher Stellen oder Privater nicht durch die Besetzung eines Willensbildungsorgans vermittelt werden kann, soweit ein entsprechendes Organ nicht eingerichtet ist. Stattdessen ist jedoch das Leitungsorgan selbst zu betrachten, das durch den Einfluss der Mutterkörperschaft oder anderer Stellen, wie auch im Fall der nicht-rechtsfähigen Verwaltungseinheiten[678], in vergleichbarer Weise geprägt ist und so möglicherweise an die Stelle eines Willensbildungsorgans tritt.

Für die Besetzung dieser Leitungsorgane – die ohne ein weiteres Willensbildungsorgan bestehen – ist dementsprechend zumeist die Mutterkörperschaft zuständig[679]. In Frage kommen jedoch auch andere juristische Personen des öffentlichen Rechts, öffentliche[680] oder auch nicht-staatliche Stellen[681], soweit nicht in Einzelfällen eine

674 **KöR:** siehe bereits Kap. C.I.1.a.

675 **KöR:** *Kluth* in: Wolff/Bachof/Stober/ders., VerwR Bd. 2, 2010, § 85, Rn. 73; ohne Begründung a. A. *Groß* in: Hoffmann-Riem/Schmidt-Aßmann/Voßkuhle, GdlVerwR Bd. 1, 2012, § 13, Rn. 70, dass „Körperschaften der funktionalen Selbstverwaltung [...] jeweils mindestens zwei Organe [haben]".

676 **AöR:** *M. Müller* in: Wolff/Bachof/Stober/Kluth, VerwR Bd. 2, 2010, § 86, Rn. 56; **SöR:** *E. Müller,* DBundStift, 2009, S. 175.

677 Hinzuweisen ist an dieser Stelle darauf, dass dies nicht die Fälle erfasst, in denen aufgrund einer Personenmehrheit ggf. ein ungeschriebenes Willensbildungsorgan angenommen werden müsste, wenn nur ein Leitungsorgan als Einzelorgan gemeinsam besetzt werden müsste. Hier wäre stattdessen zwingend ein ungeschriebenes Willensbildungsorgan anzunehmen, in dem dieser gemeinsame Wille gebildet werden kann.

678 **nr-VE:** *A. Lange,* BetPrivrechtsfAnst, 2008, S. 66.

679 **nr-AöR:** § 3 Abs. 1 HAB, S. 271; **st. SbR:** § 8 Abs. 2 NWattSt, S. 1096 (1097); § 8 Abs. 1 NWirtA(S), S. 410 (411); § 5 Abs. 2 VWSt(S), S. 488; **nr-VE:** § 6 Abs. 3 Nr. 4 ITN, S. 243 f.; § 5 Abs. 3 IZN, S. 1150; § 5 Abs. 3 LWKN, S. 855 (856); § 3 NInL, S. 496; Nr. 2 Abs. 1 NStB, S. 95; § 4 Abs. 3 VZG, S. 728 (729).

680 **SöR:** § 4 Abs. 2 HWBl, S. 710; **st. SbR:** § 6 Abs. 2 HEH, S. 623; § 5 Abs. 2 VWSt(S), S. 488.

681 **st. SbR:** § 6 Abs. 2 HEH, S. 623; § 8 Abs. 1 NWirtA(S), S. 410 (411).

Personalunion besteht[682]. Hier zeigt sich, dass die Steuerung durch die Mutterkörperschaft ohne Willensbildungsorgan durch das Leitungsorgan vermittelt wird. Für diese Leitungsorgane finden sich darüber hinaus noch weitere, bereits für das Willensbildungsorgan festgestellte Variationen. So finden sich auch Leitungsorgane, für die das Organ selbst weitere Mitglieder hinzuwählen kann[683]. Ebenso existieren die gleichen Begrifflichkeiten zur Besetzung der Organmitglieder – wie für die Willensbildungsorgane bereits herausgearbeitet – auch hier. Teilweise werden Mitglieder durch eine Stelle entsandt[684]. Die Mitglieder werden in anderen Fällen nicht als Vertreter der Stelle entsandt, sondern berufen[685], benannt[686] oder bestimmt[687], sodass ein Weisungsverhältnis nicht zwingend naheliegend ist. Soweit in Einzelfällen die berufende Stelle den Rechtsgrundlagen nicht zu entnehmen ist[688], lassen sich jedoch zumindest für die nicht-rechtsfähigen Verwaltungseinheiten das Besetzungsrecht ihrer Mutterkörperschaft und ggf. entsprechende Weisungsrechte bereits aus einer hierarchischen Struktur herleiten. Hier zeigt sich, dass sich diese Leitungsorgane, denen eine Personenmehrheit zugrunde liegt, nicht wesentlich von den Willensbildungsorganen anderer juristischer Personen unterscheiden. Der Fall der Personeneinheit lässt sich vielmehr mit der Besetzung der Leitungsorgane der nicht-rechtsfähigen Verwaltungseinheiten vergleichen, welche ausschließlich durch die Mutterkörperschaft besetzt werden. Wie dort ist nicht die Rechtsform, sondern die Ausgestaltung im Einzelfall für die rechtliche Bewertung entscheidend.

Die von den Willensbildungsorganen bekannte Variationsbandbreite zeigt sich ebenso in den Mehrheitsverhältnissen, welche sich wiederum ggf. anhand der Differenzierungen der Mitglieder des Leitungsorgans unterschiedlich bewerten lassen. Das Land Niedersachsen bzw. andere staatliche Stellen sind abhängig von der Bewertung des Mitglieds entweder mehrheitlich[689], soweit nur entsandte Vertreter berücksichtigt werden nur in der Minderheit bzw. überhaupt nicht[690], teilweise jedoch auch paritätisch vertreten[691]. Es finden sich jedoch zumindest Fälle, in denen nur staatliche Stellen für die Besetzung zuständig sind[692]. Gleichwohl werden diese

682 **st. SbR:** § 8 Abs. 1 NWirtA(S), S. 410 (411); § 4 Abs. 1 ResFN(S), S. 838 (839); § 8 Abs. 1 StOpfH(S), S. 99 (100); **nr-VE:** § 2 NBiblS, S. 2084.

683 **st. SbR:** § 6 Abs. 3 HEH, S. 623; § 8 Abs. 1 NWirtA(S), S. 410 (411).

684 **st. SbR:** § 8 Abs. 1 HEH, S. 623.

685 **nr-AöR:** § 3 Abs. 1 TIB, S. 820; **SöR:** § 4 Abs. 2 HWBl, S. 710; **st. SbR:** § 8 Abs. 2 NWattSt, S. 1096 (1097); § 5 Abs. 2 VWSt(S), S. 488.

686 **st. SbR:** § 8 Abs. 1 NWirtA(S), S. 410 (411).

687 **st. SbR:** § 6 Abs. 2 HEH, S. 623.

688 **nr-AöR:** § 6 ATAfN, S. 364; **nr-VE:** § 4 LGLN(S2), S. 572; § 3 LSKN, S. 836 (837); § 4 LZN, S. 696.

689 **st. SbR:** § 6 Abs. 2 HEH, S. 623; § 8 Abs. 1 NWirtA(S), S. 410 (411).

690 **st. SbR:** § 6 Abs. 2 HEH, S. 623.

691 **st. SbR:** § 8 Abs. 2 NWattSt, S. 1096 (1097); § 5 Abs. 2 VWSt(S), S. 488.

692 **SöR:** § 4 Abs. 2 HWBl, S. 710; **st. SbR:** § 8 Abs. 2 NWattSt, S. 1096 (1097); § 8 Abs. 1 NWirtA(S), S. 410 (411); § 5 Abs. 2 VWSt(S), S. 488.

nicht als Vertreter bezeichnet[693], sodass unter diesem Aspekt auch eine Mehrheit nicht-öffentlicher Stellen vorliegen würde. Unter Berücksichtigung der Qualifikationen sind nicht-staatliche Stellen auch minderheitlich vertreten[694]. Teilweise sind die staatlichen Stellen auch im Verhältnis zu entsandten Vertretern nicht-öffentlicher Stellen und weiteren Mitgliedern in der Minderheit[695]. Dass für die nicht-rechtsfähigen Verwaltungseinheiten einheitlich keine Qualifikationen der Mitglieder des Leitungsorgans vorgesehen sind, unterscheidet diese dennoch nicht von den juristischen Personen, für die ebenso keine entsprechende Qualifikationen im Fall einer Personeneinheit für das Willensbildungsorgan bestehen. Die Mehrheitsverhältnisse sind damit nur eine Frage der Ausgestaltung im Einzelfall und in ihrer Vielfalt vergleichbar mit den Willensbildungsorganen anderer Einrichtungen, deren Stelle für die Betrachtung des Einflusses der Mutterkörperschaft sie damit einnehmen.

Die Vergleichbarkeit dieser Leitungsorgane für Einrichtungen ohne Willensbildungsorgan zeigt sich auch in den weiteren Regelungen, deren Unerheblichkeit für die Rechtsformen für die Willensbildungsorgane bereits dargestellt wurde. Wiederum findet sich für entsandte Vertreter teilweise keine festgelegte Dauer der Amtszeit[696]. Die Amtszeit für weitere Mitglieder beträgt dagegen drei[697] oder fünf Jahre[698] und unterscheidet sich damit nicht von den entsprechenden Regelungen der Willensbildungsorgane. Entsandte Vertreter können, wie bereits auch für das Willensbildungsorgan festgestellt, jederzeit abberufen werden, ohne dass eine Voraussetzung vorgesehen ist[699]. Dennoch finden sich auch für Mitglieder, welche nicht als Vertreter benannt sind, keine festgelegten Amtszeiten[700] und sie können – ohne dass hierfür an weitere Voraussetzungen angeknüpft wird – jederzeit abberufen werden[701]. Die Vertreter, die aufgrund ihres Amts bestimmt wurden, „sollen mit Beendigung des Amtes abberufen“ werden[702]. Andere Mitglieder können im Einzelfall nur aus wichtigem Grund abberufen werden[703]. Für weitere Mitglieder findet sich in anderen Fällen keine Regelung über eine vorzeitige Abberufung[704], sodass hier wiederum eine Auslegung erforderlich wird.

---

693 **SöR:** § 4 Abs. 2 HWBl, S. 710.
694 **st. SbR:** § 8 Abs. 1 NWirtA(S), S. 410 (411).
695 **st. SbR:** § 6 Abs. 2 HEH, S. 623.
696 **st. SbR:** § 8 Abs. 1 HEH, S. 623.
697 **st. SbR:** § 8 Abs. 1 HEH, S. 623.
698 **st. SbR:** § 8 Abs. 4 NWattSt, S. 1096 (1097); § 8 Abs. 1 NWirtA(S), S. 410 (411); § 5 Abs. 2 VWSt(S), S. 488.
699 **st. SbR:** § 8 Abs. 1 HEH, S. 623.
700 **SöR:** § 4 Abs. 2 HWBl, S. 710; **nr-VE:** § 5 Abs. 3 IZN, S. 1150; § 5 Abs. 3 LWKN, S. 855 (856); § 3 NInL, S. 496; Nr. 2 Abs. 1 NStB, S. 95.
701 **SöR:** § 4 Abs. 2 HWBl, S. 710.
702 **st. SbR:** § 8 Abs. 4 NWattSt, S. 1096 (1097).
703 **st. SbR:** § 8 Abs. 4 NWattSt, S. 1096 (1097).
704 **nr-AöR:** § 6 ATAfN, S. 364; § 3 Abs. 1 HAB, S. 271; § 3 TIB, S. 820; **st. SbR:** § 8 HEH, S. 623; § 8 NWirtA(S), S. 410 (411); § 5 VWSt(S), S. 488; **nr-VE:** § 5 Abs. 3

Ebenso entsprechen die Regelungen zur Beschlussfähigkeit und den erforderlichen Mehrheiten den Regelungen zu den Willensbildungsorganen. Beschlussfähig ist ein Leitungsorgan im eingliedrigen Organaufbau vielfach, wenn mehr als die Hälfte der Mitglieder anwesend ist[705]. Es finden sich auch höhere Quoren[706]. Teilweise sind darüber hinaus zusätzliche Anforderungen vorgesehen, wie die Anwesenheit des Vorsitzenden[707], welcher jedoch nicht der Vertreter des Landes Niedersachsen sein muss[708]. Regelungen über die Beschlussfähigkeit finden sich dagegen nicht immer[709]. Entscheidend sind damit wiederum die Regelungen im Einzelfall.

Die Vergleichbarkeit mit einem Willensbildungsorgan setzt sich fort, soweit Beschlüsse von einem Leitungsorgan im eingliedrigen Organaufbau vielfach mit Stimmenmehrheit gefasst werden[710]. Es finden sich jedoch auch höhere Quoren wie eine generell erforderliche 2/3 Mehrheit[711]. Beschlüsse können in anderen Fällen nur einstimmig gefasst werden[712] und im Zweifel entscheidet die Aufsichtsbehörde[713]. Satzungsänderungen erfordern darüber hinaus eine 5/7 Mehrheit[714]. In anderen Fällen ist für Satzungsänderungen keine besondere Mehrheit vorgeschrieben[715]. Teilweise bedürfen Satzungsänderungen der Zustimmung des Landes Niedersachsen[716]. Teilweise entscheidet bei Stimmengleichheit die Stimme des Vorsitzenden[717], welcher zugleich Vertreter des Landes Niedersachsen ist[718], in anderen Fällen jedoch nicht sein muss[719]. Regelungen zur Beschlussfassung fehlen, soweit das Leitungsorgan insgesamt in Personalunion durch das Land Niedersachsen wahrgenommen wird[720]. Die Größe der Leitungsorgane für Einrichtungen ohne Willensbildungsorgan reicht von ein[721],

---

IZN, S. 1150; § 5 Abs. 3 LWKN, S. 855 (856); § 3 NInL, S. 496; Nr. 2 Abs. 1 NStB, S. 95.

705 **st. SbR:** § 13 HEH, S. 623; § 8 Abs. 4 NWirtA(S), S. 410 (411).

706 **st. SbR:** § 8 Abs. 4 NWattSt, S. 1096 (1097); § 5 Abs. 5 VWSt(S), S. 488.

707 **st. SbR:** § 13 HEH, S. 623.

708 **st. SbR:** § 13 HEH, S. 623.

709 **SöR:** § 4 HWBl, S. 710.

710 **st. SbR:** § 13 Abs. 1 HEH, S. 623; § 8 Abs. 4 NWattSt, S. 1096 (1097); § 8 Abs. 1 NWirtA(S), S. 410 (411).

711 **st. SbR:** § 5 Abs. 5 VWSt(S), S. 488.

712 **SöR:** § 4 Abs. 4 HWBl, S. 710.

713 **SöR:** § 4 Abs. 4 HWBl, S. 710.

714 **st. SbR:** § 15 HEH, S. 623.

715 **st. SbR:** § 14 NWattSt, S. 1096 (1098).

716 **st. SbR:** § 6 ResFN(S), S. 838 (839); § 11 StOpfH(S), S. 99 (100); § 11 VWSt(S), S. 488 (489).

717 **st. SbR:** § 13 HEH, S. 623; § 8 Abs. 8 NWattSt, S. 1096 (1097); § 8 Abs. 4 NWirtA(S), S. 410 (411)

718 **st. SbR:** § 8 Abs. 8 NWattSt, S. 1096 (1097).

719 **st. SbR:** § 13 HEH, S. 623; § 8 Abs. 1 NWirtA(S), S. 410 (411).

720 **st. SbR.** § 4 ResFN(S), S. 838 (839); § 8 StOpfH(S), S. 99 (100).

721 **nr-AöR:** § 6 ATAfN, S. 364; § 3 HAB, S. 271; § 3 TIB, S. 820; **st. SbR:** § 4 Abs. 1 ResFN(S), S. 838 (839); § 8 Abs. 1 StOpfH(S), S. 99 (100); **nr-VE:** § 4 Abs. 1 ITN,

zwei[722], drei[723], vier[724], fünf[725], sieben[726] bis zu 14 Mitgliedern[727]. Das Leitungsorgan kann damit sowohl als Einzelorgan als auch als Kollegialorgan ausgestaltet sein.

Insgesamt stellen sich die Leitungsorgane für Einrichtungen ohne Willensbildungsorgan vergleichbar mit den Willensbildungsorganen anderer Organe dar. Dies umfasst sowohl die Fälle einer Personenmehrheit, jedoch nur für die juristischen Personen, die Personeneinheit dagegen sowohl für juristische Personen als auch nicht-rechtsfähige Verwaltungseinheiten. Hiermit schwindet gleichzeitig das Unterscheidungskriterium der Anstalt und Stiftung des öffentlichen, sowie der Stiftung des bürgerlichen Rechts in Abgrenzung zu der staatlichen GmbH, AG und e. V., dass nur Erstere ausschließlich über ein Leitungsorgan verfügen könnten. Soweit dieses Leitungsorgan jedoch näher betrachtet wird, unterscheidet es sich nicht von den Willensbildungsorganen der anderen Rechtsformen und tritt damit bereits durch die Zusammensetzung an die Stelle eines Willensbildungsorgans.

b. Das Verhältnis der Organe als Frage der Binnensteuerung

Neben der Steuerung anhand der Besetzungsrechte ist innerhalb einer jeden Rechtsform mit einer Mehrzahl an Organen zusätzlich das Verhältnis dieser Organe zueinander zu betrachten. Die Steuerung setzt sich in diesem Sinne zunächst fort, soweit insbesondere dem Willensbildungsorgan wiederum Besetzungsrechte zum Leitungs- und Aufsichtsorgan zugewiesen sind. Man kann insofern von einer Binnensteuerung sprechen. Gleichzeitig ist zu untersuchen, inwieweit die Steuerung jenseits des Besetzungsrechts beschränkt sein könnte. Die Steuerung kann insbesondere durch die Zuweisung bestimmter Aufgaben zu den einzelnen Organen geprägt sein, mit denen möglicherweise ein abgegrenzter Aufgabenbereich verbunden ist. Zusätzlich sind auch die nicht-rechtsfähigen Verwaltungseinheiten zu betrachten, die nur über ein Leitungsorgan verfügen und bei denen sich die Zuweisung ihrer Aufgaben im Verhältnis zur Mutterkörperschaft – dessen Teil sie sind – möglicherweise in vergleichbarer Weise stellt. Hier wird auch wieder der bereits angesprochene Perspektivwechsel deutlich, soweit insbesondere bei der nicht-rechtsfähigen Verwaltungseinheit im Grunde mangels Rechtsfähigkeit und Rechtskreis nicht zwischen Außen- und Binnensteuerung differenziert werden kann.

S. 243; § 4 Abs. 2 IZN, S. 1150; § 4 Abs. 1 LGLN(S2), S. 572; § 4 Abs. 1 LWKN, S. 855 (856); § 4 Abs. 2 LZN, S. 696; § 2 NBiblS, S. 2084; § 3 Abs. 1 NInL, S. 496; Nr. 2 Abs. 1 NStB, S. 95; § 3 Abs. 1 VZG, S. 728 (729).

722 **SöR:** § 4 Abs. 2 HWBl, S. 710.

723 **nr-VE:** § Abs. 2 LGLN(S1), S. 880.

724 **st. SbR:** § 8 Abs. 2 NWattSt, S. 1096 (1097); **nr-VE:** § 3 Abs. 1 LSKN, S. 836 (837).

725 **st. SbR:** § 8 Abs. 1 NWirtA(S), S. 410 (411).

726 **st. SbR:** § 6 Abs. 1 HEH, S. 623.

727 **st. SbR:** § 5 Abs. 2 VWSt(S), S. 488.

i. Die Besetzungsrechte innerhalb einer Einrichtung

Abhängig davon, wie viele Organe die Organstruktur einer Einrichtung vorsieht, kommen Besetzungsrechte und damit Steuerungsrechte in Bezug auf ganz unterschiedliche Organe in Betracht. Dies betrifft insbesondere das Leitungsorgan neben einem Willensbildungsorgan, jedoch ggf. auch ein Aufsichtsorgan, ein Beratungsorgan oder ein weiteres Geschäftsführungsorgan in einem mehrgliedrigen Organaufbau.

(1) Die Steuerung durch Besetzungsrechte zum Leitungsorgan neben einem Willensbildungsorgan

Die zuvor bereits untersuchten Leitungsorgane im eingliedrigen Organaufbau unterscheiden sich zumeist von denen neben einem Willensbildungsorgan insoweit, dass Letztere regelmäßig durch das Willensbildungsorgan besetzt werden[728]. Dies führt grundsätzlich zu einem Einfluss des Willensbildungsorgans auf das Leitungsorgan und damit (Binnen-)Steuerung – dennoch grundsätzlich vergleichbar, wie es bereits die Steuerung zwischen Mutterkörperschaft und Willensbildungsorgan charakterisiert hat. Die Steuerung erfolgt insofern jedoch nicht mehr unmittelbar durch die Mutterkörperschaft, sondern vermittelt durch das Willensbildungsorgan. An dieser Stelle ist nochmals auf Einrichtungen ohne Willensbildungsorgan hinzuweisen. Soweit die Besetzung insbesondere bei den nicht-rechtsfähigen Verwaltungseinheiten ohne Willensbildungsorgan unmittelbar durch die Mutterkörperschaft erfolgt, unterscheiden sich diese nicht wesentlich von den juristischen Personen des öffentlichen oder auch

728 **KöR:** § 10 i.V.m. § 8 Abs. 3, 4 AdWG, S. 775 (776); § 25 Nr. 6 Nds.HKG; § 23 Abs. 2 Nds.LwKG; § 19 Abs. 1 S. 2 Nds.RealvG; § 22 Abs. 1 Nr. 8 NIngG; § 4 Abs. 1 S. 2 NjagdG(S); § 15 Abs. 1 S. 1 NKomZG; § 9 Abs. 2 a) NLB-Giro, S. 312 (314); § 18 Abs. 2 NSGV(S1), S. 245 (247); § 9 Abs. 1 RitLBr, S. 517 (518); teilweise über die Fachschaftsräte besetzt: § 9 Abs. 1 Stud-LUH; **AöR:** in einer ersten Satzung so noch: § 6 a) AfBF(S1), S. 225 (227); § 7 Abs. 1 Nr. 1 AGTierGesG(G2), S. 277 (278), zzgl. zwei weiterer durch das Fachministerium entsandter Mitglieder und dem Geschäftsführer; § 8 Abs. 2 S. 1 ARL(S5), S. 49 (50); bis auf den geschäftsführenden Direktor, § 13 Abs. 2 HLKA, S. 739 (741); § 9 Abs. 2 IuFB(G1), S. 712 (714); § 5 Abs. 1 LIAG(G), S. 428; § 69 Abs. 2 NHG; § 7 Abs. 1 Nr. 3 NLFst(G1), S. 616 (617), jedoch auf Vorschlag des Fachministeriums, vgl. § 5 Abs. 1; § 47 Abs. 1 NMedienG; § 13 Abs. 2 a) Nord-LB(S), S. 118 (119); § 8 Abs. 2 a) ÖffSB(S3), S. 213 (214); § 8 S. 2 RKrdSt(S3), S. 2 (3); §§ 6 Abs. 1 Nr. 2 StW-H, S. 172 (173); **SöR:** § 9 Abs. 1 Nr. 3 AsseSt, S. 314 (315); § 9 MudCl(S1), S. 409 (410); § 60 Abs. 2 Nr. 1 NHG; § 8 Abs. 1 SBK, S. 649 (650), mit Zustimmung der Aufsichtsbehörde; § 8 Abs. 1 StTIB(G), S. 151 (152); § 4 Abs. 1 StW-G; § 5 Abs. 2 Nr. 3 StZAPf(G), S. 20; § 6 Abs. 5 StZIN(G), S. 209; **JPöR:** § 7 ARL(S2), S. 254; § 11 Abs. 1 BRRKv, S. 626 (627); § 16 Abs. 2 CGGHKv; **st. GmbH:** § 5 Abs. 1 DSMZ; § 8 Abs. 1 HIS(S1); § 5 Abs. 1 LEA; § 5 Abs. 2 GmbH2; **st. e. V.:** § 6 Abs. 2 a) BrLsch; § 6 Abs. 8 Nr. 1 LVG; **st. SbR:** § 10 Abs. 1 GISMA(S1), S. 426; § 10 Abs. 1 HWK(S2), S. 1009 (1010); § 7 Abs. 1 NUmwSt(S2), S. 1523 (1524); § 7 Abs. 2 StbRB(S2), S. 280; § 6 Abs. 1 StJbJ, S. 55; § 10 Abs. 1 StLSb(S), S. 15; § 11 Abs. 1 StN(S2), S. 1209 (1210); § 9 S. 2 ZeVA(S), S. 1001 (1002); **nr-VE:** § 7 Abs. 2 VwÄKN.

bürgerlichen Rechts, denen keine Willensmehrheit zugrunde liegt. Dies gilt insbesondere auch für die Fälle, in denen die Mutterkörperschaft als Alleingesellschafterin einer staatlichen GmbH oder Alleineigentümerin einer staatlichen AG das Leitungsorgan besetzt. Das Willensbildungsorgan wird daher im Fall einer der Einrichtung zugrundeliegenden Personeneinheit marginalisiert.

Die Variationsbandbreite für die Besetzung der Leitungsorgane ist jedoch breiter, als für das Willensbildungsorgan selbst. So finden sich zunächst wiederum vielfältige Regelungen, die als Einschränkung des Einflusses ausgelegt werden könnten. Dies gilt insbesondere, soweit teilweise das Leitungsorgan trotz Willensbildungsorgan dennoch durch ein weiteres Organ der Einrichtung besetzt wird[729]. Auch wenn nur selten, so finden sich ebenso Qualifikationen der Mitglieder[730] – wie z. B. der Vorschlag[731] des Senats zur Bestellung des Präsidenten und der Vizepräsidenten der Hochschule als Teil des Präsidiums[732] – wie diese bereits für das Willensbildungsorgan selbst festgestellt wurden. Es besteht ebenso eine Findungskommission[733]; In anderen Fällen sind juristische Personen des öffentlichen Rechts[734] und nicht-staatliche Stellen im Leitungsorgan vertreten[735]. Teilweise wird auch auf eine besondere Fachkunde abgestellt[736]. Es finden sich ebenso Fälle der Besetzung des Leitungsorgans in Personalunion[737], wie dies bereits für die Willensbildungsorgane gefunden wurde. All dies lässt sich auch für das Leitungsorgan wiederum als Beschränkung der Steuerung anführen. Dies gilt insbesondere, soweit im Fall der Kommunen die

729 **AöR:** § 12 Abs. 2 LBS-N(S), S. 499 (501); § 13 Abs. 2 Nord-LB(S), S. 118 (119); § 6 Abs. 1 NöVersG, S. 5; **st. GmbH:** § 7 Abs. 1 CUTEC; § 6 Abs. 1 EaSoA; § 9 Abs. 2 RamBmG; § 7 Abs. 1 GmbH1; **(st.)AG:** § 84 Abs. 3 AktG; **st. e. V.:** § 7 Abs. 3 3NKN; § 11 DInKt; § 8 Abs. 1 NStT; **st. e. G.:** § 20 Abs. 2 HIS(S2); **st. SbR:** § 8 Abs. 1 NBingSt, S. 464 (465); § 7 Abs. 1 NLottSt(S2), S. 86; **nr-VE:** § 8 VwIngK.

730 **AöR:** § 7 Abs. 1 AGTierGesG(G2), S. 277 (278); **st. e. V.:** § 12 Abs. 1 DInKt; **nr-VE:** § 7 Abs. 1 VwÄKN.

731 **AöR:** § 4 Abs. 1 S. 1 HWW(S1), S. 510; § 5 Abs. 1 S. 2 NLFst(G1), S. 616; **SöR:** Nr. 11 MudCl(S2), S. 490; § 4 Abs. 2 StW-G; **st. SbR:** § 7 Abs. 1 NLotSpSt, S. 294 (295); § 10 Abs. 1 StLSb(S), S. 15; vgl. auch § 6 Abs. 3 StJbJ, S. 55, dass zwar ein Bestimmungsrecht bzgl. des Vorstandsvorsitzenden vorsieht, ohne jedoch die Zusammensetzung des Vorstands selbst weiter auszudifferenzieren.

732 **KöR:** § 39 Abs. 2 NHG.

733 **st. SbR:** § 10 Abs. 2 HWK(S2), S. 1009 (1010).

734 **AöR:** vgl. § 7 FstKK, S. 554 (555); § 13 Abs. 2 HLKA, S. 739 (741), bzgl. des Geschäftsführenden Direktors; § 7 Abs. 1 AGTierGesG(G2), S. 277 (278); **tr-AöR:** § 13 BrLB; **SöR:** § 9 MudCl(S3), S. 170 (171); **st. e. V.:** § 7 Abs. 1 N21.

735 **KöR:** § 6 Abs. 1 OldL(V), S. 51 (52); **st. e. V.:** § 12 Abs. 4 DInKt.

736 **KöR:** Art. 1, § 4 Abs. 1 NTH(G), S. 416.

737 **KöR:** § 5 Abs. 1 NTH(S); § 6 Abs. 2 PrLV-H(S1), S. 478; **AöR:** § 6 IfE(S1), S. 688 (689); **SöR:** § 9 Abs. 1 Nr. 1, 2 AsseSt, S. 314 (315); § 10 St-TiHo(S), S. 854 (855); **st. SbR:** § 10 Abs. 1 BaStW(S), S. 243 (244); § 10 Abs. 1 FamN(S2), S. 137 (138); § 11 Abs. 1 KTSt(S2), S. 1227 (1228).

Wahl des Leitungsorgans ohne Beteiligung des Willensbildungsorgans unmittelbar durch die Mitglieder der Körperschaft erfolgt[738].

Als Weiterung kann das Leitungsorgan trotz Willensbildungsorgan auch durch die Mutterkörperschaft besetzt werden[739], sodass eine weitere Außensteuerung zur Besetzung des Willensbildungsorgans hinzutreten kann. Eindeutiger lässt sich eine Steuerung nur im Einzelfall begründen, soweit vereinzelt Mitglieder ausdrücklich als Vertreter einer juristischen Person bezeichnet werden[740]. In Einzelfällen ist die Besetzung des Leitungsorgans dagegen nicht geregelt[741]. Dies legt wiederum eine Auslegung entsprechend einer hierarchischen Struktur nahe, nach der diese Lücke in der Weise zu schließen ist, dass das Willensbildungsorgan für die Besetzung zuständig ist. Insgesamt hängt die Bestimmung des Leitungsorgans durch das Willensbildungsorgan[742] von den Regelungen im Einzelfall ab. Umgekehrt spricht jedoch die Besetzung auch des Leitungsorgans mit Vertretern zusätzlich für die Einflussmöglichkeiten der Mutterkörperschaft[743], jedoch wiederum nur entsprechend der Regelungen im Einzelfall. Noch nicht einmal die Besetzung des Leitungsorgans durch ein weiteres Aufsichtsorgan für die staatliche AG[744] vermag diese Rechtsform daher abzugrenzen, soweit diese Ausgestaltungsvariante für jede andere Rechtsform ebenso in Betracht kommt.

Ebenso wenig eindeutig ergeben sich das Verhältnis zwischen den Organen und die Steuerungsrechte aus der Art der Besetzung, einer festgelegte Dauer der Amtszeiten oder Regelungen zur vorzeitigen Abberufung der Mitglieder des Leitungsorgans in einem mehrgliedrigen Organaufbau. Zumeist werden die Mitglieder des Leitungsorgans durch das Willensbildungsorgan ebenso – wie bereits für das Willensbildungsorgan selbst herausgearbeitet – uneinheitlich angestellt[745],

---

738 **KöR:** § 80 Abs. 1 NKomVG.

739 **KöR:** §§ 38 Abs. 2, 39 Abs. 1 NHG; bzgl. zweier zusätzlicher „externer“ Mitglieder: § 4 Abs. 1 NTH(G); **AöR:** § 5 Abs. 2 AfBF(S2), S. 252 (253); § 4 HWW(S1), S. 510; § 6 IfE(S1), S. 688 (689); **nr-AöR:** vgl. § 8 Abs. 3 NIfR(S1), S. 834 (835).

740 **SöR:** § 9 MudCl(S1), S. 409 (410); Nr. 11 MudCl(S2), S. 490; **st. e. V.:** § 12 Abs. 2 DInKt; § 7 Abs. 1 N21.

741 **tr-AöR:** § 6 PolAN(G), S. 444 (445); **nr-AöR:** §§ 6, 7 NIfR(S1), S. 834 f.; § 1 StaN, S. 410; **st. GmbH:** HWW(S2).

742 **KöR:** *Hauser,* WahlOrgForm, 1987, S. 37; *Kluth* in: Wolff/Bachof/Stober/ders., VerwR Bd. 2, 2010, § 85, Rn. 7, § 98, Rn. 68; *Maurer,* AllgVerwR, 2011, § 23, Rn. 41; **AöR:** *Ehlers* in: Schmidt-Aßmann/Dolde, ÖffWirtR, 2005, S. 218; *A. Lange,* BetPrivrechtsfAnst, 2008, S. 92; **SöR:** vgl. *Alscher,* DStiftungÖffR, 2006, S. 34; **SöR und st. SbR:** *Totenhöfer-Just,* ÖffrechtStft, 1973, S. 57.

743 **SöR:** *Alscher,* DStiftungÖffR, 2006, S. 39; **SöR und st. SbR:** *Gölz,* DStaatalsStift, 1999, S. 128; **st. GmbH:** *Mann,* ÖffrechtGes, 2001, S. 194 f.

744 **st. AG:** *Blessing,* ÖffrAnstBetPr, 2008, S. 177; *A. Lange,* BetPrivrechtsfAnst, 2008, S. 72; vgl. auch *Ronellenfitsch* in: Isensee/Kirchhof, HdBdStR Bd. 4, 2006, § 98, Rn. 26.

745 **JPöR:** § 11 Abs. 4 S. 2 BRRKv, S. 626 (627); **st. SbR:** § 7 Abs. 2 S. 2 StbRB(S2), S. 280.

ernannt[746], bestellt[747], berufen[748] oder gewählt[749]. Wie schon für das Willensbildungsorgan festgestellt, ist aus der Art und Weise der Besetzung kein Rückschluss auf die Rechtsstellung des Organs oder der Mitglieder des Leitungsorgans möglich.

Ebenso uneinheitlich und unabhängig von der gewählten Rechtsform sind auch die Amtszeiten und die Voraussetzungen einer vorzeitigen Abberufung der Mitglieder des Leitungsorgans neben einem Willensbildungsorgan geregelt. Ganz überwiegend findet sich eine festgelegte Dauer der Amtszeit der Mitglieder, welche ein[750], zwei[751], drei[752],

746 **AöR:** § 5 Abs. 2 AfBF(S2), S. 252 (253); § 7 S. 1 FstKK, S. 554 (555); **tr-AöR:** § 13 Abs. 1 S. 1 BrLB.

747 **KöR:** § 9 Abs. 2 a) NLB-Giro, S. 312 (314); **AöR:** § 5 Abs. 1 S. 1 GEI(G1), S. 212; § 11 Abs. 2 a) HLKA, S. 739 (741); § 4 Abs. 1 S. 1 HWW(S1), S. 510; § 9 Abs. 2 S. 2 IuFB(G1), S. 712 (714); § 5 Abs. 1 S. 1 LIAG(G), S. 428; § 69 Abs. 2 Nr. 1 NHG; § 5 Abs. 1 S. 2 NLFst(G1), S. 616; § 13 Abs. 2 a) Nord-LB(S), S. 118 (119); § 6 Abs. 1 S. 1 NöVersG, S. 5; § 6 Abs. 3 a) RKrdSt(S3), S. 2 (3); **nr-AöR:** vgl. § 8 Abs. 3 S. 2 NIfR(S1), S. 834 (835); **SöR:** §8 Abs. 1 S. 1 SBK, S. 649 (650); § 8 Abs. 1 S. 1 StTIB(G), S. 151 (152); **JPöR:** § 17 S. 3 CGGHKv; **st. GmbH:** § 7 Abs. 1 CUTEC; § 12 Abs. 2 DSMZ; § 6 Abs. 1 EaSoA; § 8 Abs. 1 HIS(S1); § 5 LEA; § 11 Abs. 1 RamBmG; § 7 GmbH1; **(st.)AG:** § 84 Abs. 3 AktG; **st. e. V.:** vgl. § 8 Abs. 3 3NKN; **st. e. G.:** § 20 Abs. 2 HIS(S2); **st. SbR:** § 10 Abs. 2 S. 1 GISMA(S1), S. 426; § 6 Abs. 1 S. 2 StJbJ, S. 55; § 9 S. 2 ZeVA(S), S. 1001 (1002).

748 **AöR:** § 6 Abs. 5 a) ARL(S5), S. 49 (50); **SöR:** § 8 Abs. 3 SnGst(G), S. 494 (495); § 4 Abs. 1 StW-G; § 5 Abs. 2 Nr. 3 StZAPf(G), S. 20; § 6 Abs. 5 S. 1 StZIN(G), S. 209; **JPöR:** § 7 a) ARL(S2), S. 254; **st. e. V.:** § 12 Abs. 4 DInKt; **st. SbR:** § 10 Abs. 1 S. 1 StLSb(S), S. 15.

749 **KöR:** § 10 S. 3 AdWG, S. 775 (776); § 10 Abs. 2 S. 1 BrWG; § 21 Abs. 1 S. 1 NArchtK(G); § 28 Abs. 1 S. 2 Nds.FischG(G); § 28 Abs. 1 Nds.HKG; § 23 Abs. 2 S. 1 Nds.LwKG; § 23 Abs. 1 NIngG; § 18 Abs. 2 NSGV(S1), S. 245 (247); § 5 Abs. 2 NVdR(G1), S. 65 (66); § 9 Abs. 1 RitLBr, S. 517 (518); **AöR:** § 7 Abs. 1 AGTierGesG(G2), S. 277; § 47 Abs. 1 NMedienG; **SöR:** § 9 Abs. 1 Nr. 3 AsseSt, S. 314 (315); § 7 a) MudCl(S1), S. 409 (410); § 4 Abs. 2 StW-G; **JPöR:** § 11 Abs. 1 BRRKv, S. 626 (627); **st. e. V.:** § 5 Abs. 1 EmLsch; § 7 Abs. 2 LVG; § 7 Abs. 3 NStT; **st. SbR:** § 10 Abs. 1 GISMA(S1), S. 426; § 10 Abs. 1 S. 1 HWK(S2), S. 1009 (1010); § 8 Abs. 1 S. 2 NBingSt, S. 464 (465); § 7 Abs. 2 S. 1 NLotSpSt, S. 294 (295); § 7 Abs. 1 S. 1 NLottSt(S2), S. 86; § 7 Abs. 1 S. 1 NUmwSt(S2), S. 1523 (1524).

750 **KöR:** § 9a Abs. 1 Stud-LUH, genauer gesagt 2 Semester; **SöR:** § 4 Abs. 2 StW-G, für die Studierendenvertreter.

751 **AöR:** § 8 Abs. 2 ARL(S5), S. 49 (50); **JPöR:** § 9 Abs. 1 ARL(S2), S. 254 (255).

752 **KöR:** § 10 Abs. 2 BrWG; **SöR:** § 9 Abs. 1 S. 2 AsseSt, S. 314 (315); § 4 Abs. 2 StW-G, für die Vertreter der Universität und der Beschäftigten.

vier[753], fünf[754], sechs[755], acht[756] oder neun Jahren betragen kann[757]. Die Amtszeit kann jedoch auch an eine Wahlperiode geknüpft sein[758]. Es finden sich auch Beispiele, für deren Mitglieder im Leitungsorgan keine Amtszeit festgelegt ist[759]. Wie schon für das Willensbildungsorgan zeigt sich auch hier, dass die Regelungen zur Amtszeit nicht konsistent erfolgen, soweit sich auch für Vertreter im Leitungsorgan festgelegte Amtszeiten finden[760]. Dies dürfte dafür sprechen, eine Steuerung nur anhand einer Gesamtbetrachtung zu bestimmen.

Uneinheitlich ist in gleicher Weise, ob sich Regelungen für eine vorzeitige Abberufung finden lassen. Vielfach ist eine vorzeitige Abberufung an keine weiteren

753 **KöR:** § 10 S. 2 AdWG, S. 775 (776); §§ 17 Abs. 1, 28 Abs. 1 Nds.HKG; § 4 Abs. 1 Abs. 4 NJagdG(S); **AöR:** § 5 Abs. 1 S. 1 GEI(G1), S. 212; **st. e. V.:** § 7 Abs. 2 N21; **st. e. G.:** vgl. § 20 Abs. 6 HIS(S2).

754 **KöR:** § 21 Abs. 2 NArchtK(G); § 23 Abs. 2 NIngG; § 5 Abs. 2 NVdR(G1), S. 65 (66); **AöR:** § 5 Abs. 1 GEI(G2), S. 170; für höchstens fünf Jahre: § 2 Abs. 1 S. 1 IuFB(V), S. 258; für höchstens fünf Jahre: § 8 Abs. 1 S. 2 LBS-N(S), S. 499 (500); § 5 Abs. 1 S. 1 LIAG(G), S. 428; § 47 Abs. 1 NMedienG; für höchstens fünf Jahre: § 6 Abs. 2 ÖffSB(S3), S. 213; § 8 S. 2 RKrdSt(S3), S. 2 (3); **SöR:** § 8 Abs. 3 SnGst(G), S. 494 (495); § 8 Abs. 1 StTIB(G), S. 151 (152); § 6 Abs. 4 StZAPf(G), S. 20; § 6 Abs. 5 StZIN(G), S. 209; **JPöR:** § 11 Abs. 4 BRRKv, S. 626 (627); § 17 CGGHKv; **st. GmbH:** § 7 Abs. 1 CUTEC; § 6 Abs. 1 EaSoA; § 7 GmbH1; **(st.)AG:** § 84 Abs. 3 AktG; **st. e. V.:** § 6 Abs. 1 EmLsch; **st. SbR:** § 10 Abs. 2 S. 1 GISMA(S1), S. 426; § 10 Abs. 1 S. 1 HWK(S2), S. 1009 (1010); § 8 Abs. 1 S. 2 NBingSt, S. 464 (465), ausgenommen das Mitglied in Personalunion; für höchstens fünf Jahre, § 7 Abs. 2 NLotSpSt, S. 294 (295); § 7 Abs. 1 NLottSt(S2), S. 86; § 7 Abs. 1 NUmwSt(S2), S. 1523 (1524); § 6 Abs. 2 StJbJ, S. 55; § 11 Abs. 1 StN(S2), S. 1209 (1211); § 9 S. 2 ZeVA(S), S. 1001 (1002); **nr-VE:** § 7 Abs. 2 VwÄKN.

755 **KöR:** § 28 Nds.FischG(G); § 23 Abs. 2 Nds.LwKG; § 19 Abs. 1 Nds.RealvG; § 38 Abs. 4 NHG, bei Wiederwahl acht Jahre; § 18 Abs. 2 NSGV(S1), S. 245 (247); § 9 Abs. 2 RitLBr, S. 517 (518); **AöR:** § 9 Abs. 3 AGTierGesG(G1), S. 412 (413), oder auch zwölf Jahre.

756 **AöR:** § 9 Abs. 3 AGTierGesG(G2), S. 277 (278).

757 **JPöR:** § 11 Abs. 1 BRRKv, S. 626 (627).

758 **KöR:** § 28 Abs. 1 Nds.HKG; § 6 Abs. 3 OldL(V), S. 51 (52); **AöR:** § 7 Abs. 1 Nr. 1 AGTierGesG(G2), S. 277 (278); **SöR:** Nr. 12 MudCl(S2); **st. e. V.:** § 8 Abs. 3 NStT; **st. SbR:** § 10 Abs. 1 StLSb(S), S. 15.

759 Vgl. **KöR:** § 15 NKomZG; § 12 NLB-Giro, S. 312 (315); § 6 PrLV-H(S1), S. 478; **AöR:** § 6 AfBF(S2), S. 253; § 7 Abs. 1 Nr. 2 AGTierGesG(G2), S. 277 (278), soweit es die Mitglieder, die durch die Aufsichtsbehörde entsandt werden, betrifft; § 7 FstKK, S. 554 (555); § 13 HLKA, S. 739 (741); § 4 HWW(S1), S. 510; § 6 IfE(S1), S. 688 (689); § 5 NLFst(G1), S. 616; § 7 Nord-LB(S), S. 118 f.; § 8 StW-H, S. 172 (174 f.); **SöR:** § 9 Abs. 1 MudCl(S1), S. 409 (410); § 9 MudCl(S3), S. 170 (171); § 61 NHG; § 8 SBK, S. 649 (650); **st. GmbH:** § 5 LEA; § 11 RamBmG; § 5 GmbH2; **st. AG:** § 4 DMAg, S. 1; **st. SbR:** § 10 BaStW(S), S. 243 (244); § 10 FamN(S2), S. 137 (138); § 11 KTSt(S2), S. 1227 (1228); § 7 StbRB(S2), S. 280; **nr-VE:** § 8 VwIngK.

760 **st. e. V.:** § 7 Abs. 2 N21.

Voraussetzungen geknüpft[761]. Die Mitglieder des Leitungsorgans können teilweise nur aus wichtigem Grund vorzeitig abberufen werden[762]. In weiteren Fällen erfordert die Abberufung des Leitungsorgans eine 2/3[763] oder 3/4 Mehrheit im Aufsichtsorgan[764]. Teilweise kann eine vorzeitige Abberufung nur vorgeschlagen werden[765]. In einem Fall unterliegt sowohl die Bestellung als auch die Abberufung der Genehmigung durch die Aufsichtsbehörde[766]. Soweit ein anderes Organ zuständig ist, setzt die Abberufung des Leitungsorgans im Einzelfall die Zustimmung des Willensbildungsorgans voraus[767]. Vielfach fehlen trotz bestimmter Amtszeit Regelungen zur vorzeitigen Abberufung[768]. Umgekehrt kann ebenso ohne festgelegte Dauer der Amtszeit eine Abberufung jederzeit vorgesehen werden, ohne an besondere Voraussetzungen geknüpft zu sein[769]. Gleiches findet sich auch für den Fall, dass eine Amtszeit festgelegt ist[770]. Teilweise fehlen Regelungen sowohl zu den Amtszeiten als

761 **KöR:** § 20 Abs. 2 Nr. 7 NArchtK(G); § 30 Abs. 1 Nr. 3 Nds.FischG(G); § 22 Abs. 1 Nr. 2 Nds.RealvG; § 22 Abs. 1 Nr. 8 NIngG; § 8 Abs. 1 Nr. 4 Abs. 4 NJagdG(S); § 82 NKomVG; § 9 Abs. 2 NLB-Giro, S. 312 (314); **AöR:** § 5 Abs. 2 AfBF(S2), S. 253; § 4 Abs. 1 d) GEI(S2), S. 161; § 3 Abs. 1 Nr. 4 LIAG(S); § 7 Abs. 1 Nr. 3 NLFst(G1), S. 616 (617), nur als „dienstrechtliche [...] Maßnahmen"; § 13 Abs. 2 a Nord-LB(S), S. 118 (119); § 8 Abs. 2 a) ÖffSB(S3), S. 213 (214); § 6 Abs. 3 a) RKrdSt(S3), S. 2 (3); § 6 Abs. 1 Nr. 2 StW-H, S. 172 (173); **SöR:** § 60 Abs. 2 Nr. 1 NHG; § 6 Abs. 5 StZIN(G), S. 209; **JPöR:** § 16 Abs. 2 CGGHKv; **st. GmbH:** § 7 Abs. 1 CUTEC; § 5 Abs. 1 DSMZ; § 7 Abs. 1 GmbH1; **st. e. V.:** § 12 Abs. 4 DInKt; **st. e. G.:** § 20 Abs. 2 HIS(S2); **st. SbR:** § 7 Abs. 2 StbRB(S2), S. 280; § 6 Abs. 1 StJbJ, S. 55; § 10 Abs. 2 StLSb(S), S. 15; § 9 ZeVA(S), S. 1001 (1002); **nr-VE:** § 5 Abs. 1 VwÄKN.

762 **AöR:** § 8 Abs. 1 S. 2 LBS-N(S), S. 499 (500); § 47 Abs. 1 NMedienG; § 6 Abs. 2 NöVersG, S. 5; **tr-AöR:** § 13 Abs. 2 BrLB; **SöR:** § 9 Abs. 1 S. 6 AsseSt, S. 314 (315); § 6 Abs. 4 StZAPf(G), S. 20; **(st.)AG:** § 84 Abs. 3 AktG; **st. SbR:** § 10 Abs. 2 GISMA(S1), S. 426; § 8 Abs. 1 S. 7 NBingSt, S. 464 (465); § 7 Abs. 4 NLotSpSt, S. 294 (295); § 7 Abs. 1 S. 5 NLottSt(S2), S. 86.

763 **KöR:** § 4 Abs. 2 Nr. 2, Abs. 3 NVdR(G1), S. 65; § 6 Abs. 3 OldL(V), S. 51 (52); **AöR:** § 8 Abs. 2 ARL(S5), S. 49 (50); **JPöR:** § 8 Abs. 1 ARL(S2), S. 254.

764 **KöR:** § 23 Abs. 3 Nds.LwKG.

765 **KöR:** § 40 NHG.

766 **AöR:** § 6 Abs. 2 StW-H, S. 172 (173).

767 **st. GmbH:** § 7 Abs. 1 CUTEC; § 6 Abs. 1 EaSoA; § 7 Abs. 1 GmbH1.

768 Vgl. **KöR:** § 10 AdWG, S. 775 (776); § 10 BrWG; § 25 Nr. 6 Nds.HKG; § 21 Nds. LwKG; §§ 13, 15 NKomZG; § 18 NSGV(S1), S. 245 (247); § 6 PrLV-H(S1), S. 478; § 9 RitLBr, S. 517 (518); **AöR:** § 7 AGTierGesG(G2), S. 277 (278); § 5 GEI(G1), S. 212; § 6 IfE(S1), S. 688 (689); § 2 IuFB(V), S. 258; § 5 LIAG(G), S. 428; **SöR:** § 8 SnGst(G), S. 494 (495); §§ 7, 8 StTIB(G), S. 151 (152); § 4 StW-G; **JPöR:** § 11 BRRKv, S. 626 (627); **st. e. V.:** § 6 EmLsch; **st. SbR:** § 10 HWK(S2), S. 1009 (1010); § 7 NUmwSt(S2), S. 1523 (1524 f.).

769 **AöR:** §§ 11, 13 HLKA, S. 739 (741); § 69 Abs. 2 NHG; **st. GmbH:** § 5 Abs. 1 LEA; § 9 Abs. 2 RamBmG; **st. SbR:** § 7 Abs. 2 StbRB(S2), S. 280.

770 Siehe bereits zuvor.

auch zu einer vorzeitigen Abberufung[771], sodass wiederum ein Grundfall im Wege der Auslegung angewandt werden muss.

Zunächst lässt sich nur festhalten, dass die Variationsbandbreite der Regelungen in vielerlei Hinsicht der des Willensbildungsorgans entspricht. Ob daher die vorzeitige Abberufung eines Mitglieds des Leitungsorgans eingeschränkt ist[772] oder nicht[773], folgt nur aus den Regelungen im Einzelfall oder mangels Regelung durch die Auslegung[774] anhand der Verfassungsprinzipien. Wiederum lässt sich konstatieren, dass das Leitungsorgan damit im Einzelfall an die Stelle des Willensbildungsorgans rücken kann, insbesondere im Vergleich mit Einrichtungen in Alleinträgerschaft einer Mutterkörperschaft[775].

Zumeist lassen sich mangels besonderer Qualifikationen der Organmitglieder Mehrheiten im Rahmen der Leitungsorgane nicht gesondert herausarbeiten. In einigen Fällen ist das Land Niedersachsen minderheitlich im Leitungsorgan vertreten[776]. Teilweise bezieht sich die Beschränkung durch die Qualifikationen wiederum auf alle Mitglieder des Leitungsorgans, welche einheitlich durch das Land Niedersachsen bestellt werden[777]. Der umgekehrte Fall, dass die Qualifikationen insgesamt zugunsten des Landes Niedersachsens auszulegen sind, sodass dieses mehrheitlich im Leitungsorgan vertreten ist, findet sich jedoch auch[778]. Das Land Niedersachsen muss jedoch im Leitungsorgan nicht beteiligt sein[779]. Es findet sich ebenso eine paritätische Besetzung durch öffentliche sowie nicht-staatliche Stellen[780]. Teilweise sind zumindest staatliche Stellen insgesamt mehrheitlich vertreten[781]; Gleichwohl

---

771 Vgl. **AöR:** § 4 HWW(S1), S. 510; § 6 IfE(S1), S. 688 (689); § 5 NLFst(G1), S. 616; **nr-AöR:** § 8 Abs. 3 NIfR(S1), S. 834 (835); **SöR:** § 9 MudCl(S3), S. 170 (171); § 8 Abs. 1 SBK, S. 649 (650); **st. GmbH:** § 13 HIS(S1); § 5 GmbH2; **st. e. V.:** § 8 3NKN; § 7 BrLsch; § 7 LVG; **nr-VE:** §§ 7, 8 VwIngK.

772 **AöR:** *A. Lange,* BetPrivrechtsfAnst, 2008, S. 92; *Lübbecke,* KommUntNRW, 2004, S. 112; **st. GmbH:** *A. Lange,* BetPrivrechtsfAnst, 2008, S. 84, für den Fall eines obligatorischen Aufsichtsrates; **st. AG:** *Hauser,* WahlOrgForm, 1987, S. 40; *A. Lange,* BetPrivrechtsfAnst, 2008, S. 73, *Wiesner* in: MüHBGesR Bd. 4, 2015, § 20, Rn. 43, siehe jedoch einschränkend bereits Rn. 57 f.; **SöR und st. SbR:** *Hof* in: v. Campenhausen/Richter (Hrsg.) StfRHdB, 2014, § 8, Rn. 179.

773 **st. GmbH:** *A. Lange,* BetPrivrechtsfAnst, 2008, S. 84; **st. e. G.:** *Hauser,* WahlOrgForm, 1987, S. 50; *O. Korte* in: Wurzel/Schraml/Becker (Hrsg.), RkommUnter, 2015, S. 246.

774 **AöR:** ebenso, jedoch ohne Begründung, *A. Lange,* BetPrivrechtsfAnst, 2008, S. 92.

775 Vgl. insofern auch *T. Faber,* GesBindAufsM, 2010, S. 72; *Mann,* ÖffrechtGes, 2001, S. 194.

776 **AöR:** § 7 Abs. 1 AGTierGesG(G2), S. 277 (278); **SöR:** § 9 MudCl(S1), S. 409 (410); Nr. 11 MudCl(S2), S. 490; Nr. 9 MudCl(S3), S. 170 (171).

777 **AöR:** § 4 Abs. 1 HWW(S1), S. 510.

778 **AöR:** § 5 Abs. 1 NLFst(G1), S. 616.

779 Vgl. **SöR:** § 9 Abs. 1 AsseSt, S. 314 (315); **st. e. V.:** § 8 Abs. 1 NStT.

780 **st. e. V.:** § 7 Abs. 1 N21; **st. SbR:** § 7 Abs. 1 NLotSpSt, S. 294 (295).

781 **KöR:** Art. 1, § 4 Abs. 1 NTH(G), S. 416.

finden sich auch Beispiele, in denen nicht-staatliche Stellen mehrheitlich im Leitungsorgan vertreten sind[782]. In Einzelfällen sind statt juristischer Personen des öffentlichen Rechts insgesamt nur Personen im Leitungsorgan vertreten, welche keiner staatlichen Stelle zuzurechnen sind[783]. Die Mehrheitsverhältnisse im Leitungsorgan hängen wiederum, wie schon die im Willensbildungsorgan, statt von der Rechtsform von der Ausgestaltung im Einzelfall ab.

Ob die Mehrheitsverhältnisse durch die Beschlussfähigkeit, die erforderlichen Mehrheiten oder Sonderrechte beeinflusst werden, hängt ebenso nur vom Einzelfall ab. Sogar unabhängig von den zuvor festgestellten Mehrheitsverhältnissen im Einzelfall unterscheiden sich die Regelungen in ihrer Variationsbandbreite nicht, auch soweit Qualifikationen im Einzelfall fehlen. Dies gilt bereits für die Beschlussfähigkeit des Leitungsorgans, welche regelmäßig ausdrücklich vorliegt, wenn die Hälfte der Mitglieder anwesend ist[784]. Es finden sich auch niedrigere[785] und höhere Quoren für die Beschlussfähigkeit[786]. Teilweise ist zusätzlich die Anwesenheit des Vorsitzenden erforderlich[787]. Die Beschlussfähigkeit ist dagegen auch für ein kollegiales Leitungsorgan vielfach nicht geregelt[788], sodass wiederum im Rahmen der Auslegung auf einen Grundfall zu rekurrieren ist. Die Regelungen zur Beschlussfähigkeit im Einzelfall sind daher nicht darauf angelegt, die Mehrheitsverhältnisse in einem Leitungsorgan neben einem Willensbildungsorgan zu verändern.

Die Entscheidungen eines kollegial besetzten Leitungsorgans werden zumeist mit Stimmenmehrheit getroffen[789] oder im Einzelfall mit der Mehrheit seiner

782 **st. SbR:** § 10 Abs. 1 StLSb(S), S. 16.

783 **SöR:** § 4 Abs. 1 StW-G; **st. e. V.:** § 12 Abs. 2 DInKt.

784 **KöR:** § 18 S. 1 ÄKN; § 17 Abs. 2 IngKN(S), zusätzlich jedoch mindestens die Hälfte Pflichtmitglieder; § 16 Abs. 1 LUH; § 14 Abs. 2 NArchtK(S); § 11 Abs. 2 NTH(S); **AöR:** § 8 Abs. 5 ARL(S5), S. 49 (50); **st. e. V.:** § 8 N21; § 8 Abs. 6 NStT; **st. e. G.:** § 21 Abs. 1 HIS(S2); **st. SbR:** § 12 Abs. 2 GISMA(S1), S. 425 (427).

785 **st. e. V.:** § 7 Abs. 6 LVG.

786 **KöR:** § 8 Abs. 2 FrGWol; **JPöR:** § 14 Abs. 3 BRRKv, S. 626 (627); **st. SbR:** § 8 Abs. 2 NBingSt, S. 464 (465); § 7 Abs. 1 NLotSpSt, S. 294 (295); § 7 Abs. 3 NLottSt(S2), S. 86; § 7 Abs. 4 NUmwSt(S2), S. 1523 (1525); **nr-VE:** § 6 Abs. 7 VwÄKN.

787 **KöR:** § 14 Abs. 2 NArchtK(S); § 17 Abs. 2 IngKN(S).

788 Vgl. **KöR:** § 28 Nds.FischG(G); § 5 NJagdG(S); § 12 NLB-Giro, S. 312 (315); § 6 NVdR(S); § 6 OldL(V), S. 51 (52); **AöR:** § 7 AGTierGesG(G2), S. 277 (278); § 5 HWW(S1), S. 510; § 2 IuFB(V), S. 258; § 9 LBS-N(S), S. 499 (500); § 5 NLFSt(G1), S. 616; § 8 Nord-LB(S), S. 118 (119); § 6 ÖffSB(S3), S. 213 f.; §§ 8 ff. RKrdSt(S3), S. 2 (3 f.); **tr-AöR:** § 13 BrLB; **SöR:** § 9 MudCl(S1), S. 409 (410); § 5 StW-G; **st. GmbH:** § 7 Abs. 1 CUTEC; § 12 DSMZ; § 13 HIS(S1); § 11 RamBmG; § 7 GmbH1; § 5 GmbH2; **st. AG:** § 4 DMAg, S. 1; **st. e. V.:** § 7 BrLsch; § 12 Abs. 4 DInKt; § 6 EmLsch; **st. SbR:** § 7 Abs. 2 StbRB(S2), S. 280; § 7 StJbJ, S. 55 f.; § 10 StLSb(S), S. 15; § 9 ZeVA(S), S. 1001 (1002); **nr-VE:** § 8 VwIngK.

789 **KöR:** § 8 Abs. 2 FrGWol; § 16 Abs. 3 LUH; § 5 Abs. 1 NJagdG(S); § 11 Abs. 3 NTH(S); **AöR:** § 13 Abs. 3 HLKA, S. 739 (741); § 8 Abs. 1 Nord-LB(S), S. 118 (119); § 6 Abs. 5 ÖffSB(S3), S. 213; **SöR:** § 9 Abs. 5 AsseSt, S. 314 (315); **st. AG:** § 5 SagAG;

Mitglieder[790]. Es finden sich auch höhere Quoren für die erforderliche Stimmenmehrheit[791] bis hin zur Einstimmigkeit[792]. Soweit diese beiden Regelungsvarianten nur Stiftungen des bürgerlichen Rechts betreffen, dürfte es sich nur um einen Zufall handeln, ohne diese Rechtsform von den anderen Rechtsformen abgrenzen zu können. Insbesondere ist dies nicht charakteristisch für die Rechtsform der Stiftung des bürgerlichen Rechts an sich, soweit sich auch hier regelmäßig der zuvor bereits festgestellte Grundfall oder keine Regelung findet.

Ebenso finden sich auch für die Beschlussfassung des Leitungsorgans Sonderrechte, wie sie bereits für das Willensbildungsorgan und das Leitungsorgan für Einrichtungen mit einem eingliedrigen Organaufbau festgestellt wurden. Bei Stimmengleichheit entscheidet teilweise die Stimme des Vorsitzenden[793] oder umgekehrt kann der Antrag abgelehnt sein[794]. Ebenso können für ein kollegiales Leitungsorgan Regelungen zur erforderlichen Mehrheit zur Beschlussfassung fehlen[795]. Fehlende Regelungen dürften im Ergebnis ohne Konsequenz sein, da zumindest die Grundregel dann im Wege der Auslegung anzuwenden ist. Insgesamt findet sich für die Leitungsorgane damit eine vergleichbare Variationsbandbreite, wie sie für das Willensbildungsorgan bereits festgestellt wurde, ohne dass eine Rechtsform sich abgrenzen könnte.

Eine Variationsbandbreite lässt sich auch nicht für die Steuerung entsprechend der Größe eines Leitungsorgans neben einem Willensbildungsorgan feststellen. Wie die Steuerung durch die Größe beeinflusst wird, ist wiederum nur entsprechend den Regelungen im Einzelfall zu beantworten. Die Größe der Leitungsorgane neben

---

st. e. V.: § 7 Abs. 6 LVG; § 8 N21; **st. e. G.:** § 21 Abs. 1 HIS(S2); **st. SbR:** § 7 Abs. 4 NUmwSt(S2), S. 1523 (1525).

790 **nr-VE:** § 6 Abs. 7 VwÄKN.

791 **st. SbR:** § 7 Abs. 5 NLotSpSt, S. 294 (295).

792 **st. SbR:** § 12 Abs. 2 S. 2 GISMA(S1), S. 425 (427).

793 **AöR:** § 8 Abs. 2 Nord-LB(S), S. 118 (119); § 6 Abs. 5 ÖffSB(S3), S. 213; **st. GmbH:** § 7 Abs. 1 CUTEC; § 7 Abs. 1 GmbH1; **st. AG:** vgl. § 4 DMAg, S. 1; **st. e. V.:** § 8 N21; **st. SbR:** § 8 Abs. 2 S. 3 NBingSt, S. 464; § 7 Abs. 3 S. 4 NLottSt(S2), S. 86; § 7 Abs. 4 S. 3 NUmwSt(S2), S. 1523 (1525).

794 **st. e. G.:** § 21 Abs. 1 HIS(S2); **nr-VE:** § 6 Abs. 7 VwÄKN.

795 Vgl. **KöR:** § 28 Nds.FischG(G); § 18 ÄKN; § 17 IngKN(S); § 12 NLB-Giro, S. 312 (315); § 6 NVdR(S); § 6 OldL(V), S. 51 (52); **AöR:** § 7 AGTierGesG(G2), S. 277 (278); § 5 HWW(S1), S. 510; § 2 IuFB(V), S. 258; § 9 LBS-N(S), S. 499 (500); § 5 NLFst(G1), S. 616; §§ 8 ff. RKrdSt(S3), S. 2 (3 f.); **tr-AöR:** § 13 BrLB; **SöR:** § 9 MudCl(S1), S. 409 (410); § 5 StW-G; **JPöR:** § 9 ARL(S2), S. 254 (255); §14 BRRKv, S. 626 (627); § 17 CGGHKv; **st. GmbH:** § 7 Abs. 1 CUTEC; § 12 DSMZ; § 13 HIS(S1); § 11 RamBmG; § 7 GmbH1; § 5 GmbH2; **st. AG:** § 4 DMAg, S. 1; **st. e. V.:** § 7 BrLsch; § 12 Abs. 4 DInKt; § 6 EmLsch; § 8 NStT; **st. SbR:** § 7 Abs. 2 StbRB(S2), S. 280; § 7 StJbJ, S. 55 f.; § 10 StLSb(S), S. 15; § 9 ZeVA(S), S. 1001 (1002).

einem Willensbildungsorgan variiert von einem[796], (bis zu) zwei[797], drei[798], vier[799], fünf[800], sieben[801], acht[802], neun[803], 13[804] oder 20 Mitgliedern[805]. Weder lässt sich damit die Größe des Leitungsorgans für die Auslegung der Steuerung einer bestimmten Rechtsform heranziehen, noch ist in einigen Fällen die Anzahl überhaupt abschließend festgelegt[806]. Die Größe kann sich darüber hinaus im Laufe der Zeit ändern,

---

796 **KöR:** § 10 S. 1 AdWG, S. 775 (776); § 10 Abs. 1 BrWG; § 23 Abs. 1 Nds.LwKG; § 80 Abs. 1 NKomVG; § 15 Abs. 1 NKomZG; § 18 Abs. 1 NSGV(S1), S. 245 (247); § 6 Abs. 1 PrLV-H(S1), S. 478; **AöR:** § 5 Abs. 1 S. 1 AfBF(S2), S. 252 (253); § 7 S. 1 FstKK, S. 554 (555); § 5 Abs. 1 S. 1 GEI(G2), S. 170; § 6 S. 1 IfE(S1), S. 688 (689); § 5 Abs. 1 LIAG(G), S. 428; § 5 Abs. 1 NLFst(G1), S. 616, wobei der Präsident als genanntes Organ mit den Vizepräsidenten zusammen wiederum die Anstaltsleitung bildet, welche nicht als Organ geführt wird; § 47 Abs. 1 NMedienG; § 6 Abs. 1 Nr. 2 StW-H, S. 172 (174); **tr-AöR:** § 6 Abs. 1 S. 1 PolAN(G), S. 444 (445); **nr-AöR:** § 6 NIfR(S1), S. 834; vgl. § 1 StaN, S. 410; **SöR:** § 8 Abs. 1 S. 1 SBK, S. 649 (650); § 8 Abs. 1 S. 1 SnGst(G), S. 494; § 7 Abs. 1 S. 1 StTIB(G), S. 151 (152); § 6 Abs. 1 StZAPf(G), S. 20; § 6 Abs. 1 StZIN(G), S. 209; **st. GmbH:** § 5 Abs. 1 LEA; § 8 Abs. 1 RamBmG; **st. e. V.**: § 9 LVG; § 9 Abs. 1 N21; **st. SbR:** § 10 Abs. 1 S. 1 BaStW(S), S. 243 (244); § 10 Abs. 1 S. 1 FamN(S2), S. 137 (138); § 10 Abs. 1 S. 1 HWK(S2), S. 1009 (1010); § 11 Abs. 1 S. 1 KTSt(S2), S. 1227 (1228); **nr-VE:** § 4 Abs. 1 HCC; § 8 VwIngK.

797 **AöR:** § 9 Abs. 2 S. 1 IuFB(G1), S. 712 (714), dessen Vorstand jedoch auch aus drei Mitgliedern bestehen kann; § 8 Abs. 1 LBS-N(S), S. 499 (500); **st. e. V.**: § 7 Abs. 1 BrLsch; **st. e. G.**: § 20 Abs. 1 HIS(S2); **st. SbR:** § 7 Abs. 1 StbRB(S2), S. 280, oder nur einem Mitglied; § 9 ZeVA(S), S. 1001 (1002).

798 **KöR:** § 3 Abs. 1 NJagdG(S); § 5 Abs. 1 NTH(S); **AöR:** § 4 Abs. 1 S. 2 HWW(S1), S. 510; § 9 Abs. 2 IuFB(G1), S. 712 (714); § 8 RKrdSt(S3), S. 2 (3); **SöR:** § 9 Abs. 1 AsseSt, S. 314 (315); § 9 Abs. 1 MudCl(S1), S. 409 (410); **JPöR:** § 9 ARL(S2), S. 254 (255); **st. SbR:** § 7 Abs. 1 S. 1 NLottSt(S2), S. 86; § 7 Abs. 1 S. 1 NUmwSt(S2), S. 1523 (1524); § 10 Abs. 1 StLSb(S), S. 15; § 8 Abs. 1 StN(S2), S. 1209 (1210).

799 **AöR:** § 8 Abs. 1 ARL(S5), S. 49 (50); § 11 RKrdSt(S2), S. 208 (209) **tr-AöR:** § 13 Abs. 1 BrLB; **JPöR:** § 11 Abs. 1 BRRKv, S. 626 (627); **st. e. V.**: § 12 Abs. 1 DInKt; **st. SbR:** § 8 Abs. 1 S. 1 NBingSt, S. 464 (465); § 7 Abs. 1 NLotSpSt, S. 294 (295); § 7 Abs. 1 StJbJ, S. 55, oder aus sechs Mitgliedern.

800 **KöR:** § 15 Abs. 1 ÄKN; § 9 Abs. 1 RitLBr, S. 517 (518); **SöR:** Nr. 11 MudCl(S2).

801 **KöR:** § 28 Abs. 2 Nds.HKG; § 37 Abs. 4 NHG; § 5 Abs. 1 NVdR(G1), S. 65 (66); **AöR:** § 7 Abs. 1 S. 1 AGTierGesG(G2), S. 277 (278); **st. e. V.**: § 6 Abs. 1 EmLsch; **nr-VE:** § 7 Abs. 1 VwÄKN.

802 **KöR:** § 14 Abs. 2 IngKN(S).

803 **SöR:** § 4 Abs. 1 StW-G.

804 **KöR:** § 11 Abs. 1 NArchtK(S); § 6 Abs. 1 OldL(V), S. 51 (52).

805 **st. e. V.**: § 8 Abs. 1 NStT.

806 **KöR:** § 28 Abs. 1 Nds.FischG(G); § 19 Abs. 1 Nds.RealvG; § 12 Abs. 1 NLB-Giro, S. 312 (315), mindestens drei Mitglieder; § 16 Abs. 1 Stud-LUH; **AöR:** § 13 Abs. 1 HLKA, S. 739 (741); § 7 Abs. 1 Nord-LB(S), S. 118; § 6 Abs. 1 ÖffSB(S3), S. 213; **JPöR:** § 17 CGGHKv, nur „mindestens“; **st. GmbH:** § 6 Abs. 1 CUTEC; § 12 Abs. 1 DSMZ; § 5 Abs. 1 EaSoA; § 13 Abs. 2 HIS(S1); § 4 Abs. 1 HWW(S2); § 6 Abs. 1 GmbH1; § 5 Abs. 1 GmbH2; **st. AG:** § 4 DMAg, S. 1, mindestens zwei Mitglieder; § 5 Abs. 2

wie z. B. im Fall der Akademie für Raumforschung und Landesplanung, dessen Präsidium in einer Satzung aus dem Jahr 2002 noch aus drei Mitgliedern bestand[807] und erst nach mehreren zwischenzeitlichen Satzungsänderungen auf vier Mitglieder erweitert wurde. Gleiches gilt für das Ritterschaftliche Kreditinstitut Stade[808]. Im Fall der Öffentlichen Sachversicherung Braunschweig veränderte sich die Regelung in der Weise, dass in einer Satzung aus dem Jahr 1958 ausdrücklich zwei Mitgliedern des Vorstands vorgesehen waren und jetzt die Größe nicht mehr abschließend bestimmt ist[809].

Die Regelungen sind damit wiederum vielfältig und in vielerlei Hinsicht vergleichbar mit den Regelungen zu den Willensbildungsorganen. Allein im Unterschied zum Willensbildungsorgan kann nunmehr für die Körperschaft des öffentlichen Rechts (e. V. und e. G.) hier das Leitungsorgan auch als Einzelorgan ausgestaltet sein.

Zusammenfassend lässt sich für das Leitungsorgan neben einem Willensbildungsorgan damit festhalten, dass die Möglichkeit, dass das Leitungsorgan von dem Willensbildungsorgan besetzt wird, nur eine von mehreren möglichen Regelungsvarianten darstellt. Auch für die staatliche AG stellt die Besetzung des Leitungsorgans durch den Aufsichtsrat keine hinreichende Abgrenzung zu den anderen Rechtsformen dar, für die im Einzelfall eben solches bestimmt sein kann. Insbesondere wird an dieser Stelle ein weiterer Unterschied relativiert, soweit in Einzelfällen neben dem Willensbildungsorgan auch das Leitungsorgan mit Vertretern der Mutterkörperschaft oder einer anderen juristischen Person besetzt sein kann. Dies führt dazu, dass diese Organstruktur damit der dreigliedrigen Organstruktur aus Willensbildungs-, Aufsichts- und Leitungsorgan vergleichbar wird, bei der ebenfalls über die Besetzung zum Willensbildungs- und Aufsichtsorgan die Außensteuerung an zwei Stellen wahrgenommen werden kann. Dies wird im Nachfolgenden noch weiter auszuführen sein. Da dies insbesondere auch für Stiftungen des öffentlichen Rechts zutrifft, findet sich eine weitere Begründung dafür, dass die Organstruktur nicht von der Rechtsform, sondern nur von der Ausgestaltung im Einzelfall abhängt.

Auch darüber hinaus finden sich weitgehend die gleichen Regelungen für das Leitungsorgan, wie sie für das Willensbildungsorgan bereits herausgearbeitet wurden. Schon die Feststellung, dass das Leitungsorgan kollegial ausgestaltet sein kann[810],

---

SagAG, mindestens zwei Mitglieder; § 6 Abs. 1 VWAg, mindestens zwei Mitglieder; **st. e. V.:** § 7 Abs. 1 3NKN; **st. SbR:** § 10 Abs. 1 S. 1 GISMA(S1), S. 426, mit der Aussage „mindestens"; § 7 Abs. 1 StbRB(S2), S. 280; **nr-VE:** § 2 Abs. 2 EigBetrVO, S. 21.

807 **AöR:** § 10 Abs. 1 ARL(S3), S. 69 (70).

808 **AöR:** § 8 RKrdSt(S1)(66).

809 **AöR:** § 6 Abs. 1 S. 1 ÖffSB(S1), S. 710.

810 **KöR:** *Groß* in: Hoffmann-Riem/Schmidt-Aßmann/Voßkuhle, GdlVerwR Bd. 1, 2012, § 13, Rn. 70; *Kluth* in: Wolff/Bachof/Stober/ders., VerwR Bd. 2, 2010, § 85, Rn. 73; **AöR:** *Bohn,* AnstÖffBetDritt, 2005, S. 142; *M. Müller* in: Wolff/Bachof/Stober/Kluth, VerwR Bd. 2, 2010, § 86, Rn. 56; **SöR:** *Alscher,* DStiftungÖffR, 2006, S. 35; **st. SbR:** *Schwake* in: MüHBGesR Bd. 5, 2009, § 79, Rn. 277.

hängt damit wiederum nur von der Ausgestaltung im Einzelfall ab. Dies gilt auch für die Körperschaft des öffentlichen Rechts (ebenso e. V. und e. G.). Insbesondere lässt sich die Besetzung des Leitungsorgans durch die Mutterkörperschaft[811] oder umgekehrt durch das Willensbildungsorgan[812] für keine Rechtsform verallgemeinern. Wiederum sind nur die Regelungen im Einzelfall ausschlaggebend[813]. Ebenso findet sich eine Besetzung des Leitungsorgans in Personalunion[814] für alle Rechtsformen. Auch die Regelung einer besonderen Fachkunde für die Mitglieder des Leitungsorgans ist für keine Rechtsform charakteristisch. Soweit die Leitungsorgane für alle Rechtsformen sowohl als Einzel-[815] als auch als Kollegialorgan ausgestaltet sein können, werden insbesondere die Unterschiede in der Organstruktur zwischen den juristischen Personen des öffentlichen Rechts und den nicht-rechtsfähigen Verwaltungseinheiten insoweit nivelliert.

(2) Die Steuerung durch Besetzungsrechte zum Aufsichtsorgan im Rahmen einer dreigliedrigen Organstruktur

Der Einfluss der Mutterkörperschaft oder anderer staatlicher und nicht-staatlicher Stellen bestimmt sich darüber hinaus gelegentlich durch die Besetzungsrechte zu einem dritten Organ, an dieser Stelle allgemein Aufsichtsorgan genannt. Dieses Aufsichtsorgan wird meist durch das Willensbildungsorgan besetzt[816] und gliedert sich hierdurch grundsätzlich in ein hierarchisches System ein. Teilweise werden

---

811 Vgl. **AöR:** *Kluth* in: Wolff/Bachof/Stober/ders., VerwR Bd. 2, 2010, § 80, Rn. 36; *M. Müller* in: Wolff/Bachof/Stober/Kluth, VerwR Bd. 2, 2010, § 86, Rn. 56; *Schraml* in: Wurzel/ders./Becker (Hrsg.), RkommUnter, 2015, S. 170; **SöR:** *Alscher,* DStiftungÖffR, 2006, S. 35.

812 **SöR:** *Alscher,* DStiftungÖffR, 2006, S. 34 f.

813 **st. GmbH:** *Diekmann/Marsch-Barner* in: MüHBGesR Bd. 3, 2012, § 42, 21 ff.

814 **KöR:** *Kluth* in: Wolff/Bachof/Stober/ders., VerwR Bd. 2, 2010, § 85, Rn. 74, § 98, Rn. 68; **AöR:** *Forsthoff,* VerwR Bd. 1, 1973, § 25, Rn. 497; **st. GmbH:** *Grziwotz* in: MüHBGesR Bd. 3, 2012, § 2, Rn. 16; **nr-AöR:** *M. Müller* in: Wolff/Bachof/Stober/Kluth, VerwR Bd. 2, 2010, § 86, Rn. 56, unter dem Aspekt, dass „auf die Bildung und Einrichtung eines besonderen Anstaltsorgans [verzichtet]" werden kann; **SöR:** *Kluth* in: Wolff/Bachof/Stober/ders., VerwR Bd. 2, 2010, § 87, Rn. 36; **st. e. V.:** *Waldner* in: MüHBGesR Bd. 5, 2009, § 25, Rn. 1; **st. SbR:** *Groß,* KollprVerwOrg, 1999, S. 149; *Hauser,* WahlOrgForm, 1987, S. 48; *Schwake* in: MüHBGesR Bd. 5, 2009, § 79, Rn. 277.

815 **AöR:** *Ehlers* in: Schmidt-Aßmann/Dolde, ÖffWirtR, 2005, S. 218; a. A. *Bohn,* AnstÖffBetDritt, 2005, S. 142, das Beispiel einer Landesbank jedoch unzutreffend verallgemeinernd.

816 **KöR:** § 20 Abs. 3 S. 3, 4 Nds.LwKG; § 75 Abs. 1 NKomVG; § 14 Abs. 1 NSGV(S1), S. 245 (247); **AöR:** § 8 Abs. 2 NöVersG, S. 5 (6); **st. GmbH:** § 8 Abs. 2 DSMZ; § 8 Abs. 2 EaSoA; § 12 Abs. 1 HIS(S1); § 8 Abs. 1 RamBmG; § 8 Abs. 1 GmbH1; **(st.) AG:** § 101 Abs. 1 AktG; **st. e. V.:** § 8 Abs. 1 BrLsch; § 10 Abs. 1 DInKt; **st. e. G.:** § 26 Abs. 1 HIS(S2); **nr-VE:** § 6 Abs. 2 VwÄKN; § 5 Abs. 2 VwIngK.

Vertreter in das Aufsichtsorgan auch durch juristische Personen des öffentlichen Rechts[817] oder nicht-staatliche Stellen entsandt[818]. Die Besetzung kann auch in Personalunion[819], in Einzelfällen auch mit einem anderen Organ der Einrichtung[820], erfolgen. Weiterer Mitglieder können durch das Organ hinzugewählt werden[821]. Damit zeigt sich bereits für die Besetzung eine Variationsbandbreite vergleichbar mit einem Willensbildungsorgan, ohne eine bestimmte Rechtsform auszuzeichnen.

Die Mitglieder eines Aufsichtsorgans können über vergleichbare Qualifikationen, wie sie bereits für die Willensorgane dargestellt wurden, verfügen[822]. Die Besetzung kann so auch auf Vorschlag einer anderen juristischen Person erfolgen[823], der damit kein unmittelbares Besetzungsrecht, ggf. jedoch ein Interesse, zuzuordnen ist. Es finden sich gleichfalls Kriterien wie Fachkunde oder eine – im weitesten Sinne – Betroffenheit[824]. Das Aufsichtsorgan besteht ebenso aus nicht näher qualifizierten Mitgliedern. Die Art und Weise der Besetzung ist für das Aufsichtsorgan und das Willensbildungsorgan ebenso vergleichbar. Das Aufsichtsorgan kann auch aus entsandten Vertretern, oder aber aus bestellten[825], berufenen[826], bestimmten[827], benannten[828] oder gewählten Mitgliedern bestehen[829]. Wiederum kann damit aus der Art und

817 **AöR:** §10 Abs. 1 LBS-N(S), S. 499 (500); § 10 Abs. 1 Nord-LB(S), S. 118 (119); § 7 Abs. 2 ÖffSB(S3), S. 213 (214); **st. GmbH:** § 8 Abs. 1 CUTEC; § 8 Abs. 1 DSMZ; § 8 Abs. 2 EaSoA; § 6 Abs. 2 HWW(S2); § 8 Abs. 1 RamBmG; § 8 Abs. 1 GmbH1; § 6 Abs. 1 GmbH2; **(st.)AG:** vgl. § 101 Abs. 1 AktG; § 11 Abs. 1 VWAg; **st. e. V.:** § 7 Abs. 1 3NKN; § 10 Abs. 1 DInKt; **st. SbR:** § 9 Abs. 1 StbRB(S1), S. 956; **nr-VE:** § 5 Abs. 1a VwIngK.

818 **AöR:** § 10 Abs. 1 LBS-N(S), S. 499 (500); § 10 Abs. 1 Nord-LB(S), S. 118 (119); § 8 Abs. 2 NöVersG, S. 5 (6); § 7 Abs. 2 StW-H, S. 172 (174); **st. GmbH:** § 6 Abs. 2 HWW(S2); § 8 Abs. 1 RamBmG; **st. e. V.:** § 10 Abs. 1 DInKt.

819 **KöR:** § 74 Abs. 1 Nr. 1 NKomVG; § 14 Abs. 1 NSGV(S1), S. 245 (247); § 7 PrLV-H(S1), S. 478; **AöR:** § 10 Abs. 1 Nord-LB(S), S. 118 (119).

820 **st. e. V.:** § 8 Abs. 1 BrLsch.

821 **KöR:** § 7 PrLV-H(S1), S. 478; vgl. auch **st. GmbH:** *Marsch-Barner/Diekmann* in: MüHBGesR Bd. 3, 2012, § 48, Rn. 32.

822 **st. AG:** *Cronauge/Westermann*, KommUntern, 2006, Rn. 211; *Oebbecke* in: Hoppe/Uechtritz/Reck (Hrsg.), HdBkommUnt, 2012, § 9, Rn. 23, 32; *Pfeifer*, SteukomAktdG, 1991, S. 109; ohne Begründung Weisungsrechte gegenüber einem entsandten Vertreter ausschließend dagegen, *Mann*, ÖffrechtGes, 2001, S. 205; *Schintowski*, NJW 1995, 1316 (1317).

823 **st. GmbH:** § 8 Abs. 1 CUTEC; § 12 Abs. 1 HIS(S1).

824 Vgl. **st. GmbH:** § 8 Abs. 2 DSMZ; § 6 Abs. 2 HWW(S2); § 9 Abs. 1 RamBmG; **st. e. V.:** § 7 Abs. 1 3NKN; § 10 Abs. 1 DInKt.

825 **AöR:** § 8 Abs. 2 NöVersG, S. 5 (6).

826 **AöR:** §10 Abs. 2 LBS-N(S), S. 499 (500); § 10 Abs. 1 Nord-LB(S), S. 118 (119); **st. GmbH:** § 8 Abs. 2 DSMZ; § 12 Abs. 1 HIS(S1); § 8 Abs. 1 RamBmG.

827 **KöR:** § 75 Abs. 1 NKomVG.

828 **st. e. V.:** § 10 Abs. 1 DInKt; **st. SbR:** § 9 Abs. 1 StbRB(S1), S. 956.

829 **KöR:** § 14 Abs. 2 NSGV(S1), S. 245 (247); **AöR:** § 7 Abs. 2 StW-H, S. 172 (174); **st. GmbH:** § 8 Abs. 2 EaSoA; § 8 Abs. 1 RamBmG; § 8 Abs. 1 GmbH1; **st. e. V.:**

Weise der Besetzung kein Rückschluss auf eine besondere Rechtsstellung erfolgen. Für die Mitglieder eines Aufsichtsorgans sind regelmäßig Amtszeiten von zwei[830], drei[831], vier[832] oder fünf Jahren bestimmt[833]. Es findet sich jedoch auch eine Kopplung der Amtszeit an eine Wahlperiode[834]. Für entsandte Mitglieder fehlt in einigen Fällen eine festgelegte Dauer der Amtszeit[835]. wie sie in anderen Fällen wiederum vorgesehen ist[836]. Die Regelungen zur Amtszeit zeigen sich damit auch für dieses dritte Organ, neben einem Willensbildungs- und einem Leitungsorgan, vergleichbar inkonsistent.

Aus einer festgelegten Amtszeit allein folgt auch für das Aufsichtsorgan keine Beschränkung des Einflusses der besetzenden Stelle. Dies zeigt sich am deutlichsten daran, dass teilweise eine vorzeitige Abberufung an keine weiteren Voraussetzungen geknüpft ist[837]. Eine vorzeitige Abberufung ist in anderen Fällen nur aus wichtigem Grund möglich[838]. Die Mitglieder des Aufsichtsorgans scheiden teilweise auch automatisch aus, wenn die Voraussetzungen für die Besetzung nachträglich entfallen[839]. Die vorzeitige Abberufung erfolgt im Einzelfall zwar durch das Willensbildungsorgan, jedoch nur mit Zustimmung der entsendenden Stelle[840]. In anderen Fällen fehlen Regelungen zur vorzeitigen Abberufung[841]; gelegentlich auch trotz

---

§ 7 Abs. 1 3NKN, bzgl. der weiteren Mitglieder; § 10 Abs. 1 DInKt; **st. e. G.**: § 26 Abs. 1 HIS(S2); **st. SbR:** § 9 Abs. 1 StbRB(S1), S. 956; **nr-VE:** § 6 Abs. 2 VwÄKN; § 5 Abs. 2 VwIngK.

830 **AöR:** §§ 6 Abs. 11, 7 Abs. 2 StW-H, S. 172 (174).

831 **st. GmbH:** § 12 Abs. 2 HIS(S1); **st. e. V.**: § 7 Abs. 1 3NKN, bzgl. der weiteren Mitglieder.

832 **KöR:** § 14 Abs. 2 NSGV(S1), S. 245 (247); **AöR:** § 10 Abs. 2 LBS-N(S), S. 499 (500); § 7 Abs. 3 ÖffSB(S3), S. 213 (214); **st. GmbH:** § 8 Abs. 1 CUTEC; § 8 Abs. 2 DSMZ; § 6 Abs. 4 HWW(S2); § 8 Abs. 2 GmbH1; § 6 Abs. 4 GmbH2; **(st.)AG:** § 102 Abs. 1 AktG; **st. e. V.**: § 10 Abs. 2 DInKt; **st. e. G.**: vgl. § 26 Abs. 3 HIS(S2).

833 **st. SbR:** § 9 Abs. 1 StbRB(S1), S. 956; **nr-VE:** § 6 Abs. 2 VwÄKN; § 5 Abs. 2 VwIngK.

834 **KöR:** § 21 Abs. 1 Nds.LwKG, für die Hälfte der Wahlperiode; § 75 Abs. 2 NKomVG; § 7 PrLV-H(S1), S. 478; **st. GmbH:** § 8 Abs. 1 RamBmG; **st. e. V.**: § 8 Abs. 2 BrLsch.

835 **AöR:** § 10 Abs. 1 Nord-LB(S), S. 118 (119); **st. GmbH:** § 8 Abs. 1 DSMZ; § 8 Abs. 3 EaSoA; § 8 Abs. 2 GmbH1; **st. e. V.**: § 7 Abs. 1 3NKN.

836 **AöR:** § 10 Abs. 2 LBS-N(S), S. 499 (500).

837 **KöR:** § 75, 71 Abs. 9 NKomVG; **AöR:** § 8 Abs. 2 NöVersG, S. 5 (6); **st. GmbH:** § 8 Abs. 1 CUTEC; § 8 DSMZ; § 6 Abs. 5 GmbH2; **st. e. G.**: § 26 Abs. 5 HIS(S2); **nr-VE:** § 5 Abs. 1 VwÄKN.

838 **AöR:** §10 Abs. 1 LBS-N(S), S. 499 (500); § 7 Abs. 3 ÖffSB(S3), S. 213 (214); § 11 Abs. 1 PrLV-H(S2), S. 912 (913); **st. GmbH:** § 12 Abs. 2 HIS(S1); **(st.)AG:** § 103 Abs. 3 AktG.

839 **KöR:** § 21 Abs. 2 Nds.LwKG; § 14 Abs. 3 NSGV(S1), S. 245 (247); **AöR:** §10 Abs. 1 LBS-N(S), S. 499 (500); **st. GmbH:** § 8 Abs. 4 RamBmG; **nr-VE:** § 5 Abs. 3 VwIngK.

840 **st. e. V.**: § 10 Abs. 3 DInKt.

841 Vgl. **st. e. V.**: § 8 EmLsch.

festgelegter Dauer der Amtszeiten[842]. Vertreter können von der entsendenden Stelle teilweise ausdrücklich jederzeit vorzeitig abberufen werden[843]. Es finden sich jedoch auch Beispiele, in denen insgesamt weder Amtszeiten festgelegt, noch Regelungen zur vorzeitigen Abberufung zu finden sind[844].

Bereits die Besetzungsrechte, welche insbesondere entsandte Vertreter umfassen können[845], gleichen damit weitgehend denen der Willensbildungsorgane. Eine generelle Aussage im Hinblick auf den Einfluss der Mutterkörperschaft auf ein Aufsichtsorgan bzw. dessen Mitglieder und für eine bestimmte Rechtsform ist damit nicht möglich. Einschränkungen der vorzeitigen Abberufung finden sich wiederum nur in Einzelfällen. In anderen Fällen ist eine vorzeitige Abberufung an keine weiteren Voraussetzungen geknüpft[846]. Dies umfasst insgesamt sowohl die öffentlich-rechtlichen als auch die privatrechtlichen Rechtsformen. Die Ausgestaltung ist damit nicht von der Rechtsform vorbestimmt, sondern nur eine Frage der Ausgestaltung im Einzelfall.

Auch wenn entsandte Mitglieder nur im Einzelfall die Mehrheit bilden[847], so vermag auch dies die Aufsichtsorgane nicht wesentlich von den Willensbildungsorganen zu unterscheiden. Dies gilt insbesondere im Vergleich zu den Willensbildungsorganen, welche ebenfalls mehrheitlich mit entsandten Vertretern besetzt sein können. Die Mehrheitsverhältnisse können im Einzelfall auch anders ausgestaltet sein, wie dies insbesondere im Fall einer Minderheitsbeteiligung des Landes gegeben ist[848]. Dass dies die staatliche GmbH jedoch tatsächlich nicht auszeichnen kann, zeigt hierin, dass im Einzelfall eine Besetzung des Aufsichtsorgans auch ohne Beteiligung des Landes Niedersachsens erfolgen kann. Es liegt dann jedoch zumindest eine ausschließliche[849] oder zumindest insgesamt mehrheitliche Beteiligung

---

842 **KöR:** § 7 PrLV-H(S1), S. 478; **AöR:** § 7 Abs. 2 StW-H, S. 172 (174); **st. GmbH:** § 8 Abs. 2 DSMZ; § 8 EaSoA; § 6 HWW(S2); § 8 RamBmG; § 8 Abs. 2 GmbH1, für die vom Willensbildungsorgan gewählten Mitglieder; **st. e. V.:** § 8 Abs. 1 BrLsch; § 10 Abs. 1 DInKt; **st. SbR:** § 9 Abs. 1 StbRB(S1), S. 956.

843 **AöR:** § 11 Abs. 4 PrLV-H(S2), S. 912 (913); **st. GmbH:** § 8 Abs. 1 CUTEC; § 8 Abs. 1 DSMZ; § 8 Abs. 3 EaSoA; § 8 Abs. 2 GmbH1; **(st.)AG:** § 103 Abs. 2 AktG.

844 **AöR:** § 10 Abs. 2 Nord-LB(S), S. 118 (119).

845 **st. AG:** *A. Lange*, BetPrivrechtsfAnst, 2008, S. 72; *Mann*, ÖffrechtGes, 2001, S. 175.

846 **st. AG:** *R. Becker* in: Wurzel/Schraml/ders. (Hrsg.), RkommUnter, 2015, S. 216; *Hoffmann-Becking* in: MüHBGesR Bd. 4, 2015, § 30, Rn. 83, 85; *Mann*, ÖffrechtGes, 2001, S. 176, *Pfeifer*, SteukomAktdG, 1991, S. 214; *v. Danwitz*, AöR 1995, 595 (625); vgl. auch *A. Lange*, BetPrivrechtsfAnst, 2008, S. 73, für die entsandten Vertreter; **st. e. G.:** *Hauser*, WahlOrgForm, 1987, S. 51; **JPbR:** a. A. OVG Münster, NVwZ 1990, 791 (792 f.).

847 **st. GmbH:** § 8 Abs. 1 CUTEC; § 8 Abs. 1 EaSoA; § 9 Abs. 2 GmbH1, durch ein mehrfaches Stimmrecht; **st. e. V.:** § 7 Abs. 1 3NKN; vgl. § 10 Abs. 1 DInKt, abhängig von der konkreten Größe des Kuratoriums.

848 **st. GmbH:** § 8 Abs. 1 DSMZ; § 8 Abs. 1 GmbH1; § 6 Abs. 2 GmbH2.

849 **KöR:** § 14 Abs. 1 NSGV(S1), S. 245 (247); **st. GmbH:** § 12 Abs. 1 HIS(S1); **st. SbR:** § 9 Abs. 1 StbRB(S1), S. 955 (956).

öffentlicher Stellen vor[850]. Die staatlichen Stellen können im Einzelfall auch nur in der Minderheit vertreten sein[851]. Es finden sich sogar Einrichtungen, deren Aufsichtsorgan ohne Beteiligung öffentlicher Stellen besetzt wird[852].

Auch die Aufsichtsorgane, welche ganz oder teilweise von den Willensbildungsorganen besetzt werden, unterscheiden sich nicht zwangsläufig von den Willensbildungsorganen anderer Einrichtungen. Dies gilt insbesondere für den Fall, dass die Mutterkörperschaft Alleinträgerin einer Anstalt, Alleingesellschafterin einer staatlichen GmbH oder Alleinaktionärin einer staatlichen AG ist. In diesem Fall ist das Aufsichtsorgan mit einem Willensbildungsorgan vergleichbar, in dem ebenfalls das Land Niedersachsen die Besetzungsrechte ausschließlich ausübt. Diese Vergleichbarkeit zeigt sich auch im Fall der Umwandlung, wie die folgenden Beispiele verdeutlichen. So ist im Fall der Anstalt Harzwasserwerke aus dem Kuratorium unmittelbar der Aufsichtsrat der Harzwasserwerke GmbH geworden[853]. Umgekehrt wurde aus dem Aufsichtsrat der Investitions- und Förderbank GmbH der Verwaltungsrat der NBank als Anstalt des öffentlichen Rechts[854]. Die zunächst festgestellte Unterscheidung zwischen der staatlichen AG und insbesondere den öffentlich-rechtlichen Rechtsformen, dass nur Erstere immer über ein Aufsichtsorgan verfügen, wird damit bezüglich der Besetzungsrechte nivelliert, soweit das Aufsichtsorgan die Stelle eines Willensbildungsorgans im Fall einer hinter der Einrichtung stehenden Personeneinheit einnimmt.

Die Beschlussfähigkeit und die erforderlichen Beschlussmehrheiten im Aufsichtsorgan sind – wie schon für das Willensbildungsorgan ausgeführt – ein mögliches Korrektiv der zuvor gefundenen Mehrheitsverhältnisse. Dennoch ist das Aufsichtsorgan meist beschlussfähig, wenn die Hälfte der Mitglieder anwesend ist[855]. Der auch hier vielfach anzuwendende Grundfall verändert die Mehrheitsverhältnisse damit nicht. Teilweise kommt als zusätzliche Anforderung hinzu, dass der Vorsitzende[856],

850 **AöR:** § 10 Abs. 1 LBS-N(S), S. 499 (500); § 7 Abs. 1 ÖffSB(S3), S. 213; **st. GmbH:** § 8 Abs. 1 DSMZ.

851 **AöR:** § 10 Abs.- 1 Nord-LB(S), S. 118 (119); § 11 Abs. 1 PrLV-H(S2), S. 912 (913); **st. GmbH:** § 6 Abs. 2 HWW(S2); § 6 Abs. 1 GmbH2; vgl. § 9 Abs. 1 RamBmG; **st. AG:** § 11 Abs. 1 VWAg; **st. e. V.:** vgl. § 10 Abs. 1 DInKt, abhängig von der konkreten Größe des Kuratoriums.

852 **AöR:** § 7 Abs. 2 StW-H, S. 172 (174).

853 Vgl. **st. GmbH:** § 1 Abs. 2 Nr. 2 HWW(G), S. 251.

854 Vgl. **AöR:** § 20 Abs. 2 IuFB(G1), S. 712 (715).

855 **KöR:** § 78 Abs. 4 i.V.m. § 65 Abs. 1 S. 1 NKomVG; **AöR:** §11 Abs. 1 S. 1 LBS-N(S), S. 499 (500); § 12 Abs. 2 S. 1 Nord-LB(S), S. 118 (119); § 9 Abs. 5 ÖffSB(S3), S. 213 (214); § 13 Abs. 1 S. 1 StW-H, S. 172 (175); **st. GmbH:** § 9 Abs. 2 EaSoA; § 12 Abs. 5 HIS(S1); § 10 Abs. 2 RamBmG; § 8 Abs. 1 GmbH2; **(st.)AG:** § 108 Abs. 2 AktG; **st. e. V.:** § 10 Abs. 6 DInKt; **st. e. G.:** § 27 Abs. 2 HIS(S2); **st. SbR:** § 9 Abs. 1 StbRB(S1), S. 956; **nr-VE:** § 6 Abs. 5 VwÄKN.

856 **AöR:** § 12 Abs. 2 S. 1 Nord-LB(S), S. 118 (119); § 9 Abs. 5 ÖffSB(S3), S. 213 (214); § 11 Abs. 9 PrLV-H(S2), S. 912 (913); **st. GmbH:** § 8 Abs. 1 CUTEC; § 9 Abs. 5 DSMZ; § 9 Abs. 2 EaSoA.

welcher gleichzeitig der Vertreter des Landes Niedersachsens ist[857], anwesend sein muss. Es finden sich auch höhere Quoren für eine Beschlussfähigkeit[858]. In anderen Fällen fehlen Regelungen zur Beschlussfähigkeit[859]. Es lässt sich damit wiederum nur unabhängig von den Rechtsformen eine Variationsbandbreite der Ausgestaltungen der Aufsichtsorgane feststellen.

Dies gilt auch für die Frage der Beschlussfassung. Das Aufsichtsorgan entscheidet in den meisten Fällen mit einer einfachen Stimmenmehrheit[860], wie dies grundsätzlich für alle Organe und Rechtsformen zuzutreffen scheint. In Einzelfällen finden sich auch für die Aufsichtsorgane die bereits für Willensbildungs- und Leitungsorgan dargestellten Sonderrechte. Bei Stimmengleichheit entscheidet teilweise die Stimme des Vorsitzenden[861]. Der Antrag kann in anderen Fällen bei Stimmgleichheit abgelehnt sein[862]. In Einzelfällen finden sich Vetorechte des Landes und des Bundes[863]. Es dürfte Zufall sein, dass Letzteres sich im Rahmen dieser Untersuchung nur für staatliche GmbHs feststellen ließ. Dies gilt umso mehr, als es vielmehr im Einzelfall die vergleichbaren Sonderrechte sind, wie sie bereits für das Willensbildungsorgan unabhängig von den Rechtsformen festgestellt wurden. Regelungen zur erforderlichen Mehrheit fehlen auch für das Aufsichtsorgan regelmäßig[864]. Dies dürfte wiederum zur entsprechenden Anwendung des Grundfalls führen. Die Regelungen zur Beschlussfähigkeit und erforderlichen Mehrheit sind damit ebenfalls nicht von der Rechtsform abhängig, sondern nur eine Frage der Ausgestaltung im Einzelfall. Außerdem unterscheiden sich die Regelungen der Beschlussfassung für die Aufsichtsorgane und Willensbildungsorgane nicht wesentlich.

Ebenso wenig kann die Größe des Aufsichtsorgans für die Bestimmung der Steuerung einer bestimmten Rechtsform herangezogen werden. So gilt auch für die

---

857 **AöR:** § 12 Abs. 2 S. 1 Nord-LB(S), S. 118 (119); **st. GmbH:** § 9 Abs. 5 DSMZ; § 9 Abs. 2 EaSoA; § 8 Abs. 1 GmbH2, jedoch nicht zwingend der Vorsitzende.

858 **KöR:** § 15 Abs. 3 NSGV(S1), S. 245 (247); **st. GmbH:** § 8 Abs. 1 CUTEC; § 9 Abs. 5 DSMZ; § 9 Abs. 2 GmbH1; **nr-VE:** § 7 Abs. 3 VwIngK.

859 Vgl. **KöR:** §§ 19 ff. Nds.LwKG; § 7 PrLV-H(S1), S. 478; **st. GmbH:** § 6 HWW(S2); **st. e. V.:** § 7 3NKN; § 8 BrLsch.

860 **KöR:** § 78 Abs. 4 i.V.m. § 65 Abs. 1 S. 1 NKomVG; § 15 Abs. 4 NSGV(S1), S. 245 (247); **AöR:** §11 Abs. 2 LBS-N(S), S. 499 (500); § 12 Abs. 3 Nord-LB(S), S. 118 (119); § 9 Abs. 6 ÖffSB(S3), S. 213 (214); § 11 Abs. 10 PrLV-H(S2), S. 912 (913); § 13 Abs. 3 StW-H, S. 172 (175); **st. GmbH:** § 9 Abs. 1 CUTEC; § 10 Abs. 1 DSMZ; § 9 Abs. 2 EaSoA; § 12 Abs. 5 HIS(S1); § 10 Abs. 3 RamBmG; § 9 Abs. 2 GmbH1; § 8 Abs. 2 GmbH2; **st. e. V.:** § 7 Abs. 4 3NKN; § 10 Abs. 6 DInKt; **st. e. G.:** § 27 Abs. 2 HIS(S2); **st. SbR:** § 9 Abs. 1 StbRB(S1), S. 956; **nr-VE:** § 6 Abs. 5 VwÄKN; § 7 Abs. 3 VwIngK.

861 **st. GmbH:** § 9 Abs. 1 CUTEC; § 9 Abs. 2 EaSoA; **st. AG:** § 15 Abs. 3 VWAg.

862 **KöR:** § 15 Abs. 4 NSGV(S1), S. 245 (247); **AöR:** § 12 Abs. 3 Nord-LB(S), S. 118 (119); § 11 Abs. 10 PrLV-H(S2), S. 912 (913 f.); **st. GmbH:** § 10 Abs. 3 RamBmG; **st. e. V.:** § 7 Abs. 4 3NKN; **st. e. G.:** § 27 Abs. 2 HIS(S2); **nr-VE:** § 6 Abs. 5 VwÄKN.

863 **st. GmbH:** § 10 Abs. 2 DSMZ; § 8 Abs. 2 GmbH2, nur des Landes.

864 **KöR:** §§ 19 ff. Nds.LwKG; § 7 PrLV-H(S1), S. 478; **AöR:** § 7 StW-H, S. 172 (174); **st. GmbH:** § 6 HWW(S2); **st. e. V.:** § 8 BrLsch.

Größe der Aufsichtsorgane, dass diese unabhängig von der Rechtsform von zwei[865], vier[866], fünf[867], sechs[868], sieben[869], acht[870], neun[871], zehn[872], elf[873], zwölf[874], 15[875], 16[876], 20[877] bis zu 21 Mitgliedern reichen kann[878]. In einigen Fällen lässt sich die Größe des Aufsichtsorgans den Rechtsgrundlagen nicht entnehmen[879], wie dies auch bereits für die Willensbildungsorgane festgestellt worden ist.

Insgesamt stellt sich damit die Steuerung durch die Besetzungsrechte zu einem Aufsichtsorgan als vielgestaltig dar, ohne jedoch einer Rechtsform charakterisierend zugeordnet werden zu können. Dass kein Beispiel einer Stiftung des öffentlichen Rechts mit einem dritten Organ gefunden werden konnte, erscheint angesichts der insgesamt heterogenen Regelungslage der anderen Rechtsformen nur als Zufall. Dies gilt insbesondere, da sowohl mit einigen Körperschaften als auch Anstalten ebenso öffentlich-rechtliche Rechtsformen über ein Aufsichtsorgan verfügen können, wie umgekehrt auch für die Stiftung des bürgerlichen Rechts in einem Fall ein Aufsichtsorgan eingerichtet war. Ebenso wenig ist ein Aufsichtsorgan und damit der Einfluss durch dessen Besetzung für die privatrechtlichen Rechtsformen charakterisierend. Auch bzgl. der staatlichen AG ist dies nur Folge der Regelungstechnik der Errichtung aufgrund eines Bundesgesetzes.

Die Unterschiede werden zusätzlich relativiert, soweit die Aufsichtsorgane vielfach sich nicht von den Willensbildungsorganen unterscheiden, insbesondere soweit die Fälle der Alleinträgerschaft einer Mutterkörperschaft mit in die Betrachtung

---

865 **KöR:** § 74 Abs. 2 NKomVG, abhängig von der Größe des Willensbildungsorgans.

866 **KöR:** § 74 Abs. 2 NKomVG, abhängig von der Größe des Willensbildungsorgans.

867 **st. GmbH:** § 8 Abs. 1 DSMZ.

868 **KöR:** § 74 Abs. 2 NKomVG, abhängig von der Größe des Willensbildungsorgans; **nr-VE:** § 5 Abs. 1 VwIngK.

869 **AöR:** § 7 Abs. 2 StW-H, S. 172 (174); **st. e. G.:** § 26 Abs. 1 HIS(S2), jedoch nur „mindestens" oder „höchstens" neun; **nr-VE:** § 6 Abs. 1 VwÄKN.

870 **KöR:** § 74 Abs. 2 NKomVG, abhängig von der Größe des Willensbildungsorgans.

871 **st. GmbH:** § 8 Abs. 1 CUTEC; § 8 Abs. 2 EaSoA; § 6 Abs. 1 GmbH2; **st. e. V.:** § 10 Abs. 1 DInKt, mindestens fünf Mitglieder; **st. e. G.:** § 26 Abs. 1 HIS(S2), „höchstens".

872 **KöR:** § 74 Abs. 2 NKomVG, abhängig von der Größe des Willensbildungsorgans; **st. GmbH:** § 12 Abs. 1 HIS(S1).

873 **st. GmbH:** § 8 Abs. 1 RamBmG.

874 **KöR:** § 74 Abs. 2 NKomVG, abhängig von der Größe des Willensbildungsorgans; **st. GmbH:** § 8 Abs. 1 GmbH1.

875 **KöR:** § 20 Abs. 1 Nds.LwKG; **AöR:** § 10 Abs. 1 Nord-LB(S), S. 118 (119).

876 **KöR:** § 14 Abs. 1 NSGV(S1), S. 245 (247).

877 **st. AG:** § 11 Abs. 1 VWAg.

878 **st. AG:** § 5 DMAg, S. 1; § 7 Abs. 1 SagAG.

879 Vgl. **KöR:** § 9 PrLV-H(S1), S. 478 (479); **AöR:** § 10 Abs. 1 LBS-N(S), S. 499 (500), zu dessen zehn aufgeführten Mitgliedern eine an dieser Stelle nicht ausgewiesene Anzahl Vertreter der Bediensteten hinzu kommt; § 7 Abs. 1 ÖffSB(S3), S. 213; **st. GmbH:** § 6 HWW(S2); **st. e. V.:** § 8 Abs. 1 BrLsch.

einbezogen werden. In diesen Fällen treten die Aufsichtsorgane an die Stelle eines vergleichbaren Willensbildungsorgans in einem zweigliedrigen Organaufbau[880]. Insgesamt sind die Regelungen wiederum – statt von der Rechtsform – nur eine Frage der Ausgestaltung im Einzelfall abhängig.

(3) Die Steuerung durch Besetzungsrechte zu einem Beratungsorgan

Von einer Steuerung durch Besetzungsrechte zu einem Beratungsorgan zu sprechen, könnte widersprüchlich erscheinen. Es wird gleichwohl zu zeigen sein, dass Beratungsorgane in Einzelfällen über punktuelle Entscheidungsbefugnisse[881] und insbesondere über Besetzungsrechte zu weiteren Organen verfügen. In diesem Sinne ist der Vorsitzende des Beratungsorgans teilweise selbst Mitglied des Willensbildungsorgans[882]. Daher stellt sich in einem ersten Schritt die Frage, inwieweit die Mutterkörperschaft und ggf. andere staatliche oder nicht-staatliche Stellen mit Besetzungsrechten zu den Beratungsorganen ausgestattet sind.

Für die Besetzung der Beratungsorgane ist teilweise das Willensbildungsorgan der Einrichtung selbst zuständig[883], in anderen Fällen jedoch auch das Leitungsorgan[884] oder das Aufsichtsorgan[885]. Dass Letzteres nur für staatliche GmbHs festzustellen ist, dürfte nur Zufall sein. In anderen Fällen entsenden juristische Personen des öffentlichen Rechts Vertreter[886] in das Beratungsorgan[887]. Die Aufsichtsbehörde – und damit die Mutterkörperschaft – kann ebenso die Mitglieder des Beratungsorgans

---

880 Vgl. hierzu auch **st. GmbH:** *Altmeppen*, NJW 2003, 2561 (2563), dass dem Aufsichtsorgan die Zuständigkeiten eines Willensbildungsorgans übertragen werden können.

881 Hierzu siehe Kap. C.I.2.b.ii.(4).

882 **AöR:** § 4 Abs. 1 Nr. 3 GEI(S2), S. 170; § 4 Abs. 1 LIAG(G), S. 428; **st. SbR:** vgl. auch § 10 Abs. 1 NBingSt, s. 464 (465); § 9 Abs. 2 NLottSt(S2), S. 86.

883 **KöR:** § 17 Abs. 2 AdWG, S. 775 (776), für die zwei weiteren Mitglieder; § 8 Abs. 1 OldL(V), S. 51 (52); **AöR:** § 9 ARL(S5), S. 49 (50 f.); § 8 Abs. 2 GEI(S2), S. 161 (162); Nr. 3 IfE(S2), S. 1468; § 9 Abs. 1 IuFB(V), S. 258 (260); § 7 Abs. 3 S. 1 LIAG(S); **SöR:** § 10a Abs. 2 MudCl(S3), S. 170 (171); § 10 Abs. 1 StZAPf(S), S. 974 (975); **st. e. V.:** § 13 Abs. 3 DInKt; § 7 Abs. 2 EmLsch; **st. SbR:** § 8 Abs. 2 S. 1 BaStW(S), S. 243 (244); § 8 Abs. 1 S. 1 FamN(S2), S. 137 (138); § 13 Abs. 1 S. 2 HWK(S2), S. 1009 (1011); § 9 Abs. 1 S. 1 KTSt(S2), S. 1227 (1228); § 8 Abs. 1 NUmwSt(S2), S. 1523; § 10 Abs. 2 NWattSt, S. 1096 (1098); § 8 Abs. 5 S. 1 StbRB(S2), S. 280; § 14 Abs. 2 S. 1 StLSb(S), S. 15; **nr-VE:** § 9 Abs. 1 S. 1 VwIngK.

884 **AöR:** § 14 Abs. 1 LBS-N(S), S. 499 (501); § 20 Abs. 1 Nord-LB(S), S. 118 (120); § 11 Abs. 1 ÖffSB(S3), S. 213 (215); **tr-AöR:** § 15 BrLB; **st. SbR:** § 10 Abs. 1 NWirtA(S), S. 410 (411).

885 **st. GmbH:** § 13 Abs. 2 CUTEC; § 7 Abs. 2 DSMZ; § 10 Abs. 4 EaSoA.

886 **st. SbR:** § 10 Abs. 2 NLotSpSt, S. 294 (295 f.); § 9 Abs. 2 StOpfH(S), S. 99 (100).

887 **KöR:** § 8 Abs. 2 NTH(S); **AöR:** § 10 ARL(S5), S. 49 (51); **st. GmbH:** § 15 Abs. 1 HIS(S1); **st. e. V.:** § 11 Abs. 2 N21; **st. SbR:** §§ 12, 14 NBingSt, S. 464 (465 f.); § 11 Abs. 1 NLottSt(S2), S. 86 (87).

bestimmen[888]. Für einige Mitglieder der Beratungsorgane finden sich auch Vorschlagsrechte[889] oder Qualifikationen, wie bspw. eine bestimmte Sachkunde[890]. Es finden sich ebenso Beratungsorgane mit Vertretern von nicht-staatlichen Stellen[891]. Beratungsorgane können auch in Personalunion mit anderen Organen der Einrichtung selbst besetzt sein[892]. Einige Beratungsorgane ergänzen sich durch Zuwahl[893]. Insgesamt findet sich damit die bereits von den anderen Organen bekannte Variationsbandbreite der Besetzungsmöglichkeiten auch für das Beratungsorgan. Ob damit Beratungsorgane nur mit Sachverständigen oder Betroffenen besetzt sind[894], kann zwar zutreffen, lässt sich jedoch für keine Rechtsform verallgemeinern.

Neben den Qualifikationen der Organmitglieder trifft dies auch auf die bereits für das Willensbildungsorgan herausgearbeitete Art und Weise der Besetzung zu. Die weiteren Mitglieder der Beratungsorgane können ebenso bestellt[895], berufen[896],

888 **KöR:** § 52 Abs. 2 NHG; **nr-AöR:** § 5 Abs. 4 HAB, S. 271; § 8 Abs. 1 NIfR(S1), S. 834 (835); § 7 Abs. 3 ATAfN, S. 364; § 6 Abs. 2 TIB, S. 820 (821).

889 **nr-AöR:** § 7 Abs. 3 ATAfN, S. 364; § 6 Abs. 2 TIB, S. 820 (821); **SöR:** § 9 Abs. 2 SnGst(G), S. 494 (495); § 10 Abs. 1 StZAPf(S), S. 974 (975 f.); **st. e. V.:** § 7 Abs. 3 EmLsch; **st. SbR:** § 13 Abs. 1 HWK(S2), S. 1009 (1011).

890 **KöR:** § 52 Abs. 2 NHG; **AöR:** § 8 Abs. 3 GEI(S2), S. 161 (162); § 7 LIAG(S); **nr-AöR:** § 5 Abs. 4 HAB, S. 271; § 8 Abs. 1 NIfR(S1), S. 834 (835); **SöR:** § 10a Abs. 1 MudCl(S3), S. 170 (171); § 10 Abs. 1 StZAPf(S), S. 974 (975); **JPöR:** § 10 Abs. 1 ARL(S2), S. 254 (255); **st. GmbH:** § 11 Abs. 2 DSMZ; § 10 Abs. 3 EaSoA; **st. e. V.:** § 13 Abs. 3 DInKt; **st. SbR:** § 8 Abs. 1 BaStW(S), S. 243 (244); § 10 Abs. 2 NLotSpSt, S. 294 (295 f.).

891 **SöR:** § 9 Abs. 2 SnGst(G), S. 494 (495); **st. e. V.:** § 11 Abs. 2 N21; **st. SbR:** § 8 Abs. 1 FamN(S2), S. 137 (138); § 9 Abs. 1 KTSt(S2), S. 1227 (1228); §§ 12, 14 NBingSt, S. 464 (465 f.); § 10 Abs. 1 NWirtA(S), S. 410 (411); § 8 Abs. 5 StbRB(S2), S. 280; § 9 Abs. 2 StOpfH(S), S. 99 (100).

892 **KöR:** § 17 Abs. 2 AdWG, S. 775 (776), bis auf die zwei weiteren Mitglieder; **st. e. V.:** § 9 Abs. 1 BrLsch; **st. SbR:** §§ 12 NBingSt, S. 464 (465 f.).

893 **AöR:** § 7 Abs. 2 ARL(S5), S. 49 (50); **JPöR:** § 8 Abs. 1 ARL(S2), S. 254; **st. SbR:** § 13 Abs. 1 HWK(S2), S. 1009 (1011); § 9 Abs. 2 StOpfH(S), S. 99 (100).

894 **SöR:** *Alscher*, DStiftungÖffR, 2006, S. 36; **SöR und st. SbR:** *Totenhöfer-Just*, ÖffrechtStft, 1973, S. 59.

895 **KöR:** § 52 Abs. 2 NHG; § 8 Abs. 2 NTH(S); **AöR:** § 11 Abs. 1 ÖffSB(S3), S. 213 (215); **st. GmbH:** § 13 Abs. 2 CUTEC; § 10 Abs. 4 EaSoA; § 15 Abs. 1 HIS(S1).

896 **AöR:** § 9 Abs. 1 ARL(S5), S. 49 (50); §§ 8, 9 GEI(S2), S. 161 (162); Nr. 3 IfE(S2), S. 1468; § 7 Abs. 3 S. 1 LIAG(S); **nr-AöR:** § 7 Abs. 3 ATAfN, S. 364; § 5 Abs. 4 HAB, S. 271; § 8 Abs. 1 NIfR(S1), S. 834 (835); § 6 Abs. 2 TIB, S. 820 (821); **SöR:** § 10a Abs. 2 MudCl(S3), S. 170 (171); § 9 Abs. 2 SnGst(G), S. 494 (495); § 10 Abs. 1 StZAPf(S), S. 974 (975); **st. GmbH:** § 7 Abs. 2 DSMZ; **st. SbR:** § 8 Abs. 1 FamN(S2), S. 137 (138); § 13 Abs. 1 HWK(S2), S. 1009 (1011); § 9 Abs. 1 KTSt(S2), S. 1227 (1228); § 8 Abs. 1 NUmwSt(S2), S. 1523; § 10 Abs. 2 NWattSt, S. 1096 (1098; § 10 Abs. 1 NWirtA(S), S. 410 (411).

benannt[897], bestätigt[898] oder gewählt werden[899], ohne dass damit eine Aussage zur Steuerung verbunden sein kann. Die Amtszeit ist nur gelegentlich festgelegt. Sie kann zwei[900], drei[901], vier[902], fünf[903] oder bis zehn Jahre betragen[904] bzw. ist an die kommunale Wahlperiode gekoppelt[905]. In anderen Fällen finden sich keine Amtszeiten[906].

Soweit hiermit eine Beschränkung der Steuerung verbunden sein kann, wird diese in Einzelfällen wiederum zurückgenommen, soweit eine vorzeitige Abberufung trotz bestimmter Amtszeit ohne weitere Voraussetzungen vorgesehen ist[907]. Inkonsistent werden die Regelungen, da Gleiches sich jedoch auch ohne eine festgelegte Amtszeit findet[908]. Die Beschränkung kann – wie bereits für die anderen Organe ausgeführt – bestehen bleiben, soweit eine vorzeitige Abberufung ausdrücklich nur aus wichtigem Grund vorgesehen ist[909]. In Einzelfällen ist ein vorzeitiges Ausscheiden aus dem Beratungsorgan zumindest für den Fall vorgesehen, dass das Mitglied das Amt verliert, aufgrund dessen es berufen wurde[910]. Vielfach fehlt trotz festgelegter

897 **st. e. V.:** § 11 Abs. 2 N21.

898 **st. e. V.:** § 13 Abs. 3 DInKt.

899 **KöR:** § 17 Abs. 2 S. 2 AdWG, S. 775 (776), für die zwei weiteren Mitglieder; § 52 NHG; **st. e. V.:** § 9 Abs. 1 BrLsch; § 7 Abs. 2 EmLsch; **st. SbR:** § 8 Abs. 1 BaStW(S), S. 243 (244); § 14 Abs. 2 StLSb(S), S. 15.

900 **AöR:** Nr. 3 IfE(S2), S. 1468; **st. e. V.:** § 13 Abs. 3 DInKt.

901 **nr-AöR:** § 7 Abs. 3 ATAfN, S. 364; § 8 Abs. 2 NIfR(S1), S. 834 (835); **st. GmbH:** § 13 Abs. 2 CUTEC; § 15 Abs. 1 HIS(S1); **st. SbR:** § 8 Abs. 1 BaStW(S), S. 243 (244).

902 **KöR:** § 8 Abs. 3 NTH(S); **AöR:** §§ 9 Abs. 1, 10 ARL(S5), S. 49 (50 f.); §§ 8, 9 GEI(S2), S. 161 (162); § 14 LBS-N(S), S. 499 (501); § 7 Abs. 3 LIAG(S); § 11 Abs. 1 ÖffSB(S3), S. 213 (215); **SöR:** § 9 Abs. 2 SnGst(G), S. 494 (495); vgl. § 10 Abs. 1 StZAPf(S), S. 974 (975); **st. GmbH:** § 11 Abs. 3 DSMZ; § 10 Abs. 4 EaSoA; **st. SbR:** § 13 Abs. 1 HWK(S2), S. 1009 (1011).

903 **KöR:** § 17 Abs. 2 S. 2 AdWG, S. 775 (776); § 52 Abs. 3 NHG; **AöR:** § 9 Abs. 1 IuFB(V), S. 258 (260); § 15 PrLV-H(S2), S. 912 (914); **nr-AöR:** § 5 Abs. 4 HAB, S. 271; § 6 Abs. 3 TIB, S. 820 (821); **SöR:** § 10a Abs. 2 MudCl(S3), S. 170 (171); **st. e. V.:** § 7 Abs. 2 EmLsch; **st. SbR:** § 8 Abs. 1 FamN(S2), S. 137 (138); § 9 Abs. 1 KTSt(S2), S. 1227 (1228); § 8 Abs. 1 NUmwSt(S2), S. 1523; § 10 Abs. 2 NWattSt, S. 1096 (1098); § 10 Abs. 1 NWirtA(S), S. 410 (411).

904 **AöR:** § 3 Abs. 4 S. 1 ARL(S5), S. 49.

905 **KöR:** § 8 Abs. 2 OldL(V), S. 51 (52); **st. SbR:** § 14 Abs. 2 StLSb(S), S. 15.

906 **AöR:** § 20 Nord-LB(S), S. 118 (120); **st. e. V.:** § 9 Abs. 1 BrLsch; § 11 Abs. 2 N21; **st. SbR:** §§ 12, 14, 16 NBingSt, S. 464 (465 f.); § 11, 13 NLottSt(S2), S. 86 (87); § 8 Abs. 5 StbRB(S2), S. 280; § 9 StOpfH(S), S. 99 (100); **nr-VE:** § 9 VwIngK.

907 **AöR:** § 14 Abs. 1 LBS-N(S), S. 499 (501); § 20 Abs. 1 Nord-LB(S), S. 118 (120); § 11 Abs. 1 ÖffSB(S3), S. 213 (215); § 15 PrLV-H(S2), S. 912 (914); **st. SbR:** § 11 Abs. 1 NLottSt(S2), S. 86 (87); § 8 Abs. 1 ZeVA(S), S. 1001 (1002).

908 **AöR:** § 20 Nord-LB(S), S. 118 (120); **tr-AöR:** § 15 BrLB; **st. SbR:** §§ 11 Abs. 1, 13 Abs. 2 NLottSt(S2), S. 86 (87).

909 **KöR:** § 52 Abs. 3 NHG, für die sachkundigen Mitglieder; **SöR:** § 10 Abs. 3 StZAPf(S), S. 974 (976).

910 **SöR:** § 10a Abs. 1 MudCl(S3), S. 170 (171).

Dauer der Amtszeit eine Regelung zur vorzeitigen Abberufung[911]. Insgesamt zeigt sich damit die bereits bekannte Variationsbandbreite der Besetzung auch für die Beratungsorgane, welche somit wiederum wesentlich durch die Ausgestaltung im Einzelfall bestimmt ist.

Die Frage der Mehrheitsverhältnisse stellt sich damit auch für die Beratungsorgane in gleicher Weise wie für die anderen Organe. Im Gegensatz zu den anderen Organen sind die Beratungsorgane jedoch weitaus häufiger mehrheitlich[912], teilweise auch ausschließlich mit Mitgliedern besetzt, die keiner staatlichen Stelle zuzuordnen sind[913]. In Einzelfällen sind die Beratungsorgane insgesamt mehrheitlich[914] oder paritätisch[915] mit Vertretern öffentlicher Stellen besetzt. Teilweise sind die Mehrheitsverhältnisse den Rechtsgrundlagen nicht abschließend zu entnehmen[916]. Zumindest dem Grundsatz nach findet sich damit die gleiche Variationsbandbreite der Ausgestaltung der Mehrheitsverhältnisse für die Beratungsorgane, wie sie bereits für die anderen

---

911 Vgl. **KöR:** § 17 Abs. 2 AdWG, S. 775 (776); § 8 NTH(S); § 8 OldL(V), S. 51 (52); **AöR:** §§ 7, 9, 10 ARL(S5), S. 49 (50 f.); §§ 8, 9 GEI(S2), S. 161 (162); Nr. 3 IfE(S2), S. 1468; § 9 Abs. 1 IuFB(V), S. 258 (260); § 7 LIAG(S); **tr-AöR:** § 8 PolAN(G), S. 444 (445); **nr-AöR:** § 7 ATAfN, S. 364 f.; §§ 5, 6 HAB, S. 271; § 8 NIfR(S1), S. 834 (835); § 6 TIB, S. 820 (821); **SöR:** § 9 Abs. 2 SnGst(G), S. 494 (495); **st. GmbH:** § 13 Abs. 2 CUTEC; § 11 DSMZ; § 10 EaSoA; § 15 HIS(S1); **st. e. V.:** § 13 Abs. 3 DInKt; § 7 EmLsch; **st. SbR:** § 8 Abs. 1 BaStW(S), S. 243 (244); § 8 Abs. 1 FamN(S2), S. 137 (138); § 13 Abs. 1 HWK(S2), S. 1009 (1011); § 9 Abs. 2 KTSt(S2), S. 1227 (1228); § 8 NUmwSt(S2), S. 1523; § 10 NWattSt, S. 1096 (1097 f.); § 10 NWirtA(S), S. 410 (411); § 14 StLSb(S), S. 15.

912 **KöR:** § 52 Abs. 2 NHG; § 8 Abs. 2 NTH(S); **SöR:** § 9 Abs. 2 SnGst(G), S. 494 (495); **st. e. V.:** § 11 Abs. 2 N21; **st. SbR:** § 8 Abs. 1 FamN(S2), S. 137 (138); § 9 Abs. 1 KTSt(S2), S. 1227 (1228); §§ 12 Abs. 1, 14 Abs. 1 NBingSt, S. 464 (466); § 10 Abs. 2 NWattSt, S. 1096 (1097 f.); **nr-VE:** § 5 Abs. 2 NInL, S. 496 (497).

913 **KöR:** § 17 Abs. 2 AdWG, S. 775 (776), für sowohl die Mitglieder in Personalunion wie die weiteren Mitglieder; § 8 Abs. 1 OldL(V), S. 51 (52); **AöR:** §§ 7, 9, 10 ARL(S5), S. 49 ff.; § 8 Abs. 2 GEI(S2), S. 161 (162); Nr. 3 IfE(S2), S. 1468; § 9 Abs. 1 IuFB(V), S. 258 (260); § 14 Abs. 1 LBS-N(S), S. 499 (501); § 7 Abs. 2 LIAG(S); § 20 Abs. 1 Nord-LB(S), S. 118 (120); § 15 Abs. 1 PrLV-H(S2), S. 912 (914); **tr-AöR:** § 15 BrLB; **nr-AöR:** § 6 Abs. 2 HAB, S. 271; § 8 Abs. 1 NIfR(S1), S. 834 (835); § 6 Abs. 2 TIB, S. 820 (821); **SöR:** § 10 Abs. 1 StZAPf(S), S. 974 (975); **JPöR:** §§ 8, 10 ARL(S2), S. 254 (255); **st. GmbH:** § 13 Abs. 2 CUTEC; § 11 Abs. 2 DSMZ; § 10 Abs. 3 EaSoA; **st. e. V.:** § 13 Abs. 3 DInKt; **st. SbR:** § 8 Abs. 1 BaStW(S), S. 243 (244); § 13 Abs. 1 HWK(S2), S. 1009 (1011); § 13 Abs. 1 NLottSt(S2), S. 86 (87); § 8 Abs. 1 NUmwSt(S2), S. 1523 (1525); § 10 Abs. 1 NWirtA(S), S. 410 (411); § 14 Abs. 1 StLSb(S), S. 16; **nr-VE:** § 9 Abs. 1 VwIngK.

914 **nr-AöR:** § 7 Abs. 2 ATAfN, S. 364; **st. GmbH:** § 15 Abs. 1 HIS(S1); **st. e. V.:** § 7 Abs. 3 EmLsch.

915 **st. SbR:** § 16 Abs. 1 NBingSt, S464 (466).

916 Vgl. **AöR:** § 8 AfBF(S2), S. 525 (253); § 11 Abs. 1 ÖffSB(S3), S. 213 (215); **SöR:** Nr. 11 MudCl(S3), S. 170 (171); § 9 StTIB(G), S. 151 (152); **st. e. V.:** § 9 BrLsch; **st. SbR:** § 8 Abs. 5 StbRB(S2), S. 280; § 9 Abs. 2 StOpfH(S), S. 99 (100).

Organe festgestellt wurden. Darüber hinaus hängen die Mehrheitsverhältnisse nicht von der Rechtsform, sondern nur von der Ausgestaltung im Einzelfall ab.

Ebenso wenig ist eine generelle Aussage darüber möglich, ob Mehrheitsverhältnisse im Einzelfall durch Regelungen zur Beschlussfähigkeit, den erforderlichen Beschlussmehrheiten oder ggf. Sonderrechte angepasst werden. Ein Beratungsorgan ist beschlussfähig, wenn mehr als die Hälfte der Mitglieder anwesend ist[917], was insofern als Grundfall die Mehrheitsverhältnisse wiederum unangetastet lässt. Es finden sich jedoch auch geringere Quoren[918], Es findet sich damit eine vergleichbare Variationsbandbreite wie für die anderen Organe bereits festgestellt, ohne damit eine Rechtsform charakterisieren zu können. Dies gilt auch für die Anforderungen an die Beschlussfassung einschließlich der Sonderrechte einzelner Mitglieder. Das Beratungsorgan entscheidet zwar regelmäßig mit einfacher Stimmenmehrheit[919], und bei Stimmengleichheit entscheidet die Stimme des Vorsitzenden[920]. Regelungen zur Beschlussfähigkeit und den erforderlichen Quoren für eine Beschlussfassung finden sich jedoch regelmäßig nicht[921]. Es ist nicht ersichtlich, dass Abweichungen, insbesondere höhere Quoren, damit ausgeschlossen wären.

---

917 **AöR:** § 8 Abs. 6 GEI(S2), S. 161 (162); § 7 Abs. 7 S. 1 LIAG(S); **nr-AöR:** § 6 Abs. 5 TIB, S. 820 (821); **st. GmbH:** § 15 Abs. 6 HIS(S1); **st. e. V.:** § 10 Abs. 2 EmLsch; **st. SbR:** § 9 Abs. 2 KTSt(S2), S. 1227 (1228); § 12 NBingSt, S. 464 (465 f.); § 11 Abs. 5 NLottSt(S2), S. 86 (87); § 8 Abs. 2 NUmwSt(S2), S. 1523; § 10 Abs. 3 NWattSt, S. 1096 (1098).

918 **nr-AöR:** § 7 Abs. 3 ATAfN, S. 364; **st. SbR:** § 13 Abs. 5 NLottSt(S2), S. 86 (87).

919 **AöR:** § 8 Abs. 6 GEI(S2), S. 161 (162); § 7 LIAG(S); **nr-AöR:** § 6 Abs. 2 TIB, S. 820 (821); **st. GmbH:** § 15 Abs. 6 HIS(S1); **st. e. V.:** § 10 Abs. 2 EmLsch; **st. SbR:** § 14 NBingSt, S. 464 (465 f.); §§ 11 Abs. 6, 13 Abs. 5 NLottSt(S2), S. 86 (87); § 8 Abs. 2 NUmwSt(S2), S. 1523; § 10 Abs. 3 NWattSt, S. 1096 (1098).

920 **AöR:** § 8 Abs. 6 GEI(S2), S. 161 (162); § 7 LIAG(S); **nr-AöR:** § 7 Abs. 3 ATAfN, S. 364; **st. e. V.:** § 10 Abs. 2 EmLsch; **st. SbR:** §§ 11 Abs. 6, 13 Abs. 5 NLottSt(S2), S. 86 (87).

921 Vgl. **KöR:** § 17 AdWG, S. 775 (776); § 52 NHG; § 8 NTH(S); § 8 OldL(V), S. 58; **AöR:** §§ 7, 9, 10 ARL(S5), S. 49 (50 f.); Nr. 3 IfE(S2), S. 1468; § 9 IuFB(V), S. 258 (260); § 14 LBS-N(S), S. 499 (501); **nr-AöR:** § 5 Abs. 4 HAB, S. 271; § 8 Abs. 1 NIfR(S1), S. 834 (835); **SöR:** § 10a MudCl(S3), S. 170 (171); § 9 Abs. 2 SnGst(G), S. 494 (495); **JPöR:** §§ 8, 10 ARL(S2), S. 254 f.; **st. GmbH:** § 13 Abs. 2 CUTEC; § 11 DSMZ; § 10 EaSoA; **st. e. V.:** § 9 Abs. 1 BrLsch; § 13 Abs. 3 DInKt; § 11 Abs. 2 N21; **st. SbR:** § 8 Abs. 1 BaStW(S), S. 243 (244); § 8 Abs. 1 FamN(S2), S. 137 (138); § 13 Abs. 1 HWK(S2), S. 1009 (1011); § 14 NBingSt, S. 464 (465 f.); § 10 NWirtA(S), S. 410 (411); § 8 Abs. 5 StbRB(S2), S. 280; § 14 StLSb(S), S. 15; § 9 StOpfH(S), S. 99 (100); **nr-VE:** § 9 VwIngK.

Die Größe der Beratungsorgane variiert von mindestens drei[922], fünf[923], sechs[924], sieben[925], acht[926], neun[927], (bis zu) zehn[928], (mindestens) elf[929], (bis zu) zwölf[930], 13[931], 14[932], 15[933], 16[934], 17[935], 18[936], 20[937], 23[938], 24[939], 25[940], 26[941] oder 37 Mitgliedern[942], kann jedoch auch aus bis zu 55[943] bzw. 150 Mitgliedern bestehen[944]. In einigen Fällen ist die Größe der Beratungsorgane den Rechtsgrundlagen nicht zu entnehmen[945]. Die Größe kann sich auch mit der Zeit ändern[946]. Somit können auch die Größe des

---

922 **SöR:** § 10 Abs. 1 StZAPf(S), S. 974 (975).

923 **st. SbR:** § 9 Abs. 1 StbRB(S1), S. 955 (956); § 14 Abs. 1 StLSb(S), S. 15.

924 **KöR:** § 17 Abs. 2 AdWG, S. 775 (776); **st. e. V.:** § 13 DInKt; **st. SbR:** § 13 Abs. 1 HWK(S2), S. 1009 (1011); § 16 Abs. 1 NBingSt, S. 464 (466); § 8 Abs. 1 NUmwSt(S2), S. 1523 (1525).

925 **KöR:** § 52 Abs. 2 LUH; § 8 Abs. 2 NTH(S); **AöR:** § 9 Abs. 1 ARL(S5), S. 49 (50 f.); **st. GmbH:** § 10 Abs. 2 EaSoA, mindestens drei Mitglieder; **st. SbR:** § 8 Abs. 1 BaStW(S), S. 243 (244).

926 **AöR:** § 9 Abs. 1 ARL(S5), S. 49 (50 f.); **nr-AöR:** § 5 Abs. 4 HAB, S. 271; § 8 NIfR(S1), S. 834 (835).

927 **AöR:** § 7 Abs. 2 LIAG(S); **nr-AöR:** § 6 Abs. 2 TIB, S. 820 (821); **st. GmbH:** § 11 Abs. 2 DSMZ.

928 **AöR:** Nr. 3 IfE(S2), mindestens sechs Mitglieder; **st. SbR:** § 8 Abs. 1 NUmwSt(S2), S. 1523 (1525); § 10 Abs. 1 NWirtA(S), S. 410 (411); § 11 Abs. 1 ZeVA(S), S. 1001 (1002).

929 **AöR:** § 9 Abs. 1 IuFB(V), S. 258 (260).

930 **AöR:** §§ 8, 9 Abs. 2 GEI(S2), S. 161 (162); **st. e. V.:** § 7 Abs. 1 EmLsch.

931 **st. e. V.:** § 11 Abs. 2 N21; **st. SbR:** § 13 Abs. 1 NLottSt(S2), S. 86 (87).

932 **nr-AöR:** § 7 Abs. 2 ATAfN, S. 364.

933 **AöR:** § 11 Abs. 1 ÖffSB(S3), S. 213 (215); **st. GmbH:** § 13 Abs. 2 CUTEC; **st. SbR:** § 10 Abs. 2 NWattSt, S. 1096 (1097).

934 **st. SbR:** § 12 Abs. 1 NBingSt, S. 464 (465).

935 **st. SbR:** § 9 Abs. 1 KTSt(S2), S. 1227 (1228); § 10 Abs. 1 StbRB(S1), S. 955 (957).

936 **AöR:** § 10 Abs. 2 ARL(S5), S. 49 (51); **st. SbR:** § 14 Abs. 1 NBingSt, S. 464 (466).

937 **SöR:** Nr. 11 MudCl(S3), S. 170 (171), mindestens 10 Mitglieder.

938 **st. SbR:** § 11 Abs. 1 NLottSt(S2), S. 86 (87).

939 **SöR:** § 9 Abs. 2 SnGst(G), S. 494 (495).

940 **st. SbR:** § 8 Abs. 1 FamN(S2), S. 137 (138).

941 **KöR:** § 8 Abs. 1 OldL(V), S. 51 (52); **st. SbR:** § 12 Abs. 7 ZeVA(S), S. 1001 (1002).

942 **st. GmbH:** § 15 Abs. 1 HIS(S1).

943 **JPöR:** § 3 Abs. 2 ARL(S2), S. 254.

944 **AöR:** § 3 Abs. 5 ARL(S5), S. 49.

945 Vgl. **AöR:** § 8 AfBF(S2), S. 252 (253); § 14 Abs. 1 LBS-N(S), S. 499 (501); § 20 Abs. 1 Nord-LB(S), S. 118 (120); § 15 PrLV-H(S2), S. 912 (914); **tr-AöR:** § 8 Abs. 1 PolAN(G), S. 444 (445); **st. e. V.:** § 9 BrLsch; **st. SbR:** § 13 Abs. 1 HWK(S2), S. 1009 (1011), jedoch mit einer unbegrenzten Möglichkeit weitere Sachverständige hinzuzuwählen; § 8 Abs. 5 StbRB(S2), S. 280; § 9 Abs. 2 StOpfH(S), S. 99 (100); **nr-VE:** § 9 VwIngK.

946 **AöR:** § 4 ARL(S4), S. 915 (916), wo nur maximal 80 Personen der Mitgliederversammlung angehörten; § 4 ARL(S3), 69 (70), damals nur 70; **st. SbR:** § 13 Abs. 1 HWK(S1), S. 1306 (1308), mit noch zwei weiteren Mitglieder.

Beratungsorgans und die Frage der Steuerung an dieser Stelle zumindest nicht nach den Rechtsformen differenziert werden. Zwar finden sich für die Beratungsorgane im Vergleich mit den Willensbildungs-, Leitungs- und Aufsichtsorganen häufiger als für andere Organe keine Regelungen zur Beschlussfähigkeit und der erforderlichen Mehrheit. Diese Lücke kann jedoch durch die Anwendung des Grundfalls – die Anwesenheit der Hälfte der Mitglieder und die einfache Stimmenmehrheit – geschlossen werden. Eine Unterscheidung lässt sich damit jedoch gerade nicht begründen.

Die Besetzungsrechte und die Beschlussfassung der Beratungsorgane unterscheiden sich nicht wesentlich von den anderen Organen, für welche sich entsprechende Regelungen finden. Diese sind auch für die Beratungsorgane keiner Rechtsform zuzuordnen, sondern nur eine Frage der Ausgestaltung im Einzelfall.

(4) Die Steuerung durch Besetzungsrechte zu einem Geschäftsführungsorgan neben einem Leitungsorgan

An einer weiteren Untergliederung zeigt sich, dass die Organstruktur auch (beliebig) weitere Organe vorsehen kann. Der dreigliedrige Aufbau mit einem Aufsichtsorgan kann auch unter diesem Aspekt kein Alleinstellungsmerkmal einer Rechtsform sein. Vielfach findet sich neben dem Leitungsorgan ein weiteres geschäftsführendes Organ, regelmäßig Geschäftsführung oder Geschäftsführer genannt. Das Geschäftsführungsorgan wird entweder durch das Leitungsorgan[947] oder das Willensbildungsorgan bestellt[948]. Es finden sich auch Fälle einer Personalunion mit einer anderen juristischen Person[949]. Dass Letzteres sich nur für Stiftungen des bürgerlichen Rechts feststellen ließ, dürfte Zufall sein.

Für die Geschäftsführungsorgane sind Amtszeiten meist nicht geregelt[950]. Es finden sich jedoch auch Beispiele mit einer festgelegten Dauer der Amtszeit von fünf[951] oder sechs Jahren[952]. Regelungen zur vorzeitigen Abberufung fehlen vielfach[953]. In

947 **KöR:** § 21 Abs. 3 NArchtK(G); § 23 Abs. 2 Nds.LwKG; § 24 Abs. 1 NIngG; § 7 OldL(V), S. 51 (52); **SöR:** § 11 MudCl(S1), S. 409 (410); **st. e. V.:** § 8 Abs. 1 3NKN; § 9 LVG; § 9 N21; § 10 Abs. 2 NStT; **st. SbR:** § 18 Abs. 1 NBingSt, S. 464 (467); § 9 Abs. 1 NUmwSt(S2), S. 1523 (1525); **nr-VE:** § 7a S. 3 VwÄKN.

948 **KöR:** § 16 AdWG, S. 775 (776); **AöR:** § 6 Abs. 5 ARL(S5), S. 49 (50); **SöR:** § 7 Abs. 4 StW-G; **st. SbR:** § 8 HWK(S2), S. 1009 (1010); § 11 Abs. 1 StN(S2), S. 1209 (1211).

949 **st. SbR:** § 11 Abs. 1 NWattSt, S. 1096 (1098); § 11 NWirtA(S), S. 410 (411).

950 Vgl. **KöR:** § 16 AdWG, S. 775 (776); **AöR:** § 12 Abs. 4 ARL(S5), S. 49 (51); **SöR:** § 11 MudCl(S1), S. 409 (410); §§ 5, 7 StW-G; **st. e. V.:** § 8 Abs. 1 3NKN; § 9 LVG; § 9 N21; § 10 NStT; **st. SbR:** § 12 HWK(S2), S. 1009 (1010); § 18 NBingSt, S. 464 (467); § 9 Abs. 1 NUmwSt(S2), S. 1523 (1525); § 11 NWattSt, S. 1096 (1098); § 11 NWirtA(S), S. 410 (411).

951 **st. e. V.:** § 5 Abs. 1 EmLsch; **st. SbR:** § 11 StN(S2), S. 1209 (1211).

952 **KöR:** § 23 Abs. 2 Nds.LwKG; § 7 Abs. 1 OldL(V), S. 51 (52); **AöR:** § 9 Abs. 3 AGTierGesG(G1), S. 412 (413), bzw. zwölf Jahre.

953 **SöR:** § 11 MudCl(S1), S. 409 (410); **st. e. V.:** § 8 Abs. 1 3NKN; § 5 EmLsch; § 9 LVG; § 9 N21; § 10 NStT; **st. SbR:** § 12 HWK(S2), S. 1009 (1010); § 18 NBingSt, S. 464

Einzelfällen ist eine vorzeitige Abberufung dagegen ohne weitere Voraussetzungen vorgesehen[954]. Die vorzeitige Abberufung ist teilweise an ein höheres Quorum gebunden[955]. Es finden sich damit für den Geschäftsführer die vergleichbaren Regelungen, wie für die bereits zuvor dargestellten Organe. Dass damit neben dem Leitungsorgan ein Geschäftsführer bestellt werden kann[956], zeichnet wiederum keine Rechtsform aus. Ebenso wenig ist die Ausgestaltung durch die Rechtsform vorgegeben, sondern orientiert sich an der Variationsbandbreite der bereits zuvor dargelegten Organe.

Im Unterschied zu den anderen Organen sind für das Geschäftsführungsorgan regelmäßig Weisungsrechte des Leitungsorgans normiert[957]. Ein ausdrückliches Weisungsrecht kann jedoch ebenso fehlen[958]. Es hängt damit wiederum von den Regelungen im Einzelfall und der Auslegung anhand der Verfassungsprinzipien ab, wie die Steuerung des Leitungs- und ggf. des Willensbildungsorgans gegenüber dem Geschäftsführer ausgestaltet ist, ohne damit zumindest von der Rechtsform abzuhängen.

(5) Zwischenfazit zur Binnensteuerung durch Besetzungsrechte

Damit zeigt sich, dass die Steuerung durch die Besetzung der weiteren Organe neben einem Willensbildungsorgan innerhalb einer Einrichtung unabhängig von der Rechtsform vielgestaltig ist. Festzuhalten ist, dass sich die Ausgestaltungen, die bereits für das Willensbildungsorgan festgestellt wurden, auch bei anderen Organen wiederfinden lassen. Ein Unterschied zum Willensbildungsorgan ist nur, dass für die Körperschaft das Leitungsorgan ebenso wie für alle anderen Rechtsformen auch ein Einzelorgan sein kann. Im Einzelfall überschneiden sich so sogar Elemente der Außensteuerung mit einer Binnensteuerung, ohne dass sich eine Rechtsform dadurch auszeichnen könnte.

Die Analyse der Steuerung durch die Besetzungsrechte zeigt, dass Organe wie das Leitungs- oder Aufsichtsorgan im Einzelfall an die Stelle eines Willensbildungsorgans

(467); § 9 Abs. 1 NUmwSt(S2), S. 1523 (1525); § 11 NWattSt, S. 1096 (1098); § 11 NWirtA(S), S. 410 (411); § 11 Abs. 1 StN(S2), S. 1209 (1211).

954 **KöR:** § 16 AdWG, S. 775 (776); § 7 Abs. 1 OldL(V), S. 51 (52); **AöR:** § 12 Abs. 4 ARL(S5), S. 49 (51); vgl. § 9 Abs. 3 AGTierGesG(G1), S. 412 (413); **SöR:** § 7 Abs. 4 StW-G.

955 **KöR:** § 23 Abs. 3 Nds.LwKG; **AöR:** § 9 Abs. 3 AGTierGesG(G2), S. 277 (278).

956 **KöR:** *Hsu*, InstkörpSV, 2004, S. 204 f.; **SöR:** *Alscher*, DStiftungÖffR, 2006, S. 36, mit der Voraussetzung, dass eine zumindest satzungsmäßige Grundlage bestehen muss; **st. SbR:** *Lüke* in: MüHBGesR Bd. 5, 2009, § 91, Rn. 28; **SöR und st. SbR:** *Hof* in: v. Campenhausen/Richter (Hrsg.) StfRHdB, 2014, § 8, Rn. 58.

957 **KöR:** § 23 Abs. 1 Nds.LwKG; **st. e. V.:** § 8 Abs. 1 3NKN; § 10 Abs. 1 BrLsch; **st. SbR:** § 18 Abs. 1 NBingSt, S. 464 (467); § 9 Abs. 1 NUmwSt(S2), S. 1523 (1525); § 11 Abs. 2 NWirtA(S), S. 410 (411); **nr-VE:** § 7a VwÄKN.

958 Vgl. **KöR:** § 16 AdWG, S. 775 (776); § 7 OldL(V), S. 51 (52); **AöR:** § 9 AGTierGesG(G2), S. 277 (278); § 12 ARL(S5), S. 49 (51); **SöR:** § 11 MudCl(S1), S. 409 (410); §§ 5, 7 StW-G; **st. e. V.:** § 12 EmLsch; § 9 N21; **st. SbR:** § 12 HWK(S2), S. 1009 (1010); § 11 NWattSt, S. 1096 (1097); § 11 StN(S2), S. 1209 (1211).

treten können[959], insbesondere in Fällen, in denen eine Einrichtung in Alleinträgerschaft ihrer Mutterkörperschaft steht. In diesem Fall gleicht sich eine juristische Person einer nicht-rechtsfähigen Verwaltungseinheit an. Dies ist gleichzeitig auch Ausdruck eines Perspektivwechsels, soweit eine nicht-rechtsfähige Verwaltungseinheit gleichzeitig immer auch Teil einer juristischen Person ist. Für alle Rechtsformen in gleicher Weise gilt, dass Organe an die Stelle eines anderen Organs treten können und so sich auch grundsätzlich ein-, zwei- oder dreigliedrige Organstrukturen wiederum entsprechen können.

ii. Das Verhältnis der Organe zueinander durch die Zuweisung bestimmter Aufgaben als Frage der Binnensteuerung

Das Verhältnis der Organe zueinander in einer mehrgliedrigen Organstruktur kann neben der Steuerung durch Besetzungsrechte auch durch die Zuweisung bestimmter Zuständigkeiten bestimmt sein. Den Organen werden in den Rechtsgrundlagen Aufgaben zugewiesen, welche damit das Verhältnis der Organe einer Einrichtung jenseits der Besetzungsrechte bestimmen könnten. So könnte aus einem abgegrenzten Aufgabenbereich eine Beschränkung des Einflusses eines anderen Organs folgen, das diese Aufgabenzuweisung zu beachten hat[960]. Umgekehrt könnte eine nicht abschließende Aufgabenbeschreibung dafür sprechen, dass ein Organ gegenüber einem anderen Organ nachgeordnet ist und möglicherweise keine eigene Rechtsposition gegenüber Weisungen anführen könnte. Es handelt sich somit um die Frage, inwieweit eine hierarchische Struktur einer Einrichtung mit möglicherweise einem Willensbildungsorgan an der Spitze und einem nachgeordneten Leitungs- bzw. auch einem Geschäftsführungsorgan durchbrochen ist.

(1) Die Aufgaben des Willensbildungsorgans

Im Rahmen eines mehrgliedrigen Organaufbaus ist zunächst das Willensbildungsorgan auf seine charakteristischen Aufgabenbereiche und weiteren Merkmale der Aufgabenzuweisung hin zu untersuchen. Die Aufgaben des Willensbildungsorgans werden vielfach in einem umfangreichen Aufgabenkatalog aufgelistet. Die einzelnen Aufgaben selbst sind jedoch so heterogen und hängen vielfach von dem Zweck der Einrichtung selbst ab, dass eine Zusammenfassung nur schwer möglich ist. Verallgemeinernd lassen sich die Aufgaben der Willensbildungsorgane, die sich im Aufgabenkatalog finden, dennoch bestimmten Aufgabenbereichen zuordnen. Die Aufgaben umfassen Bereiche – neben der bereits dargestellten Besetzung anderer Organe – wie regelmäßig das Aufstellen von Arbeitsrichtlinien oder andere

---

959 Vgl. *Hellermann* in: Hoppe/Uechtritz/Reck (Hrsg.), HdBkommUnt, 2012, § 7, Rn. 76; *J. Ipsen*, NdsVBl. 2003, 1 (3); *Scholz/Langer*, SitftVerf, 1990, S. 78; *Schraml* in: Wurzel/ders./Becker (Hrsg.), RkommUnter, 2015, S. 169.

960 **AöR:** *Breuer*, VVDStRL 44, 1986, S. 226; **st. AG:** *Bohn*, AnstÖffBetDritt, 2005, S. 157; **JP**: *Alscher*, DStiftungÖffR, 2006, S. 153.

wesentliche Entscheidungen zum Zweck der Einrichtung[961], Beschlüsse über den Haushalts-/Wirtschaftsplan[962] und regelmäßig auch über finanziell bedeutende Entscheidungen, wie insbesondere dingliche Geschäfte[963]. Darüber hinaus werden

---

961 **KöR:** § 6 Abs. 3 BrWG; § 5 S. 1 Nds.LwKG; § 8 Abs. 1 Nr. 1, 2 NJagdG(S); § 58 Abs. 1 Nr. 1 NKomVG; § 13 Nr. 6 NKomZG; § 9 Abs. 2 e) NLB-Giro, S. 312 (314); § 4 Abs. 2 Nr. 4, 5 NVdR(G1), S. 65; § 10 Abs. 2 Nr. 5 PrLV-H(S1), S. 478 (479); **AöR:** § 6 Abs. 4 d) AfBF(S2), S. 252 (253); § 6 Abs. 2 Nr. 4 AGTierGesG(G2), S. 277; § 6 Abs. 5 f) ARL(S5), S. 49 (50); § 6 Abs. 1 c) FstKK, S. 554 (555); § 4 Abs. 1 c) GEI(S2), S. 161; § 11 Abs. 2 e) HLKA, S. 739 (741); § 5 S. 1 c) IfE(S1), S. 688 (689); § 6 Nr. 13 IuFB(V), S. 258 (259); § 13 Abs. 6 a) LBS-N(S), S. 499 (501); § 3 Abs. 1 Nr. 3 LIAG(S); § 7 Abs. 1 Nr. 2 NLFst(G1), S. 616 (617); § 22 Abs. 5 c) Nord-LB(S), S. 118 (121); § 6 Abs. 1 Nr. 8 StW-H, S. 172 (173); **tr-AöR:** § 8 Abs. 2 a) BrLB; § 3 PolAN(S), S. 573; **SöR:** § 8 Abs. 4 Nr. 2 AsseSt, S. 314 (315); § 6 Abs. 4 Nr. 2 SBK, S. 649; § 5 Abs. 2 Nr. 1 StZAPf(G), S. 20; § 5 Abs. 2 Nr. 1 StZIN(G), S. 209; **JPöR:** § 7 d) ARL(S2), S. 254; **st. e. V.:** § 6 Abs. 1 Nr. 2 3NKN; § 6 Abs. 8 Nr. 5 LVG; **st. e. G.:** § 32 b) HIS(S2); **st. SbR:** § 6 Abs. 1 Nr. 6 BaStW(S), S. 243 (244); § 7 c) FamN(S2), S. 137 (138); § 8 f) GISMA(S1), S. 426; § 8 S. 2 Nr. 1 HWK(S2), S. 1009 (1010); § 8 c) KTSt(S2), S. 1227 (1228); § 11 Abs. 1 NBingSt, S. 464 (465); § 10 Abs. 1 NLotSpSt, S. 294 (295); § 10 NLottSt(S2), S. 86 (87); § 8 Abs. 2 S. 1 StbRB(S2), S. 280; § 8 a) StLSb(S), S. 15; **nr-VE:** § 5 Abs. 1 e) VwÄKN.

962 **KöR:** § 13 Abs. 1 BrWG; § 20 Abs. 1 NArchtK(G); § 25 Nr. 7 Nds.HKG; § 5 S. 2 Nr. 3 Nds.LwKG; § 22 Abs. 1 Nr. 5 Nds.RealvG; §§ 22 Abs. 1 Nr. 2 NIngG; § 58 Abs. 1 Nr. 9 NKomVG; 13 Nr. 6 NKomZG; vgl. § 13 Abs. 1 e) NSGV(S1), S. 245 (246); § 5 Abs. 3 Nr. 2 OldL(V), S. 51; § 10 Abs. 2 Nr. 1 PrLV-H(S1), S. 478 (479); **AöR:** § 6 Abs. 4 a) AfBF(S2), S. 252 (253); § 6 Abs. 2 Nr. 3 AGTierGesG(G2), S. 277; § 6 Abs. 5 e) ARL(S5), S. 49 (50); § 6 Abs. 1 a) FstKK, S. 554 (555); § 4 Abs. 1 b) GEI(S2), S. 161; § 7 Abs. 1 S. 1 HWW(S1), S. 510; § 5 a) IfE(S1), S. 688 (689); § 6 Nr. 2 IuFB(V), S. 258 (259); § 3 Abs. 1 Nr. 2 LIAG(S); § 7 Abs. 1 Nr. 4 NLFst(G1), S. 616 (617); § 43 Abs. 1 NMedienG; § 6 Abs. 1 Nr. 4 StW-H, S. 172 (173); **SöR:** § 8 Abs. 4 Nr. 3 AsseSt, S. 314 (315); § 7 c) MudCl(S1), S. 409 (410); § 6 Abs. 4 Nr. 3 SBK, S. 649 (650); § 7 S. 1 SnGst(G), S. 494; § 8 Abs. 1 S. 2 Nr. 3 St-TiHo(S), S. 854 (855); § 7 Abs. 4 b) StW-G; § 5 Abs. 2 Nr. 2 StZAPf(G), S. 20; § 5 Abs. 2 Nr. 2 StZIN(G), S. 209; **JPöR:** § 7 b) ARL(S2), S. 254; **st. GmbH:** § 12 CUTEC; § 8 Abs. 1 HIS(S1); § 7 RamBmG; **st. e. V.:** § 6 Abs. 1 3NKN; § 6 Abs. 2 BrLsch; § 9 DInKt; § 5 Abs. 1 EmLsch; § 6 Abs. 8 LVG; § 10 Abs. 2 N21; **st. SbR:** § 6 Abs. 1 Nr. 2 BaStW(S), S. 243 (244); § 7 e) FamN(S2), S. 137 (138); § 8 S. 2 Nr. 4 HWK(S2), S. 1009 (1010); § 8 e) KTSt(S2), S. 1227 (1228); § 11 Abs. 1 NBingSt, S. 464 (465); § 10 Abs. 1 NLotSpSt, S. 294 (295); § 10 NLottSt(S2), S. 86 (87); § 8 Abs. 2 d) StbRB(S2), S. 280; § 8 e) StLSb(S), S. 15; § 8 Abs. 1 b) ZeVA(S), S. 1001.

963 **KöR:** § 20 Abs. 1 Nr. 5 NArchtK(G); § 30 Abs. 1 Nr. 4, 5 Nds.FischG(G); § 5 S. 2 Nr. 5 Nds.LwKG; § 22 Abs. 1 Nr. 7 Nds.RealvG; § 22 Abs. 1 Nr. 5 NIngG; § 8 Abs. 1 Nr. 1, 2 NJagdG(S); § 58 Abs. 1 Nr. 14 NKomVG; § 13 Nr. 6 NKomZG; § 9 Abs. 2 n) NLB-Giro, S. 312 (314); **AöR:** § 11 Abs. 2 g) HLKA, S. 739 (741); § 7 Abs. 1 HWW(S1), S. 510; § 6 Nr. 10 IuFB(V), S. 258 (259); § 7 Abs. 1 Nr. 7 NLFst(G1), S. 616 (617); § 43 Abs. 1 NMedienG; § 10 Abs. 2 d) RKrdSt(S2), S. 208 (209); **SöR:** § 8 Abs. 4 Nr. 5 AsseSt, S. 314 (315); § 7 e) MudCl(S1), S. 409 (410); § 6 Abs. 4 Nr. 5 SBK, S. 649; § 8

wesentliche Organisationsentscheidungen[964], wie die Beteiligung an weiteren Einrichtungen[965] und Satzungsänderungen dem Willensbildungsorgan zugewiesen[966]. Dennoch ist in Erinnerung zu rufen, dass Satzungsänderungen teilweise auch durch die Mutterkörperschaft vorgenommen werden und damit nicht zwingend zu den Aufgaben des Willensbildungsorgans zählen müssen[967]. Außerdem nimmt das Willensbildungsorgan teilweise ausdrücklich Überwachungsaufgaben gegenüber den

---

Abs. 1 S. 2 Nr. 2 St-TiHo(S), S. 854 (855); § 7 Abs. 4 h) StW-G; **JPöR:** § 10 Abs. 2 d) BRRKv, S. 626 (627); § 16 Abs. 1 d) CGGHKv; **st. e. V.:** § 6 Abs. 8 Nr. 6 LVG; **st. e. G.:** § 32 n) HIS(S2); **st. SbR:** § 7 d) FamN(S2), S. 137 (138); § 8 d) KTSt(S2), S. 1227 (1228); § 10 NLottSt(S2), S. 86 (87).

964 **KöR:** § 25 Nr. 1 Nr. 5 Nds.HKG; § 5 Abs. 3 Nr. 5 OldL(V), S. 51; **AöR:** § 6 Abs. 1 g) FstKK, S. 554 (555); § 4 Abs. 1 g) GEI(S2), S. 161; § 7 Abs. 1 HWW(S1), S. 510; § 13 Abs. 6 n) LBS-N(S), S. 499 (501); § 22 Abs. 5 d) Nord-LB(S), S. 118 (121); § 8 Abs. 2 Nr. 8 NöVersG, S. 5 (6); **st. GmbH:** § 12 EaSoA; § 12 GmbH1; § 11 GmbH2; **st. AG:** § 7 DMAg, S. 1; **st. e. V.:** § 5 Abs. 1 EmLsch; **st. SbR:** § 8 g) GISMA(S1), S. 426.

965 **KöR:** § 20 Abs. 1 Nr. 12 NArchtK(G); § 22 Abs. 1 Nr. 6 NIngG; § 58 Abs. 1 Nr. 11, 12 NKomVG; § 13 Nr. 6 NKomZG; § 9 Abs. 2 o) NLB-Giro, S. 312 (314); § 13 Abs. 1 i) NSGV(S1), S. 245 (246); **AöR:** § 11 Abs. 2 h) HLKA, S. 739 (741); § 6 Nr. 8 IuFB(V), S. 258 (259); § 7 Abs. 1 Nr. 8 NLFst(G1), S. 616 (617); § 43 Abs. 1 NMedienG; **SöR:** § 8 Abs. 1 Nr. 6 St-TiHo(S), S. 854 (855); **JPöR:** § 10 Abs. 2 e) BRRKv, S. 626 (627); § 16 Abs. 2 e) CGGHKv; **st. GmbH:** § 12 CUTEC; § 5 Abs. 1 DSMZ; § 12 EaSoA; § 7 RamBmG; § 12 GmbH1; § 11 GmbH2; **st. e. G.:** § 32 p) HIS(S2).

966 **KöR:** § 6 Abs. 3 BrWG; § 20 Abs. 1 NArchtK(G); § 30 Abs. 1 Nds.FischG(G); § 25 Nds.HKG; § 5 Nds.LwKG; § 22 Abs. 1 Nds.RealvG; § 41 Abs. 1 NHG; § 22 Abs. 1 NIngG; § 8 Abs. 1 NJagdG(S); § 58 Abs. 1 NKomVG; § 13 NKomZG; § 9 Abs. 2 NLB-Giro, S. 312 (314); § 13 Abs. 1 NSGV(S1), S. 245 (246); § 7 Abs. 2 NTH(S); § 4 Abs. 2 NVdR(G1), S. 65; § 5 Abs. 3 OldL(V), S. 51; § 10 Abs. 2 PrLV-H(S1), S. 478 (479); § 7 RitLBr, S. 517; **AöR:** § 6 Abs. 2 AGTierGesG(G2), S. 277; § 6 Abs. 5 ARL(S5), S. 49 (50); § 6 Abs. 1 FstKK, S. 554 (555); § 4 Abs. 2 GEI(G1), S. 212; § 5 IfE(S1), S. 688 (689); § 13 Abs. 6 LBS-N(S), S. 499 (501); § 4 Abs. 4 LIAG(G), S. 428; § 7 Abs. 1 NLFst(G1), S. 616 (617); § 43 Abs. 1 NMedienG; § 22 Abs. 5 Nord-LB(S), S. 118 (121); § 8 Abs. 2 NöVersG, S. 5 (6); **tr-AöR:** § 7 Abs. 2 PolAN(G), S. 444 (445); **SöR:** § 8 Abs. 4 Nr. 9 AsseSt, S. 314 (315); § 7 MudCl(S1), S. 409 (410); § 7 SnGst(G), S. 494; § 8 Abs. 1 St-TiHo(S), S. 854 (855); § 7 Abs. 3 StTIB(G), S. 151 (152); § 7 Abs. 4 StW-G; § 7 Abs. 1 StZAPf(G), S. 20; § 7 StZIN(G), S. 209; **JPöR:** § 7 ARL(S2), S. 254; **st. GmbH:** § 12 CUTEC; § 5 Abs. 1 DSMZ; § 12 EaSoA; § 8 Abs. 1 HIS(S1); § 7 RamBmG; § 12 GmbH1; **(st.)AG:** § 119 AktG; **st. e. V.:** § 6 Abs. 1 3NKN; § 6 Abs. 2 BrLsch; § 9 DInKt; § 10 Abs. 2 N21; § 7 Abs. 3 NStT; **st. e. G.:** § 32 a) HIS(S2); **st. SbR:** § 8 GISMA(S1), S. 426; § 8 HWK(S2), S. 1009 (1010); § 8 KTSt(S2), S. 1227 (1228); § 10 NLottSt(S2), S. 86 (87); § 6 NUmwSt(S2), S. 1523 (1524); § 8 Abs. 2 StbRB(S2), S. 280; § 8 StLSb(S), S. 15; § 8 Abs. 1 ZeVA(S), S. 1001 (1002); **nr-VE:** § 5 Abs. 1 VwÄKN; § 4 Abs. 1 VwIngK.

967 Siehe bereits Kap. C.I.2.a.vi.(2).

anderen Organen wahr[968] und ihm stehen in diesem Rahmen Informationsrechte zu[969].

Insgesamt lässt sich damit für alle Rechtsformen in gleicher Weise lediglich feststellen, dass die wesentlichen Aufgaben dem Willensbildungsorgan zugeordnet sind, wie es bereits einer hierarchischen Struktur für jede Rechtsform in gleicher Weise entsprechen würde[970]. Dies trifft insbesondere dann zu, wenn sich nur eine allgemeine Aufgabenbeschreibung des Willensbildungsorgans in den Rechtsgrundlagen findet[971], wie z. B., dass der „Verwaltungsrat [...] die Grundsätze der Geschäftstätigkeit der NBank [bestimmt]"[972]. Ebenso folgt bereits aus einer hierarchischen Struktur, dass das Willensbildungsorgan auch über Überwachungsaufgaben und Informationsrechte verfügt[973], ohne dass es einer entsprechenden ausdrücklichen Regelung bedürfte[974].

Die Aufgaben können zumindest punktuell konkreter ausformuliert sein[975], wie z. B. „die Festsetzung der Versorgungsabgabe"[976]. Die Aufgaben können dagegen auch im Rahmen eines Aufgabenkatalogs allgemeiner formuliert sein[977], wie z. B.

---

968 **KöR:** § 5 S. 1 Nds.LwKG; § 58 Abs. 4 NKomVG; **AöR:** § 7 Abs. 1 HWW(S1), S. 510; § 4 Abs. 1 LIAG(G), S. 428; **nr-AöR:** § 7 Abs. 1 NIfR(S1), S. 834; **SöR:** § 7 SnGst(G), S. 494; § 7 Abs. 3 S. 2 StTIB(G), S. 151 (152); § 5 Abs. 3 StZAPf(G), S. 20; § 5 Abs. 3 StZIN(G), S. 209; **JPöR:** § 10 Abs. 1 BRRKv, S. 626 (627); § 16 Abs. 1 CGGHKv; **st. SbR:** § 9 Abs. 1 StJbJ, S. 55 (56).

969 **KöR:** § 41 Abs. 3 NHG; § 58 Abs. 4 NKomVG; § 7 Abs. 4 NTH(S); **AöR:** § 4 Abs. 2 GEI(S2), S. 161; § 3 Abs. 2 LIAG(S); § 7 Abs. 2 NLFst(G1), S. 616 (617); **st. SbR:** § 9 Abs. 1 StJbJ, S. 55 (56).

970 Vgl. *Dreier*, HierVerwDemStaat, 1991, S. 138 f.; siehe auch *Adenauer/Merk*, NZG 2013, 1251 (1255), dass die Budgethoheit auch bei einer Eigengesellschaft bei der Gemeinde verbleiben muss.

971 **AöR:** § 4 Abs. 1 LIAG(G), S. 428; **tr-AöR:** § 8 Abs. 2 BrLB; **nr-AöR:** § 7 Abs. 1 NIfR(S1), S. 834; **SöR:** § 8 Abs. 1 St-TiHo(S), S. 854 (855); § 7 Abs. 3 StTIB(G), S. 151 (152); **st. e. G.:** § 32 HIS(S2); **st. SbR:** § 8 Abs. 1 ZeVA(S), S. 1001.

972 **AöR:** § 10 Abs. 2 IuFB(G1), S. 712 (714).

973 *Dreier*, HierVerwDemStaat, 1991, S. 139.

974 **KöR:** *Kluth* in: Wolff/Bachof/Stober/ders., VerwR Bd. 2, 2010, § 85, Rn. 62; **AöR:** *Mann*, ÖffrechtGes, 2001, S. 134.

975 Vgl. **KöR:** § 30 Abs. 1 Nr. 5 Nds.FischG(G); § 22 Abs. 1 Nr. 10 Nds.RealvG; § 41 Abs. 1, 2 NHG; § 8 Abs. 1 Nr. 1, 2 NJagdG(S); § 9 Abs. 2 e), f) NLB-Giro, S. 312 (314); **AöR:** § 2 Abs. 2 Nr. 4 AGTierGesG(G2), S. 277 (278); § 6 Abs. 5 f), g) ARL(S5), S. 49 (50); § 11 Abs. 2 e) HLKA, S. 712 (714); § 69 Abs. 2 Nr. 6 NHG; § 38 N. 2 NMedienG; § 22 Abs. 5 Nr. o) Nord-LB(S), S. 118 (121); **SöR:** § 69 Abs. Nr. 6 NHG; § 5 Abs. 2 Nr. 5 StZAPf(G), S. 20; § 5 Abs. 2 Nr. 4 StZIN(G), S. 209; **st. GmbH:** § 8 a) HIS(S1); § 7 g) LEA; **st. e. V.:** § 6 Abs. 1 Nr. 6 3NKN; § 6 Abs. 2 l) BrLsch; § 9 Nr. 6 DInKt; § 5 Nr. 5 EmLsch; § 6 Abs. 10 LVG; § 7 Abs. 3 d) NStT; **st. SbR:** § 6 Abs. 1 Nr. 3 BaStW(S), S. 243 (244); **nr-VE:** § 5 Abs. 1 e) VwÄKN.

976 **KöR:** § 4 Abs. 2 NVdR(G1), S. 65.

977 Vgl. **KöR:** § 20 Abs. 1 NArchtK(G); § 25 Nds.HKG; § 5 Nds.LwKG; § 22 Abs. 1 NIngG; § 58 Abs. 1 NKomVG; § 13 S. 1 NKomZG; § 13 Abs. 1 NSGV(S1), S. 245 (246); Art. 1, § 5 Abs. 2 NTH(G), S. 416 (417); § 4 Abs. 2 NVdR(G1), S. 65; § 5 Abs. 3

„die Aufstellung von Richtlinien für das Real- und Personenkreditgeschäft“[978]. Dies dürfte sich jedoch nur im Rahmen einer allgemeinen Variationsbandbreite der Regelungen bewegen. So schwierig diese Abgrenzung im Einzelfall ist, so wenig lässt sich ohne genauere Kenntnis der Sachmaterie bestimmen, ob mit einer bestimmten Aufgabenbeschreibung ein weiter oder nur ein enger Entscheidungsspielraum des Willensbildungsorgans verbunden ist. Eine ausdrückliche Aufgabenbeschreibung kann im Einzelfall sogar fehlen[979], sodass erst recht an dieser Stelle nur mit einer hierarchischen Struktur argumentiert werden kann. Aus der hierarchischen Struktur folgt in gleicher Weise, dass wesentliche Aufgaben dem Willensbildungsorgan vorbehalten sind. Ob damit die Aufgaben des Willensbildungsorgans lediglich allgemein festgelegt oder in einem Aufgabenkatalog aufgelistet sind, stellt sich nur als eine Frage des Einzelfalls dar. Unabhängig von der Rechtsform können die Aufgaben auch in der Rechtssetzungspraxis in einem Aufgabenkatalog allgemeiner oder konkreter gefasst sein, ohne dass eine Systematisierung möglich erscheint.

Ob mit der Aufgabenzuweisung ein abgegrenzter Aufgabenbereich verbunden ist, könnte durch Auslegung der Aufgabenzuweisung an das Willensbildungsorgan zu ermitteln sein. Dem Wortlaut der Regelungen ist teilweise zu entnehmen, dass die Aufgaben des Willensbildungsorgans nur „insbesondere“ aufgeführt sind[980], was

---

OldL(V), S. 51; § 10 Abs. 2 PrLV-H(S1), S. 478 (479); § 7 RitLBr, S. 517; § 10 Abs. 2 Stud-LUH; **AöR:** § 6 Abs. 4 AfBF(S2), S. 252 (253); § 6 Abs. 1 FstKK, S. 554 (555); § 4 Abs. 1 GEI(S2), S. 161; § 7 Abs. 1 HWW(S1), S. 510; § 5 IfE(S1), S. 688 (689); § 10 Abs. 2 IuFB(G1), S. 712 (714); § 13 Abs. 6 LBS-N(S), S. 499 (501); § 3 Abs. 1 LIAG(S); § 7 Abs. 1 NLFst(G1), S. 616 (617); § 10 Abs. 6 ÖffSB(S3), S. 213 (214 f.); § 14 Abs. 1 PrLV-H(S2), S. 912 (914); § 6 Abs. 3 RKrdSt(S3), S. 2 (3); § 6 Abs. 1 StW-H; **tr-AöR:** § 8 BrLB; § 7 Abs. 2 PolAN(G), S. 444 (445); **nr-AöR:** § 7 Abs. 1 NIfR(S1), S. 834; **SöR:** § 8 Abs. 4 AsseSt, S. 314 (315); § 7 MudCl(S1), S. 409 (410); § 60 Abs. 2 NHG; § 6 Abs. 4 SBK, S. 649 (650); § 7 SnGst(G), S. 494; § 7 Abs. 3 StTIB(G), S. 151 (152); **JPöR:** § 7 ARL(S2), S. 254; § 10 Abs. 2 BRRKv, S. 626 (627); § 16 Abs. 2 CGGHKv; **st. GmbH:** § 12 CUTEC; § 5 DSMZ; § 12 Abs. 1 EaSoA; § 7 RamBmG; § 12 GmbH1; § 11 GmbH2; **st. AG:** § 7 DMAg; **st. e. V.:** § 10 Abs. 2 N21; **st. SbR:** § 7 FamN(S2), S. 137 (138); § 8 GISMA(S1), S. 426; § 8 HWK(S2), S. 1009 (1010); § 8 KTSt(S2), S. 1227 (1228); § 11 Abs. 1 NBingSt, S. 464 (465); § 10 Abs. 1 NLotSpSt, S. 294 (295); § 10 NLottSt(S2), S. 86 (87); § 6 NUmwSt(S2), S. 1523 (1524); § 8 Abs. 2 StbRB(S2), S. 280; § 9 Abs. 4 StJbJ, S. 55 (56); § 8 StLSb(S), S. 16; § 10 StN(S2), S. 1210 (1211); § 8 Abs. 1 ZeVA(S), S. 1001 f.; **nr-VE:** § 6 HCC; § 4 Abs. 1 VwIngK.

978 **KöR:** § 9 Abs. 2 NLB-Giro, S. 312 (314).

979 Vgl. **KöR:** AdWG, S. 775 ff.; **st. GmbH:** HWW(S2); **st. AG:** § 10 SagAG; § 18 ff. VWAg.

980 **KöR:** § 5 Nds.LwKG; § 9 Abs. 2 NLB-Giro, S. 312 (314); vgl. auch § 7 Abs. 2 NTH(S), alle „wichtigen Angelegenheiten“; § 8 Abs. 1, 2 PrLV-H(S1), S. 478 f.; § 10 Abs. 2 Stud-LUH; **AöR:** § 4 Abs. 1 GEI(S2), S. 161; § 11 Abs. 2 HLKA, S. 739 (741); § 7 Abs. 1 HWW(S1), S. 510; § 8 Abs. 2 NöVersG, S. 5 (6); § 6 Abs. 3 RKrdSt(S3), S. 2 (3); **SöR:** § 8 Abs. 1 St-TiHo(S), S. 854 (855); **JPöR:** § 10 Abs. 2 BRRKv, S. 626 (627); **st. GmbH:** § 12 CUTEC; § 6 Abs. 1 LEA; § 12 GmbH1; § 11 GmbH2; **st. e. V.:** § 9

gegen einen abgegrenzten Aufgabenbereich sprechen könnte. Vielfach findet sich jedoch kein entsprechender Zusatz[981]. Ob im Einzelfall ein Willensbildungsorgan über einen eigenen Aufgabenbereich verfügt, lässt sich daher vielfach nicht abschließend klären. Hier dürften Regelungen eindeutiger sein, wie sie sich in Einzelfällen finden, denen zufolge das Willensbildungsorgan beliebige[982] oder wesentliche weitere Aufgaben an sich ziehen kann[983]. Dies könnte gegen einen abgegrenzten Aufgabenbereich sprechen.

Umgekehrt findet sich auch eine Regelung, dass das Willensbildungsorgan nur insoweit zuständig ist, wie die Angelegenheit über die laufende Geschäftsführung hinausgeht[984]. Nur Letzteres ist grundsätzlich als Einschränkung der Zuständigkeit des Willensbildungsorgans auszulegen. Gleiches könnte angenommen werden, soweit in anderen Fällen das Willensbildungsorgan zuständig ist, soweit das geschäftsführende Organ ihm Angelegenheiten der laufenden Verwaltung vorlegt[985]. Vergleichbare Regelungen finden sich jedoch auch bzgl. des Aufsichtsorgans[986]. Teilweise kann das Leitungsorgan nur andere grundsätzliche Angelegenheiten dem Willensbildungsorgan vorlegen[987]. Hieraus könnte man schließen, dass aufgrund der

---

DInKt; § 6 Abs. 8 LVG; **st. e. G.**: § 32 HIS(S2); **st. SbR:** § 8 GISMA(S1), S. 426; § 8 HWK(S2), S. 1009 (1010); § 8 Abs. 1 ZeVA(S), S. 1001.

981 Vgl. **KöR:** § 6 Abs. 3 BrWG; § 20 Abs. 1 NArchtK(G); § 30 Abs. 1 Nds.FischG(G); § 25 Nds.HKG; § 22 Abs. 1 Nds.RealvG; § 22 Abs. 1 NIngG; § 58 Abs. 1 NKomVG; § 13 NSGV(S1), S. 245 (246); § 4 Abs. 2 NVdR(G1), S. 65; § 10 Abs. 2 PrLV-H(S1), S. 478 (479); § 7 RitLBr, S. 517; § 13 NKomZG; **AöR:** § 6 Abs. 4 AfBF(S2), S. 252 f.; § 6 Abs. 2 AGTierGesG(G2), S. 277; § 6 Abs. 5 ARL(S5), S. 49 (50); § 6 Abs. 1 FstKK, S. 554; § 11 Abs. 2 HLKA, S. 739 (741); § 5 IfE(S1), S. 688 (689); § 6 IuFB(V), S. 258 (259); § 13 Abs. 6 LBS-N(S), S. 499 f.; § 3 LIAG(S); § 7 Abs. 1 NLFst(G1), S. 616 (617); § 43 Abs. 1 NMedienG; § 22 Abs. 5 Nord-LB(S), S. 118 (121); § 6 Abs. 1 StW-H, S. 172 (173); **SöR:** § 8 Abs. 4 AsseSt, S. 314 (315); § 7 MudCl(S1), S. 409 (410); § 6 Abs. 4 SBK, S. 649; § 7 SnGst(G), S. 494; § 7 Abs. 4 StW-G; § 5 Abs. 2 StZAPf(G), S. 20; **JPöR:** § 7 ARL(S2), S. 254; § 16 Abs. 2 CGGHKv; **st. GmbH:** § 12 EaSoA; § 7 RamBmG; **st. e. V.:** § 6 Abs. 1 3NKN; § 5 Abs. 1 EmLsch; § 10 Abs. 2 N21; **st. SbR:** § 6 Abs. 1 BaStW(S), S. 243 (244); § 7 FamN(S2), S. 137 (138); § 8 KTSt(S2), S. 1227 (1228); § 11 Abs. 1 NBingSt, S. 464 (465); § 10 Abs. 1 NLotSpSt, S. 294 (295); § 10 NLottSt(S2), S. 86 (87); § 6 NUmwSt(S2), S. 1523 (1524); § 8 Abs. 2 StbRB(S2), S. 280; § 8 StLSb(S), S. 15; **nr-VE:** § 5 Abs. 1 VwÄKN; § 4 Abs. 1 VwIngK.

982 **AöR:** § 10 Abs. 2 S. 2 IuFB(G1), S. 712 (714); § 7 Abs. 1 S. 2 NLFst(G1), S. 616 (617); **SöR:** § 6 Abs. 4 Nr. 1 SBK, S. 649; § 7 S. 2 SnGst(G), S. 494; **st. GmbH:** § 12 Abs. 2 EaSoA; § 8 Abs. 4 HIS(S1), bzgl. der Aufgaben des Aufsichtsrates; **st. SbR:** § 9 Abs. 1 StJbJ, S. 55 (56).

983 **KöR:** § 5 S. 1 Nds.LwKG; **AöR:** § 13 Abs. 3 Nord-LB(S), S. 118 (119); **SöR:** § 5 Abs. 2 Nr. 5 StZIN(G), S. 209.

984 **KöR:** § 25 Nr. 10 Nds.HKG.

985 **KöR:** § 9 Abs. 2 NLB-Giro, S. 312 (314); § 13 Abs. 1 NSGV(S1), S. 245 (246); § 5 Abs. 3 Nr. 6 OldL(V), S. 51; **(st.)AG:** § 119 AktG; **st. SbR:** § 6 NUmwSt(S2), S. 1523 (1524).

986 **st. GmbH:** § 12 EaSoA; § 11 GmbH2.

987 **KöR:** § 5 Abs. 3 OldL(V), S. 51; **st. e. V.:** § 6 Abs. 2 BrLsch.

entsprechenden Entscheidungshoheit des Leitungsorgans zur Vorlage, der Entscheidungsspielraum des Willensbildungsorgans begrenzt ist. Diese Argumentation wird jedoch jenseits des Wortlautes dadurch relativiert, als möglicherweise eine Pflicht des Leitungsorgans zur Vorlage begründet werden könnte[988] und sich damit die grundsätzliche Frage nach dem Verhältnis der Organe zueinander, auch trotz dieser Regelung stellt. Außerdem ist die Steuerung durch die Bestimmung des Zwecks der Einrichtung zu berücksichtigen, wodurch eine Abgrenzung von grundsätzlichen Aufgaben zu den Geschäften der laufenden Verwaltung zusätzlich in Frage gestellt wird[989]. Außerdem könnten Verfassungsprinzipien eine konforme Auslegung erforderlich machen – hierauf wird zurückzukommen sein. Die Argumentation mit den Aufgabenzuweisungen, wie sie sich in den Rechtsgrundlagen finden, erscheint vor diesem Hintergrund als insgesamt zirkelschlüssig, da sich die Abgrenzung der Aufgabenbereiche und die Reichweite der Aufgabenzuweisungen gegenseitig bedingen. An dieser Stelle bleibt nur festzustellen, dass dem Willensbildungsorgan – so unterschiedlich die Ausgestaltung im Einzelfall auch sein mag – alle wesentlichen Aufgaben[990], sowie die Überwachung weiterer Organe[991] und Informationsrechte

---

988 **st. AG:** BGHZ 83, 122 (131); 159, 30 (37 f.); *Bungert* in: MüHBGesR Bd. 4, 2015, § 35, Rn. 46 ff.; *Engellandt*, EinflKomKapGes, 1995, S. 138; *Wiesner* in: MüHBGesR Bd. 4, 2015, § 19, Rn. 8 f.

989 **st. AG:** vgl. *Engellandt*, EinflKomKapGes, 1995, S. 139.

990 **KöR:** *Forsthoff*, VerwR Bd. 1, 1973, § 25, S. 487; *Groß* in: Hoffmann-Riem/Schmidt-Aßmann/Voßkuhle, GdlVerwR Bd. 1, 2012, § 13, Rn. 70, als Satzungs- und Haushaltsrecht; *Hauser*, WahlOrgForm, 1987, S. 37; *Hellermann* in: Hoppe/Uechtritz/Reck (Hrsg.), HdBkommUnt, 2012, § 7, Rn. 150; *Hsu*, InstkörpSV, 2004, S. 187; *Kluth* in: Wolff/Bachof/Stober/ders., VerwR Bd. 2, 2010, § 80, Rn. 36, § 85, Rn. 79, § 98, Rn. 61; *Löer*, KöranstRmZwK, 1999, S. 12, 25; *Mann*, ÖffrechtGes, 2001, S. 115; *Maurer*, AllgVerwR, 2011, § 23, Rn. 41; **AöR:** *A. Lange*, BetPrivrechtsfAnst, 2008, S. 61; **SöR:** *Alscher*, DStiftungÖffR, 2006, S. 34, 161, dass „dem [...] Stiftungsrat die grundsätzlichen Entscheidungen vorbehalten bleiben [müssen]"; *E. Müller*, DBundStift, 2009, S. 179, ohne Begründung a. A. *ders.*, aaO., S. 175, von einer bloß „beratenden Funktion" ausgehend; *M. J. Müller*, RtfwissHochS, 2015, S. 186; **st. SbR:** *Hauser*, WahlOrgForm, 1987, S. 48; ohne Begründung a. A. *Schwake* in: MüHBGesR Bd. 5, 2009, § 79, Rn. 335; **SöR und st. SbR:** *Hof* in: v. Campenhausen/Richter (Hrsg.) StfRHdB, 2014, § 8, Rn. 83; *Gölz*, DStaatalsStift, 1999, S. 119; **st. GmbH:** *Diekmann/Marsch-Barner* in: MüHBGesR Bd. 3, 2012, § 41; Rn. 1; *Gaß*, UmwgemUnt, 2003, S. 47; *Hauser*, WahlOrgForm, 1987, S. 41; *Mann*, ÖffrechtGes, 2001, S. 178; *K. Schmidt*, GesR, 2002, S. 1069; **st. AG:** *R. Becker* in: Wurzel/Schraml/ders. (Hrsg.), RkommUnter, 2015, S. 217; *Bungert* in: MüHBGesR Bd. 4, 2015, § 35, Rn. 4; *Mann*, ÖffrechtGes, 2001, S. 176; vgl. *A. Lange*, BetPrivrechtsfAnst, 2008, S. 44; **st. e. V.:** *Hauser*, WahlOrgForm, 1987, S. 45; vgl. *Waldner* in: MüHBGesR Bd. 5, 2009, § 25, Rn. 2; **st. e. G.:** *Hauser*, WahlOrgForm, 1987, S. 50; *O. Korte* in: Wurzel/Schraml/Becker (Hrsg.), RkommUnter, 2015, S. 253; *K. Schmidt*, GesR, 2002, S. 1271.

991 **KöR:** *Hsu*, InstkörpSV, 2004, S. 195 ff.; **AöR:** *Ahmann*, ÖffprivOrgFkommE, 2009, S. 77; *Ehlers* in: Schmidt-Aßmann/Dolde, ÖffWirtR, 2005, S. 217; *Ehlers*, ZHR 2003, 546 (562); *A. Lange*, BetPrivrechtsfAnst, 2008, S. 61; *Lübbecke*, KommUntNRW,

zugewiesen sind. Die Stiftung zeichnet sich insbesondere nicht dadurch aus, dass ihr Willensbildungsorgan nur beratende Funktion hat[992].

Damit kann eine Beschränkung der Aufgaben des Willensbildungsorgans die Rechtsformen nicht unterscheiden. Dies gilt insbesondere auch für die Frage, ob sich die Aufgabenzuweisung als abschließend[993] oder offen darstellt[994]. Da die Regelungen vielfach nicht eindeutig sind, ist an dieser Stelle wiederum auf die Auswirkung der Verfassungsprinzipien hinzuweisen, welche die Auslegung beeinflussen könnten[995]. Die Regelungen sind wiederum unabhängig von der Rechtsform nur eine Frage der Ausgestaltung im Einzelfall.

(2) Die Aufgaben des Leitungsorgans

Die mangelnde Unterscheidungskraft der Rechtsformen setzt sich auch bei den Aufgaben der Leitungsorgane fort. Für die meisten Einrichtungen findet sich zumeist nur die allgemeine Regelung, dass das Leitungsorgan die Aufgaben der laufenden Verwaltung wahrnimmt, sie führt, bzw. mit anderen Worten die Einrichtung leitet[996].

2004, S. 116; *Mann*, ÖffrechtGes, 2001, S. 134; **SöR:** *Alscher,* DStiftungÖffR, 2006, S. 35, 161; **AöR, st. GmbH und st. AG:** *Blessing,* ÖffrAnstBetPr, 2008, S. 47; **st. e. V.:** *Hauser,* WahlOrgForm, 1987, S. 45; **st. SbR:** *Lüke* in: MüHBGesR Bd. 5, 2009, § 91, Rn. 20; **SöR und st. SbR:** *Gölz,* DStaatalsStift, 1999, S. 128; *Totenhöfer-Just,* ÖffrechtStft, 1973, S. 58.

992 So jedoch, im Ergebnis zirkelschlüssig, **st. SbR:** *Hauser,* WahlOrgForm, 1987, S. 48; **SöR und st. SbR:** *E. Müller,* DBundStift, 2009, S. 175, soweit die beratende Funktion gleichzeitig zur Begründung der Wesensmerkmale des hier als Begründung dienenden „selbst verwaltenden Organisationstyps" (*ders.*, aaO., S. 179) verwendet wird.

993 **st. AG:** *Erichsen,* VertKomjurPers, 1990, S. 28; *Hauser,* WahlOrgForm, 1987, S. 39; *Kluth* in: Wolff/Bachof/Stober/ders., VerwR Bd. 2, 2010, § 80, Rn. 34; *A. Lange,* BetPrivrechtsfAnst, 2008, S. 44; *Mann,* ÖffrechtGes, 2001, S. 176; vgl. *Engellandt,* EinflKomKapGes, 1995, S. 45.

994 **KöR:** *Kluth* in: Wolff/Bachof/Stober/ders., VerwR Bd. 2, 2010, § 85, Rn. 80; **KöR und AöR:** vgl. *Löer,* KöranstRmZwK, 1999, S. 77; **st. GmbH:** *R. Becker* in: Wurzel/Schraml/ders. (Hrsg.), RkommUnter, 2015, S. 195; *T. Faber,* GesBindAufsM, 2010, S. 73; *Engellandt,* EinflKomKapGes, 1995, S. 53; *Hellermann* in: Hoppe/Uechtritz/Reck (Hrsg.), HdBkommUnt, 2012, § 7, Rn. 116; *Parmentier,* GlsöffUntern, 2000, S. 104; **st. e. V.:** *K. Schmidt,* GesR, 2002, S. 693.

995 Siehe hierzu Kap. C.I.3.

996 **KöR:** § 10 S. 1 AdWG, S. 775 (776); § 10 Abs. 1 S. 1 BrWG; § 21 Abs. 3 S. 1 NArchtK(G); § 28 Abs. 2 S. 1 Nds.FischG(G); § 29 Abs. 1 S. 1 Nds.HKG; § 19 Abs. 2 S. 1 Nds.RealvG; § 37 Abs. 1 S. 1 NHG; § 24 Abs. 1 S. 1 NIngG; § 85 Abs. 3 Nr. 7 NKomVG; § 13 Abs. 1 NLB-Giro, S. 312 (315); § 18 Abs. 1 S. 1 NSGV(S1), S. 245 (247); § 5 Abs. 3 NVdR(G1), S. 65 (66); § 6 Abs. 1 PrLV-H(S1), S. 478; § 15 Abs. 1 StudLUH; **AöR:** § 8 FstKK, S. 554 (555); § 6 Abs. 2 S. 1 GEI(S2), S. 161 (162); § 14 Abs. 1 S. 1 HLKA, S. 739 (741); § 5 Abs. 1 S. 1 HWW(S1), S. 510; § 10 Abs. 1 S. 1 IuFB(G1), S. 712 (714); § 9 Abs. 1 S. 2 LBS-N(S), S. 499 (500); § 5 Abs. 2 S. 1 LIAG(G), S. 428; § 69 Abs. 4 NHG; § 5 Abs. 3 S. 1 NLFst(G1), S. 616; § 47 Abs. 2 NMedienG; § 8 Abs. 1

Gleichwohl finden sich Beispiele, in denen dem Leitungsorgan ein Katalog mit Einzelzuständigkeiten übertragen ist[997]. Es finden sich auch Leitungsorgane, die das Arbeitsprogramm beschließen[998], wesentliche Vermögensentscheidungen treffen[999] oder den Wirtschaftsplan aufstellen[1000]. Zu den Aufgaben gehört vielfach die Vorbereitung[1001]

Nord-LB(S), S. 118 (119); § 5 Abs. 1 NöVersG, S. 5; § 9 RKrdSt(S3), S. 2 (4); **tr-AöR:** § 14 Abs. 1 BrLB; § 6 Abs. 1 PolAN(G), S. 444 (445); **nr-AöR:** § 6 ATAfN, S. 364; § 3 Abs. 1 HAB, S. 271; § 6 NIfR(S1), S. 834; § 3 Abs. 1 TIB, S. 820; **SöR:** § 4 Abs. 1 HWBl, S. 710; § 8 Abs. 2 SBK, S. 649 (650); § 8 Abs. 2 SnGst(G), S. 494 (495); § 10 Abs. 1 S. 1 St-TiHo(S), S. 854 (855); § 5 Abs. 1 S. 1 StW-G; § 6 Abs. 2 StZAPf(G), S. 20; § 8 Abs. 2 StTIB(G), S. 151 (152); § 6 Abs. 2 StZIN(G), S. 209; **JPöR:** § 9 Abs. 2 ARL(S2), S. 254 (255); § 12 Abs. 1 BRRKv, S. 626 (627); § 18 Abs. 1 CGGHKv; **st. GmbH:** § 5 Abs. 2 LEA; § 5 Abs. 3 GmbH2; **(st.)AG:** § 76 Abs. 1 AktG; **st. e. V.:** § 8 Abs. 1 3NKN; **st. e. G.:** § 16 HIS(S2); **st. SbR:** § 10 Abs. 1 S. 2 BaStW(S), S. 243 (244); § 10 Abs. 2 S. 1 FamN(S2), S. 137 (138); § 11 Abs. 3 S. 1 GISMA(S1), S. 425 (427); § 5 Abs. 1 HEH, S. 623; § 11 Abs. 1 HWK(S2), S. 1009 (1010); § 11 Abs. 2 S. 1 KTSt(S2), S. 1227 (1228); § 9 Abs. 2 S. 1 NWattSt, S. 1096 (1097); § 4 Abs. 2 ResFN(S), S. 838 (839); § 7 Abs. 1 StbRB(S2), S. 280; § 7 Abs. 1 StJbJ, S. 55; § 11 Abs. 1 StLSb(S), S. 15; § 11 Abs. 2 StN(S2), S. 1209 (1211); § 8 Abs. 1 StOpfH(S), S. 99 (100); § 7 VWSt(S), S. 488; § 10 Abs. 1 ZeVA(S), S. 1001 (1002); **nr-VE:** § 4 Abs. 2 HCC; § 4 Abs. 1 ITN, S. 243; § 4 Abs. 1 IZN, S. 1150; § 4 Abs. 1 LGLN(S2), S. 572; § 3 Abs. 1 LSKN, S. 836 (837); § 4 Abs. 1 LWKN, S. 855 (856); § 4 Abs. 2 LZN, S. 696; § 3 NBiblS, S. 2084; § 3 NInL, S. 496; § 3 Abs. 1 VZG, S. 728 (729); Nr. 2 Abs. 1 NStB, S. 95; § 7 Abs. 5 VwÄKN; § 8 VwIngK.

997 **KöR:** § 10 Abs. 1 BrWG; § 21 Abs. 2 NArchtK(G); § 28 Abs. 2 Nds.FischG(G); § 29 Abs. 1 Nds.HKG; § 19 Abs. 2 Nds.RealvG; § 37 Abs. 1 NHG; § 24 Abs. 1 NIngG; § 5 NJagdG(S); § 85 Abs. 1 NKomVG; **AöR:** § 5 Abs. 1 AfBF(S2), S. 252 (253); § 8 Abs. 4 ARL(S5), S. 49 (50); § 14 Abs. 2 HLKA, S. 739 (741); § 7 IfE(S1), S. 688 (689); **st. e. V.:** § 12 Abs. 5 DInKt; § 7 Abs. 4 N21; § 10 Abs. 2 NStT; **st. SbR:** § 11 Abs. 3 GISMA(S1), S. 425 (427); § 11 Abs. 2 § 11 Abs. 1 HWK(S2), S. 1009 (1010); § 8 Abs. 1 NLotSpSt, S. 294 (295); § 8 Abs. 3 NLottSt(S2), S. 86; § 9 Abs. 2 NWattSt, S. 1096 (1097); § 11 Abs. 1 StLSb(S), S. 15; § 7 VWSt(S), S. 488.

998 **AöR:** § 8 Abs. 4 f) ARL(S5), S. 49 (50); **st. e. V.:** § 7 Abs. 5 c) LVG; **st. SbR:** § 7 VWSt(S), S. 488.

999 **st. e. V.:** § 7 Abs. 5 g) LVG.

1000 **KöR:** § 37 Abs. 1 NHG; **st. SbR:** § 9 Abs. 2 NWattSt, S. 1096 (1097); § 9 Abs. 2 NWirtA(S), S. 410 (411); § 7 VWSt(S), S. 488.

1001 **KöR:** § 29 Abs. 1 Nds.HKG; § 85 Abs. 1 NKomVG; **AöR:** § 8 FstKK, S. 554 (555); § 7 IfE(S1), S. 688 (689); § 5 Abs. 3 NLFst(G1), S. 616; **SöR:** § 9 Abs. 4 Nr. 1 AsseSt, S. 314 (315); § 8 Abs. 3 SBK, S. 649 (650); § 8 Abs. 2 SnGst(G), S. 494 (495); § 10 Abs. 1 St-TiHo(S), S. 854 (855); § 6 Abs. 2 StZAPf(G), S. 20; § 6 Abs. 2 StZIN(G), S. 209; **st. e. V.:** § 12 Abs. 5 DInKt; § 7 Abs. 5 LVG; § 7 Abs. 4 N21; § 10 Abs. 1 NStT; **st. SbR:** § 11 Abs. 2 KTSt(S2), S. 1227 (1228); § 9 Abs. 2 NBingSt, S. 464 (465); § 8 Abs. 1 NLotSpSt, S. 294 (295); § 8 Abs. 2 NLottSt(S2), S. 86; § 11 Abs. 2 StN(S2), S. 1209 (1211); § 10 Abs. 1 ZeVA(S), S. 1001 (1002).

und Ausführung der Beschlüsse des Willensbildungsorgans[1002]. Insgesamt dürfte jedoch zu beachten sein, dass es allein praktische Erwägungen sind, dass das Leitungsorgan aufgrund seiner Sachnähe die Entscheidungen des Willensbildungsorgans vorbereitet und ausführt, ohne dass es damit auf eine entsprechende Regelung ankäme. Ein weiterer Grund dürfte sein, dass das Leitungsorgan im Unterschied zum Willensbildungsorgan nicht nur zu bestimmten Zeiten zusammentritt und damit die Handlungsfähigkeit der Einrichtung gewährleistet. Diese Verzahnung der Aufgabenbereiche relativiert seinerseits eine strikte Aufgabentrennung zwischen den Organen.

Die Frage, ob diese Aufgaben konkreter[1003] oder allgemeiner formuliert sind[1004], stellt sich in gleicher Weise wie für das Willensbildungsorgan. Hier zeigt sich wieder, dass das Leitungsorgan im Einzelfall die Stelle des Willensbildungsorgans einnehmen kann. Teilweise findet sich eine Auffangzuständigkeit für alle Angelegenheiten, die keinem anderen Organ zugewiesen sind[1005]. Genauso bestehen im Einzelfall auch Einrichtungen, deren Leitungsorgan keine Aufgabe ausdrücklich zugewiesen ist[1006]. Im Einzelfall lässt sich im Zweifel daher wieder nur an die hierarchische Struktur anknüpfen, sodass auch in diesem Fall das Leitungsorgan die laufenden Geschäfte im Rahmen der grundlegenden Entscheidungen des Willensbildungsorgans zu erledigen hat.

Auch aus Sicht des Leitungsorgans selbst lässt sich begründen, ob ein abgegrenzter Aufgabenbereich vorliegt. Vergleichbar dem Willensbildungsorgan, findet sich ein Aufgabenkatalog auch für das Leitungsorgan mit dem Zusatz „insbesondere"[1007];

1002 **KöR:** § 10 Abs. 1 BrWG; § 29 Abs. 1 Nds.HKG; § 19 Abs. 1 Nds.LwKG; § 85 Abs. 1 NKomVG; § 5 Abs. 3 NVdR(G1), S. 65 (66); **AöR:** § 7 Abs. 2 AGTierGesG(G2), S. 277 (278); § 5 Abs. 3 NLFSt(G1), S. 616; **SöR:** § 9 Abs. 4 Nr. 1 AsseSt, S. 314 (315); § 8 Abs. 3 SBK, S. 649 (650); § 8 Abs. 2 SnGst(G), S. 494 (495); § 10 Abs. 1 St-TiHo(S), S. 854 (855); § 6 Abs. 2 StZAPf(G), S. 20; § 6 Abs. 2 StZIN(G), S. 209; **st. e. V.:** § 12 Abs. 5 DInKt; § 7 Abs. 5 LVG; § 7 Abs. 4 N21; **st. SbR:** § 10 Abs. 1 ZeVA(S), S. 1001 (1002); **nr-VE:** § 7 Abs. 5 VwÄKN.

1003 **KöR:** § 37 Abs. 1 Nr. 5 NHG.

1004 **AöR:** § 8 Abs. 4 ARL(S5), S. 49 (50); **SöR:** § 9 Abs. 4 AsseSt, S. 314 (315); **st. e. V.:** § 7 Abs. 5 LVG; **st. SbR:** § 9 Abs. 2 NWattSt, S. 1096 (1097); § 9 Abs. 2 NWirtA(S), S. 410 (411); § 7 VWSt(S), S. 488.

1005 **KöR:** § 19 Abs. 1 Nds.LwKG; § 37 Abs. 1 NHG; § 18 Abs. 1 NSGV(S1), S. 245 (246); § 6 Abs. OldL(V), S. 51 (52); § 10 RitLBr, S. 517 (518); **AöR:** § 7 Abs. 2 AGTierGesG(G2), S. 277 (278); § 8 Abs. 4 ARL(S5), S. 49 (50); § 47 Abs. 2 NMedienG; **tr-AöR:** § 5 Abs. 1 PolAN(G), S. 444; **SöR:** § 10 Abs. 1 MudCl(S1), S. 409 (410); § 8 Abs. 2 SBK, S. 649 (650); **st. e. V.:** § 12 Abs. 5 DInKt; § 6 Abs. 2 EmLsch; § 7 As. 4 N21; § 10 Abs. 1 NStT; **st. SbR:** § 10 Abs. 1 BaStW(S), S. 243 (244).

1006 Vgl. **KöR:** § 5 NJagdG(S); § 5 NTH(S); **nr-AöR:** § 6 ATAfN, S. 364; **st. GmbH:** § 6 CUTEC; § 12 DSMZ; § 4 EaSoA; § 13 HIS(S1); § 4 HWW(S2); § 11 RamBmG; § 6 GmbH1; **st. e. V.:** § 7 BrLsch.

1007 **KöR:** § 37 Abs. 1 NHG; § 10 RitLBr, S. 517 (518); **AöR:** § 5 Abs. 1 AfBF(S2), S. 252 (253); **st. e. V.:** § 7 Abs. 4 N21; § 10 Abs. 2 NStT; **st. SbR:** § 11 Abs. 3 GISMA(S1), S. 425 (427); § 11 Abs. 2 § 11 Abs. 1 HWK(S2), S. 1009 (1010); § 9 Abs. 2 NWattSt,

teilweise fehlt ein entsprechender Zusatz[1008]. Eine Herleitung der Abgrenzung der Aufgabenbereiche hieraus ist gleichwohl nicht abschließend möglich, da ein abgegrenzter Aufgabenbereich trotz des Zusatzes „insbesondere" besteht, wie auch ohne Zusatz ein abgegrenzter Aufgabenbereich bereits aus der Organstellung folgen könnte. In diesem Sinne wird für verschiedene Rechtsformen in gleicher Weise angenommen, dass das Leitungsorgan sich dadurch auszeichne, dass es seine Aufgaben eigenverantwortlich wahrnähme[1009]. Dies ließe sich dann jedoch aus einer Kompetenzzuweisung an das Leitungsorgan für alle Rechtsformen in gleicher Weise begründen. Entsprechende ausdrückliche Regelungen finden sich jedoch nur im Einzelfall; insbesondere auch für nicht-rechtsfähige Verwaltungseinheiten[1010]. Die

---

S. 1096 (1097); § 7 Abs. 1 StJbJ, S. 55; § 11 Abs. 1 StLSb(S), S. 15; § 7 VWSt(S), S. 488; § 10 Abs. 1 ZeVA(S), S. 1001 (1002).

1008 Vgl. **AöR:** § 8 Abs. 4 ARL(S5), S. 49 (50).

1009 **KöR:** *Groß* in: Hoffmann-Riem/Schmidt-Aßmann/Voßkuhle, GdlVerwR Bd. 1, 2012, § 13, Rn. 70; **AöR:** *Ahmann*, ÖffprivOrgFkommE, 2009, S. 76; *Ehlers* in: Schmidt-Aßmann/Dolde, ÖffWirtR, 2005, S. 218; *Ehlers*, ZHR 2003, 546 (561); *Eichhorn/Schulz*, ZögU 2005, 187 (188); *Gaß*, UmwgemUnt, 2003, S. 63; *Gruneberg*, AbwkommUnt, 2007, S. 222; *Han*, UnabBaFin, 2015, S. 55; *Holz/Kürten/Grabolle*, KommJur 2014, 281 (283); *Jecht*, DöA, 1963, S. 86 ff., *Lübbecke*, KommUntNRW, 2004, S. 111; *Pencereci/Brandt*, LKV 2008, 293 (295); *Schraml* in: Wurzel/ders./Becker (Hrsg.), RkommUnter, 2015, S. 171; a. A. *Rüfner*, FormöffVerw, 1967, S. 249; **KöR und AöR:** *Löer*, KöranstRmZwK, 1999, S. 77, als „Grundsatz der Geschäftsführungsautonomie"; **AöR und st. AG:** *Bohn*, AnstÖffBetDritt, 2005, S. 141, 158; **st. GmbH**; vgl. *A. Lange*, BetPrivrechtsfAnst, 2008, S. 55; a. A. *Bohn*, AnstÖffBetDritt, 2005, S. 165; Hauser, WahlOrgForm, 1987, S. 42; **st. AG:** *Brenner*, AöR 2002, 222 (241); *Cronauge/Westermann*, KommUntern, 2006, Rn. 206; *T. Faber*, GesBindAufsM, 2010, S. 62; *Häußermann*, StkommEigenges, 2004, S. 58; *Hellermann* in: Hoppe/Uechtritz/Reck (Hrsg.), HdBkommUnt, 2012, § 7, Rn. 110; *Koch*, RStatkommUntPRivrf, 1994, S. 155; *A. Lange*, BetPrivrechtsfAnst, 2008, S. 44; *Mann*, ÖffrechtGes, 2001, S. 209; *Pfeifer*, SteukomAktdG, 1991, S. 154; *K. Schmidt*, GesR, 2002, S. 421; *Vogel*, ÖffWirtprivH, 1959, S. 157; *Wiesner* in: MüHBGesR Bd. 4, 2015, § 19, Rn. 13; kritisch dagegen bereits, *Hauser*, WahlOrgForm, 1987, S. 41; **st. e. G.:** *Hauser*, WahlOrgForm, 1987, S. 49; *O. Korte* in: Wurzel/Schraml/Becker (Hrsg.), RkommUnter, 2015, S. 248; **st. SbR:** *Scholz/Langer*, SitftVerf, 1990, S. 80; **JP:** *Loschelder* in: Isensee/Kirchhof, HdBdStR Bd. 5, 2007, § 107, Rn. 2, 86 f., insoweit die Eigenverantwortlichkeit sogar allgemein auf jeden Amtswalter beziehend; vgl. hierzu auch *Dreier*, HierVerwDemStaat, 1991, S. 73; **nr-VE:** *Ahmann*, ÖffprivOrgFkommE, 2009, S. 72; *Anders*, EigbtrR, 2011, S. 51; *Cronauge/Westermann*, KommUntern, 2006, Rn. 145 f.; *Gruneberg*, AbwkommUnt, 2007, S. 143; hierzu im Widerspruch dagegen *ders.*, aaO., S. 174; *Han*, UnabBaFin, 2015, S. 59 f.; *Hellermann* in: Hoppe/Uechtritz/Reck (Hrsg.), HdBkommUnt, 2012, § 7, Rn. 51, 53; *Uechtritz/Reck* in: Hoppe/ders./ders. (Hrsg.), HdBkommUnt, 2012, § 16, Rn. 38; vgl. auch *Schneider* in: Wurzel/Schraml/Becker (Hrsg.), RkommUnter, 2015, S. 150.

1010 **KöR:** § 37 Abs. 1 S. 1 NHG; § 13 Abs. 1 NLB-Giro, S. 312 (315); **AöR:** § 14 Abs. 1 S. 1 HLKA, S. 739 (741); § 5 Abs. 1 S. 1 HWW(S1), S. 510; § 10 Abs. 1 S. 1 IuFB(G1),

Ausgestaltung ist damit zumindest nicht von der Rechtsform, sondern von der Ausgestaltung im Einzelfall abhängig.

Einleitend wurde das Leitungsorgan bereits dahingehend charakterisiert, dass es die juristische Person rechtsgeschäftlich vertritt. Dies ist nachfolgend zu relativieren. Die Variationsbandbreite zeigt sich im Einzelfall stattdessen größer. Es finden sich ebenso Fälle, in denen diese Aufgabe auch nur von einem Teil des Leitungsorgans, z. B. dem Vorsitzenden, wahrgenommen wird[1011]. Dennoch kann auch die Einschränkung bestehen, dass der Präsident nur zusammen mit einem weiteren Mitglied des Leitungsorgans oder dem Geschäftsführer rechtserhebliche Geschäfte vornehmen darf[1012]. Eine Regelung zur Vertretung findet sich nicht immer[1013]. Die Aufgabe des Leitungsorgans, die Einrichtung gerichtlich und außergerichtlich zu vertreten[1014], vermag damit zumindest keine Rechtsform zu charakterisieren.

S. 712 (714); § 8 Abs. 1 S. 1 Nord-LB(S), S. 118 (119); § 5 Abs. 1 S. 1 NöVersG, S. 5; § 9 S. 1 RKrdSt(S3), S. 2 (3); **(st.)AG:** § 76 Abs. 1 AktG; **st. e. G.**: § 16 HIS(S2); **nr-VE:** § 5 Abs. 2 S. 1 ITN, S. 243; vgl. § 3 Abs. 1 LGLN(S1), S. 880; vgl. § 3 Abs. 1 LWKN, S. 855 (856); vgl. § 4 Abs. 1 LZN, S. 696; Nr. 2 Abs. 2 S. 1 NStB, S. 95.

1011 **KöR:** § 21 Abs. 4 NArchtK(G); § 31 Abs. 1 Nds.HKG; § 24 Abs. 2 Nds.LwKG; § 38 Abs. 1 NHG; § 24 Abs. 2 NIngG; § 5 Abs. 4 NVdR(G1), S. 65 (66); § 9 Abs. 1 OldL(V), S. 51 (52); **AöR:** § 8 Abs. 1 AGTierGesG(G2), S. 277 (278); § 8 Abs. 6 ARL(S5), S. 49 (50), im Fall der Übertragung von Aufgaben auf ein Mitglied des Präsidiums; **st. e. V.**: § 11 Abs. 1 NStT; **nr-VE:** § 1 Abs. 2 VwÄKN; § 1 Abs. 3 VwIngK.

1012 **KöR:** § 31 Abs. 2 Nds.HKG; § 24 Abs. 2 Nds.LwKG; § 24 Abs. 2 NIngG; § 13 Abs. 4 NLB-Giro, S. 312 (315); § 19 Abs. 1 NSGV(S1), S. 245 (247 f.); § 9 Abs. 1 OldL(V), S. 51 (52); vgl. auch, mit Ausnahme der Geschäfte der laufenden Verwaltung, § 15 Abs. 2 NKomZG.

1013 Vgl. **nr-AöR:** § 6 ATAfN, S. 364; NIfR(S1), S. 834 f.

1014 **KöR:** § 10 AdWG, S. 775 (776); § 10 Abs. 1 BrWG; § 28 Abs. 3 Nds.FischG(G); § 31 Nds.HKG; § 19 Abs. 3 Nds.RealvG; § 5 NJagdG(S); § 86 Abs. 1 NKomVG; § 15 Abs. 2 NKomZG; § 13 Abs. 2 NLB-Giro, S. 312 (315); § 19 Abs. 1 NSGV(S1), S. 245 (247); § 5 Abs. 2 NTH(S); § 6 Abs. 1 PrLV-H(S1), S. 478; § 10 RitLBr, S. 517 (518); § 15 Abs. 3 Stud-LUH; **AöR:** § 5 Abs. 1 AfBF(S2), S. 252 (253); § 8 Abs. 1 § 7 Abs. 2 AGTierGesG(G2), S. 277 (278); § 8 Abs. 4 ARL(S5), S. 49 (50); § 8 FstKK, S. 554 (555); § 5 Abs. 2 GEI(G2), S. 170; § 14 Abs. 1 HLKA, S. 739 (741); § 5 Abs. 1 HWW(S1), S. 510; § 7 IfE(S1), S. 688 (689); § 10 Abs. 1 IuFB(G1), S. 712 (714); § 9 Abs. 1 LBS-N(S), S. 499 (500); § 5 Abs. 2 LIAG(G), S. 428; § 69 Abs. 4 NHG; § 5 Abs. 4 NLFst(G1), S. 616; § 47 Abs. 2 NMedienG; § 9 Abs. 1 Nord-LB(S), S. 118 (119); § 5 Abs. 2 NöVersG, S. 5; § 10 Abs. 1 RKrdSt(S3), S. 2 (4); **tr-AöR:** § 14 Abs. 1 BrLB.; § 6 Abs. 1 PolAN(G), S. 444 (445); **nr-AöR:** § 3 Abs. 1 HAB, S. 271; § 3 Abs. 1 TIB, S. 820; **SöR:** § 9 Abs. 43AsseSt, S. 314 (315); § 4 Abs. 1 HWBl, S. 710; § 10 Abs. 2 MudCl(S1), S. 409 (410); § 8 Abs. 2 SBK, S. 649 (650); § 8 Abs. 1 SnGst(G), S. 494; § 10 Abs. 1 St-TiHo(S), S. 854 (855); § 8 Abs. 2 StTIB(G), S. 151 (152); § 6 Abs. 1 StZAPf(G), S. 20; § 6 Abs. 1 StZIN(G), S. 209; **JPöR:** § 9 Abs. 3 ARL(S2), S. 254 (255); § 13 Abs. 1 BRRKv, S. 626 (627); § 19 Abs. 1 CGGHKv; **(st.)GmbH** § 35 Abs. 1 GmbHG; **(st.)AG:** § 78 Abs. 1 AktG; **(st.)e. V.**: § 26 Abs. 1 BGB; **(st.)e. G.**: § 24 Abs. 1 GenG; **st. SbR:** § 10 Abs. 2 BaStW(S), S. 243 (244); § 10 Abs. 1 FamN(S2), S. 137 (138);

Dem Leitungsorgan sind damit unabhängig von der Rechtsform die Geschäfte der laufenden Verwaltung zugewiesen[1015], teilweise erweitert durch einzelne ausdrücklich genannte Aufgaben. Letzteres betrifft insbesondere die Leitungsorgane, die an die Stelle eines nicht vorhandenen Willensbildungsorgans treten. Im Ergebnis ist auch eine Unabhängigkeit des Leitungsorgans aufgrund seiner Aufgabenzuweisung[1016] nicht geeignet, die Rechtsformen zu differenzieren. Umfang und Wirkung einer Aufgabenzuweisung hängen stattdessen – wie noch darzustellen sein wird – von außerhalb der Rechtsformen liegenden verfassungsrechtlichen Prinzipien ab.

Dies gilt insbesondere auch für nicht-rechtsfähige Verwaltungseinheiten. Überraschenderweise finden sich die gleichen Vertretungsregelungen – wie für die juristischen Personen bereits dargestellt – auch für nicht-rechtsfähige Verwaltungseinheiten, obwohl genau genommen die Mutterkörperschaft als Rechtsträger vertreten werden müsste. Damit ist die Aufgabe des Leitungsorgans, die laufenden Geschäfte zu führen[1017]

---

§ 11 Abs. 1 GISMA(S1), S. 425 (427); § 5 Abs. 1 HEH, S. 623; § 11 Abs. 1 KTSt(S2), S. 1227 (1228); § 9 Abs. 1 NBingSt, S. 464 (465); § 8 Abs. 1 NLotSpSt, S. 294 (295); § 8 Abs. 1 NLottSt(S2), S. 86; § 7 Abs. 2 NUmwSt(S2), S. 1523 (1525); § 9 Abs. 1 NWattSt, S. 1096 (1097); § 9 Abs. 1 NWirtA(S), S. 410 (411); § 4 Abs. 2 ResFN(S), S. 838 (839); § 7 Abs. 1 StbRB(S2), S. 280; § 7 Abs. 2 StJbJ, S. 55 (56); § 13 StLSb(S), S. 15; § 8 Abs. 1 StOpfH(S), S. 99 (100); § 6 VWSt(S), S. 488; § 10 Abs. 1 ZeVA(S), S. 1001 (1002); **nr-VE:** vgl. § 4 Abs. 2 HCC.

1015 **KöR:** *Maurer,* AllgVerwR, 2011, § 23, Rn. 41.

1016 **st. GmbH:** vgl. *Mann,* ÖffrechtGes, 2001, S. 178; **st. AG:** *Kluth in: Wolff*/Bachof/Stober/ders., VerwR Bd. 2, 2010, § 80, Rn. 34.

1017 **KöR:** *Cronauge/Westermann,* KommUntern, 2006, Rn. 246; *Groß* in: Hoffmann-Riem/Schmidt-Aßmann/Voßkuhle, GdlVerwR Bd. 1, 2012, § 13, Rn. 70; *Hauser,* WahlOrgForm, 1987, S. 37, 90; *Hellermann* in: Hoppe/Uechtritz/Reck (Hrsg.), HdBkommUnt, 2012, § 7, Rn. 151; *Hsu,* InstkörpSV, 2004, S. 187; **AöR:** *Bohn,* AnstÖffBetDritt, 2005, S. 142; *Ehlers* in: Schmidt-Aßmann/Dolde, ÖffWirtR, 2005, S. 217; *A. Lange,* BetPrivrechtsfAnst, 2008, S. 61; ohne Begründung a. A. *Ahmann,* ÖffprivOrgFkommE, 2009, S. 77, dass dem Leitungsorgan „Entscheidungsbefugnisse für grundlegende Fragen zukommt"; ebenso *Erdmann,* NdsVBl. 2003, 261 (263); **SöR:** *Alscher,* DStiftungÖffR, 2006, S. 35, 161; **st. GmbH:** *Diekmann/Marsch-Barner* in: MüHBGesR Bd. 3, 2012, § 41, Rn. 1; *K. Schmidt,* GesR, 2002, S. 1070; **st. AG:** *R. Becker* in: Wurzel/Schraml/ders. (Hrsg.), RkommUnter, 2015, S. 214; *Cronauge/Westermann,* KommUntern, 2006, Rn. 206; *Wiesner* in: MüHBGesR Bd. 4, 2015, § 19, Rn. 14; **st. GmbH und st. AG:** *Bohn,* AnstÖffBetDritt, 2005, S. 158, 164; *A. Lange,* BetPrivrechtsfAnst, 2008, S. 44 f.; **AöR, st. GmbH und st. AG:** vgl. *Blessing,* ÖffrAnstBetPr, 2008, S. 47; **st. e. V.:** *Hauser,* WahlOrgForm, 1987, S. 45, 93; *K. Schmidt,* GesR, 2002, S. 689; **st. e. G.:** *O. Korte* in: Wurzel/Schraml/Becker (Hrsg.), RkommUnter, 2015, S. 247; **st. SbR:** *Hauser,* WahlOrgForm, 1987, S. 94; *Lüke* in: MüHBGesR Bd. 5, 2009, § 91, Rn. 8; **SöR und st. SbR:** *Hof* in: v. Campenhausen/Richter (Hrsg.) StfRHdB, 2014, § 8, Rn. 29; *Totenhöfer-Just,* ÖffrechtStft, 1973, S. 57; **nr-VE:** *Ahmann,* ÖffprivOrgFkommE, 2009, S. 72; *Cronauge/Westermann,* KommUntern, 2006, Rn. 148; *Gaß,* UmwgemUnt, 2003, S. 34; *Hauser,* WahlOrgForm, 1987, S. 89; *Hellermann* in: Hoppe/Uechtritz/Reck (Hrsg.), HdBkommUnt, 2012, § 7,

und die Einrichtung im Rechtsverkehr zu vertreten[1018], für alle Rechtsformen in gleicher Weise typisch. Zumindest zeigt sich an dieser Stelle erneut, wie willkürlich eine Rechtsfähigkeit im Fall einer Personeneinheit wäre und dass eine allein formell verliehene Rechtsfähigkeit unproblematisch formelle Wirkungen entfalten kann.

Ob mit einer Trennung[1019] der wesentlichen Aufgaben des Willensbildungsorgans von den Geschäften der laufenden Verwaltung der Leitungsorgane eine

---

Rn. 53; *A. Lange*, BetPrivrechtsfAnst, 2008, S. 58; *Schneider* in: Wurzel/Schraml/Becker (Hrsg.), RkommUnter, 2015, S. 143.

1018 **KöR:** *Kluth* in: Wolff/Bachof/Stober/ders., VerwR Bd. 2, 2010, § 98, Rn. 67; *Mann*, ÖffrechtGes, 2001, S. 115, für die Bundkörperschaft; **AöR:** *Bohn*, AnstÖffBetDritt, 2005, S. 142; *Ehlers* in: Schmidt-Aßmann/Dolde, ÖffWirtR, 2005, S. 218; *Groß* in: Hoffmann-Riem/Schmidt-Aßmann/Voßkuhle, GdlVerwR Bd. 1, 2012, § 13, Rn. 73; *A. Lange*, BetPrivrechtsfAnst, 2008, S. 61; *Pencereci/Brandt*, LKV 2008, 293 (295); *Schraml* in: Wurzel/ders./Becker (Hrsg.), RkommUnter, 2015, S. 169; **SöR:** *Alscher*, DStiftungÖffR, 2006, S. 35; **st. GmbH:** *Diekmann/Marsch-Barner* in: MüHBGesR Bd. 3, 2012, § 41, Rn. 1; *K. Schmidt*, GesR, 2002, S. 1070; **st. AG:** *Cronauge/Westermann*, KommUntern, 2006, Rn. 206; **st. GmbH und st. AG:** *Bohn*, AnstÖffBetDritt, 2005, S. 158, 164; *Hauser*, WahlOrgForm, 1987, S. 90; *A. Lange*, BetPrivrechtsfAnst, 2008, S. 44 f.; **st. e. V.:** *Hauser*, WahlOrgForm, 1987, S. 45; *K. Schmidt*, GesR, 2002, S. 689; *Waldner* in: MüHBGesR Bd. 5, 2009, § 25, Rn. 55; **st. e. G.:** *O. Korte* in: Wurzel/Schraml/Becker (Hrsg.), RkommUnter, 2015, S. 247; **st. SbR:** *Hauser*, WahlOrgForm, 1987, S. 47; Lüke in: MüHBGesR Bd. 5, 2009, § 91, Rn. 7; **SöR und st. SbR:** *Hof* in: v. Campenhausen/Richter (Hrsg.) StfRHdB, 2014, § 8, Rn. 33; *E. Müller*, DBundStift, 2009, S. 176; *Totenhöfer-Just*, ÖffrechtStft, 1973, S. 57; **nr-VE:** *Anders*, EigbtrR, 2011, S. 52, dass „[d]ie Betriebsleitung [...] nur in [...] Vollmacht [des Bürgermeisters handelt]"; ebenso *Altmeppen*, NJW 2003, 2561; *Cronauge/Westermann*, KommUntern, 2006, Rn. 142; *A. Lange*, BetPrivrechtsfAnst, 2008, S. 58; vgl. *Maier-Bledjian*, SondVerBund, 2001, S. 50; *Schneider* in: Wurzel/Schraml/Becker (Hrsg.), RkommUnter, 2015, S. 144; inkonsequent dagegen *Gaß*, UmwgemUnt, 2003, S. 34; ebenso *Mann*, ÖffrechtGes, 2001, S. 104 f., zunächst die Vertretung der Mutterkörperschaft annehmend, sodann jedoch davon ausgehend, dass die Werksleitung den Eigenbetrieb, „nach außen [vertritt]".

1019 **AöR:** *Claussen*, TeilprikomSparK, 1990, S. 40; *Ehlers* in: Schmidt-Aßmann/Dolde, ÖffWirtR, 2005, S. 218; *Ehlers*, ZHR 2003, 546 (561); *Gaß*, UmwgemUnt, 2003, S. 63; *A. Lange*, BetPrivrechtsfAnst, 2008, S. 61; *Lübbecke*, KommUntNRW, 2004, S. 113; *Schraml* in: Wurzel/ders./Becker (Hrsg.), RkommUnter, 2015, S. 171; *Uechtritz/Reck* in: Hoppe/ders./ders. (Hrsg.), HdBkommUnt, 2012, § 16, Rn. 40; **SöR:** *Alscher*, DStiftungÖffR, 2006, S. 153; **st. GmbH:** vgl. a. A. *Altmeppen*, NJW 2003, 2561 (2562), dass die Abhängigkeit sogar weiter gehen könne, als beim Eigenbetrieb; *Diekmann/Marsch-Barner* in: MüHBGesR Bd. 3, 2012, § 41, Rn. 1; **st. AG:** *T. Faber*, GesBindAufsM, 2010, S. 71; *Gaß*, UmwgemUnt, 2003, S. 50; *Hellermann* in: Hoppe/Uechtritz/Reck (Hrsg.), HdBkommUnt, 2012, § 7, Rn. 110; *Kämmerer*, Privatisierung, 2001, S. 268; *Klein*, BetöffHAktion, 1992, S. 41; *Koch*, RStatkommUntPRivrf, 1994, S. 155; *Pfeifer*, SteukomAktdG, 1991, S. 88; *K. Schmidt*, GesR, 2002, S. 866, 869; *Vogel*, ÖffWirtprivH, 1959, S. 155; *Wiesner* in: MüHBGesR Bd. 4, 2015, § 19, Rn. 2; a. A. *Ehlers*, DÖV 1986, 897 (904), dass „selbst der Vorstand

Beschränkung der Steuerung zu anzunehmen ist[1020], folgt damit vielfach nicht zwingend aus den Regelungen. Nur vereinzelt finden sich Formulierungen, welche sich dennoch unterschiedlich auslegen lassen. Insgesamt trifft dies jedoch auf alle Rechtsformen, auch auf die nicht-rechtsfähigen Verwaltungseinheiten, in gleicher Weise zu. Entscheidend ist somit wiederum nicht die Rechtsform, sondern nur die Ausgestaltung des Aufgabenbereichs eines Leitungsorgans im Einzelfall.

(3) Die Aufgaben des Aufsichtsorgans

Die Aufgaben der Aufsichtsorgane sind – vergleichbar wie bereits für die Willensbildungsorgane dargestellt – ebenfalls regelmäßig in einem Aufgabenkatalog geregelt. Diese umfassen neben der Besetzung des Leitungsorgans insbesondere grundlegende Entscheidungen bzgl. der Aufgabenwahrnehmung[1021], die Aufstellung eines Wirtschaftsplans[1022] oder finanziell bedeutende Entscheidungen, wie insbesondere dingliche Rechtsgeschäfte[1023] oder Organisationsentscheidungen[1024] und die Beteiligung an Unternehmen[1025]. Es besteht auch ausdrücklich die Aufgabe, das

---

einer AG [...] der Weisungsbindung unterworfen werden [kann]"; **st. GmbH und st. AG:** *Altmüller*, VBlBW. 1984, 61; *F. Becker*, VernLandBank, 1998, S. 118; *A. Lange*, BetPrivrechtsfAnst, 2008, S. 60; *Uechtritz/Reck* in: Hoppe/ders./ders. (Hrsg.), HdBkommUnt, 2012, § 16, Rn. 41 f.; **st. e. V.:** vgl. *Waldner* in: MüHBGesR Bd. 5, 2009, § 25, Rn. 2; **st. SbR:** *Scholz/Langer*, SitftVerf, 1990, S. 78; *Schwake* in: MüHBGesR Bd. 5, 2009, § 79, Rn. 333; ablehnend **nr-VE:** *Cronauge/Westermann*, KommUntern, 2006, Rn. 147; *Gaß*, UmwgemUnt, 2003, S. 63; *Hellermann* in: Hoppe/Uechtritz/Reck (Hrsg.), HdBkommUnt, 2012, § 7, Rn. 53; *Mann*, ÖffrechtGes, 2001, S. 123; *Schneider* in: Wurzel/Schraml/Becker (Hrsg.), RkommUnter, 2015, S. 149 f., vgl. auch *Fichtemüller*, AöR 1966, 297 (312), dass im Rahmen der Bundesbahn nur grundlegende oder besonders wichtige Angelegenheiten dem Zugriff des Bundes unterlegen hätten; a. A. *Ehlers*, ZHR 2003, 546 (550).

1020 **AöR:** vgl. *Breuer*, VVDStRL 44, 1986, 226; **SöR:** *Alscher*, DStiftungÖffR, 2006, S. 153; **SöR und st. SbR:** *E. Müller*, DBundStift, 2009, S. 177 f.; **st. GmbH:** *A. Lange*, BetPrivrechtsfAnst, 2008, S. 55.

1021 **KöR:** § 8 Abs. 2 Nr. 3 PrLV-H(S1), S. 478 (479); **AöR:** § 12 Abs. 2 a) LBS-N(S), S. 499 (500); § 13 Abs. 1 b) Nord-LB(S), S. 118 (119); § 8 Abs. 2 b) ÖffSB(S3), S. 213 (214); **st. GmbH:** § 7 Abs. 1 DSMZ; § 11 Abs. 3 HIS(S1); § 10 Abs. 2 GmbH1; **st. e. V.:** § 11 Nr. 2 DInKt; **st. SbR:** § 9 Abs. 2 a) StbRB(S1), S. 956; **nr-VE:** § 6 Abs. 6 a) VwÄKN; § 6 Abs. 2 VwIngK.

1022 **nr-VE:** § 6 Abs. 1 Nr. 4 VwIngK.

1023 **KöR:** § 16 Abs. 1 g) NSGV(S1), S. 245 (247); **AöR:** § 8 Abs. 2 j) ÖffSB(S3), S. 213 (214); § 7 Abs. 1 Nr. 3 StW-H, S. 172 (174): **st. GmbH:** § 10 Abs. 2 CUTEC; § 7 Abs. 1 EaSoA; § 9 Abs. 3 RamBmG; § 10 Abs. 2 GmbH1; § 9 Abs. 2 GmbH2; **st. AG:** § 5 DMAg, S. 1; § 9 Abs. 1 VWAg; **nr-VE:** § 6 Abs. 6 d) VwÄKN; § 6 Abs. 3 VwIngK.

1024 **st. GmbH:** § 7 Abs. 2 DSMZ; § 9 Abs. 2 GmbH2; **st. AG:** § 9 Abs. 1 VWAg; **nr-VE:** § 6 Abs. 1 Nr. 9 VwIngK.

1025 **AöR:** § 12 Abs. 2 e) LBS-N(S), S. 499 (501); § 13 Abs. 1 g) Nord-LB(S), S. 118 (119); § 8 Abs. 2h) ÖffSB(S3), S. 213 (214); **st. AG:** § 9 Abs. 1 VWAg.

Leitungsorgan zu überwachen[1026]. Wiederum kann dies jedoch bereits aus dem hierarchischen Aufbau folgen, sodass eine entsprechende Regelung entbehrlich wäre.

Ob die Aufgaben im Einzelfall konkreter[1027] oder abstrakter formuliert sind[1028], lässt sich wie für das Willensbildungs- und Leitungsorgan zumindest nicht bestimmten Rechtsformen zuordnen. Es finden sich jedoch auch Aufsichtsorgane, welche über eine Auffangzuständigkeit in Bezug auf das Willensbildungs- und Leitungsorgan verfügen[1029]. Hier könnte argumentiert werden, dass teilweise vorgesehene Zustimmungsvorbehalte weniger als Entscheidungsbefugnisse anderer Organe sind. Die Unterscheidung zwischen Zustimmungsvorbehalten und Entscheidungsbefugnissen wird jedoch dadurch relativiert, dass das Leitungsorgan auch in anderen Fällen regelmäßig die Aufgabe hat, die Entscheidungen anderer Organe vorzubereiten. Faktisch dürfte damit auch eine Entscheidungsbefugnis aufgrund der Sachnähe des vorbereitenden Leitungsorgans einem Zustimmungsvorbehalt entsprechen. Insgesamt zeigt sich damit auch für die Aufsichtsorgane eine vergleichbare Variationsbandbreite der zugewiesenen Aufgaben wie für das Willensbildungsorgan, ohne von der Rechtsform abzuhängen.

Ob mit der Aufgabenzuweisung ein abgegrenzter Aufgabenbereich verbunden ist, lässt sich nur anhand der Regelungen im Einzelfall und auch dann nicht abschließend bestimmen. So kann sich das Aufsichtsorgan im Einzelfall die Zustimmung zu beliebigen weiteren Entscheidungen vorbehalten[1030]. Umgekehrt kann sich die Zuständigkeit darauf beschränken, dass das Aufsichtsorgan nur zuständig ist, falls das Leitungsorgan ihm Angelegenheiten zur Entscheidung vorlegt[1031]. Aufgaben der laufenden Verwaltung können für das Aufsichtsorgan sogar ausdrücklich

1026 **AöR:** § 13 Abs. 1 Nord-LB(S), S. 118 (119); § 6 Abs. 4 NöVersG, S. 5; § 7 Abs. 1 StW-H, S. 172 (174); **st. GmbH:** § 10 Abs. 2 CUTEC; § 7 Abs. 1 DSMZ; § 8 Abs. 1 EaSoA; § 11 Abs. 1 HIS(S1); § 9 Abs. 1 RamBmG; § 10 Abs. 1 GmbH1; § 9 Abs. 1 GmbH2; **(st.)AG:** § 111 Abs. 1 AktG; **st. e. V.:** § 11 DInKt; **st. e. G.:** § 24 Abs. 1 HIS(S2).

1027 Vgl. **KöR:** § 16 Abs. 1 f) NSGV(S1), S. 245 (247); **AöR:** § 12 Abs. 2 Nr. 7 PrLV-H(S2), S. 912 (914); **st. AG:** § 9 Abs. 1 Nr. 6 VWAg; **nr-VE:** § 6 Abs. 1 Nr. 5, 6 VwIngK.

1028 Vgl. **KöR:** § 8 Abs. 2 PrLV-H(S1), S. 478 (479); **AöR:** § 12 Abs. 2 LBS-N(S), S. 499 (500 f.); § 13 Abs. 2 Nord-LB(S), S. 118 (119); § 8 Abs. 2 ÖffSB(S3), S. 213 (214); § 7 Abs. 1 StW-H, S. 172 (174): **st. GmbH:** § 10 Abs. 2 CUTEC; § 7 Abs. 2 DSMZ; § 7 Abs. 1 EaSoA; § 11 HIS(S1); § 9 Abs. 2, 3 RamBmG; § 10 Abs. 2 GmbH1; § 9 Abs. 2 GmbH2; **st. AG:** § 5 DMAg, S. 1; **st. e. V.:** § 11 DInKt; **st. e. G.:** § 24 Abs. 1, 2 HIS(S2); **st. SbR:** § 9 Abs. 2 StbRB(S1), S. 956; **nr-VE:** § 6 Abs. 6 VwÄKN.

1029 **KöR:** § 76 Abs. 2 NKomVG; § 19 Abs. 1 Nds.LwKG; § 7 Abs. 1 StW-H, S. 172 (174); **st. e. V.:** § 8 Abs. 4 BrLsch.

1030 Vgl. **KöR:** § 76 Abs. 2 S. 2, Abs. 3 NKomVG; **AöR:** § 12 Abs. 2 LBS-N(S), S. 499 (501); § 13 Abs. 1 Nord-LB(S), S. 118 (119); § 8 Abs. 4 ÖffSB(S3), S. 213 (214); **st. GmbH:** § 10 Abs. 2 CUTEC; § 7 Abs. 1 EaSoA; § 10 Abs. 2 GmbH1; § 9 Abs. 2 GmbH2; **st. AG:** § 9 Abs. 2 VWAg.

1031 **KöR:** § 16 Abs. 1 NSGV(S1), S. 245 (247).

ausgeschlossen sein[1032], was sich als im Sinne einer Begrenzung des Aufgabenbereichs auslegen lässt. Gleichwohl ist die Bestimmung, was Aufgaben der laufenden Verwaltung sind nicht eindeutig, sondern seinerseits auslegungsbedürftig. Dies ist auch für keine Rechtsform charakteristisch. Die Aufsichtsorgane bereiten ihrerseits die Beschlüsse des Willensbildungsorgans vor[1033]. Soweit der Vorsitzende des Aufsichtsorgans dem Willensbildungsorgan vorsitzt[1034], ist davon auszugehen, dass er in dieser Funktion die Beschlüsse des Willensbildungsorgans auch vorbereitet, soweit eine entsprechende Regelung fehlt.

Die Aufsichtsorgane sind unterschiedlich ausgestaltet, ohne dass sie für eine Rechtsform einen bestimmenden Charakter annehmen würden. Insbesondere zeigt sich, dass die Aufsichtsorgane wesentliche Aufgaben wahrnehmen und damit in einem hierarchischen Aufbau eine den Willensbildungsorganen vergleichbare Stellung einnehmen können[1035]. Dies gilt auch für die Überwachung des Leitungsorgans[1036], wie z. B. für den Werksausschuss einer nicht-rechtsfähige Verwaltungseinheit[1037]. So gliedern sich die Aufsichtsorgane unabhängig von der Rechtsform grundsätzlich in die hierarchische Struktur ein. Ob eine Aufgabentrennung diese durchbricht[1038], soweit das Aufsichtsorgan keine Geschäfte der laufenden Verwaltung wahrnehmen darf[1039] und nur dem Unternehmensinteresse verpflichtet eine verselbstständigte

---

1032 **AöR:** § 6 Abs. 6 NöVersG, S. 5; **st. GmbH:** § 7 Abs. 2 DSMZ; § 10 Abs. 2 GmbH1; § 9 Abs. 2 GmbH2; **(st.)AG:** § 111 Abs. 4 AktG.

1033 **KöR:** § 76 Abs. 1 NKomVG; **AöR:** § 7 Abs. 1 StW-H, S. 172 (174); **st. GmbH:** § 10 Abs. 2 CUTEC; § 7 Abs. 2 DSMZ; § 7 Abs. 1 EaSoA; § 9 Abs. 2 GmbH2.

1034 **st. GmbH:** § 11 Abs. 3 CUTEC; § 6 Abs. 2 DSMZ; § 11 Abs. 3 EaSoA; § 6 Abs. 1 RamBmG; § 11 Abs. 3 GmbH1; **st. AG:** § 7 DMAg; § 10 Abs. 3 SagAG; § 22 Abs. 1 VWAg; **st. e. V.:** § 8 Abs. 6 DInKt.

1035 In diese Richtung bereits **SöR und st. SbR:** *Totenhöfer-Just*, ÖffrechtStft, 1973, S. 58.

1036 **KöR und AöR:** *Löer*, KöranstRmZwK, 1999, S. 71 f.; **st. GmbH:** *Marsch-Barner/Diekmann* in: MüHBGesR Bd. 3, 2012, § 48, Rn. 8; **st. AG:** *R. Becker* in: Wurzel/Schraml/ders. (Hrsg.), RkommUnter, 2015, S. 216; *T. Faber*, GesBindAufsM, 2010, S. 65; *Früchtl*, AktgRfwirtöffH, 2009, S. 118; *Gaß*, UmwgemUnt, 2003, S. 51; *Hoffmann-Becking* in: MüHBGesR Bd. 4, 2015, § 29, Rn. 11; **st. e. G.:** Hauser, WahlOrgForm, 1987, S. 49; O. Korte in: Wurzel/Schraml/Becker (Hrsg.), RkommUnter, 2015, S. 250; *K. Schmidt*, GesR, 2002, S. 1270.

1037 Vgl. **nr-AöR:** *Bohn*, AnstÖffBetDritt, 2005, S. 167 f.

1038 **st. GmbH:** a. A. *Altmeppen*, NJW 2003, 2561 (2564), zutreffend als Zirkelschluss bezeichnend; **st. GmbH und st. AG:** *Schintowski*, NJW 1995, 1316 (1318 f.).

1039 **st. AG:** *Blessing*, ÖffrAnstBetPr, 2008, S. 181; *Gaß*, UmwgemUnt, 2003, S. 51; *Hoffmann-Becking* in: MüHBGesR Bd. 4, 2015, § 29, Rn. 12; *A. Lange*, BetPrivrechtsfAnst, 2008, S. 44; *Wiesner* in: MüHBGesR Bd. 4, 2015, § 19, Rn. 15; abweichend *Gundlach/Frenzel/Schmidt*, LKV 2001, 246 (247), insoweit dem Aufsichtsrat ein Entscheidungsspielraum zukommen kann.

Stellung einnimmt[1040], ist zumindest wiederum keine Frage der Rechtsform, sondern nur Folge der Ausgestaltung im Einzelfall und der Auslegung der entsprechenden Regelungen. Dies ließe sich zumindest in gleicher Weise auch für die juristischen Personen des öffentlichen Rechts anführen oder insgesamt ausschließen[1041]. Ebenso könnte sogar für die nicht-rechtsfähigen Verwaltungseinheiten ein eigenes „Unternehmensinteresse" begründet werden, soweit eine eigenverantwortliche Aufgabenwahrnehmung auch für diese eine Beschränkung der Steuerung umfassen könnte. Umgekehrt ist darauf hinzuweisen, dass gegen ein „Unternehmensinteresse" spricht, dass das Interesse zumindest im Fall einer zugrundeliegenden Personeneinheit mit dem (Teil-)Interesse der Mutterkörperschaft identisch ist[1042]. Damit wäre eine verfassungskonforme Auslegung vor dem Hintergrund des Demokratieprinzips möglich, dass die Mutterkörperschaft über die Auslegung ihres (Teil-)Interesses in letzter Instanz selbst auslegungsbefugt ist und damit die Mitglieder des Aufsichtsorgans an die Entscheidung der Mutterkörperschaft gebunden sein könnten.

(4) Die Aufgaben des Beratungsorgans

Aus einer beratenden Funktion eines Organs ist grundsätzlich keine rechtlich erhebliche Steuerungsfunktion abzuleiten[1043], sodass auch unter dem Aspekt der Aufgaben eines Beratungsorgans eine Steuerung zunächst fernliegend scheint. Soweit die Aufgaben der Beratungsorgane sich zumeist ausdrücklich auf die Beratung der weiteren Organe – insbesondere des Willensbildungs- und Leitungsorgans – beschränken[1044],

---

1040 **st. GmbH:** *Marsch-Barner/Diekmann* in: MüHBGesR Bd. 3, 2012, § 48, Rn. 11; a. A. *Altmeppen*, NJW 2003, 2561 (2565); **st. AG:** *Brenner*, AöR 2002, 222 (242); *Cronauge/Westermann*, KommUntern, 2006, Rn. 209; *Fett*, ÖffrAnstabKonU, 2000, S. 111; *Gundlach/Frenzel/Schmidt*, LKV 2001, 246 (248); *Hellermann* in: Hoppe/Uechtritz/Reck (Hrsg.), HdBkommUnt, 2012, § 7, Rn. 111; *Hoffmann-Becking* in: MüHBGesR Bd. 4, 2015, § 29, Rn. 17; *Klein*, BetöffHAktion, 1992, S. 65; *Mann*, ÖffrechtGes, 2001, S. 176, 204 f.; *Oebbecke* in: Hoppe/Uechtritz/Reck (Hrsg.), HdBkommUnt, 2012, § 9, Rn. 41; *Pielow*, FS K. Ipsen, S. 736; *Schintowski*, NJW 1995, 1316 (1318); **JPbR:** *Traumann*, OrgbundeigVerw, 1998, S. 93; a. A. *Pfeifer*, SteukomAktdG, 1991, S. 28; kritisch ebenso *Strobel*, DVBl. 2005, 77 (80), dass das Interesse wesentlich den „Anteilseigner und damit durch die besonderen Interessen der Gemeinde [insbesondere bei einer Eigengesellschaft,] geprägt" wird.

1041 Siehe zur willkürlichen Abgrenzung des eigenen Wirkungskreises im Falle einer Personeneinheit, Kap. C.II.1.

1042 Siehe hierzu bereits Kap. C.II.1.; vgl. auch *T. Faber*, GesBindAufsM, 2010, S. 172, dass „das Unternehmensinteresse bei entsprechender Satzungsausgestaltung den Interessen der Anteilseigner und damit den besonderen – öffentlichen – Interessen der Gemeinde entsprechen kann. Eine Pflichtenkollision ist dann nur in Ausnahmefällen denkbar."; *ders.*, aaO., S. 187 ff.

1043 Wobei die Möglichkeit einer faktische Steuerung nicht geleugnet werden kann, ablehnend dennoch, *Sodan*, KollFunkVerp, 1987, S. 97.

1044 **KöR:** § 17 Abs. 1 AdWG, S. 775 (776); § 52 Abs. 1 NHG; § 8 Abs. 1 NTH(S); § 8 Abs. 3 OldL(V), S. 51 (52); **AöR:** §§ 9 Abs. 5, 10 Abs. 1 ARL(S5), S. 49 (50 f.); § 8

fällt dieses Organ daher aus der Betrachtung der Organstruktur unter Steuerungsgesichtspunkten unter rechtlichen Gesichtspunkten heraus. Die gilt insbesondere, soweit ausnahmsweise die Übertragung von Entscheidungsbefugnissen im Einzelfall ausdrücklich ausgeschlossen sein kann[1045], was allerdings in diesem Sinne nur deklaratorische Bedeutung hat. Soweit eine ausdrückliche Aufgabenzuweisung an ein Beratungsorgan fehlt, ist diese Lücke dahingehend zu füllen, dass diesem dem Namen entsprechend nur Beratungsaufgaben zukommen.

Hiervon abweichend sind die Beratungsorgane teilweise jedoch auch für die Besetzung der Willensbildungsorgane zuständig, entweder in Personalunion mit dem Vorsitzenden des Beratungsorgans, welcher gleichzeitig Mitglied des Willensbildungsorgans ist[1046] oder soweit Mitglieder des Willensbildungsorgans durch das Beratungsorgan gewählt werden[1047]. In Einzelfällen finden sich darüber hinaus auch Sachzuständigkeiten, wie der Beschluss über Arbeitsprogramme[1048], der Erlass von Ordnungen[1049], die Entlastung anderer Organe[1050] oder die Feststellung des Haushalts[1051]. Spätestens in diesen Fällen sind die Beratungsorgane in die Betrachtung der Steuerung einzubeziehen. Gleichwohl ist auch diese Ausgestaltung für keine Rechtsform charakterisierend.

Soweit daher Beratungsorgane an der internen Steuerung einer Einrichtung teilnehmen, hängt dies wiederum nicht von der Rechtsform, sondern von der Ausgestaltung im Einzelfall ab. Relevant werden insofern die bereits dargestellten Einflussrechte durch die Besetzung der Beratungsorgane, welche sich nicht weiter systematisieren lassen.

Abs. 2 AfBF(S2), S. 252 (253); § 3 Abs. 2, 3 GEI(G2), S. 170; § 7 IfE(S2), S. 1468; § 11 IuFB(G1), S. 712 (714); § 3 Abs. 2 LIAG(G), S. 428; § 14 Abs. 1 LBS-N(S), S. 499 (501); § 20 Abs. 1 Nord-LB(S), S. 118 (120); § 11 Abs. 1 ÖffSB(S3), S. 213 (215); **nr-AöR:** § 7 Abs. 1 ATAfN, S. 364; §§ 5 Abs. 2, 6 Abs. 1 HAB, S. 271; § 8 Abs. 3 NIfR(S1), S. 834 (835); § 7 Abs. 1 TIB, S. 820 (821); **SöR:** § 10a Abs. 3 MudCl(S3), S. 170 (171); § 9 Abs. 1 SnGst(G), S. 494 (495); § 9 Abs. 1 StTIB(G), S. 151 (152); § 9 StZAPf(S), S. 974 (975); **JPöR:** § 10 Abs. 2 ARL(S2), S. 254 (255); **st. GmbH:** § 13 Abs. 1 CUTEC; § 11 Abs. 1 DSMZ; § 10 Abs. 1 EaSoA; **st. e. V.:** § 9 Abs. 2 BrLsch; § 13 Abs. 1 DInKt; § 7 Abs. 4 EmLsch; § 11 N21; **st. SbR:** § 9 BaStW(S), S. 243 (244); § 9 FamN(S2), S. 137 (138); § 13 Abs. 3 HWK(S2), S. 1009 (1011); § 10 KTSt(S2), S. 1227 (1228); §§ 13, 15 NBingSt, S. 464 (466); § 12 Abs. 1 NLottSt(S2), S. 86 (87); § 8 Abs. 5 NUmwSt(S2), S. 1523 (1529); § 10 Abs. 1 NWattSt, S. 1096 (1097); § 10 Abs. 1 NWirtA(S), S. 410 (411); § 8 Abs. 5 StbRB(S2), S. 280; § 15 StLSb(S), S. 15; § 9 Abs. 4 StOpfH(S), S. 99 (100); **nr-VE:** § 9 Abs. 1 VwIngK.

1045 **st. SbR:** § 9 Abs. 4 StOpfH(S), S. 99 (100).

1046 **AöR:** § 4 Abs. 1 Nr. 3 GEI(G2), S. 170; § 4 Abs. 2 S. 3 LIAG(G), S. 428.

1047 **AöR:** § 6 Abs. 1 d) ARL(S5), S. 49 f.; **st. SbR:** § 10 Abs. 1 NBingSt, S. 464 (465); § 9 Abs. 2 NLottSt(S2), S. 86 (87).

1048 **st. GmbH:** § 14 Abs. 1 HIS(S1); **st. SbR:** § 14 NLottSt(S2), S. 86.

1049 **AöR:** § 7 Abs. 2 ARL(S5), S. 49 (50); **JPöR:** § 8 Abs. 2 ARL(S2), S. 254.

1050 **st. SbR:** § 13 Abs. 3 NBingSt, S. 464 (466); § 12 Abs. 2 NLottSt(S2), S. 86 (87).

1051 **KöR:** § 23 Abs. 1 AdWG, S. 775 (777).

(5) Die Aufgaben des Geschäftsführungsorgans

Die Mehrgliedrigkeit der Organstruktur lässt sich auch an den Aufgaben einer Geschäftsführung neben einem Leitungsorgan ablesen. Die Aufgaben des Geschäftsführers neben einem Leitungsorgan sind vielfach ebenso die Wahrnehmung der laufenden Geschäfte[1052]; teilweise ist es auch die Unterstützung des Leitungsorgans[1053] oder die Vorbereitung und Ausführung der Beschlüsse des Leitungsorgans[1054]. Die Fortsetzung einer damit zumindest dem Grunde nach bestehende hierarchische Struktur lässt sich daran ablesen. Insofern gleicht ein Geschäftsführungsorgan im Verhältnis zum Leitungsorgan seinerseits dem Leitungsorgan im Verhältnis zum Willensbildungsorgan. In Einzelfällen umfasst die Aufgabenzuweisung auch für ein Geschäftsführungsorgan einen Katalog mit Einzelaufgaben[1055]. Dies kann somit selbst wie ein Leitungsorgan ausgestaltet sein, dessen Funktion es im Einzelfall damit übernimmt oder andernfalls die hierarchische Struktur verlängern kann.

Soweit die Rechtsgrundlagen keine Aufgaben des Geschäftsführers nennen[1056], ist dies daher auch unerheblich. Insgesamt zeichnet sich damit für alle Rechtsformen eine hierarchische Struktur ab, deren wechselseitige Abhängigkeiten nur aus den Regelungen im Einzelfall folgen und deren Struktur beliebig erweiterbar ist. Begrenzt wird dies nur durch Zweckmäßigkeitserwägungen, soweit nicht formalgesetzliche Rechtsgrundlagen die Organstruktur – wiederum unabhängig von der Rechtsform – vorgeben. Im Einzelfall kann ein Organ die Funktion eines anderen Organs übernehmen. Damit relativiert sich auch die zunächst getroffene Unterteilung in einen zwei- oder dreigliedrigen Organaufbau sowie die Unterscheidung in Willensbildungs-, Aufsichts- und Leitungsorgan.

3. Die Prägung der Organstruktur entsprechend der Auslegung des Demokratieprinzips statt durch die Rechtsformen

Bereits zu Beginn der Auswertung der Organstruktur wurde deutlich, dass die Bewertung unabhängig von den Rechtsformen – und unabhängig von der Organstruktur – weit divergiert, soweit in unterschiedlichem Maße eine Verselbstständigung von der Mutterkörperschaft oder umgekehrt eine Steuerung durch die

1052 **KöR:** § 23 Abs. 1 Nds.LwKG; § 7 Abs. 2 OldL(V), S. 51 (52); **AöR:** § 9 Abs. 1 AGTierGesG(G2), S. 277; § 12 Abs. 1 ARL(S5), S. 49 (51); **SöR:** § 11 MudCl(S1), S. 409 (410); § 5 Abs. 2 StW-G; **st. e. V.:** § 8 Abs. 1 3NKN; § 12 EmLsch; § 9 Abs. 2 LVG; § 12 NStT; **st. SbR:** § 12 HWK(S2), S. 1009 (1010); § 11 Abs. 4 NWattSt, S. 1096 (1098); § 11 Abs. 2 NWirtA(S), S. 410 (411); § 11 Abs. 2 StN(S2), S. 1209 (1211).

1053 **KöR:** § 16 AdWG, S. 775 (776); **nr-VE:** vgl. § 7 Abs. 5 VwÄKN.

1054 **AöR:** § 12 Abs. 1 ARL(S5), S. 49 (51); **st. e. V.:** § 10 Abs. 1 BrLsch; § 12 EmLsch; § 9 Abs. 2 N21; **st. SbR:** § 18 Abs. 1 NBingSt, S. 464 (467); § 9 Abs. 1 NUmwSt(S2), S. 1523 (1525); § 11 Abs. 4 NWattSt, S. 1096 (1098); § 11 Abs. 2 StN(S2), S. 1209 (1211).

1055 **st. SbR:** § 18 Abs. 2 NBingSt, S. 464 (467); § 9 Abs. 2 NUmwSt(S2), S. 1523 (1525).

1056 **KöR:** § 21 Abs. 3 NArchtK(G); § 24 Abs. 1 NIngG; **st. e. V.:** § 12 DInKt; **st. SbR:** § 9 ZeVA(S), S. 1001 (1002).

Mutterkörperschaft angenommen wird[1057]. Schon die allgemeinen Anforderungen, dass die Mehrheitsverhältnisse in Bezug auf die öffentliche Hand frei wählbar[1058] bzw. der Einfluss einschränkend angemessen auszugestalten seien[1059] oder zumindest ein maßgeblicher Einfluss gesichert sein müsste[1060], ist weder auf einen einheitlichen Nenner zu bringen geschweige denn von der Rechtsform abhängig. Die Auswertung der einzelnen Merkmale der Organstruktur hat vielmehr ein heterogenes Bild des Einflusses der Mutterkörperschaft gezeigt. Insbesondere im Rahmen der bereits dargestellten Mehrheiten hat sich ergeben, dass für die Bewertung des Einflusses an unterschiedliche Kriterien angeknüpft werden könnte.

Die Ursache hierfür ist in der Auslegung der oben benannten Merkmale der Rechtsgrundlagen zu suchen, die ihrerseits entscheidend durch die Auslegung der Verfassungsprinzipien, insbesondere des Demokratieprinzips, bestimmt wird. Entsprechend der bereits herausgearbeiteten Organstruktur – basierend auf einer Willensmehrheit oder einer Willenseinheit – lässt sich der Einfluss anhand der Auslegung des Demokratieprinzips unterteilen. Dies betrifft zum einen die Frage, welche Beteiligung neben der Mutterkörperschaft insbesondere auch die Beteiligung Privater im Rahmen des Demokratieprinzips zugelassen wird. Zum anderen betrifft dies die Frage, in welchem Umfang im Rahmen des Demokratieprinzips weisungsfreie Räume zugelassen werden, die auch eine hierarchische Struktur der Verwaltung durchbrechen würden. Die Meinungsvielfalt hierzu erscheint unübersehbar[1061]. Ohne Anspruch auf Vollständigkeit lassen sich für die hier relevanten Auswirkungen auf die Organstruktur verschiedene Auslegungen des Demokratieprinzips zusammenfassen[1062]; wenn auch die Begründungen im Einzelnen teilweise erheblich divergieren und auch bereits in der zitierten Literatur umfassend wechselseitig bestritten werden. Im Ergebnis wird sich jedoch zeigen, dass die Frage der Dekonstruktion der Rechtsformen von dieser Diskussion zwar beeinflusst wird, sich letztendlich jedoch hiervon abkoppeln lässt.

1057 Vgl. Kap. C.I.2.a.

1058 Vgl. **AöR:** *Bohn*, AnstÖffBetDritt, 2005, S. 148 ff., 154.

1059 **AöR:** vgl. *M. Müller* in: Wolff/Bachof/Stober/Kluth, VerwR Bd. 2, 2010, § 86, Rn. 20; vgl. auch *K. Lange,* VVDStRL 44, 1986, S. 198, die Abwägungskriterien und ihre Differenzierung offen lassend, **SöR:** *Alscher,* DStiftungÖffR, 2006, S. 50, 120; **JPbR:** *Raiser*, ZGR 1996, 458 (475); **JP**: *Ronellenfitsch* in: Isensee/Kirchhof, HdBdStR Bd. 4, 2006, § 98, Rn. 29.

1060 **KöR:** *Kluth* in: Wolff/Bachof/Stober/ders., VerwR Bd. 2, 2010, § 98, Rn. 51; **AöR:** *Kluth* in: Wolff/Bachof/Stober/ders., VerwR Bd. 2, 2010, § 80, Rn. 33, **SöR:** *Alscher,* DStiftungÖffR, 2006, S. 58 f.; **JP**: insgesamt ablehnend *Jestaedt,* DemPrKondVerw, 1993, S. 377, 603.

1061 So bereits *Mehde,* NeuStmDemPr, 2000, S. 163.

1062 Statt vieler allgemein zu der Auslegung des Demokratieprinzips siehe *Böckenförde* in: Isensee/Kirchhof, HdBdStR Bd. 2, 2004, § 24, Rn. 11 ff.

a. Die Beschränkung der Steuerung in einer horizontalen Ebene als Folge einer Personenmehrheit in Abhängigkeit vom Demokratieprinzip

Die Auslegung des Demokratieprinzips hat insofern entscheidende Auswirkungen für die Bewertung der Mehrheitsverhältnisse und im Ergebnis sogar der Frage, ob eine Personenmehrheit überhaupt gegeben ist. Nur soweit eine Personenmehrheit als mit dem Demokratieprinzip vereinbar angesehen wird, ist die Steuerung der Mutterkörperschaft in einem kollegial besetzen Organ (mit anderen Worten horizontal[1063]) beschränkt. Dies zulassend ließe sich im Sinne einer weitgehend offenen Auslegung anführen[1064], dass das Demokratieprinzip die Einschränkung durch die Beteiligung Betroffener und Privater ermöglicht, soweit dies in einer Abwägung zwischen den Anforderungen der Sachmaterie[1065], einer effektiven Staatsverwaltung und einem angemessenen Einfluss des Willens des Volkes gerechtfertigt ist[1066].

Die Rechtfertigung wiederum variiert. Teilweise wird eine verfassungsrechtliche Rechtfertigung gefordert[1067] oder zumindest verfassungsmäßige Ausnahmen durch Auslegung zugelassen[1068]. Offener werden auch sowohl Synergieeffekte in einer Kooperation zwischen dem Staat und Privaten für eine Beteiligung als Rechtfertigung herangezogen[1069], als auch in besonderem Maße Betroffene an der Verwaltung beteiligt werden können. In diesem Sinne zeigt sich der Einfluss der Mutterkörperschaft abhängig von den Mehrheitsverhältnissen wie bei der oben bereits herausgearbeiteten Personenverschiedenheit im Fall der Selbstverwaltungskörperschaft. Die Qualifikationsmerkmale der Mitglieder können voll zu Geltung gelangen und

1063 Vgl. zu einer vergleichbaren Verwendung des Begriffs *Groß*, KollprVerwOrg, 1999, S. 45.

1064 So ausdrücklich *Mehde*, NeuStmDemPr, 2000, S. 549, unter dem Hinweis auf das Demokratieprinzip als durch den Gesetzgeber auszufüllendes „Prinzip"; ebenso *Battis/Kersten*, DÖV 1996, 584 (593); *Geiger* in: DemVerw, 1972, S. 229 (231, 240); *Griga*, VerfGrdlstAn, 2014, S. 106; vgl. auch BVerfGE 107, 59 (91); *Brosius-Gersdorf*, DtBankDemPr, 1997, S. 176.

1065 BVerfGE 135, 155 (227), bei Besetzungsrechten durch die „jeweiligen entsendeberechtigten Verbände" „eine ausrechenden Rechtfertigung in der Natur der Sache" annehmend; *Mehde*, NeuStmDemPr, 2000, S. 546.

1066 *Mehde*, NeuStmDemPr, 2000, S. 553, 572.

1067 *Brosius-Gersdorf*, DtBankDemPr, 1997, S. 173 ff., am Beispiel der Bundesbank, welche teilweise durch das „Bundesvolk", teilweise durch das „jeweilige Landesvolk" nur legitimiert werden könne, *dies.*, aaO., S. 220 zur verfassungsrechtlichen Rechtfertigung aufgrund einer „Verpflichtung auf das Ziel der Geldwertstabilität", *dies.*, aaO., S. 243, bzgl. Art. 88 S. 1 GG als „Dispositionstitel [...] über Art und Umfang Staatlicher Steuerung [durch den einfachen Gesetzgeber]".; ebenso bereits *Oebbecke*, WeuntfreiRäumVerw, 1986, S. 139.

1068 *Köller*, FunktSelbstdemLeg, 2009, S. 330.

1069 Zur, den Rahmen dieser Arbeit sprengenden, verfassungsrechtlichen Zulässigkeit gemischt-wirtschaftlicher Unternehmen bzw. eines „Public Private Partnership" statt vieler, *Habersack*, ZGR 1996, 544 ff.; *Mehde*, VerwArch 2000, 540 ff.

so zu einer Einschränkung der Steuerung der Mutterkörperschaft durch die Beteiligung weiterer Personen führen. Im Ergebnis kann damit sogar eine Minderheitsbeteiligung der öffentlichen Hand als noch zulässig erachtet werden[1070]. Ob eine Rechtfertigung gegeben ist, hängt nur noch von der Ausgestaltung im Einzelfall und insbesondere dem Zweck der Einrichtung als Sachmaterie ab, welche sich jedoch – dazu sogleich – ebenso keiner Rechtsform zuordnen lässt.

Als erste Einschränkung aufgrund der Auslegung des Demokratieprinzips ließe sich fordern, dass die Beteiligung ihrerseits einer demokratischen Legitimation entsprechen muss[1071]. Insoweit ließe sich eine Konnexität zwischen der tatsächlichen Betroffenheit sowie Beteiligung an der Verwaltung fordern[1072]. Die verfassungsrechtliche Begründung variiert auch diesbezüglich. Teilweise wird verlangt, dass die Rechtfertigung sich aus einer Wertentscheidung der Verfassung bereits ergeben müsste[1073]. Teilweise wird die demokratische Legitimation in einem Teil des Staatsvolkes im Sinne einer Betroffenheit gesehen[1074]. So ließ auch das BVerfG eine Beteiligung im Rahmen der Selbstverwaltungskörperschaften, in eingeschränktem Maße auch für die Beteiligung des Personals in Personalfragen zwar zu[1075]. Deren dogmatische Begründung im Einzelnen ist jedoch umstritten[1076]. Auszuschließen wäre jedoch die Beteiligung Privater, wie sie vielfach mit den oben herausgearbeiteten Qualifikationen verbunden wäre[1077], soweit eine Konnexität zur Sachmaterie und eigenen Betroffenheit fehlt.

Eine verfassungskonforme Auslegung der vorgefundenen Organstrukturen könnte unter dieser Prämisse so aussehen, dass – soweit die Privaten staatliche Aufgaben der Mutterkörperschaft wahrnehmen – diese der Mutterkörperschaft zugerechnet werden[1078]. Die Folge wäre insbesondere die Einbindung der Privaten in die

---

1070 *Alscher*, DStiftungÖffR, 2006, S. 44.

1071 Vgl. *Griga*, VerfGrdlstAn, 2014, S. 97; *Köller*, FunktSelbstdemLeg, 2009, S. 213; dies stellt auch kein Widerspruch zur Ablehnung eines Teilvolkes jenseits des Landesvolkes dar, *J. Becker*, DÖV 2004, 910 (913), soweit auf die Zweistufigkeit der Aufgabenübertragung angeknüpft wird.

1072 BVerfGE 107, 59 (92).

1073 *Griga*, VerfGrdlstAn, 2014, S. 160.

1074 *Emde*, DemLegfunktSelbst, 1991, S. 383 ff.; *Griga*, VerfGrdlstAn, 2014, S. 100 f. mwN., unter dem Aspekt des „Teilvolkes"; vgl. auch *Kluth*, FunkSbstVerw, 1997, S. 379, als Form einer „kollektiven personellen Legitimation"; offen lassend BVerfGE 107, 59, (89 ff.).

1075 BVerfGE 93, 37 (70); zur Übertragung auch auf **JPbR:** *Ossenbühl*, ZGR 1996, 504 (510 f.).

1076 Vgl. *Griga*, VerfGrdlstAn, 2014, S. 104 ff., 149 ff.

1077 Vgl. *Gersdorf*, ÖffUntDemWirt, 2000, S. 166, 211, 500.

1078 Hier zeigt sich ein Grundproblem der Beteiligung Privater an der Staatsverwaltung, dass nur eine natürliche Person handlungsfähig ist, welche damit grundsätzlich privatrechtlich handelt, die Zuordnung zum Staat damit jedoch hierdurch nicht vorgezeichnet sein kann, vgl. insbesondere *Alscher*, DStiftungÖffR, 2006, S. 46 f., dass „eine Privatperson nach der Berufung in ein Organ der Stiftung des

Weisungshierarchie vergleichbar mit der Beleihung. Gleichzeitig könnten damit die Privaten aufgrund der staatlichen Einbindung in den Rechtskreis ihrer Mutterkörperschaft jedoch auch keine Grundlage für die Begründung einer Personenmehrheit mehr bilden.

Soweit sich aus dem Demokratieprinzip sogar herausarbeiten ließe, dass alle Staatsgewalt vom Volk ausgehen muss, welches über die Aufteilung in Bund und Länder nicht weiter aufgeteilt werden kann[1079], sind insbesondere auch die Beteiligung Betroffener im Rahmen der Selbstverwaltungskörperschaften ausgeschlossen[1080]. Insoweit könnte auch die zweifache Aufgabenübertragung nicht zum Tragen kommen. Aufgrund der staatlichen Aufgabenübertragung der Mutterkörperschaft wären die Mehrheitsverhältnisse als Personeneinheit auszulegen. Ob damit eine horizontale Ausdifferenzierung der Steuerung und damit Personenmehrheit als Grundlage der Körperschaft des öffentlichen Rechts zulässig ist, hängt bereits von der Auslegung des Demokratieprinzips ab.

öffentlichen Rechts nicht mehr Privater, sondern ein Amtswalter eines öffentlichrechtlichen Amtes [ist]"; *Dagtoglou*, DÖV 1970, 532 (533), dass „soweit ein Privater an Verwaltungsaufgaben beteiligt [ist], er funktionell kein Privater [ist] und [...] sich nicht vom Beamten [unterscheidet]"; ders., aaO. S. 534, dass es sich „nicht um (echte) Private" handelt, wobei nachfolgend die Verwaltungsaufgabe zu eng gezogen wird; vgl. auch *Fett*, ÖffrAnstabKonU, 2000, S. 250 ff., in Form der Beleihung, welche jedoch konsequenterweise ebenso den Privaten in seiner hier relevanten Aufgabenwahrnehmung dem Staat zuschlägt, siehe auch *ders.*, aaO., S. 252, 262, mit der Folge der Fachaufsicht über den Beliehenen; ebenso als sachlich-inhaltliche Legitimation im Rahmen der Beleihung wertend, BVerfGE 130, 76 (125 ff.); vgl. ebenso unter dem Aspekt der Beleihung, *Lübbecke*, KommUntNRW, 2004, S. 63, 78, ohne die Rechtsfolgen jedoch zu erfassen; *Groß*, KollprVerwOrg, 1999, S. 37, ausdrücklich an die Besetzung für die Zuordnung eines Organwalters zum Staat anknüpfend; *Mann*, ÖffrechtGes, 2001, S. 290; ebenso *Wolfers/Kaufmann*, DVBl. 2002, 507 (508 ff.), auf die Fachaufsicht abstellend, ohne den Konflikt mit der zuvor angenommenen Verselbstständigung jedoch zu sehen; unzutreffend daher, grundsätzlich auf die natürliche Person als Grundrechtsträger abstellend, auch soweit diese Aufgaben durch den Staat übertragen wurden, *Gallwas*, VVDStRL 29, 1971, 211 (220).

1079 *Jestaedt,* DemPrKondVerw, 1993, S. 496 ff., 500 ff., dass eine „demokratische Binnenstruktur" als „Legitimationskompensation", die Bildung von Teilvölkern neben dem Bundesvolk und den Ländervölkern mit dem Demokratieprinzip unvereinbar sei, unklar in Bezug auf die kommunale Selbstverwaltung, vgl. *ders.*, aaO., S. 529, wo gerade eine Kompensation durch eine vom „Gemeindevolk ausgehende demokratische Legitimation" angenommen wird.

1080 *Jestaedt,* DemPrKondVerw, 1993, S. 501 f., 537, die Gemeinden und Hochschulen als verfassungsmäßige Ausnahme dann jedoch aufgrund von Art. 28 Abs. 1 S. 2 GG bzw. Art. 5 Abs. 3 GG zulassend.

b. Die Beschränkung der Steuerung in einer vertikalen Ebene als Verhältnis der Organe bzw. Organwalter in Abhängigkeit vom Demokratieprinzip

Es wurde bereits herausgearbeitet, dass das Verhältnis der Organmitglieder der entsendenden Stelle sowie der Organe einer Einrichtung untereinander vielfach nicht eindeutig bestimmt ist. Regelungen über Weisungsbefugnisse finden sich zumeist nicht ausdrücklich. Es handelt sich hier um eine zweite vertikale[1081] Perspektive der Steuerung zwischen verschiedenen Organen bzw. Organwaltern. Sie entspricht weitgehend der zuvor dargestellten Außensteuerung. Hier ist ein weiterer Dreh- und Angelpunkt dafür zu sehen, dass die Auslegung der Rechtsformen ihrerseits von der Auslegung des Demokratieprinzips abhängt. Dies geht über die Unterscheidung einer Personenmehrheit bzw. -einheit hinaus. Soweit weisungsfreie Räume zugelassen werden, um z. B. in Abhängigkeit von der Eingriffsintensität in die Grundrechte[1082], aufgrund einer besonderen Sachmaterie[1083], wiederum einer verfassungsrechtlichen Rechtfertigung[1084] oder der Abkopplung von dem politischen Tagesgeschäft[1085] eine effektive Verwaltung zu ermöglicht werden soll[1086], ließe sich aus den Qualifikationsmerkmalen der Organmitglieder im Einzelfall eine Beschränkung der Steuerung durch die Mutterkörperschaft begründen. Die Reduktion der Anforderungen aus dem Demokratieprinzip auf ein bestimmtes Legitimationsniveau[1087] würde es so ermöglichen, die Weisungskette zu beschneiden. In diesem Rahmen erlangen auch

---

1081 Vgl. zu einer vergleichbaren Verwendung des Begriffs bereits *Groß*, KollprVerwOrg, 1999, S. 49.

1082 BVerfGE 130, 76 (124); 136, 194 (265 f.).

1083 Vgl. BVerfGE 135, 155 (228), dass eine Weisungsfreiheit ebenso aufgrund „einschlägigen Sachverstands als auch Interessen gebündelt“ unbeanstandet ließ; *Brosius-Gersdorf*, DtBankDemPr, 1997, S. 186 f.; *Gersdorf*, ÖffUntDemWirt, 2000, S. 408, unter dem Aspekt „autonomer Entscheidungsräume für die mit der Leitung staatlicher oder kommunaler Eigen- und Beteiligungsgesellschaften betrauten Organe“ aufgrund eines „Wirtschaftlichkeitsgebotes“, *ders.*, aaO., S. 425, im Ergebnis jedoch ablehnend, S. 499; vgl. auch BVerfGE 9, 268 (282), an die politische Bedeutung der Aufgabe anknüpfend, um im Einzelfall die Übertragung auf weisungsfreie Stellen abzulehnen; ebenso BVerfGE 93, 37 (70 f.).

1084 *Oebbecke*, WeuntfreiRäumVerw, 1986, S. 139, Rechtfertigung weisungsfreier Räume „nur zur Wahrung anderer Verfassungsrechtsgüter im Rahmen einer verhältnismäßigen Zuordnung der kollidierenden Gesichtspunkte“; *Waechter*, GdLeparlREgs, 1994, 94 ff., 168 ff., aus dem Gewaltenteilungsprinzip und einer damit einhergehenden „Kontrolle“ herleitend, des weiteren eine aus den Freiheitsrechten „institutionelle Garantie“ sowie die „Befangenheit der Ministerialspitze“ als Teil des Rechtsstaatsprinzips (vgl. S. 161) anführend.

1085 Vgl. *Brosius-Gersdorf*, DtBankDemPr, 1997, S. 186; *Fichtemüller*, AöR 1966, 297 (314 f.); *Jestaedt*, DemPrKondVerw, 1993, S. 553; *Waechter*, GdLeparlREgs, 1994, 252 ff., 261 ff.

1086 Vgl. *Waechter*, GdLeparlREgs, 1994, 103 ff., im Ergebnis jedoch ablehnend.

1087 BVerfGE 136, 194 (262 f.); *Mehde*, NeuStmDemPr, 2000, S. 569.

Regelungen – wie die festgelegte Dauer der Amtszeit und Einschränkungen einer vorzeitigen Abberufung – Bedeutung, um im Einzelfall diesen weisungsfreien Raum zu begründen. Gleiches gilt auch für das Verhältnis der Organe zueinander, welches sich dementsprechend im Einzelfall durch einen abgegrenzten Aufgabenbereich als Beschränkung der Steuerung durch die Mutterkörperschaft (im Fall einer Personeneinheit) oder auch eine weitere Beschränkung im Falle einer Personenmehrheit auffassen lässt. Wie bereits dargelegt und für den Zweck im Sinne einer Sachmaterie noch darzulegen, lassen sich diese Regelungen dennoch keiner Rechtsform charakteristisch zuordnen.

Soweit dagegen weisungsfreie Räume als mit dem Demokratieprinzip unvereinbar angesehen werden, da ihnen insbesondere eine demokratische Legitimation fehlt[1088], reduziert dies wiederum die Variationsbandbreite unabhängig von der Rechtsform. Entgegenstehende Vorschriften würden daher im Zweifel verfassungskonform auszulegen sein[1089]; wobei bereits die Auswertung der Rechtsgrundlagen gezeigt hat, dass die Vorschriften vielfach so offen formuliert sind, dass sie einer verfassungsmäßigen Auslegung unmittelbar zugänglich sind.

So kann entsprechend dieser Auslegung des Demokratieprinzips aus einer bestimmten Amtszeit keine Beschränkung des Zugriffs auf das Amt hergeleitet werden. Auch eine Beschränkung der vorzeitigen Abberufung wäre so auszulegen,

---

1088 *Dreier,* HierVerwDemStaat, 1991, S. 128, unter Hinweis auf das Demokratieprinzip, dass „die im Absolutismus geborene Idee möglichst strikter Bindung des exekutiven Apparats an den Herrscherwillen [...] insoweit strukturell ungebrochen [bleibt]"; *ders.*, aaO., S. 140; *Gersdorf,* ÖffUntDemWirt, 2000, S. 499, ablehnend bezogen auf die Begründung aus einem „Wirtschaftlichkeitsprinzip"; *Jestaedt,* DemPrKondVerw, 1993, S. 587 ff., dass „weder Sachzwang noch Sachverstand [...] zur – verfassungsunmittelbaren oder verfassungsmittelbaren – Rechtfertigung von Modifikationen des administrativ-demokratischen Legitimationsprofils- und seien es auch nur partielle Modifikationen – herangezogen werden [kann]"; *Püttner,* ÖffUntern, 1985, S. 135 ff., dass „den Unternehmensorganen und insbesondere der Unternehmensleitung zwar durchaus der für den laufenden Betrieb nötige Handlungs- und Entscheidungsspielraum eingeräumt werden [kann], doch nicht in der Form rechtlich garantierter Unabhängigkeit (wie bei Gerichten), sondern immer nur unter dem Vorbehalt des Eingriffs und der Kontrolle zur Sicherung der Erfüllung der öffentlichen Aufgabe und zur Sicherung der Verantwortung für das Handeln des Unternehmens", welche bei der Exekutive bleiben muss, *ders.*, aaO., S. 224.

1089 Vgl. *Tomsen,* stnStiftBerAut, 1991, S. 141; unzutreffend allein mit dem Sinn und Zweck des AktG argumentierend daher *Rüfner,* FormöffVerw, 1967, S. 259 f.; *Traumann,* OrgbundeigVerw, 1998, S. 94; vgl. auch *Ehlers* in: Schmidt-Aßmann/Dolde, ÖffWirtR, 2005, S. 208; a. A. *Spannowsky,* ZGR 1996, 400 (422 f.), jedoch in der Begründung nicht überzeugend stattdessen den Verfassungskonflikt selbst ausschließend; zu unrecht einen Zirkelschluss annehmend, *Mann,* Die Verwaltung 2002, 463 (476), soweit die Anforderungen an die Ausgestaltung nicht aus dem Gesellschaftsrecht selbst, sondern aus der Verfassung folgen.

dass entweder bereits der politische Wille einen wichtigen Grund darstellt[1090] oder der Amtsträger selbst verpflichtet ist, sein Amt nieder zu legen. Eine Pflicht des Vorstands einer AG zur Vorlage von Entscheidungen an die Hauptversammlung ließe sich ebenso verfassungskonform herleiten wie die Steuerung über den Unternehmenszweck durch die Mutterkörperschaft[1091]. Ebenso kann im Rahmen dieser Auslegung des Demokratieprinzips mit der Aufgabenzuweisung kein abgegrenzter Aufgabenbereich verbunden sein, welche eine Weisungshierarchie erst unterbrechen könnte.

Insgesamt würde dies zu einer Angleichung – auch der juristischen Personen – an eine hierarchische Struktur führen, welche wiederum für alle Rechtsformen in gleichem Maße gelten würde. Eine vollständige Angleichung ist in diesem Sinne insbesondere für den Fall einer Personeneinheit anzunehmen, sodass sich eine solche juristische Person nicht von einer nicht-rechtsfähigen Verwaltungseinheit unterscheiden könnte. Unabhängig hiervon zeigt sich das Demokratieprinzip auch für die Frage der vertikalen Steuerung als weitgehend ungeklärt, jedoch zumindest für die Differenzierung der Rechtsformen – insbesondere auch im Vergleich mit den nichtrechtsfähigen Verwaltungseinheiten – als ungeeignet.

c. *Fazit der Auslegung der Organstruktur anhand des Demokratieprinzips*

Die Auslegung des Demokratieprinzips wirkt sich unmittelbar auf die Bewertung der Organstruktur der hier untersuchten Rechtsformen der Staatsverwaltung aus. Dies betrifft jedoch alle Rechtsformen in gleicher Weise. Ob eine Personenmehrheit und damit Beschränkung der Steuerung durch die Mutterkörperschaft vorliegen kann, ist zunächst in der Beteiligung weiterer Personen begründet und gerade unabhängig von der Rechtsform und ggf. nur durch das Demokratieprinzip beschränkt. Die Regelungen hierzu sind – wie bereits herausgearbeitet – vielgestaltig, ohne eine Rechtsform charakterisieren zu können. Auch die Weisungsstrukturen bzw. deren

1090 vgl. *Kämmerer*, Privatisierung, 2001, S. 272; *Pfeifer*, SteukomAktdG, 1991, S. 217, dass „der wichtige Grund [...] auch in einem Vertrauensentzug durch die Hauptversammlung liegen kann [...] der keiner Begründung bedarf"; *Traumann*, OrgbundeigVerw, 1998, S. 295; nicht zielführend daher *Rüfner*, FormöffVerw, 1967, S. 259, dass die „Nichtbefolgung von Weisungen [...] kein Grund für einen Vertrauensentzug" der Hauptversammlung gegenüber dem Vorstand ist, ohne die Frage zu stellen, inwieweit dies auf eine staatliche juristische Person des bürgerlichen Rechts anzuwenden ist.

1091 So bereits im Ergebnis **st. GmbH:** *Parmentier*, GlsöffUntern, 2000, S. 99 ff.; **st. AG:** *Claussen*, TeilprikomSparK, 1990, S. 155; *Oebbecke* in: Hoppe/Uechtritz/Reck (Hrsg.), HdBkommUnt, 2012, § 9, Rn. 46; *Vogel*, ÖffWirtprivH, 1959, S. 179; vgl. *Altmeppen*, NJW 2003, 2561 (2565); a. A. *Gundlach/Frenzel/Schmidt*, LKV 2001, 246 (251); **JPbR:** *Adenauer/Merk*, NZG 2013, 1251 (1254); *Habersack*, ZGR 1996, 544 (552 f.); *Kiethe*, NZG 2006, 45 (48); *Schön*, ZGR 1996, 429 (435 f.).

Einschränkungen, die das Verhältnis der Mutterkörperschaft zu den Organen einer Einrichtung betreffen, sind keiner Rechtsform zuzuordnen, sondern ggf. durch das Demokratieprinzip eingeschränkt.

Hierdurch kann sich eine Personenmehrheit einer Personeneinheit angleichen sowie hierarchische Weisungsstrukturen entsprechend der Auslegung des Demokratieprinzips begründen[1092]. Im Ergebnis bleibt festzustellen: Die Einschränkungen einer festgestellten Variationsbandbreite der Ausgestaltung der Organstruktur, unabhängig von der Rechtsform, lassen sich insgesamt keiner Rechtsform zuordnen, sie gelten als Verfassungsprinzipien für alle hier untersuchten Rechtsformen der Staatsverwaltung in gleichem Maße. Zumindest ist jedoch eine demokratische Legitimation, unabhängig davon, welche Ausnahmen und Einschränkungen zugelassen werden, grundsätzlich erforderlich. Dies ist gleichzeitig die Begründung für die bereits getroffene Feststellung, dass auch Anstalt und Stiftung eine mitgliedschaftliche Struktur aufweisen.

4. Fazit der Organstruktur der Rechtsformen als Grundlage der Dekonstruktion der Rechtsformen

Die Organstruktur in ihren wesentlichen Ausprägungen lässt sich damit auf zwei Rechtsformen reduzieren. Dies ist zunächst die Körperschaft des öffentlichen Rechts, die sich durch eine sie tragende Personenmehrheit auszeichnet. Anderseits ist dies die (nicht-rechtsfähige) Verwaltungseinheit, die alleine durch eine Mutterkörperschaft getragen wird. Die Körperschaft ist nochmals zu unterteilen in zum einen die Selbstverwaltungskörperschaft, die sich durch ihre – von der Mutterkörperschaft personenverschiedenen – Mitglieder auszeichnet.

Soweit die Bundkörperschaften eine Personenmehrheit voraussetzen, findet sich diese in gleicher Weise auch bei den anderen Rechtsformen[1093]. Zum anderen finden sich Bundkörperschaft, Anstalt und Stiftung des öffentlichen Rechts sowie staatliche GmbH, AG, e. V., e. G. und die Stiftung des bürgerlichen Rechts, die sich ebenso als Körperschaft zusammenfassen lassen und insofern ein Synonym hierzu darstellen. Die Steuerung ist nur bei den Selbstverwaltungskörperschaften aufgrund ihrer zur Mutterkörperschaft personenverschiedenen Mitglieder einheitlich eingeschränkt. Der Begriff der Körperschaft des öffentlichen Rechts zeigt sich damit als Polysem mit den Ausprägungen Selbstverwaltungskörperschaft und Bundkörperschaft.

Damit ist die nicht-rechtsfähige Verwaltungseinheit, für die sich die Besetzungsrechte auf die Mutterkörperschaft vereinigen, die zweite Rechtsform „neben“ der Körperschaft. Bei genauer Betrachtung handelt es sich damit vielmehr nur um einen

---

1092 Vgl. bereits *Mehde*, NeuStmDemPr, 2000, S. 490, als „Unitarisationsdruck“ folgend aus den Verfassungsprinzipien; weitergehend *Dreier*, HierVerwDemStaat, 1991, S. 142.

1093 **st. GmbH und st. AG:** *Kluth* in: Wolff/Bachof/Stober/ders., VerwR Bd. 2, 2010, § 80, Rn. 34.

Perspektivwechsel, da die nicht-rechtsfähige Verwaltungseinheit gleichzeitig Teil der Körperschaft ist. Die prägende Personeneinheit der nicht-rechtsfähigen Verwaltungseinheit kann sich so im Einzelfall in gleicher Weise bei der Anstalt und Stiftung des öffentlichen Rechts wie der staatlichen GmbH, AG und Stiftung des bürgerlichen Rechts finden, sodass diese als Synonyme zu betrachten sind. Soweit diesen anderen Rechtsformen jedoch sowohl eine Personenmehrheit als eine Personeneinheit zugrunde liegen kann, gleichen sie sowohl der Körperschaft als auch einer nicht-rechtsfähigen Verwaltungseinheit und bilden daher Polyseme.

In diesem Rahmen finden sich vielfältige weitere Ausgestaltungen der Besetzung der Willensbildungsorgane, die sich jedoch keiner Rechtsform zuordnen lassen. Dies umfasst insbesondere auch die Differenzierung der Mitglieder, z. B. durch Interessen Dritter oder eine besondere Fachkunde sowie die hieraus unterschiedlich zu begründenden Mehrheitsverhältnisse, welche sich als Beschränkung des Einflusses der Mutterkörperschaft auch bei nicht-rechtsfähigen Verwaltungseinheiten finden können. Ebenso facettenreich sind die Ausgestaltungen zur Beschlussfähigkeit der Willensbildungsorgane sowie zu den erforderlichen Mehrheiten. Dies setzt sich fort bei der Frage der Organanzahl, welche wiederum nur durch den Einzelfall bestimmt ist. So kann insbesondere auch eine juristische Person, z. B. Stiftung, sich einer nicht-rechtsfähigen Verwaltungseinheit angleichen[1094], soweit in vergleichbarer Weise eine Personeneinheit hinter der Einrichtung steht. Das Gleiche gilt jedoch auch für die staatliche GmbH, welche sich in der Alleinträgerschaft einer Mutterkörperschaft befindet, obwohl mit der Gesellschafter-"versammlung" ein Willensbildungsorgan formal besteht[1095]. An dieser Stelle zeigen sich weitere Übereinstimmungen, insbesondere auch zwischen den Leitungsorganen und Aufsichtsorganen mit den Willensbildungsorganen, welche im Einzelfall diese Organe als austauschbar zeigen. Im Ergebnis lässt sich die Steuerung einer Einrichtung daher nicht anhand der Rechtsform, sondern nur anhand der Ausgestaltung im Einzelfall bestimmen, was sich insbesondere auch auf die nicht-rechtsfähigen Verwaltungseinheiten – unabhängig von einem Willensbildungsorgan oder nur einem Leitungsorgan – erstreckt.

Es bestätigt sich insoweit bereits an dieser Stelle, dass die grundsätzliche Organstruktur der verschiedenen Rechtsformen darüber hinaus fließend ist[1096] und sich nur aus den Regelungen im Einzelfall ergeben kann. An dieser Stelle lässt sich daher bereits anmerken, dass sich eine besondere Flexibilität einzelner Rechtsform[1097]

1094 **JPöR:** *Loeser,* SysVerwR Bd. 2, 1994, Rn. 131, spricht insofern bei juristischen Personen des öffentlichen Rechts überzeugend von „Pseudo-Rechtsformen [...], die materiell der unmittelbaren Staatsverwaltung zuzuordnen sind".

1095 **st. GmbH und st. AG:** *Kluth* in: Wolff/Bachof/Stober/ders., VerwR Bd. 2, 2010, § 80, Rn. 34.

1096 Vgl. *Hauser,* WahlOrgForm, 1987, S. 58 ff.; *Kluth* in: Wolff/Bachof/Stober/ders., VerwR Bd. 2, 2010, § 80, Rn. 35.

1097 **KöR:** *Draf,* KörpöffSReV, 2006, S. 129; *Kluth,* FunkSbstVerw, 1997, S. 235; *Lecheler* in: FS Maurer, 2001, S. 666; vgl. auch *Ehlers,* DVBl. 1997, 137 (140); **AöR:** *F. Becker,* VernLandBank, 1998, S. 245; *Blessing,* ÖffrAnstBetPr, 2008, S. 66; *Bohn,* AnstÖffBetDritt,

bezogen auf die Grundzüge der Organstruktur nicht nachweisen lässt[1098]. Es handelt sich umgekehrt nur um eine Folge der Regelungstechnik, die für die Rechtsformen des Privatrechts zur Folge hat, dass ihre gesetzlichen Vorgaben einzuhalten sein könnten[1099], wodurch die Flexibilität gleichzeitig eingeschränkt ist[1100]. Soweit dies bereits anzuzweifeln ist, soweit das Privatrecht nur entsprechend für die Staatsverwaltung angewandt wird[1101], so gilt doch zumindest das Gleiche auch für alle

---

2005, S. 110, 112 f.; *Gärtner*, FinzBetPrivAnöffR, 1994, S. 9; *A. Lange*, BetPrivrechtsfAnst, 2008, S. 56, 96; *Mann*, ÖffrechtGes, 2001, S. 127; *ders.*, NVwZ 1996, 1996, 557 (558); *Mehde* in: Hartmann/Mann/ders., LdRNds, 2015, § 2, Rn. 23; *M. Müller* in: Wolff/Bachof/Stober/Kluth, VerwR Bd. 2, 2010, § 86, Rn. 10; *Ochmann*, RfwPrivöffrAnst, 2005, S. 64 ff.; *Pielow*, FS K. Ipsen, S. 740 f.; vgl. *Lübbecke*, KommUntNRW, 2004, S. 65; **SöR:** *Mehde* in: Hartmann/Mann/ders., LdRNds, 2015, § 2, Rn. 24; *Stettner*, DStiftungÖffR, 2012, S. 21; **JPöR:** *Blessing*, ÖffrAnstBetPr, 2008, S. 40; *Ehlers*, VerwPrivRf, 1984, S. 301 f.; *M. J. Müller*, RtfwissHochS, 2015, S. 148 f.; *N. Müller*, RechtsFormW, 1993, S. 22; **st. GmbH:** *Bull* in: FS Maurer, 2001, S. 555; *Parmentier*, GlsöffUntern, 2000, S. 86; vgl. auch *Grziwotz* in: MüHBGesR Bd. 3, 2012, § 2, Rn. 17; **AöR und st. GmbH:** *Gaß*, UmwgemUnt, 2003, S. 60; *Uechtritz/Reck* in: Hoppe/ders./ders. (Hrsg.), HdBkommUnt, 2012, § 16, Rn. 33 f.; *Wurzel/Gaß* in: Wurzel/Schraml/Becker (Hrsg.), RkommUnter, 2015, S. 746; **st. GmbH und st. AG:** *Altmüller*, VBlBW. 1984, 61; **st. SbR:** *Gölz*, DStaatalsStift, 1999, S. 118, vgl. auch *dies.*, aaO., 193; **JPbR:** *Dewald*, PrivStiftöffZw, 1990, S. 2; *Kämmerer*, Privatisierung, 2001, S. 237; *Mann*, ÖffrechtGes, 2001, S. 157; *Maurer*, AllgVerwR, 2011, § 23, Rn. 61; *Püttner*, ÖffUntern, 1985, S. 63;, vgl. *R. Schmidt*, ZGR 1996, 345 (348); **nr-VE:** *Andrick*, StiftRStaAufs, 1988, S. 45; *Forsthoff*, VerwR Bd. 1, 1973, § 25, S. 516; *Gaß*, UmwgemUnt, 2003, S. 60; *Uechtritz/Reck* in: Hoppe/ders./ders. (Hrsg.), HdBkommUnt, 2012, § 16, Rn. 32.

1098 Vgl. auch *Wolf*, AnstöffRWettu, 2002, S. 176.

1099 **st. AG:** BGHZ 69, 334 (340); *Blessing*, ÖffrAnstBetPr, 2008, S. 66; *Pfeifer*, SteukomAktdG, 1991, S. 108; **st. SbR:** *Fiedler*, StEStwFwFm, 2004, S. 202; *Hoppe*, DabhStift, 2003, S. 90; **JPbR:** *Badura* in: FS BayVerfG, 1997, S. 12; *R. Becker* in: Wurzel/Schraml/ders. (Hrsg.), RkommUnter, 2015, S. 184; *Ehlers*, DVBl. 1997, 137 (139); *Ehlers*, ZHR 2003, 546 (552); *Engellandt*, EinflKomKapGes, 1995, S. 23; *Erichsen*, VertKomjurPers, 1990, S. 16, 20; *Fett*, ÖffrAnstabKonU, 2000, S. 109; *Groß* in: Hoffmann-Riem/Schmidt-Aßmann/Voßkuhle, GdlVerwR Bd. 1, 2012, § 13, Rn. 77; *Kluth* in: Wolff/Bachof/Stober/ders., VerwR Bd. 2, 2010, § 79, Rn. 33; *Koch*, RStatkommUntPRivrf, 1994, S. 160; *A. Lange*, BetPrivrechtsfAnst, 2008, S. 43; *E. Müller*, DBundStift, 2009, S. 41; *Ronellenfitsch* in: Isensee/Kirchhof, HdBdStR Bd. 4, 2006, § 98, Rn. 30; *R. Schmidt*, ZGR 1996, 345 (350).

1100 Im Ergebnis ebenso, **st. AG:** *A. Lange*, BetPrivrechtsfAnst, 2008, S. 54; **JPbR:** *Ehlers* in: Schmidt-Aßmann/Dolde, ÖffWirtR, 2005, S. 209.

1101 In diese Richtung bereits eingehend, *J. Burmeister* in: FG v. Unruh, 1983, S. 638; ebenso *Mann*, ÖffrechtGes, 2001, S. 271, dass sich der Konflikt von Landes(-kommunal-)Recht und Gesellschaftsrecht nur scheinbar über Art. 31 GG lösen lässt, da das Landesrecht insofern nur die einfachgesetzlichen Ausgestaltungen ebenfalls verfassungsrechtlicher Anforderungen, insbesondere des Demokratieprinzips ist; siehe hierzu auch Kap. C.I.3.; vgl. auch *de Wall*, AnwprivVerwR, 1999, S. 53; *T. Faber*, GesBindAufsM, 2010, S. 217; *Kämmerer*, Privatisierung, 2001, S. 233 ff.;

anderen Rechtsformen, wie für die Hochschulträgerstiftungen[1102] oder der öffentlich-rechtlichen Versicherungsunternehmen[1103], die ebenso aufgrund eines formellen Gesetzes errichtet werden[1104]. Auch für die öffentlich-rechtlichen Rechtsformen kann die Exekutive damit in vergleichbarer Weise in der Organisation ihrer Verwaltung einschränken sein. Als Differenzierungskriterium verbleibt die Frage, ob einer Einrichtung im Einzelfall eine Personenmehrheit oder eine Personeneinheit zugrunde liegt.

Die Dekonstruktion der Rechtsformen zeigt sich ebenso innerhalb der Einrichtung. Dies fängt bei der Besetzung der Leitungsorgane an, welche sich wiederum nur anhand des Einzelfalls bestimmen lässt und so die Unterschiede zu einem Aufsichtsorgan auf der einen und dem Leitungsorgan einer nicht-rechtsfähigen Verwaltungseinheit auf der anderen Seite nivelliert. Ebenso hängt die Besetzung der Aufsichts- und Beratungsorgane von den Regelungen im Einzelfall ab, die wahlweise denen eines Leitungs- oder eines Willensbildungsorgans entsprechen, ohne jedoch eine Rechtsform charakterisieren zu können. So wie diese Organe im Einzelfall in einer hierarchischen Struktur funktional an die Stelle eines über- oder untergeordneten Organs treten können, relativiert sich umgekehrt ein zwei- bzw. dreigliedriger Organaufbau im Einzelfall durch weitere Organe wie eine Geschäftsführung. Außerdem erschwert ein Beratungsorgan mit Entscheidungsbefugnissen die Bewertung eines Organaufbaus, ohne für eine bestimmte Rechtsform charakteristisch zu sein.

Für alle Rechtsformen ist in gleicher Weise verallgemeinernd festzustellen, dass die Willensbildungsorgane die wesentlichen Angelegenheiten entscheiden, während die Leitungsorgane die laufenden Geschäfte wahrnehmen sowie die Einrichtung im Rechtsverkehr zu vertreten haben. Wie das Verhältnis dieser Organe zueinander – insbesondere bei den nicht-rechtsfähigen Verwaltungseinheiten ohne Willensbildungsorgan im Verhältnis zu ihrer Mutterkörperschaft – ausgestaltet ist, kann nur im Einzelfall bestimmt werden. Die Regelungen sind an dieser Stelle wiederum facettenreich, ohne sich jedoch einer Rechtsform zuordnen zu lassen. Die Variationsbandbreite wird entscheidend durch außerhalb der Rechtsformen liegende Verfassungsprinzipien bestimmt.

Insgesamt lässt sich nur die Selbstverwaltungskörperschaft von den anderen Rechtsformen abgrenzen, deren Mitglieder von der Mutterkörperschaft personenverschieden sind. Die weiteren Rechtsformen sind dagegen einzelfallabhängig ebenfalls als (Bund-)Körperschaft – im Falle einer Personenmehrheit – oder aber

Ossenbühl, ZGR 1996, 504 (513, 515 f.); *v. Danwitz*, AöR 1995, 595 (616 f.); unzutreffend a. A. dagegen *Badura* in: FS Schlochauer, 1981, S. 13 ff., selbst hierzu im Widerspruch zuvor annehmend, dass „die öffentliche Hand als Unternehmer […], auch wo sie ihre Leistungen marktwirtschaftlich anbietet, nicht in den Sektor der Privatwirtschaft über[tritt]“, S. 6; ebenso unzutreffend *Früchtl*, AktgRfwirtöffH, 2009, S. 89; *Pielow*, FS K. Ipsen, S. 736.

1102 **SöR:** § 55 NHG.

1103 **AöR:** NöVersG.

1104 **JPöR:** *Wolf*, AnstöffRWettu, 2002, S. 16.

als nicht-rechtsfähige Verwaltungseinheit – im Falle einer sie tragenden Personeneinheit – zu qualifizieren. Die darüber hinausgehende facettenreiche Ausgestaltung hängt nur von der Ausgestaltung im Einzelfall ab und stellt sich so ausschließlich als Varianten dieser beiden Rechtsformen dar. Der Grad der Verselbstständigung[1105] hängt ebenso wenig von der Rechtsform[1106], als von den Ausgestaltungen der Organstruktur im Einzelfall[1107] und der Auslegung anhand außerhalb der Rechtsform liegender (Verfassungs-)Prinzipien ab[1108]. Letzteres kann sogar insgesamt zu einer ausschließlich hierarchischen Struktur und Steuerung unabhängig von den Rechtsformen führen. Hiervon unabhängig können jedoch zumindest die Organstrukturen der Anstalt und Stiftung des öffentlichen Rechts sowie der Privatrechtsformen zu der Körperschaft auf der einen und der nicht-rechtsfähigen Verwaltungseinheit auf der anderen Seite keine abgrenzbaren, eigenständigen Rechtsformen begründen.

1105 **AöR:** *Alscher,* DStiftungÖffR, 2006, S. 80; *Breuer,* VVDStRL 44, 1986, S. 230; *Loeser,* SysVerwR Bd. 2, 1994, Rn. 129; *Peine,* AllgVerwR, 2014, § 2, Rn. 96; **SöR:** *Alscher,* DStiftungÖffR, 2006, S. 153, 192; **st. GmbH und st. AG:** *A. Lange,* BetPrivrechtsfAnst, 2008, S. 99; *Kluth* in: Wolff/Bachof/Stober/ders., VerwR Bd. 2, 2010, § 80, Rn. 34; **st. SbR:** *Hauser,* WahlOrgForm, 1987, S. 87; **JPbR:** *Groß* in: Hoffmann-Riem/Schmidt-Aßmann/Voßkuhle, GdlVerwR Bd. 1, 2012, § 13, Rn. 48; **nr-VE:** *A. Lange,* BetPrivrechtsfAnst, 2008, S. 54; **JP**: *Blessing,* ÖffrAnstBetPr, 2008, S. 154 f.

1106 *Folz* in: FG *v. Unruh, 1983, S. 907; Kluth* in: Wolff/Bachof/Stober/ders., VerwR Bd. 2, 2010, § 79, Rn. 24; so jedoch ohne Begründung *Cronauge/Westermann,* KommUntern, 2006, Rn. 99 ff.; *Gölz,* DStaatalsStift, 1999, S. 88; *Püttner,* ÖffUntern, 1985, S. 224, sogar im Widerspruch zu den vorangehenden Ausführungen zur Relativierung der Selbstständigkeit der öffentlichen Unternehmen.

1107 **KöR:** *Groß* in: Hoffmann-Riem/Schmidt-Aßmann/Voßkuhle, GdlVerwR Bd. 1, 2012, § 13, Rn. 45; zu unrecht ohne Begründung die Bedeutung der „Binnenstruktur“ [als] „untergeordnet [...]“ansehend, *Irriger,* GenEKöffR, 1991, S. 26; **AöR:** *Blessing,* ÖffrAnstBetPr, 2008, S. 47; *Breuer,* VVDStRL 44, 1986, S. 230 f.; *Holz/Kürten/Grabolle,* KommJur 2014, 281 (283); *Han,* UnabBaFin, 2015, S. 48; *A. Lange,* BetPrivrechtsfAnst, 2008, S. 56; vgl. *Preußner,* LKV 2004, 299 (302); *Rüfner,* DÖV 1985, 605 (609); *Uechtritz/Reck* in: Hoppe/ders./ders. (Hrsg.), HdBkommUnt, 2012, § 16, Rn. 49; **SöR:** *M. Kilian* in: DStaatalsStift, 2003, S. 66; *Mehde* in: Hartmann/Mann/ders., LdRNds, 2015, § 2, Rn. 24; **st. GmbH:** *Cronauge/Westermann,* KommUntern, 2006, Rn. 240; *Groß,* KollprVerwOrg, 1999, S. 147; **AöR und st. GmbH:** *Gaß,* UmwgemUnt, 2003, S. 72 f.; **st. AG:** *Groß,* KollprVerwOrg, 1999, S. 145; vgl. auch *Klein,* BetöffHAktion, 1992, S. 38; **st. e. V.:** *Knof* in: MüHBGesR Bd. 5, 2009, § 49, Rn. 3; **st. SbR:** *Groß,* KollprVerwOrg, 1999, S. 149; **JPbR:** *Groß* in: Hoffmann-Riem/Schmidt-Aßmann/Voßkuhle, GdlVerwR Bd. 1, 2012, § 13, Rn. 48; *Groß,* KollprVerwOrg, 1999, S. 37; **JP**: *Püttner,* ÖffUntern, 1985, S. 224.

1108 Vgl. *Berg,* NJW 1985, 2294 (2296).

II. Der Zweck als materielles Merkmal der Rechtsformen

Neben der Organstruktur ist der Zweck eine Grundvoraussetzung jeder Organisationseinheit[1109] und damit auch jeder Rechtsform der Staatsverwaltung. Keine Organisationseinheit besteht allein aus einem Selbstzweck heraus[1110]. In diesem Sinne findet sich der Zweck auch in der Definition jeder Rechtsform wieder. Teilweise wird der Zweck sogar als prägendes Element einer Rechtsform, der Anstalt, aber auch der Stiftung angesehen[1111]. Dennoch wird sich zeigen, dass der Zweck keine dieser Rechtsformen zu unterscheiden vermag, sondern Differenzierungen sich wiederum nur entsprechend der bereits herausgearbeiteten Organstruktur ergeben. Der Zweck wird sich in diesem Sinne nur entsprechend der beiden Grundtypen, die im Rahmen der Organstruktur herausgearbeitet wurden, sowie zwischen der Bundkörperschaft auf der einen und der Selbstverwaltungskörperschaft auf der anderen Seite in ihrer rechtlichen Wirkung unterscheiden lassen. Darüber hinaus wird sich ergeben, dass der Zweck einer Einrichtung – als Teil-Zweck ihrer Mutterkörperschaft sich aus dieser Ableitung – sich qualitativ nicht unterscheiden kann, sondern letztendlich für den Einzelfall nur politischen Erwägungen unterliegt, soweit Beschränkungen sich nicht aus außerhalb der Rechtsformen liegenden Prinzipien der Verfassung ergeben.

1. Die Aufgabenübertragung eines Teil-Zwecks als Grundlage des Zwecks einer Einrichtung

Wie die Fiktion der Rechtsfähigkeit ausscheidet und letztendlich von natürlichen Personen abgeleitet werden muss, so muss auch der Zweck sich unabhängig von der Rechtsform von einem Rechtssubjekt ableiten lassen. Es zeigt sich somit ein Begründungsgleichlauf, da keine juristische Person (abgeleitete Person) ihren Zweck aus dem Nichts erschaffen kann[1112], sondern ihren Zweck von dem Zweck natürlicher

---

1109 Vgl. **AöR:** *Blessing*, ÖffrAnstBetPr, 2008, S. 46; **st. SbR:** *Alscher*, DStiftungÖffR, 2006, S. 75; **JP**: *Parmentier*, GlsöffUntern, 2000, S. 59.

1110 **st. SbR:** *Alscher*, DStiftungÖffR, 2006, S. 76; **JPbR:** *K. Schmidt*, GesR, 2002, S. 60.

1111 **AöR:** *Bohn*, AnstÖffBetDritt, 2005, S. 35; *H. Faber*, VerwR, 1995, § 12 III, S. 85; *Gaß*, UmwgemUnt, 2003, S. 38; vgl. zu recht kritisch bereits *Mittmann*, DemÜbStuAnst, 1971, S. 28; ohne Begründung a. A., *Alscher*, DStiftungÖffR, 2006, S. 131, **SöR und st. SbR:** *Kaluza*, StiftprivRöffrOrgm, 2010, S. 28; *E. Müller*, DBundStift, 2009, S. 144; *Riehmer*, KörpStiftOrg, 1993, S. 20; *Scholz/Langer*, SitftVerf, 1990, S. 17; *v. Campenhausen/Stumpf* in: v. Campenhausen/Richter (Hrsg.) StfRHdB, 2014, § 1, Rn. 9.

1112 Dies wäre die bereits beschriebene bloße Fiktion, die sich hier als bloßer Selbstzweck darstellen würde. Eine juristische Person kann jedoch keinem Selbstzweck dienen, sondern immer nur den – insofern ausschließlich rechtlich relevanten – Bedürfnissen/Interessen natürlicher Personen. Dies ist auch kein Widerspruch zum Tierschutz (vgl. Art. 20a GG) der sich insoweit als menschliches Bedürfnis/Interesse darstellen lässt; unklar daher *Forsthoff*, VerwR Bd. 1, 1973, § 26, S. 525, ohne Begründung nur auf den „eigenen" Wirkungskreis bezüglich der Gemeinde abstellend; *Trockels* in: Schweickhardt/Vondung (Hrsg.), AllgVerwR, 2010, Rn. 30,

oder anderer juristischer Personen[1113] ableiten muss. Eine weitere Selbstverständlichkeit ist daher – unabhängig davon, um welche rechtsfähige oder nicht-rechtsfähige Rechtsform es sich handelt – dass immer ein von der die Einrichtung errichtenden Mutterkörperschaft abgeleiteter[1114] (Teil-)Zweck die Grundlage des Zwecks einer

der nur begrifflich auf den „eigenen Wirkungskreis" bezogen auf die Gemeinden als Körperschaft des öffentlichen Rechts abstellt, ohne den Ursprung näher zu begründen; *Wallerath*, AllgVerwR, 2009, § 6, Rn. 45, 69, der insofern nur allgemein von einer „eigenständigen Wahrnehmung der Verwaltungsaufgaben" spricht, ohne die Herkunft der Aufgaben zu beleuchten, ebenso allgemein zu den Zweckverbänden, *ders.*, aaO., § 6, Rn. 67; wie hier dagegen: *Loeser*, SysVerwR Bd. 2, 1994, Rn. 64, dass sich „jede öffentliche Aufgabenerledigung und jede öffentliche Verwaltungsorganisation durch eine geschlossene Legitimationskette unmittelbar vom Volke ableiten lassen muß", und insoweit auf das Ableiten als Kehrseite der Aufgabenübertragung abstellt.

1113 Welche im Endeffekt ihren Zweck wiederum von natürlichen Personen ableiten muss; vgl. zu der insofern festzustellenden Parallele zu der Begründung der Rechtsfähigkeit, Kap. A.I.5.b.

1114 **KöR:** *Loschelder* in: Isensee/Kirchhof, HdBdStR Bd. 5, 2007, § 107, Rn. 18 f., 21; was in dieser Form selbstverständlich nicht für den Bund und die Länder als Körperschaften selbst gelten kann, soweit die Staatsangehörigen diese Funktion übernehmen. Insofern stellen Bund und Länder als juristische Person das letzte Ableitungssubjekt vor den tragenden natürlichen Personen dar; unzutreffend und im Widerspruch zu den eigenen weiteren Ausführungen dagegen *Loschelder* in: Isensee/Kirchhof, HdBdStR Bd. 5, 2007, § 107, Rn. 8, dass die Kompetenz des Staates „unabgeleitet" ist; *Maurer*, AllgVerwR, 2011, § 21, Rn. 7, insoweit bezüglich der Betrachtung der Befugnisse des Staates als von keiner anderen Instanz abgeleitet; jeweils zu eng, da dieser seine Befugnisse bereits nach dem Wortlaut des Art. 20 Abs. 2 S. 1 GG ableistet, dessen „Gewalt [...] vom Volke [ausgeht]", insoweit vergleichbar *ders.*, aaO. Rn. 18; **AöR:** von der Übertragung der Aufgaben ausdrücklich sprechend, *Groß* in: Hoffmann-Riem/Schmidt-Aßmann/Voßkuhle, GdlVerwR Bd. 1, 2012, § 13, Rn. 45; *Hofmann* in: ders./Gerke, AllgVerwR, 2010, Rn. 43; *Maurer*, AllgVerwR, 2011, § 21, Rn. 8, der davon spricht, dass Verwaltungsträger ihre Aufgaben vom Staat „ableiten"; *Lübbecke*, KommUntNRW, 2004, S. 34; *O. Mayer*, DtVerwR, 1924, § 56, S. 333, im Rahmen der öffentlichen Anstalt, dass „alle Geschäfte der öffentlichen Verwaltung [...] von vornherein irgendeinem dieser Gemeinwesen zugewiesen [sind] als zu seiner allgemeinen gesetzlichen Zuständigkeit gehörig"; vgl. auch *Bull/Mehde*, AllgVerwR, 2015, § 3, Rn. 103, der die aus der Aufgabenübertragung resultierende Zuordnung zur Mutterkörperschaft hervorhebt, ohne die Übertragung als Ursache deutlich werden zu lassen, *Forsthoff*, VerwR Bd. 1, 1973, § 25, S. 496, ohne jedoch zu erkennen, dass mit der Errichtung eine staatliche Aufgabenübertragung verbunden ist; *M. Müller* in: Wolff/Bachof/Stober/Kluth, VerwR Bd. 2, 2010, § 86, Rn. 18, der nur von einer Bestimmung der Kompetenzen der Anstalt durch den Anstaltsträger annimmt, ohne die Übertragung als Grund deutlich werden zu lassen; *Peine*, AllgVerwR, 2014, § 2, Rn. 94, die Mutterkörperschaft unter dem Begriff des „Anstaltsherrn" ansprechend, ohne die hiermit einhergehende Übertragung staatlicher Aufgaben zu sehen; unzutreffend

konkreten Einrichtung darstellt[1115]. Hiervon mag sich insbesondere die Stiftung

dagegen a. A. *Bohn,* AnstÖffBetDritt, 2005, S. 109; **SöR:** *Alscher,* DStiftungÖffR, 2006, S. 123; so bereits *Thalmessinger,* DrfStiftöffR, 1934, S. 55, eine Stiftung des bürgerlichen Rechts in diesem Rahmen jedoch bereits als Stiftung des öffentlichen Rechts qualifizierend; **AöR und SöR:** *Wallerath,* AllgVerwR, 2009, § 6, Rn. 44, demzufolge die Landesverwaltung auf Anstalten und Stiftungen zur Wahrnehmung seiner Aufgaben „zurückgreift". Letztendlich handelt es sich jeweils um eine verkürzte Darstellung von zwei Seiten einer Medaille, derzufolge die Aufgabenübertragung in eine Ableitung von der staatlichen Gewalt resultiert; **JPbR:** *Pfeifer,* SteukomAktdG, 1991, S. 28.

1115 **KöR:** *Bull/Mehde,* AllgVerwR, 2015, § 3, Rn. 97, der zutreffend davon ausgeht, dass auch die Gemeinden ihre Befugnisse von der „staatlichen Organisation herleiten" in der Ansicht, diese als „*originäre* Verwaltungsträger" anzusehen, überholt ist; *Forsthoff,* VerwR Bd. 1, 1973, § 26, S. 530, dass die „Auslegung [...] abzulehnen ist [,...] daß die Bestimmung dessen, was zu den Angelegenheiten der örtlichen Gemeinschaft gehört, dem Staate entzogen wäre"; *Hofmann* in: ders./Gerke, AllgVerwR, 2010, Rn. 37, der die andere Seite der gleichen Medaille als „[abge]leite[te] [...] Befugnis aus der Staatsgewalt" auffasst; *Kluth* in: Wolff/Bachof/Stober/ders., VerwR Bd. 2, 2010, § 85, Rn. 42, dass die Aufgaben „zugewiesen werden müssen; *Maurer,* AllgVerwR, 2011, § 21, Rn. 9, der bezüglich der Gemeinden ebenfalls von „abgeleiteter Hoheitsgewalt" spricht. Auch unter dem Begriff der „übertragenen Aufgabe" im Rahmen der (kommunalen) Zweckverbände, *Kluth* in: Wolff/Bachof/Stober/ders., VerwR Bd. 2, 2010, § 98, Rn. 31; *ders.,* aaO., Rn. 77 ausdrücklich mit einem Kompetenzverlust der Kommune als Folge der Aufgabenübertragung; zu allgemein dagegen *ders., aaO.,* Rn. 44, soweit nur auf die kommunale Aufgabe abgestellt wird, ohne die Übertragung auf den Zweckverband mit einzubeziehen; unklar dagegen, *Draf,* KörpöfffSReV, 2006, S. 32; ebenso *Forsthoff,* VerwR Bd. 1, 1973, § 25, S. 486, „sich der Staat mit der Tätigkeit der öffentlichen Körperschaft nicht notwendig zu identifizieren", die ursprüngliche Übertragung staatlicher Aufgaben verschweigend; *O. Mayer,* DtVerwR, 1924, § 58, S. 355 f., dass die Gemeinde „mit einer umfassenden öffentlichen Gewalt [ausgestattet ist]"; **AöR:** *Bull/Mehde,* AllgVerwR, 2015, § 3, Rn. 100, 103, dass den Verwaltungsträger (juristische Personen im allgemeinen) „ein Ausschnitt aus der Fülle staatlicher und kommunaler Aufgaben zugewiesen" ist, bzw. dass die Aufgabe „ursprünglich von dem größeren Verband zu erfüllen [war], der die Anstalt gegründet hat, dem Anstaltsträger.", *Gruneberg,* AbwkommUnt, 2007, S. 242; *Hofmann* in: ders./Gerke, AllgVerwR, 2010, Rn. 43; unklar dagegen, *O. Mayer,* DtVerwR, 1924, § 56, S. 333, dass die Gemeinde der öffentlichen Anstalt gegenüber die „Stellung als ursprünglich Berechtigten ein[nimmt], es ist, wie man das nennen mag, für jene das Muttergemeinwesen."; **SöR:** *Peine,* AllgVerwR, 2014, § 2, Rn. 105; zu weit dagegen *ders.,* aaO., soweit eine „[A]nerkenn[ung]" als ausreichend angesehen wird, was einer Gründung von Staatsverwaltung durch Private voraussetzen und damit Art. 1 Abs. 3 GG widersprechen würde; unklar dagegen *Kluth* in: Wolff/Bachof/Stober/ders., VerwR Bd. 2, 2010, Rn. 28, soweit der „Stifter [...] jede natürliche oder juristische Person des privaten oder, was wohl am häufigsten zutreffen dürfte, des öffentlichen Rechts sein" kann, ebenso *Saenger* in: Werner/ders. (Hrsg.), DStfRStW, 2008, Rn. 168; zu Recht

nicht abzugrenzen[1116], auch soweit für sie das Vermögen in den Mittelpunkt der

dagegen, *Kluth* in: Wolff/Bachof/Stober/ders., VerwR Bd. 2, 2010, § 80, Rn. 44, dass die „öffentlich-rechtlichen Organisationsformen [...] grundsätzlich nur staatlichen Stellen zur Verfügung [stehen]"; **JPöR:** *Burgi* in: v. Mangold/Klein/Starck, Kom-GG Bd. 3, 2010, Art. 86, Rn. 50, „Auch das Handeln jener Verwaltungseinheiten muss ein Handeln für den Staat sein, d. h. innerhalb des Wirkbereichs der Staatlichkeit, nicht der Gesellschaft angesiedelt sein", ohne die Übertragung der Aufgaben als Anknüpfungspunkt deutlich werden zu lassen; insgesamt zu weit dagegen die Ansicht, dass es sich insoweit um einen „umfassenden Aufgabenkreis" der Gemeinden handelt, *ders., aaO.,* § 23. Rn. 1, da diese sich aus z. B. § 5 Abs. 1 Nr. 1 NKomVG nur „alle Angelegenheiten der örtlichen Gemeinschaft" umfasst (inhaltsgleich insoweit auch Art. 28 Abs. 2 S. 1 GG), *ders., aaO.,* § 23, Rn. 13 diese Aussage insoweit selbst relativierend, *ders., aaO.,* § 23, Rn. 1, demzufolge der Staat Körperschaften, Anstalten und Stiftungen „seine Verwaltungsaufgaben [...] zur Erledigung überträgt"; **st. GmbH:** *Hofmann* in: ders./Gerke, AllgVerwR, 2010, Rn. 98; für die Kommune ebenso *Kraft,* VerwGesellR, 1982, S. 5, 20, 42, insbesondere S. 60, dass es „[a]ls Ansatz[...] festzuhalten [bleibt], daß es um die Erfüllung von Aufgaben geht, die die Kommune durch eine Eigengesellschaft, eine kommunale Veranstaltung, erbringen läßt"; *ders.,* aaO., S. 49, unter der Rechtsform der Beleihung – im Ergebnis jedoch aufgrund der an anderer Stelle abgelehnten Eingliederung der Eigengesellschaft ablehnend; a. A. d*ers.,* aaO., S. 64; unklar dagegen *ders.,* aaO., S. 16, soweit die staatliche Aufgabe an die Kompetenzordnung geknüpft wird, dass außerhalb dieser „überhaupt keine Staatsaufgabe vor[liegt]", wobei dadurch die rechtliche Bewertung gerade ausgeschlossen wird; zu eng dagegen, *Maurer,* AllgVerwR, 2011, § 21, Rn. 15, § 23, Rn. 61, der nur den Aspekt der Errichtung ohne die damit verbundene Aufgabenübertragung anspricht; vgl. auch *Stober,* NJW 1984, 449 f., nur davon sprechend, dass die „öffentliche Hand" sich „zur Aufgabenerledigung privatrechtlicher Organisationsformen [bedient]" bzw. diese „gründet", wiederum ohne die hiermit verbundene Aufgabenübertragung durch die staatliche Mutterkörperschaft deutlich werden zu lassen; unzutreffend dagegen *Kluth* in: Wolff/Bachof/Stober/ders., VerwR Bd. 2, 2010, § 80, Rn. 64, dass die „Nutzung privatrechtlicher Organisationsformen [...] keine Hoheitsgewalt ausgeübt und keine Zuständigkeiten verlagert", ohne dies zu begründen und obwohl aufgrund der mit der Errichtung durch den Staat Staatsgewalt in Form von staatlichen Aufgaben übertragen wird; **SöR und st. SbR:** *E. Müller,* DBundStift, 2009, S. 144; **JP:** *Blessing,* ÖffrAnstBetPr, 2008, S. 128; ebenso allgemein zu den den Verwaltungsträgern „übertragen[en]" Aufgaben, *O. Mayer,* DtVerwR, 1924, § 56, S. 331; vgl. auch *Kluth* in: Wolff/Bachof/Stober/ders., VerwR Bd. 2, 2010, § 80, Rn. 142, mit dem Begriff der „Rückbindung aller Ausübung von Staatsgewalt an die Leitungsgewalt des Volkes, die [dem Staat] als Souverän innerhalb der Verfassungsordnung für alle Bereiche und damit auch für die öffentliche Verwaltung zugewiesen ist."; *ders.,* aaO, § 82, Rn. 119, jedoch allgemein nur von „Zuweisung" sprechend, vgl. insofern jedoch die Abgrenzung zur nicht-rechtsfähigen Verwaltungseinheit im Nachfolgenden.

1116 Ohne die Ableitung jedoch deutlich werden zu lassen, **st. SbR:** *O. Werner* in: Werner/Saenger (Hrsg.), DStfRStW, 2008, Rn. 9; vgl. auch als „kommunale Stiftung" *Saenger* in: Werner/ders. (Hrsg.), DStfRStW, 2008, Rn. 188.

Betrachtung gestellt wird, welches jedoch ebenso einem Zweck gewidmet sein muss[1117]. Soweit die Begrifflichkeiten an dieser Stelle bereits divergieren und für die einzelnen Rechtsformen teilweise von dem Anstaltsträger[1118], dem Stifter[1119], dem Gesellschafter[1120], dem Gründer[1121] die Rede ist, so sind diese Begriffe synonym

1117 **SöR:** *Alscher,* DStiftungÖffR, 2006, S. 17, 118; *Badura* in: FS BayVerfG, 1997, S. 17; *Bull/Mehde,* AllgVerwR, 2015, § 3, Rn. 104, von einem bestimmten Zweck sprechend, dem das Vermögen „'gewidmet'" ist; *Bull in:* Wassermann, Akom-GG, 2001, Art. 86, Rn. 41; *Burgi* in: v. Mangold/Klein/Starck, Kom-GG Bd. 3, 2010, Art. 86, Rn. 52; *Detterbeck,* AllgVerwR, 2015, Rn. 190; *Erbguth,* AllgVerwR, 2016, § 6, Rn. 21; *H. Faber,* VerwR, 1995, § 9 II, S. 56; *Groß* in: Hoffmann-Riem/Schmidt-Aßmann/Voßkuhle, GdlVerwR Bd. 1, 2012, § 13, Rn. 45, von einer „zweckgebundenen Vermögen[-sübertagung]" sprechend; *ders.* in: Frilauf/Höfling, Berliner Kom-GG Bd. 4, EL 2002, Art. 86, Rn. 24; *Hermes* in: Dreier (Hrsg.), GG-Kom Bd. 3, 2008, Art. 86, Rn. 32; *Hofmann* in: ders./Gerke, AllgVerwR, 2010, Rn. 45; *Jestaedt* in: Hoffmann-Riem/Schmidt-Aßmann/Voßkuhle, GdlVerwR Bd. 1, 2012, § 14, Rn. 27; *Kemmer,* JA 2015, 328 (331); *Loeser,* SysVerwR Bd. 2, 1994, Rn. 130; *Maurer,* AllgVerwR, 2011, § 23, Rn. 55, spricht von einem „zweckgebunden[en]" Vermögen; *Röpke,* HschStiftöffR, 2006, S. 21, damit jedoch gleichzeitig zu unrecht gegenüber der Anstalt abgrenzend; *Saenger* in: Werner/ders. (Hrsg.), DStfRStW, 2008, Rn. 165, dass eine Stiftung des öffentlichen Rechts „mit einem Kapital- oder Sachbestand Aufgaben der öffentlichen Verwaltung erfüllt", paradox dagegen *ders.,* aaO; Rn. 169, dass „der von einer öffentlich-rechtlichen Stiftung verfolgte Zweck zwar zu den fremd- bzw. gemeinnützigen Aufgaben des errichtenden Hoheitsträgers gehören [kann], [...] jedoch nicht seine eigene gesetzliche Aufgabe darstellen [darf]"; *Stettner,* ZUM 2012, 202 (204); *Thalmessinger,* DrfStiftöffR, 1934, S. 34; *Wallerath,* AllgVerwR, 2009, § 5, Rn. 24; vgl. auch als „kommunale Stiftung" *Saenger* in: Werner/ders. (Hrsg.), DStfRStW, 2008, Rn. 188; **st. SbR:** *Cronauge/Westermann,* KommUntern, 2006, Rn. 124; als konstitutives Element der Stiftung, *Nissel* in: Werner/Saenger (Hrsg.), DStfRStW, 2008, Rn. 207; *Riehmer,* KörpStiftOrg, 1993, S. 20 f.; *Saenger* in: Werner/ders. (Hrsg.), DStfRStW, 2008, Rn. 174; *Schwake* in: MüHBGesR Bd. 5, 2009, § 79, Rn. 39; *O. Werner* in: Werner/Saenger (Hrsg.), DStfRStW, 2008, Rn. 18, „dass der Stifter das Vermögen hingeben muss, um es einem von ihm vorgegebenen Zweck zu widmen."; *R. Werner,* NVwZ 2013, 1520 (1521); **SöR und st. SbR:** *Backhaus,* ÖffUntern, 1980, S. 259; *Stettner,* DStiftungÖffR, 2012, S. 20.

1118 **AöR:** *H. Korte/Rebe,* VerfVerwNieders, 1986, S. 503; *Mann,* ÖffrechtGes, 2001, S. 110; *Maurer,* AllgVerwR, 2011, § 21, Rn. 51; *N. Müller,* RechtsFormW, 1993, S. 68; *Peine,* AllgVerwR, 2014, § 2, Rn. 95; *Schraml* in: Wurzel/ders./Becker (Hrsg.), RkommUnter, 2015, S. 158; hierneben noch den Begriff des Anteilseigners etablierend, *F. Becker,* DÖV 1998, 97 (100).

1119 **SöR:** *Peine,* AllgVerwR, 2014, § 2, Rn. 105; **st. SbR:** *Dewald,* PrivStiftöffZw, 1990, S. 35; *Mittmann,* DemÜbStuAnst, 1971, S. 25; **SöR und st. SbR:** *Tomsen,* stnStiftBerAut, 1991, S. 19 ff.

1120 **JPöR:** *Groß* in: Frilauf/Höfling, Berliner Kom-GG Bd. 4, EL 2002, Art. 86, Rn. 29, als „Anteilseigner"; vgl. auch § 3 Abs. 1 Nr. 2, 4 GmbHG.

1121 **st. AG:** § 23 Abs. 2 Nr. 1, 2 AktG.

mit dem Begriff der Mutterkörperschaft[1122], soweit bezogen auf den Zweck jeder Rechtsform immer die mit der Errichtung einhergehende Aufgabenübertragung eines Teil-Zwecks durch die sie errichtende bzw. tragende staatliche Mutterkörperschaft und ggf. weiteren Personen verbunden ist. Auf die übereinstimmende Mitgliedschaftsstellung der Mutterkörperschaft unabhängig von der Rechtsform wurde bereits hingewiesen.

Unterschieden werden kann dagegen zwischen einem gemeinsamen Zweck auf der einen sowie einem alleinigen Zweck auf der anderen Seite. Die Rechtsformen – außer der Körperschaft und des eingetragenen Vereins sowie der eingetragenen Genossenschaft[1123] – können ihren Zweck einer gemeinsamen Zweckübertragung entsprechend nur von einer Mehrheit an Mutterkörperschaften (Personenmehrheit) oder auch aus der Zweckübertragung einer sie alleine tragenden Mutterkörperschaft (Personeneinheit) ableiten[1124]. Wie bereits ausgeführt, ist für die Körperschaft (und den e. V. und die e. G.) eine Personenmehrheit und damit einhergehend eine gemeinsame Zweckübertragung zwingende Voraussetzung. Zusätzlich zeigt sich bei näherer Betrachtung auch, dass die Rechtsfähigkeit an dieser Stelle unerheblich ist. Soweit die Rechtsfähigkeit Voraussetzung für die Zuordnung von Rechten ist[1125], um von einer rechtserheblichen Übertragung der Aufgaben sprechen zu können, so folgt hieraus bloß eine begriffliche Differenzierung. Mangels Rechtsfähigkeit für die nichtrechtsfähigen Verwaltungseinheiten kann nur von einer funktionalen Zuordnung[1126]

1122 So ausdrücklich unter dem Begriff „Muttergemeinwesen", **AöR:** *Bull/Mehde*, AllgVerwR, 2015, § 3, Rn. 103; *Bohn*, AnstÖffBetDritt, 2005, S. 112; vgl. auch *F. Becker*, VernLandBank, 1998, S. 248 ff.; **SöR und st. SbR:** *E. Müller*, DBundStift, 2009, S. 144; vgl. auch *Bohn*, AnstÖffBetDritt, 2005, S. 176 f.; a. A.: *Alscher*, DStiftungÖffR, 2006, S. 181, soweit in unzulässiger Weise die Errichtung einer Stiftung des öffentlichen Rechts durch Private angeführt wird; ebenso *Fiedler*, StEStwFwFm, 2004, S. 25 f.; *Mittmann*, DemÜbStuAnst, 1971, S. 27; *Twehues*, RechtskommStift, 1996, S. 53; **JPbR:** *Loeser*, SysVerwR Bd. 2, 1994, Rn. 154; so wie hier bereits **JP**: *O. Mayer*, DtVerwR, 1924, § 56, S. 331, wiederum unter dem Begriff „Muttergemeinwesen".

1123 **KöR:** *Maurer*, AllgVerwR, 2011, § 23, Rn. 28; *Loeser*, SysVerwR Bd. 2, 1994, Rn. 125; *Wallerath*, AllgVerwR, 2009, § 6, Rn. 67, zur „gemeinsamen Erfüllung einzelner Aufgaben", siehe insofern bereits zur Organstruktur, Kap. C.I.2.a.vi.(3).

1124 Vgl. **AöR:** *Bohn*, AnstÖffBetDritt, 2005, S. 88, wiederum siehe bereits zur Organstruktur, deren Wirkung sich hier fortsetzt, Kap. C.1.

1125 Siehe bereits die Herleitung der Rechtsfähigkeit, Kap. A.I.5.b.

1126 Mangels Rechtsfähigkeit wäre noch präziser von einer Sammelzuweisung (funktional) an die einzelnen Funktionsträger/Amtsträger zu sprechen; *Kluth* in: Wolff/Bachof/Stober/ders., VerwR Bd. 2, 2010, § 79, Rn. 31, zu weit daher, von einem „Zurechnungssubjekt organisatorischer Rechtssätze" sprechend, soweit im Halbsatz davor sich die Aussage findet, dass nicht-rechtsfähige Verwaltungseinheiten „nicht Träger von Pflichten und Rechten" und damit kein rechtliches Subjekt sein können; klarer dagegen *M. Müller* in: Wolff/Bachof/Stober/Kluth, VerwR Bd. 2, 2010, § 86, Rn. 32, der ebenfalls von einer bloßen „Funktionseinheit" spricht, hierzu

innerhalb einer juristischen Person gesprochen werden[1127]. Dass es sich hier jedoch nur um eine begriffliche Differenzierung handelt, zeigt sich daran, dass hiervon unabhängig der Zweck sich weiterhin als Teil-Zweck der Mutterkörperschaft darstellt. Ausgeschlossen für die nicht-rechtsfähigen Verwaltungseinheiten ist dagegen eine gemeinsame Zweckübertragung einer Personenmehrheit, da die funktionale Zuordnung sich auf den Rechtskreis einer Mutterkörperschaft beschränkt[1128]. Die Aufgabenübertragung einer weiteren Mutterkörperschaft würde sich dementsprechend nur als eine Organleihe zwischen zwei juristischen Personen darstellen.

Insgesamt prägt damit alle Rechtsformen ein Teil-Zweck als Ausdruck der Aufgabenübertragung ihrer sie errichtenden Mutterkörperschaft. Diesem muss jedoch für die Körperschaft des öffentlichen Rechts und den e. V. eine Personenmehrheit und damit ein gemeinsamer Zweck zugrunde liegen. Für die rechtsfähige Anstalt und Stiftung des öffentlichen Rechts sowie die GmbH, die AG und die rechtsfähige Stiftung des bürgerlichen Rechts kann er sowohl ein gemeinsamer Zweck als auch ein alleiniger Zweck ihrer Mutterkörperschaft sein. Im zweiten Fall würde sich daher die rechtsfähige Einrichtung nicht von einer nicht-rechtsfähigen Verwaltungseinheit unterscheiden[1129], für die ein „eigener" Wille aufgrund einer beschränkten Steuerung ebenso Grundlage der funktionalen Zuordnung innerhalb der Mutterkörperschaft sein kann[1130]. Die Differenzierung des Zwecks entspricht damit der bereits im Rahmen der Organstruktur herausgearbeiteten Dekonstruktion der Rechtsformen auf zwei Grundtypen: Ersterer als Körperschaft mit einem gemeinsamen Zweck und Letzterer als nicht-rechtsfähiger Teil einer Körperschaft mit einem alleinigen Zweck. Die anderen Rechtsformen wie Anstalt, Stiftung, GmbH und AG lassen sich entsprechend der Ausgestaltung der Organstruktur im Einzelfall einem dieser Grundtypen zuordnen, ohne sich entscheidend davon abgrenzen zu können.

Auf einer zweiten Stufe lässt sich eine weitere Differenzierung auch an dieser Stelle innerhalb der Rechtsform der Körperschaft des öffentlichen Rechts anbringen,

---

inkonsequent sodann jedoch von einem „eigenen Wirtschaftsplan, eigene[r] Buchführung und eigene[m] Personal" sprechend.

1127 **nr-VE:** *M. Müller* in: Wolff/Bachof/Stober/Kluth, VerwR Bd. 2, 2010, § 86, Rn. 32, die nicht-rechtsfähigen Anstalten sind daher „ohne eigene Verpflichtungen und Berechtigungen, also auch ohne eigenes Vermögen"; *Wallerath,* AllgVerwR, 2009, § 5, Rn. 23, zutreffend davon sprechend, dass es sich dann um „keine eigenständige[n] ‚Träger' von Verwaltung" handelt.

1128 **nr-VE:** *A. Lange,* BetPrivrechtsfAnst, 2008, S. 99, unter dem Aspekt der Beteiligung Privater.

1129 *Wallerath,* AllgVerwR, 2009, § 6, Rn. 93, in diese Richtung argumentierend, dass eine bloße formelle Privatisierung „die Aufgabe im staatlichen bzw. kommunalen Bereich verbleibt", ohne dass als Ursache die fehlende materielle Wirkung der formell verliehenen Rechtsfähigkeit deutlich wird, vgl. Kap B.I.

1130 Zusätzlich einschränkend jedoch mit dem Hinweis auf eine Konfusion die nicht-rechtsfähige Stiftung des bürgerlichen Rechts ablehnend, *Saenger* in: Werner/ders. (Hrsg.), DStfRStW, 2008, Rn. 162.

soweit die Zweckübertragung sich zwischen Selbstverwaltungskörperschaften und Bundkörperschaften entsprechend der Organstruktur unterscheiden lässt. Die Aufgabenübertragung kann in eine Voll- und eine Rahmenübertragung unterschieden werden. Die Aufgaben, die von der Mutterkörperschaft auf die von ihr errichtete Selbstverwaltungskörperschaft übertragen werden[1131], bilden lediglich den Rahmen, in dem die Mitglieder der Körperschaft ihrerseits Aufgaben auf die Körperschaft übertragen (müssen[1132]) und so in diesem Rahmen wahrnehmen. Nur die Personenverschiedenheit zwischen errichtender Mutterkörperschaft und den Mitgliedern der Körperschaft führt zu dieser zweistufigen Aufgabenübertragung der Körperschaft in der Weise, dass den Mitgliedern Aufgaben zur gemeinsamen Aufgabenwahrnehmung zunächst als Rahmen von der (alleinigen) Mutterkörperschaft und sodann zur selbstständigen Ausfüllung übertragen worden sind[1133].

Nicht zu verwechseln ist dies jedoch damit, dass auch für eine Selbstverwaltungskörperschaft die Rahmenübertragung nicht allein prägend ist, sondern die Zweistufigkeit der Aufgabenübertragung nur den eigenen Wirkungskreis betrifft[1134], in dem die Mitglieder ihre Aufgaben selbst (Selbstverwaltung[1135])

1131 *Storr*, StaataUntn, 2001, S. 87.

1132 Auf der diesem Umstand zugrundeliegenden Zwangsmitgliedsschaft wird nicht weiter eingegangen, vgl. hierzu bereits *O. Mayer*, DtVerwR, 1924, § 57, S. 344 f., noch unter dem Begriff der „öffentlichen Genossenschaft" neben der Gemeinde als Körperschaft bezeichnet, *ders.*, aaO., § 58, S. 352 und was insofern der von Kluth begrifflich gebildeten „funktionalen Selbstverwaltung" entspricht; ebenso *Irriger*, GenEKöffR, 1991, S. 31.

1133 So bereits *O. Mayer, DtVerwR, 1924, §* 57, S. 343, dass es „so [...] dem zweifachen Zweck, dem der Verwaltungskörper der öffentlichen Genossenschaft zu dienen hat, eine zweifache rechtliche Macht, unter der sie steht: das Mitgliedschaftsrecht und das dem Staate auch an dieser öffentlichen Verwaltung naturgemäß immer noch zukommende, [entspricht]."

1134 So ausdrücklich für die Kommunen **KöR:** §§ 5, 6 NKomVG.

1135 **KöR:** *Bull* in: Wassermann, Akom-GG, 2001, Art. 87, Rn. 38; *Burgi* in: Erichsen/ Ehlers (Hrsg.), AllgVerwR, 2010, § 8, Rn. 11; *Fleiner*, InstrDtVerwR, 1928, S. 100; *Forsthoff*, VerwR Bd. 1, 1973, § 25, S. 475 f., unzutreffend den Rückbezug als mit dem Verlust des „körperschaftlich-genossenschaftliche[n] Charakter[s]" als „verloren" annimmt, ohne dies rechtlich zu begründen, sondern nur faktisch mit Blick auf Anstalten und Stiftungen feststellend; *Hofmann* in: ders./Gerke, AllgVerwR, 2010, Rn. 76; unklar, soweit in die Abgrenzung der Selbstverwaltung dagegen ohne Bezug zu den Mitgliedern: *Krebs* in: Isensee/Kirchhof, HdBdStR Bd. 5, 2007, § 108, Rn. 23, als Beispiel neben den Gemeinden nur „berufsständische Organisationen" nennend; *Traumann*, OrgbundeigVerw, 1998, S. 285; *Wallerath*, AllgVerwR, 2009, § 6, Rn. 43; kritisch zum Begriff der „Selbstverwaltung" auch in Bezug auf die Gemeinden dagegen *Maurer*, AllgVerwR, 2011, § 23, Rn. 1, ohne dass die Gründe hierfür deutlich werden; unzutreffend dagegen *H. Faber*, VerwR, 1995, § 12 III, S. 86, die Selbstverwaltung mit einer Verselbstständigung gleichsetzend; *Hendler*, SelbstOrdpr, 1984, S. 288, demzufolge eine substantielle Beteiligung der Betroffenen ausreicht, ohne zu sehen, dass die Aufgabenwahrnehmung einer juristischen

verwalten[1136]. Der Mutterkörperschaft ist es unbenommen, weitere Aufgaben der von ihr errichteten Körperschaft zu übertragen (übertragener Wirkungskreis)[1137].

Person ungeteilt ist und damit die Selbstverwaltung ebenso ungeteilt die Beteiligung der Betroffenen voraussetzt; **SöR:** *Stettner*, DStiftungÖffR, 2012, S. 23, zu unrecht Selbstverwaltung und „Selbstbestimmung" der Organe voraussetzend und gleichsetzend; ebenso *Andrick*, StiftRStaAufs, 1988, S. 88; **JPöR:** unzutreffend *Löer*, KöranstRmZwK, 1999, S. 9, Selbstverwaltung und einen „eigenen Wirkungskreis" und die eigenverantwortliche Wahrnehmung eigener Angelegenheiten gleichsetzend, ohne den Bezugspunkt des „Selbst" zu begründen.

1136 Dieser Rückbezug folgt bereits begrifflich aus dem Wort „Selbst" in Selbstverwaltung, dass die Mitglieder insoweit ihre Interessen/Belange „selbst" verwalten; BVerfGE 107, 59 (92); BVerwGE 106, 64 (77); so bereits *O. Mayer*, DtVerwR, 1924, § 57, unter dem Begriff der „öffentlichen Genossenschaft", dass „diese Rechtseinrichtung hier vor allem die Bedeutung [haben], die besondere Beteiligung der zum Verein verbundenen Einzelnen an diesem Unternehmen zu rechtlicher Anerkennung und Wirksamkeit zu bringen."; ebenso *Burgi* in: Erichsen/Ehlers (Hrsg.), AllgVerwR, 2010, § 8, Rn. 20, 25, der von einer „Betroffenenpartizipation" bzw. einer „mitgliedschaftlich-partizipatorischen Komponente der funktionalen Selbstverwaltung" spricht; *Hofmann* in: ders./Gerke, AllgVerwR, 2010, Rn. 76, der von einer „Beteiligung der Betroffenen" spricht; *Papenfuß*, PersGrAöffrK, 1991, S. 2006; *Perchermeier*, LwKMfunkSV, 2014, S. 175; *Sachs*, NJW 1987, 2338 (2343); *Wallerath*, AllgVerwR, 2009, § 5, Rn. 7, der die Körperschaft als Selbstverwaltung „durch ihre Mitglieder getragen" beschreibt; allgemeiner *Groß* in: Hoffmann-Riem/Schmidt-Aßmann/Voßkuhle, GdlVerwR Bd. 1, 2012, § 13, Rn. 45, dass „[f]ür die Körperschaft als typische Organisation der Selbstverwaltung [...] die genossenschaftliche Struktur kennzeichnend [ist], die den Organisationsmitgliedern durch Wahlen und Abstimmungen die Steuerungsmacht überträgt."; jedoch zu eng, *Loschelder* in: Isensee/Kirchhof, HdBdStR Bd. 5, 2007, § 107, Rn. 8, dass „[d]en Modellfall eigenverantwortlicher Wahrnehmung der eigenen Angelegenheiten durch die Betroffenen [...] die kommunale Selbstverwaltung [bildet]"; unklar *Erbguth*, AllgVerwR, 2016, § 6, Rn. 17, soweit auf die Körperschaft selbst Bezug genommen wird, wodurch jedoch ein Widerspruch zur Aussage entsteht, dass die Körperschaft zwingend eine Personenmehrheit voraussetzt, siehe Kap. C.I.2.a.vi.(3); *Maurer*, AllgVerwR, 2011, § 23, Rn. 13, demzufolge sich die Angelegenheiten „sich aus der örtlichen Gemeinschaft ergeben oder sich auf diese beziehen"; allgemein zur Körperschaft, *ders.*, aaO., Rn. 30, mit der Beschreibung, dass die „Personenverbände, ihre Angelegenheiten' selbst verwalten", *ders.*, aaO., § 23, Rn. 40; a. A. bzgl. den Wissenschaftlichen Akademien, *Ossenbühl*, DtAkadWKöR, 2005, S. 24, obwohl dann konsequenterweise von einer einstufigen Aufgabenübertragung und einer sie tragenden Personeneinheit ausgegangen werden müsste.

1137 **KöR:** *Bull/Mehde*, AllgVerwR, 2015, § 3, Rn. 119, 124, *Fleiner*, InstrDtVerwR, 1928, S. 113; *Forsthoff*, VerwR Bd. 1, 1973, § 26, S. 525; *Hofmann* in: ders./Gerke, AllgVerwR, 2010, Rn. 77; *J. Ipsen*, AllgVerwR, 2015, § 4, Rn. 263, der ausdrücklich den staatlichen Ursprung der Aufgaben im übertragenen Wirkungskreis hervorhebt, ohne jedoch die Abgrenzung zum eigenen Wirkungskreis deutlich werden zu lassen; *Maurer*, AllgVerwR, 2011, § 22, Rn. 11, § 23, Rn. 14; *Peine*, AllgVerwR, 2014,

Diese Zweiteilung der Aufgaben gilt sodann jedoch für die juristische Person im allgemeinen[1138], wie sie sich regelmäßig auch in den Rechtsgrundlagen wiederfindet[1139]. Für die Aufgaben im übertragenen Wirkungskreis ist Anknüpfungspunkt allein die der Aufgabenübertragung zugrundeliegende – wie bereits herausgearbeitet – Rechtsfähigkeit als juristische Person[1140] und vermag damit die Rechtsformen nicht zu differenzieren. An dieser Stelle unterscheiden sich Bund- und Selbstverwaltungskörperschaften dementsprechend nicht. Für die Bundkörperschaften sind nur im Rahmen der Vollübertragung Aufgaben im eigenen Wirkungskreis nicht zu differenzieren. Auf der einen Seite finden sich damit Aufgaben, welchen gemeinsam von allen Mitgliedern sowie daneben ggf. solche, die allein von einer Mutterkörperschaft oder einer anderen Person übertragen wurden.

Diese Vollübertragung trifft sowohl auf die Bundkörperschaft als auch auf die Anstalt und Stiftung des öffentlichen Rechts sowie die Privatrechtsformen zu, soweit nicht Selbstverwaltungsaufgaben der Anstalt oder Stiftung[1141] als Rahmenübertragung

---

§ 2, Rn. 63; *Perchermeier*, LwKMfunkSV, 2014, S. 204 ff.; *Trockels* in: Schweickhardt/Vondung (Hrsg.), AllgVerwR, 2010, Rn. 30, demzufolge „[d]er Staat [...] sich der Kommunalbehörden [bedient], um durch diese (mittelbar) seine Gesetze ausführen zu lassen"; *Wallerath*, AllgVerwR, 2009, § 6, Rn. 70.

1138 Zu unrecht insoweit differenzierend daher **AöR:** *Ochmann*, RfwPrivöffrAnst, 2005, S. 54.

1139 **KöR:** §§ 9 Abs. 5, 13 Abs. 1 NArchtK(G); § 14 Nds.HKG; § 34 Nds.LwKG; § 51 Abs. 1 S. 1 NHG; §§ 15 Abs. 4, 28 NIngG; § 170 ff. NKomVG; § 2 Abs. 4, **AöR:** vgl. § 10 Abs. 1 AGTierGesG(G2), S. 277 (278); § 15 IuFB(G1), S. 712 (714); § 12 Abs. 1 NLFst(G1), S. 616 (617); § 68 Abs. 5 StW-H, S. 173; ausgeschlossen dagegen für die Niedersächsische Landesmedienanstalt, § 37 Abs. 1 S. 3 NMedienG; **tr-AöR:** § 3 Abs. 1 PolAN(G), S. 444; **SöR:** § 68 Abs. 5 NHG; insgesamt unklar § 62 Abs. 2 NGH, soweit hiernach die „Stiftung [...] bei der Durchführung von Bundesgesetzen, die das Land im Auftrag des Bundes ausführt, sowie bei der Ausübung der Rechtsaufsicht über die Hochschule an die Weisungen des Fachministeriums gebunden" ist, was eine Fachaufsicht umgekehrt nahe legt; § 9 SBK, S. 649 (650).

1140 **SöR und st. SbR:** *Schlüter/Krüger*, DVBl. 2003, 830 (843); *Strickrodt*, NJW 1962, 1480 (1481); außer Betracht soll an dieser Stelle bleiben, dass damit zusätzlich die Organleihe Anknüpfungspunkt für eine Unterscheidung in einen eigenen und einen übertragenen Wirkungskreis sein kann. In diesem Fall handelt es sich jedoch organisatorisch nicht um eine Einrichtung der jeweiligen Mutterkörperschaft, sodass der insoweit übertragene Zweck nicht die Grundlage der juristischen Person selbst bildet, sondern nur zum Zweck einer bereits bestehenden juristischen Person hinzu kommt. Damit handelt es sich bei der Organleihe um Formen der Beleihung und der Indienstnahme eines Verwaltungshelfers, was im Rahmen der Rechtsformen der Staatsverwaltung nicht näher untersucht werden muss; vgl. auch *Hauser*, WahlOrgForm, 1987, S. 198.

1141 Vgl. **AöR:** *Berg*, NJW 1985, 2294 (2297); *H. Korte/Rebe*, VerfVerwNieders, 1986, S. 504; *Salzwedel*, VVDStRL 22, 1965, 206 (212); Selbstverwaltungsrechte zutreffend für die kommunalen AöR ablehnend, *Köttgen*, RfVerwEinh, 1939, S. 71; *Lübbecke*, KommUntNRW, 2004, S. 77 f.; in der Begründung dagegen unklar *M. Müller* in:

bei Personenverschiedenheit zur Mutterkörperschaft zugewiesen sind. Diese Frage hängt damit entscheidend von der Organstruktur ab, die – wie bereits dargelegt – eine Personenverschiedenheit grundsätzlich nicht aufweist. Bei einer Aufgabenübertragung – die Rechtsfähigkeit vorausgesetzt – kann damit unabhängig von den Rechtsformen nur zwischen einer Rahmenübertragung bei den Selbstverwaltungskörperschaften und einer Vollübertragung, bei den Bundkörperschaften sowie allen weiteren juristischen Personen, unterschieden werden.

Da diese Vollübertragung sowohl einen gemeinsamen Zweck einer Personenmehrheit als auch den alleinigen Zweck einer Mutterkörperschaft betreffen kann, wird auch eine weitere Differenzierung zwischen den juristischen Personen und den nicht-rechtsfähigen Verwaltungseinheiten aufgelöst. Für die weiteren Rechtsformen unterscheiden sich Auftragsangelegenheiten in einem übertragenen Wirkungskreis nur, soweit der Aufgabenübertragung eine Personenmehrheit und damit gemeinsamer Zweck dem eigenen Wirkungskreis zugrunde liegt. Andernfalls ist der Bezugspunkt beider Aufgabenbereiche (eigener und übertragener) zu der alleine übertragenden Mutterkörperschaft identisch, als deren (Teil-)Zweck sich der Zweck der Einrichtung weiterhin darstellt[1142]. Eine Differenzierung kann wiederum

---

Wolff/Bachof/Stober/Kluth, VerwR Bd. 2, 2010, § 86, Rn. 10, Rn. 28; **AöR und SöR:** *Badura* in: FS BayVerfG, 1997, S. 20; *Bull/Mehde,* AllgVerwR, 2015, § 3, Rn. 101, demzufolge dies in einer Verselbstständigung des Verwaltungsträgers begründet wäre, was jedoch eine Frage der Organstruktur und nicht des Zwecks selbst ist; *K. Lange,* VVDStRL 44, 1986, S. 203, Fn. 93, jedoch sodann widersprüchlich wiederum Mitglieder für AöR und SöR ausschließend; insgesamt unklar dagegen *Burgi* in: Erichsen/Ehlers (Hrsg.), AllgVerwR, 2010, § 8, Rn. 11, der Selbstverwaltungsbefugnisse für alle Rechtsformen annehmend, ohne die Voraussetzungen dieser Begrifflichkeit näher darzulegen; *Hendler,* SelbstOrdpr, 1984, S. 288; **JPöR:** *Oebbecke* in: Isensee/Kirchhof, HdBdStR Bd. 6, 2008, § 136, Rn. 98, dass mit der „Schaffung juristischer Personen des öffentlichen Rechts [...] typischerweise mit der Einräumung von Selbstverwaltungsbefugnissen verbunden [ist]", ohne dies zu begründen; vgl. auch *H. Faber,* VerwR, 1995, § 12 III, S. 85.

1142 Zutreffend daher **JPbR:** *T. Faber,* GesBindAufsM, 2010, S. 187 f., 215; *Parmentier,* GlsöffUntern, 2000, S. 98; *Pfeifer,* SteukomAktdG, 1991, S. 26, 32; *Schiessl/Böhm* in: MüHBGesR Bd. 3, 2012, § 32, Rn. 20; vgl. auch *Fiedler,* StEStwFwFm, 2004, S. 68 ff.; *Häußermann,* StkommEigenges, 2004, S. 119, von einer Fremdverwaltung durch die Eigengesellschaft ausgehend; dagegen unklar, soweit „Auftragsangelegenheiten" in Abgrenzung zu eigenen Aufgaben allgemein für alle Rechtsformen angenommen werden, da in beiden Fällen die Übertragung durch den Staat der Ausgangspunkt, jedoch die Differenzierung nur durch den Bezug zu den Mitgliedern und damit nur für die Körperschaft bzw. dahinter stehender Personenmehrheit möglich ist; vgl. auch **AöR:** *Rüfner,* FormöffVerw, 1967, S. 245, zutreffend diese Aussage mit Hinweis auf die Vertreter der Mutterkörperschaft in den Organen der Anstalt nachfolgend relativierend; **SöR:** *J. Ipsen,* NdsVBl. 2003, 1 (2); so allgemein dennoch **JPbR:** *Kraft,* VerwGesellR, 1982, S. 55; **JP:** *Forsthoff,* VerwR Bd. 1, 1973, § 25, S. 479. Unzutreffend dagegen **st. GmbH:** *Altmeppen,* NJW 2003, 2561 (2565);

allenfalls im Rahmen einer beschränkten Steuerung erfolgen, welche – wie bereits herausgearbeitet – sowohl die rechtsfähigen als auch die nicht-rechtsfähigen Verwaltungseinheiten betreffen kann. Andernfalls ist für den Teilzweck keine rechtlich erhebliche Veränderung zu begründen, soweit der Staat in allen seinen Tätigkeiten immer nur Teilzwecke verfolgen kann.

Dies hat für die juristischen Personen mit einer alleinigen Zweckübertragung einer Mutterkörperschaft die Konsequenz, dass sich der eigene und der übertragene Wirkungskreis nicht unterscheiden und damit der einheitlichen Aufgabenzuweisung der nicht-rechtsfähigen Verwaltungseinheit, welcher mangels Rechtsfähigkeit keine Aufgaben in einem übertragenen Wirkungskreis übertragen werden können, gleichen. Ausreichend ist bei unterschiedlichen Aufgaben zwischen einer funktionalen Zuordnung zu differenzieren, ob die Organe weisungs- bzw. nicht weisungsgebunden sind. Dies stellt gleichzeitig einen weiteren Grund dafür dar, den Einfluss nicht entsprechend einer bloßen formellen Anordnung einer Fachaufsicht oder einer Rechtsaufsicht zu differenzieren[1143]. Dieser Aspekt ist außerdem bereits im Rahmen der Zuständigkeiten und ggf. einer Aufgabentrennung zwischen den verschiedenen Organen bereits relevant geworden[1144].

Insgesamt lässt sich damit für alle Rechtsformen die Aufgabenübertragung eines Teil-Zwecks durch die Mutterkörperschaft als einheitlicher Anknüpfungspunkt ihres Zwecks darstellen. Entsprechend der Organstruktur lässt sich die Zweckübertragung in einen gemeinsamen und einen alleinigen Teil-Zweck einer Personenmehrheit respektive Personeneinheit unterteilen. Ersteres gilt damit uneingeschränkt nur für die Körperschaft (ebenso e. V. und e. G.) und Letzteres für die nicht-rechtsfähige Verwaltungseinheit. Die weiteren Rechtsformen wie Anstalt, Stiftung, GmbH und AG lassen sich im Rahmen der Zweckübertragung abschließend

---

R. Becker in: Wurzel/Schraml/ders. (Hrsg.), RkommUnter, 2015, S. 196, allgemein eine Treuepflicht begründend; **st. GmbH:** *T. Faber*, GesBindAufsM, 2010, S. 170, auf eine Fremdnützigkeit abstellend, übersehend, dass das Interesse der Alleingesellschaft jedoch mit dem (Teil-)Interesse der Mutterkörperschaft identisch ist; *Erichsen*, VertKomjurPers, 1990, S. 62; **st. AG:** *Früchtl*, AktgRfwirtöffH, 2009, S. 159, übersehend, dass eine Treuepflicht im Fall eines Alleinaktionärs an einer Konfusion scheitert; **st. GmbH und st. AG:** unzutreffend auch eigene und fremde Aufgaben differenzierend, *Dewald*, PrivStiftöffZw, 1990, S. 17; zutreffend dagegen *ders.*, aaO., S. 17, für die Anstalt und nachfolgend S. 59 ff., auch für die Stiftung, jedoch übersehend, dass der Staat generell keinem Selbstzweck dient, sondern insofern immer „fremdnützig" sein muss; *Engellandt*, EinflKomKapGes, 1995, S. 45 f.; *Folz* in: FG v. Unruh, 1983, S. 912. Überzeugend der Hinweis daher *Fiedler*, StEStwFwFm, 2004, S. 46, dass „auch die Erfüllung eigener Aufgaben fremdnützig" sein kann; in sich widersprüchlich *Kreienschulte*, RchStiftVolksw, 1969, S. 31; *Tomsen*, stnStiftBerAut, 1991, S. 161 f., im Vergleich zu *dies.*, aaO., S. 184, dass „der Gesellschaftszweck [...] mit dem Aufgabenerfüllungsinteresse des Staates als alleiniger Anteilseigner identisch [ist]"; unzutreffend wiederum.

1143 Vgl. Kap. C.I.2.a.

1144 Siehe hierzu weiterführend Kap. C.I.2.b.ii.

den beiden Grundtypen der Körperschaft des öffentlichen Rechts oder der nichtrechtsfähigen Verwaltungseinheit zuordnen.

Eine weitere Differenzierung erfolgt dagegen nicht zwischen den Rechtsformen, sondern nur innerhalb der Rechtsform der Körperschaft des öffentlichen Rechts, da die Unterscheidung zwischen Voll- und Rahmenübertragung eine Personenmehrheit voraussetzt[1145] und so nur für die Körperschaft in Frage kommt. Die Zweckübertragung kann damit zwischen der Bund- und der Selbstverwaltungskörperschaft unterschieden werden. Die Ausgestaltung als Voll- oder Rahmenübertragung hängt auch in diesem Fall statt von der Rechtsform von der Organstruktur ab, sodass sich die Aufgabenübertragung nur eingeschränkt für eine Differenzierung der Rechtsformen anhand ihres Zwecks eignet. Gleichwohl erscheint eine Rahmenübertragung zumindest prägend für die Selbstverwaltungskörperschaft. Umgekehrt kann zwar die Rechtsfähigkeit selbst als Voraussetzung für die Aufgabenübertragung angesehen werden, jedoch unterscheidet sich eine mit einer mangelnden Rechtsfähigkeit verbundene bloße funktionale Zuordnung hiervon nicht. In beiden Fällen ist es der Teil-Zweck der Mutterkörperschaft, der den Zweck der Einrichtung bildet.

2. Die Satzungsautonomie in Abhängigkeit von der Organstruktur

Mit der Aufgabenübertragung ist eine Satzungsautonomie[1146] der juristischen Personen in Bezug auf die Ausgestaltung des Zwecks, wie zu zeigen sein wird, nicht zwingend verbunden. Es fallen zunächst bereits die Einrichtungen unabhängig von der Rechtsform heraus, für die im Einzelfall entweder keine Satzungsermächtigung[1147] besteht oder die Mutterkörperschaft die Satzung erlässt und ändert[1148]. Außerdem setzt die Satzungsautonomie einen Spielraum in der Ausgestaltung des Zwecks voraus. Dieser darf nicht bereits durch den errichtenden Legislativakt abschließend bestimmt sein, da dieser nicht durch die Organe der juristischen Person geändert werden kann. In diesem Sinne schließt eine konkrete Ausgestaltung der Aufgabenübertragung, die im Einzelfall bereits durch Gesetz erfolgen kann[1149], die Satzungsautonomie unabhängig von der Rechtsform aus.

1145 Zumindest dürfte die Bildung einer Selbstverwaltungskörperschaft mit nur einem Mitglied nicht sachgerecht sein.

1146 **AöR:** *Bohn,* AnstÖffBetDritt, 2005, S. 86.

1147 Vgl. **AöR:** IuFB(G2), S. 712 ff.; **SöR:** SBK, S. 649 f.

1148 Siehe bereits Kap. C.I.2.a.vi.(2), vgl. auch **AöR:** *Ehlers* in: Schmidt-Aßmann/Dolde, ÖffWirtR, 2005, S. 217, unzutreffend dagegen in der Abgrenzung zur **JPbR:** *Ehlers* in: Schmidt-Aßmann/Dolde, ÖffWirtR, 2005, S. 223, verkennend, dass es für die Eigengesellschaften keinen Unterschied macht, ob die Mutterkörperschaft die Satzung erlässt oder als Willensbildungsorgan der Eigengesellschaft, in dem wiederum nur die Mutterkörperschaft vertreten ist.

1149 **KöR:** § 9 NArchtK(G); § 24 Abs. 2 Nds.FischG(G); § 3 Abs. 1 NHG.

Mangels Konkretisierung des Zwecks erscheint es in anderen Fällen belanglos, dass ein Exekutivakt sogar gänzlich fehlen kann[1150]. Umgekehrt charakterisiert die bereits umfassende Konkretisierung des Zwecks durch den Akt der Legislative eine bestimmte Rechtsform nicht, soweit eine Aufgabenbeschreibung durch die (Muster-) Satzung[1151] konkretisiert werden kann und diese nicht bereits durch Gesetz erfolgen muss[1152]. Neben Letzterem kann sich eine Satzungsautonomie im Einzelfall daraus ergeben, dass die Rechtsgrundlage über einen Akt der Exekutive hinaus keinen Legislativakt umfasst[1153], soweit die Organe der Einrichtung für deren Änderung zuständig sind.

Eine zweistufige Errichtung aufgrund Gesetzes trifft insofern zwar einheitlich für die Privatrechtsformen[1154], jedoch regelmäßig auch für die Einrichtungen in den öffentlich-rechtlichen Rechtsformen zu[1155], ohne damit rechtsformspezifisch zu sein. Dass auch für die öffentlich-rechtlichen Rechtsformen eine gesetzliche Grundlage gefordert wird[1156], ist daher nicht geeignet, die Rechtsformen zu differenzieren. Als Unterschied bleibt damit einseitig eine Errichtung durch Gesetz für die öffentlich-rechtlichen Rechtsformen[1157]. Für die staatliche Stiftung des bürgerlichen Rechts

---

1150 Siehe soeben.

1151 **KöR:** § 1 Abs. 1 NJagdG(S); **AöR:** § 2 ÖffSB(S3), S. 213; § 1 Abs. 3 PrLV-H(S2), S. 912; § 1 Abs. 3 StW-H, S. 172.

1152 Vgl. **KöR:** § 16 NJagdG(G); **AöR:** §§ 2, 4 Abs. 2 Nr. 2 NöVersG, S. 5.

1153 Vgl. **KöR:** § 1 AdWG, S. 775; § 1 BrWG; § 4 NLB-Giro, S. 312; § 1 Abs. 3 PrLV-H(S1), S. 478; § 13 RitLBr, S. 517 (518); **AöR:** Art. 1 AfBF(S1), S. 225; Nr. I FstKK, S. 554; HLKA, S. 739; HWW(S1), S. 510; IfE(S1), S. 688; RKrdSt(S3), S. 2; **nr-AöR:** vgl. ATAfN, S. 364; § 1 TIB, S. 820; **SöR:** § 2 Abs. 1 HWBl, S. 710; § 1 Abs. 2 MudCl(S1), S. 409; hierzu bereits auch *M. Kilian* in: DStaatalsStift, 2003, S. 31.

1154 Vgl. auch **st. GmbH:** § 2 HWW(G), dass die GmbH nicht unmittelbar errichtet, sondern mit der erforderlichen Eintragung der GmbH auf das GmbHG verweist.

1155 Vgl. **KöR:** § 11 Abs. NArchtK(G); § 26 Abs. 1 Nds.FischG(G); § 6 Nds.HKG; § 17 Abs. 1 Nds.RealvG; §§ 15 S. 2, 20 NHG; § 17 Abs. 1 NIngG; § 16 Abs. 2 NJagdG(G); § 12 Abs. 1 NKomVG; § 28 Abs. 2 NSpG; § 10 NVdR(G1), S. 65 (66); § 4 Abs. 2 OldL(G), S. 253 i.V.m. § 11 OldL(V), S. 51 (52); **AöR:** GEI(G1), S. 212 f.; IuFB(G1), S. 712; LIAG(G), S. 428; LBS-N(G), S. 230 f.; § 68 Abs. 1 NHG; NLFst(G1), S. 616 ff.; NMedienG; § 13 Nord-LB(G2), S. 631 (633); Nord-LB(G2), S. 632 ff.; NöVersG, S. 5 ff.; **tr-AöR:** PolAN(G), S. 444 ff.; **nr-AöR:** StaN, S. 410; **SöR:** §§ 55 Abs. 1, 68, 69 Abs. 1 NHG; SnGst(G), S. 494; § 3 Abs. 1 StTIB(G), S. 151; § 7 Abs. 1 StZAPf(G), S. 20.

1156 Vgl. *Badura* in: FS BayVerfG, 1997, S. 10; *Berg*, NJW 1985, 2294 (2296); *Fett*, ÖffrAnstabKonU, 2000, S. 45; *Fiedler*, StEStwFwFm, 2004, S. 99 ff., *Kölble*, DVBl. 1965, 867; *Mehde* in: Hartmann/Mann/ders., LdRNds, 2015, § 2, Rn. 9 f., als institutioneller Gesetzesvorbehalt; eingehend hierzu auch *Köttgen*, VVDStRL 16, 1958, 154 (161 ff.; weitergehend sogar *Boergen*, DVBl. 1971, 869 (877); *Ehlers*, JZ 1990, 1087 (1992 f.); *Dehnhard*, LKV 2003, 121 (122); vgl. jedoch auch *Stelkens*, LKV 2003, 489 (491), dass eine formelle gesetzliche Grundlage als entbehrlich angesehen wird.

1157 **AöR:** § 4 Abs. 4 AGTierGesG(G2), S. 277; § 6 GEI(G2), S. 170; § 12 IuFB(G1), S. 712 (714); § 1 Abs. 2 LIAG(G), S. 428; § 8 Abs. 1 NLFst(G1), S. 616 (617); § 37 Abs. 1 S. 5 NMedienG; § 18 Nord-LB(G2), S. 632 (634); § 69 Abs. 1 NHG; **tr-AöR:** § 3 Abs. 3

sowie teilweise auch des öffentlichen Rechts erfolgt die Aufgabenübertragung in vergleichbarer Weise durch zwei Akte der Exekutive, die Stiftungsurkunde[1158] bzw. die Verordnung[1159], die neben einer Satzung den Zweck bestimmen. Damit ist bereits die Satzungsautonomie dem Grund nach nur eine Frage der Ausgestaltung im Einzelfall.

Wie die Satzungsautonomie bewertet wird, hängt außerdem entscheidend von der Organstruktur der Rechtsformen ab. Aufgrund der Organingerenz kann sich die Ausgestaltung des Zwecks einer juristischen Person als Entscheidung der gleichen Mutterkörperschaft darstellen[1160], – insbesondere im Fall einer sie tragenden Personeneinheit – welche bereits über den Legislativakt oder das Stiftungsgeschäft entschieden hat. Die Satzungsautonomie greift daher nur für die Fälle einer Personenmehrheit, in denen ein gemeinsamer Zweck – aufgrund von zur Mutterkörperschaft personenverschiedenen Mitgliedern oder einer Personenmehrheit – durch die Organe der Einrichtung konkretisiert werden kann.

Damit unterscheiden sich die juristischen Personen des öffentlichen Rechts – im Fall einer Personeneinheit – nicht von den nicht-rechtsfähigen Verwaltungseinheiten, die mit der Eigenbetriebsverordnung als abstrakten Akt der Exekutive[1161] eine weitere Satzung umfasst. Unerheblich ist es daher auch, dass sich rechtsfähige bereits nicht von den nicht-rechtsfähigen Verwaltungseinheiten unterscheiden, soweit eine Errichtung allein aufgrund eines Exekutivaktes zwar auf (fast[1162]) alle nicht-rechtsfähigen Anstalten[1163], jedoch auch auf viele rechtsfähige zutrifft. Außerdem ist zu berücksichtigen, dass die nicht-rechtsfähigen Verwaltungseinheiten vielfach Geschäftsordnungen erlassen können, welche insofern an die Stelle einer Satzung einer rechtsfähigen Verwaltungseinheit treten.

Nicht die Satzungsautonomie, sondern funktionale Gründe sind für den Konvertierungsgrad des Zwecks bestimmend. Der Zweck dient nur der Abgrenzung der Verbandskompetenz bzw. funktionalen Zuständigkeit zu einer anderen Einrichtung[1164], sodass die Konkretisierung dadurch bedingt ist, dass eine Abgrenzung erforderlich oder mangels weiterer vergleichbarer Einrichtungen entbehrlich ist. Der Detailgrad des Zwecks unterscheidet sich weder bzgl. den Rechtsformen, noch

---

PolAN(G), S. 444; unklar dagegen, **nr-AöR:** § 1 Abs. 2 S. 2 StaN, S. 410, demzufolge das Finanzministerium „[das] Nähere“ regelt, ohne dass dies ausfindig gemacht werden konnte; **SöR:** § 10 Abs. 1 SnGst(G), S. 494 (495); StZIN(G), S. 209 f.

1158 **st. SbR:** Nr. II BaStW(U), S. 243; FamN(U), S. 672; NLottSt(U), S. 1193; NUmwSt(U), S. 1221; NWirtA(U), S. 410; ResFN(U), S. 2030; StbRB(U), S. 956; StLSb(U), S. 15; StN(U), S. 126; StOpfH(U), S. 98 f.; VWSt(U), S. 1048; ZeVA(U), S. 1001.

1159 Vgl. **SöR:** § 55 Abs. 1 NHG.

1160 In diese Richtung bereits, **JPbR:** *Pfeifer*, SteukomAktdG, 1991, S. 79.

1161 **nr-VE:** EigBetrVO, S. 21.

1162 Anders dagegen **nr-AöR:** StaN, S. 410.

1163 **nr-AöR:** ATAfN, S. 364 f.; HAB, S. 271; NIfR(S1), S. 834; TIB, S. 820; vgl. auch **nr-SbR:** § 2 Abs. 2 NBingSt, S. 464, für den Emsfond.

1164 Vgl. **JP:** *Alscher*, DStiftungÖffR, 2006, S. 108.

der juristischen Personen oder nicht-rechtsfähigen Verwaltungseinheiten. Eine Satzungsautonomie ist damit nur im Rahmen einer Personenmehrheit zu begründen und gleichzeitig abhängig von den Regelungen im Einzelfall, jedoch unabhängig von der Rechtsform.

3. Die Steuerung durch den Grad der Konkretisierung des Zwecks

Jenseits der Satzungsautonomie erfolgt durch die Festlegung des Zwecks, wie bereits ausgeführt, eine Steuerung auch gegenüber den Organen jenseits der bereits untersuchten Organstruktur selbst[1165]. Dabei ist davon auszugehen, dass die Steuerung umso stärker ausgeprägt ist, je konkreter der Zweck gefasst ist. Zum einen finden sich Beispiele, in denen in einem umfangreichen und detaillierten Katalog einzelne Aufgaben übertragen sind[1166]. Hier finden sich Aufgaben wie unter anderem „auf die Beilegung von Streitigkeiten, die sich aus der Berufsausübung [...] ergeben, hinzuwirken“[1167] oder die „Herstellung und Veröffentlichung geologischer und hydrologischer Karten verschiedenen Maßstabes“[1168]. Beispielsweise im Fall der Stiftung „Museumsdorf Cloppenburg“, ist es „die Aufgabe [...], das Museumsdorf Cloppenburg als großes, zentrales wissenschaftlich geordnetes und geleitetes Freilichtmuseum zu verwalten, zu unterhalten und auszubauen. Das Museumsdorf soll ein kulturgeschichtlich wahres, möglichst geschlossenes Bild alter Dorfkultur bieten“[1169]. Für die Clausthaler Umwelttechnik-Institut GmbH ist der Zweck die „anwendungsnahe wissenschaftliche Forschung auf dem Gebiet der Umwelttechnik“ in einer Vielzahl näher ausgeführter Bereiche, wie insbesondere auf dem Gebiet

1165 Siehe hierzu insbesondere, Kap. C.I.2.b.ii.(2), (3) und C.I.3.c.

1166 Vgl. **KöR:** § 9 Abs. 1 NArchtK(G); § 9 Abs. 1 Nds.HKG; § 2 Abs. 1, 2 Nds.LwKG; § 3 Abs. 1 NHG; § 15 Abs. 1 NIngG; § 4 Abs. 1 NLB-Giro, S. 312 (313); § 2 Abs. 1 OldL(V), S. 51; **AöR:** § 4 Abs. 3 AGTierGesG(G2), S. 277; § 2 Abs. 1 GEI(G1), S. 212; § 2 Abs. 1 HWW(S1), S. 510; § 2 IfE(S1), S. 688; § 5 Abs. 2 IuFB(G1), S. 712; § 68 Abs. 2 NHG; § 38 NMedienG; **tr-AöR:** § 2 Abs. 1 PolAN(G), S. 444; **nr-AöR:** § 4 Abs. 1 ATAfN, S. 364; § 2 Abs. 4 HAB, S. 271; § 4 NIfR(S1), S. 834; § 2 StaN, S. 410; § 2 TIB, S. 820; **SöR:** § 2 Abs. 1 HWBl, S. 710; § 55 Abs. 3 i.V.m. 47 S. 2, § 68 Abs. 2 NHG; § 2 StZAPf(G), S. 20; **JPöR:** §§ 4, 5 BRRKv, S. 626; §§ 4, 5 CGGHKv; **st. GmbH:** § 2 Abs. 1 EaSoA; § 2 Abs. 1 HIS(S1), zumindest teilweise; § 2 Abs. 1 HWW(S2); § 2 Abs. 1, 2 RamBmG, zumindest teilweise; **st. AG:** § 2 Abs. 1 SagAG; § 2 Abs. 1 VWAg; **st. e. V.:** § 2 Abs. 2 3NKN; **st. e. G.:** § 2 Abs. 2 HIS(S2); **st. SbR:** § 2 Abs. 1 GISMA(S1), S. 426; § 3 Abs. 1 NWirtA(S), S. 410; § 2 Abs. 2 StJbJ, S. 55; § 2 StLSb(S), S. 15; § 2 StOpfH(S), S. 99; § 2 ZeVA(S), S. 1001; **nr-VE:** § 4 NIfR(S1), S. 834; § 2 Abs. 1 LGLN(S1), S. 880; § 2 Abs. 2 Nr. 7 LSKN, S. 836 (837); § 2 Abs. 1 LWKN, S. 855; Nr. 1 NStB, S. 95; § 14 VwÄKN; § 26 VwIngK; vgl. auch für die kommunalen Eigenbetriebe, § 2 Abs. 1, 2 HCC.

1167 **KöR:** § 9 Abs. 6 NArchtK(G).

1168 **AöR:** § 2 Abs. 2 a) AfBF(S2), S. 252 (253).

1169 **SöR:** § 1 Abs. 2 MudCl(S1), 409.

von Abfall und Deponien[1170], für die Deutsche Messe AG, die die Aufgabe der „Vermietung von Messehallen und Freigelände sowie die Vorbereitung und Abhaltung von Messen, Ausstellungen und sonstigen öffentlichen Veranstaltungen"[1171], für die „Barkenhoff-Stiftung", die unter anderem den Zweck hat, „den Barkenhoff mit den erhaltenen, von Heinrich Vogeler geschaffenen Einrichtungsgegenständen, den eigenen künstlerischen Nachlaß Heinrich Vogelers und die Bestände des Worpsweder Archivs zu unterhalten und zu vervollständigen"[1172], Es finden sich daher für alle Rechtsformen Beispiele, in denen aufgrund einer konkreten Formulierung des Zwecks eine normative Steuerungswirkung angenommen werden könnte, ohne dass damit diese Frage für die Abgrenzungsfähigkeit der Rechtsformen entschieden werden müsste[1173].

Ein konkreter ausformulierter Zweck ist ebenso wenig für eine Rechtsform bestimmend. In anderen Fällen ist der Zweck unabhängig von der Rechtsform vielmehr allgemeiner formuliert[1174], wie z. B. für die Akademie der Wissenschaften zu Göttingen, dass diese „die Aufgabe hat, in eigener Arbeit und im Zusammenwirken mit den gelehrten Körperschaften des In- und Auslandes der Wissenschaft zu dienen"[1175], die Kommunen, welche „alle Angelegenheiten der örtlichen Gemeinschaft"[1176] erfüllen oder die „selbstständig und in Zusammenarbeit mit anderen Einrichtungen des In- und Auslandes Grundlagen- und anwendungsorientierte interdisziplinäre Forschung zu initiieren und zu organisieren"[1177]. Für die „Stiftung Braunschweigischer Kulturbesitz" ist beispielsweise der Zweck, „kirchliche, kulturelle und soziale Zwecke

---

1170 **st. GmbH:** § 3 Gesellschaftsvertrag der Clausthaler Umwelttechnik-Institut GmbH, zitiert nach Forschungsevaluation der niedersächsischen Hochschulen und Forschungseinrichtungen der betreffenden Einrichtung, ids.hof.uni-halle.de/documents/t1404.pdf, zuletzt abgerufen am 21.06.2016.

1171 **st. AG:** § 2 DMAg, S. 1.

1172 **st. SbR:** § 2 Abs. 2 Nr. 1 BaStW(S), S. 243.

1173 In diesem Sinne bereits zu Recht kritisch, *Fett*, ÖffrAnstabKonU, 2000, S. 227.

1174 Vgl. **KöR:** § 1 BrWG; § 24 Abs. 2 Nds.FischG(G); § 3 Nds.RealvG; § 1 Abs. 1 NJagdG(S); § 29 Abs. 1 NSpG; § 1 Abs. 2 NVdR(G1), S. 65 (66); § 2 Stud-LUH; **AöR:** § 2 LBS-N(G), S. 230; § 2 LIAG(G), S. 428; § 3 NLFst(G1), S. 616; § 4 Nord-LB(G2), S. 632; § 2 RKrdSt(S3), S. 2; **tr-AöR:** § 2 BrLB; **nr-AöR:** § 2 HAB, S. 271; **SöR:** § 2 SnGst(G), S. 494; § 2 Abs. 1 StTIB(G), S. 151; § 2 StZIN(G), S. 209; **JPöR:** § 2 Abs. 1 ARL(S2), S. 254; **st. GmbH:** § 2 DSMZ; § 2 Abs. 1 LEA; **st. e. V.:** § 2 BrLsch; § 2 EmLsch; § 1 Abs. 1 NStT; **st. SbR:** § 2 FamN(S2), S. 137; § 2 HEH, S. 623; § 2 Abs. 1 KTSt(S2), S. 1227; NBingSt, S. 464, vgl. jedoch auch hierzu vor ihrer Umbenennung die Satzung der Umweltstiftung, deren Zweck noch konkreter gefasst war; § 2 NLotSpSt, S. 294; § NLottSt(S2), S. 86; § 2 NWattSt, S. 1096 f.; § 2 Abs. 1 StbRB(S2), S. 280; § 2 StN(S2), S. 1209 f.; vgl. auch **nr-SbR:** § 5 NBingSt, S. 464; **nr-VE:** § 4 Abs. 1 ITN, S. 243; § 2 Abs. 2, 4 IZN, S. 1150; § 4 Abs. 1 LGLN(S2), S. 572; § 2 LZN, S. 696; § 1 Abs. 1 NBiblS, S. 2084; § 2 Abs. 1 NInL, S. 496; § 3 Abs. 1 VZG, S. 728 (729).

1175 **KöR:** § 1 AdWG, S. 775.

1176 **KöR:** § 5 Abs. 1 Nr. 1 NKomVG.

1177 **AöR:** § 2 Abs. 1 a) ARL(S5), S. 49.

im ehemaligen Land Braunschweig zu fördern [und] die Technische Universität Braunschweig, das Staatstheater Braunschweig und das Braunschweigische Landesmuseum zu fördern."[1178] Gleiches gilt auch für die allgemeine Beschreibung verschiedener GmbHs, welche bspw. den Zweck haben Führungskräfte auszubilden und so die wirtschaftliche Entwicklung von Unternehmen zu fördern[1179] oder allgemein der Förderung des Außenhandels dienen[1180]. Exemplarisch zeigt sich dies auch für die Salzgitter AG, die unter anderem „das Erbringen von Dienstleistungen"[1181] oder für die „Volkswagen-Stiftung", deren „Zweck [...] die Förderung von Wissenschaft und Technik in Forschung und Lehre"[1182] ist. Zwar mit mehr Worten, jedoch gleichwohl wenig konkret ist die Regelung für die Stiftung „Hanse-Wissenskolleg", deren Stiftungszweck „die Förderung der Wissenschaft und Forschung [ist]. Der Zweck wird insbesondere verwirklicht durch die Einladung von Persönlichkeiten aus dem In- und Ausland zu befristeten Aufenthalten („Fellowship") und die Durchführung nationaler und internationaler Veranstaltungen. Die Stiftung soll im Zusammenwirken mit den Universitäten Oldenburg und Bremen die nationale, internationale und interdisziplinäre Zusammenarbeit besonders qualifizierter Wissenschaftlerinnen und Wissenschaftler fördern; dabei soll sie besondere Aufmerksamkeit auf die Förderung junger Wissenschaftlerinnen und Wissenschaftler richten"[1183].

Letztendlich wird sich der Detailgrad des Zwecks und damit eine normative Steuerung[1184] ohne fundierte Kenntnis der Sachmaterie – wie dies auch bereits im Rahmen der Organstruktur festgestellt wurde – gar nicht einschätzen lassen. Ob für die Stiftung des bürgerlichen Rechts ein allgemein gehaltener Zweck in der Stiftungsurkunde[1185] durch Satzung näher konkretisiert wird[1186], lässt sich ebenso wenig für eine Rechtsform wie auch die bereits untersuchte generelle Satzungs-"autonomie" verallgemeinern. Zumeist wird stattdessen der Zweck aus der Stiftungsurkunde in der Satzung lediglich wiederholt[1187]. Es dürfte vielmehr von der Aufgabe und der

1178 **SöR:** § 3 Abs. 1 SBK, S. 649.
1179 **st. GmbH:** § 2 Abs. 1 GmbH.
1180 **st. GmbH:** § 2 Abs. 1 GmbH.
1181 **st. AG:** § 2 Abs. 1 SagAG.
1182 **st. SbR:** § 2 VWSt(S), S. 488.
1183 **st. SbR:** § 2 HWK(S2), S. 1009.
1184 In diesem abstrakten Sinne dennoch, **SöR:** *Alscher,* DStiftungÖffR, 2006, S. 125; **SöR und st. SbR:** *E. Müller,* DBundStift, 2009, S. 160; **JP**: kritisch bereits, *Mayen,* DÖV 2004, 45 (52).
1185 Vgl. **st. SbR:** Nr. II BaStW(U), S. 243; FamN(U), S. 672; NLottSt(U), S. 1193; NUmwSt(U), S. 1221; NWirtA(U), S. 410; ResFN(U), S. 2030; StbRB(U), S. 956; StLSb(U), S. 15; StN(U), S. 126; StOpfH(U), S. 98 f.; VWSt(U), S. 1048; ZeVA(U), S. 1001.
1186 Vgl. **st. SbR:** § 3 Abs. 1 NWirtA(S), S. 410; § 2 Abs. 1 ResFN(S), S. 838; § 2 Abs. 1 StbRB(S1), S. 956; § 2 Abs. 1, 2 StN(S1), S. 126.
1187 Vgl. **st. SbR:** § 2 BaStW(S), S. 243; § 2 FamN(S2), S. 137; § 2 HWK(S2), S. 1009; § 2 KTSt(S2), S. 1227; § 2 StOpfH(S), S. 99; § 2 ZeVA(S), S. 1001.

Frage abhängen, wie weit diese sich bereits prognostisch einschätzen und damit abschließend bestimmen lässt. Außerdem ist zu berücksichtigen, dass die Konkretisierung ebenso gut auch nur der Abgrenzung der Aufgabenbereiche verschiedener juristischer Personen oder Verwaltungseinheiten geschuldet ist. In diesem Sinne müsste der Zweck umso konkreter ausgestaltet sein, je ähnlicher der Zweck einer weiteren Einrichtung wäre, um Doppelzuständigkeiten und Ressourcenverschwendung zu vermeiden. Zumindest ist für keine Rechtsform eine bestimmte Form der Steuerung durch die Art und Weise der Gestaltung des Zwecks charakteristisch.

4. Der Bestandsschutz und die Selbstauflösung in Abhängigkeit von der Organstruktur

Mit der Differenzierung der Aufgabenübertragung und der Konkretisierung des Zwecks kann eine rechtlich erhebliche Wirkung im Fall der Zweckänderung oder Auflösung der Einrichtung einhergehen. Der Bestand des Zwecks und damit der Einrichtung hängt wiederum nicht von der Rechtsform, sondern von deren organschaftlicher Ausgestaltung im Einzelfall und der Auslegung des Demokratieprinzips im Allgemeinen ab. Als Teil der Staatsverwaltung unterliegt die Aufgabenwahrnehmung und -verteilung grundsätzlich der Organisationsentscheidung der Mutterkörperschaft[1188], mit der gerade kein Bestandschutz der einzelnen Einrichtung verbunden ist[1189]. Insbesondere lässt sich auch für die Stiftung die Auflösung nicht

1188 **AöR:** *Gärtner*, FinzBetPrivAnöffR, 1994, S. 43; *Lübbecke*, KommUntNRW, 2004, S. 217; **SöR:** *Ebersbach*, DStiftungÖffR, 1961, S. 30; **JP:** *Fiedler*, StEStwFwFm, 2004, S. 165 f.; *M. Kilian* in: Werner/Saenger (Hrsg.), DStfRStW, 2008, Rn. 1110; *E. Müller*, DBundStift, 2009, S. 133.

1189 **KöR:** vgl. BVerfGE 107, 59 (93); 111, 191 (216); BVerfG NVwZ 2015, 728 (730); *Hsu*, InstkörpSV, 2004, S. 111; insoweit ist abzustellen auf eine „fehlende institutionelle (verfassungsrechtliche Absicherung [...] der funktionalen Selbstverwaltung", *Wallerath*, AllgVerwR, 2009, § 6, Rn. 47: vgl. auch *Neumann*, NdsVerf, 2000, Art. 57, Rn. 5; *Waechter* in: HanKomNV, 2012, Art. 57, Rn. 118; **AöR:** *Ehlers* in: Schmidt-Aßmann/Dolde, ÖffWirtR, 2005, S. 232; *Ehlers*, ZHR 2003, 546 (575); *Gaß*, UmwgemUnt, 2003, S. 39; *Kemmler*, Anstlast, 2001, S. 81; *O. Mayer*, DtVerwR, 1924, § 56, S. 340, dass „[e]ine staatliche Aufhebungserklärung [...] in Form des Gesetzes jederzeit erfolgen [kann], ohne daß es hierfür einer besonderen Rechtfertigung bedürfte."; *M. Müller* in: Wolff/Bachof/Stober/Kluth, VerwR Bd. 2, 2010, § 86, Rn. 25, „der Anstaltsherr [kann] die von ihm errichtete Anstalt jederzeit aufheben"; *ders.*, aaO., Rn. 32; **SöR:** *Fittschen*, NdsVBl. 2006, 216 (218); unzutreffend dagegen *Hof* in: v. Campenhausen/Richter (Hrsg.) StfRHdB, 2014, § 4, Rn. 223; **JPöR:** *Bethge*, GrdbjurPers, 1985, S. 123; vgl. *Kluth*, FunkSbstVerw, 1997, S. 520 ff.; *H. Korte/Rebe*, VerfVerwNieders, 1986, S. 507; **st. AG:** vgl. a. A. *Bull* in: FS Maurer, 2001, S. 556; **st. GmbH und st. AG:** *Engellandt*, EinflKomKapGes, 1995, S. 49; **st. SbR:** vgl. auch *M. Kilian* in: Werner/Saenger (Hrsg.), DStfRStW, 2008, Rn. 1109 f., dass staatliche Einrichtungen insgesamt keinen Bestandsschutz für sich in Anspruch nehmen können; **JPbR:** *Pfeifer*, SteukomAktdG, 1991, S. 27.

an das Vorliegen eines wichtigen Grundes binden[1190] – wobei der wichtige Grund als Voraussetzung wiederum auslegungsfähig ist. Ebenso wenig ist damit der Zugriff der Mutterkörperschaft aufgrund einer „dauerhaften“ Übertragung des Zwecks[1191] auf eine Anstalt beschränkt.

Dies lässt sich darüber hinaus mit einem Konfusionsargument begründen, dass dem Staat kein Recht gegen die eigene Auflösung zusteht und damit im Rahmen der Staatsverwaltung ein entsprechendes Recht auch nicht übertragen kann[1192]. Das Fehlen eines Bestandsschutzes lässt sich darüber hinaus mit der Organstruktur begründen, soweit die Organingerenzen zwischen Mutterkörperschaft und Einrichtung den Bestandsschutz leerlaufen lassen. In diesem Fall könnten nicht-organschaftliche Rechtsverhältnisse (die Vertretung) zwischen dem Mitglied des (Willensbildungs-)Organs und der Mutterkörperschaft die Selbstständigkeit überlagern. Die Organingerenzen relativieren insbesondere auch die Aussage zu den Stiftungen, dass eine Auflösung nur aus wichtigem Grund, insbesondere im Fall der Gemeinwohlgefährdung, möglich wäre[1193]. Nicht zu vergessen, dass die Frage, was als wichtiger Grund anzuerkennen ist, auch hier auslegungsfähig ist.

Der Maßstab selbst ist von der Auslegung des Demokratieprinzips abhängig. Im Ergebnis handelt es sich auch im Fall einer Anstalt oder Stiftung bereits um keine dauerhafte Zweckübertragung[1194], da mit der Übertragung keine Rechtsposition

---

1190 Unzutreffend daher **SöR:** *Gaß*, UmwgemUnt, 2003, S. 39; *Houben*, RformUniKlin, 2014, S. 112; *v. Campenhausen/Stumpf* in: v. Campenhausen/Richter (Hrsg.) StfRHdB, 2014, § 16, Rn. 13; **SöR und st. SbR:** *Fiedler*, StEStwFwFm, 2004, S. 46, im Nachfolgenden jedoch den Konflikt mit dem Zugriffsrecht des Staates auf seine Verwaltung mangels „institutioneller Garantie“ offen lassend, S. 166, 173; *Hof* in: v. Campenhausen/Richter (Hrsg.) StfRHdB, 2014, § 4, Rn. 173; *E. Müller*, DBundStift, 2009, S. 158 f., hierzu jedoch bereits im Widerspruch zuvor eine „institutionelle Garantie“ ablehnend, *ders.*, aaO., S. 157; *Twehues*, RechtskommStift, 1996, S. 246 f.

1191 **AöR:** *Fett*, ÖffrAnstabKonU, 2000, S. 30; *Umbach/Clemens* in: ders./ders., GG Bd. 2, 2002, Art. 86, Rn. 18.

1192 Vgl. *M. Kilian* in: Werner/Saenger (Hrsg.), DStfRStW, 2008, Rn. 1109 f.; siehe auch *Oldiges*, NVwZ 1987, 737 (743).

1193 **SöR:** *M. Müller* in: Wolff/Bachof/Stober/Kluth, VerwR Bd. 2, 2010, § 86, Rn. 25, *Kluth in: Wolff*/Bachof/Stober/ders., VerwR Bd. 2, 2010, § 87, Rn. 15; jeweils jedoch ohne Begründung.

1194 **AöR:** so jedoch, *M. Müller* in: Wolff/Bachof/Stober/Kluth, VerwR Bd. 2, 2010, § 86, Rn. 1 gleichzeitig in Widerspruch zu der Aussage der jederzeitigen Dispositionsbefugnis des Anstaltsherrn, *ders.*, aaO., Rn. 25; **SöR:** *Alscher*, DStiftungÖffR, 2006, S. 34, *Backhaus*, ÖffUntern, 1980, S. 261; *Mittmann*, DemÜbStuAnst, 1971, S. 30; so jedoch *C. Lange*, PrivREchtsF, 1984, S. 27; *Saenger* in: Werner/ders. (Hrsg.), DStfRStW, 2008, Rn. 160, dass das der „Stiftung gewidmete Vermögen den vom Stifter festgelegten Stiftungszweck dauernd zu verfolgen“ bestimmt ist; ohne Begründung generell ablehnend *M. Kilian* in: Werner/Saenger (Hrsg.), DStfRStW, 2008, Rn. 994; *Rüfner*, FormöffVerw, 1967, S. 247; **st. SbR:** *Alscher*, DStiftungÖffR, 2006, S. 127; so jedoch hierzu im Widerspruch ohne Begründung hierzu, *dies.*, aaO.,

einhergehen kann und damit in diesem Rahmen keine rechtliche Relevanz verbunden ist[1195]. Dem entspricht zumindest rechtstatsächlich, dass in der Vergangenheit Einrichtungen unterschiedlichster Rechtsform bereits aufgelöst wurden[1196]. Der Zugriff der Exekutive ist nur soweit eingeschränkt, wie der Errichtung unmittelbar ein Legislativakt zugrunde liegt[1197], was jedoch gerade für keine Rechtsform zwangsläufig der Fall ist[1198]. Außerdem kann dies im Einzelfall durch eine Ermächtigung zur Auflösung durch die Exekutive auch wieder durchbrochen sein[1199]. Dies stellt jedoch keine Folge der Rechtsform dar, sondern ist nur abhängig vom Verhältnis zwischen Legislative und Exekutive in Bezug auf die Organisation der Staatsverwaltung, auf was an dieser Stelle daher nicht weiter eingegangen werden muss.

Die staatlichen Einrichtungen in Privatrechtsform können darüber hinaus ihren Bestandsschutz nicht aus einem Grundrechtsschutz herleiten[1200], sondern unterliegen

---

S. 75; so auch *Dewald*, PrivStiftöffZw, 1990, S. 6; *Nissel* in: Werner/Saenger (Hrsg.), DStfRStW, 2008, Rn. 207, dass „der Stifterwille für sie dauernd konstitutiv bleibt; siehe auch *M. Kilian* in: Werner/Saenger (Hrsg.), DStfRStW, 2008, Rn. 1102, dass das „fehlende personelle Substrat [...] dem Grundrechtsschutz der Stiftung nicht entgegen [stehe]", ohne den Rechtsschutz positiv zu begründen, a. A. wiederum *ders.*, aaO., Rn. 1110.

1195 **SöR:** ohne Begründung *Chen*, ÖffrechtAnst, 1994, S. 21.

1196 Siehe hierzu die Anmerkungen im Anhang 1.

1197 **KöR:** *Hsu*, InstkörpSV, 2004, S. 112; **SöR: vgl.** *Alscher*, DStiftungÖffR, 2006, S. 206; **JPöR:** *Ehlers*, VerwPrivRf, 1984, S. 297; zum Fall der verfassungsrechtlichen Verankerung heimatgebundener Einrichtungen unabhängig von der Rechtsform und Rechtsfähigkeit, vgl. jedoch auch *Alscher*, DStiftungÖffR, 2006, S. 67; *Fittschen*, NdsVBl. 2006, 216 (219).

1198 Siehe Kap. C.II.2.

1199 **AöR:** § 10 LIAG(G), S. 428 (429).

1200 **KöR:** *Bethge*, GrdbjurPers, 1985, S. 118 f.; vgl. jedoch auch *ders.* in: FG v. Unruh, 1983, S. 164; **SöR:** *Alscher*, DStiftungÖffR, 2006, S. 104 ff.; *Gölz*, DStaatalsStift, 1999, S. 140; in sich widersprüchlich dagegen *O. Werner* in: Werner/Saenger (Hrsg.), DStfRStW, 2008, Rn. 270, dass dem Staat mit der Wahl einer Privatrechtsform „derselbe Dispositionsspielraum zugestanden wie einer Privatperson. [...] Der Staat als Stifter kann sich aber grundsätzlich nicht den Bindungen entziehen, die ihm als Hoheitsträger obliegen"; **st. GmbH:** *Grziwotz* in: MüHBGesR Bd. 3, 2012, § 2, Rn. 24; **st. SbR:** *Hof* in: v. Campenhausen/Richter (Hrsg.) StfRHdB, 2014, § 4, Rn. 213; unzutreffend a. A. daher *ders.*, aaO., Rn. 208; *Scholz/Langer*, SitftVerf, 1990, S. 66 f., 71, unter Hinweis auf die Grundrechte der Organwalter; ebenso unzutreffend *Twehues*, RechtskommStift, 1996, S. 104; **JPbR:** *Bethge*, GrdbjurPers, 1985, S. 100, 103; *Ehlers*, VerwPrivRf, 1984, S. 84, „Die zutreffende Ansicht des Bundesverfassungsgerichts läßt sich dahingehend verallgemeinern, daß die publizistischen Privatrechtsvereinigungen im Hinblick auf den Grundrechtsschutz den juristischen Personen des öffentlichen Rechts gleichzustellen sind. Auf eine grundrechtlich abgesicherte Privatautonomie können sie sich demnach ebensowenig wie die Hoheitsträger berufen"; *ders.*, aaO., Rn. 85 ff.; *Storr*, StaataUntn, 2001, S. 237 f.; unzutreffend dagegen *Püttner*, ÖffUntern, 1985, S. 234; zirkelschlüssig zur

als Teil der Staatsverwaltung in gleicher Weise der bereits für die juristischen Personen des öffentlichen Rechts dargelegten Disposition ihrer Mutterkörperschaft. Auch für die staatliche Stiftung des bürgerlichen Rechts findet sich, obwohl teilweise ein Bestandschutz besonders hervorgehoben wird[1201], kein entsprechendes Recht. Unter der Schwelle einer Auflösung dürfte hiermit die Befugnis der Mutterkörperschaft einhergehen, den Zweck ihrer Einrichtung jederzeit ändern zu können. Insbesondere auf die staatliche Stiftung des bürgerlichen Rechts ist die Annahme, dass der Stifter keinen Zugriff auf die Stiftung mehr habe[1202], daher aufgrund der staatlichen Einbindung der hier untersuchten Einrichtungen nicht übertragbar. Nur hilfsweise sei insofern darauf hingewiesen, dass eine staatliche Stiftung auch nicht von Todes wegen erfolgen kann, soweit der Staat als juristische Person nicht sterben[1203] und nicht aus diesem Grund die Steuerung durch den Stifter unterbrochen sein kann. Insgesamt ist damit ein Bestandschutz mit keiner Rechtsform der Staatsverwaltung verbunden, wie dies für eine nicht-rechtsfähige Verwaltungseinheit bereits mangels Rechtsfähigkeit der Fall ist.

Mit der Dispositionsbefugnis der Mutterkörperschaft korrespondiert, da dem Zweck der juristischen Person deren Aufgabenübertragung zugrunde liegt, dass die Einrichtungen aus diesem Grund – unabhängig von der Rechtsform – über kein Selbstauflösungsrecht verfügen[1204]. Die nicht-rechtsfähigen Verwaltungseinheiten unterscheiden sich damit mangels Bestandsschutz und ohne ein Selbstauflösungsrecht

---

Anwendung der Grundrechte im Rahmen eines „privatwirtschaftlichen Wettbewerbs" kommend, *Kämmerer*, Privatisierung, 2001, S. 469, von der (angenommenen) Handlungsfreiheit einer juristischen Person auf einen Grundrechtsschutz schließend, obwohl Ersterer bereits selbst nur eine Folge des Grundrechtsschutzes sein kann; unklar *Cronauge/Westermann*, KommUntern, 2006, Rn. 220, dass einer kommunalen „AG keine volle Privatautonomie zu[komme]"; **JP**: vgl. *Oldiges*, NVwZ 1987, 737 (744).

1201 **st. SbR:** *Dewald*, PrivStiftöffZw, 1990, S. 87; *Kreienschulte*, RchStiftVolksw, 1969, S. 31.

1202 **st. SbR:** *Beuthien* in: MüHBGesR Bd. 5, 2009, § 77, Rn. 23; *Dewald*, PrivStiftöffZw, 1990, S. 17; *Groß*, KollprVerwOrg, 1999, S. 148; *Nissel* in: Werner/Saenger (Hrsg.), DStfRStW, 2008, Rn. 233; *Schwake* in: MüHBGesR Bd. 5, 2009, § 79, Rn. 25; *Stettner*, ZUM 2012, 202 (212); *Tomsen*, stnStiftBerAut, 1991, S. 65; *v. Campenhausen/Stumpf* in: v. Campenhausen/Richter (Hrsg.) StfRHdB, 2014, § 1, Rn. 9.

1203 Die Frage, ob damit eine Stiftung von dem Willen des Stifters auch nach dessen Tod abgeleitet werden kann, muss daher für die Staatsverwaltung nicht beantwortet werden; vgl. hierzu *Storr*, StaataUntn, 2001, S. 215.

1204 **KöR:** *Forsthoff*, VerwR Bd. 1, 1973, § 25, S. 493; **AöR:** *Forsthoff*, VerwR Bd. 1, 1973, § 25, 506, dass „[d]ie rechtsfähige öffentliche Anstalt [...] keine Verfügung über den Anstaltszweck [...] (außer im Rahmen der laufenden Verwaltung) [hat]. Deshalb steht ihr auch das Recht der Selbstaufhebung nicht zu."; **SöR:** *Alscher*, DStiftungÖffR, 2006, S. 206; so im Ergebnis ohne Begründung bereits, *Forsthoff*, VerwR Bd. 1, 1973, § 25, S. 509, dass „die Stiftung[...] durch staatliche Aufhebung unter[geht]. Eine Selbstauflösung gibt es nicht."

nicht von den juristischen Personen, soweit der Bestandsschutz und das Selbstauflösungsrecht jeweils als Recht für die nicht-rechtsfähige Verwaltungseinheit bereits mangels Rechtsfähigkeit nicht in Betracht kommen[1205]. Für eine alleinige Zweckübertragung durch eine Mutterkörperschaft unterscheidet sich außerdem die Fremdauflösung bereits nicht von einer Selbstauflösung, da die Selbstauflösung aufgrund der Organingerenzen – abhängig allein von einer ggf. Beschränkten vertikalen Steuerung – der Mutterkörperschaft in gleicher Weise wie eine Fremdauflösung zugerechnet würde.

Eine Beschränkung auf eine Rechtmäßigkeitskontrolle der Mutterkörperschaft bei Satzungsänderungen durch die Organe einer juristischen Person und damit ein Ausschluss von der Befugnis zu Satzungsänderungen durch die Mutterkörperschaft kann auch nicht aus einem Genehmigungsvorbehalt[1206] und ggf. Recht aus Genehmigung begründet werden, soweit die Dispositionsbefugnis der Mutterkörperschaft fortwirkt. Daher ist es auch unerheblich, dass ein entsprechender Genehmigungsvorbehalt im Einzelfall fehlen kann[1207]. Die Argumentation wäre im Übrigen auch zirkelschlüssig. Demnach unterscheidet sich eine juristische Person – zumindest

---

1205 Unter dem Aspekt der Teil-Rechtsfähigkeit, *Maurer,* AllgVerwR, 2011, § 21, Rn. 6, demzufolge „im Falle der Teilrechtsfähigkeit zunächst die besondere Zuweisung der fraglichen Rechte und Pflichten geprüft werden" müssen, ohne dass die Beschränkung auf eine Teil-Rechtsfähigkeit überzeugend sein kann, zur Bedeutungslosigkeit der Diskussion um eine Voll- bzw. Teilrechtsfähigkeit der juristischen Person siehe bereits Kap. A.I.5.b.

1206 **KöR:** § 15 Abs. 2 BrWG; § 23 Abs. 2 LwKN; § 20 Abs. 4 NArchtK(G); § 26 Abs. 2 Nds.FischG(G); § 17 Abs. 2 Nds.RealvG; § 41 Abs. 1 S. 4 NHG; § 17 Abs. 3 NIngG; § 16 Abs. 2 S. 3 NJagdG(G); § 9 Abs. 3 S. 2 NLB-Giro, S. 312 (314); § 28 Abs. 2 NSpG; § 5 Abs. 5 NVdR(S); § 10 Abs. 3 PrLV-H(S1), S. 478 (479); § 20 RitLBr, S. 517 (519); abweichend nur eine Pflicht zur Anzeige vorsehend, § 17 Abs. 2 NKomZG; **AöR:** § 6 g) AfBF(S1), S. 226, wobei eine Regelung zur Satzungsänderung in der darauf folgenden Satzung nicht mehr bestand, vgl. AfBF(S2), S. 252 (253); § 6 Abs. 5 S. 2 ARL(S5), S. 49 (50); § 6 Abs. 2 S. 1 FstKK, S. 554 (555); § 5 IfE(S1), S. 688 (689); § 6 Abs. 2 LIAG(G), S. 428; § 69 Abs. 1 S. 3 NHG; § 8 Abs. 2 NLFst(G1), S. 616 (617); ebenso z. B. für die Öffentliche Sachversicherung Braunschweigs in einer vorhergehenden Satzung: § 8 Abs. 3 ÖffSB(S1), S. 709 (711); auch soweit die Satzung nicht durch die Anstalt, sondern den Träger erlassen wird: § 17 RKrdSt(S3), S. 2 (4); **SöR:** § 55 Abs. 1 NHG; § 7 Abs. 1 § 6 Abs. 4 SnGst(G), S. 494; § 11 StW-G, zusätzlich noch die Zustimmung des Senats der Universität Göttingen; § 5 Abs. 5 StZIN(G), S. 209; **JPöR:** § 7 ARL(S2), S. 254; § 20 Abs. 2 BRRKv, S. 626 (628); § 32 CGGHKv; **st. SbR:** § 13 FamN(S2), S. 137 (138); § 14 Abs. 2 GISMA(S1), S. 426 (427); § 13 Abs. 1 KTSt(S2), S. 1227 (1228); § 20 NBingSt, S. 464 (467); § 12 NLotSpSt, S. 294 (296); § 16 NLottSt(S2), S. 86 (88); § 10 Abs. 1 StJbJ, S. 55 (56).

1207 Vgl. **st. GmbH:** § 10 GmbH2; **st. e. V.:** § 15 3NKN; § 8 Abs. 7 DInKt; **st. SbR:** § 12 BaStW(S), S. 243 (245); § 17 Abs. 1 HWK(S2), S. 1009 (1011); § 20 NBingSt, S. 464 (467); § 12 NLotSpSt, S. 294 (296); § 16 NLottSt(S2), S. 86 (88); § 11 NUmwSt(S2), S. 1523 (1525); vgl. auch § 14 NWattSt, S. 1096 (1098).

bei zugrundeliegender Personeneinheit – bzgl. des fehlenden Bestandschutzes und Ausschluss eines Selbstauflösungsrechts nicht von einer nicht-rechtsfähigen Verwaltungseinheit.

Erst die Organstruktur im Einzelfall kann hiervon eine Abweichung begründen. Die Dispositionsbefugnis der Mutterkörperschaft ist entsprechend der Organstruktur eingeschränkt, soweit dem Zweck der Einrichtung ein gemeinsamer Zweck einer Mehrzahl von Mutterkörperschaften zugrunde liegt. Sowohl die Auflösung als auch der Zugriff auf den Zweck unterliegen in diesem Fall der Beschränkung parallel zur gemeinsamen Willensbildung[1208]. Nur im Fall einer Personenmehrheit kann die juristische Person aus den neben der Mutterkörperschaft bestehenden weiteren Mitgliedern eine Rechtsposition herleiten, welche so auch einen Anspruch auf die Genehmigung von Satzungsänderungen begründen kann. Hier zeigt sich, dass die juristische Person sich im Fall einer alleinigen Zweckübertragung auch in ihrem Bestand und der Zweckänderung nicht von einer nicht-rechtsfähigen Verwaltungseinheit unterscheidet und daher die Rechtsfähigkeit ohne rechtliche Relevanz bleibt.

Eine weitere Einschränkung ergibt sich für die Selbstverwaltungskörperschaften aus ihrer bereits angesprochenen Personenverschiedenheit. Der Zugriff der Mutterkörperschaft ist aufgrund der Aufgabenübertragung durch die von der Mutterkörperschaft personenverschiedenen Mitglieder der Körperschaft und damit durch Ableitung von der Grundrechtsfähigkeit der sie tragenden natürlichen Personen[1209] in ihrem Zugriff auf diese zweite Stufe beschränkt. Der Mutterkörperschaft ist es demnach grundsätzlich verwehrt, auf der zweiten Stufe den Rahmen selbst auszufüllen. Dies relativiert sich jedoch, da die zweite Stufe von der Willensentscheidung der Mutterkörperschaft auf der ersten Stufe abhängig ist, soweit der Rahmen grundsätzlich beliebig verändert oder durch Auflösung der Selbstverwaltungskörperschaft aufgehoben werden kann.

Der Zugriff der Mutterkörperschaft auf den Rahmen der kommunalen Selbstverwaltungskörperschaften ist jedoch durch Art. 28 Abs. 2 GG begrenzt[1210]. Darüber hinaus ist auch ein Zugriff der Mutterkörperschaft auf den Zweck einer zweistufigen Aufgabenübertragung zulässig und ein Zugriff auf den in diesem Sinne übertragenen Rahmen unbeschränkt[1211]. Soweit die Auflösung der Körperschaft mit dem vollständigen Entzug des Zwecks durch die Mutterkörperschaft einhergeht, folgt für die Selbstverwaltungskörperschaft mit einer zweifachen Zweckübertragung, dass

1208 **AöR:** *Ehlers*, ZHR 2003, 546 (575).

1209 Überzeugend bereits, **JPöR:** *Kempen*, FormWFVerw, 1989, S. 52 f., dass „[d]ie sogenannten Ausnahmen […] nichts anderes als Anwendungsfälle der Regel [sind], daß die Grundrechtsfähigkeit als Bezugspunkt immer die freie natürliche Person voraussetzt."

1210 Vgl. **KöR:** *Kraft*, VerwGesellR, 1982, S. 242 f.; **JP**: BVerfGE 21, 362 (372 f.); 68, 193 (211).

1211 *Kempen*, FormWFVerw, 1989, S. 49 f.

die Mitglieder die Körperschaft nicht selbst auflösen können[1212] soweit sie auf die Ausfüllung des von der errichtenden Mutterkörperschaft vorgegebenen Rahmens beschränkt sind[1213]. Aus einer Personenmehrheit folgt weiterhin die Einschränkung, dass die Mutterkörperschaft zwar die eigene Aufgabenübertragung rückgängig machen, jedoch die Einrichtung im Fall einer weiterhin bestehenden Personenmehrheit fortbestehen kann, da andernfalls in die Mitgliedschaftsrechte der anderen Mitglieder eingegriffen würde. Die Mutterkörperschaft würde in diesem Fall daher lediglich aus der Einrichtung ausscheiden.

An die Zweckübertragung anschließend zeigt sich auch für den Aufgabenentzug bzw. die Auflösung einer Einrichtung, dass der Zweck von der Organstruktur geprägt ist und nur in diesem Rahmen eine rechtliche Relevanz erfährt. Diese Organstruktur vermag den Zugriff auf den Zweck entsprechend einer Personenmehrheit gegenüber einer Personeneinheit zu charakterisieren. Darüber hinaus führt die Personenverschiedenheit einer Selbstverwaltungskörperschaft zu einer Differenzierung zwischen dem Zugriff und der Ausfüllung des Rahmens. Nur für die kommunalen Selbstverwaltungskörperschaften findet sich eine Beschränkung bezogen auf den Rahmen selbst. Die Wahl der Rechtsform, eine bloß formelle Rechtsfähigkeit und die Frage, ob es sich um eine juristische Person des öffentlichen oder des bürgerlichen Rechts handelt, ist für die Herleitung des Zwecks und den Zugriff der Mutterkörperschaft auf den Zweck ohne rechtliche Bedeutung.

5. Die inhaltliche Bestimmung des Zwecks der Rechtsformen

Die inhaltliche Bestimmung des Zwecks unterscheidet sich, jenseits des bereits dargestellten abgrenzbaren Interesses der Mitglieder der Selbstverwaltungskörperschaft, nicht für die Rechtsformen. Dies beginnt bereits mit der Bewertung als

---

1212 Zur mit der Übertragung einhergehenden Einschränkung der Änderung des Zwecks durch die Mitglieder selbst, *Forsthoff*, VerwR Bd. 1, 1973, § 25, S. 492, dass die Mitglieder „ebensowenig [...] sie in der Lage [sind], durch Änderung des Aufgabenkreises die Korporation zu Fall zu bringen." *ders.*, aaO., § 26, S. 539, dass „es sich [bei Grenzänderungen und der Auflösung einzelner Gemeinden] um ein staatliches Recht handelt"; *Kluth* in: Wolff/Bachof/Stober/ders., VerwR Bd. 2, 2010, § 96, Rn. 54, 61 ff., für die Gemeinden zwar eine „beschränkte individuelle Rechtsschutzgarantie" ableitend, welche sich jedoch nur aus Art. 28 Abs. 2 GG ableiten lässt, soweit man mit dieser verfassungsmäßigen Aufgabenzuweisung an die Gemeinden auch eine erforderliche Effektivität annimmt und den Rechtsschutz aus dieser verfassungsmäßig zwingenden Zuweisung an die Mitglieder der Gemeinde herleitet.

1213 Weitere Beschränkungen können sich aufgrund einer Pflichtigkeit einzelner Selbstverwaltungsaufgaben ergeben, was an dieser Stelle organisationsrechtlich jedoch nicht weiter von Belang ist.

einen „eigenen“[1214] Zweck, wie es für alle juristischen Personen in gleicher Weise angenommen wird, jedoch letztendlich nur Ausdruck ihrer Rechtsfähigkeit ist.

Für alle Rechtsformen wird angenommen, dass der Zweck sich als „öffentlicher“ Zweck bzw. „öffentliche Aufgabe“ auszeichnet[1215]. Diese Beschreibung ist jedoch zur Begriffsbestimmung der Staatsverwaltung, deren Rechtsformen hier untersucht werden, nicht geeignet, da ein öffentlicher Zweck auch von jedem Privaten wahrgenommen werden könnte[1216]. Dies zeigt sich an dem Beispiel, dass ein eingetragener

---

1214 So jedoch ohne Begründung, **KöR:** *Kluth* in: Wolff/Bachof/Stober/ders., VerwR Bd. 2, 2010, § 80, Rn. 32; **AöR:** *Bohn,* AnstÖffBetDritt, 2005, S. 103; *M. Müller* in: Wolff/Bachof/Stober/Kluth, VerwR Bd. 2, 2010, § 86, Rn. 8; *Peine,* AllgVerwR, 2014, § 2, Rn. 94; **SöR:** vgl. *Alscher,* DStiftungÖffR, 2006, S. 128; **JP**: *E. Müller,* DBundStift, 2009, S. 45 f.

1215 **KöR:** *Burgi* in: v. Mangold/Klein/Starck, Kom-GG Bd. 3, 2010, Art. 86, Rn. 51; *Draf,* KörpöfffSReV, 2006, S. 78; *Hofmann* in: ders./Gerke, AllgVerwR, 2010, Rn. 39; *Kluth* in: Wolff/Bachof/Stober/ders., VerwR Bd. 2, 2010, § 85, Rn. 12; *Loeser,* SysVerwR Bd. 2, 1994, Rn. 125; *Peine,* AllgVerwR, 2014, § 2, Rn. 82; **AöR:** *Altmüller,* VBlBW. 1984, 61 (62); *Bohn,* AnstÖffBetDritt, 2005, S. 103; *Burgi* in: v. Mangold/Klein/Starck, Kom-GG Bd. 3, 2010, Art. 86, Rn. 51; Gleiches soweit *Forsthoff,* VerwR Bd. 1, 1973, § 25, 502, von Aufgaben der „Daseinsvorsorge“ der Anstalt spricht; *Umbach/Clemens* in: ders./ders., GG Bd. 2, 2002, Art. 86, Rn. 18; **SöR:** *Alscher,* DStiftungÖffR, 2006, S. 118, 130; *Kreienschulte,* RchStiftVolksw, 1969, S. 93; *M. Kilian* in: Werner/Saenger (Hrsg.), DStfRStW, 2008, Rn. 1085; *Maurer,* AllgVerwR, 2011, § 23, Rn. 55; *Mittmann,* DemÜbStuAnst, 1971, S. 26; *Peine,* AllgVerwR, 2014, § 2, Rn. 105, jeweils zu weit von einem „öffentlichen Zweck“ sprechend, den die Stiftung des öffentlich Rechts wahrnimmt; *Saenger* in: Werner/ders. (Hrsg.), DStfRStW, 2008, Rn. 166, den öffentlichen Zweck als „Indiz[...] für die Öffentlich-Rechtlichkeit einer Stiftung“ sehend; *Stettner,* DStiftungÖffR, 2012, S. 27; *Trockels* in: Schweickhardt/Vondung (Hrsg.), AllgVerwR, 2010, Rn. 20, an die Vermögenswerte „zur Erfüllung einer öffentlichen Aufgabe“ anknüpfend; *Twehues,* RechtskommStift, 1996, S. 48; **st. GmbH:** *R. Becker* in: Wurzel/Schraml/ders. (Hrsg.), RkommUnter, 2015, S. 190; *Stober,* NJW 1984, 449 (450 f.), soweit die Wahrnehmung „öffentlicher Aufgaben durch verwaltungseigene juristische Personen des Privatrechts“ angenommen wird; **st. AG:** *Früchtl,* AktgRfwirtöffH, 2009, S. 96; vgl. auch *Klein,* BetöffHAktion, 1992, S. 42; **st. SbR:** *M. Kilian* in: Werner/Saenger (Hrsg.), DStfRStW, 2008, Rn. 1085; **JPbR:** *Ehlers,* VerwPrivRf, 1984, S. 25 f.; *J. Ipsen,* AllgVerwR, 2015, § 4, Rn. 268; **JP**: *Groß* in: Frilauf/Höfling, Berliner Kom-GG Bd. 4, EL 2002, Art. 86, Rn. 29; *Groß,* KollprVerwOrg, 1999, S. 35; *Parmentier,* GlsöffUntern, 2000, S. 61; vgl. auch *Ehlers,* VerwPrivRf, 1984, S. 88, soweit damit ebenso wenig zielführend die wirtschaftliche Betätigung des Staates unter verschiedenen Aufgabenbegriffen näher untersucht wird.

1216 Wie hier jeweils mit teilweise weiteren Beispielen bereits, *Burgi* in: Erichsen/Ehlers (Hrsg.), AllgVerwR, 2010, § 7, Rn. 11; *Burgi,* FunktPrivVerwH, 1999, S. 44; *Forsthoff,* VerwR Bd. 1, 1973, § 25, 492; *Hofmann* in: ders./Gerke, AllgVerwR, 2010, Rn. 99, zum Thema der privaten Daseinsvorsorge oder das Verfolgen gemeinnütziger Zwecke, die die Aufgabenwahrnehmung dennoch nicht staatlich werden lassen;

Verein, der ein Gewaltmonopol in Konkurrenz zum Staat für sich in Anspruch nehmen würde, dennoch ein privater (nicht-staatlicher) eingetragener Verein bliebe. Der private Verein könnte zwar aufgrund des staatlichen Gewaltmonopols verboten werden, ohne dass der Verein aufgrund seiner öffentlichen Zweckbestimmung selbst staatlich oder eine Körperschaft des öffentlichen Rechts werden könnte. Umgekehrt würde eine juristische Person des öffentlichen Rechts nicht deshalb das Rechtsregime oder die Rechtsform ändern, weil sie statt eines öffentlichen Zwecks ein rein[1217] privates Interesse verfolgt; sie handelt insoweit nur ggf. rechtswidrig[1218], soweit insbesondere aus der Verfassung die Beschränkung auf einen öffentlichen Zweck folgen würde[1219].

Für die inhaltliche Bestimmung ist stattdessen an die staatliche Aufgabenübertragung[1220] anzuknüpfen und der Zweck – zugegebenermaßen wenig erhellend – damit abschließend als „staatlicher Zweck" zu beschreiben[1221]. Dies betrifft insbesondere

---

Jellinek, VerwR, 1931, § 8, S. 174; *M. Kilian* in: Werner/Saenger (Hrsg.), DStfRStW, 2008, Rn. 1002; *Kraft,* VerwGesellR, 1982, S. 13; *Maurer,* AllgVerwR, 2011, § 23, Rn. 38; *N. Müller,* RechtsFormW, 1993, S. 6; *E. Müller,* DBundStift, 2009, S. 88; *Wolf,* AnstöffRWettu, 2002, S. 129; vgl. auch, als Folge der unklaren Begriffsbestimmung, *Badura* in: FS Schlochauer, 1981, S. 8 f.

1217 Nicht geleugnet werden soll hiermit, dass, da der Staat ebenso wenig einem Selbstzweck folgt, alles staatliche Handeln auch in einem privaten Interesse erfolgt. Nur für die Zurechnung zum Staat ist dieser Aspekt ohne Belang, ebenso **KöR:** *Kluth* in: Wolff/Bachof/Stober/ders., VerwR Bd. 2, 2010, § 85, Rn. 12, da „[d]ie faktische oder reflexhafte Förderung auch privater Interessen durch eine Körperschaft [...] nichts an der öffentlich-rechtlichen Statur der öffentlichen Körperschaft bzw. der wahrgenommenen Aufgabe [ändert]"; vgl. auch *Hsu,* InstkörpSV, 2004, S. 100; unzutreffend dagegen *N. Müller,* RechtsFormW, 1993, S. 66.

1218 *Püttner,* ÖffUntern, 1985, S. 25; *Storr,* StaataUntn, 2001, S. 87; *Joppich,* BöffrtStift, 1951, S. 77; *N. Müller,* RechtsFormW, 1993, S. 72; vgl. auch *Hsu,* InstkörpSV, 2004, S. 7; *K. Schmidt,* GesR, 2002, S. 63; unzutreffend dagegen *Burgi,* FunktPrivVerwH, 1999, S. 49, auch für eine funktionale Begriffsbestimmung darauf schließend, das der Staat „allzuständig [sei], ohne irgendwelche Maßgaben oder Grenzen beachten zu müssen", obwohl mit der Zuordnung noch keine Aussage zur Rechtsmäßigkeit verbunden sein kann.

1219 Dazu sogleich.

1220 *Burgi* in: Erichsen/Ehlers (Hrsg.), AllgVerwR, 2010, § 7, Rn. 9, der insofern davon spricht, dass „sich die betreffende öffentliche Aufgabe auf den Staat als letztverantwortliches ‚Zurechnungsendsubjekt' zurückführen lassen" muss; *Jellinek,* VerwR, 1931, § 8, S. 176, dass „also als unbedingtes Unterscheidungsmerkmal nur noch die Ausübung obrigkeitlicher Befugnisse [bleibt]", um eine „öffentlichrechtliche juristische Person" zu bestimmen, siehe hierzu jedoch Kap. C.II.7.; **st. GmbH:** *Kraft,* VerwGesellR, 1982, S. 62, für die Eigengesellschaft einer Kommune.

1221 BVerfGE 12, 205 (206), dass „[w]enn der Staat mit dieser Aufgabe in irgendeiner Form befaßt (auch dann, wenn er sich privatrechtlicher Formen bedient), [...] sie zu einer ‚staatlichen Aufgabe' im Sinne von Art 30 GG." wird; *Heintzen,* VVDStRL 62, 2003, 220 (228); *E. Müller,* DBundStift, 2009, S. 88; *Schoch,* Jura 2008, 672 (675);

auch den Zweck einer staatlichen Einrichtung in Privatrechtsform. Eine Einrichtung in einer Privatrechtsform kann zwar grundsätzlich neben rein wirtschaftlichen[1222] auch rein private[1223] sowie ideelle Zwecke[1224] und damit – als Ausdruck der Privatautonomie – jeden gesetzlich zulässigen Zweck verfolgen[1225]. Diese grundsätzliche Offenheit[1226] kann auf eine staatliche Einrichtung in Privatrechtsform jedoch nicht übertragen werden[1227], da der Staat sich auf eine den Privatrechtsformen grundsätzlich zugrundeliegende Privatautonomie nicht berufen kann[1228].

Tomsen, stnStiftBerAut, 1991, S. 71; *Weiß*, DVBl. 2002, 1167 (1169); *Wolf*, AnstöffRWettu, 2002, S. 129; a. A. dagegen *Burgi*, FunktPrivVerwH, 1999, S. 49.

1222 **JPbR:** *Wallerath*, AllgVerwR, 2009, § 6, Rn. 92, dass die wirtschaftliche Betätigung sogar Voraussetzung für die Indienstnahme der Privatrechtsformen ist, ohne die Reichweite und insbesondere den Ausschluss eines reinen Gewinnstrebens durch den Staat näher zu beleuchten; ebenso unklar *Kraft*, VerwGesellR, 1982, S. 38.

1223 **st. SbR:** hier insbesondere Familien- und Unternehmensträgerstiftungen, so ausdrücklich für die Familienstiftung *Richter* in: MüHBGesR Bd. 5, 2009, § 80, Rn. 1; *v. Campenhausen/Stumpf* in: v. Campenhausen/Richter (Hrsg.) StfRHdB, 2014, § 2, Rn. 12; *Nissel* in: Werner/Saenger (Hrsg.), DStfRStW, 2008, Rn. 226; *Saenger* in: Werner/ders. (Hrsg.), DStfRStW, 2008, Rn. 175; *O. Werner* in: Werner/Saenger (Hrsg.), DStfRStW, 2008, Rn. 16 ff., 22 f.; vgl. auch *Joppich*, BöffrtStift, 1951, S. 30; unklar insoweit *M. Kilian* in: Werner/Saenger (Hrsg.), DStfRStW, 2008, Rn. 1102, soweit auf für staatliche Stiftungen rein private Interessen als Zweck zugelassen werden, jedoch dies sogleich wieder selbst in Frage stellend, soweit sie „in Stiftungsform [...] zugleich Interessen der Allgemeinheit" wahrnehmen würden.

1224 **st. GmbH:** *Fastrich* in: Baumbach/Hueck/ders., GmbHG, 2013, § 1 Rn. 5–19; *A. Lange*, BetPrivrechtsfAnst, 2008, S. 45; **st. SbR:** *Forsthoff*, VerwR Bd. 1, 1973, § 25, S. 507.

1225 Vgl. **st. GmbH:** § 1 GmbHG; *Grziwotz* in: MüHBGesR Bd. 3, 2012, § 2, Rn. 21; **st. GmbH und st. AG:** *Rüfner*, FormöffVerw, 1967, S. 257; *Schön*, ZGR 1996, 429 (440); **st. e. V.:** *Groß*, KollprVerwOrg, 1999, S. 275; **st. SbR:** *Alscher*, DStiftungÖffR, 2006, S. 126; *Backhaus*, ÖffUntern, 1980, S. 261; *Beuthien* in: MüHBGesR Bd. 5, 2009, § 77, Rn. 17; *Burgard*, NZG 2002, 697 (700); *K. Schmidt*, GesR, 2002, S. 175; *Twehues*, RechtskommStift, 1996, S. 7; *v. Campenhausen/Stumpf* in: v. Campenhausen/Richter (Hrsg.) StfRHdB, 2014, § 1, Rn. 11.

1226 Vgl. **st. SbR:** *Mittmann*, DemÜbStuAnst, 1971, S. 30; **JPbR:** *Kluth* in: Wolff/Bachof/Stober/ders., VerwR Bd. 2, 2010, § 80, Rn. 45, ohne die Beschränkungen für die staatliche Indienststellung der Privatrechtsformen in Bezug auf den Zweck näher zu untersuchen.

1227 So zutreffend bereits, **SöR und st. SbR:** *Fiedler*, StEStwFwFm, 2004, S. 30; **JPbR:** *Blessing*, ÖffrAnstBetPr, 2008, S. 139; *Kraft*, VerwGesellR, 1982, S. 57; *Storr, StaataUntn, 2001, S.* 87; *Twehues*, RechtskommStift, 1996, S. 48 f.; vgl. auch *Pestalozza*, FromMißBrSt, 1973, S. 124.

1228 BGHZ 91, 84 (96); wie hier unter dem Aspekt der mangelnden Grundrechtsfähigkeit staatlicher Verwaltungsträger im Allgemeinen, **JPbR:** BVerfGE 21, 362 (369 ff.); 61, 82 (100 ff., 104); 68, 193 (206); *Brenner*, AöR 2002, 222 (224); *Ehlers*, VerwPrivRf, 1984, S. 85, „Zusammenfassend kann festgestellt werden, daß sich eine Privatautonomie der privatrechtsförmigen Verwaltung aus den Grundrechtsbestimmungen

Hiermit verschwindet jedoch gleichzeitig die Unterscheidungskraft dieser allgemeinen Beschreibung des Zwecks, der auch für die Einrichtungen in Privatrechtsform

---

nicht ableiten läßt."; *ders.*, aaO., S. 87, „Entscheidend ist aber die unterschiedliche Quantität und Qualität der Rechtsbindung im privat-gesellschaftlichen und im staatlichen Bereich. Das Privatrecht gesteht den Einzelnen (und ihren Zusammenschlüssen) eine Privatautonomie zu, um ihnen die Freiheit zur selbstbestimmenden Lebensgestaltung zu gewährleisten. Innerhalb der Grenzen, die der Privatautonomie gezogen sind, kann der Einzelne beliebige Ziele verfolgen, unabhängig davon, ob sie vernünftig oder unvernünftig, nützlich oder schädlich sind. Es gilt der Satz, daß prinzipiell erlaubt ist, was das Recht nicht verbietet. Der Verwaltung steht eine solche Freiheit dagegen nicht zu. Wie gezeigt wurde, räumen auch die Grundrechte der Verwaltung nicht die Befugnis ein, ihren Geschäftskreis nach Belieben auszufüllen. Wenn überhaupt, gelten die Grundrechte auf der Aktivseite nur im Rahmen der kompetenziellen Pflichtigkeit. Jedes Handeln der Verwaltung bedarf aber einer besonderen kompetenziellen ‚Recht'-fertigung. Als denkbarer Rechtfertigungsgrund kommt nur ein ‚öffentlicher Zweck' in Betracht. Das betrifft die privatrechtsförmige Verwaltung genauso wie die öffentlich-rechtliche. [...] Die Verwaltung kann sich deshalb des Privatrechts nur als eines technischen Normenkomplexes bedienen. Die Berufung auf irgendeine – und sei es bloß abgeschwächte – Privatautonomie als Legitimationsgrundlage bleibt ihr versagt."; nicht nachvollziehbar dagegen, *ders.*, aaO., S. 82 f., der die Grundrechtsfähigkeit Staatsverwaltung nur als Kompetenzfrage ansieht, ohne dies dann näher zu untersuchen und ohne die Aufgabenübertragung als kompetenzbegründend zu beachten; *Gölz*, DStaatalsStift, 1999, S. 147 f.; *Jestaedt* in: Hoffmann-Riem/Schmidt-Aßmann/Voßkuhle, GdlVerwR Bd. 1, 2012, § 14, Rn. 9; *Kluth* in: Wolff/Bachof/Stober/ders., VerwR Bd. 2, 2010, § 80, Rn. 265; *Kraft*, VerwGesellR, 1982, S. 63, 66; *Krebs* in: Isensee/Kirchhof, HdBdStR Bd. 5, 2007, § 108, Rn. 55, *ders.*, aaO., Rn. 77, ausdrücklich, dass die Grundrechtsbindung „[k]onsequenterweise [...] auch [gilt], wenn Verwaltungsaufgaben in den Organisationsformen des Privatrechts wahrgenommen werden."; *M. Müller* in: Wolff/Bachof/Stober/Kluth, VerwR Bd. 2, 2010, § 86, Rn. 29; *Parmentier*, GlsöffUntern, 2000, S. 57 f.; *Pfeifer*, SteukomAktdG, 1991, S. 6 f.; *Spannowsky*, ZGR 1996, 400 (405); *v. Danwitz*, AöR 1995, 595 (604); *Wolf*, AnstöffRWettu, 2002, S. 275; vgl. *Kempen*, FormWFVerw, 1989, S. 3; unzutreffend dagegen *Draf*, KörpöfffSReV, 2006, S. 77; ebenso *Ibler* in: Maunz/Dürig, GG-Kom, 2015, Art. 86, Rn. 108; *Loeser*, SysVerwR Bd. 2, 1994, Rn. 31, allgemein auf die „Privatautonomie" als Grundlage der Errichtung einer juristischen Person des bürgerlichen Rechts abstellend, soweit hier gerade der Staat sich dieser Rechtsformen bedient, der sich nicht auf die Privatautonomie berufen, sondern nur insoweit von der Privatautonomie der Bürger verpflichtet ist; *Ossenbühl*, DtAkadWKöR, 2005, S. 24, in Bezug auf die Akademien der Wissenschaften; *O. Werner* in: Werner/Saenger (Hrsg.), DStfRStW, 2008, Rn. 31, ohne eine staatliche Errichtung zu differenzieren, dass „[e]ntscheidend aber für die Errichtung der Stiftung [...] die bereits angesprochene verfassungsrechtlich geschützte Privatautonomie [ist]."; unzutreffend ebenso *Hof* in: v. Campenhausen/Richter (Hrsg.) StfRHdB, 2014, § 4, Rn. 110, von einer „verfassungsrechtlich garantierten Stiftungsautonomie" auch für eine Stiftung der öffentlichen Hand ausgehend.

nur ein „staatlicher Zweck" als Teil der staatlichen Verwaltung[1229] sein kann. Allein

1229 **AöR:** unzutreffend daher *Beuthien*, WM 2004, 1467 (1469), auf die Übernahme privatrechtlicher Ziele durch die Sparkassen abstellend; zutreffend dagegen **SöR:** *Ehlers,* VerwPrivRf, 1984, S. 24; *Kluth* in: Wolff/Bachof/Stober/ders., VerwR Bd. 2, 2010, § 87, Rn. 16, von den „[öffentlich-rechtlichen Stiftungen] als Träger öffentlicher Verwaltung" sprechend; *Krebs* in: Isensee/Kirchhof, HdBdStR Bd. 5, 2007, § 108, Rn. 38, dass die Stiftung des öffentlichen Rechts „Aufgaben der öffentlichen Verwaltung" wahrnimmt; *Loeser,* SysVerwR Bd. 2, 1994, Rn. 130, dass Stiftungen des öffentlichen Rechts „Aufgaben der öffentlichen Verwaltung erfüllen"; **JPöR:** *Groß* in: Hoffmann-Riem/Schmidt-Aßmann/Voßkuhle, GdlVerwR Bd. 1, 2012, § 13, Rn. 9; dass „die Körperschaften, Anstalten und Stiftungen des öffentlichen Rechts unabhängig von den Aufgaben, die sie erfüllen, selbstverständlich Teile der staatlichen Verwaltungsorganisation bilden"; **st. GmbH:** *Ehlers,* VerwPrivRf, 1984, S. 282, *Forsthoff,* VerwR Bd. 1, 1973, § 25, S. 510, von einem „seinem Zweck dienende[n] Staat, der in einer dieser Formen verwaltend auftritt" sprechend; *Kluth* in: Wolff/Bachof/Stober/ders., VerwR Bd. 2, 2010, § 83, Rn. 153, ausdrücklich auch im Rahmen von „privatrechtlich organisierten Funktionssubjekten [von] staatlicher Leitungsmacht" in Übereinstimmung mit „der Begründung der Grundrechtsbindung beim staatlichen Handeln in privatrechtlicher Rechtsform" sprechend; *Maurer,* AllgVerwR, 2011, § 23, Rn. 61, in diese Richtung auch argumentierend, soweit „die Verwaltung[...] nur die Rechtsform [wechselt], [...] aber in dieser Form echte Verwaltungsaufgaben wahr[nimmt]. [...] Der Staat ist durchweg, auch wenn er privatrechtlich auftritt, an die Grundrechte, die allgemeinen Verfassungs- und Verwaltungsgrundsätze und die Zuständigkeitsregelungen gebunden."; **st. SbR:** *J. Ipsen,* AllgVerwR, 2015, § 4, Rn. 267 f., der jedoch nur davon spricht, dass „die öffentlichen Aufgaben weiterhin von einem Verwaltungsträger (Staat oder kommunale Gebietskörperschaft), jedoch in privatrechtlicher Rechtsform, erfüllt werden (formelle Privatisierung)" bzw. dass „die Qualität der Aufgabe als »öffentlich« und ihre Zuordnung zur Verwaltung [...] erhalten [bleibt]"; deutlicher für die kommunale Stiftung *O. Werner* in: Werner/Saenger (Hrsg.), DStfRStW, 2008, Rn. 21, dass „Ihre Zwecksetzung [...] darin [besteht], Ziel und Aufgabenbereich einer kommunalen Körperschaft zu dienen."; **SöR und st. SbR:** *E. Müller,* DBundStift, 2009, S. 144; **JPbR:** *Blessing,* ÖffrAnstBetPr, 2008, S. 139; unzutreffend dagegen *Peine,* AllgVerwR, 2014, § 2, Rn. 62, dass „[f]ür [die Gesellschaften privaten Rechts, die auf der Grundlage des sog. Verwaltungsprivatrechts tätig werden] die Regeln der öffentlich-rechtlich organisierten Verwaltungsträger nicht [gelten]", jedoch ohne dies zu begründen; ebenso auf ein rein formales Argument für die Zurechnung zur Staatsverwaltung abstellend; *Oebbecke* in: Hoppe/Uechtritz/Reck (Hrsg.), HdBkommUnt, 2012, § 8, Rn. 37, als „kann"-Vorschrift; ebenso unklar *Ossenbühl,* ZGR 1996, 504 (505); **JP:** so ausdrücklich *Kemmer,* JA 2015, 328 (330); *Kempen,* FormWFVerw, 1989, S. 84; *Kraft,* VerwGesellR, 1982, S. 63, 66; unter dem Sichtwort des Verbots „der Flucht ins Privatrecht", *E. Müller,* DBundStift, 2009, S. 89; *Pestalozza,* FromMißBrSt, 1973, S. 176, vgl. auch *Burgi* in: v. Mangold/Klein/Starck, Kom-GG Bd. 3, 2010, Art. 86, Rn. 7, als „sog. formale[r] Staatsaufgabenbegriff"; zutreffend unter Verweis auf die überwundene Fiskustheorie; *Stober,* NJW 1984, 449 (450); vgl. auch *Kempen,* FormWFVerw, 1989, S. 90; zu weit daher *Kluth*

entscheidend für eine abstrakte Bestimmung des Zwecks der Rechtsformen ist nur die staatliche Aufgabenübertragung als Anknüpfungstatsache eines staatlichen Zwecks[1230]. Eine abstrakte Bewertung des Zwecks vermag damit die Rechtsformen insgesamt nicht zu differenzieren.

Die allgemeine Beschreibung des Zwecks als staatlicher Zweck lässt sich auch nicht weiter anhand der Rechtsformen differenzieren. Es finden sich für alle Rechtsformen in der Rechtswissenschaft zwar zumeist nicht[1231] abschließende Systematisierungen[1232]. Dies überrascht jedoch wenig, da für den Staat selbst eine abschließende

---

in: Wolff/Bachof/Stober/ders., VerwR Bd. 2, 2010, § 80, Rn. 44, der für die juristischen Personen des öffentlichen Rechts die „Ausübung von Staatsgewalt [nur] in der Regel" annimmt.

1230 Im Kern zutreffend, **SöR:** *Alscher,* DStiftungÖffR, 2006, S. 131, jedoch inkonsequenterweise mit der gleichen Begründung dennoch „öffentliche Aufgaben" annehmend.

1231 Dennoch mit einer abschließenden Systematisierung des Zwecks argumentierend, **AöR:** *Alscher,* DStiftungÖffR, 2006, S. 132, das „Zwecke wirtschaftlicher Art [...] den Anstalten vorbehalten" sind; vgl. *Püttner,* ÖffUntern, 1985, S. 61; **SöR:** *Alscher,* DStiftungÖffR, 2006, S. 33, dass die „Bundesstiftungen des öffentlichen Rechts [...] kulturellen und mildtätigen Zwecken [dienen]"; *Ebersbach,* DStiftungÖffR, 1961, S. 63 f.; *Gölz,* DStaatalsStift, 1999, S. 56 f., dass der Stiftungszweck mit einer bestimmten Organisationsform korrespondiert, selbst sodann jedoch wiederum relativierend; **JPbR:** *Burgi* in: Erichsen/Ehlers (Hrsg.), AllgVerwR, 2010, § 10, Rn. 12, insofern für die Privatrechtsformen allgemein den Bereich der Leistungsverwaltung, der Aufgaben mit „erwerbswirtschaftlich-fiskalischem Charakter" und des kulturellen Bereichs aufführend; vgl. auch *Klein,* BetöffHAktion, 1992, S. 16.

1232 In diesem Sinne zutreffend Systematisierungen des Zwecks einzelner Rechtsformen immer relativierend, **KöR:** *Bull/Mehde,* AllgVerwR, 2015, § 3, Rn. 102, von „typische[n] Beispiele[n]" sprechend; *Fröhler/Oberndorfer,* KörpöffRIntV, 1974, S. 34; *Kluth* in: Wolff/Bachof/Stober/ders., VerwR Bd. 2, 2010, § 85, Rn. 30, „vor allem"; *Mann,* ÖffrechtGes, 2001, S. 116; *Maurer,* AllgVerwR, 2011, § 23, Rn. 28, zum kommunalen Zweckverband mit dem Wort „etwa" bzw. „nur einige Beispiele zur Veranschaulichung", *ders.,* aaO., Rn. 30, Rn. 42 f., der von einer Aufgabenzuweisung an die Körperschaften „im Belieben des Gesetzgebers" spricht, soweit es im „Zusammenhang mit den ‚eigenen Angelegenheiten' der jeweiligen Körperschaft stehen"; *Wallerath,* AllgVerwR, 2009, § 6, Rn. 48, dass die Entscheidung, „welche Aufgaben auf die Organisationseinheiten der Selbstverwaltung übertragen werden, [...] weitgehend im Ermessen des Gesetzgebers [liegt]", dessen Grenze nur das „gemeine Wohl" und die erforderliche demokratische Legitimation sein darf, wobei Letzteres zutreffenderweise eine Frage der Organstruktur und nicht des Zwecks selbst ist; **AöR:** *Bohn,* AnstÖffBetDritt, 2005, S. 104 f.; *Forsthoff,* VerwR Bd. 1, 1973, § 25, S. 494, „nicht ausschließlich, nutzbare Verwaltung"; *Gruneberg,* AbwkommUnt, 2007, S. 195; *Hofmann* in: ders./Gerke, AllgVerwR, 2010, Rn. 43, demzufolge die Leistungsverwaltung für die Anstalt zwar typisch, jedoch gerade nicht bestimmend sei; *M. Kilian* in: Werner/Saenger (Hrsg.), DStfRStW, 2008, Rn. 1025, dass „der Typus der Anstalt des öffentlichen Rechts [...] sich in letzter Zeit von einer Einrichtung mit besonderen Verwaltungsaufgaben zu einer Betriebsform mit wirtschaftlichem Betätigungsfeld entwickelt [hat]."; *Lübbecke*, KommUntNRW, 2004, S. 32 f.; *Maurer*, AllgVerwR, 2011, § 23, Rn. 46, demzufolge die Aufgaben der Anstalt „überwiegend im Bereich der Leistungsverwaltung" liegen; *N. Müller*, RechtsFormW, 1993, S. 69; *M. Müller* in: Wolff/Bachof/Stober/Kluth, VerwR Bd. 2, 2010, § 86, Rn. 8 f., „zumeist Leistungsapparaturen"; unklar dagegen *ders.*, aaO., Rn. 33, mit einer umfangreichen Liste an Anstaltszwecken, ohne jedoch deutlich werden zu lassen, ob hiermit eine rechtliche Bewertung eines mit der Rechtsform Anstalt verbundenen Zweck verknüpft ist; *Peine*, AllgVerwR, 2014, § 2, Rn. 100, die Anstalten anhand des Zwecks in, dennoch sehr offene, Gruppen einteilend; *Trockels* in: Schweickhardt/Vondung (Hrsg.), AllgVerwR, 2010, Rn. 20, mit dem Zusatz, dass „insbesondere" die Erbringung von Leistungen zu den Aufgaben der Anstalt des öffentlichen Rechts gehört; **SöR:** *M. Kilian* in: DStaatalsStift, 2003, S. 47; *M. Kilian* in: Werner/Saenger (Hrsg.), DStfRStW, 2008, Rn. 1028 ff.; *v. Campenhausen/Stumpf* in: v. Campenhausen/Richter (Hrsg.) StfRHdB, 2014, § 16, Rn. 8; Wallerath, AllgVerwR, 2009, § 5, Rn. 25, die offen lassen, ob mit der Auflistung verschiedener Zwecke eine rechtliche Bewertung eines mit der Rechtsform verbundenen Zweck verknüpft ist; vgl. *J. Ipsen*, AllgVerwR, 2015, § 4, Rn. 261; **st. GmbH:** *Bull* in: Wassermann, Akom-GG, 2001, Art. 87, Rn. 54, bei der Auflistung der Zwecke der in Privatrechtsform organisierten Verwaltung davon sprechend, dass dies „einen wesentlichen Teil dieser Einrichtungen" betrifft; *Ehlers*, VerwPrivRf, 1984, S. 21 ff., nur als „Liste der Beispiele"; *Stober*, NJW 1984, 449 (451); „vornehmlich" und dass sich jedoch „ein fester Aufgabenkatalog bzw. eine Schwerpunktbildung [...] sich jedoch nicht nachweisen [läßt]", begründet mit dem Wandel der Staatsaufgaben insgesamt; *ders.*, in: Wolff/Bachof/Stober/Kluth, VerwR Bd. 2, 2010, § 92, Rn. 25 ff.; **st. GmbH und st. AG:** *Rüfner*, FormöffVerw, 1967, S. 257; **st. e. V.:** *Cronauge/Westermann*, KommUntern, 2006, Rn. 120; *Ehlers, VerwPrivRf, 1984, S.* 23, nur eine nicht abschließende Liste von „Beispielen" aufzählend; **st. SbR:** Vgl. *Nissel* in: Werner/Saenger (Hrsg.), DStfRStW, 2008, Rn. 208, für die Stiftung des bürgerlichen Rechts Zwecke auflistend, die „vorwiegend" verfolgt werden; insbesondere *ders.*, aaO. Rn. 231, dass es „[i]n der stiftungsrechtlichen Literatur und teilweise auch in Stiftungsgesetzen der Länder [...] Klassifizierungen je nach Stiftungszweck [gibt], für die es jedoch keine im materiellen Stiftungsrecht liegenden Gründe gibt."; **JPbR:** *Ehlers, VerwPrivRf, 1984, S.* 21; *Forsthoff*, VerwR Bd. 1, 1973, § 25, S. 511, den „Grund in der gewandelten Beziehung des Staates zum Sozialleben, insbesondere zur Wirtschaft" abstellend, woraus sich die Offenheit der Rechtsform für weitere Wandlungen des Zwecks ableiten lässt; *J. Ipsen*, AllgVerwR, 2015, § 4, Rn. 269, mit der Formulierung „vor allem"; *Hofmann* in: ders./Gerke, AllgVerwR, 2010, Rn. 98; vgl. *Loeser*, SysVerwR Bd. 2, 1994, Rn. 136, zusätzlich auch Aufgaben der Gefahrenabwehr nennend; *Traumann*, OrgbundeigVerw, 1998, S. 303 ff.; *Wallerath*, AllgVerwR, 2009, § 6, Rn. 91, insoweit nur von „namentlich" aufgeführten Zwecken von staatlichen GmbHs, AGs und eingetragenen Vereinen sprechend; **nr-VE:** *T. Faber*, GesBindAufsM, 2010, S. 49; *Hellermann* in: Hoppe/Uechtritz/Reck (Hrsg.), HdBkommUnt, 2012, § 39 f.; *A. Lange*, BetPrivrechtsfAnst, 2008, S. 41; *M. Müller* in: Wolff/Bachof/Stober/Kluth, VerwR Bd. 2, 2010, § 86, Rn. 32, dass nicht-rechtsfähige Anstalten „vornehmlich" Aufgaben der „Leistungsverwaltung"

Aufgabenumschreibung nicht möglich ist. Letztendlich hängt die Übertragung eines Teil-Zwecks – und damit der konkrete Zuschnitt des Zwecks einer Einrichtung – von Zweckmäßigkeitserwägungen sowie politischen Entscheidungen und Erwägungen im Einzelfall ab.

Mit dieser Begründung zeigt sich auch, dass der Zweck einer juristischen Person ebenso wenig von dem einer nicht-rechtsfähigen Verwaltungseinheit unterscheiden kann, da die Zweckübertragung durch eine staatliche Mutterkörperschaft mit dieser einen einheitlichen Bezugspunkt aufweist. Dies wird bereits bei O. Mayer für die Anstalt deutlich, indem die „öffentliche Anstalt das Gemeinwohl unmittelbar förder[t], dass sie Sicherheit und Ordnung gewährleistet, wie die großartigste Anstalt des Staates, das Heer, oder indem sie allgemeinen Kulturaufgaben dient, wie eine Sternwarte, eine Akademie“[1233], ohne sich so von den Aufgaben des Staates zu unterscheiden. Bereits hier zeigt sich, dass der Inhalt des Zwecks einer Einrichtung ohne organisationsrechtliche Relevanz ist[1234].

Wenig überraschend kann aus der Definition von O. Mayers auch keine nähere Erkenntnis zum Zweck der Anstalt gewonnen werden, obwohl auf diese auch für die Bestimmung des Zwecks regelmäßig rekurriert wird[1235]. Die Definition der Anstalt von O. Mayer, als „eines Trägers öffentliche[r] Verwaltung [, der] eine[m] besonderen öffentlichen Zweck dauernd zu dienen bestimmt“ ist[1236], ist stattdessen genau so offen[1237], wie der staatliche Zweck an sich. Keine Konkretisierung des Zwecks kann auch aus dem Begriff der „Stiftung“ gezogen werden, der sich nur auf den Vorgang der Vermögensübertragung zum Zeitpunkt der Errichtung der Stiftung bezieht[1238],

---

wahrnehmen, die Verwendung jedoch „vielfältig“ ist; *Ronellenfitsch* in: Isensee/Kirchhof, HdBdStR Bd. 4, 2006, § 98, Rn. 21, nur „Beispiele“ aufführend; *Wallerath,* AllgVerwR, 2009, § 6, Rn. 58, allgemein zu den „nicht rechtsfähigen ‚Einrichtungen‘“, die „daseinsvorsorgender oder verwaltungsinterner Dienstleistungen dienen“ würden; vgl. auch *Vogel,* ÖffWirtprivH, 1959, S. 77.

1233 **AöR:** *O. Mayer,* DtVerwR, 1924, § 51, S. 269.

1234 Damit handelt es sich bei dem Begriff „besonderer“ Zweck nur um einen funktionalen, um die Verbandskompetenz abzugrenzen und um keine materielle Beschreibung des Zwecks; in diesem Sinne wohl auch *Maurer,* AllgVerwR, 2011, § 23, Rn. 46, bei der Beschreibung der Aufgaben der Anstalt unter b). Deutlicher nochmals *O. Mayer,* DtVerwR, 1924, § 51, S. 269, dass die „öffentliche Anstalt dagegen [...] immer Tätigkeit für das Gemeinwohl [ist]“, und in ihrer Tätigkeit damit nur handlungs- und nicht organisationsbezogen gemeint war, zu dieser Interpretation O. Mayers auch bereits *Breuer,* VVDStRL 44, 1986, S. 216; *Krebs* in: Isensee/Kirchhof, HdBdStR Bd. 5, 2007, § 108, Rn. 38, Fn. 124.

1235 Siehe bereits Kap. A.I.

1236 **AöR:** *O. Mayer,* DtVerwR, 1924, § 51, S. 268.

1237 Vgl. **AöR:** *Alscher,* DStiftungÖffR, 2006, S. 132; *Breuer,* VVDStRL 44, 1986, S. 219; *K. Lange,* VVDStRL 44, 1986, S. 188.

1238 Vgl. OLG Stuttgart, NJW 1964, 1231 f.; *Alscher,* DStiftungÖffR, 2006, S. 117, als „Institutionalisierung des Vorgangs [Vermögenswerte zu entäußern und diese einem bestimmten Zweck zugute kommen zu lassen]“; *Dewald,* PrivStiftöffZw,

ohne eine Aussage über die Zweckwidmung selbst zu treffen[1239]. Hiermit sind insbesondere auch keine Aufgaben der Eingriffsverwaltung[1240], der Daseinsvorsorge[1241] oder wirtschaftliche Tätigkeiten für irgendeine Rechtsform ausgeschlossen[1242] oder vorausgesetzt[1243], Der Zweck deckt sich daher unabhängig von der Rechtsform insgesamt mit dem Zweck der Mutterkörperschaft im Sinne eines Teilausschnittes[1244]. Damit ist bereits in der Theorie die Bestimmung der Rechtsformen anhand einer inhaltlichen Bestimmung ihres Zwecks nicht möglich[1245].

Dem entspricht auch das heterogene Bild in der Rechtssetzungspraxis, bezogen auf einen Hauptzweck, welches noch um eine unübersehbare Anzahl von Nebenzwecken zu erweitern ist, ohne dass eine Relevanz für die Abgrenzung der Rechtsformen deutlich würde. Einer feineren Systematisierung des Zwecks entsprechend findet sich für unterschiedliche Rechtsformen die Aufgabe der Forschung[1246] wie auch der Lehre[1247]. Andere Einrichtungen nehmen die Aufgaben Forschung und Lehre dagegen

---

1990, S. 15 f.; *Riehmer*, KörpStiftOrg, 1993, S. 19; *Saenger* in: Werner/ders. (Hrsg.), DStfRStW, 2008, Rn. 160; *Stettner*, DStiftungÖffR, 2012, S. 21; *ders.*, ZUM 2012, 202 (204); *Twehues*, RechtskommStift, 1996, S. 5; *v. Campenhausen/Stumpf* in: v. Campenhausen/Richter (Hrsg.) StfRHdB, 2014, § 1, Rn. 1.

1239 Es ist vielmehr davon auszugehen, dass die Bestimmung des Zwecks sich in seiner jeweiligen Zeit an der Staatsordnung insgesamt orientiert hat.

1240 **AöR:** a. A. *Han*, UnabBaFin, 2015, S. 185; **SöR:** *Alscher*, DStiftungÖffR, 2006, S. 123.

1241 So ohne Begründung jedoch **SöR:** *Alscher*, DStiftungÖffR, 2006, S. 123 f.

1242 **SöR:** *Alscher*, DStiftungÖffR, 2006, S. 132; **SöR und st. SbR:** *E. Müller*, DBundStift, 2009, S. 146, jedoch ohne Begründung.

1243 So jedoch ohne Begründung **AöR:** *Backhaus*, ÖffUntern, 1980, S. 211; *Jecht*, DöA, 1963, S. 32; *Loeser*, SysVerwR Bd. 2, 1994, Rn. 128.

1244 Vgl. **AöR:** *Hofmann* in: ders./Gerke, AllgVerwR, 2010, Rn. 44, am Beispiel der Gemeinden und ihrer nicht-rechtsfähigen (kommunalen) Anstalten.

1245 In diese Richtung bereits *Storr*, StaataUntn, 2001, S. 137 f.

1246 **KöR:** § 1 AdWG, S. 775; § 1 BrWG; § 3 Abs. 1 Nr. 1 NHG; § 2 Abs. 1 Nr. 1 OldL(G), S. 253, als „Förderung wissenschaftlicher Bestrebungen"; **AöR:** § 4 Abs. 3 AGTierGesG(G2), S. 277, jedoch nur als „Zuschüsse zu Forschungsvorhaben"; § 2 Abs. 1 Nr. 1 GEI(G2), S. 170; § 2 Abs. 1 IfE(S1), S. 688; § 2 Abs. 1 LIAG(G), S. 428; **tr-AöR:** § 2 Abs. 1 Nr. 5 PolAN(G), S. 444; **nr-AöR:** § 4 Abs. 2 ATAfN, S. 364; § 4 NIfR(S1), S. 834; **SöR:** § 1 Abs. 2 MudCl(S1), S. 409; § 2 SnGst(G), S. 494, jedoch nur als eine Unterstützung von Forschung; § 2 Abs. 1 S. 2 StTIB(G), S. 151; § 2 StZIN(G), S. 209; **st. GmbH:** § 3 Abs. 1 CUTEC; § 2 DSMZ; § 2 Abs. 1 RamBmG; **st. e. V.:** § 2 Abs. 1 3NKN; § 2 Abs. 1 a) BrLsch; **st. SbR:** § 2 Abs. 1 GISMA(S1), S. 426; § 2 HWK(S2), S. 1009; § 2 NWattSt, S. 1096 f.; § 2 StLSb(S), S. 15; § 2 Abs. 3 StN(S2), S. 1209. f.; § 2 Abs. 3 StOpfH(S), S. 99; § 2 VWSt(S), S. 488; **nr-VE:** § 2 Abs. 2 Nr. 10, Nr. 12 LSKN, S. 836 (837); § 2 Abs. 1 NInL, S. 496.

1247 **KöR:** § 9 Abs. 1 Nr. 1, 3 NArchtK(G); § 9 Abs. 1 Nr. 9 Nds.HKG; § 2 Abs. 2 Nr. 3 Nds. LwKG; § 3 Abs. 1 NHG; § 15 Abs. 1 Nr. 3 NIngG; **AöR:** § 2 Abs. 1 ARL(S5), S. 49; § 2 Abs. 3 IfE(S1), S. 688; § 2 Abs. 2 LIAG(G), S. 428; **tr-AöR:** § 2 Abs. 1 PolAN(G), S. 444; **nr-AöR:** § 4 Abs. 2 ATAfN, S. 364; § 2 StaN, S. 410; **SöR:** § 55 Abs. 3 i.V.m. § 47 S. 2 Nr. 6 NHG; § 2 S. 2 Nr. 4 StZAPf(G), S. 20; § 2 StZIN(G), S. 209; **JPöR:**

zumindest als Nebenzweck wahr. Es finden sich Einrichtungen für die verschiedenen Rechtsformen, welche Versicherungen anbieten[1248] oder anderweitige Aufgaben wahrnehmen, die im weitesten Sinne der Finanzwirtschaft zuzuordnen sind[1249]. Darüber hinaus gewähren Einrichtungen in verschiedenen Rechtsformen Leistungen im weitesten Sinne – als bekanntestes Beispiel der Betrieb öffentlicher Einrichtungen der Kommunen im Rahmen der kommunalen Daseinsvorsorge – ohne auf diesen Bereich beschränkt zu sein[1250].

Unter einem anderen Blickwinkel lassen sich diese und weitere Zwecke auch als wirtschaftliche Tätigkeiten zusammenfassen[1251]. Die Leistungen werden sowohl unmittelbar erbracht[1252] als auch in anderen Fällen nur die entsprechenden finanziellen

---

§ 2 Abs. 1 ARL(S2), S. 254; **st. GmbH:** § 2 Abs. 3 CUTEC; § 2 Abs. 1 RamBmG; § 2 Abs. 1 GmbH1; **st. SbR:** § 2 Abs. 1 GISMA(S1), S. 426; § 2 VWSt(S), S. 488; § 2 ZeVA(S), S. 1001; **nr-VE:** § 2 Abs. 2 Nr. 7 ITN, S. 243; § 2 Abs. 4 Nr. 10 IZN, S. 1150; § 2 Abs. 1 Nr. 12, 13 LGLN(S1), S. 880; § 2 Abs. 3 Nr. 9 LSKN, S. 836 (837); § 1 Abs. 1 NBiblS, S. 2084.

1248 **KöR:** § 9 Abs. 3 NArchtK(G); § 12 Abs. 1 Nds.HKG; § 16 NIngG; § 1 Abs. 2; § 7 NVdR(G1), S. 65 f.; § 1 Abs. 3 PrLV-H(S1), S. 478; **AöR:** § 4 Abs. 3 AGTierGesG(G2), S. 277; §§ 4, 5, 6 HLKA, S. 739; §§ 5, 6 Abs. 2 IuFB(G1), S. 712 (713); § 2 LBS-N(G), S. 230; § 4 Nord-LB(G2), S. 632; § 2 NöVersG, S. 5; § 2 Abs. 1 RKrdSt(S3), S. 2; **tr-AöR:** § 2 BrLB; **nr-VE:** § 1 Abs. 3 VwÄKN; § 1 Abs. 2 VwIngK.

1249 **KöR:** §§ 4, 5 NLB-Giro, S. 312 (313); **SöR:** § 2 Abs. 1 HWBl, S. 710; **JPöR:** §§ 4, 5 BRRKv, S. 626; §§ 4, 5 CGGHKv; **st. GmbH:** vgl. § 1 Abs. 1 IuFB(G1), S. 712.

1250 **KöR:** § 30 NKomVG; **AöR:** § 2 Abs. 1 Nr. 3 GEI(G2), S. 170; § 68 Abs. 2 S. 2 NHG; **nr-AöR:** § 2 Abs. 4, 5 TIB, S. 820; § 2 HAB, S. 271; **SöR:** § 2 Abs. 1 HWBl, S. 710; § 1 Abs. 1 MudCl(S1), S. 409; § 68 Abs. 2 NHG; §§ 2, 3 SnGst(G), S. 494; § 2 Abs. 2, 3 StTIB(G), S. 151; vgl. auch § 3 MBStB, S. 169, wobei nicht deutlich wird, ob es sich um eine Stiftung des öffentlichen Rechts handelte; **st. GmbH:** § 2 DSMZ; § 2 Abs. 1 EaSoA; § 2 Abs. 2 RamBmG; **st. AG:** § 2 DMAg, S. 1; **st. SbR:** § 2 Abs. 2 BaStW(S), S. 243; § 3 Abs. 1 NWirtA(S), S. 410; § 2 StLSb(S), S. 15, als Gedenkstätte; **nr-VE:** § 2 Abs. 1 a), b) LWKN, S. 855; § 1 NBiblS, S. 2084; Nr. 1 NStB, S. 95; § 2 Abs. 4 VZG, S. 728 (729); vgl. Beispiel für die kommunalen Eigenbetriebe § 2 HCC.

1251 **KöR:** § 2 Abs. 1 Nr. 8 OldL(V), S. 51, bezüglich der „Durchführung heimatlicher Veranstaltungen"; **AöR:** § 2 Abs. 1 HWW(S1), S. 510; **nr-AöR:** § 2 TIB, S. 820; **SöR:** § 55 Abs. 3 i.V.m. 47 S. 2 NHG; vgl. auch § 2 Abs. 1, 2, 3 StTIB(G), S. 151; § 2 S. 1, S. 2 Nr. 1 StZIN(G), S. 209; **st. GmbH:** § 2 Abs. 1 DSMZ; § 2 Abs. 1 HWW(S2); **st. AG:** § 2 DMAg, S. 1; § 2 Abs. 1 SagAG; § 2 Abs. 1 VWAg; **st. e. V.:** § 2 Abs. 2 3NKN, als Wirtschaftsförderung durch Wissenstransfer; **st. e. G.:** § 2 Abs. 2 HIS(S2); **nr-VE:** § 2 Abs. 2 Nr. 5 ITN, S. 243; § 2 Abs. 2, 4 IZN, S. 1150; § 2 Abs. 1 LGLN(S1), S. 880; § 2 Abs. 2, 3 LSKN, S. 836 (837); § 2 Abs. 1, 2 LZN, S. 696; § 2 Abs. 2 VZG, S. 728 (729).

1252 **KöR:** so ausdrücklich auch §§ 4 S. 2, 136 Abs. 1 NKomVG; **st. SbR:** § 2 Abs. 2 BaStW(S), S. 243; § 14 Abs. 4 HWK(S2), S. 1009 (1011); § 2 HEH, S. 623; § 2 Abs. 2 StOpfH(S), S. 99; vgl. auch *Fiedler*, StEStwFwFm, 2004, S. 28; *Hof* in: v. Campenhausen/Richter (Hrsg.) StfRHdB, 2014, § 7, Rn. 37; *Kaluza*, StiftprivRöffrOrgm, 2010, S. 39, als „Anstaltsstiftung"; *Röpke*, HschStiftöffR, 2006, S. 85.

Mittel bereit gestellt[1253], um die Leistungen Dritter in Anspruch nehmen zu können. Diese Unterscheidung ist nicht überzubewerten, da in einer arbeitsteiligen Welt überwiegend Leistungen hinzugekauft und von Dritten ausgeführt werden[1254]. Weitere typische Nebenzwecke sind Aufgaben, die sich als Beratungstätigkeiten zusammenfassen ließen und regelmäßig im Zusammenhang mit dem Hauptzweck stehen[1255]. Es können ebenso Überwachungsaufgaben hinzutreten[1256]. Teilweise finden sich auch kulturelle, künstlerische oder soziale (Neben-)Zwecke[1257].

Dabei müssen sich nicht alle Aufgaben aus den Organisationsgrundlagen unmittelbar ergeben[1258], was jedoch zumindest die Frage aufwirft, ob der Zweck insoweit

---

1253 **KöR:** § 17 RitLBr, S. 517 (518); **AöR:** § 4 Abs. 3 AGTierGesG(G2), S. 277; § 3 FstKK, S. 554; § 3 NLFst(G1), S. 616; § 38 NMedienG; § 1 Abs. 3 Nr. 2 StW-H, S. 172; **nr-AöR:** § 2 Abs. 2 HAB, S. 271; **st. SbR:** § 2 Abs. 2 BaStW(S), S. 243; § 2 FamN(S2), S. 137; § 2 Abs. 1 GISMA(S1), S. 426; § 2 Abs. 1 KTSt(S2), S. 1227; § 2 Abs. 3 NBingSt, S. 464; § 2 Abs. 2 NLotSpSt, S. 294; § 2 Abs. 3 NLottSt(S2), S. 86; § 2, 6 NWattSt, S. 1096 f.; § 2 Abs. 1 ResFN(S), S. 838; § 2 Abs. 2 StJbJ, S. 55; § 2 Abs. 2 StN(S2), S. 1209; § 2 StOpfH(S), S. 99; §§ 2, 8 VWSt(S), S. 488 f.

1254 **JP**: *Ebersbach*, DStiftungÖffR, 1961, S. 74 f.; unzutreffend daher a. A. *ders*., aaO., S. 69.

1255 **KöR:** § 9 Abs. 1 Nr. 5, 9 NArchtK(G); § 9 Abs. 1 Nr. 6 Nds.HKG; § 2 Abs. 2 Nr. 2, 5, 7 Nds.LwKG; § 15 Abs. 1 Nr. 5, 7, 9 NIngG; § 29 Abs. 2 NSpG; **AöR:** § 2 Abs. 1 b) ARL(S5), S. 49; § 2 Abs. 1 Nr. 5, Abs. 2 GEI(G2), S. 170; § 6 Abs. 2 IuFB(G1), S. 712 (713); § 38 Nr. 5 NMedienG; § 1 Abs. 3 Nr. 2, 3 StW-H, S. 172; **nr-AöR:** § 4 NIfR(S1), S. 834; **SöR:** § 68 Abs. 2 NHG; § 2 S. 2 Nr. 2 StZIN(G), S. 209; **st. GmbH:** § 2 Abs. 1 HIS(S1); **st. e. V.:** § 2 Abs. 2 3NKN; **st. e. G.:** § 2 Abs. 2 HIS(S2); **st. SbR:** § 2 Abs. 1 HEH, S. 623; § 2 Abs. 2 ResFN(S), S. 838; § 2 ZeVA(S), S. 1001; **nr-VE:** § 2 Abs. 2 Nr. 1 ITN, S. 243; § 2, 4 IZN, S. 1150; § 2 Abs. 1 Nr. 8 LGLN(S1), S. 880; § 2 Abs. 2, 3 LSKN, S. 836 (837); § 2 Abs. 1 NInL, S. 496.

1256 **KöR:** § 9 Abs. 1 Nr. 3 Nds.HKG; § 2 Abs. 2 Nr. 8, 14 Nds.LwKG; § 15 Abs. 1 Nr. 10 NIngG; **AöR:** § 2 Abs. 2 d) AfBF(S2), S. 252 (253); § 38 Abs. 3 NMedienG; **nr-AöR:** § 4 NIfR(S1), S. 834; **SöR:** § 55 Abs. 4 NHG; **st. GmbH:** § 2 Abs. 1 HIS(S1); § 2 Abs. 1 HWW(S2); § 2 Abs. 1 LEA; **st. SbR:** § 2 Abs. 1 ZeVA(S), S. 1001; **nr-VE:** § 2 Abs. 1 Nr. 5 LGLN(S1), S. 880; § 2 Abs. 1 LWKN, S. 855; § 2 Abs. 3 LZN, S. 696.

1257 **KöR:** § 3 Abs. 1 Nr. 9, Abs. 4 NHG; § 4 S. 2 NKomVG; § 20 Abs. 1 NHG; § 2 Abs. 1 OldL(V), S. 51; § 13 RitLBr, S. 517 (518); **AöR:** § 68 Abs. 2 NHG; **nr-AöR:** § 2 Abs. 5 HAB, S. 271; **SöR:** § 2 Abs. 1 HWBl, S. 710; § 1 Abs. 2 MudCl(S1), S. 409; § 68 Abs. 2 NHG; § 3 Abs. 1 SBK, S. 649; § 2 SnGst(G), S. 494; **st. GmbH:** § 2 Abs. 2 RamBmG; **st. AG:** § 2 Abs. 1 SagAG, vgl. als „öffentlicher Güter- und Personenverkehr"; **st. e. V.:** § 2 Abs. 1 BrLsch; § 2 Abs. 1 EmLsch; **st. SbR:** § 2 Abs. 1 BaStW(S), S. 243; § 2 Abs. 1 FamN(S2), S. 137; § 2 Abs. 1 NBingSt, S. 464; §§ 2 Abs. 1 NLotSpSt, S. 294; § 2 Abs. 1 NLottSt(S2), S. 86; § 2 Abs. 1 StbRB(S2), S. 280; § 2 Abs. 2 StJbJ, S. 55; § 2 StLSb(S), S. 15; § 2 Abs. 1 StN(S2), S. 1209; § 2 StOpfH(S), S. 99.

1258 Vgl. **AöR:** § 2 Abs. 1 Nr. 4 NTierSK; **nr-AöR:** § 2 Nr. 1 e) StaN, S. 410; **st. AG:** vgl. z. B. Forschung der VW AG, http://www.Volkswagen-karriere.de/de/wie_wir_arbeiten/unternehmensbereiche/forschung_und_entwicklung.html, zuletzt abgerufen am 21.06.2016; Ausbildung der VW AG, http://www.Volkswagen-karriere.de/de/wie_sie_einsteigen/schueler/ausbildung.html, zuletzt abgerufen am 21.06.2016.

einer Auslegung offen ist. Zumindest ist auch dies keine Folge einer bestimmten Rechtsform, sondern folgt aus den Verfassungsprinzipien für alle Rechtsformen in gleicher Weise. Zu bedenken ist weiterhin, dass bereits die Bewertung, ob ein Zweck – beispielsweise die Vergabe von Darlehen – eine kulturelle oder eine wirtschaftliche Bedeutung hat, nicht eindeutig zu treffen ist, sondern regelmäßig hinter einem Zweck ein Motivbündel stehen dürfte. Dieses Motivbündel wird sogar entscheidend politisch determiniert sein, ohne dass dem eine (organisations-)rechtliche Relevanz angenommen werden kann.

Eine Differenzierung der Rechtsformen ist entsprechend der Organstruktur für die Selbstverwaltungskörperschaften möglich, welche die Interessen bestimmter Berufsgruppen[1259], Eigentümer[1260] oder Einwohner[1261], mit anderen Worten die Interessen ihrer personenverschiedenen Mitglieder, gemeinsam vertreten und verwalten. Der Inhalt der Aufgabe bestimmt darüber hinaus keine Rechtsform und ist unabhängig von der Rechtsfähigkeit zu sehen. Nur für die Selbstverwaltungskörperschaften[1262] ist sie durch ihre Organstruktur bedingt. Diese Erkenntnis entspricht auch der Herleitung aus einer staatlichen Aufgabenübertragung. Diese setzt bereits voraus, dass eine entsprechende Aufgabe von der staatlichen Mutterkörperschaft ausgeübt werden kann, welche sich damit entsprechend der Differenzierungen der Aufgabenübertragung auch unterscheiden können. Umgekehrt erfährt der Zweck, als Teil-Zweck der Mutterkörperschaft, keine Veränderung durch die Rechtsform. Welcher (Teil-)Zweck im konkreten Einzelfall einer Einrichtung zugeordnet ist, ist nur eine politische Entscheidung ohne organisationsrechtliche Relevanz.

6. Die Prägung des Zwecks durch die Verfassungsprinzipien

Der Zweck jeder Rechtsform wird allein durch einheitliche verfassungsrechtliche Vorgaben geprägt. Aus der staatlichen Aufgabenübertragung – ob als Rahmenübertragung oder Vollübertragung – folgt eine Übertragung der gleichen Beschränkungen, denen die Mutterkörperschaft unterliegt[1263]. Hiermit gehen

1259 **KöR:** § 9 Abs. 1 Nr. 2 NArchtK(G); § 9 Abs. 1 Nr. 1 Nds.HKG; § 2 Abs. 1 Nds. LwKG; § 3 Abs. 1 NHG, unter dem Aspekt der Professoren und Studenten als „Berufsgruppen"; § 15 Abs. 1 Nr. 2 NIngG; § 2 Stud-LUH.

1260 **KöR:** § 23 Abs. 1 Nds.FischG(G); § 1 Abs. 1 NJagdG(S); § 14 RitLBr, S. 517 (518).

1261 **KöR:** § 1 Abs. 1 NKomVG.

1262 **KöR:** dies in der Abgrenzung zur Anstalt unzutreffend für die Körperschaft an sich verallgemeinernd *Bohn,* AnstÖffBetDritt, 2005, S. 107, jedoch die Bundkörperschaften übersehend.

1263 **KöR:** *Ehlers,* VerwPrivRf, 1984, S. 70, 84; *Ehlers,* ZHR 2003, 546 (559); zu weit dagegen *Loschelder* in: Isensee/Kirchhof, HdBdStR Bd. 5, 2007, § 107, Rn. 8, dass „[der Staat] allein [...] über Kompetenz-Kompetenz [verfügt], [...] seine Aufgaben selbst, aus eigenem Vermögen [definiert] und prinzipiell ohne dabei auf sachliche Grenzen zu stoßen."; **SöR:** *E. Müller,* DBundStift, 2009, S. 134; **st. GmbH:** *Stober,* NJW 1984, 449 (453); **JP:** *Forsthoff,* VerwR Bd. 1, 1973, § 23, S. 435, dass der Staat die „dem hoheitlichen Gemeinwesen zustehenden öffentlich-rechtlichen Befugnisse

die verfassungsrechtlichen Bindungen einher, wie sie sich aus dem Demokratie- und Rechtsstaats-, Sozialstaats- und Bundesstaatsprinzip[1264] ergeben[1265]. Damit unterliegen insbesondere auch die Einrichtungen der mittelbaren Staatsverwaltung den Voraussetzungen einer demokratischen Legitimation[1266], einer

---

zwar in Hinsicht auf die Zuständigkeit anders verteilen, [...] diese Befugnisse jedoch nicht substantiell verändern, weder einschränkend noch ausdehnend [darf].";

1264 Unter dem Aspekt der „Verwaltungskompetenz" der Mutterkörperschaft, **KöR:** *Hsu*, InstkörpSV, 2004, S. 97 ff.; **SöR:** *Kluth* in: Wolff/Bachof/Stober/ders., VerwR Bd. 2, 2010, § 87, Rn. 16; *v. Campenhausen/Stumpf* in: v. Campenhausen/Richter (Hrsg.) StfRHdB, 2014, § 15, Rn. 7; **st. SbR:** *Stettner*, DStiftungÖffR, 2012, S. 19; *Twehues*, RechtskommStift, 1996, S. 15; **SöR und st. SbR:** *Fiedler*, StEStwFwFm, 2004, S. 81 ff., im Ergebnis für Einzelfälle die Verfassungswidrigkeit bestimmter Bund-Länder-Stiftungen annehmend; *Kaluza*, StiftprivRöffrOrgm, 2010, S. 72; **JP**: zur Errichtung nur „innerhalb der Kompetenz des gründenden Hoheitsträgers", *dies.*, aaO., S. 122; *Badura* in: FS BayVerfG, 1997, S. 11; *Blessing*, ÖffrAnstBetPr, 2008, S. 57; *Ehlers*, VerwPrivRf, 1984, S. 113; Ehlers, JZ 1990, 1087 (1095); *Gölz*, DStaatalsStift, 1999, S. 245 f.; *Groß* in: Frilauf/Höfling, Berliner Kom-GG Bd. 4, EL 2002, Art. 86, Rn. 29; *Hermes* in: Dreier (Hrsg.), GG-Kom Bd. 3, 2008, Art. 86, Rn. 45; *Jestaedt* in: Hoffmann-Riem/Schmidt-Aßmann/Voßkuhle, GdlVerwR Bd. 1, 2012, § 14, Rn. 29; *Maurer*, AllgVerwR, 2011, § 23, Rn. 61; *N. Müller*, RechtsFormW, 1993, S. 218 f.; *E. Müller*, DBundStift, 2009, S. 108; *Oebbecke* in: Isensee/Kirchhof, HdBdStR Bd. 6, 2008, § 136, Rn. 101; *Ronellenfitsch* in: Isensee/Kirchhof, HdBdStR Bd. 4, 2006, § 98, Rn. 4; hierzu kritisch mit Hinblick auf gemeinsame Ländereinrichtungen, *Kölble*, DVBl. 1965, 867 (868); vgl. *Alscher*, DStiftungÖffR, 2006, S. 16, 18 ff.

1265 **KöR:** *Perchermeier*, LwKMfunkSV, 2014, S. 178; **AöR:** *Fett*, ÖffrAnstabKonU, 2000, S. 42; **SöR:** *v. Campenhausen/Stumpf* in: v. Campenhausen/Richter (Hrsg.) StfRHdB, 2014, § 15, Rn. 6; **SöR und st. SbR:** *M. Kilian* in: Werner/Saenger (Hrsg.), DStfRStW, 2008, Rn. 1060; **JPbR:** *Ehlers, VerwPrivRf, 1984, S.* 86, S. 222, siehe auch Fn. 286, dass „[d]ie gleichen Gründe, die für eine Anwendung der Grundrechtsbestimmungen sprechen, [...] sich auch hier aus[wirken]."; *N. Müller*, RechtsFormW, 1993, S. 248; *Pfeifer*, SteukomAktdG, 1991, S. 9, 12; **JP:** *Jestaedt* in: Hoffmann-Riem/Schmidt-Aßmann/Voßkuhle, GdlVerwR Bd. 1, 2012, § 14, Rn. 9, gerade das (Staats-) Organisationsrecht sowohl in grundrechtlich-rechtsstaatlicher als auch demokratisch-legitimatorischer und bundesstaatlich-kompetenzieller Hinsicht vielfältigen und weitreichenden verfassungsrechtlichen Vorgaben unterliegt"; *Krebs* in: Isensee/Kirchhof, HdBdStR Bd. 5, 2007, § 108, Rn. 60 unter dem Aspekt, dass „[d]ie vom Grundgesetz doppelt (Art. 1 Abs. 3, 20 Abs. 3 GG) betonte Verfassungsbindung der Verwaltung [...] inhaltlich zum großen Teil leer[liefe], wenn die Verfassung für die Verwaltungsorganisation als Erscheinungs- und Verwirklichungsform der Verwaltung keine substanzhaften Aussagen bereithielte", *ders.*, aaO.; Rn. 61 ausdrücklich auf „die Grundrechtsbestimmungen als auch Staatsstrukturprinzipien der Art. 20 und 28 Abs. 1 GG" abstellend; vgl. auch *Loschelder* in: Isensee/Kirchhof, HdBdStR Bd. 5, 2007, § 107, Rn. 57, zur fortwirkenden Bindung verselbstständigter Verwaltungseinheiten an das Demokratie- und Rechtsstaatsprinzip.

1266 *Fiedler*, StEStwFwFm, 2004, S. 107, auch unabhängig von einem „Entscheidungscharakter" der einzelnen Aufgabe; *Hsu*, InstkörpSV, 2004, S. 189; *Loschelder* in:

Gemeinwohlbindung[1267] sowie der Bindung an die Grundrechte[1268], Sie stellen einen der Aufgabenübertragung immanenten Teil dar, da sich der Staat durch die Übertragung eines Teil-Zwecks dieser Bindungen nicht entledigen kann[1269].

Isensee/Kirchhof, HdBdStR Bd. 5, 2007, § 107, Rn. 57, ausdrücklich zur fortwirkenden Bindung verselbstständigter Verwaltungseinheiten an das Demokratie- und Rechtsstaatsprinzip; *Mann*, ÖffrechtGes, 2001, S. 254 ff.; *Wolfers*, NVwZ 2000, 765 (766); a. A. *Britz*, VerwArch 2000, 418 (430); vgl. auch zur hierin begründeten Bedeutung des Demokratieprinzips im Rahmen der Organstruktur siehe bereits Kap. C.I.3.

1267 **AöR:** *M. Müller* in: Wolff/Bachof/Stober/Kluth, VerwR Bd. 2, 2010, § 86, Rn. 7, unter dem Begriff „Gemeinnützigkeit"; **SöR:** *O. Mayer*, DtVerwR, 1924, § 56, S. 332, unter dem Aspekt der Erforderlichkeit; *Ehlers*, VerwPrivRf, 1984, S. 25; **JP:** BVerfGE 128, 226 (244); *Burgi* in: Erichsen/Ehlers (Hrsg.), AllgVerwR, 2010, § 7, Rn. 14, dass die Verwaltungsorganisation „Instrument (auch: Werkzeug) der Hervorbringung des Gemeinwohls ist"; *Groß* in: Hoffmann-Riem/Schmidt-Aßmann/Voßkuhle, GdlVerwR Bd. 1, 2012, § 13, Rn. 10, dass aufgrund der „nicht disponiblen Verpflichtung der staatlichen Organisationseinheiten auf das öffentliche Interesse [...] [alle Erscheinungs- und damit auch alle Organisationsformen staatlicher Tätigkeit] nicht nur berechtigt, sondern auch verpflichtet [sind], sich am Wohl der Allgemeinheit zu orientieren."; *M. Kilian* in: Werner/Saenger (Hrsg.), DStfRStW, 2008, Rn. 999; *Ronellenfitsch* in: Isensee/Kirchhof, HdBdStR Bd. 4, 2006, § 98, Rn. 40, ausdrücklich als Ausdruck des Rechtsstaatsprinzips.

1268 **SöR:** *M. Kilian* in: Werner/Saenger (Hrsg.), DStfRStW, 2008, Rn. 1060; *Kluth* in: Wolff/Bachof/Stober/ders., VerwR Bd. 2, 2010, § 87, Rn. 16 f., dies jedoch ohne nähere Begründung einschränkend, eine „grundrechtstypische Gefährdungslage" ohne Darlegung des Anknüpfungspunktes grundsätzlich auch auf die Stiftung des öffentlichen Rechts übertragend; **JPöR:** *Mehde* in: Hartmann/Mann/ders., LdRNds, 2015, § 2, Rn. 18; **JPbR:** siehe hierzu auch BVerfGE 128, 226, dass „[v]on der öffentlichen Hand beherrschte gemischtwirtschaftliche Unternehmen in Privatrechtsform [...] ebenso wie im Alleineigentum des Staates stehende öffentliche Unternehmen, die in den Formen des Privatrechts organisiert sind, einer unmittelbaren Grundrechtsbindung [unterliegen]"; **JP:** *Bull* in: FS Maurer, 2001, S. 551; *J. Becker*, VerwPrvRVerGesR, 1994, S. 51, 163; dagegen vor dem Hintergrund des Rechtsstaatsprinzips heute nicht mehr vertretbar, *O. Mayer*, DtVerwR, 1924, § 58, S. 355, dass der „Staat[...] innerhalb des ihm anbefohlenen Gebietes eine unübersehbare Mannigfaltigkeit der Ziele und die rechtlich unbegrenzte Macht zu ihrer Verwirklichung" verfügt.

1269 Dass sich diese Aussage, die eindeutig nur zum Zeitpunkt der Errichtung ist, im Rahmen beispielsweise einer Privatisierung oder Verstaatlichung auch ändern kann, vgl. weiterführend *Burgi* in: v. Mangold/Klein/Starck, Kom-GG Bd. 3, 2010, Art. 86, Rn. 54; *J. Ipsen*, AllgVerwR, 2015, § 4, Rn. 276 f.; *Krebs* in: Isensee/Kirchhof, HdBdStR Bd. 5, 2007, § 108, Rn. 14; *Maurer*, AllgVerwR, 2011, § 23, Rn. 63; *Stober* in: Wolff/Bachof/ders./Kluth, VerwR Bd. 2, 2010, § 94, Rn. 1 ff., zutreffend mit dem Begriff „Aufgabenprivatisierung [, durch die] die Verwaltungsaufgabe in den Markt entlassen wird", an die Veräußerung der Aufgabe anknüpfend; *Wallerath*, AllgVerwR, 2009, § 6, Rn. 98.

Die Mutterkörperschaft kann sich ebenso wenig im Rahmen der Privatrechtsformen – die entsprechend des hier gefundenen Begriffsverständnisses sowieso Teil der mittelbaren Staatsverwaltung sind – ihrer staatlichen Bindungen entziehen[1270]. Diese umfassen als Teil des Staates die Bindung an die Staatsstrukturbestimmungen[1271], insbesondere die Grundrechtsbindung der staatlichen Einrichtungen in Privatrechtsform[1272] und eine Beschränkung auf eine Tätigkeit im Gemeinwohl[1273]. Dies

---

1270 **JPbR:** BVerwGE 113, 208 (211); *Kraft*, VerwGesellR, 1982, S. 24, 27, 66, bezogen auf die kommunalen Eigengesellschaften; a. A. *ders.*, aaO., S. 17;

1271 **st. SbR:** *Kaluza*, StiftprivRöffrOrgm, 2010, S. 73; *Scholz/Langer*, SitftVerf, 1990, S. 89 f.; unzutreffend daher *Kreienschulte*, RchStiftVolksw, 1969, S. 106; *Hof* in: v. Campenhausen/Richter (Hrsg.) StfRHdB, 2014, § 4, Rn. 114; **JPbR:** *Brenner*, AöR 2002, 222 (227); *Dehnhard*, LKV 2003, 121; *Ehlers*, VerwPrivRf, 1984, S. 50, 222; *T. Faber*, GesBindAufsM, 2010, S. 159; *Franz*, GewkommDasv, 2005, S. 124; *Kraft*, VerwGesellR, 1982, S. 66, *Forsthoff*, VerwR Bd. 1, 1973, § 25, S. 511, dass „auch in die privatrechtlich gestalteten Leistungsverhältnisse [...] die besonderen Bindungen und Verantwortlichkeiten staatlichen Verwaltens hinein[wirken].“; *Klein*, BetöffHAktion, 1992, S. 29; *Krebs* in: Isensee/Kirchhof, HdBdStR Bd. 5, 2007, § 108, Rn. 12, dass „[s]oweit damit eine Exemtion der Organisation von den rechtlichen Sonderbindungen des Staates begründet werden soll, [...] die Aussage mit der verfassungsrechtlichen Prämisse unvereinbar [ist], wonach der Staat verfassungsrechtlich konstituiert ist.“; *Ossenbühl*, ZGR 1996, 504 (507); *Raiser*, ZGR 1996, 458 (476); *Sachs*, NJW 1987, 2338 (2343 f.); *v. Danwitz*, AöR 1995, 595 (607).

1272 **JP:** BVerfGE 45, 63, (80); BGHZ 91, 84 (97); *Cremer*, DÖV 2003, 921 (925); *Ehlers*, VerwPrivRf, 1984, S. 107, 151 f., 216, dass „die Grundrechte die Verwaltung unabhängig von der Rechtsform [...] binden“; *Groß* in: Hoffmann-Riem/Schmidt-Aßmann/Voßkuhle, GdlVerwR Bd. 1, 2012, § 13, Rn. 10; *Gurlit*, NZG 2012, 249 (252); *Gusy*, DÖV 1984, 872 (879, 881); *Hermes* in: Dreier (Hrsg.), GG-Kom Bd. 3, 2008, Art. 8, Rn. 38; *Ibler* in: Maunz/Dürig, GG-Kom, 2015, Art. 86, Rn. 82; *M. Kilian* in: Werner/Saenger (Hrsg.), DStfRStW, 2008, Rn. 994; *Knof* in: MüHBGesR Bd. 5, 2009, § 49, Rn. 13; *Maurer*, AllgVerwR, 2011, § 23, Rn. 61; *Spannowsky*, ZGR 1996, 400 (404); *Zeidler*, VVDStRL 19, 1960, 209 (230); vgl. auch *Stober* in: Wolff/ders./Stober/Kluth, VerwR Bd. 2, 2010, § 92, Rn. 89, „[privatrechtlich organisierte Verwaltung] stellt [...] eigentlich nur eine besondere Erscheinungsform dar, in der öffentliche Verwaltung ausgeübt wird mit der Folge, dass er hinsichtlich des Grundrechtsschutzes nicht anders als der öffentlich-rechtliche Mutterträger behandelt wird“; *Traumann*, OrgbundeigVerw, 1998, S. 311; anders dagegen BGHZ 36, 91 (95 f.); 97, 312 (316); *Stober* in: Wolff/Bachof/ders./Kluth, VerwR Bd. 2, 2010, § 92, Rn. 96: unzutreffend keine Bindung an das Vergaberecht ohne Begründung für die JPbR annehmend, *Altmeppen*, NJW 2003, 2561 (2562); unzutreffend differenzierend, **st. SbR:** *Ronellenfitsch* in: Isensee/Kirchhof, HdBdStR Bd. 4, 2006, § 98, Rn. 47 ff., soweit an die öffentliche Aufgabe statt richtigerweise an den staatlichen Zweck anzuknüpfen ist; überzeugend dagegen *Gurlit*, NZG 2012, 249 (252), nwN., dass „[i]m Wortlaut des Art. 1III GG [...] freilich eine Differenzierung nach der Art der Aufgaben nicht angelegt [ist]“.

1273 **st. SbR:** *Totenhöfer-Just*, ÖffrechtStft, 1973, S. 69; **JP:** *Groß* in: Hoffmann-Riem/Schmidt-Aßmann/Voßkuhle, GdlVerwR Bd. 1, 2012, § 13, Rn. 10.

gilt dabei unabhängig von möglichen Begrenzungen der Steuerung im Rahmen der Organstruktur[1274]. Eine entsprechende Regelung der Gemeinnützigkeit findet sich in den Rechtsgrundlagen fast aller Rechtsformen[1275]. Ihnen kommt unter diesem Aspekt nur eine deklaratorische Bedeutung zu. Umgekehrt kann auch der Ausschluss eines Rechtsanspruchs unabhängig von der Rechtsform[1276] zumindest die Wirkung des Gleichbehandlungsgrundsatzes nicht ausschließen[1277].

Die in gleicher Weise der Errichtung zugrundeliegende staatliche Aufgabenübertragung und damit Ableitung des Zwecks als eines Teil-Zwecks ihrer staatlichen Mutterkörperschaft erfasst damit ausdrücklich auch die juristischen Personen des bürgerlichen Rechts. Eine inhaltliche Beschränkung erfährt der Zweck einheitlich allein durch die Gemeinwohlbindung, welche im Umkehrschluss eine reine Gewinnerzielungsabsicht als Zweck – unabhängig von der Rechtsform – für jegliches staatliche Handeln ausschließen dürfte[1278]. Insbesondere die Stiftung des

1274 **JPbR:** überzeugend bereits *Gurlit*, NZG 2012, 249 (253), dass „sich nicht aus legitimatorischen Defiziten auf eine fehlende Grundrechtsbindung schließen [lässt]".

1275 **KöR:** vgl. § 3 Abs. 1 PrLV-H(S1), S. 478; **AöR:** so ausdrücklich, § 1 GEI(S2), S. 161; § 2 Abs. 3 HWW(S1), S. 510; § 2 StW-H, S. 173; allgemeiner dagegen, §§ 6 Abs. 1, 13 Abs. 1 IuFB(G1), S. 712 (713); § 3 Abs. 3 NLFst(G1), S. 616; § 2 NöVersG, S. 5; dagegen ohne Regelung, vgl. ARL(S5), S. 49 ff.; **nr-AöR:** § 3 ATAfN, S. 364; § 3 Abs. 1 NIfR(S1), S. 834; **SöR:** so ausdrücklich, § 2 Abs. 2 HWBl, S. 710; § 1 Abs. 3 MudCl(S1), S. 409; § 66 Abs. 6 NHG; § 3 Abs. 3 SBK, S. 649; § 8 Abs. 1 StW-G; allgemeiner dagegen, § 3 Abs. 1, 2 StZIN(S), S. 968; **st. GmbH:** § 4 Abs. 1 CUTEC; § 3 Abs. 1 DSMZ; § 3 HIS(S1); § 3 Abs. 1 RamBmG; § 4 Abs. 1 GmbH1; ohne Regelung dagegen, EaSoA; LEA; GmbH2; **st. e. V.:** so ausdrücklich, § 2 Abs. 3 3NKN; § 3 Abs. 2 BrLsch; § 2 Abs. 3 EmLsch; **st. e. G.:** so ausdrücklich, § 2 Abs. 1 HIS(S2); **st. SbR:** so ausdrücklich, § 11 BaStW(S), S. 243 (244); § 3 FamN(S2), S. 137 f.; § 3 Abs. 1 GISMA(S1), S. 426; §§ 3, 4 HEH, S. 623; § 3 HWK(S2), S. 1009; § 3 KTSt(S2), S. 1227; § 3 NBingSt, S. 464; § 3 NLotSpSt, S. 294; § 3 NLottSt(S2), S. 86; § 3 NWattSt, S. 1096 (1097); § 3 Abs. 5 ResFN(S), S. 838; § 2 Abs. 2 StbRB(S2), S. 280; § 2 Abs. 1 StJbJ, S. 55; § 3 Abs. 1 StLSb(S), S. 15; § 3 StN(S2), S. 1209 (1210); § 5 StOpfH(S), S. 99; § 3 ZeVA(S), S. 1001; **nr-VE:** allgemeiner dagegen, § 7 Abs. 3 LSKN, S. 836 (838).

1276 **KöR:** § 7 Abs. 1 S. 2 NVdR(G1), S. 65 (66); **AöR:** § 16 HLKA, S. 739 (741); **SöR:** § 3 Abs. 3 StZIN(S), S. 968; **st. SbR:** § 2 Abs. 3 BaStW(S), S. 243; § 2 Abs. 5 FamN(S2), S. 137; § 5 Abs. 3 GISMA(S1), S. 426; § 5 Abs. 3 HWK(S2), S. 1009 (1010); § 2 Abs. 3 KTSt(S2), S. 1227; § 6 Abs. 3 NBingSt, S. 464 (465); § 5 Abs. 3 NLotSpSt, S. 294 (295); § 5 Abs. 4 NLottSt(S2), S. 86; § 6 Abs. 3 NWattSt, S. 1096 (1097); § 2 Abs. 3 ResFN(S), S. 838; § 3 StbRB(S2), S. 280; § 2 Abs. 5 StJbJ, S. 55; § 5 Abs. 3 StN(S2), S. 1209 (1210).

1277 So bereits BGHZ 52, 325 (328); vgl. auch **st. SbR:** *Gölz*, DStaatalsStift, 1999, S. 150; *Tomsen*, stnStiftBerAut, 1991, S. 156; unzutreffend dagegen **JPbR:** *Püttner*, ÖffUntern, 1985, S. 114 ff., mit dem allein vom Ziel geprägten Argument der sonst drohenden Abgrenzungsschwierigkeiten bei gemischt-wirtschaftlichen Unternehmen.

1278 **KöR:** BVerfGE 61, 82 (107 f.); *Forsthoff*, VerwR Bd. 1, 1973, § 25, S. 568, dass „[r]ein erwerbswirtschaftliche Betätigungen [...] den Gemeinden grundsätzlich nicht

bürgerlichen Rechts lässt sich daher nicht von den anderen Rechtsformen der Staatsverwaltung abgrenzen[1279].

Da der Staat für seine Einrichtungen in Privatrechtsform sich nicht auf die Privatautonomie als Grundlage einer reinen Gewinnerzielungsabsicht berufen kann, ist von der staatlichen Aufgabenübertragung auch der Ausschluss einer reinen Gewinnerzielungsabsicht für eine staatliche GmbH, AG, e. V. und Stiftung des bürgerlichen Rechts umfasst[1280]. Die zivilrechtlichen Regelungen sind insofern öffentlich-rechtlich

---

gestattet" sind, da sie insoweit an den „öffentlichen Zweck gebunden" sind; **AöR:** BVerfGE 75, 192 (199); *Brohm*, StrWirtVerwORgF, 1969, S. 174; *Kempen,* FormWFVerw, 1989, S. 125: *M. Müller* in: Wolff/Bachof/Stober/Kluth, VerwR Bd. 2, 2010, § 86, Rn. 45, daher zu eng als „i.d.R."; ohne Begründung a. A. *Fett*, ÖffrAnstabKonU, 2000, S. 82; **JPöR:** *Bull* in: FS Maurer, 2001, S. 552, 555; **JP**: *Brenner*, AöR 2002, 222 (238); *J. Burmeister* in: FG v. Unruh, 1983, S. 649; *Claussen,* TeilprikomSparK, 1990, S. 110; *Ehlers,* VerwPrivRf, 1984, S. 103; *Hofmann* in: ders./Gerke, AllgVerwR, 2010, Rn. 99; *J. Ipsen*, AllgVerwR, 2015, § 4, Rn. 273, dass es in „jedem Fall [...] ausgeschlossen [ist], einer erwerbswirtschaftlichen Tätigkeit wegen der angestrebten Gewinne, die an den Haushalt abzuführen sind, einen ‚öffentlichen Zweck' zu attestieren", sodass erst recht ein reines Gewinnstreben unzulässig sein dürfte; deutlicher und zutreffend insofern *ders.*, aaO., dass „Haushaltsmittel [...] stets »Mittel zum Zweck«, also Voraussetzung für die Erfüllung öffentlicher Aufgaben, nicht jedoch Selbstzweck" sind; *E. Müller,* DBundStift, 2009, S. 92; *Püttner,* ÖffUntern, 1985, S. 29, dieses Argument als „Trugschluß" für der Wahl einer Rechtsform bezeichnend; *Ronellenfitsch* in: Isensee/Kirchhof, HdBdStR Bd. 4, 2006, § 98, Rn. 3, dass „eine staatliche reine Erwerbswirtschaft unzulässig ist"; *ders.,* aaO., Rn. 40, dass „[a]uch die wirtschaftliche Tätigkeit des Staates [...] einem öffentlichen Zweck dienen [muss]"; *Uechtritz/Otting/Olgemöller* in: Hoppe/Uechtritz/Reck (Hrsg.), HdBkommUnt, 2012, § 6, Rn. 51; a. A. *Stober* in: Wolff/Bachof/ders./Kluth, VerwR Bd. 2, 2010, § 92, Rn. 104; dagegen ohne Begründung auch „auf Gewinnerzielung gerichtete Ziele" von den „verwaltungseigene[n] juristische[n] Personen des Privatrechts" umfasst ansehend, *Stober,* NJW 1984, 449 (451); *Wiesmann,* NVwZ 2005, 391 (393); unzutreffend daher auch *Oebbecke* in: Hoppe/Uechtritz/Reck (Hrsg.), HdBkommUnt, 2012, § 8, Rn. 7, eine reine Kapitalanlage zulassend; ebenso *Cremer,* DÖV 2003, 921 (929); ebenso *Zuleeg,* VerwArch 1982, 384 (301); missverständlich *Britz,* NVwZ 2001, 380 (381 f.); *Ibler* in: Maunz/Dürig, GG-Kom, 2015, Art. 86, Rn. 82; **nr-VE:** vgl. *Anders,* EigbtrR, 2011, S. 26.

1279 Unzutreffend daher **st. SbR:** *Dewald,* PrivStiftöffZw, 1990, S. 56.

1280 **JPbR:** *Kempen,* FormWFVerw, 1989, S. 125; *Stober* in: Wolff/Bachof/ders./Kluth, VerwR Bd. 2, 2010, § 92, Rn. 71, 104; a. A. *Stober,* NJW 1984, 449 (451); **st. SbR:** vgl. auch *O. Werner* in: Werner/Saenger (Hrsg.), DStfRStW, 2008, Rn. 18, dass „Vermögenserhaltung und Vermögensmehrung [...] nur in dem Umfange betrieben werden [können], als daraus die Erträge gesichert und vermehrt werden, um den damit zu erfüllenden Zweck zu garantieren"; insofern ist es unerheblich, dass auch für die Stiftung des bürgerlichen Rechts eine Selbstzweckstiftung ausgeschlossen wird; auch für den Fall einer nichtstaatlichen Errichtung, vgl. *Nissel* in: Werner/Saenger (Hrsg.), DStfRStW, 2008, Rn. 209.

auszulegen[1281]. Da die Bindungen für eine nicht-rechtsfähige Verwaltungseinheit als Teil ihrer staatlichen Mutterkörperschaft unmittelbar gelten, sind die verfassungsrechtlichen Vorgaben nicht geeignet, die Rechtsformen der juristischen Personen des öffentlichen von denen des bürgerlichen Rechts oder die juristischen Personen von den nicht-rechtsfähigen Verwaltungseinheiten abzugrenzen.

Aus der Errichtung einer juristischen Person – und durch die ihr zugrundeliegende staatliche Aufgabenübertragung – folgt für alle Rechtsformen einheitlich die Beschränkung des Zwecks einer Einrichtung auf einen „staatlichen Zweck", einhergehend mit der Unterwerfung unter die staatlichen Bindungen der Staatsstrukturbestimmungen. Dies umfasst insbesondere auch die juristischen Personen des bürgerlichen Rechts in gleicher Weise, soweit sich der Staat durch ihre Dienstbarmachung nicht „in das Privatrecht flüchten"[1282] kann. Der Zweck ist damit – was die Aussage zur Herleitung der Rechtsfähigkeit allein aus einer Personenmehrheit und nicht aus einem irgendwie gearteten besonderen Zweck untermauert – auch für die nicht-rechtsfähige Verwaltungseinheit identisch und für die Differenzierung der Rechtsformen ungeeignet.

7. Die Art der Aufgabenwahrnehmung der Rechtsformen als Folge gesamtstaatlicher Aufgabenverteilung

Ebenso ist die Art und Weise der Aufgabenwahrnehmung der Rechtsformen der Staatsverwaltung durch außerhalb der Rechtsform liegende Voraussetzungen bestimmt. So offen, wie die Aufgabenwahrnehmung dem Staat gegenüber verstanden wird, ob er insbesondere hoheitlich oder auch schlicht-hoheitlich bzw. fiskalisch tätig werden darf, so offen überträgt sich die Aufgabenwahrnehmung auch auf die von der staatlichen Mutterkörperschaft errichteten Einrichtungen. Bereits die Art und Weise der Aufgabenwahrnehmung der Körperschaft des öffentlichen Rechts charakterisiert sich dementsprechend nicht durch eine besondere, hoheitliche Aufgabenwahrnehmung[1283]. Zwar können hoheitliche Mittel zu den der Körperschaft übertragenen

---

1281 Im Ergebnis ebenso *Kraft,* VerwGesellR, 1982, S. 235, dass „das Privatrecht [...] Handlungsform und Handlungsmittel der öffentlichen Verwaltung [ist], die insoweit in ihrem Rechtskreis verhaftet bleibt."; *Pestalozza,* FromMißBrSt, 1973, S. 184, dass „dem Staat [...] sein Sonderrecht auch hierher [Anm.: ins Privatrecht, folgt]", siehe auch bereits zur Bedeutung der formellen Zuordnung einer Rechtsform zum öffentlichen oder privaten Recht, siehe Kap. A.I.5.a.

1282 Siehe hierzu auch bereits, Kap. A.I.5.a.

1283 Vgl. auch *Hsu,* InstkörpSV, 2004, S. 12, jedoch sodann durch „Körperschaften des öffentlichen Rechts im formellen Sinne" relativierend; *Wallerath,* AllgVerwR, 2009, § 5, Rn. 6, allgemein von „hoheitlichen Aufgaben" sprechend, welche eine Körperschaft wahrnehme, diese jedoch zu einem späteren Zeitpunkt als „nicht notwendig spezifisch ‚staatlich[...]'" beschreibend, siehe auch *ders.*, aaO., § 6, Rn 46, ohne dass eine Abgrenzung oder hiermit verknüpfte inhaltliche Aussage deutlich würde. Es

Aufgaben hinzukommen, ohne jedoch zwingende Voraussetzung zu sein[1284]. Soweit gerade für die juristischen Personen des bürgerlichen Rechts die Rechtsfigur des Verwaltungshelfers eine Übertragung schlicht-hoheitlichen Handelns ermöglicht, muss die Mutterkörperschaft erst recht auch einer juristischen Person des öffentlichen Rechts Aufgaben mit einer schlicht-hoheitlichen Ausführung übertragen können (soweit man das schlicht-hoheitliche Handeln des Staates überhaupt als eigenständige Rechtsfigur anerkennen will[1285]). In diesem Sinne können der Anstalt und Stiftung

---

ist vielmehr davon auszugehen, dass die Begriffe hoheitlich und staatlich vertauscht verwendet werden.

1284 **KöR:** *Burgi* in: Erichsen/Ehlers (Hrsg.), AllgVerwR, 2010, § 8, Rn. 12; *ders.* in: v. Mangold/Klein/Starck, Kom-GG Bd. 3, 2010, Art. 86, Rn.51; *Draf,* KörpöfffSReV, 2006, S. 23; *Erbguth,* AllgVerwR, 2016, § 6, Rn. 15; *Hermes* in: Dreier (Hrsg.), GG-Kom Bd. 3, 2008, Art. 86, Rn. 32; *Ibler* in: Maunz/Dürig, GG-Kom, 2015, Art. 86, Rn. 81; *Jestaedt* in: Hoffmann-Riem/Schmidt-Aßmann/Voßkuhle, GdlVerwR Bd. 1, 2012, § 14, Rn. 27, „i.d.R."; *Kluth* in: Wolff/Bachof/Stober/ders., VerwR Bd. 2, 2010, § 85, Rn. 14, „i.d.R."; *Löer,* KöranstRmZwK, 1999, S. 14; *Loeser,* SysVerwR Bd. 2, 1994, Rn. 125, „i.d.R."; *Maurer,* AllgVerwR, 2011, § 23, Rn. 37; nur „i.d.R. [mit] hoheitlichen Mitteln" ausgestattet, *ders.,* aaO, Rn. 44, dass „daneben [...] – wie beim Staat – eine verwaltungsprivatrechtliche Aufgabenerledigung in Betracht [kommt]", wodurch bereits die Übereinstimmung mit den Bestimmungen der Art und Weise der Aufgabenwahrnehmung mit den Handlungsalternativen des Staates an sich deutlich wird; *Peine,* AllgVerwR, 2014, § 2, Rn. 82, „in der Regel"; ohne Begründung a. A. *Kemmer,* JA 2015, 328 (330); **JP**: allgemein für alle Rechtsformen *Forsthoff,* VerwR Bd. 1, 1973, § 23, S. 435, demzufolge die Befugnisse (hoheitlich oder nur fiskalisch) unabhängig von der Rechtsform sind, inkonsequenterweise *ders.,* aaO § 25, S. 489, dann jedoch wiederum für die Körperschaft annehmend, dass „[die Übertragung hoheitlicher Mittel] wesentlich [...] für diesen Begriff" ist; zu eng und damit unzutreffend dagegen, *Forsthoff,* VerwR Bd. 1, 1973, § 25, S. 489; *Umbach/Clemens* in: ders./ders., GG Bd. 2, 2002, Art. 86, Rn. 18, dass Körperschaften der „Erfüllung hoheitlicher Aufgaben" dienen.

1285 Zweifel ergeben sich insoweit, als jedes staatliche Handeln der staatlichen Grundrechtsbindung gem. Art. 1 Abs. 3 GG unterliegt und damit die Grundaussage des fiskalischen Handelns, dass es privatrechtlichen Regeln folgt, in Frage stellt; vgl. hierzu bereits *Groß* in: Hoffmann-Riem/Schmidt-Aßmann/Voßkuhle, GdlVerwR Bd. 1, 2012, § 13, Rn. 10; *Kempen,* FormWFVerw, 1989, S. 84; *ders.,* aaO., S. 130, dass „der Staat [ebensowenig] fähig [ist], materiell öffentliche Aufgaben in den Formen des privaten Rechts zu erfüllen"; *Krebs* in: Isensee/Kirchhof, HdBdStR Bd. 5, 2007, § 108, Rn. 6, jedoch unter Ausschluss der Zurechnung auch privater Rechtsnormen; vgl. insoweit auch den Ansatz der sog. Subjektstheorie, dargestellt unter anderem bei *Ehlers,* VerwPrivRf, 1984, S. 53; vgl. auch *ders.,* aaO., S. 42 ff., zur Frage, ob der Trennung von Staat und Gesellschaft noch der Trennung von öffentlichem und privatem Recht entspricht bzw. in diesem Sinne (wieder) zu verstehen ist, dass „es durchaus seinen guten Sinn [hat], das besondere (öffentliche) Rechtsregime möglichst auf die Gesamtheit der Staatsaufgaben und nicht nur auf Teile von ihnen zu beziehen" sind; *ders.,* aaO., s. 220, das „[e]s deshalb mit der Bindung der Verwaltung

des öffentlichen Rechts, wie auch den juristischen des bürgerlichen Rechts sowohl hoheitliche[1286] als auch nur fiskalische Mittel zur Verfügung stehen[1287], ohne diese Rechtsformen damit charakterisieren zu können[1288].

---

an die Grundrechte auch dann sein Bewenden haben [muss], wenn die privatrechtlich handelnde Verwaltung keine unmittelbaren Verwaltungsaufgaben gegenüber ihren Vertragspartnern erfüllt"; *Pestalozza*, FromMißBrSt, 1973, S. 166 ff., 176.

1286 **AöR:** *M. Müller* in: Wolff/Bachof/Stober/Kluth, VerwR Bd. 2, 2010, § 86, Rn. 8, „i.d.R."; *Peine*, AllgVerwR, 2014, § 2, Rn. 94, demzufolge die „Anstalt [...] in der Regel mit Hoheitsgewalt ausgestattet" sei; **SöR:** *Maurer*, AllgVerwR, 2011, § 23, Rn. 55; **JPbR:** *Krebs* in: Isensee/Kirchhof, HdBdStR Bd. 5, 2007, § 108, Rn. 45; vgl. *Maurer*, AllgVerwR, 2011, § 21, Rn. 11; *Trockels* in: Schweickhardt/Vondung (Hrsg.), AllgVerwR, 2010, Rn. 24; a. A. *Tomsen*, stnStiftBerAut, 1991, S. 167, als „unzulässige Instrumentalisierung", insbesondere die Bundesauftragsverwaltung damit ignorierend.

1287 **AöR:** *Erbguth*, AllgVerwR, 2016, § 6, Rn. 19; *Forsthoff*, VerwR Bd. 1, 1973, § 25, S. 497, dass „innerhalb der Anstaltsverwaltung der Realakt dominiert"; anders dagegen *ders.*, aaO., S. 502, dass „[die Ausübung hoheitlicher Befugnisse] für die öffentliche Anstalt wohl immer zutreffen [dürfte]"; *Wallerath*, AllgVerwR, 2009, § 5, Rn. 20, jeweils die Wahlfreiheit für die Benutzungsordnungen (öffentlich-rechtlich oder privatrechtlich) darstellend; **SöR:** *M. Kilian* in: Werner/Saenger (Hrsg.), DStfRStW, 2008, Rn. 1087; **JPbR:** *Burgi* in: Erichsen/Ehlers (Hrsg.), AllgVerwR, 2010, § 10, Rn. 12, insoweit in der Betrachtung auf ein bloß „privatförmige[s] Handeln [...] privatrechtsförmig organisierte[r] Organisationseinheiten" abstellend zu eng, da insbesondere die Beleihung an dieser Stelle (erst Rn. 23 ff.) außer Acht gelassen wird; ebenfalls (wenn auch nur an dieser Stelle) zu eng argumentierend, *Maurer*, AllgVerwR, 2011, § 23, Rn. 61; insgesamt unklar in der rechtlichen Aussage dagegen *Stober* in: Wolff/Bachof/ders./Kluth, VerwR Bd. 2, 2010, § 92, Rn. 36, soweit dort die Handlungsformen dargelegt werden, ohne auf hoheitliche Mittel einzugehen. Für die damit verbundene Beleihung zu recht zusätzlich eine hiermit einhergehende Grundrechtsbindung annehmend, *Ehlers*, VerwPrivRf, 1984, S. 85, Fn. 53.

1288 Vgl. **AöR:** *Berg*, NJW 1985, 2294 (2297); *Blessing*, ÖffrAnstBetPr, 2008, S. 64; *Bohn*, AnstÖffBetDritt, 2005, S. 76, 104; *Ehlers* in: Schmidt-Aßmann/Dolde, ÖffWirtR, 2005, S. 224; *ders.*, ZHR 2003, 546 (567); *Gruneberg*, AbwkommUnt, 2007, S. 250; *Kemmer*, JA 2015, 328 (331); *Löer*, KöranstRmZwK, 1999, S. 16; *Maurer*, AllgVerwR, 2011, § 23, Rn. 53; *Schraml* in: Wurzel/ders./Becker (Hrsg.), RkommUnter, 2015, S. 168; unzutreffend und bereits in sich widersprüchlich von einem Unterscheidungsmerkmal insoweit ausgehend, *Hellermann* in: Hoppe/Uechtritz/Reck (Hrsg.), HdBkommUnt, 2012, § 7, Rn. 82; ebenso unzutreffend *Lübbecke*, KommUntNRW, 2004, S. 42; **SöR:** *Alscher*, DStiftungÖffR, 2006, S. 65; *Joppich*, BöffrtStift, 1951, S. 59; *Kreienschulte*, RchStiftVolksw, 1969, S. 72; *Thalmessinger*, DrfStiftöffR, 1934, S. 52; *Twehues*, RechtskommStift, 1996, S. 52; *v. Campenhausen/Stumpf* in: v. Campenhausen/Richter (Hrsg.) StfRHdB, 2014, § 16, Rn. 6; unzutreffend a. A. daher *Schwake* in: MüHBGesR Bd. 5, 2009, § 79, Rn. 55; **JP**: *Alscher*, DStiftungÖffR, 2006, S. 99; *Püttner*, ÖffUntern, 1985, S. 27 f.; ohne Begründung a. A.: *Ronellenfitsch* in: Isensee/Kirchhof, HdBdStR Bd. 4, 2006, § 98, Rn. 28, dass „von der Wahl der Organisationsform

Soweit zwar grundsätzlich einer Einrichtung in Privatrechtsform nur fiskalische Mittel zur Verfügung stehen, so sind doch zumindest auch die Privatrechtsformen – auch soweit sich der Staat ihrer bedient – einer Beleihung mit hoheitlichen Mitteln offen[1289]. Die Art der Aufgabenwahrnehmung kann darüber hinaus ebenso für eine nicht-rechtsfähige Verwaltungseinheit als unmittelbarer Teil der Staatsverwaltung sowohl fiskalisches als auch hoheitliches Handeln umfassen[1290]. Die Art und Weise der Aufgabenwahrnehmung erscheint vor diesem Hintergrund insgesamt keine organisationsrechtliche Frage zu sein. Als Ergebnis ergibt sich daraus, dass dem Staat selbst beide Handlungsformen zugestanden werden und sich die Art der Aufgabenwahrnehmung weder für eine Bestimmung der Rechtsformen der mittelbaren Staatsverwaltung noch für eine Abgrenzung gegenüber den nicht-rechtsfähigen Verwaltungseinheiten eignet.

Es ist dagegen davon auszugehen, dass die Art und Weise der Aufgabenwahrnehmung im konkreten Einzelfall stattdessen von Umständen außerhalb der Rechtsformen geprägt ist. Sie dürfte stattdessen von politischen Entscheidungen abhängen und für die Bestimmung der Rechtsformen ohne rechtliche Relevanz sein. Ob mit der Zweckübertragung hoheitliche Befugnisse verbunden sind, hängt in einem ersten Schritt von der Aufgabe selbst ab. Nur soweit der Aufgabe die einseitige Entscheidung, die zwangsweise Durchsetzung und das Handeln und damit ein Eingriff in Grundrechte zugrunde liegen, werden hoheitliche Befugnisse relevant. Ob eine Aufgabe unter Zuhilfenahme dieser staatlichen Sonderrechte durchgeführt werden soll, steht außerdem grundsätzlich unter einem politischen Vorbehalt. Zusätzlich ist in einem weiteren Schritt die Verleihung von Hoheitsrechten auch von der Aufgabenverteilung zwischen Mutterkörperschaft und der von ihr errichteten Einrichtung abhängig. Dementsprechend kann sich die Tätigkeit einer Einrichtung unabhängig

---

[...] die Zulässigkeit der verwendeten Handlungsform ab[hängt]", dies jedoch bereits selbst nachfolgend relativierend.

1289 **st. e. V.:** *Draf*, KörpöfffSReV, 2006, S. 23; **st. SbR:** *Fiedler*, StEStwFwFm, 2004, S. 25 (Fn. 19); *Gölz*, DStaatalsStift, 1999, S. 151; *Hofmann* in: ders./Gerke, AllgVerwR, 2010, Rn. 95; *Wallerath*, AllgVerwR, 2009, § 5, Rn. 27; *Twehues*, RechtskommStift, 1996, S. 52; **JPbR:** OVG Frankfurth (Oder), NVwZ 1997, S. 604 (608); *Detterbeck*, AllgVerwR, 2015, Rn. 197; *Ehlers*, VerwPrivRf, 1984, S. 173; *Groß* in: Hoffmann-Riem/Schmidt-Aßmann/Voßkuhle, GdlVerwR Bd. 1, 2012, § 13, Rn. 47, 89 f.; *Kemmer*, JA 2015, 328 (331); *Maurer*, AllgVerwR, 2011, § 21, Rn. 17; *M. J. Müller*, RtfwissHochS, 2015, S. 234; *Stober* in: Wolff/Bachof/ders./Kluth, VerwR Bd. 2, 2010, § 90, Rn. 22; kritisch, *Ruland*, NZS 2007, 337 (340 ff.); vgl. jedoch auch einschränkend, *Ehlers*, VerwPrivRf, 1984, S. 109, soweit hierin eine rechtfertigungsbedürftige, unklare Rechtslage zu sehen sei; *Zuleeg*, VerwArch 1982, 384 (399); unzutreffend dagegen *Ehlers* in: Schmidt-Aßmann/Dolde, ÖffWirtR, 2005, S. 224, die Beleihung pauschal ausblendend; ebenso *ders.*, JZ 1990, 1087 (1094); *Gruneberg*, AbwkommUnt, 2007, S. 345; die Beleihung verkennend und damit die Abgrenzung untauglich anhand der hoheitlichen Tätigkeit bestimmend bereits *Thalmessinger*, DrfStiftöffR, 1934, S. 57.

1290 **nr-VE:** *Gaß*, UmwgemUnt, 2003, S. 145; *Ossenbühl*, DVBl. 1974, 541; *Wallerath*, AllgVerwR, 2009, § 6, Rn. 58.

von der Rechtsform auf eine unterstützende, verwaltende und/oder vorbereitende Funktion im Verhältnis zur unmittelbaren Staatsverwaltung beschränken. Damit liegt der Abgrenzung zwischen einer hoheitlichen von einer rein fiskalischen Tätigkeit – statt der Rechtsform – nur die Ausgestaltung einer verteilten Aufgabenwahrnehmung zwischen Verwaltungseinheit und Mutterkörperschaft (bezogen auf die Bindung an die Grundrechte) zugrunde. Diese Begründung umfasst in gleicher Weise auch die nicht-rechtsfähigen Verwaltungseinheiten, da aus ihrer Perspektive ebenfalls eine verteilte Aufgabenwahrnehmung – in diesem Fall innerhalb einer juristischen Person – zugrunde liegt.

Die Art und Weise der Aufgabenwahrnehmung vermag die Rechtsformen damit nicht zu differenzieren. Unabhängig von der Rechtsform bestimmt sich die Aufgabenwahrnehmung stattdessen von der Grundrechtsbindung in der konkreten Tätigkeit sowie der Aufgabenverteilung zwischen Mutterkörperschaft und ihrer juristischen Person bzw. nicht-rechtsfähigen Verwaltungseinheit. Insbesondere durch die Rechtsfigur der Beleihung werden auch die juristischen Personen des bürgerlichen Rechts erfasst. Diese Aufgabenverteilung liegt innerhalb einer Mutterkörperschaft, bezogen auf ihre nicht-rechtsfähigen Verwaltungseinheiten in gleicher Weise vor und ist damit im Ergebnis für alle Rechtsformen identisch.

8. Fazit zum Zweck – die Abhängigkeit des Zwecks von der Organstruktur im Einzelfall und den Verfassungsprinzipien im Allgemeinen

Der Zweck an sich ist damit nicht geeignet, die Rechtsformen der Staatsverwaltung zu charakterisieren und zu differenzieren. Insbesondere zeichnet sich auch die Anstalt des öffentlichen Rechts nicht durch ihren Zweck aus, wie dennoch regelmäßig betont wird. Der Zweck bildet vielmehr in seiner Funktion durch die Übertragung staatliche Aufgaben einen einheitlichen Anknüpfungspunkt für alle Rechtsformen. Der insofern staatliche Zweck stellt die Grundlage für die rechtlichen Bindungen aus dem Demokratie-, Rechtsstaats- und Bundesstaatsprinzip dar. Diesen rechtlichen Bindungen sind insofern alle Rechtsformen, sowohl den juristischen Personen des öffentlichen als auch des bürgerlichen Rechts, rechtsfähig oder nicht-rechtsfähig, in gleicher Weise unterworfen. Es bleibt nur eine begriffliche Unterscheidung, dass „eigene" Aufgaben nur für juristische Personen in Betracht kommen und für nicht-rechtsfähige Verwaltungseinheiten nur eine funktionale Zuordnung vorliegen kann. Dieser Unterscheidung entspricht, dass ein „eigener" Zweck grundsätzlich nur aus der Personenmehrheit begründet werden kann, soweit sich nicht ausnahmsweise für eine Personeneinheit bezüglich der Zweckverfolgung ein weisungsfreier Raum begründen lässt. Dieser Zweck ist für alle Rechtsformen der Staatsverwaltung immer ein, hierauf wurde bereits hingewiesen, wenig erhellend staatlicher, der keiner weiteren Systematisierung zugänglich ist. Gleichzeitig darf er nur ein öffentlicher Zweck sein, soweit der Staat keine privaten Interessen verfolgen kann bzw. darf.

Nur die Aufgabenübertragung lässt sich, wenn auch unabhängig von den Rechtsformen, in dreifacher Weise differenzieren, indem ihm ein gemeinsamer Zweck eine Personenmehrheit oder ein alleiniger Zweck eine Personeneinheit zugrunde liegt. Eindeutig zuordnen lässt sich dies nur für Körperschaft (e. V. und e. G.) auf der einen und die nicht-rechtsfähige Verwaltungseinheit auf der anderen Seite. Der Zweck der rechtsfähigen Anstalt und Stiftung des öffentlichen Rechts, der GmbH, AG und der rechtsfähigen Stiftung des bürgerlichen Rechts lassen sich dagegen – abhängig von ihrer Organstruktur – diesen beiden Rechtsformen – abhängig von einer ihnen zugrundeliegenden Personenmehrheit oder Personeneinheit – abschließend zuordnen. Zusätzlich ist nur die Körperschaft in eine Selbstverwaltungskörperschaft und eine Bundkörperschaft zu unterscheiden, soweit eine Rahmenübertragung der alleinigen Zweckübertragung der Mutterkörperschaft mit der gemeinsamen Zweckübertragung der personenverschiedenen Mitglieder der Einrichtung kombiniert wird. Die gleiche Differenzierung findet sich für die Frage des Bestandschutzes und des Selbstauflösungsrechts und beschränkt die rechtliche Relevanz des Zwecks auf die Folgen der Organstruktur. Darüber hinaus lässt sich wiederum nur eine Variationsbandbreite unabhängig von der Rechtsform feststellen.

III. Das Vermögen als materielles Merkmal der Rechtsformen

Das Vermögen bildet das dritte Element, welches eine Grundvoraussetzung ist, dass die Organe den Zweck der Einrichtung erfüllen können. Insoweit ist das Vermögen wenig überraschend regelmäßig auch Teil der Definition der Rechtsformen. So zeichnet sich die Anstalt des öffentlichen Rechts nach der vielfach zitierten[1291] Definition O. Mayers durch ein Vermögen aus, das aus „sächlichen [Mitteln] welche in der Hand eines Trägers öffentlicher Verwaltung einem besonderen öffentlichen Zweck dauernd zu dienen bestimmt sind“[1292], besteht[1293]. Gleiches gilt für die Stiftung[1294], deren Vermögen vielfach sogar als prägendes Element in Abgrenzung zur Körperschaft und Anstalt angesehen wird[1295], jedoch ebenso nur – hierauf wurde

1291 Siehe hierzu bereits A.I.

1292 **AöR:** *O. Mayer,* DtVerwR, 1924, § 51, S. 268.

1293 **AöR:** *C. Lange,* PrivREchtsF, 1984, S. 19.

1294 **st. SbR:** *Alscher,* DStiftungÖffR, 2006, S. 75; a. A. *Beuthien* in: MüHBGesR Bd. 5, 2009, § 77, Rn. 18.

1295 **SöR:** *Dewald, PrivStiftöffZw,* 1990, *S. 16; Forsthoff,* VerwR Bd. 1, 1973, § 25, S. 508, der davon spricht, dass das Vermögen „im Mittelpunkt“ steht; *Gölz,* DStaatals-Stift, 1999, S. 149; *J. Ipsen,* NdsVBl. 2003, 1; *Maurer,* AllgVerwR, 2011, § 23, Rn. 55; insofern in der Abgrenzung zur Anstalt unzutreffend, *Jellinek,* VerwR, 1931, § 8, S. 173, die „Stiftung [als] die zur juristischen Person erhobene Vermögensmasse“ charakterisierend; *Jestaedt* in: Hoffmann-Riem/Schmidt-Aßmann/Voßkuhle, Gdl-VerwR Bd. 1, 2012, § 14, Rn. 27, verknappt von einer „Vermögensmasse“ (Stiftung in Abgrenzung zur Personenmehrheit (Körperschaft) und Sachgesamtheit (Anstalt)

bereits hingewiesen – einem Sachzweck zu dienen bestimmt ist[1296]. Ebenso wenig kann das Vermögen mit einer Rechtsposition (z. B. Eigentum) gleichgesetzt werden, da andernfalls die nicht-rechtsfähigen Verwaltungseinheiten zirkelschlüssig bereits aus dem Vergleich ausgeklammert würden[1297]. Im Ergebnis wird sich zeigen, dass die Ausgestaltungen des Vermögens aller Rechtsformen weitgehend übereinstimmen bzw. nur den Regelungen im Einzelfall unterliegen und sich wiederum entsprechend ihrer Organstruktur unterscheiden.

1. Der Erwerb des Vermögens

Das Vermögen einer jeden juristischen Person stellt ebenso wenig eine Fiktion dar, das aus dem Nichts entstehen kann, sondern muss in einem ersten Schritt erworben werden. Angeknüpft werden kann insofern an die Begründung der Rechtsfähigkeit[1298]. In diesem Sinne ist es unerheblich, ob der Rechtsgrundlage eine Regelung zum Ursprung des Vermögens zu entnehmen ist[1299] oder sich umgekehrt für die Stiftungen immer entsprechende Regelungen finden lassen. Das Vermögen muss irgendeinen Ursprung haben. Das Vermögen kann der juristischen Person in diesem Sinne unabhängig von der Rechtsform – neben der Erwirtschaftung durch das noch darzustellende Personal – durch eine andere (juristische) Person übertragen werden. Dies umfasst insbesondere laufende Zuwendungen der Mutterkörperschaft[1300]. Der

---

sprechend, sodann jedoch die Bedeutung des Vermögens als „zweckgebunden“ diese Aussage insgesamt wieder relativierend; *Laubinger* in: FS Maurer, 2001, S. 647; *M. Müller* in: Wolff/Bachof/Stober/Kluth, VerwR Bd. 2, 2010, § 86, Rn. 25; *Rüfner*, FormöffVerw, 1967, S. 240; *Stettner*, DStiftungÖffR, 2012, S. 30; *Tomsen*, stnStiftBerAut, 1991, S. 161; *Weber*, KörAnstStiöffR, 1943, S. 41; **st. SbR:** *Schwarz van Berk* in: MüHBGesR Bd. 5, 2009, § 2, Rn. 9; *Tomsen*, stnStiftBerAut, 1991, S. 49; **SöR und st. SbR:** *Joppich*, BöffrtStift, 1951, S. 24.

1296 Siehe hierzu bereits Kap. C.II.1.

1297 Vgl. Kap. A.I.5.b.

1298 Siehe Kap. A.I.5.b.

1299 **KöR:** BrWG; **AöR:** HLKA, S. 739 ff.; HWW(S1), S. 510 f.; IfE(S1), S. 688 f.; vgl. ARL(S5), S. 49 ff.; AfBF(S2), S. 252 f., vgl. jedoch auch das Abkommen über die Errichtung eines gemeinschaftlichen Amtes für Bodenforschung, Nds. MBl. 1950, S. 225; GEI(G2), S. 170 f.; **JPöR:** vgl. ARL(S1), S. 57 ff.; **st. AG:** vgl. DMAg, S. 1, SagAG; **nr-VE:** vgl. NInL, S. 496 f.

1300 **KöR:** *Bull* in: FS Maurer, 2001, S. 555; auch für den Zweckverband, als „Verbandsumlage“, *Kluth* in: Wolff/Bachof/Stober/ders., VerwR Bd. 2, 2010, § 98, Rn. 84, welche sich an dieser Stelle jedoch nicht von einem Mitgliedsbeitrag unterscheidet, soweit die errichtenden Mutterkörperschaften gleichzeitig die Mitglieder des Zweckverbands sind; am Beispiel der Gemeinden, dass auf „Finanzzuweisungen“ zunehmend zurückgegriffen wird, *Wallerath*, AllgVerwR, 2009, § 6, Rn. 60; siehe hierzu auch Kap. C.I.2.a.i.; unklar daher, *Kluth* in: Wolff/Bachof/Stober/ders., VerwR Bd. 2, 2010, § 80, Rn. 119, die staatlichen Zuwendungen als eine Quelle des Vermögens der Körperschaft zwar unter dem Begriff der „Zuweisung“ fassend,

juristischen Person kann auch bereits mit Errichtung Vermögen durch ihre Mutterkörperschaft übertragen werden, sodass sich die Stiftung[1301] auch unter diesem Aspekt nicht von den anderen Rechtsformen unterscheiden kann. Ob sich daher anfängliche[1302] und spätere Zuwendungen des Landes Niedersachsen bzw. einer anderen Mutterkörperschaft[1303] den Rechtsgrundlagen entnehmen lassen, ist unabhängig von

---

gleichzeitig jedoch offen lassend jedoch, ob dies in einem rechtlich erheblichen Sinne, als Wechsel des Zuordnungssubjekts, zu verstehen ist; **AöR:** *M. Müller* in: Wolff/Bachof/Stober/Kluth, VerwR Bd. 2, 2010, § 86, Rn. 19; **SöR:** *Forsthoff,* VerwR Bd. 1, 1973, § 25, S. 508; *Gölz,* DStaatalsStift, 1999, S. 102; **AöR und SöR:** *E. Müller,* DBundStift, 2009, S. 165; **st. SbR:** *Fritz* in: Werner/Saenger (Hrsg.), DStfRStW, 2008, Rn. 456; **SöR und st. SbR:** *M. Kilian* in: Werner/Saenger (Hrsg.), DStfRStW, 2008, Rn. 1001; *Totenhöfer-Just,* ÖffrechtStft, 1973, S. 64; **JP:** *M. Kilian,* NebenhBund, 1993, S. 678, 693.

1301 **SöR:** *Burgi* in: v. Mangold/Klein/Starck, Kom-GG Bd. 3, 2010, Art. 86, Rn. 52, als „eines von einem Stifter zweckgebunden übergebenen Bestands an Vermögenswerten"; *Loeser,* SysVerwR Bd. 2, 1994, Rn. 130; *Peine,* AllgVerwR, 2014, § 2, Rn. 105; *Trockels* in: Schweickhardt/Vondung (Hrsg.), AllgVerwR, 2010, Rn. 23; *Wallerath,* AllgVerwR, 2009, § 5, Rn. 24; unklar a. A. *Burgi* in: v. Mangold/Klein/Starck, Kom-GG Bd. 3, 2010, Art. 86, Rn. 52, allgemein mit der Begründung, dass im „Unterschied Stiftung und Anstalt (der wesentliche Unterschied [...] in der Herkunft der verwalteten Vermögenswerte [liegt])", ohne dies jedoch zu begründen; **st. SbR:** *O. Werner* in: Werner/Saenger (Hrsg.), DStfRStW, 2008, Rn. 9; *Saenger* in: Werner/ders. (Hrsg.), DStfRStW, 2008, Rn. 160; **SöR und st. SbR:** *Alscher,* DStiftungÖffR, 2006, S. 141, als Grundstockvermögen; *Forsthoff,* VerwR Bd. 1, 1973, § 25, S. 507.

1302 **KöR:** § 3 Abs. 1 NLB-Giro, S. 312, durch das Land und den Niedersächsischen Sparkassen- und Giroverband; § 8 Abs. 1 S. 1 NSGV(S1), S. 245; **AöR:** § 3 Abs. 1 S. 1 IuFB(G1), S. 712; § 3 Abs. 1 LBS-N(G), S. 230; § 8 LIAG(G), S. 428; § 2 Abs. 1 NLFst(G1), S. 616 f.; **SöR:** § 4 Abs. 1 StTIB(G), S. 151; § 3 Abs. 1 S. 1 StZAPf(G), S. 20; § 3 Abs. 1 StZIN(G), S. 968; **(st.)GmbH:** vgl. § 5 GmbHG; **st. AG:** vgl. § 3 DMAg 1; § 3 SagAG; § 4 VWAg; **st. e. G.:** § 39 Abs. 2 HIS(S2); **st. SbR:** Art. 3 Nr. 2 ff. BaStW(U), S. 243; FamN(U), S. 672; GISMA(S1), S. 426; HWK(U), S. 1306; KTSt(U), S. 986 (987); NUmwSt(U), S. 1221; NWirtA(U), S. 410; ResFN(U), S. 2030; StbRB(U), S. 956; § 3 Abs. 1 StJbJ, S. 55; StLSb(U), S. 15; StN(U), S. 126; StOpfH(U), S. 98 (99); VWSt(U), S. 1048; ZeVA(U), S. 1001.

1303 **KöR:** § 31 Abs. 1 S. 1 Nds.LwKG; § 49 Abs. 3 Abs. 3 NHG; vgl. § 2 S. 2 AdWG, S. 775, als „staatliche[...] Mittel"; **AöR:** Art. 4 AfBF(S1); § 8 Abs. 2 IuFB(G1), S. 712 (713); § 10 Abs. 1 NLFst(G1), S. 616 (617), als „Finanzhilfen"; vgl. auch § 15 Abs. 1 AGTierGesG(G2), S. 277 (280); § 70 Abs. 1 S. 1 NHG; **tr-AöR:** § 4 Abs. 1 S. 1 BrLB; **SöR:** § 3 b) MudCl(S1), S. 409; §§ 56 Abs. 3 Nr. 1, 70 Abs. 1 S. 1 NHG; § 4 Abs. 1 Nr. 2 SBK, S. 649; § 5 Abs. 1 Nr. 1, Abs. 3 StTIB(G), S. 151; **st. GmbH:** § 14 Abs. 1 GmbH2; **st. e. G.:** vgl. § 14 c) HIS(S2); **st. SbR:** § 4 Abs. 1 b) VWSt(S), S. 488; § 4 Abs. 3 ZeVA(S), S. 1001; vgl. auch Art. 3 Nr. 1 BaStW(U), S. 243; § 4 Abs. 2 FamN(S2), S. 137 (138); § 4 Abs. 2 KTSt(S2), S. 1227; § 4 Abs. 3 NWattSt, S. 1096 (1097); § 3 Abs. 2 StJbJ, S. 55; § 4 Abs. 2 StN(S2), S. 1209 (1210).

der Rechtsform eine Frage der Regelung im Einzelfall und wohl nicht von diesen Regelungen abhängig.

Spätere Zuwendungen lassen sich darüber hinaus vielfach auch – statt der Rechtsgrundlage selbst – dem Haushaltsplan des Landes entnehmen, ohne dass hierfür die Rechtsform relevant wäre. Trotz der fehlenden Rechtsfähigkeit der nicht-rechtsfähigen Rechtsformen unterscheiden sich diese Zuwendungen an eine juristische Person nur formal von der funktionalen Zuweisung innerhalb einer juristischen Person[1304]. Entsprechend finden sich Regelungen über das Vermögen für die nicht-rechtsfähigen Verwaltungseinheiten zwar zumeist nicht[1305]. sondern nur im Haushaltsplan des Landes, ohne dass dies sie im Ergebnis jedoch von den juristischen Personen unterscheiden könnte. Auch einer nicht-rechtsfähigen Verwaltungseinheit muss in diesem Sinne Vermögen, in welcher Form auch immer – dazu sogleich – zugeordnet werden.

Ob neben Zuwendungen Beiträge durch die Mitglieder[1306] in das Vermögen einer Einrichtung fließen, die sich von den Zuwendungen der Mutterkörperschaften unterscheiden, hängt wiederum von der Organstruktur ab. Nur für die Selbstverwaltungskörperschaften stellen die Beiträge der Mitglieder eine eigene Einnahmequelle neben den Zuwendungen der Mutterkörperschaft dar. Regelungen zu den Beiträgen der Mitglieder finden sich gleichwohl unabhängig von der Rechtsform[1307], wobei die soeben aufgezeigte Differenzierung gerade nicht deutlich wird. Dem Begriff des

---

1304 *Hofmann* in: ders./Gerke, AllgVerwR, 2010, Rn. 30, insoweit allgemein zur Voraussetzung der Rechtsfähigkeit des Staates für seine Vermögensbildung durch Steuern, Gebühren und Beiträge.

1305 Dennoch mit einer Regelung, **nr-SbR:** § 5 Abs. 1 NBingSt, S. 464 f.; **nr-VE:** vgl. auch Nr. 9 NStB, S. 95 (97).

1306 **KöR:** *Bull* in: FS Maurer, 2001, S. 555; *Bull/Mehde,* AllgVerwR, 2015, § 3, Rn. 102, für sowohl die Gemeinden als auch andere Körperschaften im Rahmen der „funktionalen Selbstverwaltung"; *Hofmann* in: ders./Gerke, AllgVerwR, 2010, Rn. 30; *Kluth,* FunkSbstVerw, 1997, S. 308; *Kluth* in: Wolff/Bachof/Stober/ders., VerwR Bd. 2, 2010, § 85, Rn. 44, allgemein für die Körperschaften des öffentlichen Rechts, *ders.,* aaO., § 100, Rn. 18, für die insoweit unter dem Begriff der „funktionalen Selbstverwaltung" zusammengefassten Körperschaften neben den Kommunen; *Mann,* ÖffrechtGes, 2001, S. 116; *Maurer,* AllgVerwR, 2011, § 23, Rn. 44; vgl. auch *Cronauge/Westermann,* KommUntern, 2006, Rn. 248; *H. Korte/Rebe,* VerfVerwNieders, 1986, S. 508, als „Umlage".

1307 **KöR:** § 12 Abs. 1 S. 1 NArchtK(G); § 36 Abs. 1 S. 1 Nds.FischG(G); § 8 Abs. 1 Nds.HKG; § 26 Abs. 1 Nds.LwKG; § 29 Abs. 1 Nds.RealvG; § 20 Abs. 3 NHG; § 18 Abs. 1 S. 1 NIngG; vgl. § 47 S. 2 Nr. 2 NHG; § 16 Abs. 3 S. 1 NJagdG(G); § 9 Abs. 1 NSGV(S1), S. 245 (246); vgl. § 6 Abs. 1 NVdR(G1), S. 65 (66); § 5 OldL(G), S. 253; § 16 Abs. 2 RitLBr, S. 517 (518), jedoch nur subsidiär zu den Einnahmen; § 16 Abs. 1 NKomZG, als Umlagen; **AöR:** § 14 Abs. 1 S. 1 AGTierGesG(G2), S. 277 (279); § 70 Abs. 1 S. 2 NHG; vgl. § 15 ÖffSB(S3), S. 213 (215); § 3 Abs. 1 S. 2 RKrdSt(S2), S. 208; **SöR:** § 70 Abs. 1 S. 2 NHG; **st. e. V.:** § 4 Abs. 1 3NKN; § 11 Abs. 1 BrLsch; § 5 c) NStT; **st. e. G.:** § 14 c) HIS(S2); **nr-VE:** § 12 Abs. 5 Nds.HKG; § 16 Abs. 5 NIngG.

„Beitrags“ ist daher eine Abgrenzung gegenüber einer Zuwendung der Mutterkörperschaft nicht unmittelbar zu entnehmen.

Unerheblich für die Bestimmung der Rechtsformen ist ebenso, dass dem Vermögen auch Gebühren ihrer Benutzer zufließen können[1308], sowie Vermögen einseitig zugewandt[1309] (z. B. Schenkungen bzw.[1310] Zustiftungen) oder durch sonstige Einnahmen[1311] erwirtschaftet werden kann. Ob Gebühren[1312], Abgaben[1313], Steuern[1314] oder einseitige Zuwendungen zu den Einnahmequellen gehören[1315], ist wiederum nur eine Frage der Ausgestaltung im Einzelfall. Auch an dieser Stelle zeigt sich – da sich entsprechende Regelungen nicht in den Rechtsgrundlagen der Einrichtungen wiederfinden müssen, wie z. B. für die TIB[1316] – dass es sich nicht um eine organisationsrechtliche Frage handelt.

Die Privatrechtsformen unterscheiden sich hiervon nicht wesentlich, soweit staatliche Zuwendungen ebenso in Betracht kommen wie einseitige Zuwendungen Dritter[1317] sowie sonstige Einnahmen aus einer wirtschaftlichen Tätigkeit. Den

---

1308 **KöR:** *H. Faber*, VerwR, 1995, § 9 II, S. 57; *Mann*, ÖffrechtGes, 2001, S. 116; auch ausdrücklich für die Zweckverbände, *Kluth* in: Wolff/Bachof/Stober/ders., VerwR Bd. 2, 2010, § 98, Rn. 84;**AöR:** *H. Faber*, VerwR, 1995, § 9 II, S. 57; *Holz/Kürten/Grabolle*, KommJur 2014, 281 (282); *M. Müller* in: Wolff/Bachof/Stober/Kluth, VerwR Bd. 2, 2010, § 86, Rn. 19, dass „der [...] Finanzbedarf [der Anstalt auch] von den Benutzern aufgebracht“ werden kann; **KöR und AöR:** *H. Korte/Rebe*, VerfVerwNieders, 1986, S. 508; **AöR und SöR:** *Alscher*, DStiftungÖffR, 2006, S. 145 f., wenn auch ohne nachvollziehbare Begründung als „untypisch“ für die Stiftung bezeichnend.

1309 **SöR:** *Alscher*, DStiftungÖffR, 2006, S. 37; *M. Kilian* in: Werner/Saenger (Hrsg.), DStfRStW, 2008, Rn. 1074; **st. SbR:** *M. Kilian* in: Werner/Saenger (Hrsg.), DStfRStW, 2008, Rn. 1074; *A. Werner* in: Werner/Saenger (Hrsg.), DStfRStW, 2008, Rn. 511; *O. Werner* in: Werner/Saenger (Hrsg.), DStfRStW, 2008, Rn. 358; **SöR und st. SbR:** *Hof* in: v. Campenhausen/Richter (Hrsg.) StfRHdB, 2014, § 9, Rn. 13 ff.

1310 Zur Zustiftung als Synonym einer Zweckschenkung siehe *Saenger* in: Werner/ders. (Hrsg.), DStfRStW, 2008, Rn. 163.

1311 **AöR:** *Holz/Kürten/Grabolle*, KommJur 2014, 281 (284); **SöR:** *Gölz*, DStaatalsStift, 1999, S. 102; *M. Kilian* in: Werner/Saenger (Hrsg.), DStfRStW, 2008, Rn. 1082; **SöR und st. SbR:** *Hof* in: v. Campenhausen/Richter (Hrsg.) StfRHdB, 2014, § 9, Rn. 9 f.

1312 **KöR:** § 12 Abs. 1 S. 2 NArchtK(G); § 8 Abs. 2 S. 1 Nds.HKG; § 30 Abs. 1 Nds. LwKG; § 47 S. 2 Nr. 2 NHG; vgl. § 111 Abs. 5 NKomVG; § 18 Abs. 2 NIngG; **AöR:** § 9 Abs. 1 b) FstKK, S. 554 (555); § 50 Abs. 1, 2 NMedienG; **nr-AöR:** § 5 TIB, S. 820 (821); **SöR:** § 13 SnGst(G), S. 494 (495); § 5 Abs. 4 StTIB(G), S. 151 (152).

1313 **KöR:** § 111 Abs. 1, 2, 3, 4 NKomVG.

1314 **KöR:** § 111 Abs. 5 NKomVG.

1315 **SöR:** § 56 Abs. 3 Nr. 3 NHG; § 3 Abs. 2 SnGst(G), S. 494; § 5 Abs. 1 Nr. 3 StTIB(G), S. 151; § 9 d) StW-G; § 3 Abs. 2 S. 2 StZAPf(G), S. 20; § 1 Abs. 2 StZIN(S), S. 968; **nr-VE:** § 10 VZG, S. 728 (730).

1316 Vgl. die Entgelte für Leistungen der Technischen Informationsbibliothek an der Universität Hannover, Nds. MBl. 2001, S. 963–964.

1317 **st. e. V.:** § 11 Nr. 5 3NKN; § 11 Abs. 1 BrLsch.

Rechtsgrundlagen ist zumeist[1318] weder die Vermögensbildung aus eigenen Einnahmen noch durch Zuwendungen Dritter zu entnehmen[1319]. Insgesamt dürften auch eigene Einnahmen[1320] aus wirtschaftlicher Tätigkeit regelmäßig – zwar nicht ausdrücklich in den Rechtsgrundlagen wiederfinden – jedoch aus dem Zweck der Einrichtung im Einzelfall folgen. Diese Begründung trifft sowohl für die öffentlich-rechtlichen als auch die privatrechtlichen Rechtsformen in gleicher Weise zu. Dass Gebühren als öffentlich-rechtliches Handlungsinstrument nur im Fall einer Beleihung in Betracht kommen[1321], unterscheidet die Privatrechtsformen nicht von den öffentlich-rechtlichen Rechtsformen, soweit sowohl eine Beleihung in Betracht kommt, wie Letztere ebenso ohne Einnahmen aus Gebühren verbleiben können.

Hier zeigt sich, dass sich ausschließlich die Differenzierung der Organstruktur in Bundkörperschaften, für die die Beiträge der Mitglieder identisch mit den Zuwendungen sind, und die Selbstverwaltungskörperschaften, deren Beiträge durch zur Mutterkörperschaft personenverschiedene Mitglieder zu erbringen sind, im Erwerb des Vermögens widerspiegelt. Darüber hinaus zeigt sich der Erwerb als organisationsrechtlich unbeachtlich.

2. Die inhaltliche Bestimmung des Vermögens

Wie bereits die inhaltliche Bestimmung des Zwecks sich als unergiebig für die Bestimmung der Rechtsformen erwiesen hat, so setzt sich dies bei dem Vermögen fort. Bereits ein „eigenes“[1322] Vermögen ist – zumindest dem Grundsatz nach – seinerseits

1318 Vgl. **st. GmbH:** § 6 HIS(S1), demzufolge zumindest eigene Einnahmen vorausgesetzt sind.

1319 Vgl. **st. GmbH:** CUTEC; DSMZ; GmbH1.

1320 Vgl. **KöR:** § 2 AdWG, S. 775; § 35 Abs. 1 S. 1 Nds.FischG(G); § 4 Abs. 3 PrLV-H(S1), S. 478; § 16 RitLBr, S. 517 (518); vgl. § 26 Nds.RealvG; **AöR:** Art. 4 AfBF(S1); § 9 Abs. 1 Nr. 1 FstKK, S. 554 (555); vgl. § 19 Abs. 1 HLKA, S. 739 (741); § 3 Abs. 1 RKrdSt(S2), S. 208; **SöR:** § 3 Abs. 2 HWBl, S. 710; § 4 a) MudCl(S1), S. 409; § 56 Abs. 3 Nr. 2 NHG; §§ 2 Abs. 3, 4 Abs. 1 Nr. 1 SBK, S. 649; § 5 Abs. 1 Nr. 4 StTIB(G), S. 151; § 1 Abs. 3 StZIN(S), S. 968; **JPöR:** vgl. § 5 BRRKv, S. 626; § 4 CGGHKv; **st. GmbH:** § 6 HIS(S1), demzufolge zumindest eigene Einnahmen vorausgesetzt sind; **st. e. V.:** § 11 Nr. 1, 2 3NKN; **st. e. G.:** § 2 Abs. 2 HIS(S2); **st. SbR:** § 4 Abs. 4 GISMA(S1), S. 426; § 6 Abs. 1 NWirtA(S), S. 410; § 3 Abs. 2 ResFN(S), S. 838; § 5 StbRB(S2), S. 280; § 3 Abs. 3 StOpfH(S), S. 99; § 5 Abs. 1 ZeVA(S), S. 1001; vgl. § 4 Abs. 2 VWSt(S), S. 488; **nr-VE:** § 7 Abs. 1 IZN, S. 1150 (1151); § 2 Abs. 4 LWKN, S. 855 (856).

1321 Vgl. Kap. C.II.7.

1322 Zu allgemein daher, **KöR:** *Loeser,* SysVerwR Bd. 2, 1994, Rn. 30, dass die „juristische Person [...] Eigentümer [eines] eigenen Vermögens zu sein [vermag]“; **AöR:** *Bohn,* AnstÖffBetDritt, 2005, S. 83; *Hofmann* in: ders./Gerke, AllgVerwR, 2010, Rn. 43; *K. Lange,* VVDStRL 44, 1986, S. 188; *M. Müller* in: Wolff/Bachof/Stober/Kluth, VerwR Bd. 2, 2010, § 86, Rn. 7, als „Ausstattung [der Anstalt] mit eigenen Mitteln [...] sachlicher Natur“; **SöR:** *Hofmann* in: ders./Gerke, AllgVerwR, 2010, Rn. 45; **st. SbR:** *O. Werner* in: Werner/Saenger (Hrsg.), DStfRStW, 2008, Rn. 11, dass „die

Folge der Rechtsfähigkeit als juristische Person, ohne dass dies die Rechtsformen unterscheiden könnte. Eine entsprechende Regelung wie für die Studierendenschaften[1323] ist daher allein deklaratorisch oder zumindest organisationsrechtlich unerheblich. Wiederum handelt es sich, soweit für die nicht-rechtsfähigen Verwaltungseinheiten die Mutterkörperschaft Zurechnungssubjekt des Vermögens ist[1324], nur um eine formelle Unterscheidung.

Dieses Vermögen kann für alle Rechtsformen aus dem Eigentum an beweglichen sowie unbeweglichen Gegenständen[1325] und aus Finanzmitteln (Geld, Ansprüche und sonstige Rechte) bestehen[1326]. An den Begriff der Anstalt kann für eine weitere Differenzierung nicht angeknüpft werden, der als handlungsbezogener Begriff keine Aussage zum Inhalt des Vermögens trifft[1327]. Ebenso wenig sind mit der Definition O. Mayers weitere Merkmale verbunden, soweit dort nur von Sachmitteln gesprochen wird. Der Ursprung des Vermögens zeigt, dass hiermit nicht nur bewegliche und unbewegliche Vermögensgegenstände gemeint sind, da auch nach O. Mayer „für die Benutzung der öffentlichen Anstalt [...] von den Benutzenden eine Gebühr entrichtet zu werden [pflegt]“[1328]. Gleiches gilt für den Begriff der Stiftung, welcher wiederum nur an die Errichtung[1329] als Handlung der Vermögensübertragung anknüpft und keine Aussagen zum Inhalt des Vermögens trifft[1330].

---

selbstständige Stiftung Rechtsfähigkeit [erlangt] und [...] ab diesem Zeitpunkt alleiniger Träger des Stiftungsvermögens [ist]“.

1323 **KöR:** § 12 Abs. 2 Nds.HKG; § 20 Abs. 4 NHG; § 16 Abs. 3 NIngG.

1324 **nr-VE:** *Hauser*, WahlOrgForm, 1987, S. 2.

1325 **AöR:** *Trockels* in: Schweickhardt/Vondung (Hrsg.), AllgVerwR, 2010, Rn. 20, mit der Formulierung, dass „die Anstalt [...] eine Zusammenfassung von [...] Sachmitteln (Gebäuden, technische Ausstattung) ist“; **SöR und st. SbR:** *Alscher*, DStiftungÖffR, 2006, S. 141, als „Sachwerte“.

1326 **SöR:** *Hofmann* in: ders./Gerke, AllgVerwR, 2010, Rn. 45, spricht insoweit von „Kapital und Sachen (=Vermögensmasse)“; *Jestaedt* in: Hoffmann-Riem/Schmidt-Aßmann/Voßkuhle, GdlVerwR Bd. 1, 2012, § 14, Rn. 27, „Kapital- oder Sachbestand“; *M. Kilian* in: Werner/Saenger (Hrsg.), DStfRStW, 2008, Rn. 1035, 1082; *Krebs* in: Isensee/Kirchhof, HdBdStR Bd. 5, 2007, § 108, Rn. 38, „Kapital- oder Sachbestand; *Loeser*, SysVerwR Bd. 2, 1994, Rn. 130, „Kapital oder Sachbestand“; *Maurer*, AllgVerwR, 2011, § 23, Rn. 55, allgemein „Bestand an Vermögenswerten (Kapital oder Sachgüter); *Trockels* in: Schweickhardt/Vondung (Hrsg.), AllgVerwR, 2010, Rn. 20, „Kapital und Sachwerte“; **st. SbR:** *Fritz* in: Werner/Saenger (Hrsg.), DStfRStW, 2008, Rn. 457; *Saenger* in: Werner/ders. (Hrsg.), DStfRStW, 2008, Rn. 183, als Kapital- bzw. Anstaltsstiftung; **SöR und st. SbR:** *Totenhöfer-Just*, ÖffrechtStft, 1973, S. 65.

1327 Siehe hierzu bereits Kap. C.II.5.

1328 **AöR:** *O. Mayer*, DtVerwR, 1924, § 37, S. 87.

1329 z. B. wurde früher auch eine Ehe „gestiftet“.

1330 **SöR:** ohne Begründung a. A. *Forsthoff*, VerwR Bd. 1, 1973, § 25, S. 509; **st. SbR:** *Fritz* in: Werner/Saenger (Hrsg.), DStfRStW, 2008, Rn. 443, dass „[m]it der offenen Formulierung der vorgenannten Norm [...] der Gesetzgeber deutlich [macht], dass die notwendige Vermögensausstattung ausschließlich vom Stiftungszweck abhängig ist.“

Ob das Eigentum an beweglichen und unbeweglichen Gegenständen auf die Einrichtung übertragen oder nur entgeltlich oder unentgeltlich zur Verfügung gestellt wird, ist ebenso nur eine Frage der Ausgestaltung im Einzelfall[1331]. Es finden sich sogar ausdrücklich Regelungen, dass die Einnahmen einer Körperschaft in das Landesvermögen fließen, Eigentum nur für das Land erworben wird und nur ausnahmsweise ein eigenes Körperschaftsvermögen gebildet werden kann[1332]. Damit ist bereits für die juristischen Personen die Voraussetzung eines „eigenen" Vermögens sogar durch ein mögliches „zur Verfügung stellen" zu relativieren. Eine Rechtsform wird auch nicht dadurch charakterisiert, dass Grundeigentum[1333] oder bewegliches Vermögen[1334] übertragen wird. Inkonsequenterweise finden sich sogar trotz einer bloßen funktionalen Zuweisung an eine juristische Person dennoch Regelungen, denen zufolge (zeitlich begrenzte) Rücklagen gebildet werden können[1335].

Soweit Vermögen einer juristischen Person von der Mutterkörperschaft zur Verfügung gestellt wird, unterscheidet sich diese nicht von den nicht-rechtsfähigen Verwaltungseinheiten, deren Vermögen ihnen mangels Rechtsfähigkeit nur funktional zugeordnet sein kann[1336]. Für die Landesbetriebe sehen die Rechtsgrundlagen dementsprechend vor, dass das Vermögen im Eigentum des Landes verbleibt und nur „zur Nutzung übertragen" ist[1337], „überl[assen]" oder „zur Verfügung"[1338] gestellt

---

1331 Vgl. **JP**: *V. Werner*, NVwZ 2004, 1438 (1440).

1332 **KöR:** §§ 49 Abs. 2, 50 NHG; vgl. auch **SöR:** § 4 Abs. 4 StTIB(G), S. 151.

1333 **SöR:** § 3 a) MudCl(S1), S. 409; §§ 56 Abs. 1, 68 Abs. 4 NHG; § 3 Abs. 1 SnGst(G), S. 494; **JPöR:** vgl. § 10 Abs. 2 d) BRRKv, S. 626 (627); § 16 Abs. 2 d) CGGHKv; **st. GmbH:** vgl. § 10 Abs. 2 b) CUTEC; § 7 Abs. 1 h) LEA; § 9 Abs. 3 a) RamBmG; § 10 Abs. 2 c) GmbH1; **st. SbR:** § 4 Abs. 2 HEH, S. 623; § 4 Abs. 1 Nr. 2 HWK(S2), S. 1009; vgl. auch § 2 Abs. 4 NBingSt, S. 464; StbRB(U), S. 956; **nr-VE:** § 6 Abs. 2 LGLN(S2), S. 572; § 4 Abs. 2 LSKN, S. 836 (838); vgl. auch Nr. 1 Abs. 3, Nr. 2 Abs. 3 d) NStB, S. 95.

1334 **SöR:** § 56 Abs. 6 NHG; vgl. § 3 Abs. 1 SnGst(G), S. 494; § 4 Abs. 1 StTIB(G), S. 151; **st. SbR:** Art. 3 BaStW(U), S. 243; § 4 Abs. 2 HEH, S. 623; **nr-VE:** vgl. Nr. 1 Abs. 3 NStB, S. 95; § 5 VZG, S. 728 (729).

1335 **KöR:** § 49 Abs. 1 Nr. 2 NHG; vgl. **nr-VE:** § 9 Abs. 3 VZG, S. 728 (730).

1336 *Cronauge/Westermann*, KommUntern, 2006, Rn. 142; *J. Ipsen*, AllgVerwR, 2015, § 4, Rn. 266, unter dem Aspekt, dass insoweit im Rahmen von „Geschäften der Bedarfsdeckung" auch nur „der Verwaltungsträger (Bund, Land Gemeinden oder Kreise) berechtigt oder verpflichtet" wird; *A. Lange*, BetPrivrechtsfAnst, 2008, S. 40 f., „dass im Verhältnis zu Dritten immer die Gemeinde selbst handelt", inkonsequent sodann jedoch von „eigenen Organen" sprechend; *Saenger* in: Werner/ders. (Hrsg.), DStfRStW, 2008, Rn. 161, dass „[d]ie unselbstständige Stiftung [...] eines Rechtsträgers [bedarf], in dessen Eigentum das Stiftungsvermögen steht"; *Schneider* in: Wurzel/Schraml/Becker (Hrsg.), RkommUnter, 2015, S. 136; inkonsequent dagegen wiederum, *Ronellenfitsch* in: Isensee/Kirchhof, HdBdStR Bd. 4, 2006, § 98, Rn. 21, soweit nicht-rechtsfähige Verwaltungseinheiten einen „eigenen Wirtschaftsplan" aufweisen.

1337 **nr-VE:** § 7 Abs. 1 ITN, S. 243; § 6 Abs. 1 LGLN(S2), S. 572; § 5 Abs. 1 LSKN, S. 836 (838).

1338 **SöR:** § 4 Abs. 4 StTIB(G), S. 151; **nr-VE:** § 7 LZN, S. 696.

wird[1339]. Hier zeigt sich wiederum, dass sich die juristischen Personen nicht von den nicht-rechtsfähigen Verwaltungseinheiten unterscheiden müssen, soweit in beiden Fällen das „zur Verfügung stellen“ des Vermögens ausreicht. In Einzelfällen ist dem Haushaltsplan in vergleichbarer Weise auch für juristische Personen zu entnehmen, dass das Land weitere Kosten übernimmt, wie z. B. anfallende Personal- und Sachkosten[1340]. Des Weiteren ist darauf hinzuweisen, dass – gerade auch soweit finanzielle Mittel vom Vermögen umfasst sind – es lediglich eine Frage der rechtlichen Zuordnung ist, ob diese zum Vermögen der Anstalt oder aber der Mutterkörperschaft gerechnet werden kann, welche gleichzeitig Betriebsmittel zur Verfügung stellt oder von Kosten freistellt. Außerdem liegt wiederum nur eine begriffliche Differenzierung vor, soweit für eine juristische Person eine „Übertragung“ des Vermögens angenommen werden kann, für die nicht-rechtsfähige Verwaltungseinheit dagegen nur eine funktionale Zuordnung. Insgesamt ist damit von einer Rechtsform nicht auf den Inhalt des Vermögens im Einzelfall zu schließen und gleichzeitig die Art des Vermögens für keine Rechtsform charakteristisch.

3. Der Umfang des Vermögens

Ebenso wenig ist der Umfang des Vermögens für eine Rechtsform charakterisierend. Meist sind konkrete Angaben über das Vermögen einzelner Einrichtungen nicht öffentlich zugänglich. Dies betrifft insbesondere die Vermögensentwicklung nach der Errichtung. Und auch wenn den Rechtsgrundlagen eine Angabe zum Vermögen im Einzelfall zu entnehmen ist, unterscheidet sich zum einen dies unabhängig von der Rechtsform erheblich. Es finden sich Vermögen von bis zu 1 Mio.[1341], bis zu 5 Mio.[1342],

1339 **nr-VE:** § 3 IZN, S. 1150.

1340 Vgl. Einzelplan (EP) 05, Haushaltsplan (HP) 2014, S. 20, für die Stiftung „Kinder von Tschernobyl“.

1341 **SöR:** § 3 HWBl, S. 710, ca. 450.000 DM; **st. GmbH:** § 2 Abs. 2 CUTEC, 25.600 Euro; § 1 Abs. 4 DSMZ, 25.600 Euro; § 3 Abs. 1 HWW(S2), 75.000 DM; § 4 Abs. 1 HIS(S1), 49.200 Euro; § 3 Abs. 1 LEA, 52.000 Euro; § 4 Abs. 1 RamBmG, 52.000 Euro; § 3 Abs. 1 GmbH1; § 3 Abs. 1 GmbH2; **st. SbR:** § 3 Abs. 1 Nr. 3 BaStW(S), S. 243 (244), 10.000 DM; StLSb(U), S. 15, 22.500 Euro; § 3 ResFN(S), S. 838, 50.000 DM; ZeVA(U), S. 1001, 25.000 Euro; **nr-VE:** vgl. EP 08, HP 2014, S. 82, für die Materialprüfanstalt Hannover (Landesbetrieb), 41.000 Euro; EP 03, HP 2014, S. 148 für das Logistik Zentrum Niedersachsen, 43.000 Euro; EP 09, HP 2014, S. 126, für das Landesamt für Geoinformation und Landentwicklung Niedersachsen – Landentwicklung, 48.000 Euro.

1342 **KöR:** § 4a Abs. 2 PrLV-H(S1), S. 478, 3 Mio. DM; **st. GmbH:** § 3 Abs. 1 EaSoA, 1,2 Mio. Euro; **nr-VE:** vgl. EP 08, HP 2014, S. 82, für das Mess- und Eichwesen (Landesbetrieb), ca. 1,1 Mio. Euro; EP 06, HP 2014, S. 402, für das Institut für Vogelforschung – Vogelwarte Helgoland – in Wilhelmshaven-Rüstersiel, ca. 1,6 Mio. Euro; EP 06, HP 2014, S. 54, für die Verbundzentrale des Gemeinsamen Bibliotheksverbundes – VZG; EP 15, aaO., S. 100, für die Alfred Toepfer Akademie für Naturschutz, ca. 2 Mio. Euro; EP 09, HP 2014, S. 134, für das Landesamt für Geoinformation und Landentwicklung Niedersachsen – Domänenverwaltung, ca. 3 Mio. Euro.

bis zu 50 Mio.[1343], bis zu 100 Mio.[1344], bis zu 250 Mio.[1345] und über 1 Mrd. Euro[1346]. Dass für die GmbH und AG ein anfängliches Vermögen zwingend festzulegen ist, unterscheidet diese zum einen im Einzelfall nicht von den öffentlich-rechtlichen Rechtsformen, die ebenso ein Anfangsvermögen in ihren Rechtsgrundlagen aufweisen können. Ebenso wenig kann die Stiftung des öffentlichen oder bürgerlichen Rechts sich damit durch ein in den Rechtsgrundlagen ausgewiesenes Vermögen von den anderen Rechtsgrundlagen abgrenzen, insbesondere da im Einzelfall entsprechende Regelungen fehlen können[1347].

Umgekehrt finden sich auch Regelungen für nicht-rechtsfähige Verwaltungseinheiten, wie zum Beispiel für den Emsfonds, dessen Sondervermögen in Höhe von 9 Mio. Euro ausgewiesen ist[1348]. Auf kommunaler Ebene sind die Eigenbetriebe mit einem Stammkapital auszustatten, das „seinem Gegenstand und seinem Betriebsumfang angemessen ist“[1349]. Konkret liegt dies für einen Eigenbetrieb bei ca. 10 Mio. Euro[1350]. Zum anderen lässt sich aus diesem anfänglichen Vermögen, soweit es denn tatsächlich auf die Einrichtung übertragen wurde, nicht auf das Vermögen

1343 **KöR:** § 3 Abs. 1 NLB-Giro, S. 312, 16 Mio. Euro; **AöR:** § 4 ÖffSB(S3), S. 213, 16,4 Mio. Euro; **nr- AöR:** vgl. EP 06, HP 2014, S. 398, für die Herzog-August-Bibliothek, ca. 6,8 Mio. Euro; **SöR:** § 3 Abs. 2 StZAPf(G), S. 20, 10 Mio. Euro; § 1 Abs. 1 StZIN(S), S. 968, 20 Mio. Euro; **nr-VE:** vgl. EP 06, HP 2014, S. 458, für das Niedersächsische Landesmuseum, 5,5 Mio. Euro; EP 06, HP 2014, S. 378, für die Gottfried Wilhelm Leibniz Bibliothek – Niedersächsische Landesbibliothek Hannover, ca. 6,8 Mio. Euro; EP 04, HP 2014, S. 22, für die Steuerakademie Niedersachsen, ca. 8,6 Mio. Euro; EP 13, HP 2014, S. 30, für die niedersächsischen Staatsbäder, ca. 12,5 Mio. Euro; EP 03, HP 2014, S. 98, für das Landesamt für Landesvermessung und Geobasisinformation, ca. 18 Mio. Euro; EP 07, HP 2014, S. 50, für das Niedersächsische Landesinstitut für schulische Qualitätsentwicklung, ca. 18,5 Mio. Euro; EP 06, HP 2014, S. 426, für das Staatstheater Braunschweig, ca. 20 Mio. Euro; EP 03, HP 2014, S. 80, für das Landesamt für Statistik, ca. 22 Mio. Euro.

1344 **AöR:** § 4 Abs. 2 PrLV-H(S2), S. 912, 120 Mio. DM; § 4 Abs. 1 LBS-N(S), S. 499, 100 Mio. Euro; **st. AG:** § 3 DMAg, S. 1, 77 Mio. Euro; **nr-VE:** vgl. EP 03, HP 2014, S. 124, für das Landesamt für Vermessung und Katasterverwaltung, ca. 70 Mio. Euro; EP 15, HP 2014, S. 184, für den Niedersächsischen Landesbetrieb für Wasserwirtschaft, Küsten- und Naturschutz, ca. 83,5 Mio. Euro.

1345 **AöR:** § 8 Abs. 1 IuFB(G1), S. 712 (713), 150 Mio. Euro; **st. AG:** § 3 Abs. 1 SagAG, ca. 161 Mio. Euro; **nr-VE:** vgl. EP 11, HP 2014, S. 36, für den Niedersächsischen Landesbetrieb Justizvollzugseinrichtungen, ca. 222,6 Mio. Euro.

1346 **AöR:** § 3 Abs. 1 Nord-LB(S), S. 118, ca. 1,1 Mrd. Euro; **st. AG:** § 4 Abs. 1 VWAg, ca. 1,1 Mrd. Euro.

1347 Vgl. **st. SbR:** HEH, S. 623 f.; NLotSpSt, S. 294 ff.; StJbJ, S. 55 f.; § 4 Abs. 1 VWSt(S), S. 488.

1348 **nr-SbR:** § 5 Abs. 1 NBingSt, S. 464 f.

1349 **nr-VE:** § 6 Abs. 1 EigBetrVO, S. 21; siehe hierzu auch **AöR:** *Lübbecke*, KommUnt-NRW, 2004, S. 227.

1350 **nr-VE:** § 3 Abs. 1 HCC.

einer Einrichtung insgesamt schließen, welches sich durch Zuwendungen, Beiträge und eigene Einnahmen vermehren oder durch Ausgaben verringern kann.

Eine näherungsweise Bestimmung des Vermögensumfangs vieler Einrichtung kann jedoch über den Haushalt des Landes Niedersachsen erzielt werden, insoweit eine Einrichtung von Zuwendungen des Landes abhängig ist und in welcher Größenordnung die Einrichtung eigene Einnahmen und Ausgaben erzielt. Die Zuwendungen des Landes Niedersachsen – beispielhaft anhand des Haushaltes 2014 untersucht – erfolgen jedoch in ganz unterschiedlichem Umfang, ohne dass dies eine Rechtsform charakterisieren könnte. Es finden sich Zuwendungen in den Größenordnungen sowohl unterhalb von 100.000 Euro[1351], bis zu 250.000 Euro[1352], bis zu 1 Mio.[1353],

---

1351 Vgl. **KöR:** EP 06, HP 2014, S. 64, für die Braunschweigische Wissenschaftliche Gesellschaft, 92.000 Euro; **nr-VE:** Übersicht über die Erfolgs- und Finanzpläne der Landesbetriebe 2014, Vorbericht zum HP 2014, S. 84, für die Landesvermessung für Geobasisinformationen und Landesentwicklung Niedersachsen, ca. 18.000 Euro; Übersicht über die Erfolgs- und Finanzpläne der Landesbetriebe 2014, Vorbericht zum HP 2014, S. 84, für die Technische Informationsbibliothek, ca. 28.000 Euro; Übersicht über die Erfolgs- und Finanzpläne der Landesbetriebe 2014, Vorbericht zum HP 2014, S. 84, für das Logistikzentrum Niedersachsen, 43.000 Euro.

1352 Vgl. **SöR:** EP 06, HP 2014, S. 564, für die Stiftung Braunschweigischer Kulturbesitz, 142.000 Euro; **st. GmbH:** EP 06, HP 2014, S. 64, für die Deutsche Zentrum für Hochschul- und Wissenschaftsforschung GmbH (DZHW), 225.000 Euro; **st. e. V.:** EP 07, HP 2014, S. 24, für den „n-12: Schulen in Niedersachsen online“ e. V., 199.000 Euro; **st. SbR:** EP 05, HP 2014, S. 18, für die Stiftung „Kinder von Tschernobyl“, 163.000 Euro; vgl. auch StOpfH(U), S. 98 (99), 250.000 Euro; **nr-VE:** Übersicht über die Erfolgs- und Finanzpläne der Landesbetriebe 2014, Vorbericht zum HP 2014, S. 84, für den Niedersächsischen Landesbetrieb für Wasserwirtschaft, Küsten- und Naturschutz, ca. 112.000 Euro.

1353 Vgl. **KöR:** EP 06, HP 2014, S. 70, für die Akademie der Wissenschaften zu Göttingen, 936.000 Euro; **st. GmbH:** EP 06, HP 2014, S. 64, für die Hochschul-Informations-System GmbH, 446.000 Euro; EP 06, HP 2014, S. 94, für die IdeenExpo GmbH, 500.000 Euro; EP 08, HP 2014, S. 41, für die Deutschen Management-Akademie Niedersachsen GmbH, 750.000 Euro; EP 06, HP 2014, S. 486, für die Rammelsberger Bergbaumuseum Goslar GmbH, 773.000 Euro; EP 15, HP 2014, S. 26, für die Niedersächsische Gesellschaft zur Endablagerung von Sonderabfall mbH, 839.000 Euro; EP 06, HP 2014, S. 80, für die Helmholtz-Zentrum Geesthacht – Zentrum für Material- und Küstenforschung GmbH, 847.000 Euro; **st. e. V.:** EP 08, HP 2014, S. 148, 151, für den Deutsches Institut für Kautschuktechnologie e. V., 344,500 Euro; EP 05, HP 2014, S. 157, 151, für die Landesvereinigung für Gesundheit und Akademie für Sozialmedizin Niedersachsen e. V., 421.000 Euro; EP 08, HP 2014, S. 159, für das Niedersächsische Institut für Wirtschaftsforschung e. V., 604.000 Euro; EP 09, HP 2014, S. 58, für den Deutsches Institut für Lebensmitteltechnik e. V., 634.000 Euro; **st. SbR:** vgl. EP 08, HP 2014, S. 20, für die Stiftung „GISMA“, 450.000 Euro; EP 02, HP 2014, S. 22, für die Niedersächsische Lotto-Sport-Stiftung, jedoch nur für die Jahre 2012 und 2013, 500.000 Euro; EP 06, HP 2014, S. 94, für die Stiftung „Zentrale Evaluations- und Akkreditierungsagentur“,

bis zu 5 Mio.[1354], bis zu 50 Mio.[1355], bis zu 100 Mio.[1356], bis zu 250 Mio.[1357], jedoch auch über

525.000 Euro; NWirtA(U), S. 410, 500.000 Euro; vgl. auch § 4 FamN(S1), S. 672 (673), 1 Mio. Euro; § 4 Abs. 1 GISMA(S1), S. 426, 1 Mio. DM; § 4 Abs. 1 NBingSt, S. 464, 1,5 Mio. DM; NUmwSt(U), S. 1221, 1,5 Mio. DM.

1354 Vgl. **KöR:** EP 06, HP 2014, S. 537, für die Ostfriesischen Landschaften, ca. 1,6 Mio. Euro; **AöR:** EP 06, HP 2014, S. 54, für die Akademie für Raumforschung und Landesplanung, 2,7 Mio. Euro; EP 06, HP 2014, S. 51, für das Studentenwerk Hannover, ca. 3,2 Mio. Euro; EP 08, HP 2014, S. 39, für das Leibniz-Institut für Angewandte Geophysik (LIAG), 3,7 Mio. Euro; **nr-AöR:** EP 15, HP 2014, S. 100, für die Alfred Toepfer Akademie für Naturschutz, ca. 2 Mio. Euro; **SöR:** EP 06, HP 2014, S. 486, für die Stiftung „Museumsdorf Cloppenburg", 1,2 Mio. Euro; EP 07, HP 2014, S. 156, für die Stiftung Niedersächsische Gedenkstätten, ca. 3,8 Mio. Euro; **st. GmbH:** EP 08, HP 2014, S. 160, für die NGlobal GmbH (in Auflösung), ca. 1,5 Mio. Euro; EP 02, HP 2014, S. 24, als „Finanzhilfe" an die nordmedia Fonds GmbH, ca. 1,7 Mio. Euro; EP 06, HP 2014, S. 74, für die Institut für Solarenergieforschung GmbH, 2,7 Mio. Euro; EP 06, HP 2014, S. 74, für die Clausthaler Umwelttechnik-Institut GmbH, ca. 3,4 Mio. Euro; **st. e. V.:** EP 08, HP 2014, S. 155, 151, für den Laserzentrum Hannover e. V., 3,6 Euro; **st. SbR:** EP 06, HP 2014, S. 70, für die Stiftung „Hanse-Wissens-Kolleg", ca. 1,2 Mio. Euro; EP 02, HP 2014, S. 22, die Stiftung Niedersachsen, jedoch nur für die Jahre 2012 und 2013, 4 Mio. Euro; EP 15, HP 2014, S. 26, für die Niedersächsische Bingostiftung für Umwelt und Entwicklungszusammenarbeit, 4,5 Mio. Euro.

1355 Vgl. **KöR:** EP 06, HP 2014, S. 358, für die Hochschule Hannover, ca. 47 Mio. Euro; **AöR:** EP 06, HP 2014, S. 54, für das Leibniz-Institut für angewandte Geophysik, 7,4 Mio. Euro; EP 06, HP 2014, S. 54, für das Georg-Eckert-Institut für internationale Schulbuchforschung, 8,2 Mio. Euro; EP 09, HP 2014, S. 31, für die Niedersächsische Tierseuchenkasse, 9,2 Mio. Euro; aaO., S. 172, für die Anstalt Niedersächsische Landesforsten, 16,8 Mio. Euro; EP 05, HP 2014, S. 42, für die Investitions- und Förderbank Niedersachsen, ca. 40 Mio. Euro; **nr-AöR:** EP 06, HP 2014, S. 412, für die Technische Informationsbibliothek, ca. 20 Mio. Euro; **st. GmbH:** EP 06, HP 2014, S. 80, für das Helmholz-Zentrum für Infektionsforschung, ca. 7,6 Mio. Euro; EP 08, HP 2014, S. 62 f., für die Landesnahverkehrsgesellschaft Niedersachsen mbH (LNVG), als Kostenerstattung für vom Land übertragene Aufgaben, 11,3 Mio. Euro; EP 06, HP 2014, S. 54, für die Deutsche Primatenzentrum GmbH, 16,3 Mio. Euro; **st. SbR:** § 4 Abs. 1 HWK(S2), S. 1009, 12 Mio. DM; § 4 Abs. 1 NWattSt, S. 1096 (1097), 20 Mio. DM; StN(U), S. 126, ca. 40 Mio. Euro.

1356 Vgl. **KöR:** EP 06, HP 2014, S. 48, für die Landwirtschaftskammer Niedersachsen für Pflichtaufgaben und Auftragsangelegenheiten, ca. 71 Mio. Euro; **SöR:** EP 06, HP 2014, S. 322, für die Stiftung „Hochschule Osnabrück", ca. 51 Mio. Euro; EP 06, HP 2014, S. 230, für die Stiftung „Tierärztliche Hochschule", ca. 56 Mio. Euro; **st. GmbH:** EP 06, HP 2014, S. 487, für die Rammelsberger Bergbaumuseum Goslar GmbH, ca. 57 Mio. Euro; **st. SbR:** EP 13, HP 2014, S. 28, für die Volkswagen-Stiftung, ca. 70 Mio. Euro.

1357 Vgl. **KöR:** EP 06, HP 2014, S. 196, für die Universität Hannover, ca. 230 Mio. Euro.

1 Mrd.[1358]. Ebenso finden sich in der Rechtsgrundlage geplante Zuwendungen Dritter[1359], deren Umfang damit nicht dargelegt ist. Dass dies jedoch die Stiftung des bürgerlichen Rechts nicht von den anderen Rechtsformen abzugrenzen vermag, zeigen Zuwendungen im Haushalt für andere Rechtsformen, wie z. B. des Bundes, in Höhe von bis zu 5 Mio. Euro[1360].

Dass die Zuwendungen allein nicht zwingend die Vermögensverhältnisse widerspiegeln, zeigen Fälle, in denen der Haushaltsplan auch die Erstattung von Verwaltungskosten in Höhe von z. B. bis zu 5 Mio. Euro[1361] sowie weitere Zuschüsse im Haushaltsplan umfasst[1362]. Die Zuwendungen sind jedoch teilweise dem Haushaltsplan nicht nach Einrichtungen aufgeschlüsselt zu entnehmen[1363].

Ebenso sind beispielhaft im Haushaltsplan 2014 des Landes Niedersachsen eigene Einnahmen der Einrichtungen zu entnehmen, deren Umfang sich ebenso erheblich unterscheidet. So sind eigene Einnahmen bis zu 1 Mio.[1364], bis zu

---

1358 Vgl. **KöR:** EP 13, HP 2014, S. 18, für die Gemeinden und Landkreise als Zuweisung innerhalb des Steuerverbundes, ca. 3,3 Mrd.; **nr-AöR:** vgl. auch Übersicht über die Erfolgs- und Finanzpläne der Landesbetriebe 2014, Vorbericht zum HP 2014, S. 84, für die Technische Informationsbibliothek, vgl. auch EP 06, aaO., S. 65.

1359 **st. SbR:** § 4 Abs. 2 FamN(S2), S. 137 (138); § 4 Abs. 1 GISMA(S1), S. 426; § 4 Abs. 2 HWK(S2), S. 1009; § 4 Abs. 2 KTSt(S2), S. 1227; § 4 Abs. 3 NLotSpSt, S. 294; § 4 Abs. 2 NLottSt(S2), S. 86; § 4 Abs. 3 NWattSt, S. 1096 (1097); § 5 Abs. 2 NWirtA(S), S. 410; § 5 StbRB(S2), S. 280; § 3 Abs. 2 StJbJ, S. 55; § 4 Abs. 2 StLSb(S), S. 15; § 3 Abs. 2 StOpfH(S), S. 99; § 4 Abs. 4 ZeVA(S), S. 1001.

1360 Vgl. **AöR:** EP 08, HP 2014, S. 39, für das Leibniz-Institut für Angewandte Geophysik (LIAG), ca. 3,7 Mio. Euro; **st. GmbH:** EP 06, HP 2014, S. 498, für die Niedersächsische Staatstheater GmbH, 400.000 Euro.

1361 Vgl. **AöR:** EP 05, HP 2014, S. 18, für die Investitions- und Förderbank Niedersachsen, 4,4 Mio. Euro.

1362 Vgl. **AöR:** EP 06, HP 2014, S. 50, für die Investitions- und Förderbank Niedersachsen.

1363 Vgl. **st. e. V.:** EP 09, HP 2014, S. 70, für den 3N e. V. (Kompetenzzentrum Niedersachsen Netzwerk Nachwachsende Rohstoffe e. V.); **nr-VE:** bspw. EP 06, HP 2014, S. 108 ff., „Zuschüsse an Landesbetriebe".

1364 Vgl. **AöR:** EP 08, HP 2014, S. 39, für das Leibniz-Institut für Angewandte Geophysik (LIAG), 640.000 Euro; **nr-AöR:** EP 06, HP 2014, S. 392, für die Herzog-August-Bibliothek, 64.000 Euro; **SöR:** EP 06, HP 2014, S. 230, für die Stiftung „Tierärztliche Hochschule", 18.000 Euro; EP 06, HP 2014, S. 322, für die Stiftung „Hochschule Osnabrück", 190.000 Euro; EP 06, HP 2014, S. 489, für die Stiftung „Museumsdorf Cloppenburg", 1,1 Mio. Euro; EP 06, HP 2014, S. 564, für die Stiftung Braunschweigischer Kulturbesitz, ca. 692.000 Euro; **st. e. V.:** EP 08, HP 2014, S. 159, für den Niedersächsische Institut für Wirtschaftsforschung e. V., 85.000 Euro; EP 08, HP 2014, S. 155, für den Laserzentrum Hannover e. V., ca. 114.000 Euro; **nr-VE:** EP 03, HP 2014, S. 74, für das Landesamt für Statistik, 57.000 Euro; EP 06, HP 2014, S. 370, für die Gottfried Wilhelm Leibniz Bibliothek – Niedersächsische Landesbibliothek Hannover, 70.000 Euro; EP 06, HP 2014, S. 452, für das Niedersächsische Landesmuseum, 515.000 Euro.

5 Mio.[1365] und bis zu 50 Mio. Euro zu finden[1366]. Daneben können auch Verwaltungseinnahmen in Höhe von bis zu 100.000[1367], bis zu 1 Mio.[1368], bis zu 5 Mio.[1369], bis zu 50 Mio.[1370] oder über 400 Mio. Euro verzeichnet sein[1371]. Die eigenen Einnahmen können sich auch ausdrücklich auf „null"[1372] Euro belaufen.

Dem stehen ausweislich des Haushaltsplans des Landes Niedersachsen für 2014 Ausgaben in ebenso unterschiedlicher Höhe gegenüber. So finden sich für einzelne

---

1365 Vgl. **KöR:** EP 06, HP 2014, S. 358, für die Hochschule Hannover, ca. 1,4 Mio. Euro; aaO., S. 537, für die Ostfriesischen Landschaften, 1,7 Mio. Euro; aaO., S. 196, für die Universität Hannover, 3,6 Mio. Euro; **nr-AöR:** EP 15, HP 2014, S. 100, für die Alfred Toepfer Akademie für Naturschutz, ca. 1,2 Mio. Euro; **st. GmbH:** EP 06, HP 2014, S. 487, für die Rammelsberger Bergbaumuseum Goslar GmbH, 1,2 Mio. Euro; EP 08, HP 2014, S. 41, für die Deutschen Management-Akademie Niedersachsen GmbH, 2,9 Mio. Euro; **st. e. V.:** EP 08, HP 2014, S. 148, für den Deutschen Instituts für Kautschuktechnologie e. V., ca. 4,8 Mio. Euro; **st. SbR:** EP 06, HP 2014, S. 97, für die Stiftung „Zentrale Evaluations- und Akkreditierungsagentur", ca. 1,3 Mio. Euro; EP 06, HP 2014, S. 566, für die Klosterkammer Hannover, 4,2 Mio. Euro.

1366 Vgl. **AöR:** EP 09, HP 2014, S. 172, für die Anstalt Niedersächsische Landesforsten 9,8 Mio. Euro; **st. e. V.:** EP 09, HP 2014, S. 58, für den Deutsches Institut für Lebensmitteltechnik e. V., ca. 12,6 Mio. Euro; **nr-VE:** EP 11, HP 2014, S. 36, für den Niedersächsischen Landesbetrieb Justizvollzugseinrichtungen, ca. 6,6 Mio. Euro.

1367 Vgl. **nr-VE:** EP 06, HP 2014, S. 370, für die Gottfried Wilhelm Leibniz Bibliothek – Niedersächsische Landesbibliothek Hannover, 3.000 Euro; EP 06, HP 2014, S. 452, für das Niedersächsische Landesmuseum, 10.000 Euro; EP 03, HP 2014, S. 114, für das Landesamt für Vermessung und Katasterverwaltung, 37.900 Euro; EP 07, HP 2014, S. 50, für das Niedersächsische Landesinstitut für schulische Qualitätsentwicklung, 52.000 Euro; EP 07, HP 2014, S. 52, für die Landesschulbehörde, 60.000 Euro.

1368 Vgl. **nr-AöR:** EP 06, HP 2014, S. 392, für die Herzog-August-Bibliothek, 180.000 Euro; **nr-VE:** EP 03, HP 2014, S. 74, für das Landesamt für Statistik, 135.000 Euro; EP 06, HP 2014, S. 402, für das Institut für Vogelforschung – Vogelwarte Helgoland – in Wilhelmshaven-Rüstersiel, 221.000 Euro; EP 04, HP 2014, S. 22, für die Steuerakademie Niedersachsen, 420.000 Euro; EP 09, HP 2014, S. 126, für das Landesamt für Geoinformation und Landentwicklung Niedersachsen – Landentwicklung, 547.000 Euro.

1369 Vgl. **nr-VE:** EP 15, HP 2014, S. 184, für den Niedersächsischen Landesbetrieb für Wasserwirtschaft, Küsten- und Naturschutz, ca. 4,4 Mio. Euro; EP 13, HP 2014, S. 32, für die niedersächsischen Staatsbäder, ca. 4,6 Mio. Euro.

1370 Vgl. **nr-VE:** EP 06, HP 2014, S. 426, für das Staatstheater Braunschweig, ca. 10 Mio. Euro; EP 09, aaO., S. 134, für das Landesamt für Geoinformation und Landentwicklung Niedersachsen – Domänenverwaltung, ca. 10 Mio. Euro.

1371 Vgl. **nr-VE:** EP 08, HP 2014, S. 122, für das Landesamt für Bergbau, Energie und Geologie, 453 Mio. Euro.

1372 Vgl. **AöR:** EP 07, HP 2014, S. 156, für die Stiftung Niedersächsische Gedenkstätten; **nr-VE:** EP 03, HP 2014, S. 98, für das Landesamt für Landesvermessung und Geobasisinformation; aaO. S. 148 für das Logistik Zentrum Niedersachsen, EP 06, aaO., S. 54, für die Verbundzentrale des Gemeinsamen Bibliotheksverbundes – VZG

Einrichtungen Ausgaben von bis zu 1. Mio.[1373], bis zu 5 Mio.[1374], bis zu 50 Mio.[1375], bis zu 100 Mio.[1376] oder über 200 Mio. Euro[1377]. Die Zuwendungen, eigenen Einnahmen und Ausgaben variieren damit erheblich unabhängig von der Rechtsform und lassen sich auch nicht tendenziell bestimmten Rechtsformen zuordnen. Es bleibt die Feststellung, dass jede Einrichtung auch in Bezug auf ihre Finanzierung als Einzelfall anzusehen ist. Eine Systematisierung nach Rechtsformen erscheint dagegen nicht möglich.

Auch wenn diese Aufstellung über das Vermögen, die Zuwendungen, die Einnahmen und die Ausgaben bei Weitem nicht vollständig sein dürfte, so lässt sich bereits anhand der vorliegenden Auswertung ersehen, dass die Vermögensausstattung der Einrichtungen nicht von der Rechtsform abhängt. Dass die Stiftung sich durch einen Vermögensstock auszeichnet[1378], sodass sie ihren Zweck durch eigene Einnahmen

---

1373 Vgl. **SöR:** EP 06, HP 2014, S. 564, für die Stiftung Braunschweigischer Kulturbesitz, 834.000 Euro; **st. e. V.:** EP 08, HP 2014, S. 159, für den Niedersächsisches Institut für Wirtschaftsforschung e. V., 689.000 Euro.

1374 Vgl. **KöR:** EP 06, HP 2014, S. 537, für die Ostfriesischen Landschaften, ca. 3,4 Mio. Euro; **AöR:** EP 06, HP 2014, S. 77, für die Akademie für Raumforschung und Landesplanung, 2,8 Mio. Euro; **nr-AöR:** EP 15, HP 2014, S. 100, für die Alfred Toepfer Akademie für Naturschutz, 3,2 Mio. Euro; **SöR:** EP 06, HP 2014, S. 489, für die Stiftung „Museumsdorf Cloppenburg", 2,4 Mio. Euro; EP 07, HP 2014, S. 156, für die Stiftung Niedersächsische Gedenkstätten, ca. 3,8 Mio. Euro; **st. GmbH:** EP 06, HP 2014, S. 486, für die Rammelsberger Bergbaumuseum Goslar GmbH, 2,4 Euro; EP 08, HP 2014, S. 41, für die Deutschen Management-Akademie Niedersachsen GmbH, ca. 3,6 Mio. Euro; **st. e. V.:** EP 05, HP 2014, S. 155, 151, für den Laserzentrum Hannover e. V., ca. 3,7 Mio. Euro; EP 09, HP 2014, S. 58, für den Deutsches Institut für Lebensmitteltechnik e. V., ca. 13,2 Mio. Euro; **st. SbR:** EP 06, HP 2014, S. 97, für die Stiftung „Zentrale Evaluations- und Akkreditierungsagentur", 1,9 Mio. Euro; **nr-VE:** EP 06, HP 2014, S. 566, für die Klosterkammer Hannover, ca. 4,2 Mio. Euro.

1375 Vgl. **AöR:** EP 08, HP 2014, S. 39, für das Leibniz-Institut für Angewandte Geophysik (LIAG), 7,4 Mio. Euro; EP 06, HP 2014, S. 77, für das Georg-Eckert-Institut, 8,4 Mio. Euro; EP 09, HP 2014, S. 172, für die Anstalt Niedersächsische Landesforsten, ca. 26,6 Mio. Euro; **st. e. V.:** EP 05, HP 2014, S. 148, 151, für den Deutschen Instituts für Kautschuktechnologie e. V., 5,2 Mio. Euro; **nr-VE:** EP 09, HP 2014, S. 134, für das Landesamt für Geoinformation und Landentwicklung Niedersachsen – Domänenverwaltung, ca. 12, 7 Mio. Euro; EP 13, HP 2014, S. 32, für die niedersächsischen Staatsbäder, ca. 18,5 Mio. Euro; EP 03, HP 2014, S. 80, für das Landesamt für Statistik, ca. 23 Mio. Euro; EP 09, HP 2014, S. 126, für das Landesamt für Geoinformation und Landentwicklung Niedersachsen – Landentwicklung, ca. 48,5 Mio. Euro.

1376 Vgl. **nr-VE:** EP 15, HP 2014, S. 184, für den Niedersächsischen Landesbetrieb für Wasserwirtschaft, Küsten- und Naturschutz, ca. 88 Mio. Euro.

1377 Vgl. **nr-VE:** EP 11, HP 2014, S. 36, für den Niedersächsischen Landesbetrieb Justizvollzugseinrichtungen, ca. 229,3 Mio. Euro.

1378 **st. SbR:** *Alscher,* DStiftungÖffR, 2006, S. 77; *Twehues,* RechtskommStift, 1996, S. 9; *v. Campenhausen/Stumpf* in: v. Campenhausen/Richter (Hrsg.) StfRHdB, 2014, § 1, Rn. 12; siehe insofern jedoch auch **nr-VE:** *Cronauge/Westermann,* KommUntern, 2006, Rn. 162.

erfüllen kann[1379], ist damit bereits für alle Fälle der Zuwendungsstiftungen widerlegt[1380], wie auch für andere Rechtsformen in gleicher Weise eine Finanzierung durch eigene Einnahmen gegeben sein kann[1381]. Auch für die anderen Rechtsformen gilt, dass die Vermögensausstattung sich nicht aus der Rechtsform ergibt[1382]. Stattdessen ist es die Zuordnung von Einnahmen und Kosten, die sich auf Haushaltsebene – wie bereits dargelegt – als willkürliche darstellt. Dies zeigt sich insbesondere auch daran, dass im Einzelfall die Einnahmen einer nicht-rechtsfähigen Verwaltungseinheit auch für die Mutterkörperschaft global veranschlagt werden.

Es ist davon auszugehen, dass das Vermögen nur von dem verfolgten Zweck im Einzelfall, inwieweit es geeignet ist, eigene Einnahmen zu generieren und in welchem Maße Einnahmen und Ausgaben der Einrichtung oder dem Land insgesamt zugerechnet werden, abhängt. Die Vermögensausstattung allein lässt darüber hinaus keine Aussage über Selbstständigkeit einer Einrichtung zu[1383], da auch insoweit die Organingerenzen – als Zugriffsmöglichkeit auf das Vermögen – als entscheidend angesehen werden müssen. Im Ergebnis können sich weder die Stiftung noch die Privatrechtsformen durch eine besondere Vermögensausstattung auszeichnen oder von den anderen Rechtsformen abgrenzen.

4. Die Prägung der Vermögensverwendung durch die Verfassungsprinzipien

Die Vermögensverwendung ist wiederum durch die verfassungsmäßigen Vorgaben geprägt[1384], soweit die Bindung bereits mit der staatlichen Zweckübertragung auf die Einrichtung übergegangen ist[1385]. Wie bereits festgestellt, ist der Umfang des Vermögens aus eigenen Einnahmen uneinheitlich. Gleichwohl unterliegt die

---

1379 **SöR:** vgl. *Ebersbach*, DStiftungÖffR, 1961, S. 31 f.; **st. SbR:** *Bockamp/Tesfaiesus*, KommJur 2009, 88 (96).

1380 **SöR:** *Dewald*, PrivStiftöffZw, 1990, S. 78; *Gölz*, DStaatalsStift, 1999, S. 65; *Stettner*, DStiftungÖffR, 2012, S. 17; vgl. *Alscher*, DStiftungÖffR, 2006, S. 33, 143, als „Einkommensstiftung"; **st. SbR:** *Alscher*, DStiftungÖffR, 2006, S. 144; *Beuthien* in: MüHBGesR Bd. 5, 2009, § 77, Rn. 20; *Burgard*, NZG 2002, 697 (699); *Helios/Friedrich* in: MüHBGesR Bd. 5, 2009, § 95, Rn. 11; *Hoppe*, DabhStift, 2003, S. 88 ff.; vgl. auch *Kaluza*, StiftprivRöffrOrgm, 2010, S. 43; ohne Begründung a. A. *Stettner*, DStiftungÖffR, 2012, S. 17; **SöR und st. SbR:** *Fiedler*, StEStwFwFm, 2004, S. 28; *Gölz*, DStaatalsStift, 1999, S. 110; *Hof* in: v. Campenhausen/Richter (Hrsg.) StfRHdB, 2014, § 7, Rn. 36; *E. Müller*, DBundStift, 2009, S. 147; *Strickrodt*, NJW 1962, 1480 (1481); *Totenhöfer-Just*, ÖffrechtStft, 1973, S. 28, dies als Normalfall betrachtend, „denn wenn öffentlichen Stiftungen ein Kriterium fehlt, dann ist es in der Regel das des rentierenden Stiftungsvermögens."; *ders.*, aaO., S. 64.

1381 **KöR:** *Weber*, KörAnstStiöffR, 1943, S. 37; **AöR:** *Ebersbach*, DStiftungÖffR, 1961, S. 34.

1382 **AöR:** *Bohn*, AnstÖffBetDritt, 2005, S. 178.

1383 In diese Richtung jedoch *M. Kilian* in: DStaatalsStift, 2003, S. 51.

1384 So bereits, **JPbR:** *Ehlers*, VerwPrivRf, 1984, S. 225.

1385 Vgl. Kap. C.II.6.

Vermögensbildung den gleichen Grenzen unabhängig von der Rechtsform. Soweit der staatliche Zweck eine reine Gewinnerzielungsabsicht in gleicher Weise für alle Rechtsformen ausschließen dürfte[1386], wirkt sich dies auf das Vermögen insoweit aus, als die Vermögensbildung auf ein für die Zweckerreichung erforderliches Maß begrenzt ist[1387]. Hiervon betroffen ist insbesondere die Vermögensbildung durch Beiträge und Gebühren[1388], jedoch auch durch sonstige, wirtschaftliche Einnahmen[1389]. Hier zeigt sich wieder, dass die Grenzen der Vermögensbildung sich damit ausschließlich aus verfassungsrechtlichen Vorgaben und damit unabhängig von der Rechtsform ergeben. Gleichzeitig relativiert sich hierdurch auch, ob aus Überschüssen Rücklagen gebildet werden dürfen, wie regelmäßig ausdrücklich in den Rechtsgrundlagen vorgesehen[1390]. Bei der Vermögensverwendung sind die staatlichen Bindungen, insbesondere die Budgethoheit der unmittelbar demokratisch legitimierten Organe, zu beachten[1391].

1386 Siehe hierzu bereits Kap. C.II.6.; zusätzlich aus einer vermögensrechtlichen Perspektive, *Forsthoff*, VerwR Bd. 1, 1973, § 25, 500, das aus den Einnahmen „nicht aber Überschüsse herauszuwirtschaften […], sondern [diese] nach dem allgemeinen Finanzbedarf zu bemessen“ sind.

1387 **AöR:** *Ahmann*, ÖffprivOrgFkommE, 2009, S. 211 f.; a. A. *Backhaus*, ÖffUntern, 1980, S. 214 ff.; **SöR:** *Alscher*, DStiftungÖffR, 2006, S. 146; **JPbR:** unzutreffend dagegen *Rüfner*, FormöffVerw, 1967, S. 256, die „[unbeschränkte] Bildung stiller Reserven“ annehmend; **nr-VE:** *Rüfner*, FormöffVerw, 1967, S. 256.

1388 Vgl. BVerfGE 85, 337 (346); BGHZ 91, 84 (97); *Bull* in: FS Maurer, 2001, S. 551; *Ehlers*, VerwPrivRf, 1984, S. 107, als „Übermaßverbot“; *Franz*, GewkommDasv, 2005, S. 343 ff.; *Parmentier*, GlsöffUntern, 2000, S. 71 f., als Ausdruck eines „Äquivalenzprinzips“.

1389 BGHZ 115, 311 (319); vgl. auch *Wiesmann*, NVwZ 2005, 391 (395); zu unrecht differenzierend daher *Püttner*, ÖffUntern, 1985, S. 198.

1390 **KöR:** § 35 Abs. 1 S. 1 Nds.FischG(G); § 26 S. 1 Nds.RealvG; vgl. § 10 Abs. 2 NJagdG(S); § 123 Abs. 1 NKomVG; § 15 Abs. 1 NLB-Giro, S. 312 (315); § 21 Abs. 1 NSGV(S1), S. 245 (248); § 32 Abs. 3 NVdR(S); § 4 Abs. 3 S. 1 PrLV-H(S1), S. 478; **AöR:** § 33 Abs. 1 HLKA, S. 739 (743); § 17 a) LBS-N(S), S. 499 (501); § 9 Abs. 1 NLFst(S), S. 563 (564); § 49 NMedienG; § 25 Abs. 1 S. 1 a) Nord-LB(S), S. 118 (121); § 11 Abs. 1 NTierSK; § 4 Abs. 1, 4 PrLV-H(S2), S. 912; § 3 Abs. 1 RKrdSt(S2), S. 208; vgl. auch § 10 Abs. 3 NöVersG, S. 5 (6); **SöR:** vgl. § 3 Abs. 2 HWBl, S. 710; vgl. § 4 c) MudCl(S1), S. 409; § 57 Abs. 3 NHG; § 2 Abs. 2 S. 1 StZIN(S), S. 968; **JPöR:** §§ 16 Abs. 3, 27 Abs. 4 BRRKv, S. 626 (628); § 6 Abs. 4 CGGHKv; **st. GmbH:** § 13 Abs. 3 EaSoA; § 7 Abs. 3 HWW(S2); unklar dagegen, § 20 Abs. 1 HIS(S1), soweit keine Regelung getroffen ist, wie mit Überschüssen zu verfahren, eine Auszahlung an die Gesellschafter jedoch gleichzeitig ausgeschlossen ist; **st. e. G.:** § 40 HIS(S2); **st. SbR:** § 4 Abs. 4 S. 1 FamN(S2), S. 137 (138); § 4 Abs. 3 S. 1 GISMA(S1), S. 426; § 4 Abs. 4 S. 1 KTSt(S2), S. 1227 (1228); § 4 Abs. 3 S. 1 NBingSt, S. 464; § 4 Abs. 4 S. 1 NLotSpSt, S. 294; § 4 Abs. 3 S. 1 NLottSt(S2), S. 86; § 4 Abs. 4 NWattSt, S. 1096 (1097); § 6 Abs. 2 S. 1 NWirtA(S), S. 410 (411); § 3 Abs. 5 ResFN(S), S. 838 (839); § 5 S. 2 StbRB(S2), S. 280; § 3 Abs. 2 S. 3 StJbJ, S. 55; § 4 Abs. 4 StLSb(S), S. 15; § 3 Abs. 5 S. 1 StOpfH(S), S. 99; § 4 Abs. 3 S. 1 VWSt(S), S. 488; § 4 Abs. 5 S. 1 ZeVA(S), S. 1001; **nr-SbR:** vgl. § 5 Abs. 1, 2 i.V.m. § 4 Abs. 3 NBingSt, S. 464 (465); **nr-VE:** vgl. auch § 10 IZN, S. 1150 (1151).

1391 **JPbR:** *Adenauer/Merk*, NZG 2013, 1251 (1255).

Entsprechend der Begrenzung des Zwecks auf eine Aufgabenwahrnehmung im Gemeinwohl, muss auch die Vermögensverwendung der Körperschaft des öffentlichen Rechts gemeinnützig erfolgen. Hiermit einher geht eine Bindung an die Vorgaben des Vergaberechts und eine Bindung an den Gleichbehandlungsgrundsatz[1392] sowie das Sozialstaatsprinzip. Regelungen, welche im Einzelfall vorsehen können, dass kein Anspruch auf die Leistungen besteht[1393], sind daher unbeachtlich. Damit zeigt sich, dass die Vermögensverwendung unabhängig von der Rechtsform durch außerhalb der Rechtsform liegende verfassungsrechtliche Prinzipien geprägt ist.

5. Die Grundsätze der Verwaltung des Vermögens

Im Hinblick auf die Verwaltung des Vermögens zeigt sich die Auswertung der Rechtsgrundlagen ebenso als unergiebig. Über einen „eigenen“[1394] Haushalt verfügen die juristischen Personen aufgrund ihrer Rechtsfähigkeit, ohne dass eine darüber hinausgehende rechtliche Aussage damit verbunden sein könnte. Die Vermögensverwaltung kann entweder kameral oder doppisch nach kaufmännischen Grundsätzen erfolgen[1395]. Die Privatrechtsformen stellen sich damit bereits dem

---

1392 **st. SbR:** so zwar *Nissel* in: Werner/Saenger (Hrsg.), DStfRStW, 2008, Rn. 246 ff., was entgegen dieser Annahme jedoch auf die Staatsverwaltung nicht übertragbar ist. Insoweit wird zu undifferenziert auf die Privatautonomie des Stifters abgestellt, obwohl der Staat sich auf die Privatautonomie nicht berufen kann; zur Nichtanwendung der Privatautonomie zugunsten des Staates siehe bereits Kap. C.II.5; **JPbR:** zutreffend dagegen *Häußermann*, StkommEigenges, 2004, S. 142 f.

1393 Siehe hierzu bereits Kap. C.II.6.

1394 **KöR:** *Bull/Mehde,* AllgVerwR, 2015, § 3, Rn. 98, dass der Bund, die Länder und die Gemeinden über „eigene Haushalte“ verfügen, *J. Ipsen,* AllgVerwR, 2015, § 4, Rn. 206, allgemein die von den „Verwaltungsträgern [...] finanziert[en]“ Bediensteten und die „Ausstattung mit Sachmitteln“ sowie an anderer Stelle von einem „eigene[n] Haushalt und eigene[m] Personal“ sprechend, *ders.*, aaO., Rn. 209; *Peine,* AllgVerwR, 2014, § 2, Rn. 60, von einer „eigenen Haushaltsführung“ der Gemeinden sprechend; **AöR:** *Bohn,* AnstÖffBetDritt, 2005, S. 83; **SöR:** *Alscher,* DStiftungÖffR, 2006, S. 65; **JP:** *J. Ipsen,* AllgVerwR, 2015, § 4, Rn. 209, einen „eigenen Haushalt“ für alle Verwaltungsträger als Voraussetzung ansehend; inkonsequenterweise auch für die **nr-AöR:** *Bohn,* AnstÖffBetDritt, 2005, S. 79; bzw. **nr-VE:** *Anders,* EigbtrR, 2011, S. 17; *Cronauge/Westermann,* KommUntern, 2006, Rn. 107; *A. Lange,* BetPrivrechtsfAnst, 2008, S. 41, soweit gerade keine Rechtsfähigkeit gegeben ist.

1395 **KöR:** *Cronauge/Westermann,* KommUntern, 2006, Rn. 250; *Hauser,* WahlOrgForm, 1987, S. 37 f., 105; *Mann,* ÖffrechtGes, 2001, S. 116; **AöR:** so bereits *Fleiner,* InstrDtVerwR, 1928, S. 122; *Lübbecke,* KommUntNRW, 2004, S. 229; vgl. *Mann,* ÖffrechtGes, 2001, S. 112 f.; **JPöR:** *Blessing,* ÖffrAnstBetPr, 2008, S. 64; **JP:** *Ehlers,* VerwPrivRf, 1984, S. 310; **nr-VE:** *Cronauge/Westermann,* KommUntern, 2006, Rn. 107; *Hellermann* in: Hoppe/Uechtritz/Reck (Hrsg.), HdBkommUnt, 2012, § 7, Rn. 24, 29, 33; *A. Lange,* BetPrivrechtsfAnst, 2008, S. 41, 69, ohne Begründung a. A. *dies.*, aaO, S. 95, dass für sowohl kommunale Wirtschaftsunternehmen wie Eigenbetriebe das „privatrechtliche Rechnungswesen“ charakteristisch sei; *Mann,* ÖffrechtGes, 2001,

Grunde nach nur als Unterfall der öffentlich-rechtlichen Rechtsformen dar, soweit Erstere zwingend nach kaufmännischen Grundsätzen zu führen sind[1396]. Abweichend von dieser Terminologie, welche sich in den Rechtsgrundlagen nicht unmittelbar wiederfindet, kann die Verwaltung des Vermögens – entsprechend dem Wortlaut der Rechtsgrundlagen – der öffentlich-rechtlichen Rechtsformen entweder in Form eines Haushaltsplans oder eines Wirtschaftsplans erfolgen[1397]. Letzteres sieht bereits die Landeshaushaltsordnung für die Landesbetriebe vor, „wenn ein Wirtschaften nach Einnahmen und Ausgaben des Haushaltsplans nicht zweckmäßig ist"[1398]. Insofern ist davon auszugehen, dass mit einem Haushaltsplan eine kamerale und mit einem Wirtschaftsplan eine doppische Haushaltsführung verbunden ist. Diese Abhängigkeit vom Zweck beschränkt sich auch nicht auf die nicht-rechtsfähigen Verwaltungseinheiten. Auch auf Körperschaften werden die Regelungen für Landesbetriebe gem. § 26 Abs. 1 LHO entsprechend angewandt[1399].

Ob eine Einrichtung einen Haushaltsplan[1400] oder einen Wirtschaftsplan[1401] aufstellt, hängt weder von der Rechtsform noch von der Rechtsfähigkeit, sondern ausschließlich von der Ausgestaltung im Einzelfall ab. Dass die Privatrechtsformen nach dem Wortlaut der Rechtsgrundlagen überwiegend und die staatliche GmbH ausschließlich, Wirtschaftspläne[1402] aufstellen, unterscheidet sie damit nicht von

---

S. 98 ff., 104 ff.; *Rüfner*, FormöffVerw, 1967, S. 236 f.; *Schneider* in: Wurzel/Schraml/Becker (Hrsg.), RkommUnter, 2015, S. 137 f.

1396 Vgl. **JPbR:** *Mann*, ÖffrechtGes, 2001, S. 230 ff.

1397 Vgl. **nr-VE:** *A. Lange*, BetPrivrechtsfAnst, 2008, S. 41.

1398 **nr-VE:** § 26 Abs. 1 Nds. LHO.

1399 **KöR:** § 49 Abs. 1 S. 1 NHG.

1400 **KöR:** § 13 Abs. 1 BrWG; § 21 Abs. 1 LwKN; § 12 Abs. 3 NArchtK(G); § 25 Nr. 7 Nds.HKG; § 22 Abs. 1 Nr. 5 Nds.RealvG, jedoch fakultativ; § 16 Abs. 3 NKomZG, jedoch mit einer Öffnungsklausel für einen Wirtschaftsplan; § 20 NSGV(S1), S. 245 (248); § 5 Abs. 3 Nr. 2 OldL(V), S. 51; § 14 RitLBr, S. 517 (518), jedoch nur für ein Teil des Vermögens; § 34 Abs. 1 Stud-LUH; **AöR:** so noch § 17 Abs. 1 ARL(S4), S. 915 (918); § 9 Abs. 2 FstKK, S. 554 (555); § 7 b) IfE(S1), S. 688 (689); § 49 NMedienG; § 10 NTierSK; **SöR:** § 7 c) MudCl(S1), S. 409 (410); § 7 S. 1 SnGst(G), S. 494; § 5 Abs. 2 Nr. 2 StZAPf(G), S. 20; § 5 Abs. 2 StZIN(G), S. 209; **JPöR:** § 7 b) ARL(S2), S. 254; vgl. **nr-VE:** § 27 EigBetrVO, S. 21.

1401 **KöR:** § 49 Abs. 1 Nr. 1 NHG; § 18 Abs. 3 NIngG; § 16 Abs. 2 NKomZG, als Option statt eines Haushaltsplans; § 10 Abs. 2 Nr. 1 PrLV-H(S1), S. 478 (479); **AöR:** § 9 Abs. 2 HWW(S1), S. 510 (511); § 3 Abs. 1 Nr. 2 LIAG(S); § 69 Abs. 2 Nr. 3 NHG; § 9 Abs. 2 NLFst(G1), S. 616 (617); § 14 Abs. 1 Nr. 7 PrLV-H(S2), S. 912 (914); **SöR:** § 57 Abs. 1 NHG; § 7 Abs. 4 b) StW-G; vgl. auch § 5 Abs. 3, S. 2 StTIB(G), S. 151; vgl. auch § 7 Abs. 4 Nr. 3 SBK, S. 649 (650), von „Haushalts- oder Wirtschaftspläne[n] der Stiftung" sprechend; **nr-VE:** § 11 ITN, S. 243 (244); § 9 IZN, S. 1150 (1151); § 10 LGLN(S2), S. 572 (573); § 9 LSKN, S. 836 (838); § 7 LWKN, S. 855 (856); § 11 LZN, S. 696 (697); § 8 VZG, S. 728 (730).

1402 **st. GmbH:** § 10 Abs. 2 a) CUTEC; § 7 Abs. 2 b) DSMZ; § 7 Abs. 1 Nr. 2 EaSoA; § 17 HIS(S1); § 7 Abs. 7 RamBmG; § 10 Abs. 2 b) GmbH1; § 13 GmbH2; **st. AG:** § 8

Einrichtungen in öffentlich-rechtlicher Rechtsform, soweit diese ebenfalls einen Wirtschaftsplan aufstellen. Gleichwohl stellen dem Wortlaut ihrer Rechtsgrundlagen entsprechend auch staatliche Vereine in Einzelfällen und insbesondere die Stiftungen des bürgerlichen Rechts Haushaltspläne auf[1403], sodass es sogar zweifelhaft erscheint, ob aus der Begrifflichkeit ein Rückschluss auf eine kamerale bzw. doppische Haushaltsführung gezogen werden kann[1404]. Die Art und Weise der Haushaltsführung unterscheidet zumindest nicht die Rechtsformen. Entweder unterscheiden sich die Privatrechtsformen nicht von den öffentlich-rechtlichen Rechtsformen, soweit Letztere im Einzelfall ebenso doppische Grundsätze anwenden können[1405], oder aber die Haushaltsführung hängt auch für die Privatrechtsformen in gleicher Weise wie für die öffentlich-rechtlichen Rechtsformen von den Regelungen im Einzelfall ab.

Daher dürfte auch die begriffliche Unterscheidung, dass uneinheitlich ein Jahresabschluss[1406] oder eine Jahres(ab)rechnung[1407] erstellt wird, keinen Rückschluss auf

---

DMAg, S. 1; § 26 VWAg; **st. e. V.:** § 12 3NKN; **st. SbR.:** § 8 Nr. 4 HWK(S2), S. 1009 (1010); § 8 Abs. 2 d) StbRB(S2), S. 280; § 4 Abs. 2 StJbJ, S. 55; § 7 c) VWSt(S), S. 488; § 8 Abs. 1 b) ZeVA(S), S. 1001.

1403 **st. e. V.:** § 6 Abs. 2 b) BrLsch; § 5 Abs. 1 Nr. 5 EmLsch; § 17 Abs. 2 NStT; **st. SbR:** § 6 Abs. 1 Nr. 2 BaStW(S), S. 243 (244); § 7 e) FamN(S2), S. 137 (138); § 8 e) KTSt(S2), S. 1227 (1228); § 11 NBingSt, S. 464 (465); § 10 NLottSt(S2), S. 86 (87); § 9 Abs. 2 d) NWattSt, S. 1096 (1097); § 9 Abs. 2 Nr. 2 NWirtA(S), S. 410 (411); § 8 e) StLSb(S), S. 16.

1404 Vgl. hierzu auch *Hof* in: v. Campenhausen/Richter (Hrsg.) StfRHdB, 2014, § 9, Rn. 184.

1405 Unzutreffend daher **JPbR:** *C. Lange*, PrivREchtsF, 1984, S. 6 f., dass „organisatorische Vorteile [privater Rechts- und Organisationsformen] […] in erster Linie […] das Freiwerden von haushalts- und finanzrechtlichen Bindungen [sind]".

1406 **KöR:** § 49 Abs. 1 Nr. 1 NHG; § 18 Abs. 3 NIngG; § 128 Abs. 1 NKomVG; § 14 Abs. 3 NLB-Giro, S. 313 (315); § 4 Abs. 4 Nr. 3 NVdR(G1), S. 65; § 10 Abs. 2 Nr. 2 PrLV-H(S1), S. 478 (479); **AöR:** § 4 Abs. 1 h) GEI(S2), S. 161; § 32 Abs. 2 HLKA, S. 739 (743); § 10 Abs. 4 a) HWW(S1), S 510 (511); Nr. 4 IfE(S2), S. 1468; § 13 Abs. 4 IuFB(G1), S. 712 (714); § 12 Abs. 2 g) LBS-N(S), S. 499 (501); § 70 Abs. 4 NHG; § 11 NLFst(G1), S. 616 (617); § 14 Abs. 3 NLMedienA, S. 310 (312); § 23 Abs. 2 Nord-LB(S), S. 118 (121); § 8 Abs. 2 Nr. 6 NöVersG, S. 5 (6); § 13 Abs. 1 RKrdSt(S3), S. 2 (4); **SöR:** § 57 Abs. 2 NHG; § 70 Abs. 4 NHG; § 6 Abs. 4 Nr. 6 SBK, S. 649 (650); **JPöR:** § 10 Abs. 2 g) BRRKv, S. 626 (627); § 16 Abs. 2 f) CGGHKv; **st. GmbH:** § 14 Abs. 2 CUTEC; § 14 DSMZ; § 13 Abs. 3 EaSoA; § 18 Abs. 1 HIS(S1); § 7 Abs. 2 HWW(S2); § 8 LEA; § 15 Abs. 1 RamBmG; § 13 Abs. 2 GmbH1; § 15 Abs. 1 GmbH2; **st. AG:** §§ 150 ff. AktG; **st. e. V.:** § 13 Abs. 1 3NKN; § 8 LVG; **st. e. G.:** § 43 HIS(S2); **st. SbR:** § 18 Abs. 2 HEH, S. 623 (624); § 8 Abs. 2 b) StbRB(S2), S. 280; § 4 Abs. 3 StJbJ, S. 55; § 10 Nr. 9 StN(S2), S. 1209 (1211); **nr-VE:** § 20 EigBetrVO, S. 21; § 4 Abs. 3 Nr. 2 HCC; § 6 Abs. 2 Nr. 8 ITN, S. 242 (244); § 8 Abs. 2 IZN, S. 1149 (1151); § 5 Abs. 3 LGLN(S2), S. 572; § 8 Abs. 2 LSKN, S. 836 (838); § 8 Abs. 1 LWKN, S. 856; § 6 Abs. 3 LZN, S. 696; Nr. 14 Abs. 4 NStB, S. 95 (97); § 5 Abs. 1 c) VwÄKN; § 4 Abs. 1 Nr. 2 VwIngK; § 9 Abs. 3 VZG.

1407 **KöR:** § 23 Abs. 2 AdWG, S. 716 (717); § 12 Abs. 3 NArchtK(G); § 10 Abs. 2 Nds. FischG(S); § 7 Abs. 3 Nds.HKG; § 25 Abs. 2 Nr. 9 Nds.LwKG; § 35 Abs. 1 Nds. RealvG; § 5 5 Abs. 3 Nr. 2 OldL(V), S. 51; **AöR:** § 3 Abs. 1 NR. 8 LIAG(S); § 69 Abs. 2 Nr. 5 NHG; **SöR:** § 7 d) MudCl(S1), S. 409 (410); § 69 Abs. 2 Nr. 5 NHG;

eine Abgrenzung der Rechtsform zulassen. Dies gilt umso mehr, als in Einzelfällen eine entsprechende Regelung sogar fehlen kann[1408]. Zum Teil sind die Bezeichnungen inkongruent im Vergleich mit den Bezeichnungen des Haushalts- und Wirtschaftsplans. Letztendlich unterscheidet diese Wahlfreiheit der Haushaltsführung nicht die juristischen Personen von den nicht-rechtsfähigen Verwaltungseinheiten, denn die nicht-rechtsfähigen Verwaltungseinheiten können ebenfalls nach doppischen Grundsätzen geführt werden[1409]. Es erscheint auch unbeachtlich, dass weitere Begrifflichkeiten hinzukommen. So werden in Einzelfällen auch ein Programmbudget[1410] oder ein Finanzplan erstellt[1411], welche die Rechtsformen nicht zu charakterisieren vermögen.

Darüber hinaus finden sich Besonderheiten für weitere Einrichtungen. So folgt die Haushaltsführung der Berufskammern eigenen Haushaltsordnungen[1412], welche diese nach den gesetzlichen Grundlagen erlassen können[1413]. Für die Studierendenschaften wird eine vergleichbare Finanzordnung durch das Präsidium einer anderen Körperschaft, der Hochschule, erlassen[1414]. Ebenso ist eine Genehmigung des Haushaltsplans durch die Aufsichtsbehörde[1415] nur in Einzelfällen vorgesehen. Der Jahresabschluss kann auch der Aufsichtsbehörde zur Genehmigung vorzulegen

---

§ 7 SnGst(G), S. 494; § 5 Abs. 2 Nr. 2 StZAPf(G), S. 20; § 5 Abs. 2 Nr. 2 StZIN(G); **st. e. V.:** § 6 Abs. 2 b) BrLsch; § 9 Nr. 3 DInKt; § 13 EmLsch; § 17 Abs. 3 NStT; **st. SbR:** § 6 Nr. 2 BaStW(S), S. 243 (244); § 12 Abs. 2 FamN(S2), S. 137 (138); § 8 d) GISMA(S1), S. 426; § 12 Abs. 2 KTSt(S2), S. 1227 (1228); § 19 Abs. 2 NBingSt, S. 464 (467); § 11 Abs. 2 NLotSpSt, S. 294 (296); § 15 Abs. 2 NLottSt(S2), S. 86 (88); § 10 Abs. 2 NUmwSt(S2), s. 1523 (1525); § 13 Abs. 2 NWattSt, S. 1096 (1098); § 12 Abs. 1 NWirtA(S), S. 410 (411); § 5 Abs. 1 ResFN(S), S. 838 (839); § 8 d) StLSb(S), S. 16; § 10 Abs. 1 StOpfH(S), S. 99 (100); § 10 Abs. 1 VWSt(S), S. 488 (489).

1408 Vgl. **KöR:** BrWG; § 20 NHG; NJagdG(G); NJagdG(S); NSGV(S1), S. 245 ff.; RitL-Br, S. 517 ff.; Stud-LUH; **AöR:** AfBF(S2), S. 252 f.; AGTierGesG(G2), S. 277 ff.; ARL(S5), S. 49 ff.; FstKK, S. 554 f.; GEI(G1), S. 212 f.; IfE(S1), S. 688 f.; **tr-AöR:** BrLB; PolAN(G); PolAN(S); **nr-AöR:** ATAfN, S. 364 f.; HAB, S. 271 f.; NIfR(S1), S. 834 f.; StaN, S. 410 f.; TIB, S. 820 f.; **SöR:** HWBl, S. 710 f.; StTIB(G), S. 151 ff.; **JPöR:** ARL(S2), S. 254 f.; **st. e. V.:** N21; **st. SbR:** HWK(S2), S. 1009 ff.; ZeVA(S), S. 1001 ff.; **nr-VE:** NBiblS, S. 2084; NInL, S. 496 f.

1409 **nr-AöR:** *Bohn,* AnstÖffBetDritt, 2005, S. 78.

1410 **AöR:** § 16 Abs. 1 ARL(S5), S. 49 (52); § 4 Abs. 1 b) GEI(S2), S. 161.

1411 **st. SbR:** § 10 Nr. 7 StN(S2), S. 1209 (1211).

1412 Bspw. **KöR:** Haushalts-, Kassen- und Rechnungslegungsordnung der Niedersächsischen Architektenkammer, http://www.aknds.de/fileadmin/pdf/servicedb/305-haushalts-__kassen-_und_rechnungslegungsordnung_der_aknds_08.2015.pdf, Stand 26.02.2016.

1413 **KöR:** § 12 Abs. 3 NArchtK(G); § 7 Abs. 1 Nds.HKG; § 18 Abs. 3 NIngG.

1414 **KöR:** § 20 Abs. 4 NHG; § 34 Abs. 1 Stud-LUH, verweist auf die LHO.

1415 **KöR:** § 15 Abs. 2 BrWG; **AöR:** § 7 Abs. 2 AfBF(S2), S. 252 (253); § 16 Abs. 1 ARL(S5), S. 49 (52); § 9 Abs. 2 FstKK, S. 554 (555); **SöR:** § 7 Abs. 3 S. 1 HWBl, S. 710.

sein[1416]. Somit kann bereits dem Grundsatz nach keine Rechtsform sich durch eine bestimmte Art und Weise der Haushaltsführung auszeichnen[1417], soweit entweder die Privatrechtsformen als Unterfall der öffentlich-rechtlichen Rechtsformen erscheinen oder aber die Variationsbandbreite für alle Rechtsformen gleich ist.

Über die zunächst abstrakte Bestimmung hinaus, ob ein Haushaltsplan oder ein Wirtschaftsplan aufzustellen ist, finden sich detailliertere Regelungen zur Wirtschaftsführung nur gelegentlich. So ist teilweise geregelt, dass die Haushaltsordnungen die „gesetzlichen Vorschriften über das Haushaltswesen sinngemäß zu übernehmen“[1418] haben bzw. „die für das Land Niedersachsen geltenden Bestimmungen sinngemäß Anwendung“ finden[1419]. Im Falle der Realverbände wird, soweit ein Haushaltsplan aufzustellen ist, auf die kommunalen Regelungen verwiesen[1420]; für die Zweckverbände auf die Regelungen zu der Kommunalwirtschaft[1421]. Für andere Körperschaften wird nur allgemein auf nicht näher bestimmte „zuwendungsrechtliche[...] und stiftungsrechtliche[...] Bestimmungen“ Bezug genommen[1422]. Diese dürften insbesondere auch anzuwenden sein, soweit vielfach Regelungen zur weiteren Ausgestaltung der Haushaltsführung fehlen[1423]. Insoweit dürfte das entscheidende Kriterium sein, dass die haushaltsrechtliche Bindung die staatliche Finanzierung der Staatsverwaltung legitimiert[1424] und damit unabhängig von der Rechtsform anzuwenden ist.

Konkretere Regelungen finden sich auch in Einzelfällen, soweit einige Rechtsgrundlagen vorsehen, dass die Wirtschaftsführung nach kaufmännischen

1416 **nr-VE:** § 5 Abs. 3 Nr. 3 IZN, S. 1150 (1151); § 8 Abs. 2 LSKN, S. 836 (838); § 8 Abs. 2 LWKN, S. 855 (856); § 6 Abs. 3 LZN, S. 696; erst nach der Prüfung durch den Landesrechnungshof, Nr. 14 Abs. 4 NStB, S. 95 (97).

1417 Vgl. **JP:** *E. Müller,* DBundStift, 2009, S. 180 f., Fn. 739.

1418 **KöR:** § 7 Abs. 1 S. 2 Nds.HKG.

1419 **KöR:** § 21 Abs. 2 S. 1 LwKN; **AöR:** § 49 NMedienG; § 13 Abs. 1 NTierSK; vgl. § 16 Abs. 1 S. 1 ARL(S5), S. 49 (51); vgl. auch § 1 Abs. 4 S. 1 AfBF(S2), S. 252; § 9 Abs. 2 S. 1 FstKK, S. 554 (555); § 8 Abs. 1 IfE(S1), S. 688 (689); **SöR:** § 11 Abs. 4 StZIN(S), S. 968 (969); **JPöR:** § 14 Abs. 1 ARL(S2), S. 254 (255); **st. SbR:** § 5 Abs. 2 ResFN(S), S. 838 (839); § 10 Abs. 2 StOpfH(S), S. 99 (100); **nr-VE:** vgl. § 2 Abs. 2 NInL, S. 496.

1420 **KöR:** § 31 Nds.RealvG.

1421 **KöR:** § 16 Abs. 2 NKomZG.

1422 **KöR:** § 22 AdWG, S. 775 (777).

1423 Vgl. **KöR:** BrWG; NJagdG(G), vgl. auch NJagdG(S); NSGV(S1), S. 245 ff.; NVdR(G1), S. 65 f., NLB-Giro, S. 312 ff.; NVdR(S); OldL(G), S. 253, OldL(V), S. 51 f.;RitLBr, S. 517 ff.; **AöR:** LIAG(G), S. 428 f., vgl. auch LIAG(S); **nr-AöR:** NIfR(S1), S. 834 f.; **SöR:** MudCl(S1), S. 409 f.; SBK, S. 649 f.; **st. e. V.:** BrLsch; EmLsch; NStT; **nr-VE:** § 12 Nds.HKG; § 16 NIngG.

1424 *Gölz,* DStaatalsStift, 1999, S. 97.

Grundsätzen[1425] bzw. der doppelten Buchführung erfolgt[1426]. In einigen Fällen wird für die Wirtschaftsführung auf die Regelungen des HGB für große Kapitalgesellschaften[1427], in einem weiteren Fall auf das Bilanzrichtliniengesetz[1428] verwiesen. Auf kommunaler Ebene besteht eine Wahlfreiheit, ob die Gemeinde ihre Eigenbetriebe nach kaufmännischen oder den „Vorschriften der Niedersächsischen Gemeindeordnung" führt[1429].

Insgesamt dürften damit – wie bereits aus § 26 Nds. LHO dem Grundsatz nach folgt – allein Zweckmäßigkeitserwägungen im Einzelfall unabhängig von der Rechtsform den Ausschlag geben, ob die Vermögensverwaltung im Rahmen eines Haushaltsplans kameral oder eines Wirtschaftsplans nach kaufmännischen Grundsätzen erfolgt. Im Ergebnis zeigen sich die Regelungen zur Vermögensverwaltung wiederum unabhängig von organisationsrechtlichen Entscheidungen. Es zeigt sich auch an dieser Stelle eine Variationsbandbreite, welche allenthalben durch allgemein-verfassungsrechtliche Erwägungen eingeschränkt ist, für alle Rechtsformen in gleicher Weise gilt. Wie die Variationsbandbreite im Einzelfall ausgefüllt wird, ist nur anhand der Regelungen im Einzelfall bestimmt.

6. Die Rechnungsprüfung

Die Uneinheitlichkeit unabhängig von der Rechtsform setzt sich auch im Rahmen der Rechnungsprüfung fort. Es kann insbesondere ein Prüfungsrecht eines

1425 **KöR:** § 49 Abs. 1 Nr. 1 NHG; **AöR:** § 9 Abs. 1 S. 1 HWW(S1), S. 510 (511); § 13 Abs. 1 S. 1 IuFB(G1), S. 712 (714); § 70 Abs. 4 NHG; § 9 Abs. 1 NLFst(G1), S. 616 (617); § 2 NöVersG, S. 5; **SöR:** § 70 Abs. 4 NHG, siehe auch § 10 S. 1 StW-G; **JPöR:** §§ 4 Abs. 3, 12 Abs. 1 BRRKv, S. 626; § 4 Abs. 3 CGGHKv; **st. GmbH:** §§ 41 f. GmbHG i.V.m. § 264 HGB; vgl. auch § 2 Abs. 3 EaSoA; **st. SbR:** § 10 Abs. 2 NUmwSt(S2), S. 1523 (1525); **nr-VE:** § 10 Abs. 2 ITN, S. 243 (244); §§ 7 Abs. 3, 8 Abs. 2 IZN, S. 1150 (1151); § 9 Abs. 2 LGLN(S2), S. 572 (573); § 7 Abs. 2 LSKN, S. 836 (838); § 6 Abs. 2 LWKN, S. 855 (856); § 7 Abs. 1 VZG, S. 728 (729); vgl. auch Nr. 1 Abs. 1 NStB, S. 95, noch mit Verweis auf die RVO.

1426 **KöR:** § 110 Abs. 3 NKomVG; **nr-VE:** vgl.EP 03, HP 2014, S. 99, für das Landesamt für Landesvermessung und Geobasisinformation; aaO., S. 148 für das Logistik Zentrum Niedersachsen; vgl. auch aaO., S. 199, für den IT.Niedersachsen – Landesbetrieb.

1427 **KöR:** § 49 Abs. 1 Nr. 1 NHG; **AöR:** § 70 Abs. 4 NHG; § 9 Abs. 1 NLFst(G1), S. 616 (617); **SöR:** § 70 Abs. 4 NHG, **st. GmbH:** § 14 Abs. 1 DSMZ; § 8 Abs. 1 LEA; § 15 Abs. 1 RamBmG; § 13 Abs. 2 GmbH1; § 15 Abs. 1 GmbH2; **st. e. V.:** § 12 i.V.m. § 13 Abs. 1, 2 3NKN.

1428 **st. GmbH:** § 13 Abs. 2 EaSoA.

1429 **nr-VE:** § 5 EigBetrVO, S. 21.

Abschlussprüfers[1430], Wirtschaftsprüfers[1431] oder des Landesrechnungshofes vorgesehen sein[1432]. Teilweise ist die Prüfung durch einen Wirtschaftsprüfer und den Landesrechnungshof auch kumulativ geregelt[1433]. Es finden sich Fälle, in denen eine Haushaltsprüfung durch einen Wirtschaftsprüfer dagegen nur fakultativ erfolgt[1434]. Ob die Begriffe Abschlussprüfer und Wirtschaftsprüfer einen inhaltlichen Unterschied umfassen, kann anhand der Rechtsgrundlagen nicht eindeutig bestimmt werden. Es dürfte sich jedoch zumindest um keine organisationsrechtliche Frage handeln.

1430 **KöR:** § 10 Abs. 1 S. 2 Nds.FischG(S); **AöR:** § 9 Abs. 4 NLFst(G1), S. 616 (617); § 6 Abs. 3 f) RKrdSt(S3), S. 2 (3); **JPöR:** § 16 Abs. 2 h) CGGHKv; **st. GmbH:** § 14 Abs. 2 DSMZ; § 13 Abs. 2 EaSoA; § 18 Abs. 1 HIS(S1); § 8 Abs. 1 LEA; § 15 Abs. 2 RamBmG; § 13 Abs. 2 GmbH1; § 15 Abs. 1 GmbH2; **st. AG:** § 8 DMAg, S. 1, in der gleichen Vorschrift jedoch auch als Wirtschaftsprüfer bezeichnet; § 26 Abs. 2 VWAg; **st. e. V.:** § 6 Abs. 2 c) BrLsch; **st. SbR:** § 18 Abs. 2 HEH, S. 623 (624); **nr-VE:** § 8 Abs. 2 S. 2 LSKN, S. 836 (838).

1431 **KöR:** § 18 Abs. 1 S. 2 LwKN; § 7 Abs. 3 S. 1 Nds.HKG; § 18 Abs. 3 S. 3 NIngG; § 14 Abs. 4 S. 2 NLB-Giro, S. 312 (315); **AöR:** § 10 Abs. 4 S. 1 AGTierGesG(G2), S. 277 (279); § 16 Abs. 3 S. 1 ARL(S5), S. 49 (52); § 7 Abs. 1 S. 1 GEI(S2), S. 161 (162); § 32 Abs. 4 S. 2 HLKA, S. 739 (743); § 6 Abs. 1 S. 1 LIAG(S); § 69 Abs. 2 Nr. 4 NHG; § 14 Abs. 3 NLMedienA, S. 310 (312); § 10 Abs. 2 k) RKrdSt(S2), S. 208 (209); **SöR:** § 7 Abs. 4 d) StW-G; **JPöR:** § 10 Abs. 2 h) BRRKv, S. 626 (627); **st. GmbH:** § 14 Abs. 3 CUTEC; **st. e. V.:** § 13 Abs. 2 3NKN, in der gleichen Vorschrift jedoch auch Abschlussprüfer bezeichnet; **st. SbR:** § 8 c) GISMA(S1), S. 426; § 10 Abs. 2 S. 2 NUmwSt(S2), S. 1523 (1525); § 4 Abs. 3 S. 2 StJbJ, S. 55.

1432 **KöR:** vgl. § 50 Abs. 4 S. 4 NHG; **AöR:** § 1 Abs. 6 AfBF(S2), S. 252; § 9 Abs. 3 FstKK, S. 554 (555); § 11 Nord-LB(G2), S. 631 (633); **SöR:** § 7 Abs. 6 HWBl, S. 710 (711); § 14 MudCl(S1), S. 409 (410); § 57 Abs. 8 NHG; § 11 Abs. 5 StZIN(S), S. 968 (969); **JPöR:** § 14 Abs. 3 ARL(S2), S. 254 (255); § 17 BRRKv, S. 626 (628); § 29 CGGHKv; **st. GmbH:** § 15 DSMZ; § 15 EaSoA; § 19 HIS(S1); § 8 HWW(S2); § 9 Abs. 2 LEA; § 16 GmbH1; § 16 Abs. 2 GmbH2; **st. AG:** § 8 (Abs. 6) DMAg, S. 1; **st. e. G.:** § 43 Abs. 6 HIS(S2); **st. SbR:** § 13 Abs. 2 BaStW(S), S. 243 (245); § 16 Abs. 3 HWK(S2), S. 1009 (1011); § 12 Abs. 2 NWirtA(S), S. 410 (411); § 5 Abs. 3 ResFN(S), S. 838 (839); § 12 Abs. 2 StN(S2), S. 1209 (1210); § 10 Abs. 3 StOpfH(S), S. 99 (100); § 14 Abs. 3 ZeVA(S), S. 1000 (1003); **nr-VE:** § 8 Abs. 2 LWKN, S. 855 (856); Nr. 14 NStB, S. 95 (97); § 9 Abs. 5 VZG, S. 728 (730).

1433 **AöR:** §§ 10 Abs. 4 d), 11 HWW(S1), S. 510 (511); **SöR:** § 5 SnGst(S), S. 253; **st. SbR:** § 12 Abs. 2, 3 FamN(S2), S. 137 (138); § 12 Abs. 2, 3 KTSt(S2), S. 1227 (1228); § 19 Abs. 2, 3 NBingSt, S. 464 (467); § 11 Abs. 2, 3 NLotSpSt, S. 294 (296); § 13 Abs. 2, 3 NWattSt, S. 1096 (1098); §§ 8 Abs. 2 a), 10 StbRB(S2), S. 280 f.; § 10 Abs. 1, 2 VWSt(S), S. 488 (489); **nr-VE:** § 8 Abs. 3, 4 IZN, S. 1150 (1151).

1434 **KöR:** § 38 Abs. 1 Haushalts-, Kassen- und Rechnungslegungsordnung der Niedersächsischen Architektenkammer, http://www.aknds.de/fileadmin/pdf/servicedb/305-haushalts-__kassen-_und_rechnungslegungsordnung_der_aknds_08.2015.pdf, Stand 26.02.2016.

Die Regelungen zur Rechnungsprüfung lassen sich keiner Rechtsform zuordnen. Dies zeigt sich bspw. darin, wenn eine Prüfung durch den Landesrechnungshof[1435] in einer späteren Fassung der Rechtsgrundlagen durch einen Wirtschaftsprüfer ersetzt wurde[1436]. Darüber hinaus finden sich vielfältige weitere Ausgestaltungen. Die Haushaltsprüfung erfolgt so in einigen Fällen zusätzlich durch eine andere Körperschaft[1437]. Die Kommunen haben dagegen grundsätzlich ein eigenes Rechnungsprüfungsamt einzurichten[1438] oder einen Wirtschaftsprüfer zu beauftragen[1439]. In einem anderen Fall erfolgt die Wirtschaftsprüfung durch das Rechnungsamt eines bestimmten Landkreises[1440]. Letztendlich dürfte sich die Rechnungsprüfung durch den Landesrechnungshof bereits aus der Beteiligung des Landes Niedersachsens ergeben[1441], sodass auch im Fall einer fehlenden oder abweichenden Regelung ein Prüfungsrecht im Wege einer ergänzenden Auslegung bestehen muss. Bereits die Frage, ob damit Regelungen im Einzelfall existieren, ist im Ergebnis unerheblich[1442] und kann insbesondere die Rechtsformen nicht unterscheiden. Ebenso unbeachtlich ist, ob eine Prüfung durch einen Abschluss- oder Wirtschaftsprüfer erfolgt, da diese die Prüfung durch den Landesrechnungshof nicht ersetzen kann. Dies stellt zumindest kein Kriterium dar, welches die Rechtsformen zu differenzieren vermag. Die Variationsbandbreite der Rechnungsprüfung ist damit unabhängig von der Rechtsform.

Regelungen zum Prüfungsmaßstab im Rahmen der Rechnungsprüfung finden sich regelmäßig nicht[1443]. Dies dürfte unerheblich sein, soweit bereits Regelungen

---

1435 **AöR:** § 15 Abs. 3 ARL(S3), S. 69 (72); § 14 GEI(S1), S. 1290 (1291); § 8 Abs. 3 IfE(S1), S. 688 (689); § 16 Abs. 1 IuFB(G1), S. 712 (714).

1436 **AöR:** § 16 Abs. 3 ARL(S5), S. 49 (52); vgl. § 12 Abs. 2 f) LBS-N(S), S. 499 (501).

1437 **KöR:** § 23 Abs. 2 AdWG, S. 775 (777), durch die Universität Göttingen; § 20 Abs. 4 NHG.

1438 **JP:** §§ 153 f. NKomVG; **nr-VE:** § 31 EigBetrVO, S. 21.

1439 **KöR:** § 156 Abs. 2 S. 3 NKomVG.

1440 **st. e. V.:** § 14 EmLsch.

1441 Vgl. **JPöR:** *Stackmann*, DVBl. 1996, 414 (415).

1442 Vgl. BVerwGE 74, 58 (66); *E. Müller*, DBundStift, 2009, S. 201; *Ruland*, VereinodKörpS, 2007, S. 64; *Storr*, StaataUntn, 2001, S. 64; vgl. auch *N. Müller*, RechtsFormW, 1993, S. 336; *Pfeifer*, SteukomAktdG, 1991, S. 201 ff.; *Wolf*, AnstöffRWettu, 2002, S. 175; unzutreffend dagegen *Fiedler*, StEStwFwFm, 2004, S. 154 f.; *Hof* in: v. Campenhausen/Richter (Hrsg.) StfRHdB, 2014, § 4, Rn. 151; *Kreienschulte*, RchStiftVolksw, 1969, S. 140; vgl. jedoch auch *Stackmann*, DVBl. 1996, 414 (416 f.), bzgl. Ausnahmevorschriften, welche damit die JPöR wiederum der JPbR angleichen, soweit eine Rechnungsprüfung als entbehrlich angesehen wird.

1443 Vgl. **KöR:** BrWG; NJagdG(G), vgl. auch NJagdG(S); NVdR(G1), S. 65 f., NVdR(S); PrLV-H(S1), S. 478 f.; RitLBr, S. 517 ff.; **tr-AöR:** PolAN(G), S. 444 f.; **nr-AöR:** HAB, S. 271 f.; NIfR(S1), S. 834 f.; StaN, S. 410 f.; TIB, S. 820 f.; **SöR:** SBK, S. 649 f.; StTIB(G), S. 151 f.; StZAPf(G), S. 20 f.; **st. e. V.:** NStT; **st. SbR:** Vgl. StLSb(S), S. 15 ff.; **nr-VE:** LGLN(S2), S. 572 f.

zur Haushaltsführung bestehen und die Rechnungsprüfung nur der Kontrolle der Haushaltsführung dient. Dennoch finden sich in Einzelfällen weitere Regelungen im Zusammenhang mit der Rechnungsprüfung[1444]. Inhaltlich wird teilweise auf die Prüfungsgrundsätze nach § 53 Abs. 1 Nr. 1 und 2 HGrG verwiesen[1445]. Der Maßstab der Rechnungsprüfung vermag damit ebenso wenig die Rechtsformen zu differenzieren und wenn, dann überhaupt nur einer allgemeinen Variationsbandbreite entsprechen.

7. Das Vermögen einer Einrichtung im Verhältnis zur Mutterkörperschaft in Abhängigkeit von der Organstruktur

Das Verhältnis des Vermögens einer Einrichtung im Verhältnis zur Mutterkörperschaft ist bereits wiederholt Thema wissenschaftlicher Untersuchungen gewesen. Eine ausführliche Befassung an dieser Stelle würde den Rahmen dieser Arbeit sprengen. Dennoch erscheinen Ausführungen erforderlich, da insbesondere mit diesem Aspekt eine Abgrenzung der Rechtsformen teilweise begründet wird. Zunächst gilt für alle juristischen Personen in gleicher Weise, dass sie selbst Träger ihrer Rechte und Verbindlichkeiten sind und in diesem Rahmen ein eigenständiges Haftungsregime bilden[1446], nicht-rechtsfähige Verwaltungseinheiten dagegen

---

1444 **AöR:** § 16 Abs. 3 S. 2 ARL(S5), S. 49 (52); § 7 Abs. 1 S. 1 GEI(S2), S. 161 (162); vgl. auch **nr-VE:** § 29 EigBetrVO, S. 21.

1445 **KöR:** § 49 Abs. 1 Nr. 1 NHG; **st. GmbH:** § 15 CUTEC; § 15 DSMZ; § 15 EaSoA; § 19 HIS(S1); § 8 HWW(S2); § 9 LEA; § 15 Abs. 3, 5 RamBmG; § 16 GmbH1; § 16 GmbH2.

1446 **KöR:** *Hauser*, WahlOrgForm, 1987, S. 170; **AöR:** vgl. *Hogeweg*, KomAnstNds, 2007, S. 47; **KöR und AöR:** *Traumann*, OrgbundeigVerw, 1998, S. 90; **SöR:** *Alscher*, DStiftungÖffR, 2006, S. 230; **st. GmbH und st. AG:** *Röger*, InsokommUntPrv, 2005, S. 121 ff.; 139; **st. e. V. und st. e. G.:** *Cronauge/Westermann*, KommUntern, 2006, Rn. 120, 123; *Kämmerer*, Privatisierung, 2001, S. 256 f.; **st. SbR:** *Alscher*, DStiftungÖffR, 2006, S. 140; *O. Werner* in: Werner/Saenger (Hrsg.), DStfRStW, 2008, Rn. 11; in der Begründung unzutreffend dagegen *Saenger* in: Werner/ders. (Hrsg.), DStfRStW, 2008, Rn. 901, nur unter dem Verweis auf eine fehlende „Verbandsstruktur," ohne dies, insbesondere für staatliche Stiftungen des bürgerlichen Rechts näher zu untersuchen; ohne Begründung a. A. *Blessing*, ÖffrAnstBetPr, 2008, S. 64; **JP:** so bereits insbesondere *Wolff*, OrgsftjurPers I, 1933, S. 192, als Merkmal einer juristischen Person die „'Haftungsbeschränkung' wenigsten 'nach innen'" herausstellend; ebenso *Alfuß*, StHaftprivOrgf, 1976, S. 8; *Flume*, AllgTBürgR, 1983, S. 63; *Loeser*, SysVerwR Bd. 2, 1994, Rn. 30; *K. Schmidt*, GesR, 2002, S. 538 ff.; *Weber*, KörAnstStiöffR, 1943, S. 13.

ihrer Mutterkörperschaft haftungsrechtlich zugeordnet werden[1447]. Damit stellt die Haftungsbeschränkung, welche für die GmbH[1448] und AG[1449] regelmäßig als die Rechtsformen charakterisierend angeführt wird[1450], gerade kein Alleinstellungsmerkmal dieser privatrechtlichen Rechtsformen gegenüber den öffentlich-rechtlichen Rechtsformen dar[1451]. Im Einzelfall ist eine Nachschusspflicht der Mitglieder gerade für einige Einrichtungen in öffentlich-rechtlicher Rechtsform ausdrücklich ausgeschlossen[1452], was nur deklaratorische Bedeutung hat. Gleiches gilt für eine Haftungsbeschränkung der Studierendenschaften, welche „nur mit diesem Vermögen" haftet[1453]. Dabei zeigt sich jedoch, dass eine Haftungsbeschränkung noch nicht einmal eine juristische Person von einer nicht-rechtsfähigen Verwaltungseinheit abgrenzen kann. So findet sich eine Haftungsbeschränkung insbesondere für Sondervermögen, ohne damit an die Rechtsfähigkeit einer juristischen Person gekoppelt zu sein.

So handelt es sich bei einer nicht-rechtsfähigen Stiftung des bürgerlichen Rechts, deren Vermögen ihr nur funktional zugeordnet ist[1454], nur um ein Sondervermögen

---

1447 **nr-VE:** *Backhaus*, ÖffUntern, 1980, S. 207, auf eine Haftungsbeschränkung in Bezug auf nicht-rechtsfähige Sondervermögen ausdrücklich hinweisend; vgl. auch so bereits auch *Fleiner*, InstrDtVerwR, 1928, S. 123; die ggf. bestehende Möglichkeit der Haftungsbeschränkung auch für ein nicht-rechtsfähiges Sondervermögen dagegen außer Acht lassend, *Gaß*, UmwgemUnt, 2003, S. 34; *Hauser*, WahlOrgForm, 1987, S. 170; *N. Müller*, RechtsFormW, 1993, S. 330; *Parmentier*, GlsöffUntern, 2000, S. 49; *Wurzel/Gaß* in: Wurzel/Schraml/Becker (Hrsg.), RkommUnter, 2015, S. 755.

1448 **(st.)GmbH:** § 13 Abs. 2 GmbHG.

1449 **(st.)AG:** § 1 Abs. 1 S. 2 AktG.

1450 **st. GmbH:** *Grziwotz* in: MüHBGesR Bd. 3, 2012, § 2, Rn. 25a; *Gundlach*, LKV 2000, 58 (59); *Hogeweg*, KomAnstNds, 2007, S. 45 f.; **st. AG:** *Claussen*, TeilprikomSparK, 1990, S. 199; **st. GmbH und st. AG:** *Erdmann*, NdsVBl. 2003, 261; *Engellandt*, EinflKomKapGes, 1995, S. 6; *Kämmerer*, Privatisierung, 2001, S. 256 f.; *N. Müller*, RechtsFormW, 1993, S. 73; *Röger*, InsokommUntPrv, 2005, S. 29; **JPbR:** *Ehlers*, VerwPrivRf, 1984, S. 315; *Forsthoff*, VerwR Bd. 1, 1973, § 25, S. 518; *Hauser*, WahlOrgForm, 1987, S. 6; *A. Lange*, BetPrivrechtsfAnst, 2008, S. 117; *Stober*, NJW 1984, 449 (457); *Wallerath*, AllgVerwR, 2009, § 6, Rn. 91, insoweit am Beispiel der Kommunen sogar von einer Voraussetzung für die Indienstnahme der Rechtsformen der GmbH, AG und e. V. durch den Staat sprechend, ohne die Voraussetzungen der Haftungsbegrenzungen jedoch näher zu beleuchten.

1451 Vgl. zur hiermit in Verbindung stehenden Konkursfähigkeit weiterführend, *Lehmann*, KonkfjPöffR, 1999, S. 59.

1452 **KöR:** § 4 Abs. 4 PrLV-H(S1), S. 478; **AöR:** § 5 Abs. 2 LBS-N(G), S. 44; § 5 Abs. 2 Nord-LB(S), S. 118; § 13 Abs. 2, 3 NöVersG, S. 5 (7); vgl. auch **st. e. G.:** § 41 HIS(S2).

1453 **KöR:** § 20 Abs. 4 NHG.

1454 **nr-SbR:** *O. Werner* in: Werner/Saenger (Hrsg.), DStfRStW, 2008, Rn. 12, dass „Vermögensträger und damit eventueller Adressat von Zustiftungen, Spenden und Zuwendungen auf den Todesfall [...] ausschließlich der Treuhänder" ist.

ihres Trägers[1455], ohne dass das Haftungsregime unmittelbar deutlich wird. Eine Haftungsbeschränkung kann zwar – unabhängig von der Rechtsform – nicht allein haushaltsrechtlich aus der Schaffung eines Nebenhaushaltes der Mutterkörperschaft resultieren[1456]. Eine Haftungsbeschränkung folgt in diesem Sinne jedoch in einem Fall aus der gesetzlichen Grundlage der Einrichtung, der zufolge eine Haftung der „Mutterkörperschaft" für die Verbindlichkeiten der nicht-rechtsfähigen Verwaltungseinheit bzw. umgekehrt für die Versorgungswerke der Berufskammern ausdrücklich ausgeschlossen ist[1457]. Einige Fälle sehen nur eine beschränkte Nachschusspflicht der Mutterkörperschaft für eine rechtsfähige Einrichtung ausdrücklich vor[1458]. Entsprechende Haftungsbeschränkungen wären auch bei den anderen Rechtsformen in gleicher Weise denkbar. Dass sich entsprechende Regelungen teilweise nur anhand einzelner Rechtsformen in der Stichprobe nachweisen lassen, dürfte vielmehr allein dem Zufall geschuldet sein. Insgesamt stellt sich damit die Frage der Haftungsbeschränkung als von der Rechtsform unabhängig dar.

Vergleichbares zeigt sich bei den Regelungen einer generellen Nachschusspflicht oder ggf. Durchgriffshaftung auf die Mutterkörperschaft für Verbindlichkeiten einer Einrichtung, welche sich nur in Einzelfällen ausdrücklich finden. So ist teilweise eine gesamtschuldnerische Haftung von Einrichtung und Mutterkörperschaft vorgesehen[1459]. Eine gesamtschuldnerische Haftung findet sich auch für eine juristische Person des öffentlichen Rechts, begrenzt auf besondere Kreditnehmer[1460]. In einem anderen Fall ist vorgesehen, dass im Außenverhältnis zwar nur die Körperschaft haftet, im Innenverhältnis jedoch ein Zusatzbeitrag von ihren Mitgliedern erhoben werden kann, um Fehlbeträge ausgleichen zu können[1461]. Eine ausdrückliche Nachschusspflicht für Einrichtungen in Privatrechtsform findet sich ebenso[1462]. Eine Systematisierung dieser Einzelfälle, insbesondere anhand der Rechtsformen, scheint ausgeschlossen. Damit zeigt sich, dass die Haftung nur von den Regelungen

---

1455 **nr-SbR:** *M. Kilian* in: Werner/Saenger (Hrsg.), DStfRStW, 2008, Rn. 1026, f., die nicht-rechtsfähige Stiftung als Sondervermögen qualifizierend; *Saenger* in: Werner/ders. (Hrsg.), DStfRStW, 2008, Rn. 161; **nr-VE:** *A. Lange,* BetPrivrechtsfAnst, 2008, S. 41.

1456 So *M. Kilian*, NebenhBund, 1993, S. 713, dass „die Haftung des Bundes für verselbständigte Nebenhaushalte [...] gesetzlich nirgends vorgesehen [ist]", jedoch in der Begründung sodann die Rechtsnatur des Haushaltes als rein formelles Gesetz übersehend.

1457 **nr-VE:** § 12 Abs. 2 S. 3 Nds.HKG; § 16 Abs. 3 S. 3 NIngG.

1458 **AöR:** § 3 Abs. 1 RKrdSt(S2), S. 208; **st. GmbH:** § 3 Abs. 6 EaSoA; vgl. auch § 14 RamBmG.

1459 **KöR:** § 3 Abs. 2 NLB-Giro, S. 312; **AöR:** § 3 Abs. 1 HLKA, S. 739 (740); § 7 Abs. 2 IuFB(G1), S. 712 (713); ursprünglich noch, § 5 Abs. 2 Nord-LB(G1).

1460 **JPöR:** §§ 3, 7 CGGHKv.

1461 **KöR:** § 22 Abs. 2 NSGV(S1), S. 245 (248), durch eine spätere Satzungsänderung beschränkt, vgl. Nr. 7 NSGV(S2), S. 128 (129).

1462 **st. e. V.:** § 18 Abs. 3 NStT.

im Einzelfall abhängt und insbesondere auch mit einer nicht-rechtsfähigen Verwaltungseinheit ein Sondervermögen und eine Haftungsbeschränkung verbunden sein kann. Dass sich Regelungen zur Haftungsbegrenzung nicht immer finden[1463], insbesondere für die nicht-rechtsfähigen[1464] oder teil-rechtsfähige Anstalten[1465] und Stiftungen des bürgerlichen Rechts[1466], ist für die Bestimmung der Rechtsform unerheblich. Verbunden ist mit den Rechtsformen daher insgesamt eine Variationsbandbreite der Ausgestaltung des Haftungsregimes, welche insofern nur durch die Regelungen im Einzelfall bestimmt wird.

Ein Grund diese Aussagen zur Haftungsbeschränkung insgesamt zu relativieren, folgt dagegen aus dem bestimmenden Einfluss, den die Mutterkörperschaft im Einzelfall – abhängig von der Organstruktur – ausüben kann[1467]. Dies gilt insbesondere auch für den Zugriff der Mutterkörperschaft auf das Vermögen einer Stiftung des bürgerlichen Rechts. Ob dieser besteht[1468] oder verwehrt ist[1469], hängt wiederum statt von ihrer Rechtsfähigkeit von den Organingerenzen mit ihrer Mutterkörperschaft

---

1463 Vgl. **AöR:** ARL(S5), S. 49; ff. AfBF(S2), S. 252 f.; GEI(G2), S. 170.GEI(G1), S. 212 f.; HLKA, S. 739 ff.; HWW(S1), S. 510 f.; IfE(S1), S. 688 f.; NLFst(G1), S. 616 ff.; NMedienG; AGTierGesG(G2), S. 277 ff.; **SöR:** StTIB(G), S. 151 f.; StZAPf(G), S. 20 f.; **st. e. V.:** vgl. 3NKN; BrLsch.

1464 Vgl. **nr-AöR:** ATAfN, S. 364 f.; HAB, S. 271 f.; NIfR(S1), S. 834 f.; StaN, S. 410 f.; TIB, S. 820 f.

1465 Vgl. **tr-AöR:** PolAN(G), S. 444 f.

1466 Vgl. **st. SbR:** BaStW(S), S. 242 ff.; FamN(S2), S. 137 f.; GISMA(S1), S. 425 f.; HEH, S. 623 f.; HWK(S2), S. 1009 ff.; KTSt(S2), S. 1227 ff.; NBingSt, S. 464 ff.; NLotSpSt, S. 294 ff.; NLottSt(S2), S. 85 ff.; NUmwSt(S1), S. 1221 ff.; NWattSt, S. 1096 ff.; NWirtA(S), S. 410 f.; ResFN(S), S. 838 f.; StbRB(S2), S. 280 f.; StJbJ, S. 55 f.; StLSb(S), S. 15 ff.; StN(S2), S. 1209 ff.; StOpfH(S), S. 98 f.; VWSt(S), S. 488 f.; ZeVA(S), S. 1000 ff.

1467 **AöR:** *Bostedt/Fehling*, VBlBW 1998, 247 (254), unter Hinweis auf die Organingerenz und insofern auf „interne' Abführungsentscheidungen"; **nr-AöR:** vgl. auch *Bostedt/Fehling*, VBlBW 1998, 247 (249), dass die (nicht-rechtsfähige) Anstalt nur „mittelbar am Schutz ihrer Anstaltsmutter" gegenüber dem Bund als Anstaltsgroßmutter teilhaben können, soweit nur dann ein Eingriff in Grundrechte bestehen kann, vgl. sodann jedoch auch zur Ausnahme im Wissenschaftsbereich; **JPbR:** *Alfuß*, StHaftprivOrgf, 1976, S. 29.

1468 Überzeugend bereits *J. Burmeister* in: FG v. Unruh, 1983, S. 557 f., dass ein Eigentumsschutz „weder für die Gemeinden noch für verselbstständigte kommunale Unternehmen" mangels Rechtsposition bestehen kann; **nr-VE:** vgl. *Bostedt/Fehling*, VBlBW 1998, 247 (248), jedoch unter Verweis auf die fehlende Rechtsfähigkeit zulassend.

1469 **AöR:** so generell ausschließend dagegen, *Bostedt/Fehling*, VBlBW 1998, 247 (250), unzutreffend die Rundfunkanstalt für die rechtsfähige Anstalt des öffentlichen Rechts verallgemeinernd; **st. SbR:** *Bockamp/Tesfaiesus*, KommJur 2009, 88 (95); *Riehmer*, KörpStiftOrg, 1993, S. 23; *Nissel* in: Werner/Saenger (Hrsg.), DStfRStW, 2008, Rn. 233; *Tomsen*, stnStiftBerAut, 1991, S. 46; *O. Werner* in: Werner/Saenger (Hrsg.), DStfRStW, 2008, Rn. 7, als unzulässige „Selbstbedienungsstiftung".

und den Regelungen im Einzelfall ab. Zunächst kann die Mutterkörperschaft bereits durch ihre Vertreter in den Organen einer Einrichtung auf das Vermögen zugreifen. Es finden sich jedoch auch ausdrückliche Regelungen in den Rechtsgrundlagen, die ein Zugriffsrecht der Mutterkörperschaft vorsehen. So können in einigen Fällen die Mitglieder auch unabhängig von einer Auflösung auf die Überschüsse zugreifen[1470], was in anderen Fällen ausdrücklich ausgeschlossen ist[1471]. Dies lässt sich zumindest ansatzweise auch in dem Haushaltsplan des Landes Niedersachsen nachvollziehen. So sind dem Haushaltsplan nicht näher aufgeschlüsselte Einnahmen des Landes Niedersachsen als Gewinne aus der Beteiligung an Unternehmen des privaten Rechts in Höhe von 100.000 Euro zu entnehmen[1472]. Ebenso folgt aus dem Haushaltsplan, dass Mittel einer Stiftung des bürgerlichen Rechts zurück in den Landeshaushalt fließen, und zwar in Höhe von 72 Mio. Euro[1473].

Ein erleichterter Zugriff lässt sich auch nicht den nicht-rechtsfähigen Verwaltungseinheiten zuordnen. Umgekehrt ist in Einzelfällen eine Beschränkung des Zugriffs der Mutterkörperschaft auf ihre nicht-rechtsfähigen Verwaltungseinheiten vorgesehen. So findet sich für die Eigenbetriebe auf kommunaler Ebene eine Regelung, dass die Gemeinde auf das Eigenkapital ihres Eigenbetriebs nur insoweit zugreifen darf, wie „die Erfüllung der Aufgabe und die zukünftige Entwicklung des Eigenbetriebs nicht beeinträchtigt werden."[1474] Das Verhältnis der Mutterkörperschaft zum Vermögen ihrer Einrichtungen ist damit – neben der Organstruktur und dem damit vermittelten Zugriff auf das Vermögen einer Einrichtung – statt von einer Rechtsform durch die Regelungen im Einzelfall bestimmt.

Hieran anschließend dürfte die Haftungsbeschränkung sich unabhängig von den Regelungen im Einzelfall durch allgemeine Erwägungen relativeren lassen. So lässt sich für das Verhältnis des Vermögens der juristischen Person zur Mutterkörperschaft anführen, dass es durch einen Anspruch der Einrichtung auf eine angemessene Finanzausstattung geprägt sein könnte[1475]. Hieraus würde folgen, dass die

---

1470 **KöR:** § 35 Abs. 1 Nds.FischG(G); § 26 Nds.RealvG; § 10 NJagdG(S); **AöR:** § 25 Abs. 2 Nord-LB(S), S. 118 (121); § 14 Abs. 2 RKrdSt(S3), S. 2 (3); **JPöR:** § 27 Abs. 4 CGGHKv; **st. GmbH:** § 29 Abs. 1 GmbHG; mit entsprechender Regelung, vgl. § 13 Abs. 3 EaSoA; § 7 Abs. 3 HWW(S2); **st. AG:** § 27 Abs. 1 VWAg.

1471 **KöR:** § 12 S. 3 OldL(V), S. 51 (52); **st. GmbH:** vgl. § 4 Abs. 2 S. 3 CUTEC; § 3 Abs. 3 S. 1 DSMZ; §§ 3 Abs. 3 S. 2, 20 Abs. 2 HIS(S1; § 3 Abs. 2 S. 3 RamBmG; § 4 Abs. 2 S. 3 GmbH1; **st. e. V.:** § 2 Abs. 3 S. 3 3NKN; § 3 Abs. 3 S. 2 BrLsch; § 2 Abs. 3 S. 3 EmLsch; **st. e. G.:** § 4 Abs. 2 HIS(S2).

1472 Vgl. **JPbR:** EP 13, HP 2014, S. 24.

1473 Vgl. **st. SbR:** EP 06, HP 2014, S. 114, für die „Volkswagenstiftung".

1474 **nr-VE:** § 6 Abs. 2 S. 2 EigBetrVO, S. 21.

1475 **AöR:** *F. Becker*, VernLandBank, 1998, S. 75 ff.; *Blessing*, ÖffrAnstBetPr, 2008, S. 217; *Bohn*, AnstÖffBetDritt, 2005, S. 98; *Ehlers*, ZHR 2003, 546 (570); *Gaß*, UmwgemUnt, 2003, S. 41; *Hellermann* in: Hoppe/Uechtritz/Reck (Hrsg.), HdBkommUnt, 2012, § 7, Rn. 73; *Holz/Kürten/Grabolle*, KommJur 2014, 281 (284); *M. Müller* in: Wolff/Bachof/Stober/Kluth, VerwR Bd. 2, 2010, § 86, Rn. 19, jedoch ohne

Haftungsfrage als nachgelagerte Folge unerheblich wird[1476], soweit insgesamt für die gesamte (unmittelbare wie mittelbare) Staatsverwaltung angeführt werden könnte, dass der Staat seine Verbindlichkeiten unabhängig von der konkreten Organisationsweise zu erfüllen habe[1477]. Dem scheint insbesondere zu entsprechen[1478], dass auch im Haushaltsplan des Landes Niedersachsen die Differenz zwischen Einnahmen und Ausgaben – und damit Unterdeckung – durch eine Zuwendung des Landes

---

Begründung; *Schraml* in: Wurzel/ders./Becker (Hrsg.), RkommUnter, 2015, S. 159; **SöR:** vgl. *Röpke*, HschStiftöffR, 2006, S. 180 f.; **JPöR:** *Kemmler*, Anstlast, 2001, S. 76, 96; **st. GmbH:** *Parmentier*, GlsöffUntern, 2000, S. 260, jedoch widersprüchlich, soweit eine Eigengesellschaft jedoch nur einen staatlichen Zweck verfolgen kann, und so die vorgenommene Einschränkung auf Verluste auf die Erfüllung „öffentlicher Aufgaben" nicht nachvollziehbar ist, siehe hierzu bereits Kap. C.II.5.; **st. SbR:** *Alscher*, DStiftungÖffR, 2006, S. 77, 146; *Tomsen*, stnStiftBerAut, 1991, S. 159; **SöR und st. SbR:** *Totenhöfer-Just*, ÖffrechtStft, 1973, S. 63 f.; **JPbR:** *Alfuß*, StHaftprivOrgf, 1976, S. 25; *Claussen*, TeilprikomSparK, 1990, S. 200 ff.; vgl. *Gaß*, UmwgemUnt, 2003, S. 79; *Röger*, InsokommUntPrv, 2005, S. 121 ff.; *Wolf*, AnstöffRWettu, 2002, S. 66, a. A. *ders.*, aaO., S. 65, dies pauschal mit dem wenig überzeugenden Argument ablehnend, dass „eine solche Regelung [...] im deutschen Recht einmalig [wäre]", daran anschließend jedoch eine Gewährträgerhaftung begründend, ohne den Gleichlauf im Ergebnis zu erkennen; ohne Begründung ablehnend ebenso *Oebbecke* in: Hoppe/Uechtritz/Reck (Hrsg.), HdBkommUnt, 2012, § 9, Rn. 73.

1476 *Bohn*, AnstÖffBetDritt, 2005, S. 98; *Erbguth/Stollmann*, DÖV 1993, 798 (807); *Kemmler*, Anstlast, 2001, S. 101 f.; *Witte/Rafiqpoor*, WM 2003, 1885 (1887); a. A. *Gundlach*, LKV 2000, 58 (59).

1477 Vgl. **AöR:** *Blessing*, ÖffrAnstBetPr, 2008, S. 218; *Kemmler*, Anstlast, 2001, S. 77 f.; **JP:** *Alfuß*, StHaftprivOrgf, 1976, S. 29; *Ehlers*, VerwPrivRf, 1984, S. 321 f.; *Naendrup*, PrivHaftbstaatVer, 1967, S. 185 ff.; zutreffend auch *Pestalozza*, FromMißBrSt, 1973, S. 184, dass „der Tatbestand der juristischen Person des Privatrechts [...] nicht die Anwendung öffentlichrechtlicher Haftungsnormen [hindert]".

1478 Unzutreffend dagegen *Wolf*, AnstöffRWettu, 2002, S. 65, dass der Verlustausgleich „äußerst selten" sei, im nachfolgenden sodann jedoch inkonsequenterweise gerade diesen als typisch für die Anstalt herausarbeitend, vgl. auch *ders.*, aaO., S. 68 f., dass „bei drohender Unterdeckung des Eigenkapitals zuerst auf die Anstaltslast zurückgegriffen" wird.

Niedersachsen ausgeglichen wird[1479], sodass die Frage einer Haftungsbeschränkung sich nicht stellen kann[1480].

An den Gedanken einer ausreichenden Finanzausstattung anknüpfend lässt sich jedoch die rechtliche Begründung abhängig von der Organstruktur differenzieren. Ein Anspruch auf eine angemessene Mittelausstattung muss im Rahmen der Selbstverwaltung gelten, um die Selbstverwaltungsgarantie nicht finanziell leer laufen zu lassen[1481]. Für die Bundkörperschaften könnte sich dagegen eine wechselseitige

---

1479 Vgl. **KöR:** EP 06, HP 2014, S. 71, für die Braunschweigische Wissenschaftliche Gesellschaft und für die Akademie der Wissenschaften zu Göttingen; EP 06, HP 2014, S. 196, für die Universität Hannover; EP 06, HP 2014, S. 537, für die Ostfriesische Landschaft; **AöR:** EP 06, HP 2014, S. 78, für die Akademie für Raumforschung und Landesplanung; EP 08, HP 2014, S. 39, für das Leibniz-Institut für Angewandte Geophysik; EP 09, HP 2014, S. 172, für die Anstalt Niedersächsische Landesforsten; **nr-AöR:** EP 15, HP 2014, S. 100, für die Alfred Toepfer Akademie für Naturschutz; **SöR:** EP 06, HP 2014, S. 489, für die Stiftung „Museumsdorf Cloppenburg"; EP 06, HP 2014, S. 564 für die Stiftung Braunschweigischer Kulturbesitz; EP 07, HP 2014, S. 156, für die Stiftung Niedersächsischer Gedenkstätten; **st. GmbH:** EP 06, HP 2014, S. 75, für die Clausthaler Umwelttechnik GmbH; EP 08, HP 2014, S. 41, für die Deutsche Management-Akademie Niedersachsen GmbH; EP 06, HP 2014, S. 77, für die Deutsche Primaten Zentrum GmbH; EP 06, HP 2014, S. 77, für die Deutsche Sammlung von Mikroorganismen und Zellkulturen GmbH; EP 06, HP 2014, S. 68, für die Hochschul-Informations-System GmbH; EP 06, HP 2014, S. 487, für die Rammelsberger Bergbaumuseums Goslar GmbH; **st. e. V.:** EP 08, HP 2014, S. 157, für den Deutsches Institut für Kautschuktechnologie e. V.; EP 05, HP 2014, S. 151, für den Landesvereinigung für Gesundheit und Akademie für Sozialmedizin Niedersachsen e. V.; **st. SbR:** EP 06, HP 2014, S. 71, für das Hanse-Wissenschafts-Kolleg; EP 06, HP 2014, S. 97, für die Stiftung „Zentrale Evaluations- und Akkreditierungsagentur"; **nr-VE:** EP 03, HP 2014, S. 80, für das Landesamt für Statistik Niedersachsen; EP 03, HP 2014, S. 98, für das Landesamt für Geobasisinformation und Landesentwicklung; EP 03, HP 2014, S. 148, für das Logistik Zentrum Niedersachsen; EP 15, HP 2014, S. 184, für den Niedersächsischen Landesbetrieb für Wasserwirtschaft, Küsten- und Naturschutz; EP 06, HP 2014, S. 54, für die Verbundzentrale des Gemeinsamen Bibliothekenverbundes.

1480 So bereits *Alfuß*, StHaftprivOrgf, 1976, S. 128, dass „die öffentlich-rechtlichen Träger [...] die haftungsbeschränkende Wirkung deshalb nicht erreichen [können], da sie aus verfassungsrechtlichen Prinzipien verpflichtet sind, den Konkurs einer von ihr allein oder im Verbund mit Privatpersonen getragenen privatrechtlich organisierten sozialen Institution abzuwenden"; *Gruneberg*, AbwkommUnt, 2007, S. 279; *Kemmler*, Anstlast, 2001, S. 90; *Mann*, ÖffrechtGes, 2001, S. 159 f.; *Wolf*, AnstöffRWettu, 2002, S. 177.

1481 **KöR:** den Anspruch auf eine erforderliche Mittelausstattung aus Art. 28 Abs. 3 GG herleitend, vgl. *Forsthoff*, VerwR Bd. 1, 1973, § 26, S. 533, *Kluth* in: Wolff/Bachof/Stober/ders., VerwR Bd. 2, 2010, § 96, Rn. 109, für die Gemeinden; allgemeiner dagegen *Kluth* in: Wolff/Bachof/Stober/ders., VerwR Bd. 2, 2010, § 85, Rn. 44; vgl. auch *Kemmler*, Anstlast, 2001, S. 87, 191.

Verpflichtung zur angemessenen Mittelausstattung aus der hinter der Bundkörperschaft stehenden Personenmehrheit ergeben. Steht dagegen hinter einer juristischen Person allein die staatliche Mutterkörperschaft, ist ein besonderes Haftungsregime bereits im Grundsatz nicht gerechtfertigt[1482]. Dies könnte bereits daraus folgen, dass der Staat gerade nicht auf die Steuerung verzichten kann[1483], welche eine Haftungsbeschränkung erst rechtfertigen würde[1484]. Dies führt dazu, dass eine Personeneinheit

---

1482 *Ehlers,* VerwPrivRf, 1984, S. 321, dass „der unter anderem in Art. 3 GG verankerte Grundsatz der Lastengleichheit [gebietet], daß die im Zusammenhang mit der Wahrnehmung von Verwaltungsaufgaben entstandenen, anderweitig nicht auszugleichenden Verluste von der Gesamtheit der Steuerpflichtigen und nicht von einigen wenigen Gläubigern getragen werden. Damit ist aber nur die haftungsrechtliche Verantwortlichkeit der öffentlichen Hand als solche festgestellt. Ob die öffentliche Hand dieser Verantwortung im Falle der Überschuldung des Privatrechtsträgers durch Abwendung des Konkurses oder durch Übernahme der Haftung im Anschluß an das durchgeführte Konkursverfahren nachkommen will, bleibt ihr überlassen.", was jedoch auf das Gleiche hinauslaufen dürfte; *Kemmler,* DVBl. 2003, 100 (103), an die übertragene, staatliche Aufgabe anknüpfend; zu diesem Aspekt aus einem weiteren Blickwinkel *Stober,* NJW 1984, 449 (457), dass die Durchgriffshaftung [...] die haftungsrechtliche Entsprechung zur Einwirkungspflicht [ist]", was jedoch sich nur aus der Organstruktur ergeben kann, und somit keine Frage des Vermögens selbst ist; *ders.* in: Wolff/Bachof/Stober/Kluth, VerwR Bd. 2, 2010, § 92, Rn. 161; in diese Richtung als Folge eines Formmissbrauchs argumentierend bereits *Pestalozza,* FromMißBrSt, 1973, S. 74, dass „die Figur der juristischen Person im Falle, wirtschaftlicher Identität" [dem Gesellschafter] nicht mit allen ihren Konsequenzen zur Verfügung [steht] – dem Gesellschafter, der sie in Anspruch nehmen will, könnte sonst schwerlich vorgehalten werden, er verhalte sich, treuwidrig'"; *ders.,* aaO., S. 111, 120, *ders.,* aaO., S. 164, dass „[d]ie Rechtsfolge des Formfehlers [...] also darin [besteht], daß die Entscheidung nicht der tatsächlich gewählten, sondern der angemessenen Form entnommen wird", was zu Ende gedacht im Fall einer die juristischen Person tragenden Personeneinheit die Rechtsfolgen einer nicht-rechtsfähigen Verwaltungseinheit sein müssten; *Wolf,* AnstöffRWettu, 2002, S. 178; a. A. dagegen *Hauser,* WahlOrgForm, 1987, S. 172; *Kuhl/Wagner,* ZIP 1995, 433 (439), als andernfalls „Widerspruch zur Zulässigkeit der Rechtsformwahl" ansehend, so jedoch nur vom Ergebnis her argumentierend.

1483 Vgl. **JPöR:** *G. Burmeister,* HerInStGEsVorb, 1991, S. 251; **SöR und st. SbR:** *Schlüter/Krüger,* DVBl. 2003, 830 (838); zu undifferenziert daher ein Verschleuderungsverbot annehmend, *Bockamp/Tesfaiesus,* KommJur 2009, 88 (94), ohne die Organingerenzen zu beachten.

1484 **JPbR:** *Erbguth/Stollmann,* DÖV 1993, 798 (807); *Kemmler,* DVBl. 2003, 100 (105); *Naendrup,* PrivHaftbstaatVer, 1967, S. 121, dass die im GmbHG und AktG „positivierten Haftungsbeschränkungen [...] nur als das Ergebnis einer rechtlich und tatsächlich vielschichtigen strukturierten privat-personalen Organisationsbedürftigkeit und -würdigkeit zu begreifen [sind]", was insofern auf den Staat nicht übertragbar ist, so ausdrücklich *ders.,* aaO., S. 124, 138 f.; vgl. auch *Parmentier,* GlsöffUntern, 2000, S. 105 mwN., insbesondere auch *dies.,* aaO., S. 260; Ursache und Wirkung dagegen verkennend *Engellandt,* EinflKomKapGes, 1995, S. 50, mit

im Ergebnis wie eine nicht-rechtsfähige Verwaltungseinheit zu behandeln ist[1485]. Hinzuweisen ist hier auf das Ergebnis der Untersuchung der Organstruktur, dass die juristische Person im Fall einer dahinter stehenden Personeneinheit sich nicht von einer nicht-rechtsfähigen Verwaltungseinheit unterscheidet. Die Verselbstständigung einer nicht-rechtsfähigen Verwaltungseinheit[1486] ist in diesem Sinne für die rechtliche Bewertung des Vermögens im Verhältnis zur Mutterkörperschaft unerheblich[1487]. Auch die Frage, ob mit der Anstalt eine Gewährträgerhaftung bzw. Anstaltslast der Mutterkörperschaft[1488] verbunden ist oder für die Rechtsformen eine Haftungsbeschränkung besteht – wie z. B. für das nicht-rechtsfähige Sondervermögen[1489] – unterscheidet und bestimmt zumindest nicht die Rechtsform[1490]. Stattdessen könnte an die Beschränkung einer Steuerung im Einzelfall (vgl. weisungsfreier Raum) anzuknüpfen sein, soweit diese auch die Vermögensverwaltung umfasst und damit eine Haftungsbeschränkung begründen könnte. Im Ergebnis hängt das Verhältnis der Mutterkörperschaft zum Vermögen einer Einrichtung entweder von den Regelungen im Einzelfall oder hiervon unabhängig für alle Rechtsformen von allgemeinen verfassungsrechtlichen Erwägungen ab.

---

dem Ziel der Aufrechterhaltung der Haftungsbeschränkung die Begrenzung des Einflusses der Mutterkörperschaft begründend; ebenso *Früchtl*, AktgRfwirtöffH, 2009, S. 90.

1485 OLG Düsseldorf NJW-RR 1989, 743 (744); unzutreffend ablehnend dagegen OLG Celle NVwZ-RR 2000, 754 (757); vgl. auch *Kemmler*, Anstlast, 2001, S. 93 ff., unter dem Aspekt der Organingerenz, ohne den Vergleich zur nicht-rechtsfähigen Verwaltungseinheit jedoch zu sehen; a. A. dagegen wiederum *Wolf*, AnstöffRWettu, 2002, S. 65.

1486 *Hofmann* in: ders./Gerke, AllgVerwR, 2010, Rn. 48, insoweit allgemein für die Behörde als nicht-rechtsfähige Verwaltungseinheit; als Möglichkeit ohne nähere Begründung jedoch, *Burgi* in: Erichsen/Ehlers (Hrsg.), AllgVerwR, 2010, § 8, Rn. 9.

1487 **nr-AöR:** *Kemmler*, Anstlast, 2001, S. 32, jedoch die nicht-rechtsfähigen Sondervermögen nicht näher betrachtend.

1488 **AöR:** *Bohn*, AnstÖffBetDritt, 2005, S. 95 ff.; *Fett*, ÖffrAnstabKonU, 2000, S. 38; *Gaß*, UmwgemUnt, 2003, S. 77; *Kemmler*, DVBl. 2003, 100 (1003); *M. Müller* in: Wolff/Bachof/Stober/Kluth, VerwR Bd. 2, 2010, § 86, Rn. 19; *Pencereci/Brandt*, LKV 2008, 293 (294); insofern zweifelnd, *Bull/Mehde*, AllgVerwR, 2015, § 3, Rn. 103, *Burgi* in: Erichsen/Ehlers (Hrsg.), AllgVerwR, 2010, § 8, Rn. 14; *Wolf*, AnstöffRWettu, 2002, S. 65.

1489 **nr-VE:** *Bostedt/Fehling*, VBlBW 1998, 247 (248); *Gundlach*, DÖV 1999, 815 (820 ff.); *Maier-Bledjian*, SondVerBund, 2001, S. 191 ff., erörternd, ob die Grundsätze der Anstaltslast zu übertragen sind und damit eine Haftungsbeschränkung de facto ausgeschlossen ist.

1490 Unzutreffend daher *Wurzel/Gaß* in: Wurzel/Schraml/Becker (Hrsg.), RkommUnter, 2015, S. 756, anhand dieser Frage die AöR von der GmbH und AG abgrenzend.

8. Die Vermögensabwicklung bei der Auflösung

Im Rahmen der Auflösung einer Einrichtung zeigt sich, dass die Vermögensübertragung nicht endgültig sein kann. Soweit für das Vermögen an die Dauerhaftigkeit der Anstalt oder Stiftung angeknüpft wird[1491], ist daher auf die Ausführungen zur Auflösung der Anstalt im Rahmen des Zwecks zu verweisen. Dementsprechend kann die Dauerhaftigkeit des Vermögens bereits nicht weiter reichen als die Dauerhaftigkeit des Zwecks, was im Ergebnis bereits verneint wurde[1492]. Dies stützt auch die Annahme, dass die Mutterkörperschaft abhängig von der Organstruktur auf das Vermögen zugreifen kann. Soweit dies sogar für den Fall der Auflösung möglich ist, stellt es ein milderes Mittel dar, dass die Mutterkörperschaft auch während des Bestehens einer Einrichtung auf deren Vermögen zugreifen kann.

Hier zeigt sich im Grundsatz wieder die Verbindung des Vermögens zur Organstruktur. Das Vermögen fällt grundsätzlich im Fall einer Auflösung einer Einrichtung an die Mutterkörperschaft und ggf. weitere Träger zurück[1493]. Dies dürfte insbesondere auch gelten, soweit im Einzelfall regelmäßig die Vermögensabwicklung im Fall einer Auflösung der Einrichtung nicht geregelt ist[1494]. Auch für die nicht-rechtsfähigen Verwaltungseinheiten unterscheidet sich die Rechtsfolge damit nicht, soweit mit deren Auflösung das Vermögen bei der Mutterkörperschaft verbleibt. Dass eine gesonderte Regelung zur Auflösung der nicht-rechtsfähigen Einrichtung fehlt[1495], ist daher unbeachtlich und im Ergebnis kein Unterscheidungskriterium zu

---

1491 **SöR:** *Kluth* in: Wolff/Bachof/Stober/ders., VerwR Bd. 2, 2010, § 87, Rn. 15; *ders.*, aaO., Rn. 29 unter dem Aspekt der „verbindlichen" Vermögensübertragung auf die Stiftung; *Peine*, AllgVerwR, 2014, § 2, Rn. 105; *Wallerath*, AllgVerwR, 2009, § 5, Rn. 24; **st. SbR:** *O. Werner* in: Werner/Saenger (Hrsg.), DStfRStW, 2008, Rn. 9; **SöR und st. SbR:** *E. Müller*, DBundStift, 2009, S. 153, 156.

1492 So bereits auch bzgl. des Vermögens, **st. SbR:** *Alscher*, DStiftungÖffR, 2006, S. 140; **SöR und st. SbR:** *E. Müller*, DBundStift, 2009, S. 157.

1493 **AöR:** *Schraml* in: Wurzel/ders./Becker (Hrsg.), RkommUnter, 2015, S. 167; **st. GmbH:** § 72 GmbHG; vgl. auch *Weitbrecht* in: MüHBGesR Bd. 3, 2012, § 63, Rn. 43.

1494 Vgl. **KöR:** AdWG, S. 775 ff.; BrWG; Nds.FischG(G); Nds.HKG; Nds.LwKG; NHG; NIngG; NKomVG; NVdR(G1), S. 65 f.; RitLBr, S. 517 ff.; vgl. auch § 6 NKomZG, dass die Folgen der Auflösung in der Zweckvereinbarung zu regeln sind; **AöR:** AGTierGesG(G2), S. 277 ff.; ARL(S5), S. 49 ff.; § 11 FstKK, S. 554 (555); IuFB(G1), S. 712 ff.; LIAG(G), S. 428 f.; NMedienG; **tr-AöR:** PolAN(G), S. 444 f.; **nr-AöR:** ATAfN, S. 364 f.; HAB, S. 271 f.; NIfR(S1), S. 834 f.; StaN, S. 410 f.; TIB, S. 820 f.; **SöR:** HWBl, S. 710 f.; SBK, S. 649 f.; SnGst(G), S. 494 ff.; StTIB(G), S. 151 f.; StZAPf(G), S. 20 f.; StZIN(G), S. 209 f.;**JPöR:** ARL(S2), S. 254 ff.; **st. GmbH:** EaSoA; HWW(S2); LEA; **st. AG:** DMAg, S. 1; SagAG; VWAg; **st. e. V.:** § 12 BrLsch; **st. SbR:** FamN(S2), S. 137 f.; ResFN(S), S. 838 f.; StOpfH(S), S. 98 f.

1495 Vgl. **nr-AöR:** NIfR(S1), S. 834 f., vgl. hierzu auch NIfR(S2); StaN, S. 410 f.; TIB, S. 820 f.; **nr-VE:** ITN, S. 243 f.; IZN, S. 1150 f.; LGLN(S2), S. 572 f.; LWKN, S. 855 f.; LZN, S. 696 f.; § 20 NBingSt, S. 464 (467); NStB, S. 95 ff.; § 12 Nds.HKG; § 16 NIngG; vgl. für die kommunalen Eigenbetriebe ebenso, EigBetrVO, S. 21 ff.

den juristischen Personen mit dahinterstehender Personeneinheit. Eine Differenzierung für den Rückfall des Vermögens an den Stifter oder an den Fiskus[1496] entbehrt im Fall einer staatlichen Errichtung der Stiftung des bürgerlichen Rechts aufgrund der Identität von Stifter und dem Fiskus als Mutterkörperschaft der Grundlage.

Vielmehr variieren die Regelungen im Einzelfall, unabhängig von der Rechtsform. So ist vielfach geregelt, dass im Fall der Auflösung der Einrichtung das Vermögen an die Mitglieder[1497] bzw. auch ausdrücklich an das Land Niedersachsen[1498] zurückfällt[1499]. Hierzu passt, dass in einem Fall eine Rückzahlung nach der Auflösung einer Stiftung des öffentlichen Rechts an das Land in Höhe von ca. 59,7 Mio. Euro dem Haushaltsplan zu entnehmen ist[1500]. Im Fall der Realverbände fällt das verbleibende Vermögen im Fall der Auflösung an die Gemeinde, in deren Gebiet der Realverband überwiegend belegen ist[1501]. Abweichende Regelungen finden sich auch für weitere Rechtsformen, dass im Falle der Auflösung das Vermögen an die Beitragszahler ausgekehrt wird[1502] oder an einen Dritten fällt[1503]. Ein Rückfall des Vermögens an die Mitglieder hängt damit von den Regelungen im Einzelfall ab.

1496 So jedoch **st. SbR:** *O. Werner* in: Werner/Saenger (Hrsg.), DStfRStW, 2008, Rn. 360.

1497 **KöR:** § 18 Abs. 2 NLB-Giro, S. 312 (315); § 23 Abs. 2 NSGV(S1), S. 245 (248); **AöR:** § 9 AfBF(S2), S. 252 (253); § 35 Abs. 2 HLKA, S. 739 (743); § 12 HWW(S1), S. 510 (511); § 9 IfE(S1), S. 688 (689), siehe auch § 3 IfE(G), S. 300; **JPöR:** § 19 Abs. 2 BRRKv, S. 626 (628); § 30 Abs. 2 CGGHKv; **st. GmbH:** § 20 Abs. 3 HIS(S1); § 3 Abs. 5 RamBmG, auf die Einlage begrenzt; § 17 Abs. 1 GmbH1, auf die Einlage begrenzt; § 19 S. 1 GmbH2, wiederum auf die Einlage begrenzt; **st. e. V.:** § 18 Abs. 4 NStT; **st. e. G.:** § 5 HIS(S2); **st. SbR:** § 18 HWK(S2), S. 1009 (1011); teilweise, § 12 Abs. 3 NLotSpSt, S. 294 (296); § 16 Abs. 3 NLottSt(S2), S. 86 (88); § 11 Abs. 2 NUmwSt(S1), S. 1221 (1223); § 14 Abs. 2 NWattSt, S. 1096 (1098); § 9 StbRB(S2), S. 280 (281); teilweise, § 10 Abs. 3 StJbJ, S. 55 (56); § 12 VWSt(S), S. 488 (489).

1498 **AöR:** § 9 AfBF(S2), S. 252 (253); § 35 Abs. 2 HLKA, S. 739 (743); § 12 HWW(S1), S. 510 (511); § 9 IfE(S1), S. 688 (689), siehe auch § 3 IfE(G), S. 300; **SöR:** § 2 MBStB, S. 169; teilweise, § 13 St-TiHo(S), S. 854 (855); **st. GmbH:** § 4 Abs. 5 CUTEC; § 17 Abs. 2 GmbH1, soweit das Vermögen die Einlage übersteigt; § 19 GmbH2, ebenso, soweit das Vermögen die Einlagen übersteigt; **st. e. V.:** § 14 Abs. 3 3NKN; **st. SbR:** § 14 Abs. 3 GISMA(S1), S. 425 (427); § 13 Abs. 2 KTSt(S2), S. 1227 (1229); § 20 Abs. 3 NBingSt, S. 464 (467); § 10 Abs. 3 StJbJ, S. 55 (56); § 12 VWSt(S), S. 488 (489); § 16 ZeVA(S), S. 1000 (1003).

1499 Wobei im Einzelfall das Land Niedersachsen auch selbst Mitglied sein kann; insofern ist hiermit nur eine begriffliche Differenzierung verbunden.

1500 Vgl. **SöR:** EP 08, HP 2014, S. 43, für die Stiftung Zukunfts- und Innovationsfonds Niedersachsen.

1501 **KöR:** § 41 Abs. 2 Nds.RealvG.

1502 **KöR:** § 4 Abs. 5 PrLV-H(S1), S. 478; **AöR:** § 14 ÖffSB(S2), S. 710 (714); vgl. auch § 16 PrLV-H(S2), S. 912 (915).

1503 **AöR:** § 14 StW-H, S. 172 (176); **SöR:** § 16 MudCl(S1), S. 409 (410); teilweise, § 13 St-TiHo(S), S. 854 (855), soweit es private Zuwendungen betrifft; § 11 Abs. 2 StW-G; **st. GmbH:** § 16 DSMZ; § 3 Abs. 5 RamBmG, soweit es die Einlagen übersteigt;

Der Zugriff der Mutterkörperschaft auf das Vermögen einer von ihr errichteten Körperschaft lässt sich dagegen wiederum entsprechend der Organstruktur differenzieren. Ein Rechtsschutz gegen den Entzug des Vermögens kommt insoweit in Betracht, soweit es seinen Ursprung in den Beiträgen der Mitglieder hat[1504], was insbesondere auch den Fall der Auflösung der Körperschaft und den grundsätzlichen Rückfall des Vermögens auf die Mutterkörperschaft umfasst[1505]. Ob damit Regelungen vom Grundfall abweichen, dass das Vermögen mit der Auflösung der Einrichtung an die Mutterkörperschaft oder ggf. weitere Träger fällt, ist damit unabhängig von der Rechtsform wiederum nur eine Frage der Ausgestaltung der Organstruktur im Einzelfall. Für alle Rechtsformen lässt sich nur eine Variationsbandbreite feststellen.

9. Fazit zum Vermögen – die Abhängigkeit des Vermögens von der Organstruktur im Einzelfall und den Verfassungsprinzipien im Allgemeinen

Das Vermögen der Rechtsformen ist damit in den Grundzügen gleich, auf der einen Seite in den Einzelheiten durch eine Variationsbandbreite geprägt und auf der anderen Seite nur durch die Organstruktur und außerhalb der Rechtsformen liegenden (verfassungsrechtlichen) Vorgaben begrenzt. So sind die Quellen des Vermögens aller Rechtsformen grundsätzlich weitgehend identisch, im Einzelfall jedoch unterschiedlich und umfassen sowohl anfängliche als auch spätere Zuwendungen der Mutterkörperschaft und ggf. weiterer Mitglieder, Gebühren, einseitige Zuwendungen sowie eigene Einnahmen. Ob sich die Zuwendungen der Mutterkörperschaft von Beiträgen der Mitglieder unterscheiden, trifft nur auf die Zuwendungen durch die zur Mutterkörperschaft personenverschiedenen Mitglieder der Selbstverwaltungskörperschaft zu. Die Abgrenzung zur nicht-rechtsfähigen Verwaltungseinheit ist nur begrifflich, soweit statt von einer Übertragung nur von einer funktionalen Zuordnung gesprochen werden kann, ohne dass sich dies inhaltlich unterscheiden würde. Dies gilt insbesondere auch für eine rechtliche Qualifizierung als eigenes Vermögen, was sich insofern unmittelbar aus der Rechtsfähigkeit ergibt, ohne diese gleichzeitig begründen zu können.

Dieses Vermögen kann bewegliche und unbewegliche Sachen, Finanzmittel und andere Rechte umfassen, jedoch ebenso im Rahmen einer funktionalen Zuordnung

---

st. e. V.: § 2 Abs. 3 EmLsch; **st. SbR**: § 19 Abs. 1 HEH, S. 623; teilweise, § 12 Abs. 3 NLotSpSt, S. 294 (296); teilweise, § 10 Abs. 3 StJbJ, S. 55 (56).

1504 **KöR**: zu undifferenziert dagegen am Beispiel der Gemeinden, *Forsthoff*, VerwR Bd. 1, 1973, § 26, S. 532, dass eine Rechtsposition nur betroffen sein würde „wenn der Gemeinde die Verwaltung ihres Vermögens entzogen würde, [jedoch nicht], wenn [nur] bestimmte Vermögensdispositionen an die staatliche Genehmigung gebunden werden".

1505 **KöR**: zu undifferenziert daher, *Kluth* in: Wolff/Bachof/Stober/ders., VerwR Bd. 2, 2010, § 85, Rn. 21, dass mit der „Auflösung [...] das Vermögen, soweit nichts anderes vorgesehen ist, an den Hoheitsträger, der die Körperschaft errichtet hat [fällt]".

zur Verfügung gestellt werden. Letzteres gilt insofern sowohl für die juristischen Personen als auch nicht-rechtsfähigen Verwaltungseinheiten in gleicher Weise. Es zeigt sich auch an dieser Stelle eine Variationsbandbreite, welche nur durch die Regelungen im Einzelfall bestimmt sind. Hiermit geht einher, dass der Umfang des Vermögens unterschiedlich ausgestaltet ist, ohne dass aus einer Rechtsform besondere Anforderungen bzw. charakteristische Merkmale hergeleitet werden können. Die Stiftung kann sich bereits als Zuwendungsstiftung nicht durch ein Vermögen, dessen Erträge die Stiftung tragen, auszeichnen, wie insgesamt betrachtet alle Einrichtungen unabhängig von der Rechtsform mehr oder weniger stark von staatlichen Zuwendungen abhängig sind. Im Ergebnis überrascht dies nicht, da es eine gesamtstaatliche Entscheidung ist, wie Einnahmen und Ausgaben zugewiesen und generiert werden und die Möglichkeit, eigene Einnahmen zu erwirtschaften von dem konkreten Zweck der Einrichtung abhängen dürfte. Die Vermögensbildung ist durch verfassungsrechtliche Vorgaben für alle Rechtsformen in gleicher Weise beschränkt, insbesondere, soweit eine reine Gewinnerzielungsabsicht ausgeschlossen, die Erwirtschaftung von eigenen Einnahmen auf ein angemessenes Maß beschränkt und die Gewährung von Leistungen und Teilhabe dem Gleichbehandlungsgrundsatz unterworfen sind.

Der Zweck dürfte auch Anknüpfungspunkt für die Entscheidung sein, ob im Einzelfall ein Wirtschaften nach kameralen oder doppischen Grundsätzen erfolgt. Entsprechend uneinheitlich stellen die Einrichtungen Haushalts- oder Wirtschaftspläne auf, ohne dass eine Rechtsform sich dadurch auszeichnen könnte. Noch nicht einmal die juristischen Personen können sich von den nicht-rechtsfähigen Verwaltungseinheiten unterscheiden, für die die gleiche Variationsbandbreite der Haushaltsführung festzustellen ist. Die Regelungen mögen sich so zwar im Einzelfall unterscheiden, sind jedoch entweder bereits keiner Rechtsform bestimmend zuzuordnen oder zumindest aus allgemeinstaatlichen Erwägungen in vergleichbarer Weise auf alle Rechtsformen anzuwenden. Dies gilt insbesondere auch für die Frage der Rechnungsprüfung, die insgesamt durch den Landesrechnungshof zu erfolgen hat, soweit es sich im Einzelfall nicht um kommunale Verbünde handelt. Dies zeigt sich erneut in der Frage der Haftungsbeschränkung, welche die GmbH und die AG gerade nicht abzugrenzen vermag. Soweit stattdessen diese gerade mit einer juristischen Person verbunden ist, stellt sich die Regelungslage mit einer ausdrücklichen Haftungsbeschränkung auf der einen und einer Nachschusspflicht oder Durchgriffshaftung auf der anderen Seite deutlich vielgestaltiger dar. Letztendlich sind es wiederum gesamtstaatliche Erwägungen, welche im Ergebnis dazu führen, dass sich die Variationsbandbreite reduziert, soweit ein Anspruch auf eine angemessene Finanzausstattung der einzelnen Einrichtung angenommen oder zumindest dem einzelnen Bürger gegenüber eine gesamtstaatliche Pflicht zur Kostentragung herzuleiten wäre. Insofern zeichnet sich insbesondere auch die Anstalt des öffentlichen Rechts nicht durch eine – in der Rechtssetzungspraxis unterschiedlich stark ausgeprägt – vorausgesetzte Anstaltslast oder Gewährträgerhaftung aus.

Quasi als Gegenpol zur Kostentragungspflicht steht das Vermögen einer Einrichtung grundsätzlich auch dem Zugriff der Mutterkörperschaft offen, wie es insbesondere aus einer jederzeitigen Auflösbarkeit folgt. Der Zugriff auf das Vermögen stellt insofern zumindest ein milderes Mittel dar. Nur die Organstruktur vermag hiervon eine Ausnahme zu begründen, soweit eine Rechtsposition sich aus weiteren Trägern/Mitgliedern neben der Mutterkörperschaft oder personenverschiedenen Mitgliedern neben der Mutterkörperschaft begründen lässt. Auch an dieser Stelle zeigt sich damit, dass das Vermögen nicht geeignet ist, die Rechtsfähigkeit zu begründen, wie bei der Herleitung der Rechtsfähigkeit bereits ausgeführt wurde. Insbesondere ist eine rechtliche Wirkungslosigkeit der Vermögensübertragung bei einer rein formellen Rechtsfähigkeit bei einer dahinter stehenden Personeneinheit festzustellen.

Damit wiederholt sich das Ergebnis der Dekonstruktion – wie im Rahmen der Organstruktur bereits herausgearbeitet – auch für das Vermögen, indem sich die Körperschaft in eine Bundkörperschaft (und e. V.) auf der einen und eine Selbstverwaltungskörperschaft[1506] auf der anderen Seite mit einer rechtlich erheblichen Vermögensübertragung differenzieren lässt. Dem steht eine nicht-rechtsfähige Verwaltungseinheit gegenüber, die sich grundsätzlich durch eine bloß funktionale Zuordnung des Vermögens ohne eine entsprechende Haftungsbeschränkung und Beschränkung des Zugriffs der Mutterkörperschaft auf das Vermögen auszeichnet. Die weiteren Rechtsformen wie Anstalt und Stiftung des öffentlichen Rechts, die staatliche GmbH, AG und Stiftung des bürgerlichen Rechts lassen sich wiederum abschließend der (Bund-)Körperschaft im Fall einer sie tragenden Personenmehrheit und der nicht-rechtsfähigen Verwaltungseinheit im Fall einer sie tragenden Personeneinheit zuordnen. Jenseits dieser Unterscheidung handelt es sich nur um Ausgestaltungen im Einzelfall im Rahmen einer insofern bestehenden Variationsbandbreite.

IV. Das Personal als materielles Merkmal der Rechtsformen

Das Personal stellt sich in vielerlei Hinsicht als Querschnittmaterie dar. Das Personal ist eng mit der Organstruktur verknüpft, soweit das Personal mit der Besetzung als Organwalter verknüpft sein kann. Ebenso ist es das Personal, welches durch seine Tätigkeit zur Vermögensbildung beiträgt. Jedoch soll im Nachfolgenden auf einige Aspekte gesondert eingegangen werden, die sich mit der Rechtstellung des Personals befassen. Allgemein betrachtet ist das Personal zunächst ein Merkmal jeder Rechtsform[1507]. Es wird sich zeigen, dass sich die Regelungen unabhängig von der Rechtsform im Ergebnis weitgehend gleichen. Nur natürliche Personen können rechtlich relevante Handlungen vornehmen[1508], juristischen Personen müssen dagegen die Handlungen natürlicher Personen zugerechnet werden. Insofern ist die

1506 Siehe zur Definition der Bund- bzw. Selbstverwaltungskörperschaft bereits Kap. C.I.2.a.i.

1507 **SöR und st. SbR:** *Alscher*, DStiftungÖffR, 2006, S. 144.

1508 Vgl. *Groß*, KollprVerwOrg, 1999, S. 11; *U. Kilian* in: Werner/Saenger (Hrsg.), DStfRStW, 2008, Rn. 606; *Riehmer*, KörpStiftOrg, 1993, S. 24.

gesamte Staatsverwaltung auf Personal angewiesen. Insofern schließt sich auch der Kreis zu dem zu Organen und Vermögen Ausgeführten.

1. Die relative Bedeutung eigenen Personals für die Rechtsformen

Dass sich eine Rechtsform durch eigenes Personal[1509] auszeichnet, ist zum einen Folge ihrer Rechtsfähigkeit als juristische Person[1510], zum anderen trifft dies auf alle Rechtsformen zu. Der Unterschied ist nur ein begrifflicher, soweit im Sinne einer funktionalen Zuordnung dies auch auf die nicht-rechtsfähigen Verwaltungseinheiten zutrifft[1511]. Der Unterschied zu den nicht-rechtsfähigen Verwaltungseinheiten relativiert sich weiter, wie bereits für die Organstruktur, den Zweck und das Vermögen ausgeführt, indem neben der Anstellung eigenen Personals auch für eine juristische Person eine Personalgestellung durch eine andere juristische Person, insbesondere durch die Mutterkörperschaft, in Betracht kommt[1512]. So wird das „an den Hochschulen tätige Personal […] im Landesdienst beschäftigt“[1513]. In anderen

---

1509 **KöR:** *Bull/Mehde,* AllgVerwR, 2015, § 3, Rn. 98, mit der Aussage, dass der Bund, die Länder und die Gemeinden „eigenes Personal [haben]“, *J. Ipsen,* AllgVerwR, 2015, § 4, Rn. 206, von den Verwaltungsträgern „angestellt[en]“ Bediensteten und an anderer Stelle von einem „eigenen Personal“ der Verwaltungsträger sprechend, *ders.,* aaO., Rn. 209; *Peine,* AllgVerwR, 2014, § 2, Rn. 60, insoweit von einer „Personalhoheit“ der Gemeinde sprechend; **AöR:** *Bohn,* AnstÖffBetDritt, 2005, S. 110; *Hofmann* in: ders./Gerke, AllgVerwR, 2010, Rn. 43, demzufolge „die Anstalt über für sie tätige Personen“ „verfügt“; *Lübbecke,* KommUntNRW, 2004, S. 141; *M. Müller* in: Wolff/Bachof/Stober/Kluth, VerwR Bd. 2, 2010, § 86, Rn. 7, als „Ausstattung mit Mitteln personeller […] Natur“; **st. GmbH:** *Kraft,* VerwGesellR, 1982, S. 7, als „Partner der Anstellungsverträge ihrer Bediensteten“; **JP:** *J. Ipsen,* AllgVerwR, 2015, § 4, Rn. 209, „eigenes Personal“ für alle Verwaltungsträger als Voraussetzung ansehend.

1510 **KöR:** *Hofmann* in: ders./Gerke, AllgVerwR, 2010, Rn. 30, hier allgemein anhand des Beispiels der Dienstherrenfähigkeit; **AöR:** *J. Ipsen,* AllgVerwR, 2015, § 4, Rn. 207.

1511 **nr-AöR:** vgl. *Bohn,* AnstÖffBetDritt, 2005, S. 79; inkonsequenterweise dennoch von einem „eigenen Personal“ sprechend *N. Müller,* RechtsFormW, 1993, S. 61; *Püttner,* ÖffUntern, 1985, S. 60.

1512 **AöR:** dies bereits allgemein für die Anstalt des öffentlichen Rechts annehmend, *O. Mayer,* DtVerwR, 1924, § 59, S. 379; unzutreffend daher *Lübbecke,* KommUntNRW, 2004, S. 141, dass die Anstalt sich dadurch auszeichne, dass sie Anstellungskörperschaft sei; **KöR und AöR:** *Hermes* in: Dreier (Hrsg.), GG-Kom Bd. 3, 2008, Art. 86, Rn. 30; **st. GmbH:** wobei dies keine Begründung für eine staatliche Zugehörigkeit sein kann, so aber *Stober* in: Wolff/Bachof/ders./Kluth, VerwR Bd. 2, 2010, § 92, Rn. 12, so verkennend, dass der Staat Subventionen auch in Form einer Personalgestellung vergeben kann und es sich dann weiterhin um eine private Aufgabenwahrnehmung handelt, was als Investition seinerseits nur eine Frage der rechtlichen Zulässigkeit auslösen kann, vgl. z. B. Beamtengestellung an die privatisierte Telekom; **JPbR:** *Lecheler* in: FS Maurer, 2001, S. 674.

1513 **KöR:** § 48 Abs. 3 NHG; vergleichbar: **tr-AöR:** § 9 PolAN(G), S. 444 ff.

Fällen findet sich ausdrücklich die Möglichkeit einer Personalgestellung des Landes[1514], ohne dass jedoch der konkrete Umfang deutlich wird. Eine Personalgestellung ist gleichzeitig mit den nicht-rechtsfähigen Verwaltungseinheiten und einer hier vorliegenden bloßen Zuweisung des Personals vergleichbar. In diesem Sinne wird für nicht-rechtsfähige Verwaltungseinheiten eine Verselbstständigung des Personals angenommen, welche ohne gleichzeitige Rechtsfähigkeit der Verwaltungseinheit gegeben sein kann[1515]. Dem ist jedoch zu widersprechen, da eine Verselbstständigung sich auch an dieser Stelle nur aus der Organstruktur ergeben kann, soweit die Beschränkung des Einflusses im Rahmen der Organe sich auch auf die Personalhoheit bezieht. Hiermit zeigt sich auch, dass die Ausgestaltung des Personals unabhängig von der Rechtsform durch die Ausgestaltung im Einzelfall abhängt. In diesem Sinne kann das Personal die Anstalt des öffentlichen Rechts, welches als eine „Zusammenfassung von Verwaltungsbediensteten" bezeichnet wird[1516], von anderen Rechtsformen ebenso wenig abgrenzen. Diese Aussage ist bereits zu allgemein, sodass kein Rückschluss auf eine rechtliche Bewertung des Personals möglich ist, geschweige denn eine Auslegung des Begriffs der Anstalt in Bezug auf die Anforderungen an das Personal zulässt. Gleiches gilt für die vielfach zitierte[1517] Aussage Otto Mayers, dass die „persönlichen Mittel[...] dem Zweck der Anstalt dauernd zu dienen bestimmt" sind[1518]. Wie beim Zweck bereits ausgeführt, kann die Dauerhaftigkeit mangels Bestandsschutz nicht gegeben sein und dementsprechend kann dieses Kriterium auch für das Personal keine rechtliche Relevanz entfalten.

Nur die Körperschaft lässt sich anhand der Organstruktur weiter differenzieren. Im Falle der Selbstverwaltungskörperschaft kann auf Personal verzichtet werden, da die der Körperschaft angehörenden natürlichen Personen für die Körperschaft handeln können. Natürliche Personen als Mitglieder können in diesem Sinne die Aufgaben der Organe unmittelbar übernehmen[1519]. Bereits für die Bundkörperschaft – da hier die Mutterkörperschaft als juristische Person Mitglied ist – gilt jedoch, dass nur durch eine Personalgestellung eigenes Personal entbehrlich werden kann[1520]. Dies gilt dann jedoch wiederum für alle Rechtsformen in gleicher Weise und ist bereits

---

1514 Vgl. **SöR:** § 4 Abs. 2 SBK, S. 649, ohne dass der Umfang jedoch deutlich wird.

1515 **nr-VE:** so ohne nähere Begründung, *Burgi* in: Erichsen/Ehlers (Hrsg.), AllgVerwR, 2010, § 8, Rn. 9.

1516 *Trockels* in: Schweickhardt/Vondung (Hrsg.), AllgVerwR, 2010, Rn. 21.

1517 Siehe bereits Kap. A.I.

1518 **AöR:** *O. Mayer,* DtVerwR, 1924, § 51, S. 268.

1519 **KöR:** *Kluth* in: Wolff/Bachof/Stober/ders., VerwR Bd. 2, 2010, § 85, Rn. 66, unter dem Aspekt der „Pflicht zur Übernahme und Ausübung von Ehrenämtern als zweiter Pflichtentatbestand, der aus der Mitgliedsschaft folgt".

1520 **KöR:** so bereits *O. Mayer,* DtVerwR, 1924, § 59, S. 370, dass „nur die Mitglieder der Genossenschaft [...] zu Rechtshandlungen für diese unmittelbar verwertbar [sind]"; **AöR:** *Hogeweg,* NdsVBl. 2008, 33 (35); ohne Begründung eigenes Personal dagegen voraussetzend, **JPöR:** *J. Ipsen,* AllgVerwR, 2015, § 4, Rn. 209, eine mögliche Gestellung zusätzlich übersehend.

Folge ihrer Rechtsfähigkeit. Insgesamt ist damit für alle anderen Fälle Personal für die Rechtsformen – und sei es in Form einer Personalgestellung – unverzichtbar[1521]. Wie bereits im Rahmen der Organstruktur ausgeführt, findet sich die Möglichkeit der Besetzung der Organe in Personalunion, welche zur Folge hat, dass insgesamt das Personal für eine Einrichtung gestellt wird. Die Personalgestellung unterscheidet sich wiederum nur begrifflich von einer für die nicht-rechtsfähigen Verwaltungseinheiten bestehenden funktionalen Zuordnung des Personals.

Insgesamt ist daher die Frage des Personals durch die Organstruktur bestimmt, soweit insbesondere bei den Selbstverwaltungskörperschaften hierauf verzichtet werden kann. Darüber hinaus ist eine Variationsbandbreite zu verzeichnen, die sowohl eigenes Personal, als auch eine Personalgestellung umfassen kann. Letzteres unterscheidet sich nicht mehr von der funktionalen Zuordnung zu einer nicht-rechtsfähigen Verwaltungseinheit.

1521 **JP:** *Hofmann* in: ders./Gerke, AllgVerwR, 2010, Rn. 47, insoweit zutreffend, dass auch für ein Organ einer juristischen Person „ein Mensch als ‚Organwalter' handeln" muss; *Jellinek,* VerwR, 1931, § 8, S. 172; *Kluth* in: Wolff/Bachof/Stober/ders., VerwR Bd. 2, 2010, § 79, Rn. 90; dass, die „Verwaltung als Organisation nur durch konkrete Amtswalter ihre Wirksamkeit entfalten kann."; *ders.,* aaO., § 82, Rn. 13, „da in Organisation immer natürliche Personen (zusammen-)wirken"; *Loeser,* SysVerwR Bd. 2, 1994, Rn. 41, dass „[a]lle juristischen Personen, [...] nur durch natürliche Personen zu handeln [vermögen]"; *Maurer,* AllgVerwR, 2011, § 21, Rn. 19, mit der zutreffenden Begründung, dass die „Verwaltungsträger [...] daher Menschen [brauchen], die für sie tätig werden und sie somit handlungsfähig machen."; *O. Mayer,* DtVerwR, 1924, § 59, S. 369, dass die „Vertretung [einer juristischen Person] stets durch Menschen [geschieht], weil nur sie einen rechtlich in Betracht kommenden Willen haben. [...] Und zwar kann das Recht des Vertreters beruhen auf seiner Mitgliedsschaft oder auf dem ihm verliehenen Amte [...]"; *Peine,* AllgVerwR, 2014, § 2, Rn. 47, ausdrücklich mit dem Hinweis, dass die rechtliche Konstruktion sowohl für die juristischen Personen des öffentlichen wie bürgerlichen Rechts zutrifft; *Trockels* in: Schweickhardt/Vondung (Hrsg.), AllgVerwR, 2010, Rn. 18, dass „[juristische Personen] nur durch natürliche Personen tatsächliche Handlungen vornehmen [können]". Die Begründung ist jedoch zu eng, sondern umfasst neben den Organen auch das (zwar fakultative) Personal einer juristischen Person, vgl. insoweit zum Begriff des Amtswalters, *Loeser,* aaO., Rn. 41; *Maurer,* aaO., Rn. 38; bzw. der Doppelbedeutung des Begriffs „Amt", siehe auch *Forsthoff,* VerwR Bd. 1, 1973, § 23, S. 442. Eine Differenzierung erfolgt hier erst hinsichtlich der „Amtswaltersphäre und [der] Privatsphäre" der das Amt ausfüllenden natürlichen Person, *Kluth* in: Wol*ff*/Bachof/Stober/ders., VerwR Bd. 2, 2010, § 79, Rn. 66, § 82, Rn. 178 ff.; unzutreffend dagegen *ders.,* aaO., § 80, Rn. 28, soweit die aus der Rechtsfähigkeit des Amtswalters resultierende (Teil-)Rechtsfähigkeit der Organisation selbst zugeschrieben wird.

2. Der Status des Personals

Das Personal einer juristischen Person des öffentlichen Rechts kann grundsätzlich sowohl aus Beamten als auch aus Angestellten (mit anderen Worten die Tarifbeschäftigten) bestehen[1522]. Einer juristischen Person des öffentlichen Rechts kann als Einrichtung im Einzelfall die Dienstherrenfähigkeit verliehen werden[1523], welche wiederum Voraussetzung dafür ist, dass eine Einrichtung eigene Beamte anstellen kann[1524]. Bereits die Frage, ob einer juristischen Person des öffentlichen Rechts Dienstherrenfähigkeit verliehen wurde[1525], hängt damit nicht allein von der Rechtsform, sondern zusätzlich von den Regelungen vom Einzelfall ab. Tatsächlich ist den juristischen Personen des öffentlichen Rechts vielfach keine Dienstherrenfähigkeit verliehen worden[1526]; dies kann sogar ausdrücklich geschehen[1527]. Damit unterscheiden sich jedoch die Privatrechtsformen, auch soweit ihnen die Dienstherrenfähigkeit nicht verliehen werden dürfte[1528], nicht von den Einrichtungen in einer öffentlich-rechtlichen Rechtsform ohne Dienstherrenfähigkeit. Der Unterschied wird weiter relativiert, indem mit der Dienstherrenfähigkeit nicht unmittelbar verbunden ist, dass eine Einrichtung über Beamte verfügt. Es ist gerade nicht zwingend, dass eine juristische Person im Einzelfall neben Angestellten auch Beamte beschäftigt[1529], auch

1522 **AöR:** *Ehlers* in: Schmidt-Aßmann/Dolde, ÖffWirtR, 2005, S. 225; *Uechtritz/Reck* in: Hoppe/ders./ders. (Hrsg.), HdBkommUnt, 2012, § 16, Rn. 61; **SöR:** *Kreienschulte*, RchStiftVolksw, 1969, S. 48; **KöR und st. e. V.:** *Draf*, KörpöfffSReV, 2006, S. 130; **KöR und nr-VE:** *Hauser*, WahlOrgForm, 1987, S. 22; **JP:** *Schuster/Lorenzen* in: Hoppe/Uechtritz/Reck (Hrsg.), HdBkommUnt, 2012, § 12, Rn. 5 ff.

1523 **AöR:** *Ehlers* in: Schmidt-Aßmann/Dolde, ÖffWirtR, 2005, S. 225; **SöR:** *Alscher*, DStiftungÖffR, 2006, S. 36; *H. Faber*, VerwR, 1995, § 9 II, S. 56; *J. Ipsen*, AllgVerwR, 2015, § 4, Rn. 208; inkonsequent dagegen **nr-VE:** *Gaß*, UmwgemUnt, 2003, S. 129.

1524 **JPöR:** § 2 Nr. 1 BeamtStG.

1525 **KöR:** § 1 Abs. 2 Nds.HKG; § 1 Abs. 2 Nds.LwKG; vgl. § 8 Abs. 1 NKomZG, unter der Voraussetzung, dass die „Verbandsordnung dies vorsieht"; **AöR:** § 1 Abs. 1 S. 2 AfBF(S2), S. 252; § 4 Abs. 2 S. 2 AGTierGesG(G2), S. 277; § 1 Abs. 1 S. 2 LIAG(G), S. 428; § 13 Abs. 1 NLFst(G1), S. 616 (618); § 37 Abs. 1 NMedienG; **SöR:** § 1 Abs. 1 S. 2 MudCl(S1), S. 409; § 58 Abs. 1 S. 1 NHG; § 11 Abs. 1 S. 1 StTIB(G), S. 151 (152).

1526 Vgl. **KöR:** AdWG, S. 775 ff.; BrWG; NArchtK(G); Nds.FischG(G); Nds.RealvG; § 2 Abs. 2 NHG; NIngG; Nds.JagdG; NLB-Giro, S. 312 ff.; NSGV(S1), S. 245 ff.; Artikel 1 § 6 NTH(G); NVdR(G1), S. 65 f.; OldL(G), S. 253 ff.; PrLV-H(S1), S. 478 f.; RitLBr, S. 517 ff.; **AöR:** ARL(S5), S. 49 ff.; FstKK, S. 554 f.; GEI(G1), S. 212 f.; HLKA, S. 739 ff.; HWW(S1), S. 510 f.; IfE(S1), S. 688 f.; IuFB(G1), S. 712 ff.; LBS-N(G), S. 230 f.; §§ 68 ff. NHG; Nord-LB(G2), S. 631 ff.; NöVersG, S. 5 ff.; RKrdSt(S3), S. 2 ff.;**tr-AöR:** BrLB; PolAN(G), S. 444 ff.; **nr-AöR:** ATAfN, S. 364 f.; HAB, S. 271 f.; NIfR(S1), S. 834 f.; StaN, S. 410; TIB, S. 820 f.; **SöR:** HWBl, S. 710 f.; SnGst(G), S. 494 f.; StW-G; StZIN(G), S. 209 f.

1527 **KöR:** § 1 RitLBr, S. 517.

1528 **st. GmbH:** *Stober*, NJW 1984, 449 (452), ohne jedoch eine Gestellung oder Beleihung näher zu beleuchten; **JPbR:** *Hauser*, WahlOrgForm, 1987, S. 23.

1529 **KöR:** *Maurer*, AllgVerwR, 2011, § 23, Rn. 44.

soweit ihr die Dienstherrenfähigkeit verliehen wurde. Außerdem ist die Beamtengestellung möglicherweise auch an juristische Personen des bürgerlichen Rechts zumindest im Rahmen der mittelbaren Staatsverwaltung in Betracht zu ziehen[1530], wodurch sich der Unterschied zusätzlich nivelliert.

Wie insbesondere die Regelung für die kommunale Anstalt zeigt, dass sie „Dienstherr von Beamtinnen und Beamten [...] sein [kann], wenn ihr nach § 143 hoheitliche Aufgaben übertragen sind"[1531], hängt die Dienstherrenfähigkeit nicht von der Rechtsform, sondern von den wahrzunehmenden Aufgaben im Einzelfall ab. Ebenso wenig kann sich eine nicht-rechtsfähige Verwaltungseinheit von den juristischen Personen abgrenzen, soweit ihr im Einzelfall sowohl Beamte als auch Angestellte funktional zugewiesen werden können[1532]. Auch hier sind es der Zweck und die Aufgabenverteilung innerhalb der Staatsverwaltung insgesamt, wie bereits im Rahmen des Zwecks ausgeführt[1533], welche den Status des Personals einer Einrichtung bestimmen. Damit ist der Status des Personals nicht geeignet, einzelne Rechtsformen des öffentlichen Rechts zu charakterisieren oder von den Privatrechtsformen abzugrenzen.

3. Die Ausgestaltung der Rechtsverhältnisse des Personals

Unabhängig vom generellen rechtlichen Status des Personals, insbesondere in Bezug auf die Angestellten, zeigen sich auch keine wesentlichen Unterschiede zwischen den Rechtsformen[1534], soweit die Ausgestaltung der Rechtsverhältnisse näher betrachtet wird. In Einzelfällen sind diese zwar näher in den Rechtsgrundlagen der Einrichtungen ausgestaltet. Dies kann jedoch entweder bedeuten, dass die landesrechtlichen Bestimmungen entsprechend anzuwenden sind[1535] oder dass ein eigener Tarifvertrag abzuschließen ist[1536]. Gelegentlich hat sich der Tarifvertrag an den Tarifen, welche für die Landesbediensteten gelten, zu orientieren[1537] oder erklärt diese für unmittelbar anwendbar[1538]. Regelmäßig sind entsprechende Regelungen, die die Tarifverträge des Landes für anwendbar erklären, nach dem Wortlaut nur auf bis zu einem

---

1530 **JPbR:** § 20 Abs. 2 BeamtStG; so ausdrücklich auch *Gaß*, UmwgemUnt, 2003, S. 129; *Lecheler* in: FS Maurer, 2001, S. 674; *Schuster/Lorenzen* in: Hoppe/Uechtritz/Reck (Hrsg.), HdBkommUnt, 2012, § 12, Rn. 218 ff.; vgl. auch *Uerpmann*, Jura 1996, 79 (81), dass eine Beleihung mit der Dienstherrenfähigkeit unter dem Gesetzesvorbehalt stünde.

1531 **KöR:** § 146 NKomVG.

1532 **nr-VE:** *Hauser*, WahlOrgForm, 1987, S. 21.

1533 Siehe Kap. C.II.7.

1534 So bereits *Mann*, ÖffrechtGes, 2001, S. 162.

1535 **KöR:** § 107 Abs. 2 NKomVG; **AöR:** § 48 Abs. 1 NMedienG; **nr-VE:** vgl. Nr. 3 Abs. 3 NStB, S. 95.

1536 **KöR:** § 107 Abs. 2 NKomVG, soweit diese „nicht durch besondere bundes- oder landesgesetzliche Vorschriften oder durch Tarifvertrag geregelt ist".

1537 **AöR:** § 1 Abs. 3 AfBF(S2), S. 252; **SöR:** § 11 Abs. 2 SnGst(G), S. 494 (495).

1538 **AöR:** § 7 Abs. 2 LIAG(G), S. 428; **SöR:** § 13 MudCl(S1), S. 409 (410); § 4 Abs. 2 StTiHo(V), 852; § 10 Abs. 2 StTIB(G), S. 151 (152); **st. e. V.:** § 9 3NKN.

bestimmten Zeitpunkt bestehende Verträge anzuwenden[1539], ohne dass dies eine Rechtsform charakterisieren könnte. Soweit angenommen werden könnte, dass dies für die öffentlich-rechtlichen Rechtsformen naheliegend sei, ist die Anwendung der Tarifverträge des öffentlichen Dienstes[1540] gleichwohl kein Alleinstellungsmerkmal der öffentlich-rechtlichen Rechtsformen[1541]. Vielfach sind den Rechtsgrundlagen der einzelnen Einrichtungen keine Regelungen zum Personal zu entnehmen[1542], sodass sich wiederum die Frage stellt, ob nicht gesamtstaatliche Erwägungen, insbesondere auch der Gleichheitsgrundsatz, zu einer entsprechenden Anwendung der landesrechtlichen Regelungen insgesamt führen müsste. Dies darf an dieser Stelle offen bleiben, da es zumindest die Rechtsformen nicht zu differenzieren vermag. Letzten Endes dürfte zutreffend sein, dass die Ausgestaltung des Personals kein Teil des Organisationsrechtes darstellt[1543], sondern nur zufällig oder anlässlich einer Umstrukturierung im Rahmen einer Organisationsentscheidung geregelt wird.

Zumindest dürfte es jedoch entscheidend sein, dass die Entlohnung unabhängig von der Rechtsform aufgrund haushaltsrechtlicher Erwägungen auf eine

---

1539 **AöR:** § 9 GEI(G1), S. 212 (213); § 14 NLFst(G1), S. 616 (618).

1540 So jedoch ohne Begründung **JPöR:** *Blessing,* ÖffrAnstBetPr, 2008, S. 65; *Bohn,* AnstÖffBetDritt, 2005, S. 113; *Hauser,* WahlOrgForm, 1987, S. 23, dies jedoch nachfolgend relativierend; *Rüfner,* FormöffVerw, 1967, S. 255; **JPbR:** *Altmeppen,* NJW 2003, 2561 (2562).

1541 *Ehlers,* DÖV 1986, 897 (900); *ders.,* VerwPrivRf, 1984, S. 308; *ders.,* JZ 1990, 1087 (1094); *Fiedler,* StEStwFwFm, 2004, S. 158; *Gaß,* UmwgemUnt, 2003, S. 131; *A. Lange,* BetPrivrechtsfAnst, 2008, S. 114; *Uechtritz/Reck* in: Hoppe/ders./ders. (Hrsg.), HdBkommUnt, 2012, § 16, Rn. 63 f.; *Wolf,* AnstöffRWettu, 2002, S. 173 f.; vgl. auch BGHZ 52 325 (329).

1542 Vgl. **KöR:** AdWG, S. 775 ff.; BrWG; NArchtK(G); Nds.HKG; Nds.RealvG; NHG; NIngG; NJagdG(G); §§ 8 ff. NKomZG; NLB-Giro, S. 312 ff.; NSGV(S1), S. 245 ff.; NTH(S); NVdR(G1), S. 65 f.; OldL(G), S. 253 ff.; PrLV-H(S1), S. 478 f.; RitLBr, S. 517 ff.; **AöR:** AGTierGesG(G2), S. 277 f.; ARL(S5), S. 49 ff.; FstKK, S. 554 f.; GEI(G2), S. 170 f.; HLKA, S. 739 ff.; HWW(S1), S. 510 f.; IfE(S1), S. 688 f.; IuFB(G1), S. 712 ff., nur den Übergang der Arbeits- und Versorgungsverhältnisse regelnd; LBS-N(G), S. 230 f.; §§ 68 ff. NHG; NLFst(G1), S. 616 ff.; Nord-LB(G2), S. 631 ff.; NöVersG, S. 5 ff.; RKrdSt(S3), S. 2 ff.; **tr-AöR:** BrLB; PolAN(G), S. 444 ff.; **nr-AöR:** ATAfN, S. 364 f.; HAB, S. 271 f.; NIfR(S1), S. 834 f.; StaN, S. 410; TIB, S. 820 f.; **SöR:** HWBl, S. 710 f.; SBK, S. 649 f.; StW-G; StZAPf(G), S. 20 f.; StZIN(G), S. 209 f.; **st. GmbH:** CUTEC; DSMZ; EaSoA; HIS(S1); HWW(S2); LEA; RamBmG; GmbH1; GmbH2; **st. AG:** DMAg, S. 1; SagAG; VWAg;L **st. e. V.:** BrLsch; DInKt; EmLsch; LVG; N21; NStT; **st. SbR:** BaStW(S), S. 242 ff.; FamN(S2), S. 137 f.; GISMA(S1), S. 425 f.; HEH, S. 623 f.; HWK(S2), S. 1009 ff.; KTSt(S2), S. 1227 ff.; NBingSt, S. 464 ff.; NLotSpSt, S. 294 ff.; NLottSt(S2), S. 85 ff.; NUmwSt(S2), S. 1523 ff.; NWattSt, S. 1096 ff.; NWirtA(S), S. 410 f.; ResFN(S), S. 838 f.; StbRB(S2), S. 280 f.; StJbJ, S. 55 f.; StLSb(S), S. 15 ff.; StN(S2), S. 1209 ff.; StOpfH(S), S. 98 ff.; VWSt(S), S. 488 f.; ZeVA(S), S. 1000 ff.; **nr-VE:** HCC; ITN, S. 243 f.; IZN, S. 1150 f.; LGLN(S2), S. 572 f.; LSKN, S. 836 f.; LWKN, S. 855 f.; LZN, S. 696 f.; NBiblS, S. 2084; NInL, S. 496 f.; VwÄKN; VwIngK.

1543 So bereits *Forsthoff,* VerwR Bd. 1, 1973, § 23, S. 431.

angemessene Höhe beschränkt ist, sodass entsprechenden Regelungen[1544] nur eine deklaratorische Wirkung zukommen kann[1545]. Festzuhalten bleibt, dass unabhängig von den Rechtsformen für die Ausgestaltung der Beschäftigungsverhältnisse der Angestellten eine Variationsbandbreite besteht, deren Weite wiederum durch außerhalb der Rechtsformen liegende – ggf. verfassungsrechtliche Erwägungen – eingeschränkt ist.

4. Fazit zum Personal – als Merkmal organisationsrechtlich unerheblich

Das Personal ist damit ebenso ungeeignet, die Rechtsformen zu charakterisieren, wie dies bereits für den Zweck und das Vermögen herausgearbeitet wurde. Nur die Selbstverwaltungskörperschaft kann auf Personal, neben den Mitgliedern, verzichten. Insofern zeigt sich auch die Ausgestaltung des Personals abhängig von der konkreten Organstruktur. Für alle anderen Rechtsformen gilt in gleicher Weise, dass das Personal erforderlich ist, um den Zweck erfüllen und insbesondere die Organe besetzen zu können. Hierbei muss es sich jedoch einheitlich nicht zwingend um eigenes Personal handeln, sondern Personal kann ebenso gestellt werden, wie es sich auch bereits im Rahmen der Organstruktur als Personalunion gezeigt hat. Diese Personalgestellung unterscheidet sich dabei auch nicht von einer mangels Rechtsfähigkeit bloß funktionalen Zuordnung des Personals im Falle einer nichtrechtsfähigen Verwaltungseinheit.

Das Personal kann zumindest für die öffentlich-rechtlichen Rechtsformen sowohl aus Beamten als auch Angestellten bestehen. Ob die für Beamte erforderliche Dienstherrenfähigkeit verliehen wird, hängt nur von den Regelungen im Einzelfall ab. Soweit umgekehrt damit auch die öffentlich-rechtlichen Rechtsformen im Einzelfall ausschließlich über Angestellte verfügen können, unterscheiden sie sich insoweit nicht mehr von den privatrechtlichen Rechtsformen. Ob die Unterscheidung darüber hinaus dahingehend weiter zu relativieren ist, dass eine Beleihung

---

1544 **KöR:** § 12 S. 5 OldL(V), S. 51 (52); **AöR:** § 1 S. 4 GEI(S2), S. 161; **nr-AöR:** § 3 Abs. 2 S. 2 ATAfN, S. 364; § 3 Abs. 2 S. 2 NIfR(S1), S. 834; **SöR:** § 3 Abs. 2 S. 2 StZIN(S), S. 968; **st. GmbH:** § 4 Abs. 3 CUTEC; § 3 Abs. 4 DSMZ; § 3 Abs. 4 HIS(S1); § 3 Abs. 3 RamBmG; § 4 Abs. 3 GmbH1; **st. e. V.:** § 2 Abs. 3 S. 4 3NKN; § 3 Abs. 4 BrLsch; § 3 Abs. 2 S. 3 DInKt; § 3 Abs. 3 S. 1 LVG; § 2 Abs. 5 N21; **st. e. G.:** § 4 Abs. 4 HIS(S2); **st. SbR:** § 11 S. 4 BaStW(S), S. 243 (244); § 3 Abs. 4 FamN(S2), S. 137 (138); § 3 Abs. 3 GISMA(S1), S. 426; § 3 S. 4 HWK(S2), S. 1009; § 3 Abs. 4 KTSt(S2), S. 1227; § 3 Abs. 2 NBingSt, S. 464; § 3 Abs. 3 NLotSpSt, S. 294; § 3 Abs. 3 NLottSt(S2), S. 86; § 2 Abs. 5 S. 2 NUmwSt(S2), S. 1523 (1524); § 3 Abs. 2 S. 2 NWattSt, S. 1096 (1097); § 4 Abs. 3 NWirtA(S), S. 410; § 3 Abs. 3 S. 2 StLSb(S), S. 16; § 3 Abs. 3 StN(S2), S. 1209 (1210); § 5 Abs. 2 StOpfH(S), S. 99; § 3 S. 4 VWSt(S), S. 488; § 3 S. 4 ZeVA(S), S. 1001.

1545 Daher in der Allgemeinheit unzutreffend **JPbR:** *Altmüller*, VBlBW. 1984, 61; *Ehlers* in: Schmidt-Aßmann/Dolde, ÖffWirtR, 2005, S. 218; *Engellandt*, EinflKomKapGes, 1995, S. 10; *Hauser*, WahlOrgForm, 1987, S. 21; *Mann*, ÖffrechtGes, 2001, S. 161.

mit der Dienstherrenfähigkeit oder zumindest eine Beamtengestellung gegenüber staatlichen Einrichtungen des Privatrechts zugelassen werden kann, konnte offen bleiben. Zumindest würde dies einer Differenzierung nicht entgegen stehen.

Insgesamt finden sich für das Personal in den organisationsrechtlichen Rechtsgrundlagen der Einrichtungen nur wenige Regelungen. Dies mag ein weiteres Indiz dafür sein, dass die Ausgestaltung des Personals unabhängig von den Rechtsformen zu betrachten ist. Zwar findet sich eine Reihe von Beispielen, bei denen die landesrechtlichen Vorschriften und Tarifverträge (entsprechend) anzuwenden sind. Letztendlich zeigt sich hiermit jedoch wiederum nur eine Variationsbandbreite, welche umgekehrt durch außerhalb der Rechtsformen liegende allgemeinstaatliche Überlegungen und verfassungsrechtliche Prinzipien eingeschränkt sein könnte. Diese sind wiederum nicht geeignet, die Rechtsformen zu differenzieren. Die Regelungen zum Personal entsprechen sich damit in den Grundzügen und hängen in Details nur von den Regelungen im Einzelfall ab, ohne eine Rechtsform charakterisieren zu können.

D. Die Ergebnisse der Dekonstruktion der Rechtsformen in Thesen

- Die formellen Merkmale sind für die Bestimmung der Rechtsformen rechtlich irrelevant:
  1. Ein Begriff allein kann keine Rechtsform bilden/begründen, da zwei Begriffe als Synonyme ein und derselben Sache beschreiben können, wie auch ein Begriff als Polysem verschiedene Bedeutungen aufweisen kann. Die Bedeutung einer Rechtsform kann sich nur anhand ihrer materiellen Merkmale und ihrer rechtlichen Wirkung, nicht jedoch aus der formellen Wahl einer Rechtsform ergeben. Die Bezeichnung als Körperschaft, Anstalt, Stiftung, GmbH, AG oder Landesbetrieb ist daher unerheblich und steht einer Dekonstruktion insbesondere nicht entgegen.
  2. Im Grundgesetz oder in den Verfassungen der Länder begrifflich erwähnte Rechtsformen sind mangels näherer Ausgestaltung nicht geeignet, eine Aussage darüber zu treffen, ob und wie sich die Rechtsformen tatsächlich unterscheiden können. Gleiches gilt für die Definition der h. M. in der Rechtswissenschaft.
  3. Aus der formellen Verleihung der Rechtsfähigkeit kann nicht auf eine materielle Wirkung geschlossen werden, welche die juristischen Personen, insbesondere gegenüber den nicht-rechtsfähigen Verwaltungseinheiten, abgrenzen könnten. Dies folgt bereits aus der Herleitung der Rechtsfähigkeit als Ausdruck der hinter einer juristischen Person stehenden Personenmehrheit oder ggf. der Beschränkung der Steuerung im Fall einer Willenseinheit, welche damit materielle Merkmale der Organstruktur für die Begründung einer materiellen Wirkung der Rechtsfähigkeit voraussetzen.
  4. Grundlage der Rechtsfähigkeit kann grundsätzlich sowohl eine Personenmehrheit als auch eine beschränkte Steuerung im Fall einer Personeneinheit sein. Dies gilt jedoch nur, soweit im Rahmen der Auslegung des Demokratieprinzips weisungsfreie Räume und damit eine Beschränkung der vertikalen Steuerung zugelassen werden. Auch soweit zugelassen, unterscheidet sich die rechtsfähige Verwaltungseinheit nur formell von der nicht-rechtsfähigen Verwaltungseinheit, soweit eine Beschränkung der Steuerung auch für Letztere gegeben sein kann. Die Rechtsfähigkeit stellt damit keine Grenze einer zulässigen Dekonstruktion dar.
  5. Der Staat kann mit der Wahl einer privatrechtlichen Rechtsform nicht aus seinem Rechtskreis ausbrechen, sondern überführt die Privatrechtsformen mit ihren Rechtsgrundlagen in seinen öffentlich-rechtlichen Rechtskreis, deren Auslegungsmaximen sie damit unterworfen werden. Entweder handelt es sich dann um eine Ausgestaltungsvariante, die ebenso gut im öffentlichen Recht zulässig wäre, oder um einen untauglichen Versuch einer Flucht ins

Privatrecht. Die ausdrückliche Wahl einer Privatrechtsform ist im Ergebnis unerheblich und die Bezeichnung als juristische Person des öffentlichen Rechts rein deklaratorisch. Insbesondere eine Grenze einer zulässigen Dekonstruktion lässt sich hiermit nicht begründen.

- Die Organstruktur als materielles Merkmal der Rechtsformen reduziert sich auf zwei Grundtypen, die Körperschaft des öffentlichen Rechts und die Verwaltungseinheit, die beide in ihrer Variationsbandbreite im Spannungsfeld mit den verfassungsrechtlichen Anforderungen stehen:

6. Die grundlegenden Merkmale als Voraussetzung einer juristischen Person, dass sie über Organe, einen Zweck, Vermögen und Personal verfügen muss, trifft in dieser Allgemeinheit auf alle Rechtsformen und insbesondere auch auf die nicht-rechtsfähigen Verwaltungseinheiten in gleicher Weise zu. Bei Letzteren gilt dies mit der einschränkenden rechtlichen Bewertung, dass es sich statt um eigene Rechtspositionen nur um eine funktionale Zuordnung innerhalb einer juristischen Person handelt, ohne eine unterschiedliche Bewertung dieser Merkmale bereits begründen zu können.
7. Unabhängig von der Rechtsform sind die Rechtspositionen eines Mitgliedes einer (Bund-)Körperschaft oder staatlichen e. V., des Anstaltsträgers einer Anstalt, des Stifters einer Stiftung, des Gesellschafters einer staatlichen GmbH oder eines Eigentümers einer staatlichen AG im Grundsatz so weit vergleichbar, dass in allen Fällen einheitlich von einer Mitgliedschaftsstruktur zu sprechen ist. Insbesondere für die Anstalt und die Stiftung, die sich bereits nicht unterscheiden lassen, ist es damit unzutreffend, dass sie in Abgrenzung zur Körperschaft keine Mitglieder aufweisen würden. Eine entsprechende mitgliedsstaatliche Außensteuerung – mit Unterschieden nur in der konkreten Ausgestaltung – findet sich damit für alle Rechtsformen in gleicher Weise.
8. Die Organstruktur der Rechtsformen lässt sich anhand der Mitgliedschaftsstruktur auf zwei Grundmuster reduzieren, entweder auf eine Personenmehrheit, welche eine juristische Person trägt oder eine Personeneinheit, welche grundsätzlich zu einer Identität mit der Mutterkörperschaft wie bei der nicht-rechtsfähigen Verwaltungseinheit führt. Die Personenmehrheit lässt sich in einem zweiten Schritt weiter in eine Personenverschiedenheit der Mitglieder zur Mutterkörperschaft im Falle der Selbstverwaltungskörperschaft oder in einer Personenidentität der Mutterkörperschaft als ein Mitglied neben weiteren differenzieren.
9. Für eine juristische Person, unabhängig von der Rechtsform, muss mindestens ein Organ eingerichtet sein. Dies kann nur für die Körperschaft ausschließlich ein Willensbildungsorgan, für alle anderen Rechtsformen lediglich ein Leitungsorgan sein. Letzteres unterscheidet diese Rechtsformen im Einzelfall jedoch nicht von den nicht-rechtsfähigen Verwaltungseinheiten, die regelmäßig nur über ein Leitungsorgan verfügen oder von den Anstalten und Stiftungen, für die ein alleiniges Leitungsorgan an die Stelle eines Willensbildungsorgans tritt.

10. Unabhängig von der Rechtsform können mit einem Willensbildungsorgan und einem Leitungsorgan ebenso zwei Organe eingerichtet sein. Dies kann insbesondere auch für die nicht-rechtsfähigen Verwaltungseinheiten zutreffen, bei der dennoch keine Personenmehrheit in dem Willensbildungsorgan zusammengefasst wird. Letzteres gilt auch für die staatliche GmbH in Alleinträgerschaft ihrer Mutterkörperschaft als juristische Person, die sich damit ebenso wenig von den nicht-rechtsfähigen Verwaltungseinheiten unterscheiden kann.
11. Auch soweit im Einzelfall unabhängig von der Rechtsform drei Organe eingerichtet sein können (im Fall der AG und e. G. sein müssen), entscheidet nur die Ausgestaltung im Einzelfall über die Vergleichbarkeit der Organe. Im Einzelfall kann ein Aufsichtsrat einer GmbH oder AG dem Willensbildungsorgan einer Anstalt, Stiftung oder Bundkörperschaft oder das Leitungsorgan neben einem Willensbildungsorgan seinerseits einem Aufsichtsorgan in einem dreigliedrigen Organaufbau entsprechen. Die Privatrechtsformen stellen sich damit nur unflexibler als die öffentlich-rechtlichen Rechtsformen dar, ohne sich von diesen unterscheiden zu können.
12. Umgekehrt ist in einem eingliedrigen Organaufbau einer Anstalt oder Stiftung das Leitungsorgan abhängig von der Ausgestaltung im Einzelfall entweder mit dem Willensbildungsorgan in einem zweigliedrigen Organaufbau oder dem eingliedrigen Organaufbau einer nicht-rechtsfähigen Verwaltungseinheit vergleichbar. Dabei darf dieser eingliedrige Organaufbau nicht verabsolutiert werden, soweit ein Leitungsorgan regelmäßig durch einen Geschäftsführer ergänzt wird, wie auch viele weitere Strukturen sich nur teilweise aus den Rechtsgrundlagen ergeben müssen.
13. Die formelle Auflistung und Bezeichnung der Organe ist ungeeignet, eine Aussage über die Funktion des Organs zu treffen, welche nur aus der Ausgestaltung im Einzelfall folgen kann. Ebenso wenig sind Bezeichnungen für bestimmte Rechtsformen charakterisierend, auch soweit für die AG der Vorstand zwingend und der Begriff des Stiftungsrats nur für die Stiftung gebräuchlich ist. Ersterer findet für viele andere Rechtsformen in gleicher Weise Verwendung, und Letzterer wird in ganz unterschiedlicher Funktion und bei dieser Rechtsform nicht ausschließlich verwendet.
14. Die mitgliedschaftliche Steuerung und ggf. Beherrschung durch eine Mutterkörperschaft hängt unabhängig von der Rechtsform von der Ausgestaltung im Einzelfall ab. Eine Verselbstständigung lässt sich umgekehrt aus der Mitgliedsstruktur nur für die Selbstverwaltungskörperschaft aufgrund der Personenverschiedenheit sowie für die anderen juristischen Personen aufgrund einer Personenmehrheit begründen. Darüber hinaus kann eine Verselbstständigung auch im Rahmen von weisungsfreien Räumen abhängig von der Auslegung des Demokratieprinzips bei einer Personeneinheit bestehen, ohne sich von den nicht-rechtsfähigen Verwaltungseinheiten abgrenzen zu können.
15. Das Willensbildungsorgan ist nur für die Selbstverwaltungskörperschaft nach einheitlichen Kriterien aus den Reihen der eigenen Mitglieder zu

besetzen. Im Gegensatz dazu ist das Willensbildungsorgan – unabhängig von der Rechtsform – einzelfallabhängig durch die Mutterkörperschaft, andere juristische Personen des öffentlichen Rechts, das Personal oder auch natürlichen Personen, welche nicht dem Staat zuzurechnen sind, zu besetzen. Ob eine Zuwahl weiterer Mitglieder durch das Organ selbst oder eine Besetzung durch ein anderes Organ der Einrichtung vorgesehen ist, richtet sich nur nach den Regelungen im Einzelfall. Ein Fall der Personalunion des Willensbildungsorgans unterscheidet eine juristische Person – ebenso wenig, soweit ein Willensbildungsorgan gänzlich fehlt – darüber im Einzelfall nicht von einer nicht-rechtsfähigen Verwaltungseinheit.

16. Die Differenzierung der Besetzung, welche den Einfluss der Mitglieder bestimmen könnte, unterscheidet sich nur anhand der Selbstverwaltungskörperschaften auf der einen, welche im Einzelfall entweder ein freies Mandat oder eine unmittelbare Eigenorganschaft der Mitglieder im Willensbildungsorgan vorsehen kann, und den weiteren Rechtsformen inklusive Bundkörperschaft auf der anderen Seite. Für Letztere kommen unabhängig von der Rechtsform vielfältige Differenzierungen der Besetzungsrechte zum Willensbildungsorgan in Betracht, die von einer unmittelbaren Mitgliedschaft der Mutterkörperschaft bzw. eines Ministerium, über die Entsendung eines Vertreters bis zur Berücksichtigung von Vorschlagsrechten oder die Besetzung anhand von Betroffenen oder Experten, reichen und im Einzelfall auch kombiniert werden können, sodass sich der Einfluss oder dessen Beschränkung anhand dieser Differenzierungen nur im Einzelfall bestimmen lässt.
17. Ob die Mitglieder des Willensbildungsorgans im Einzelfall entsandt, bestellt, bestimmt, berufen, benannt oder gewählt werden, lässt im Einzelfall keinen Rückschluss auf den Einfluss bei der Besetzung durch das Mitglied zu, da es im Einzelfall mit den zuvor genannten Differenzierungen kombiniert werden kann. Dies gilt auch für die Willensbildungsorgane der Selbstverwaltungskörperschaften, welche zwar – soweit keine unmittelbare Eigenorganschaft vorliegt – einheitlich gewählt werden, jedoch nicht immer ausdrücklich mit einem freien Mandat verbunden sind.
18. Eine Verringerung des Einflusses durch eine festgelegte Amtszeit und erhöhte Abberufungsvoraussetzungen, unter anderem nur aus wichtigem Grund, hängt unabhängig von der Rechtsform nur von der Ausgestaltung im Einzelfall ab. Jedoch ist der Einfluss nicht allein an einer Amtszeit oder den zulässigen Gründen einer vorzeitigen Abberufung zu messen, sondern seinerseits abhängig von den zuvor genannten Differenzierungen, insbesondere der Qualifikation als Vertreter. Umgekehrt kann das Fehlen einer entsprechenden Regelung allein den Einfluss nicht begründen, soweit wiederum die weiteren Qualifikationen der Mitglieder des Willensbildungsorgans in Betracht zu ziehen sind.
19. Die Besetzung erfolgt nur für die Selbstverwaltungskörperschaft einheitlich nach dem Prinzip der Gleichheit, welches zwar im Einzelfall unterschiedlich ausgestaltet sein kann, jedoch immer an die privaten Merkmale ihrer

Mitglieder anknüpft. Die Mehrheitsverhältnisse der weiteren Rechtsformen jenseits der Selbstverwaltungskörperschaft hängen nur von der Ausgestaltung im Einzelfall ab und unterscheiden sich entsprechend der zuvor aufgeführten Differenzierungen der Mitglieder. So kann die Mutterkörperschaft unabhängig von der Rechtsform im Einzelfall allein, mehrheitlich oder aber auch in der Minderheit vertreten sein. Als weitere Mitglieder können andere juristische Personen des öffentlichen Rechts, nicht-staatliche Stelle, Personal, Betroffene oder Experten in unterschiedlichen Mehrheitsverhältnissen vertreten sein.

20. Nur für die Selbstverwaltungskörperschaft ist die Beschlussfassung einheitlich nach dem Mehrheitsprinzip ausgestaltet und unabhängig von der Rechtsform eine Frage der Regelung im Einzelfall. Ob die Mutterkörperschaft die erforderliche Mehrheit besitzt, um über das Willensbildungsorgan die Einrichtung zu steuern, oder Vetorechte geltend machen kann, die in Einzelfällen ausdrücklich vorgesehen sein können, gestaltet sich unabhängig von der Rechtsform. Gleiches gilt für Sonderrechte im Rahmen der Beschlussfähigkeit, die nur von der Ausgestaltung im Einzelfall abhängen, sowie sonstige Abweichungen in der Beschlussfassung, insbesondere erhöhte Quoren für Satzungsänderungen oder andere Zuständigkeiten im Einzelfall oder Entscheidungen durch den Vertreter der Mutterkörperschaft als Vorsitzenden.
21. Inwieweit der Einfluss der Mutterkörperschaft eingeschränkt sein kann, ist unabhängig von der Rechtsform ggf. entscheidend von der Auslegung des Demokratieprinzips und den Regelungen im Einzelfall abhängig von diesen verfassungsrechtlichen Vorgaben geprägt. Hierdurch bestimmt sich die Bedeutung der Einflussminderung durch die zuvor genannten Qualifikationen der Mitglieder, die Bedeutung der festgelegten Amtszeiten sowie die Reichweite der für eine Abberufung im Einzelfall vorgeschriebenen Einschränkungen. Dies gilt insbesondere auch, soweit Regelungen fehlen, welche als Einschränkung des Einflusses der Mutterkörperschaft ausgelegt werden könnten, und somit die Rechtsgrundlagen ergänzend verfassungskonform auszulegen sind.
22. Die Ausgestaltung des Leitungsorgans in einem eingliedrigen Organaufbau ist unabhängig von der Rechtsform Anstalt oder Stiftung wiederum – in mit dem Willensbildungsorgan vergleichbarer Weise – nur durch die Ausgestaltung im Einzelfall bestimmt. Es sind dieselben Regelungen – die Besetzungsrechte, Qualifikationen der Mitglieder, Amtszeiten, Abberufungsvoraussetzungen und der Beschlussfassung – übertragbar und im Ergebnis wiederum von der Auslegung des Demokratieprinzips abhängig.
23. Die Ausgestaltung eines Aufsichtsorgans in einem dreigliedrigen Organaufbau ist zwar für die (staatliche) AG gesetzlich vorgegeben, jedoch unterscheidet sie sich im Einzelfall nicht von der Ausgestaltung anderer Rechtsformen, soweit es die Besetzungsrechte, Qualifikationen der Mitglieder, Amtszeiten, Abberufungsvoraussetzungen und der Beschlussfassung betrifft. Im Übrigen ist die Bandbreite der zulässigen Unterschiede wiederum von der Auslegung

des Demokratieprinzips abhängig und damit unabhängig von der Rechtsform zu bewerten.

24. Beratungsorgane können unabhängig von der Rechtsform in jedem Einzelfall eingerichtet werden, ohne auf ein Beratungsorgan begrenzt zu sein. Ebenso sind die Zusammensetzung der Beratungsorgane sowie die hiermit verbundenen Mehrheiten und Anforderungen an die Beschlussfassung nur durch die Regelungen im Einzelfall bestimmt. Es finden sich vergleichbare Regelungen zu Besetzungsrechten, Qualifikationen der Mitglieder, Amtszeiten, Abberufungsvoraussetzungen und der Beschlussfassung, wie sie auch für die Willensbildungs-, Leitungs- und Aufsichtsorgane in Betracht kommen. Dass häufiger Regelungen fehlen, ist unbeachtlich, da die entsprechenden Regelungen so in ergänzender Auslegung zur Anwendung kommen müssten.
25. Die interne Steuerung einer Einrichtung hängt statt von der Rechtsform ebenso von den Ausgestaltungen im Einzelfall ab, welche zwar grundsätzlich mit einer Besetzung durch das Willensbildungsorgan gegeben ist, jedoch in vergleichbarer Weise wie für das Willensbildungsorgan selbst – durch vielfältige Qualifikationen der Mitglieder, durch bestimmte Amtszeiten, beschränkte Abberufungsvoraussetzungen und die Ausgestaltung der Beschlussfassung – eingeschränkt sein kann. Gleichzeitig handelt es sich nur um einen Perspektivwechsel bzgl. der nicht-rechtsfähigen Verwaltungseinheit, welche gleichzeitig auch notwendig Teil einer juristischen Person ist.
26. Die interne Steuerung ist neben der Besetzung des Leitungsorgans durch das Willensbildungsorgan durch die Kompetenzverteilung zwischen den Organen nur durch die Ausgestaltung im Einzelfall bestimmt. Gesetzliche Vorgaben für die GmbH oder AG unterscheiden sich im Einzelfall nicht von den anderen Rechtsformen, dass für alle Rechtsformen in vergleichbarer Weise die grundlegenden Entscheidungen dem Willensbildungs- und die Aufgaben der laufenden Verwaltung dem Leitungsorgan zugewiesen sind. Insofern sind auch die nicht-rechtsfähigen Verwaltungseinheiten einzubeziehen, deren Leitungsorgane die laufende Verwaltung und das Willensbildungsorgan der Mutterkörperschaft die grundlegenden Entscheidungen wahrnehmen.
27. Die Aufgabenzuweisung an einzelne Organe ist von der Ausgestaltung im Einzelfall abhängig, sodass sich keine Rechtsform durch eine gesteigerte oder verringerte normative Steuerung auszeichnet, wobei im Ergebnis der Grad der Steuerung sich aus der Formulierung in der rechtlichen Grundlage ohne zusätzliche Sachkenntnisse nicht bestimmen lässt. Stattdessen ist ein Zusammenwirken in die Betrachtung einzubeziehen, was sich insbesondere darin zeigt, dass das Leitungsorgan die Beschlüsse des Willensbildungsorgans – bereits aufgrund seiner Sachnähe – vorzubereiten und auszuführen hat. Ebenso zeigt sich in der Aufgabenzuweisung zum Aufsichtsorgan, dass es entweder die Funktion eines Willensbildungsorgans ausübt oder diese ergänzen kann, ohne eine einzelne Rechtsform charakterisieren zu können.
28. Auch intern in einer Einrichtung setzt sich unabhängig von der Rechtsform die Abhängigkeit der Steuerung entsprechend der Auslegung des

Demokratieprinzips fort, was insbesondere die Auslegung der Besetzungsrechte des Willensbildungsorgans als auch die Abgrenzung der Aufgabenzuweisungen, insbesondere die Eigenverantwortlichkeit des Geschäftsführers der GmbH, der Mitglieder des Aufsichtsrates oder des Vorstands der AG betrifft.

- Der Zweck als materielles Merkmal der Rechtsformen wird in seiner Variationsbandbreite von der Organstruktur und von verfassungsrechtlichen Anforderungen geprägt:

29. Der Zweck stellt sich unabhängig von der Rechtsform als Teilzweck der Mutterkörperschaft dar. Die rechtliche Bewertung als eigener Zweck hängt für eine juristische Person grundsätzlich nur von ihrer Rechtsfähigkeit ab, ohne sich inhaltlich von dem einer nicht-rechtsfähigen Verwaltungseinheit funktional zugeordneten Zweck unterscheiden zu können. Insofern unterscheidet sich ein „eigener" Wirkungskreis grundsätzlich nicht von einem „übertragenen" Wirkungskreis, verbunden mit den Steuerungsrechten der Mutterkörperschaft. Nur ausnahmsweise lässt sich im Fall einer Personeneinheit ein „eigener" Zweck mit einem weisungsfreien Raum begründen.
30. Der Zweck lässt sich weiter unabhängig von der Rechtsform differenzieren, ob mit einer Personenmehrheit eine gemeinsame Zweckübertragung oder aufgrund einer Personeneinheit eine alleinige Zweckübertragung dem Zweck der Einrichtung zugrunde liegt. Letzteres gilt dann jedoch in gleicher Weise für die nicht-rechtsfähige Verwaltungseinheit, der mangels Rechtsfähigkeit als Teil ihrer Mutterkörperschaft nur ein Teil-Zweck dieser Mutterkörperschaft funktional zugeordnet werden kann.
31. Darüber hinaus lässt sich für die Selbstverwaltungskörperschaft der Zweck aufgrund einer zweistufigen Übertragung der Mutterkörperschaft als Rahmen und der personenverschiedenen Mitglieder als Ausfüllung des Rahmens von der einstufigen Zweckübertragung der Mutterkörperschaft und anderer Träger in allen anderen Fällen differenzieren.
32. Ob die Aufgabenübertragung eine Satzungsautonomie umfasst, ist unabhängig von der Rechtsform zu bestimmen, wobei die Frage, ob die gesetzlichen Regelungen im Einzelfall einen Spielraum für eine weitere Ausgestaltung im Rahmen der Satzung belassen, sich ohne zusätzliche Kenntnisse der Sachmaterie nicht bestimmen lässt. Es ist auf die zu übertragenden Ausführungen zu den Zuständigkeiten der Organe zu verweisen. Zu berücksichtigen ist weiterhin, dass vielfach die Satzungen die Regelungen des Gesetzes nicht präzisieren, in Einzelfällen sogar auch keine Satzung existiert oder die Satzung statt von der Einrichtung von der Mutterkörperschaft erlassen wird. Letzteres trifft auch für die nicht-rechtsfähigen Verwaltungseinrichtungen zu, ohne diese damit hinreichend von den juristischen Personen abgrenzen zu können.
33. Keine Einrichtung des Staates kann unabhängig von der Rechtsform einen Bestandsschutz gegenüber der Auflösung durch die Mutterkörperschaft beanspruchen. Dies gilt insbesondere auch für die Anstalt und die Stiftung,

für die damit eine Dauerhaftigkeit ohne rechtliche Relevanz ist, wie auch Regelungen, welche eine Auflösung an einen wichtigen Grund knüpfen, verdrängt werden. Wiederum unterscheidet sich ein Bestandsschutz nur im Rahmen der Organstruktur, dass im Fall einer Personenmehrheit eine Mutterkörperschaft nicht die Einrichtung auflösen, sondern nur ihre Aufgabenübertragung rückgängig machen kann, soweit die Rechtspositionen der anderen Mitglieder einer vollständigen, einseitigen Auflösung entgegen stehen. Im Fall einer Personeneinheit finden sich damit auch keine Unterschiede zu einer nicht-rechtsfähigen Verwaltungseinheit, welche mangels Rechtsfähigkeit bereits über keinen Bestandschutz verfügen kann.

34. Die Satzungsautonomie kann unabhängig davon, in welchem Umfang sie im Einzelfall verliehen wurde, nicht die Selbstauflösung einer Einrichtung umfassen, wie dies für die nicht-rechtsfähigen Verwaltungseinheiten mangels Satzungsautonomie ebenfalls zutrifft.
35. Sowohl der Bestandsschutz als auch die Satzungsautonomie unterliegen zusätzlich – unabhängig von der Rechtsform – der Einschränkung durch die Steuerung mittels Organingerenzen mit der Mutterkörperschaft. Damit ist es wiederum Folge der Ausgestaltung im Einzelfall, inwieweit nicht-organisationsrechtliche Rechtsverhältnisse entsprechende Organisationsentscheidungen dennoch unterlaufen.
36. Der Zweck ist unabhängig von der Rechtsform in seiner Abteilung vom Staat zutreffenderweise nicht als öffentlicher, sondern als staatlicher Zweck zu qualifizieren. Der konkrete Zweck ist nur abhängig von den Regelungen im Einzelfall, eine Systematisierung ist nicht zielführend. Nur die Selbstverwaltungskörperschaft lässt sich aufgrund ihrer Personenverschiedenheit abgrenzen, da mit dem Zweck ein Interesse ihrer Mitglieder verbunden ist, welcher sich vom Interesse des (Gesamt-)Staates abgrenzen lässt.
37. Als staatlicher Zweck unterliegt die Aufgabenerfüllung unabhängig von der Rechtsform den verfassungsrechtlichen Vorgaben entsprechend der Zuständigkeit der Mutterkörperschaft, der Gemeinwohlbindung sowie den weiteren Staatsstrukturbestimmungen. Dementsprechend kann der Zweck einer Privatrechtsform auch nicht als Ausdruck der Privatautonomie verstanden werden, da insoweit eine Flucht in Privatrecht für den Staat auch bei den Privatrechtsformen entgegen steht. Insgesamt kommen damit für alle Rechtsformen in gleicher Weise eine reine Gewinnerzielungsabsicht sowie eine rein wirtschaftliche Tätigkeit nicht in Betracht. Eine entsprechende Erweiterung des Zwecks durch die Wahl einer Privatrechtsform ist nicht möglich.
38. Die Aufgabenwahrnehmung kann, auch an dieser Stelle unabhängig von der Rechtsform, sowohl mit hoheitlichen als auch fiskalischen Mitteln erfolgen und ist allein abhängig vom konkret verfolgten Zweck und ggf. einer Aufgabenverteilung mit der Mutterkörperschaft. Dies betrifft insbesondere die Privatrechtsformen, welche als Teil der Staatsverwaltung erst recht mit hoheitlichen Rechten beliehen werden können, sich so jedoch nicht von den juristischen Personen des öffentlichen Rechts unterscheiden. Eine

Unterscheidung ist insbesondere auch im Vergleich zu den nicht-rechtsfähigen Verwaltungseinheiten nicht möglich, denen hoheitliche Mittel im Rahmen der Aufgabenverteilung ihrer Mutterkörperschaft ebenso funktional zugeordnet sein können.

- Das Vermögen als materielles Merkmal der Rechtsformen ist in Abhängigkeit von der konkreten Organstruktur sowie verfassungsrechtlichen Anforderungen geprägt:

39. Das Vermögen ist, unabhängig von der konkreten Ausgestaltung, eine Grundvoraussetzung zur Erfüllung des Zwecks jeder Rechtsform, ohne dass sich insbesondere die Stiftung von den anderen Rechtsformen unterscheiden könnte. Der Zweck bestimmt gleichzeitig den Umfang und die konkrete Ausgestaltung des Vermögens einer Einrichtung im Einzelfall, was insbesondere auch die nicht-rechtsfähigen Verwaltungseinheiten umfasst.
40. Das Vermögen kann unabhängig von der Rechtsform aus Zuwendungen der Mutterkörperschaft, die anfänglich mit der Errichtung oder zu einem späteren Zeitpunkt einmalig oder laufend auf die Einrichtung zugewandt werden, bestehen. Nicht-rechtsfähige Verwaltungseinheiten unterscheiden sich hiervon nur dadurch, dass mangels Rechtsfähigkeit nur eine funktionale Zuordnung innerhalb der Mutterkörperschaft vorliegt. Nur für die Selbstverwaltungskörperschaft lassen sich die Beiträge der Mitglieder aufgrund der Personenverschiedenheit von den Zuwendungen der Mutterkörperschaft oder anderer Trägern unterscheiden.
41. Ob neben den Zuwendungen bzw. Mitgliedsbeiträgen weitere Einnahmen aus Gebühren, Steuern, einseitigen Zuwendungen oder sonstigen Einnahmen hinzukommen, hängt zum einen von der Ausgestaltung im Einzelfall wie zum anderen vom konkreten Zweck der Einrichtung ab. Dies gilt insbesondere auch für die Privatrechtsformen, die insoweit beliehen werden können, und die nicht-rechtsfähige Verwaltungseinheit, deren Einnahmen mangels Rechtsfähigkeit jedoch rechtlich der Mutterkörperschaft zugeordnet werden.
42. Das Vermögen kann unabhängig von der Rechtsform aus beweglichen oder unbeweglichen Gegenständen, Rechten, Ansprüchen oder finanziellen Mitteln bestehen, wie jedoch auch im Einzelfall nur aus einer ggf. unentgeltlichen Gebrauchsüberlassung oder Kostenübernahme bestehen. Letzteres unterscheidet sich auch bei fehlender Rechtsfähigkeit die nicht-rechtsfähigen Verwaltungseinheiten nicht von einer in diesem Fall bloßen funktionalen Zuordnung des Vermögens im Rahmen der Mutterkörperschaft.
43. Eine Unabhängigkeit von der Mutterkörperschaft durch eigene Einnahmen hängt zum einen bereits von der Zuordnung von Einnahmen und Kosten durch die Mutterkörperschaft im Einzelfall ab. Insbesondere vermag sich die Stiftung hiervon nicht abzugrenzen, welche im Einzelfall ebenfalls auf staatliche Zuwendungen abgewiesen sein kann, wie für alle anderen Rechtsformen eigene Einnahmen in einem für die Zweckverfolgung ausreichenden Umfang zur Verfügung stehen können. Eine Abhängigkeit unterscheidet die

juristischen Personen damit auch nicht von den nicht-rechtsfähigen Verwaltungseinheiten, denen ebenfalls in unterschiedlichem Maße Einnahmen funktional zugeordnet werden, wie Kosten nicht für die nicht-rechtsfähige Verwaltungseinheit, sondern z. B. im allgemeinen Haushalt eingestellt sein können.

44. Die Vermögensverwaltung, die sich für die öffentlich-rechtlichen Rechtsformen einschließlich der nicht-rechtsfähigen Verwaltungseinheiten entweder nach kameralen oder doppischen Prinzipien richtet, unterscheidet sich damit im Einzelfall nicht von den Privatrechtsformen, soweit diese nur auf die doppischen Regelungen zurückgreifen können. Auch an dieser Stelle zeigen sich die Privatrechtsformen nur unflexibler, ohne sich von den öffentlich-rechtlichen Rechtsformen unterscheiden zu können.
45. Regelungen über die für die Haushaltsführung anzuwendenden Rechtsvorschriften finden sich unabhängig von der Rechtsform nur in Einzelfällen und hängen im Ergebnis nur von der Flexibilität der Haushaltsvorschriften der Mutterkörperschaft und damit Zweckmäßigkeitserwägungen im Einzelfall ab. Gleiches gilt auch für die Regelungen der Rechnungsprüfung.
46. Die Haftung der Mutterkörperschaft für Verbindlichkeiten der Einrichtung hängt zum einen – unabhängig von der Rechtsform – davon ab, inwieweit eine Pflicht besteht, eine Einrichtung mit den erforderlichen Mitteln auszustatten, der Annahme einer Durchgriffshaftung aufgrund einer Außensteuerung sowie von den Regelungen im Einzelfall, welche insbesondere auch für nicht-rechtsfähige Verwaltungseinheiten die Errichtung eines Sondervermögens mit einer Haftungsbeschränkung zulassen würden. Insbesondere die GmbH und die AG können sich damit nicht von den öffentlich-rechtlichen Rechtsformen abgrenzen.
47. Der Zugriff der Mutterkörperschaft auf das Vermögen der Einrichtung unterscheidet sich unabhängig von der Rechtsform entsprechend der Organstruktur. Aufgrund einer gemeinsamen Vermögensübertragung lässt sich im Fall einer Personenmehrheit eine Rechtsposition begründen, welche einem Vermögenszugriff entgegen stehen kann. Für die Selbstverwaltungskörperschaft ist es die Personenverschiedenheit, welche eine Rechtsposition gegen den Zugriff auf das Vermögen begründen kann.
48. Eine dauerhafte Vermögensübertragung besteht entsprechend der Abänderbarkeit des Zwecks für keine Rechtsform und kann damit insbesondere auch nicht die Anstalt oder die Stiftung des öffentlichen Rechts oder die Stiftung des bürgerlichen Rechts auszeichnen. So fällt das Vermögen mit der Auflösung der Einrichtung an die Mutterkörperschaft zurück, soweit nicht Regelungen im Einzelfall etwas anderes vorsehen.

- Das Personal als materielles Merkmal der Rechtsformen ist durch seine Abhängigkeit von der Organstruktur sowie die grundsätzliche Belanglosigkeit für die Rechtsformen geprägt:

49. Letztendlich sind es unabhängig von der Rechtsform nur natürliche Personen, welche in rechtlich erheblicher Weise für eine Rechtsform handeln können. Diese Personen können immer in einem Beschäftigungsverhältnis oder Ehrenamt zu der Einrichtung stehen, soweit nicht eine in irgendeiner Form ausgestaltete Gestellung vorliegt. Hiervon sind nur die Selbstverwaltungskörperschaften auszunehmen, indem für sie natürliche Personen als Mitglieder für die Körperschaft handeln können und sodass auf Personal verzichtet werden kann.
50. Soweit das Personal im Rahmen einer Personalgestellung einer Einrichtung zugewiesen werden kann, ist damit nur eine begriffliche Unterscheidung verbunden, soweit für nicht-rechtsfähige Verwaltungseinheiten Personal der Mutterkörperschaft nur funktional zugeordnet werden kann. Hier zeigt sich eine Relativierung des Begriffs der Personalgestellung im Fall einer juristischen Person in Abhängigkeit von der Organstruktur, soweit dieser eine Personeneinheit vergleichbar einer nicht-rechtsfähigen Verwaltungseinheit zugrunde liegt.
51. Ob die Dienstherrenfähigkeit einer juristischen Person des öffentlichen Rechts verliehen ist, hängt nur von den Regelungen im Einzelfall ab. Zusätzlich führt dies nicht zwingend dazu, dass eine Einrichtung in einer öffentlich-rechtlichen Rechtsform über Beamte verfügt, wie auch im Einzelfall keine Dienstherrenfähigkeit verliehen sein kann. Soweit daher mit den Privatrechtsformen verbunden wird, dass ihnen die Dienstherrenfähigkeit nicht verliehen werden kann, unterscheidet sie das im Einzelfall nicht von den öffentlich-rechtlichen Rechtsformen. Sie sind damit unflexibler, ohne sich von den öffentlich-rechtlichen Rechtsformen unterscheiden zu können.

- Die Dekonstruktion der Rechtsformen lässt sich damit wie folgt zusammenfassen:

52. Die Staatsverwaltung in Privatrechtsform unterscheidet sich nicht von der Staatsverwaltung in einer öffentlich-rechtlichen Rechtsform. Entweder steht die gleiche Variationsbandbreite für Regelungen im Einzelfall zu Verfügung oder der Staat ist auch auf den gleichen Rechtsrahmen wie für die öffentlich-rechtlichen Rechtsformen beschränkt. So kann sich der Staat seinen staatlichen Bindungen nicht durch eine Flucht ins Privatrecht entziehen und insbesondere sich nicht auf die mit der Privatautonomie verbundenen Freiheiten berufen. Nur aufgrund der Regelungstechnik sind die Privatrechtsformen weiteren Einschränkungen durch die gesetzlichen Grundlagen unterworfen. Sie sind damit im Einzelfall nur unflexibler, ohne sich gleichzeitig von den öffentlich-rechtlichen Rechtsformen unterscheiden zu können, für welche die Regelungstechnik der Errichtung aufgrund Gesetzes ebenso Anwendung finden kann.

53. Nur mit Vorbehalt hat sich bestätigt, wie Thalmessinger und Weber ausgeführt haben[1546], dass der Begriff der Körperschaft, der Rechtsfähigkeit und der juristischen Person Synonyme sind. Zwar trifft dies für den Fall einer zugrunde liegenden Personenmehrheit zu, welcher nach der hier gefundenen Begriffsbestimmung zumindest für die Körperschaft Voraussetzung ist. Soweit die Rechtsfähigkeit sich jedoch auch mit einer Beschränkung der Steuerung für eine Personeneinheit begründen ließe, ohne dass damit gleichzeitig eine Körperschaft mit der ihrer zugrunde liegenden Personenmehrheit vorläge, würde der Begriff der Rechtsfähigkeit und der juristischen Person umfassender als der hier gefundene Begriff der Körperschaft sein. Nur soweit die Auslegung des Demokratieprinzips dieser Beschränkung der Steuerung im Fall einer Personeneinheit entgegen stehen würde, wären die Begriffe der Körperschaft, der Rechtsfähigkeit und der juristischen Person tatsächlich Synonyme.
54. Eine „Wahlfreiheit" der Rechtsformen hat sich damit als „Wahlbeliebigkeit" herausgestellt. Die Rechtsformen der Staatsverwaltung umfassen damit nur die Körperschaft mit den Ausprägungen der Selbstverwaltungs- und der (Bund-)Körperschaft (einschließlich e. V. und e. G.) als juristische Person aufgrund einer sie tragenden Personenmehrheit, sowie die Verwaltungseinheit entsprechend der ihr zugrunde liegenden Personeneinheit. Der Begriff der Körperschaft stellt sich damit seinerseits als Polysem dar. Er gliedert sich in die Bundkörperschaft, die sich durch eine Personenidentität auszeichnet, in der die Mutterkörperschaft(en) Mitglieder der Einrichtung sind auf der einen, sowie die Selbstverwaltungskörperschaft, für die eine Personenverschiedenheit zwischen Mitgliedern und Mutterkörperschaft(en) charakteristisch ist, auf der andern Seite. Die Begriffe der Rechtsformen Anstalt, Stiftung, GmbH und AG haben sich als Polyseme erwiesen, welche entsprechend ihrer Organstruktur im Einzelfall entweder eine (Bund-)Körperschaft oder eine nichtrechtsfähige Verwaltungseinheit darstellen und insofern Synonyme entweder mit der (Bund-)Körperschaft oder der Verwaltungseinheit sind[1547]. Eine weitere Differenzierung anhand der Rechtsformen der Anstalt, Stiftung, GmbH und AG ist für die Staatsverwaltung durch eine – im Gegenteil – nicht gleichförmige, sondern heterogene Rechtssetzungspraxis ebenso wenig möglich.
55. Für die „Rechtsform" der Anstalt des öffentlichen Rechts ist an den Anfang ihrer Entwicklung zurückzukehren. Ihm ist als allein umschreibender Begriff der staatlichen Tätigkeit der Staatsverwaltung keine organisationsrechtliche

1546 *Thalmessinger*, DrfStiftöffR, 1934, S. 34; *Weber*, KörAnstStiöffR, 1943, S. 39 f., 41 ff.; vgl. auch *Alscher*, DStiftungÖffR, 2006, S. 9; *Endrös*, EntstKörpöffR, 1985, S. 13, dass „[d]ie beiden Begriffe Anstalt und Stiftung […] noch im allgemeinen Korporationsbegriff mitenthalten [waren]"; ebenso *ders.*, aaO., S. 39 ff.; *Wallerath*, AllgVerwR, 2009, § 6, Rn. 7.
1547 Siehe die grafische Darstellung Anhang 2.

Bedeutung beizumessen. Ebenso wenig konnten die Rechtsformen der Stiftung des öffentlichen sowie des bürgerlichen Rechts organisationsrechtliche Eigenständigkeit im Rahmen der Rechtsformen der Staatsverwaltung erlangen und sind daher in gleicher Weise wie die Verwendung der Privatrechtsformen durch den Staat aufzugeben.

56. Die einer Verwaltungseinheit im Einzelfall verliehene Rechtsfähigkeit stellt nur einen willkürlichen Perspektivenwechsel[1548] gegenüber der nicht-rechtsfähigen Verwaltungseinheit dar, welcher insofern nur eine bloß formelle Wirkung begründen kann. Auch für nicht-rechtsfähige Verwaltungseinheiten können die materiellen Wirkungen durch entsprechende Regelungen im Einzelfall, und damit unabhängig von einer Rechtsfähigkeit, begründet werden.
57. Die Abgrenzungsversuche der Rechtsformen verdecken vielfach nur die Auseinandersetzung mit verfassungsrechtlichen Anforderungen an die Staatsverwaltung im Allgemeinen und der Bewertung konkreter Ausgestaltungen anhand dieser Anforderungen im Konkreten. Mit der Dekonstruktion der Rechtsformen der Staatsverwaltung ist nunmehr der Weg frei, diesen Fragestellungen ohne die vernebelnde Auseinandersetzung mit den Rechtsformen nachzugehen.

1548 Vgl. zur auch hier wieder ersichtlichen „Relativität der Unterscheidung von Ganzem und Teil“ eingehend *Jestaedt* in: Hoffmann-Riem/Schmidt-Aßmann/Voßkuhle, GdlVerwR Bd. 1, 2012, § 14, Rn. 15.

Abkürzungsverzeichnis

(G)	Gesetz
(S)	Satzung
(U)	Stiftungsurkunde bzw. Stiftungsgeschäft
(V)	Verordnung
(W)	Wahlordnung
3NKN	3N-Kompetenzzentrum Niedersachsen Netzwerk Nachwachsende Rohstoffe e. V.
a. A.	andere Ansicht
aaO.	am angegebenen Ort
Abs.	Absatz
AbwkommUnt	Abwasserbeseitigung durch kommunale Unternehmen
AdWG	Akademie der Wissenschaft zu Göttingen
AfBF	Amt für Bodenforschung
AG	Aktiengesellschaft
AGTierGesG	Ausführungsgesetz zum Tierseuchengesetz
ÄKN	Ärztekammer Niedersachsen
Akom-GG	Alternativkommentar Grundgesetz
AktG	Aktiengesetz
AktgRfwirtöffH	Aktiengesellschaft als Rechtsform für die wirtschaftliche Betätigung der öffentlichen Hand
AllgTBürgR	Allgemeiner Teil des Bürgerlichen Rechts
AllgVerwR	Allgemeines Verwaltungsrecht
Alt.	Alternative
Anm.	Anmerkung
Anstlast	Anstaltslast
AnstÖffBetDritt	Anstalt des öffentlichen Rechts unter Berücksichtigung des Wandels der Anstalt durch die Beteiligung Dritter
AnstöffRWettu	Anstalt des öffentlichen Rechts als Wettbewerbsunternehmen
AnwprivVerwR	Anwendbarkeit privatrechtlicher Vorschriften im Verwaltungsrecht
AöR	Anstalt öffentlichen Rechts
AöR *(Jahr)*	Archiv für Öffentliches Recht
ARL	Akademie für Raumforschung und Landesplanung
Art.	Artikel

AsseSt	Stiftung Zukunftsfonds Asse
ATAfN	Alfred Toepfer Akademie für Naturschutz
BaStW	Barkenhoff-Stiftung Worpswede
BayVBl.	Bayerische Verwaltungsblätter
BayVerf	Bayerische Verfassung
BayVerfG	Bayerischer Verfassungsgerichtshof
Bd.	Band
BeamtStG	Gesetz zur Regelung des Statusrechts der Beamtinnen und Beamten in den Ländern
BeckOK	Beck'scher Online-Kommentar
BeckRS	Beck'sche Rechtsprechungssammlung
BetöffHAktion	Betätigung der öffentlichen Hand als Aktionärin
BetPrivrechtsfAnst	Beteiligung Privater an rechtsfähigen Anstalten des öffentlichen Rechts
BGB	Bürgerliches Gesetzbuch
BGH	Bundesgerichtshof
BGHZ	Entscheidungen des Bundesgerichtshofs in Zivilsachen
BöffrtStift	Begriff der öffentlich-rechtlichen Stiftung
BrLB	Braunschweiger Landessparkasse
BrLsch	Braunschweigische Landschaft e. V.
BRRKv	Braunschweigischer Ritterschaftlicher Kreditverein
BrWG	Braunschweigische Wissenschaftliche Gesellschaft
bspw.	beispielsweise
BundVerw	Bundesverwaltung
BVerfG	Bundesverfassungsgericht
BVerfGE	Entscheidungen des Bundesverfassungsgerichts
BVerwG	Bundesverwaltungsgericht
BVerwGE	Entscheidungen des Bundesverwaltungsgerichts
bzw.	beziehungsweise
CGGHKv	Calenberg-Göttingen-Grubenhagen-Hildesheim'scher ritterschaftlicher Kreditverein
Co.	Compagnie
CUTEC	Clausthaler Umwelttechnik-Institut GmbH
DabhStift	Die abhängige Stiftung
DBundStift	Die Bundesstiftung
DemLegfunktSelbst	demokratische Legitimation der funktionalen Selbstverwaltung
DemPrKondVerw	Demokratieprinzip und Kondominialverwaltung

DemÜbStuAnst	Demokratiegebot und rechtsstaatliche Überwachung bei selbstständigen Stiftungen und Anstalten
DemVerw	Demokratie und Verwaltung
dens.	denselben
ders.	derselbe
DeutPrivR	Deutsches Privatrecht
dies.	dieselbe
DInKt	Deutschen Instituts für Kautschuktechnologie e. V.
DMAg	Deutsche Messe AG
DöA	Die öffentliche Anstalt
DÖV	Die Öffentliche Verwaltung
DrfStiftöffR	rechtsfähige Stiftung des öffentlichen Rechts
Drs.	Drucksache
DSMZ	Leibniz-Institut DSMZ-Deutsche Sammlung von Mikroorganismen und Zellkulturen GmbH
DStaatalsStift	Der Staat als Stifter
DStfRStW	Die Stiftung, Recht, Steuern, Wirtschaft
DStiftungÖffR	Die Stiftung des öffentlichen Rechts
DtAkadWKöR	Die deutschen Akademien der Wissenschaften als Körperschaft des öffentlichen Rechts
DtBankDemPr	Deutsche Bundesbank und Demokratieprinzip
DtVerwR	Deutsches Verwaltungsrecht
DVBl.	Deutsches Verwaltungsblatt
e. G.	eingetragene Genossenschaft
e. V.	eingetragener Verein
EaSoA	Niedersächsische Gesellschaft zur Endablagerung von Sonderabfall mbH
EigBetrVO	Eigenbetriebsverordnung
EigbtrR	Eigenbetriebsrecht
EinflKomKapGes	Einflußnahme der Kommunen auf ihre Kapitalgesellschaften
EL	Ergänzungslieferung
EmLsch	Emsländische Landschaft e. V.
EntstKörpöffR	Entstehung und Entwicklung des Begriffs „Körperschaft des öffentlichen Rechts“
EP	Einzelplan
f.	folgende
FamN	Stiftung „Familie in Not”
ff.	fortfolgende

FG	Festgabe
FinzBetPrivAnöffR	Finanzielle Beteiligung Privater an Anstalten des öffentlichen Rechts
Fn.	Fußnummer
FormöffVerw	Formen öffentlicher Verwaltung
FormWFVerw	Formenwahlfreiheit der Verwaltung
FrGWol	Forstgenossenschaft Wollershausen
FromMißBrSt	Formmissbrauch des Staates
FS	Festschrift
FstKK	Forstkleiderkasse
FunkSbstVerw	Funktionale Selbstverwaltung
FunktPrivVerwH	Funktionale Privatisierung und Verwaltungshilfe
FunktSelbstdemLeg	Funktionale Selbstverwaltung und ihre demokratische Legitimation
GdLeparlREgs	Geminderte demokratische Legitimation staatlicher Institutionen im parlamentarischen Regierungssystem
GdlVerwR	Grundlagen des Verwaltungsrechts
GEI	Georg-Eckert-Instituts für internationale Schulbuchforschung
GenEKöffR	Genossenschaftliche Elemente bei öffentlich-rechtlichen Körperschaften
GenG	Genossenschaftsgesetz
GenthdeuRspr.	Genossenschaftstheorie und die deutsche Rechtsprechung
GesBindAufsM	Gesellschaftsrechtliche Bindungen für Aufsichtsratsmitglieder von kommunalen Eigengesellschaften
GesR	Gesellschaftsrecht
GewkommDasv	Gewinnerzielung durch kommunale Daseinsvorsorge
GG	Grundgesetz
GG-Kom	Grundgesetz-Kommentar
ggf.	gegebenenfalls
GISMA	Stiftung GISMA (German International Graduate School of Management and Administration)
GlsöffUntern	Gläubigerschutz im öffentlichen Unternehmen
GmbH	Gesellschaft mit beschränkter Haftung
GmbHG	Gesetz betreffend die Gesellschaften mit beschränkter Haftung
GrdbjurPers	Grundrechtsberechtigung juristischer Personen
GVBl.	Gesetz- und Verordnungsblatt
h. M.	herrschende Meinung

HAB	Herzog August Bibliothek Wolfenbüttel
HanKomNV	Hannoverscher Kommentar zur Niedersächsischen Verfassung
HCC	Hannover Congress Centrum
HdBdStR	Handbuch des Staatsrechts
HdBkommUnt	Handbuch kommunale Unternehmen
HdBPhil	Handwörterbuch Philosophie
HEH	Herzogin-Elisabeth-Hospital
HerInStGEsVorb	Herkunft, Inhalt und Stellung des institutionellen Gesetzesvorbehalts
HGB	Handelsgesetzbuch
HGrG	Haushaltsgrundsätzegesetz
HierVerwDemStaat	Hierarchische Verwaltung im demokratischen Staat
HistSprwDt	Historische Sprachwissenschaft des Deutschen
HLKA	Hannoverische Landeskreditanstalt
HP	Haushaltsplan
Hrsg.	Herausgeber
HschStiftöffR	Hochschule und Stiftung des öffentlichen Rechts
HWBl	Herzog-Wilhelm-Blindenstiftung Braunschweig
HWK	Hanse-Wissenschaftskolleg (HWK)
HWW	Harzwasserwerke
i.V.m.	in Verbindung mit
IfE	Institut für Erdölforschung
IngKN	Ingenieurkammer Niedersachsen
InsokommUntPrv	Insolvenz kommunaler Unternehmen in Privatrechtsform
InstkörpSV	Institutionen körperschaftlicher Selbstverwaltung
InstrDtVerwR	Institutionen des Deutschen Verwaltungsrechts
ITN	IT.Niedersachsen
IuFB	Investitions- und Förderbank Niedersachsen
IZN	Informatikzentrum Niedersachsen
JP	Juristische Person
JPbR	Juristische Person des bürgerlichen Rechts
JPöR	Juristische Person des öffentlichen Rechts
Jura	Juristische Ausbildung
JZ	Juristenzeitung
Kap.	Kapitel
KG	Kommanditgesellschaft
KollFunkVerp	Kollegiale Funktionsträger als Verfassungsproblem

KollprVerwOrg,	Kollegialprinzip in der Verwaltungsorganisation
Kom-GG	Kommentar zum Grundgesetz
KomAnstNds	kommunale Anstalt in Niedersachsen
KommJur	Zeitschrift Kommunaljurist
KommUntern	Kommunale Unternehmen
KommUntNRW	Kommunalunternehmen, Neue Organisationsform im kommunalen Wirtschaftsrecht von Nordrhein-Westfalen
KonkfjPöffR	Konkursfähigkeit juristischer Personen des öffentlichen Rechts
KöR	Körperschaft öffentlichen Rechts
KöranstRmZwK	Körperschafts- und anstaltsinterne Rechts- und Zweckmäßigkeitskontrolle
KörAnstStiöffR	Körperschaften, Anstalten und Stiftungen des öffentlichen Rechts
KörpöffSReV	Körperschaft des öffentlichen Rechts im nur formellen Sinn oder eingetragener Verein
KörpöffRIntV	Körperschaften des öffentlichen Rechts und Interessenvertretung
KörpStiftOrg	Körperschaften als Stiftungsorganisationen
KTSt	Kinder von Tschernobyl – Stiftung des Landes Niedersachsen
LBS-N	LBS Norddeutsche Landesbausparkasse
LdRNds	Landesrecht Niedersachsen
LEA	Lea Gesellschaft für Landeseisenbahnaufsicht mbH
LGLN	Landesbetrieb Landvermessung und Geobasisinformation Niedersachsen
LHO	Landeshaushaltsordnung
LIAG	Leibniz-Institut für Angewandte Geophysik
LKV	Landes- und Kommunalverwaltung
LSKN	Landesbetrieb für Statistik und Kommunikationstechnologie
LT	Landtag
LUH	Gottfried Wilhelm Leibniz Universität Hannover
LVG	Landesvereinigung für Gesundheit und Akademie für Sozialmedizin Niedersachsen e. V.
LwKMfunkSV	Landwirtschaftskammern als Modell funktionaler Selbstverwaltung
LwKN	Landwirtschaftskammer Niedersachsen
LWKN	Niedersächsischer Landesbetrieb für Wasserwirtschaft und Küstenschutz

LZN	Logistik Zentrum Niedersachsen
MBl.	Ministerialblatt
MBStB	Museums- und Bibliotheksstiftung in Braunschweig
MudCl	Stiftung "Museumsdorf Cloppenburg"
MüHBGesR	Münchener Handbuch des Gesellschaftsrechts
mwN.	mit weiteren Nachweisen
N21	n-21 e. V.
NArchtK	Niedersächsisches Architektengesetz
NBiblS	Niedersächsische Bibliotheksschule
NBingSt	Niedersächsische Bingostiftung für Umwelt und Entwicklungszusammenarbeit
Nds.	Niedersächsisch
Nds.FischG	Niedersächsisches Fischereigesetz
Nds.HKG	Niedersächsisches Kammergesetz für Heilberufe
Nds.LwKG	Gesetz über die Landwirtschaftskammer Niedersachsen
Nds.RealvG	Niedersächsisches Realverbandsgesetz
NdsVBl.	Niedersächsische Verwaltungsblätter
NdsVerf	Niedersächsische Verfassung
NebenhBund	Nebenhaushalte des Bundes
NeuStmDemPr	Neues Steuerungsmodell und Demokratieprinzip
NHG	Niedersächsisches Hochschulgesetz
NIfR	Niedersächsisches Institut für Radioökologie
NIngG	Niedersächsisches Ingenieurgesetz
NInL	Niedersächsisches Institut für Landeskunde an der Universität Göttingen
NJagdG	Niedersächsisches Jagdgesetz
NJagdG	Mustersatzung für Jagdgenossenschaften
NJW	Neue Juristische Wochenschrift
NKomVG	Niedersächsisches Kommunalverfassungsgesetz
NKomZG	Niedersächsisches Gesetz über die kommunale Zusammenarbeit
NLB-Giro	Niedersächsische Landesbank – Girozentrale
NLFst	Niedersächsische Landesforsten
NLMedienA	Niedersächsische Landesmedienanstalt
NLotSpSt	Niedersächsische Lotto-Sport-Stiftung
NLottSt	Niedersächsische Lottostiftung
NMedienG	Niedersächsisches Mediengesetz
Nord-LB	Norddeutsche Landesbank – Girozentrale –

NöVersG	Öffentliche-rechtliche Versicherungsanstalten
nr	nicht-rechtsfähig
Nr.	Nummer
NSGV	Niedersächsischer Sparkassen und Giroverband
NSpG	Niedersächsisches Sparkassengesetz
NStB	Niedersächsische Staatsbäder
NStiftG	Niedersächsisches Stiftungsgesetz
NStT	Niedersächsischer Städtetag e. V.
NTH	Niedersächsische Technische Hochschule
NTierSK	Niedersächsische Tierseuchenkasse
NUmwSt	Niedersächsischen Umweltstiftung
NVdR	Niedersächsische Versorgungswerk der Rechtsanwälte
NVwZ	Neue Zeitschrift für Verwaltungsrecht
NWattSt	Niedersächsische Wattenmeer-Stiftung
NWirtA	Niedersächsisches Wirtschaftsarchiv Braunschweig
NZG	Neue Zeitschrift für Gesellschaftsrecht
ÖffKörp	Öffentliche Körperschaft, Ihre Entstehung, die Entwicklung ihres Begriffs und die Lehre vom Staat und den innerstaatlichen Verbänden in der Epoche des Konstitutionalismus in Deutschland
ÖffprivOrgFkommE	Öffentlich- und privatrechtliche Organisationsformen kommunaler Einrichtungen der Daseinsvorsorge
ÖffrAnstabKonU	Öffentlich-rechtliche Anstalten als abhängige Konzernunternehmen
ÖffrAnstBetPr	Öffentlich-rechtlich Anstalt unter Beteiligung Privater
ÖffrechtAnst	Öffentlich-rechtliche Anstalten und ihre Nutzung
ÖffrechtGes	Öffentlich-rechtliche Gesellschaft
ÖffrechtStft	Öffentliche Stiftungen
ÖffSB	Öffentliche Sachversicherung Braunschweig
ÖffUntDemWirt	Öffentliche Unternehmen im Spannungsfeld zwischen Demokratie und Wirtschaftlichkeitsprinzip
ÖffUntern	Öffentliche Unternehmen
ÖffUntWRform	Öffentliche Unternehmen: Optimierungsmöglichkeiten durch die Wahl der Rechtsform und Organisation
ÖffWirtprivH	Öffentliche Wirtschaftseinheiten in privater Hand
ÖffWirtR	Öffentliches Wirtschaftsrecht
OldL	Oldenburgische Landschaft
OLG	Oberlandesgericht

OrgbundeigVerw	Organisationsgewalt im Bereich der bundeseigenen Verwaltung
OrgsftjurPers	Juristische Person und Staatsperson
OVG	Oberverwaltungsgericht
PersGrAöffrK	Die personellen Grenzen der Autonomie öffentlich-rechtlicher Körperschaften
PolAN	Polizeiakademie Niedersachsen
PPP	Public Private Partnership
PrivEkomAufg	Der Private bei der Erledigung kommunaler Aufgaben
PrivHaftbstaatVer	Privatrechtliche Haftungsbeschränkung und staatliche Verantwortung
PrivREchtsF	Privatisierung der Rechtsform
PrivStiftöffZw	Die privatrechtliche Stiftung als Instrument zur Wahrnehmung öffentlicher Zwecke
PrLV-H	Provinzial-Lebensversicherung Hannover
RamBmG	Rammelsberger Bergbaumuseum Goslar GmbH
RchStiftVolksw	Rechtscharakter der Stiftung Volkswagenwerk
RechtsFormW	Rechtsformenwahl
RechtskommStift	Rechtsfragen kommunaler Stiftungen
ResFN	Resozialisierungsfonds beim Niedersächsischen Justizministerium
RformUniKlin	Rechtsformen des Universitätsklinikums
RfVerwEinh	Rechtsfähige Verwaltungseinheit
RfwPrivöffrAnst	Rechtsformwahrende Privatisierung von öffentlich-rechtlichen Anstalten
RitLBr	Ritterschaft des ehemaligen Landes Braunschweig
RkommUnter	Rechtspraxis der kommunalen Unternehmen
RKrdSt	Ritterschaftliches Kreditinstitut Stade
Rn.	Randnummer
RR	Rechtsprechungs-Report
RStatkommUntPRivrf	Der rechtliche Status kommunaler Unternehmen in Privatrechtsform
RtfwissHochS	Rechtsformen der wissenschaftlichen Hochschule
RthjurMethL	Rechtstheorie mit Juristischer Methodenlehre
S.	Seite(n)
SagAG	Salzgitter AG
SBK	Stiftung Braunschweigischer Kulturbesitz
SbR	Stiftung des bürgerlichen Rechts
SelbstOrdpr	Selbstverwaltung als Ordnungsprinzip

SitftVerf	Stiftung und Verfassung
SnGst	Stiftung niedersächsischer Gedenkstätten
SondVerBund	Sondervermögen des Bundes
SöR	Stiftung des öffentlichen Rechts
St-TiHo	Stiftung Tierärztliche Hochschule
st.	staatlich
StaataUntn	Staat als Unternehmer
StaN	Steuerakademie Niedersachsen
StbRB	Stiftung des Landes Niedersachsen für berufliche Rehabilitation
StEStwFwFm	Staatliches Engagement im Stiftungswesen zwischen Formenwahlfreiheit und Formenmissbrauch
SteukomAktdG	Möglichkeiten und Grenzen der Steuerung kommunaler Aktiengesellschaften durch ihre Gebietskörperschaften
StfRHdB	Stiftungsrecht-Handbuch
StHaftprivOrgf	Staatliche Haftungsbeschränkung durch Inanspruchnahme privatrechtlicher Organisationsformen
StiftHschD	Stiftungshochschulen in Deutschland
StiftprivRöffrOrgm	Stiftung privaten Rechts als öffentlich-rechtliches Organisationsmodell
StiftRStaAufs	Stiftungsrecht und Staatsaufsicht
StJbJ	Stiftung Jugendbildung Juist
StkommEigenges	Steuerung der kommunalen Eigengesellschaft
StLSb	Stiftung Lager Sandbostel
StN	Stiftung Niedersachsen
stnStiftBerAut	Problem „staatsnaher“ Stiftungen unter besonderer Berücksichtigung ihrer Autonomie
StOpfH	Stiftung Opferhilfe Niedersachsen
StrWirtVerwORgF	Strukturen der Wirtschaftsverwaltung, Organisationsformen und Gestaltungsmöglichkeiten im Wirtschaftsverwaltungsrecht
StTIB(G)	Stiftung „Technische Informationsbibliothek (TIB)“
Stud-LUH	Studierendenschaft der Leibniz Universität Hannover
StW-G	Studentenwerk Göttingen
StW-H	Studentenwerk Hannover
StZAPf	Stiftung Zukunft der Altenpflegeausbildung
StZIN	Stiftung Zukunfts- und Innovationsfonds Niedersachsen
SyströmR	System des heutigen römischen Rechts
SysVerwR	System des Verwaltungsrechts

TeilprikomSparK	Teilprivatisierung kommunaler Sparkassen
TeilrfUltraViresöffR	Teilrechtsfähigkeit juristischer Personen des öffentlichen Rechts und die Ultra-vires-Doktrin des öffentlichen Rechts
TIB	Technische Informationsbibliothek
tr	teil-rechtsfähig
u. a.	unter anderem
UmwgemUnt	Umwandlung gemeindlicher Unternehmen
UnabBaFin	Unabhängigkeit der Bundesanstalt für Finanzdienstleistungsaufsicht
usw.	und so weiter
VBlBW.	Verwaltungsblätter für Baden-Württemberg
VE	Verwaltungseinheit
VereinodKörpS	Verein oder Körperschaft
VerfGrdlstAn	Verfassungsrechtliche Grundlagen der selbstverwalteten Anwaltschaft
VerfVerwNieders	Verfassung und Verwaltung des Landes Niedersachsen
VernLandBank	Vernetzung der Landesbanken
VerOrgRSteuR	Verwaltungsorganisationsrecht als Steuerungsressource
VertKomjurPers	Vertretung der Kommunen in den Mitgliederorganen von juristischen Personen des Privatrechts
VerwArch	Verwaltungsarchiv
VerwGesellR	Verwaltungsgesellschaftsrecht
VerwPrivRf	Verwaltung in Privatrechtsform
VerwPrvRVerGesR	Verwaltungsprivatrecht und Verwaltungsgesellschaftsrecht
VerwR	Verwaltungsrecht
vgl.	vergleiche
VORIS	Niedersächsisches Vorschriften-Informationssystem
VVDStRL	Veröffentlichungen der Vereinigung der Deutschen Staatsrechtslehrer
VWAg	Volkswagen AG
VwÄKN	Ärzteversorgung Niedersachsen
VwGO	Verwaltungsgerichtsordnung
VwIngK	Versorgungswerk der Ingenieurkammer
VWSt	Volkswagenstiftung
VZG	Verbundzentrale des Gemeinsamen Bibliothekenverbandes
WahlOrgForm	Wahl der Organisationsform kommunaler Einrichtungen
WBRföffVerwOrg	Wahl und Bewertung von Rechtsformen für öffentliche Verwaltungsorganisationen
WeuntfreiRäumVerw	Weisungs- und unterrichtsfreie Räume in der Verwaltung

WM	Wertpapier-Mitteilungen
z. B.	zum Beispiel
ZeVA	Zentrale Evaluations- und Akkreditierungsagentur Hannover
ZGR	Zeitschrift für Unternehmens- und Gesellschaftsrecht
ZIP	Zeitschrift für Wirtschaftsrecht
ZögU	Zeitschrift für öffentliche und gemeinwirtschaftliche Unternehmen
ZUM	Zeitschrift für Urheber- und Medienrecht

Literaturverzeichnis

Name des Autors	Titel des Werkes	Zitiert als[1549]
Adenauer, Konrad/ Merk, Sebastian	(Un-)bedingte Handlungsfreiheit öffentlicher Unternehmen?, NZG 2013, S. 1251–1256.	
Ahmann, Verena	Öffentlich- und privatrechtliche Organisationsformen kommunaler Einrichtungen der Daseinsvorsorge; Eine rechtsvergleichende Untersuchung am Beispiel der Abwasserbeseitigung in Deutschland und den Vereinigten Staaten von Amerika, Münster 2009.	ÖffprivOrgFkommE
Alfuß, Werner E.	Staatliche Haftungsbeschränkung durch Inanspruchnahme privatrechtlicher Organisationsformen, Köln 1976.	StHaftprivOrgf
Alscher, Sarah	Die Stiftung des Öffentlichen Rechts, München 2006.	DStiftungÖffR
Altmeppen, Holger	Die Einflussrechte der Gemeindeorgane in einer kommunalen GmbH, NJW 2003, S. 2561–2567.	
Altmüller, Reinhard	Privatrechtliche oder öffentlich-rechtliche Form für kommunale Unternehmen?, VBlBW. 1984, S. 61–63.	
Anders, Rudolf	Eigenbetriebsrecht Niedersachsen, 5. Auflage, Wiesbaden 2011.	EigbtrR
Andrick, Bernd	Stiftungsrecht und Staatsaufsicht unter besonderer Berücksichtigung der nordrhein-westfälischen Verhältnisse, Baden-Baden 1988.	StiftRStaAufs

1549 Für die weiteren Abkürzungen siehe das Abkürzungsverzeichnis.

Austmann, Andreas	Aktiengesellschaft, Beschlüsse und Wahlen, in: Münchener Handbuch des Gesellschaftsrechts Bd. 4, 4. Auflage, München 2015.	MüHBGesR
Backhaus, Jürgen	Öffentliche Unternehmen; Zum Wirtschaftsrecht, den Funktionen und Rechtsformen öffentlicher Unternehmen, 2. Auflage, Frankfurt am Main 1980.	ÖffUntern
Badura, Peter	Die Erfüllung öffentlicher Aufgaben und die Unternehmenszwecke bei der wirtschaftlichen Betätigung der öffentlichen Hand, in: v. Münch (Hrsg.), Staatsrecht – Völkerrecht – Europarecht, Festschrift für Hans-Jürgen Schlochauer zum 75. Geburtstag, Berlin u. a. 1981, S. 3–23.	
Badura, Peter	Die organisatorische Gestaltungsfreiheit des Staates und die juristischen Personen des öffentlichen Rechts, in: Verfassung als Verantwortung und Verpflichtung, Festschrift zum 50-jährigen Bestehen des Bayrischen Verfassungsgerichtshofs, Stuttgart u. a. 1997, S. 9–26.	
Battis, Ulrich	Zur Reform des Organisationsrechts der Hochschulen, DÖV 2006, S. 498–504.	
Battis, Ulrich/ Kersten, Jens	Demokratieprinzip und Mitbestimmung im öffentlichen Dienst, DÖV 1996, S. 584–593.	
Becker, Bernd	Typische Eigenschaften der privatrechtlich organisierten Bundesverwaltung, Die Verwaltung 1979, S. 161–185.	
Becker, Florian	Die Vernetzung der Landesbanken, Berlin 1998.	VernLandBank

Becker, Florian	Die Landesrechtliche „Kapitalgesellschaft des öffentlichen Rechts“ in der bundesstaatlichen Kompetenzordnung, DÖV 1998, S. 97–106.	
Becker, Joachim	Verwaltungsprivatrecht und Verwaltungsgesellschaftsrecht, am Beispiel des Rechtsschutzes bei Entscheidungen der Treuhandanstalt, Baden-Baden 1994.	VerwPrvRVerGesR
Becker, Joachim	Das Demokratieprinzip und die Mitwirkung Privater an der Erfüllung öffentlicher Aufgaben, DÖV 2004, S. 910–915.	
Becker, Ralph	Aktiengesellschaft, in: Wurzel/Schraml/ders. (Hrsg.), Rechtspraxis der kommunalen Unternehmen, 3. Auflage, München 2015, S. 201–224.	RkommUnter
Becker, Ralph	Gesellschaft mit beschränkter Haftung, in: Wurzel/Schraml/ders. (Hrsg.), Rechtspraxis der kommunalen Unternehmen, 3. Auflage, München 2015, S. 182–201.	RkommUnter
Berg, Winfried	Die öffentlich-rechtliche Anstalt, NJW 1985, S. 2294–2301.	
Bethge, Herbert	Die Grundrechtsberechtigung juristischer Personen nach Art. 19 Abs. 3 Grundgesetz, Passau 1985.	GrdbjurPers
Bethge, Herbert	Das Selbstverwaltungsrecht im Spannungsfeld zwischen institutioneller Garantie und grundrechtlicher Freiheit, in: v. Mutius (Hrsg.), Selbstverwaltung im Staat der Industriegesellschaft, Festgabe zum 70. Geburtstag von Georg Christoph v. Unruh, Heidelberg 1983, S. 149–170.	

Beuthien, Volker	Verein, Stiftung des bürgerlichen Rechts, Gesellschaftliche Bedeutung, Begriff und Arten der Stiftung, in: Münchener Handbuch des Gesellschaftsrechts Bd. 5, 3. Auflage, München 2009.	MüHBGesR
Beuthien, Volker	Öffentliche Kreditwirtschaft zwischen Marktanpassung und Strukturwandel, WM 2004, S. 1467–1475.	
Bezzenberger, Gerold/ Schuster, Detlev	Die Öffentliche Anstalt als abhängiges Konzernunternehmen, ZGR 1996, S. 481–499.	
Bieback, Karl-Jürgen	Die öffentliche Körperschaft, Ihre Entstehung, die Entwicklung ihres Begriffs und die Lehre vom Staat und den innerstaatlichen Verbänden in der Epoche des Konstitutionalismus in Deutschland, Berlin 1976.	ÖffKörp
Blessing, Matthias	Öffentlich-rechtliche Anstalten unter Beteiligung Privater, Baden-Baden 2008.	ÖffrAnstBetPr
Blume, Thomas	Dekonstruktion, in: Rehfus (Hrsg.) Handwörterbuch Philosophie, Göttingen 2011 (Online-Ausgabe: www.philosophie-woerterbuch.de/online-woerterbuch).	HdBPhil
Bockamp, Guido/ Tesfaiesus, Awet	Die Gebietskörperschaft als Stifterin – Eine Analyse der Möglichkeiten und Grenzen eines dritten Weges zwischen Privatisierung und Verstaatlichung in der Daseinsvorsorge, KommJur 2009, S. 88–97.	
Böckenförde, Ernst-Wolfgang	Demokratie und Verfassungsprinzip, in: Isensee/Kirchhof, Handbuch des Staatsrechts Bd. 2, Heidelberg 2004, S. 429–496.	HdBdStR

Boergen, Rüdiger	Die Gründung privatrechtlich organisierter bundesabhängiger Nicht-Wirtschafts-Unternehmen, DVBl. 1971, S. 869–878.	
Bohn, Ulf Jürgen	Die Anstalt des öffentlichen Rechts unter Berücksichtigung des Wandels der Anstalt durch die Beteiligung Dritter, Tübingen 2005.	AnstÖffBetDritt
Bostedt, Achim/ Fehling, Michael	Der Zugriff des Muttergemeinwesens auf Einnahmen und Vermögen einer Anstalt des öffentlichen Rechts, VBlBW 1998, S. 247–254.	
Braukmann, Michael	Mangelnde demokratische Legitimation und funktionswidrige Organisationsstrukturen der niedersächsischen Stiftungsuniversitäten, JZ 2004, S. 662–666.	
Brenner, Michael	Gesellschaftliche Ingerenzmöglichkeiten von Kommunen auf privatrechtlich ausgestaltete kommunale Unternehmen, AöR 2002, S. 222–250.	
Breuer, Rüdiger	Die öffentlichrechtliche Anstalt, VVDStRL 44, 1986, S. 211–243.	
Britz, Gabriele	Die Mitwirkung Privater an der Wahrnehmung öffentlicher Aufgaben durch Einrichtungen des öffentlichen Rechts, VerwArch 2000, S. 418–437.	
Britz, Gabriele	Funktion und Funktionsweise öffentlicher Unternehmen im Wandel: Zu den jüngsten Entwicklungen im Recht der kommunalen Wirtschaftsunternehmen, NVwZ 2001, S. 380–387.	
Brohm, Winfried	Strukturen der Wirtschaftsverwaltung, Organisationsformen und Gestaltungsmöglichkeiten im Wirtschaftsverwaltungsrecht, Stuttgart u. a. 1969.	StrWirtVerwORgF
Brosius-Gersdorf, Frauke	Deutsche Bundesbank und Demokratieprinzip, Berlin 1997.	DtBankDemPr

Broß, Siegfried/ Mayer, Karl-Georg	Art. 86, in: v. Münch/Kunig, Grundgesetz-Kommentar, Bd. 3, München 2012.	
Brünning, Christoph	Der Private bei der Erledigung kommunaler Aufgaben, Berlin 1997.	PrivEkomAufg
Bull, Hans Peter	Art. 86, in: Wassermann, Alternativkommentar Grundgesetz, 3. Auflage, Neuwied EL 2001.	Akom-GG
Bull, Hans Peter	Über Formwahl, Formwahrheit und Verantwortungsklarheit in der Verwaltungsorganisation, in: Geis/Lorenz (Hrsg.), Staat – Kirche – Verwaltung, Festschrift für Hartmut Maurer zum 70. Geburtstag, München 2001, S. 545–563.	
Bull, Hans Peter/ Mehde, Veith	Allgemeines Verwaltungsrecht mit Verwaltungslehre, 9. Auflage, Heidelberg 2015.	AllgVerwR
Bungert, Hartwin	Aktiengesellschaft, in: Münchener Handbuch des Gesellschaftsrechts Bd. 4, 4. Auflage, München 2015.	MüHBGesR
Burgard, Ulrich	Das neue Stiftungsprivatrecht, NZG 2002, S. 697–702.	
Burgi, Martin	Verwaltungsorganisationsrecht, in: Erichsen/Ehlers, Allgemeines Verwaltungsrecht, 14. Auflage, Berlin u. a. 2010.	
Burgi, Martin	Art. 86, in: v. Mangoldt/Klein/Starck, Kommentar zum Grundgesetz, Bd. 3, 6. Auflage, München 2010.	
Burgi, Martin	Funktionale Privatisierung und Verwaltungshilfe, Tübingen 1999.	FunktPrivVerwH
Burmeister, Günter Cornelius	Herkunft, Inhalt und Stellung des institutionellen Gesetzesvorbehalts, Berlin 1991.	HerInStGEsVorb

Burmeister, Joachim	Verfassungsrechtliche Grundfragen der kommunalen Wirtschaftsbetätigung, in: v. Mutius (Hrsg.), Selbstverwaltung im Staat der Industriegesellschaft, Festgabe zum 70. Geburtstag von Georg Christoph v. Unruh, Heidelberg 1983, S. 623–658.	
Chen, Ai-er	Öffentlich-rechtliche Anstalten und ihre Nutzung, Baden-Baden 1994.	ÖffrechtAnst
Claussen, Bernd	Teilprivatisierung kommunaler Sparkassen? Ökonomische und rechtliche Rahmenbedingungen für eine Beteiligung Privater an den kommunalen Kreditinstituten, Baden-Baden 1990.	TeilprikomSparK
Cremer, Wolfram	Gewinnstreben als öffentliche Unternehmen legitimierender Zweck: Die Antwort des Grundgesetzes, DÖV 2003, S. 921–932.	
Cronauge, Ulrich/ Westermann, Georg	Kommunale Unternehmen, Eigenbetrieb – Kapitalgesellschaften – Zweckverbände, 5. Auflage, Berlin 2006.	KommUntern
Dagtoglou, Prodromos	Die Beteiligung Privater an Verwaltungsaufgaben, DÖV 1970, S. 532–537.	
de Wall, Heinrich	Die Anwendbarkeit privatrechtlicher Vorschriften im Verwaltungsrecht, Tübingen 1999.	AnwprivVerwR
Dehnhard, Albrecht	Die Bankengesellschaft Berlin – eine fehlerhafte Konstruktion, LKV 2003, S. 121–123.	
Detterbeck, Steffen	Allgemeines Verwaltungsrecht: Mit Verwaltungsprozessrecht, 13. Auflage, München 2015.	
Dewald, Stephan	Die privatrechtliche Stiftung als Instrument zur Wahrnehmung öffentlicher Zwecke, Frankfurt am Main u. a. 1990.	PrivStiftöffZw

Diekmann, Hans/ Marsch-Barner, Reinhard	GmbH, Bestellung und Abberufung des Geschäftsführers, in: Münchener Handbuch des Gesellschaftsrechts Bd. 3, 4. Auflage, München 2012.	MüHBGesR
Dittmann, Armin	Die Bundesverwaltung, Tübingen 1983.	BundVerw
Draf, Florian	Körperschaft des öffentlichen Rechts im nur formellen Sinn oder eingetragener Verein: ein Rechtsformvergleich am Beispiel des Bayrischen Landkreistages im Vergleich mit dem Landkreistag Nordrhein-Westfalen, Göttingen 2006.	KörpöfffSReV
Dreier, Horst	Hierarchische Verwaltung im demokratischen Staat, Tübingen 1991.	HierVerwDemStaat
Ebersbach, Harry	Die Stiftung des öffentlichen Rechts, Göttingen 1961.	DStiftungÖffR
Ehlers, Dirk	Die Entscheidung der Kommunen für eine öffentlich-rechtliche oder privatrechtliche Organisation ihrer Einrichtungen und Unternehmen, DÖV 1986, S. 897–905.	
Ehlers, Dirk	Verwaltung in Privatrechtsform, Berlin 1984.	VerwPrivRf
Ehlers, Dirk	Verfassungsrechtliche Grundlagen, Liberalisierung und Regulierung, öffentliche Unternehmen, in: Schmidt-Aßmann/Dolde, Beiträge zum öffentlichen Wirtschaftsrecht; Frankfurt am Main 2005, S. 203–236.	ÖffWirtR
Ehlers, Dirk	Die Lehre von der Teilrechtsfähigkeit juristischer Personen des öffentlichen Rechts und die Ultra-vires-Doktrin des öffentlichen Rechts, Berlin 2000.	TeilrfUltraViresöffR
Ehlers, Dirk	Die wirtschaftliche Betätigung der öffentlichen Hand in der Bundesrepublik Deutschland, JZ 1990, S. 1089–1100.	
Ehlers, Dirk	Interkommunale Zusammenarbeit in Gesellschaftsform, DVBl. 1997, S. 137–145.	

Ehlers, Dirk	Die Anstalt öffentlichen Rechts als neue Unternehmensform der kommunalen Wirtschaft, ZHR 2003, S. 546–579.	
Eichhorn, Peter/ Schulz, Norbert	Das Kommunalunternehmen AöR als attraktive Option, ZögU 2005, S. 187–191.	
Emde, Ernst Thomas	Die demokratische Legitimation der funktionalen Selbstverwaltung, Berlin 1991.	DemLegfunktSelbst
Endrös, Alfred	Entstehung und Entwicklung des Begriffs „Körperschaft des öffentlichen Rechts“, Wien u. a. 1985.	EntstKörpöffR
Engellandt, Frank	Die Einflußnahme der Kommunen auf ihre Kapitalgesellschaften über das Anteilseignerorgan, Heidelberg 1995.	EinflKomKapGes
Erbguth, Wilfried	Allgemeines Verwaltungsrecht mit Verwaltungsprozess- und Staatshaftungsrecht, 8. Auflage, Baden-Baden 2016.	
Erbguth, Wilfried/ Stollmann, Frank	Erfüllung öffentlicher Aufgaben durch private Rechtssubjekte? – Zu den Kriterien bei der Wahl der Rechtsform -, DÖV 1993, S. 798–809.	
Erdmann, Joachim	Die Anstalt des öffentlichen Rechts – eine neue Rechtsform für gemeindliche Betriebe in Niedersachsen, NdsVBl. 2003, S. 261–265.	
Erichsen, Hans-Uwe	Die Vertretung der Kommunen in den Mitgliederorganen von juristischen Personen des Privatrechts, Köln u. a. 1990.	VertKomjurPers
Faber, Heiko	Verwaltungsrecht, 4. Auflage, Tübingen 1995.	

Faber, Tobias	Gesellschaftsrechtliche Bindungen für Aufsichtsratsmitglieder von kommunalen Eigengesellschaften im Spannungsfeld zum hessischen Kommunalverfassungsrecht, Frankfurt am Main u. a. 2010.	GesBindAufsM
Fastrich, Lorenz	Zweck, in: Baumbach/Hueck/ders., GmbHG, 20. Auflage, München 2013.	
Fett, Torsten	Öffentlich-rechtliche Anstalten als abhängige Konzernunternehmen, Berlin 2000.	ÖffrAnstabKonU
Fichtmüller, Carl Peter	Zulässigkeit ministerialfreien Raums in der Bundesverwaltung, AöR 1966, S. 297–355.	
Fiedler, Albrecht	Staatliches Engagement im Stiftungswesen zwischen Formenwahlfreiheit und Formenmissbrauch, Berlin 2004.	StEStwFwFm
Fittschen, Dierk	Universität Göttingen in der Trägerschaft einer Stiftung des öffentlichen Rechts?, NdsVBl. 2006, S. 216–219.	
Fleiner, Fritz	Institutionen des Deutschen Verwaltungsrechts, 8. Auflage, Tübingen 1928.	InstrDtVerwR
Flume, Werner	Allgemeiner Teil des Bürgerlichen Rechts, Bd. 1 Teil 2, Berlin u. a. 1983.	AllgTBürgR
Folz, Hans-Ernst	Die Selbstverwaltung der Studentenwerke, in: v. Mutius (Hrsg.), Selbstverwaltung im Staat der Industriegesellschaft, Festgabe zum 70. Geburtstag von Georg Christoph v. Unruh, Heidelberg 1983, S. 901–918.	
Forsthoff, Ernst	Lehrbuch des Verwaltungsrechts, Bd. 1, 10. Auflage, München 1973.	
Franz, Thorsten	Gewinnerzielung durch kommunale Daseinsvorsorge, Tübingen 2005.	GewkommDasv

Fritz, Stefan	Stiftungsvermögen und seine Anlage, in: Werner/Saenger (Hrsg.), Die Stiftung, Recht, Steuern, Wirtschaft, Berlin 2008.	DStfRStW
Fröhler, Ludwig/ Oberndorfer, Peter	Körperschaften des öffentlichen Rechts und Interessenvertretung, München 1974.	KörpöffRIntV
Früchtl, Bernd	Die Aktiengesellschaft als Rechtsform für die wirtschaftliche Betätigung der öffentlichen Hand, Köln u. a. 2009.	AktgRfwirtöffH
Gallwas, Hans-Ulrich	Die Erfüllung von Verwaltungsaufgaben durch Private, VVDStRL 29, 1971, S. 211–233.	
Gärtner, Bertolt-D.	Finanzielle Beteiligung Privater an Anstalten des öffentlichen Rechts, Lauffen am Neckar 1994.	FinzBetPrivAnöffR
Gaß, Andreas	Die Umwandlung gemeindlicher Unternehmen, Entscheidungsgründe für die Wahl einer Rechtsform und Möglichkeiten des Rechtsformwechsels, Stuttgart u. a. 2003.	UmwgemUnt
Geiger, Willi	Das Demokratieverständnis des Grundgesetzes, in: Demokratie und Verwaltung, Berlin 1972, S. 229–245.	DemVerw
Gersdorf, Hubertus	Öffentliche Unternehmen im Spannungsfeld zwischen Demokratie und Wirtschaftlichkeitsprinzip, Berlin 2000.	ÖffUntDemWirt
Gierke, Otto	Die Genossenschaftstheorie und die deutsche Rechtsprechung, Berlin 1887 (Reprint 1983).	GenthdeuRspr
Gierke, Otto	Deutsches Privatrecht Bd. 1, 1. Auflage, Leipzig 1895 (Reprint 1936).	DeutPrivR
Gölz, Heide	Der Staat als Stifter, Bonn 1999.	DStaatalsStift
Griga, Martin	Verfassungsrechtliche Grundlagen der selbstverwalteten Anwaltschaft, München 2014.	VerfGrdlstAn

Groß, Thomas	Die Verwaltungsorganisation als Teil organisierter Staatlichkeit, in: Hoffmann-Riem/Schmidt-Aßmann/Voßkuhle, Grundlagen des Verwaltungsrechts, Bd. 1, 2. Auflage, München 2012.	GdlVerwR
Groß, Thomas	Art. 86, in: Frilauf/Höfling, Berliner Kommentar zum Grundgesetz, Bd. 4, Berlin EL 2002.	
Groß, Thomas	Das Kollegialprinzip in der Verwaltungsorganisation, Tübingen 1999.	KollprVerwOrg
Gruneberg, Ralf	Abwasserbeseitigung durch kommunale Unternehmen: unter besonderer Berücksichtigung der Anstalt des öffentlichen Rechts – zugleich ein Beitrag zur Rechtsformenwahldiskussion, Köln 2007.	AbwkommUnt
Grziwotz, Herbert	GmbH, Wahl der Rechtsform, in: Münchener Handbuch des Gesellschaftsrechts Bd. 3, 4. Auflage, München 2012.	MüHBGesR
Gundlach, Ulf	Die Insolvenzfähigkeit juristischer Personen und Vermögen des öffentlichen Rechts, DÖV 1999, S. 815–823.	
Gundlach, Ulf	Die Haftung der Gemeinden für ihre Eigengesellschaften, LKV 2000, S. 58–64.	
Gundlach, Ulf/ Frenzel, Volkhard/ Schmidt, Nikolaus	Das kommunale Aufsichtsratsmitglied im Spannungsfeld zwischen öffentlichem Recht und Gesellschaftsrecht, LKV 2001, S. 246–252.	
Gurlit, Elke	Grundrechtsbindung von Unternehmen, NZG 2012, S. 249–255.	
Gusy, Christoph	Die Bindung privatrechtlichen Verwaltungshandelns an das öffentliche Recht, DÖV 1984, S. 872–881.	

Habersack, Mathias	Private public partnership: Gemeinschaftsunternehmen zwischen Privaten und der öffentlichen Hand – Gesellschaftsrechtliche Analyse –, ZGR 1996, S. 544–563.	
Han, Myeongjin	Die Unabhängigkeit der Bundesanstalt für Finanzdienstleistungsaufsicht, Frankfurt am Main 2015.	UnabBaFin
Hauser, Werner	Die Wahl der Organisationsform kommunaler Einrichtungen, Köln u. a. 1987.	WahlOrgForm
Häußermann, Daniel Alexander	Die Steuerung der kommunalen Eigengesellschaft, Stuttgart 2004.	StkommEigenges
Heintzen, Markus	Beteiligung Privater an der Wahrnehmung öffentlicher Aufgaben und staatliche Verantwortung, VVDStRL 62, 2003, S. 202–260.	
Helios, Marcus / Friedrich, Till	Stiftung des bürgerlichen Rechts, Vermögen, Begriff und Art, in: Münchener Handbuch des Gesellschaftsrechts Bd. 5, 3. Auflage, München 2009.	MüHBGesR
Hellermann, Johannes	Handlungsformen und Handlungsinstrumentarien wirtschaftliche Betätigung, in: Hoppe/Uechtritz/Reck (Hrsg.), Handbuch Kommunale Unternehmen, 3. Auflage, Köln 2012, S. 133–218.	HdBkommUnt
Hendler, Reinhard	Selbstverwaltung als Ordnungsprinzip, Köln u. a. 1984.	SelbstOrdpr
Hermes, Georg	Art 86, in: H. Dreier (Hrsg.), Grundgesetz-Kommentar, Bd. 3, 2. Auflage, Tübingen 2008.	
Hof, Hagen	Verfassungsrechtliche Grundlagen, in: v. Campenhausen/Richter (Hrsg.), Stiftungsrecht-Handbuch, 4. Auflage, München 2014.	StfRHdB
Hoffmann-Becking, Michael	Aktiengesellschaft, Aufgaben des Aufsichtsrats, in: Münchener Handbuch des Gesellschaftsrechts Bd. 4, 4. Auflage, München 2015.	MüHBGesR

Hoffmann-Riem, Wolfgang	Eigenständigkeit der Verwaltung, in: ders./Schmidt-Aßmann/Voßkuhle, Grundlagen des Verwaltungsrechts, Bd. 1, 2. Auflage, München 2012.	GdlVerwR
Hofmann, Harald	Organisation der öffentlichen Verwaltung, in: ders./Gerke, Allgemeines Verwaltungsrecht, 10. Auflage, Stuttgart 2010.	
Hogeweg, Michaela	Die kommunale Anstalt in Niedersachsen, Baden-Baden 2007.	KomAnstNds
Hogeweg, Michaela	Fünf Jahre kommunale Anstalten in Niedersachsen, NdsVBl. 2008, S. 33–37.	
Holz, Dagmar/ Kürten, Nils/ Grabolle, Sabine	Die Anstalt des öffentlichen Rechts als Organisations- und Kooperationsform, KommJur 2014, S. 281–286.	
Hoppe, Konstantin	Die abhängige Stiftung (Grenzen der Stiftungsautonomie), Berlin 2003.	DabhStift
Houben, Anja	Die Rechtsformen des Universitätsklinikums, Frankfurt am Main 2014.	RformUniKlin
Hsu, Chun-Chen	Institutionen körperschaftlicher Selbstverwaltung, Hamburg 2004.	InstkörpSV
Ibler, Martin	Art 86, in: Maunz/Dürig, Grundgesetz-Kommentar, München 74. EL 2015.	
Ipsen, Jörn	Allgemeines Verwaltungsrecht, 9. Auflage, München 2015.	
Ipsen, Jörn	Hochschulen in Trägerschaft von Stiftungen des öffentlichen Rechts – Ein Beitrag Niedersachsens zur Hochschulreform?, NdsVBl. 2003, S. 1–6.	
Irriger, Ulrich	Genossenschaftliche Elemente bei öffentlich-rechtlichen Körperschaften: dargestellt am Beispiel der Handwerksinnungen und der Wirtschaftskammern, Münster 1991.	GenEKöffR
Jecht, Hans	Die öffentliche Anstalt, Berlin 1963.	DöA

Jellinek, Walter	Verwaltungsrecht, Berlin 1931 (Reprint 1948).	
Jestaedt, Matthias	Demokratieprinzip und Kondominialverwaltung, Berlin 1993.	DemPrKondVerw
Jestaedt, Matthias	Grundbegriffe des Verwaltungsorganisationsrechts, in: Hoffmann-Riem/Schmidt-Aßmann/Voßkuhle, Grundlagen des Verwaltungsrechts, Bd. 1, 2. Auflage, München 2012.	GdlVerwR
Joppich, Hasso	Der Begriff der öffentlich-rechtlichen Stiftung, Kiel 1951.	BöffrtStift
Kaluza, Claudia	Die Stiftung privaten Rechts als öffentlich-rechtliches Organisationsmodell: Analyse und rechtliche Bewertung hoheitlicher Stiftungsorganisationsmodelle, Berlin 2010.	StiftprivRöffrOrgm
Kämmerer, Jörn Axel	Privatisierung, Tübingen 2001.	
Kemmer, Iris	Die mittelbare Staatsverwaltung und ihre ausbildungsrelevanten Themenbereiche, JA 2015, S. 328–335.	
Kemmler, Iris	Die Anstaltslast, Berlin 2001.	Anstlast
Kemmler, Iris	Keine Anstalt ohne Anstaltslast, DVBl. 2003, S. 100–107.	
Kempen, Bernhard	Die Formenwahlfreiheit der Verwaltung, München 1989.	FormWFVerw
Kiethe, Kurt	Gesellschaftsrechtliche Spannungslagen bei Public Private Partnerships, NZG 2006, S. 45–49.	
Kilian, Michael	Stiftungserrichtung durch die öffentliche Hand, in: Bellezza/ders./Vogel, Der Staat als Stifter, Stiftungen als Public-Private Partnerships im Kulturbereich, Gütersloh 2003, S. 11–134.	DStaatalsStift
Kilian, Michael	Die staatliche Stiftung, in: Werner/Saenger (Hrsg.), Die Stiftung, Recht, Steuern, Wirtschaft, Berlin 2008.	DStfRStW

Kilian, Michael	Nebenhaushalte des Bundes, Berlin 1993.	NebenhBund
Kilian, Ulrike	Arbeitsrecht und Stiftung, in: Werner/ Saenger (Hrsg.), Die Stiftung, Recht, Steuern, Wirtschaft, Berlin 2008.	DStfRStW
Kirchhof, Paul	Deutsche Sprache, in: Isensee/Kirchhof, Handbuch des Staatsrechts Bd. 2, Heidelberg 2004.	HdBdStR
Klein, Matthias	Die Betätigung der öffentlichen Hand als Aktionärin, Tübingen 1992.	BetöffHAktion
Kluth, Winfried	Funktionale Selbstverwaltung, Tübingen 1997.	FunkSbstVerw
Kluth, Winfried	in: Wolff/Bachof/Stober/ders., Verwaltungsrecht, Bd. 2, 7. Auflage, München 2010.	
Knof, Béla	Aufgaben im öffentlichen Interesse, in: Münchener Handbuch des Gesellschaftsrechts Bd. 5, 3. Auflage, München 2009.	MüHBGesR
Koch, Thorsten	Der rechtliche Status kommunaler Unternehmen in Privatrechtsform, Baden-Baden 1994.	RStatkommUnt-PRivrf
Kölble, Josef	Grundgesetz und „gemeinsame Ländereinrichtungen“, DVBl. 1965, S. 867–869.	
Köller, Sandra	Funktionale Selbstverwaltung und ihre demokratische Legitimation, Berlin 2009.	FunktSelbstdemLeg
Korte, Heinrich/ Rebe, Bernd	Verfassung und Verwaltung des Landes Niedersachsen, 2. Auflage, Göttingen 1986.	VerfVerwNieders
Korte, Otto	Gesellschaft mit beschränkter Haftung, in: Wurzel/Schraml/Becker (Hrsg.), Rechtspraxis der kommunalen Unternehmen, 3. Auflage, München 2015, S. 182–201.	RkommUnter

Korte, Otto	Entziehung der Rechtsfähigkeit, in: Münchener Handbuch des Gesellschaftsrechts Bd. 5, 3. Auflage, München 2009.	MüHBGesR
Köttgen, Arnold	Die rechtsfähige Verwaltungseinheit, Berlin 1939.	RfVerwEinh
Köttgen, Arnold	Die Organisationsgewalt, VVDStRL 6, 1929, S. 105–141.	
Köttgen, Arnold	Die Organisationsgewalt, VVDStRL 16, 1958, S. 154–188.	
Kraft, Ernst Thomas	Verwaltungsgesellschaftsrecht; Zur Verpflichtung kommunaler Körperschaften, auf ihre Privatrechts-gesellschaften einzuwirken, Frankfurt am Main u. a. 1983.	VerwGesellR
Krebs, Walter	Die öffentlich-rechtliche Anstalt, NVwZ 1985, S. 609–616.	
Krebs, Walter	Verwaltungsorganisation, in: Isensee/Kirchhof, Handbuch des Staatsrechts Bd. 5, 3. Auflage, Heidelberg 2007, § 108.	HdBdStR
Krebs, Walter	Neue Bauformen des Organisationsrechts und ihre Einbeziehung in das Allgemeine Verwaltungsrecht, in: Schmidt-Aßmann/Hoffmann-Riem, Verwaltungsorganisationsrecht als Steuerungsressource, Baden-Baden 1997, S. 339–354.	VerOrgRSteuR
Kreienschulte, Peter	Der Rechtscharakter der Stiftung Volkswagenwerk, Münster 1969.	RchStiftVolksw
Kuhl, Thomas/ Wagner, Kersten	Das Insolvenzrisiko der Gläubiger kommunaler Eigengesellschaften, ZIP 1995, S. 433–445.	
Lange, Anna Lena	Die Beteiligung Privater an rechtsfähigen Anstalten des öffentlichen Rechts, 2008.	BetPrivrechtsfAnst

Lange, Christoph	Privatisierung der Rechtsform, Frankfurt am Main u. a. 1984.	PrivREchtsF
Lange, Klaus	Die öffentlichrechtliche Anstalt, VVDStRL 44, 1986, S. 167–210.	
Laubinger, Hans-Werner	Über Formwahl, Formwahrheit und Verantwortungsklarheit in der Verwaltungsorganisation, in: Geis/Lorenz (Hrsg.), Staat – Kirche – Verwaltung, Festschrift für Hartmut Maurer zum 70. Geburtstag, München 2001, S. 641–663.	
Lecheler, Helmut	Die Umwandlung einer Körperschaft des öffentlichen Rechts in eine Akteingesellschaft, in: Geis/Lorenz (Hrsg.), Staat – Kirche – Verwaltung, Festschrift für Hartmut Maurer zum 70. Geburtstag, München 2001, S. 665–677.	
Lehmann, Jens	Die Konkursfähigkeit juristischer Personen des öffentlichen Rechts, Berlin 1999.	KonkfjPöffR
Löer, Lambert	Körperschafts- und anstaltsinterne Rechts- und Zweckmäßigkeitskontrolle, München 1999.	KöranstRmZwK
Loeser, Roman	Wahl und Bewertung von Rechtsformen für öffentliche Verwaltungsorganisationen, Speyer 1988.	WBRföffVerwOrg
Loeser, Roman	System des Verwaltungsrechts, Bd. 2, Baden-Baden 1994.	SysVerwR
Loschelder, Wolfgang	Weisungshierarchie in der Exekutive, in: Isensee/Kirchhof, Handbuch des Staatsrechts Bd. 5, 3. Auflage, Heidelberg 2007.	HdBdStR
Lübbecke, Barbara	Das Kommunalunternehmen; Neue Organisationsform im kommunalen Wirtschaftsrecht von Nordrhein-Westfalen, Stuttgart 2004.	KommUntNRW

Lüke, Olaf	Notwendige und fakultative Organe, in: Münchener Handbuch des Gesellschaftsrechts Bd. 5, 3. Auflage, München 2009.	MüHBGesR
Maier-Bledjian, Larissa	Sondervermögen des Bundes, Frankfurt am Main 2011.	SondVerBund
Mann, Thomas	Die öffentlich-rechtliche Gesellschaft, Tübingen 2002.	ÖffrechtGes
Mann, Thomas	Die "Kommunalunternehmen" – Rechtsformalternative im kommunalen Wirtschaftsrecht, NVwZ 1996, S. 557–558.	
Mann, Thomas	Kritik am Konzept des Verwaltungsgesellschaftsrechts, Die Verwaltung 2002, S. 463–489.	
Maurer, Hartmut	Allgemeines Verwaltungsrecht, 18. Auflage, München 2011.	
Mayen, Thomas	Verwaltung durch unabhängige Einrichtungen, DÖV 2004, S. 45–55.	
Mayer, Otto	Deutsches Verwaltungsrecht Bd. 2, 3. Auflage, Leipzig 1924.	DtVerwR
Mayer, Otto	Deutsches Verwaltungsrecht, Bd. 2, 1. Auflage, Leipzig 1896.	DtVerwR
Mehde, Veith	Ausübung von Staatsgewalt und Public Private Partnership, VerwArch 2000, S. 540–565.	
Mehde, Veith	Neues Steuerungsmodell und Demokratieprinzip, Berlin 2000.	NeuStmDemPr
Mehde, Veith	Verwaltungsorganisation, in: Hartmann/Mann/Mehde (Hrsg.), Landesrecht Niedersachsen, Baden-Baden 2015, S. 57–69.	LdRNds
Mittmann, Gert	Demokratiegebot und rechtsstaatliche Überwachung bei selbstständigen Stiftungen und Anstalten, Darmstadt 1971	DemÜbStuAnst
Müller, Erwin	Die Bundesstiftung, Berlin 2009.	DBundStift

Müller, Martin	Grundlagen des öffentlichen Anstaltsrechts, in: Wolff/Bachof/Stober/Kluth, Verwaltungsrecht Bd. 2, 7. Auflage, München 2010.	
Müller, Mirjam Johanna	Die Rechtsformen der wissenschaftlichen Hochschule, Frankfurt am Main 2015.	RtfwissHochS
Müller, Nikolaus	Rechtsformenwahl bei der Erfüllung öffentlicher Aufgaben (institutional choice), Köln u. a. 1993.	RechtsFormW
Naendrup, Peter-Hubert	Privatrechtliche Haftungsbeschränkung und staatliche Verantwortung, Bielefeld 1967.	PrivHaftbstaatVer
Neumann, Heinzgeorg	Die Niedersächsische Verfassung, 3. Auflage, Stuttgart u. a. 2000.	
Nissel, Reinhardt	Der Stiftungszweck, in: Werner/Saenger (Hrsg.), Die Stiftung, Recht, Steuern, Wirtschaft, Berlin 2008.	DStfRStW
Nübling, Damaris/Dammel, Antje, Duke, Janet/Szczepaniak	Historische Sprachwissenschaft des Deutschen, Eine Einführung in die Prinzipien des Sprachwandels, 3. Auflage, Tübingen 2010.	HistSprwDt
Ochmann, Daniela	Rechtsformwahrende Privatisierung von öffentlich-rechtlichen Anstalten; Dargestellt am Holdingmodell zur Teilprivatisierung der Berliner Wasserbetriebe, Baden-Baden 2005.	RfwPrivöffrAnst
Oebbecke, Janberd	Rechtliche Vorgaben für die Gründung kommunaler Gesellschaften; Rechtliche Vorgaben für die Führung kommunaler Gesellschaften, in: Hoppe/Uechtritz/Reck (Hrsg.), Handbuch Kommunale Unternehmen, 3. Auflage, Köln 2012, S. 219–242; 243–270.	HdBkommUnt
Oebbecke, Janbernd	Demokratische Legitimation nichtkommunaler Selbstverwaltung, VerwArch 1990, S. 349–369.	

Oebbecke, Janbernd	Weisungs- und unterrichtsfreie Räume in der Verwaltung, Köln, 1986.	WeuntfreiRäum-Verw
Oebbecke, Janbernd	Verwaltungszuständigkeit, in: Isensee/Kirchhof, Handbuch des Staatsrechts Bd. 6, 3. Auflage, Heidelberg 2008, S. 743–809.	HdBdStR
Oldiges, Martin	Einheit der Verwaltung als Rechtsproblem, NVwZ 1987, S. 737–744.	
Ossenbühl, Fritz	Die deutschen Akademien der Wissenschaften als Körperschaft des öffentlichen Rechts, Paderborn u. a. 2005.	DtAkadWKöR
Ossenbühl, Fritz	Satzung, in: Isensee/Kirchhof, Handbuch des Staatsrechts Bd. 5, 3. Auflage, Heidelberg 2007, S. 353–385.	HdBdStR
Ossenbühl, Fritz	Mitbestimmung in Eigengesellschaften der öffentlichen Hand, ZGR 1996, S. 504–518.	
Ossenbühl, Fritz	Öffentliches Recht und Privatrecht in der Leistungsverwaltung, DVBl. 1974, S. 541–543.	
Papenfuß, Matthias	Die personellen Grenzen der Autonomie öffentlich-rechtlicher Körperschaften, Berlin 1991.	PersGrAöffrK
Parmentier, Miriam	Gläubigerschutz im öffentlichen Unternehmen; Die Haftung der Gebietskörperschaft für Verbindlichkeiten ihrer Eigengesellschaft, Baden-Baden 2000.	GlsöffUntern
Pautsch, Arne	Stiftungshochschulen in Deutschland: Rechtliche Grundlagen, Perspektiven und Grenzen eines Reformmodells, Marburg 2008.	StiftHschD
Peine, Franz-Joseph	Allgemeines Verwaltungsrecht, 11. Auflage, Heidelberg 2014.	
Pencereci, Turgut/ Brandt, Claudia	Die Kommunale Anstalt, LKV 2008, S. 293–300.	

Perchermeier, Anna	Landwirtschaftskammern als Modell funktionaler Selbstverwaltung, Baden-Baden 2014.	LwKMfunkSV
Pestalozza, Christian	Formmißbrauch des Staates, München 1973.	FromMißBrSt
Pfeifer, Axel	Möglichkeiten und Grenzen der Steuerung kommunaler Aktiengesellschaften durch ihre Gebietskörperschaften, München 1991.	SteukomAktdG
Pielow, Johann-Christian	Zwischen Flexibilität und demokratischer Legitimität: Neue Rechtsformen für kommunale Unternehmen (dargestellt am Beispiel des bayerischen Rechts), in: Epping/Fischer/v. Heinegg (Hrsg.), Brücken bauen und begehen, Festschrift für Knut Ipsen zum 65. Geburtstag, München 2000, S. 725–753.	
Preußner, Joachim	Organisationsrecht des Aufsichtsrates von Anstalten des Öffentlichen Rechts; Rechtliche Aspekte zur Tätigkeit von Aufsichtsräten am Beispiel der Landesbank Berlin (LBB), LKV 2004, S. 299–302.	
Püttner, Günter	Selbstverwaltung und Mitbestimmung, in: v. Mutius (Hrsg.), Selbstverwaltung im Staat der Industriegesellschaft, Festgabe zum 70. Geburtstag von Georg Christoph v. Unruh, Heidelberg 1983, S. 171–182.	
Püttner, Günter	Die öffentlichen Unternehmen, ein Handbuch zu Verfassungs- und Rechtsfragen der öffentlichen Wirtschaft, 2. Auflage, Stuttgart u. a. 1985.	ÖffUntern
Raiser, Thomas	Konzernverflechtungen unter Einschluß öffentlicher Unternehmen, ZGR 1996, S. 458–480.	
Richter, Andreas	Familienstiftung, in: Münchener Handbuch des Gesellschaftsrechts Bd. 5, 3. Auflage, München 2009.	MüHBGesR

Rieckers, Oliver	Mitgliedschaft der Aktionäre, in: Münchener Handbuch des Gesellschaftsrechts Bd. 4, 4. Auflage, München 2015.	MüHBGesR
Riehmer, Klaus	Körperschaften als Stiftungsorganisationen, Baden-Baden 1993.	KörpStiftOrg
Roelcke, Thorsten	Homonymie und Polysemie in den terminologischen und terminographischen Grundsatznormen des Deutschen Instituts für Normung e. V. (DIN), Lexicographica 2001, S. 92–143.	
Röger, Birgit	Insolvenz kommunaler Unternehmen in Privatrechtsform, Baden-Baden 2005.	InsokommUntPrv
Ronellenfitsch, Michael	Wirtschaftliche Betätigung des Staates, in: Isensee/Kirchhof, Handbuch des Staatsrechts Bd. 4, 3. Auflage, Heidelberg 2006; S. 1159–1199.	HdBdStR
Röpke, Axel Björn	Hochschule und Stiftung des öffentlichen Rechts: eine Untersuchung unter besonderer Berücksichtigung von Verfassung und Haushalt in Niedersachsen, Berlin 2006.	HschStiftöffR
Ruffert, Matthias	Grundlagen und Maßstäbe einer wirkungsvollen Aufsicht über kommunale wirtschaftliche Betätigung, VerwArch 2001, S. 27–57.	
Rüfner, Wolfgang	Formen öffentlicher Verwaltung im Bereich der Wirtschaft, Berlin 1967.	FormöffVerw
Rüfner, Wolfgang	Zur Lehre von der öffentlichen Anstalt, DÖV 1985, S. 605–610.	
Ruland, Franz	Verein oder Körperschaft?: zur Neuordnung der Spitzenverbände in der gesetzlichen Unfallversicherung durch das geplante Gesetz zur Reform der gesetzlichen Unfallversicherung (UV-Reformgesetz – UVRG), Baden-Baden 2007.	VereinodKörpS
Ruland, Franz	Verein oder Körperschaft?, NZS 2007, S. 337–344.	

Rüthers, Bernd/ Fischer, Christian/ Birk, Axel	Rechtstheorie mit Juristischer Methodenlehre, 8. Auflage, München 2015.	RthjurMethL
Sachs, Michael	Die Einheit der Verwaltung als Rechtsproblem, NJW 1987, S. 2338–2344.	
Sachs, Michael	Art. 86, in: ders. (Hrsg.), Grundgesetz Kommentar, 7. Auflage, München 2014.	
Saenger, Ingo	Wahl der Rechtsform Stiftung, in: Werner/ders. (Hrsg.), Die Stiftung, Recht, Steuern, Wirtschaft, Berlin 2008, S. 93–119.	DStfRStW
Salzwedel, Jürgen	Staatsaufsicht in der Verwaltung, VVDStRL 22, 1965, S. 206–257.	
Schiessl, Maximilian/Böhm, Nicolas	GmbH, Die Mitgliedschaftspflichten, in: Münchener Handbuch des Gesellschaftsrechts Bd. 3, 4. Auflage, München 2012.	MüHBGesR
Schlüter, Andreas/ Krüger, Doris	Die Gemeinde als Stifter – Ziele, Grenzen und Gestaltungsformen –, DVBl. 2003, S. 830–839.	
Schmidt-Aßmann, Eberhard	Verwaltungsorganisationsrecht als Steuerungsressource, in: ders./ Hoffmann-Riem, Verwaltungsorganisationsrecht als Steuerungsressource, Baden-Baden 1997.	VerOrgRSteuR
Schmidt, Karsten	Gesellschaftsrecht, 4. Auflage, Köln u. a. 2002.	
Schmidt, Reiner	Der Übergang öffentlicher Aufgabenerfüllung in private Rechtsformen, ZGR 1996, S. 345–363.	
Schneider, Udo	Regie- und Eigenbetrieb, in: Wurzel/ Schraml/Becker (Hrsg.), Rechtspraxis der kommunalen Unternehmen, 3. Auflage, München 2015, S. 121–155.	RkommUnter
Schoch, Friedrich	Privatisierung von Verwaltungsaufgaben, DVBl. 1994, S. 962–977.	

Schoch, Friedrich	Rechtliche Steuerung der Privatisierung staatlicher Aufgaben, Jura 2008, S. 672–683.	
Scholz, Rupert/ Langer, Stefan	Stiftung und Verfassung, Strukturprobleme des Stiftungsrechts am Beispiel der „Stiftung Warentest“, Berlin 1990.	SitftVerf
Schön, Wolfgang	Der Einfluß öffentlich-rechtlicher Zielsetzungen auf das Statut privatrechtlicher Eigengesellschaften der öffentlichen Hand – Gesellschaftsrechtliche Analyse –, ZGR 1996, S. 429–457.	
Schöpflin, Martin	§ 21, in: Beck‘scher Online-Kommentar BGB, München EL 2014.	BeckOK
Schraml, Alexander	Kommunalunternehmen (Anstalt des öffentlichen Rechts, in: Wurzel/ders./Becker (Hrsg.), Rechtspraxis der kommunalen Unternehmen, 3. Auflage, München 2015, S. 156–181.	RkommUnter
Schuster, Doris-Maria/ Lorenzen, Stefanie	Arbeitsrecht, in: Hoppe/Uechtritz/ Reck (Hrsg.), Handbuch Kommunale Unternehmen, 3. Auflage, Köln 2012, S. 435–567.	HdBkommUnt
Schwake, Johannes	Stiftung des bürgerlichen Rechts, in: Münchener Handbuch des Gesellschaftsrechts Bd. 5, 3. Auflage, München 2009.	MüHBGesR
Schwarz van Berk, Philip	Begriff und Rechtsnatur des Vereins, in: Münchener Handbuch des Gesellschaftsrechts Bd. 5, 3. Auflage, München 2009.	MüHBGesR
Schwintowski, Hans-Peter	Gesellschaftliche Bindungen für entsandte Aufsichtratsmitglieder in öffentlichen Unternehmen, NJW 1995, 1316–1321.	
Sodan, Helge	Kollegiale Funktionsträger als Verfassungsproblem, Frankfurt am Main 1987.	KollFunkVerp

Spannowsky, Willy	Der Einfluß öffentlich-rechtlicher Zielsetzungen auf das Statut privatrechtlicher Eigengesellschaften in öffentlicher Hand: – Öffentlich-rechtliche Vorgaben, insbesondere zur Ingerenzpflicht –, ZGR 1996, S. 400–428.	
Stackmann, Nikolaus	Die Prüfung juristischer Personen des öffentlichen Rechts durch die Rechnungshöfe, DVBl. 1996, S. 414–417.	
Stelkens, Ulrich	Organisationsgewalt und Organisationsfehler, Voraussetzungen der Errichtung von Behörden und juristischen Personen des öffentlichen Rechts und Rechtsfolgen ihrer Missachtung, LKV 2003, S. 489–495.	
Stettner, Rupert	Die Stiftung des öffentlichen Rechts, Rechtsnatur, Zweckbestimmung, Nutzbarkeit für den öffentlich-rechtlichen Bundes- und Landesrundfunk, Baden-Baden 2012.	DStiftungÖffR
Stettner, Rupert	Die Stiftung des öffentlichen Rechts – Rechtsnatur, Zweckbestimmung, Nutzbarkeit für den öffentlich-rechtlichen Bundes- und Landesrundfunk, ZUM 2012, S. 202–216.	
Stober, Rolf	Kooperations- und Privatisierungsformen; Die privatrechtlich organisierte Verwaltung, in: Wolff/Bachof/ders./Kluth, Verwaltungsrecht Bd. 2, 7. Auflage, München 2010.	
Stober, Rolf	Die privatrechtlich organisierte öffentliche Verwaltung, NJW 1984, S. 449–457.	
Storr, Stedan	Der Staat als Unternehmer, Tübingen 2001.	StaataUntn
Strickrodt, Georg	Die Erscheinungsformen der Stiftungen des privaten und des öffentlichen Rechts, NJW 1962, 1480–1486.	

Strobel, Brigitte	Weisungsfreiheit oder Weisungsgebundenheit kommunaler Vertreter in Eigen- und Beteiligungsgesellschaften?, DVBl. 2005, S. 77–81.	
Suerbaum, Joachim	Art. 86, in: Beck'scher Online-Kommentar GG, Hrsg: Epping/Hillgruber, München EL 2015.	BeckOK
Thalmessinger, Fritz	Die rechtsfähige Stiftung des öffentlichen Rechts, Tübingen 1934.	DrfStiftöffR
Thode, Bernd/ Peres, Holger	Die Rechtsform Anstalt nach dem kommunalen Wirtschaftsrecht des Freistaates Bayern, BayVBl. 1999, S. 6–11.	
Thomsen, Renate	Problem „staatsnaher" Stiftungen unter besonderer Berücksichtigung ihrer Autonomie, Hamburg 1991.	stnStiftBerAut
Totenhöfer-Just,	Öffentliche Stiftungen, Baden-Baden 1973.	ÖffrechtStft
Traumann, Dodo	Die Organisationsgewalt im Bereich der bundeseigenen Verwaltung, Baden-Baden 1998.	OrgbundeigVerw
Trockels, Martin	Die öffentliche Verwaltung als Teil der öffentlichen Gewalt, in: Schweickhardt/ Vondung (Hrsg.), Allgemeines Verwaltungsrecht, 9. Auflage, Stuttgart 2010.	
Trute, Hans-Heinrich	Die Verwaltung und das Verwaltungsrecht zwischen gesellschaftlicher Selbstregulierung und staatlicher Steuerung, DVBl. 1996, S. 950–964.	
Twehues, Margit	Rechtsfragen kommunaler Stiftungen, Köln 1996.	RechtskommStift
Uechtritz, Michael/Otting, Olaf/ Olgemöller, Udo H.	Kommunalrechtliche Voraussetzungen für die wirtschaftliche Betätigung, in: Hoppe/Uechtritz/Reck (Hrsg.), Handbuch Kommunale Unternehmen, 3. Auflage, Köln 2012, S. 67–132.	HdBkommUnt

Uechtritz, Michael/Reck, Hans-Joachim	Rechtsform kommunaler Unternehmen: Rechtliche Vorgaben und Entscheidungskriterien, in: Hoppe/ders./ders. (Hrsg.), Handbuch Kommunale Unternehmen, 3. Auflage, Köln 2012, S. 773–814.	HdBkommUnt
Uerpmann, Robert	Einsatz von Beamten bei einer Gesellschaft privaten Rechts, Jura 1996, S. 79–84.	
Umbach, Dieter C./Clemens, Thomas	Art. 86, in: ders./ders., Grundgesetz, Bd. 2, Heidelberg 2002.	
v. Campenhausen, Axel/Stumpf, Christoph	Stiftungen des öffentlichen Rechts, Abgrenzungen, in: v. Campenhausen/Richter (Hrsg.), Stiftungsrecht-Handbuch, 4. Auflage, München 2014.	StfRHdB
v. Danwitz, Thomas	Vom Verwaltungsprivat- zum Verwaltungsgesellschaftsrecht – Zu Begründung und Reichweite öffentlich-rechtlicher Ingerenzen in der mittelbaren Kommunalverwaltung, AöR 1995, S. 595–629.	
v. Savigny, Friedrich Karl	System des heutigen römischen Rechts Bd. 2, Berlin 1840 (1973).	SyströmR
Vogel, Klaus	Öffentliche Wirtschaftseinheiten in privater Hand, Hamburg 1959.	ÖffWirtprivH
Waechter, Kay	Geminderte demokratische Legitimation staatlicher Institutionen im parlamentarischen Regierungssystem, Berlin, 1994.	GdLeparlREgs
Waechter, Kay	Selbstverwaltung, in: Hannoverscher Kommentar zur Niedersächsischen Verfassung, Baden-Baden 2012.	HanKomNV
Waldner, Wolfram	Verein, Notwendige Organe, in: Münchener Handbuch des Gesellschaftsrechts Bd. 5, 3. Auflage, München 2009.	MüHBGesR
Wallerath, Maximilian	Allgemeines Verwaltungsrecht, 6. Auflage, Berlin 2009.	

Weber, Werner	Die Körperschaften, Anstalten und Stiftungen des öffentlichen Rechts, 2. Auflage, München u. a. 1943.	KörAnstStiöffR
Weiß, Wolfgang	Beteiligung Privater an der Wahrnehmung öffentlicher Aufgaben und staatliche Verantwortung, DVBl. 2002, S. 1167–1182.	
Werner, Almuth	Vermögenszuwendungen an Stiftungen, in: Werner/Saenger (Hrsg.), Die Stiftung, Recht, Steuern, Wirtschaft, Berlin 2008, S. 313–331.	DStfRStW
Werner, Olaf	Stiftungsgründung, in: ders./Saenger (Hrsg.), Die Stiftung, Recht, Steuern, Wirtschaft, Berlin 2008, S. 168–229.	DStfRStW
Werner, Rüdiger	Kommunale Stiftungstätigkeit und ihre Schranken, NVwZ 2013, S. 1520–1525.	
Werner, Volker	Die „Körperschaftsabspaltung“, NVwZ 2004, S. 1438–1444.	
Wiesmann, Hermann	Auswirkungen von Privatisierungen auf kommunale Benutzungsgebühren, NVwZ 2005, S. 391–399.	
Wiesner, Georg	Aktiengesellschaft, Vorstand als Leitungsorgan der Gesellschaft, in: Münchener Handbuch des Gesellschaftsrechts Bd. 4, 4. Auflage, München 2015.	MüHBGesR
Witte, Jürgen/ Rafiqpoor, Parwäz	Privatisierung öffentlich-rechtlicher Kreditinstitute, WM 2003, S. 1885–1891.	
Wolf, Jens	Anstalt des öffentlichen Rechts als Wettbewerbsunternehmen, Köln u. a. 2002.	AnstöffRWettu
Wolfers, Benedikt	Privatisierung unter Wahrung der öffentlich-rechtlichen Rechtsform: Der Modellfall Berliner Wasserbetriebe, NVwZ 2000, S. 765–767.	

Wolfers, Benedikt/ Kaufmann, Marcel	Private als Anstaltsträger, DVBl. 2002, S. 507–514.	
Wolff, Hans J.	Juristische Person und Staatsperson Bd. 1, Berlin 1933.	OrgsftjurPers
Wurzel, Gabriele/ Gaß, Andreas	Kommunen als Unternehmer, in: Wurzel/Schraml/Becker (Hrsg.), Rechtspraxis der kommunalen Unternehmen, 3. Auflage, München 2015, S. 739–761.	RkommUnter
Zeidler, Karl	Schranken nichthoheitlicher Verwaltung, VVDStRL 19, 1960, S. 209–239.	
Zuleeg, Manfred	Die Anwendungsbereiche des öffentlichen Rechts und des Privatrechts, VerwArch 1982, S. 384–404.	

Anhang 1: Liste der in der Untersuchung berücksichtigten Einrichtungen der niedersächsischen Staatsverwaltung und deren Rechtsgrundlagen[1550]

I. Für die Körperschaft des öffentlichen Rechts (KöR):

	Abkürzung	Name	Rechtsgrundlage
1.	AdWG	Akademie der Wissenschaft zu Göttingen[1551]	Satzung der „Akademie der Wissenschaft zu Göttingen“, Nds. MBl. Nr. 38/2001, S. 775–777.
2.	ÄKN	Ärztekammer Niedersachsen[1552]	Kammersatzung der Ärztekammer Niedersachsen, https://www.aekn.de/fileadmin/media/Downloadcenter/Arzt-und-Recht/Berufsrecht/Kammersatzung-032011neu2.pdf (Stand 05.03.2011).
3.	BrWG	Braunschweigische Wissenschaftliche Gesellschaft	Satzung der „Braunschweigischen Wissenschaftlichen Gesellschaft“ vom 21.05.2010, http://bwg-Nds.de/%C3%BCber-die-bwg/satzung/ (zuletzt aufgerufen am 21.02.2016).
4.	FrGWol	Forstgenossenschaft Wollershausen	Satzung der Forstgenossenschaft Wollershausen, http://forst-wollershausen.beepworld.de/files/satzung.pdf (Stand 03.12.1971).

1550 Gesetz (G), Verordnung (V), Satzung, Gesellschaftsvertrag, Beschluss, Anweisung (S), Stiftungsurkunde (U), Wahlordnung (W); Internetquellen zuletzt abgerufen am 21.06.2016.

1551 In der Genehmigung der Gründung von 1751 noch als „Societat“ bezeichnet.

1552 Vgl. auch Dentistenkammer Niedersachsen, aufgelöst durch § 1 Abs. 1 Gesetz über die Auflösung der Dentistenkammer Niedersachsen, Nds. GVBl. 1953/Nr. 28, S. 86.

5.	IngKN(S)	Ingenieurkammer Niedersachsen	Hauptsatzung der Ingenieurkammer Niedersachsen, http://www.ingenieurkammer.de/cms/media/download_gallery/Hauptsatzung%202015.zip (Stand 16.07.2015).
6.	IngKN(W)	Ingenieurkammer Niedersachsen	Wahlsatzung der Niedersächsischen Ingenieurkammer, http://www.ingenieurkammer.de/cms/modules/download_gallery/dlc.php?file=27&id=1418378519&sid=182 (Stand 05.08.2010).
7.	LUH	Gottfried Wilhelm Leibniz Universität Hannover	Grundordnung der Gottfried Wilhelm Leibniz Universität Hannover, Verkündungsblatt der Gottfried Wilhelm Leibniz Universität Hannover (Stand 02.02.2015).
8.	LwKN	Landwirtschaftskammer Niedersachsen	Hauptsatzung der Landwirtschaftskammer Niedersachsen, http://www.lwk-niedersachsen.de/download.cfm/file/1719,9bbef97e-beb9-ab0d-052b2ecda654aaea~pdf.html (Stand 21.11.2013).
9.	NArchtK(G)	Niedersächsisches Architektengesetz	NArchtG – VORIS 7721001 (Stand 16.12.2014).
10.	NArchtK(S)	Architektenkammer Niedersachsen	Hauptsatzung der Architektenkammer Niedersachsen, http://www.akNds.de/fileadmin/pdf/servicedb/305-hauptsatzung_der_aknds_01–2015.pdf (Stand 13.11.2014).
11.	NArchtK(W)	Architektenkammer Niedersachsen	Wahlordnung der Niedersächsischen Architektenkammer, http://www.akNds.de/fileadmin/pdf/servicedb/305-wahlordnung_zur_wahl_der_vertreterversammlung_der_aknds_07.2012.pdf (Stand 07.06.2012).
12.	Nds. FischG(G)	Niedersächsisches Fischereigesetz	Nds. FischG – VORIS 7930001 (Stand 13.10.2011).
13.	Nds. FischG(S)	Mustersatzung für Fischereigenossenschaften	Nds. FischG – Anlage 2.

14.	Nds.HKG	Niedersachsisches Kammergesetz für Heilberufe	HKG – VORIS 2106407 (Stand 16.12.2014).
15.	Nds.LwKG	Gesetz über die Landwirtschafts-kammer Niedersachsen	LwKG – VORIS 7812001 (Stand 09.12.2011)
16.	Nds.RealvG	Realverbandsgesetz	RealVG – VORIS 7831001 (Stand 27.09.2012).
17.	NHG[1553]	Niedersächsisches Hochschulgesetz	NHG – VORIS 22210 (Stand 15.12.2014).
18.	NIngG	Niedersächsisches Ingenieurgesetz	NIngG – VORIS 77220 (Stand 16.12.2014).
19.	NJagdG(G)	Niedersächsisches Jagdgesetz	NJagdG – VORIS 7920002 (Stand 13.10.2011).
20.	NJagdG(S)	Mustersatzung für Jagdgenossenschaften	NJagdG – Anlage 1.
21.	NKomVG	Niedersächsisches Kommunalverfassungs-gesetz	NKomVG – VORIS 20300 (Stand 12.11.2015).
22.	NKomZG	Niedersächsisches Gesetz über die kommunale Zusammenarbeit	NKomZG – VORIS 20300 (Stand 18.07.2012).
23.	NLB-Giro	Niedersächsische Landesbank – Girozentrale[1554]	Satzung der Niedersächsischen Landesbank – Girozentrale, Nds. MBl. Nr. 18/1959, S. 312–315.

1553 Siehe auch AöR und SöR.

1554 Aufgelöst und Eingegliedert in die Norddeutsche Landesbank – Girozentrale – zum 01.06.1970, Gesetz über die Norddeutsche Landesbank – Girozentrale -, Nds. GVBl. Nr. 18/1970, S. 186–188.

24.	NSGV(S1)	Niedersächsischer Sparkassen- und Giroverband	Satzung des Niedersächsischen Sparkassen- und Giroverbandes, Nds. MBl. Nr. 27/1951, S. 245–248.
25.	NSGV(S2)	Niedersächsischer Sparkassen- und Giroverband	Satzungsänderung des Niedersächsischen Sparkassen- und Giroverbandes, Nds. MBl. Nr. 5 /2003, S. 128–129.
26.	NSpG	Niedersächsisches Sparkassengesetz	NSpG – VORIS 20320 (Stand 12.11.2015).
27.	NTH(G)	Niedersächsische Technische Hochschule[1555]	§ 2 Abs. 2 NHG: Artikel 1 § 6 Gesetz zur Errichtung der Niedersächsischen Technischen Hochschule, Nds. GVBl. Nr. 28/2008, S. 416–418.
28.	NTH(S)	Niedersächsische Technische Hochschule	Grundordnung der Niedersächsischen Technischen Hochschule, https://www.tu-braunschweig.de/Medien-DB/gb1/hob/675.pdf (Stand 01.04.2010).
29.	NVdR(G1)	Niedersächsisches Versorgungswerk der Rechtsanwälte	Gesetz über das Niedersächsische Versorgungswerk der Rechtsanwälte, Nds. GVBl. Nr. 11/1982, S. 65–66.
30.	NVdR(G2)	Niedersächsisches Versorgungswerk der Rechtsanwälte	Gesetz zur Änderung des Gesetzes über das Niedersächsische Versorgungswerk der Rechtsanwälte, Nds. GVBl. Nr. 2/2014, S. 28–29.
31.	NVdR(S)	Niedersächsisches Versorgungswerk der Rechtsanwälte	Satzung des Niedersächsischen Versorgungswerks der Rechtsanwälte, http://www.rvn.de/service_seiten/pdf/Satzung%20Stand%2016.11.2009.pdf (Stand 15.01.2016).
32.	NVdR(W)	Niedersächsisches Versorgungswerk der Rechtsanwälte	Wahlordnung für die Wahlen der Vertreterversammlung des Niedersächsischen Versorgungswerkes der Rechtsanwälte, http://www.rvn.de/service_seiten/pdf/Wahlordnung.pdf (Stand 03.09.1997).

1555 Ausgesetzt zum 01.01.2015, § 12 Haushaltsbegleitgesetz 2015, Nds. GVBl. Nr. 27/2014, S. 477 (492).

33.	OldL(G)	Oldenburgische Landschaft	Gesetz über die Oldenburgische Landschaft, Nds. GVBl. Nr. 1974, S. 253.
34.	OldL(V)	Oldenburgische Landschaft	Verordnung über die Oldenburgische Landschaft, Nds. GVBl. 1975, S. 51–52.
35.	PrLV-H(S1)[1556]	Provinzial-Lebensversicherung Hannover[1557]	Satzung der Provinzial-Lebensversicherung Hannover, Nds. MBl. Nr. 28/1957, S. 478–479.
36.	RitLBr	Ritterschaft des ehemaligen Landes Braunschweig	Satzung der Ritterschaft des ehemaligen Landes Braunschweig, Nds. MBl. Nr. 15/1991, S. 517–519.
37.	Stud-LUH	Studierendenschaft der Leibniz Universität Hannover	Satzung der Studierendenschaft der Leibniz Universität Hannover, Verkündungsblatt der Universität Hannover, Nr. 19/2010, S. 40–48.

II. Für die (rechtsfähige) Anstalt des öffentlichen Rechts (AöR):

	Abkürzung	Name	Rechtsgrundlage
1.	AfBF(S1)	Amt für Bodenforschung	Satzung des Amtes für Bodenforschung, Nds. MBl. 1950, S. 226–227.
2.	AfBF(S2)[1558]	Amt für Bodenforschung	Satzung des Amtes für Bodenforschung, Nds. MBl. Nr. 16/1957, S. 252–253.
3.	AGTierGesG(G1)	Ausführungsgesetz zum Tierseuchengesetz	Ausführungsgesetz zum Tierseuchengesetz, Nds. GVBl. Nr. 18/1994, S. 412–415.
4.	AGTierGesG(G2)	Ausführungsgesetz zum Tierseuchengesetz	Ausführungsgesetz zum Tierseuchengesetz, Nds. GVBl. Nr. 20/2014, S. 277–280.

1556 Siehe auch bei AöR.

1557 „Umwandlung“ in eine Anstalt des öffentlichen Rechts, vgl. Satzung der Provinzial Lebensversicherung Hannover, Nds. MBl. Nr. 30/1995, S. 912–915.

1558 Aufgelöst zum 31.03.1959, Beschluß des Niedersächsischen Landesministeriums über die Errichtung des Niedersächsischen Landesamtes für Bodenforschung und die Auflösung des Amtes für Bodenforschung, Nds. MBl. Nr. 5/1959, S. 80.

5.	ARL(S3)[1559]	Akademie für Raumforschung und Landesplanung	Satzung der Akademie für Raumforschung und Landesplanung, Nds. MBl. Nr. 5/2002, S. 69–72.
6.	ARL(S4)	Akademie für Raumforschung und Landesplanung	Satzung der Akademie für Raumforschung und Landesplanung, Nds. MBl. Nr. 33/2008, 915–918.
7.	ARL(S5)	Akademie für Raumforschung und Landesplanung	Satzung der Akademie für Raumforschung und Landesplanung, Nds. MBl. Nr.2/2015, S. 49–52.
8.	FstKK	Forstkleiderkasse[1560]	Satzung der Forstkleiderkasse, Nds. MBl. Nr. 45/1954, S. 554–555.
9.	GEI(G1)	Georg-Eckert-Institut für internationale Schulbuchforschung	Gesetz über die Gründung des „Georg-Eckert-Instituts für internationale Schulbuchforschung“, Nds. GVBl. 1975, S. 212–213.
10.	GEI(G2)	Georg-Eckert-Institut für internationale Schulbuchforschung	Gesetz zur Änderung des Gesetzes über die Gründung des „Georg-Eckert-Instituts für internationale Schulbuchforschung“, Nds. GVBl. 10/2013, S. 170–171.
11.	GEI(S1)	Georg-Eckert-Institut für internationale Schulbuchforschung	Satzung des „Georg-Eckert-Instituts für internationale Schulbuchforschung“, Nds. MBl. Nr. 40/1993, S. 1290–1291.
12.	GEI(S2)	Georg-Eckert-Institut für internationale Schulbuchforschung	Satzung des „Georg-Eckert-Instituts für internationale Schulbuchforschung“, Nds. MBl. Nr. 7/2014, S. 161–162.

1559 Siehe auch bei JPöR.

1560 Aufgelöst zum 31.12.2008, Übertragung der Beschaffung und Abrechnung von Forstdienstkleidung auf das Logistik Zentrum Niedersachsen, Auflösung der Forstkleiderkammer Hildesheim, Nds. MBl. Nr. 1/2009, S. 7.

13.	HLKA	Hannoverische Landeskreditanstalt[1561]	Satzung der Hannoverschen Landeskreditanstalt, Nds. MBl. Nr. 27/1965, S. 739–743.
14.	HWW(S1)[1562]	Harzwasserwerke[1563]	Satzung der Harzwasserwerke des Landes Niedersachsen, Nds. MBl. Nr. 23/1963, S. 510–511.
15.	IfE(G)	Institut für Erdölforschung[1564]	Gesetz über die Auflösung des Instituts für Erdöl- und Erdgasforschung, Nds. GVBl. Nr. 13/2001, S. 300.
16.	IfE(S1)	Institut für Erdölforschung	Satzung des Instituts für Erdölforschung Hannover, Nds. MBl. Nr. 41/1956, S. 688–689.
17.	IfE(S2)	Institut für Erdölforschung	Änderung der Satzung des Instituts für Erdölforschung Hannover, Nds. MBl. Nr. 42/1979, S. 1468.
18.	IuFB(G1)	Investitions- und Förderbank Niedersachsen	Gesetz über die Investitions- und Förderbank Niedersachsen (NBankG), Nds. GVBl. Nr. 40/2007, S. 712–715.

1561 Aufgelöst und Eingegliedert in die Norddeutsche Landesbank – Girozentrale – zum 01.06.1970, Gesetz über die Norddeutsche Landesbank – Girozentrale –, Nds. GVBl. Nr. 18/1970, S. 186–188.

1562 Siehe auch bei st. GmbH.

1563 Umwandlung in eine GmbH, Gesetz zur Umwandlung der Harzwasserwerke des Landes Niedersachsen in eine Gesellschaft mit beschränkter Haftung, Nds. GVBl. Nr. 10/1996, S. 251.

1564 Aufgelöst zum 31.12.2001, Gesetz über die Auflösung des Instituts für Erdöl- und Erdgasforschung, Nds. GVBl. Nr. 13/2001, S. 300.

19.	IuFB(G2)	Investitions- und Förderbank Niedersachsen	Gesetz zur Übertragung weiterer Zuständigkeiten und die Ämter für regionale Landesentwicklung und zur Änderung des Gesetzes über die Investitions- und Förderbank Niedersachsen, Nds. GVBl. 12/2014, S. 168.
20.	IuFB(V)	Investitions- und Förderbank Niedersachsen	Verordnung über die Investitions- und Förderbank Niedersachsen, Nds. GVBl. Nr. 16/2008, S. 258–260.
21.	LBS-N(G)	LBS Norddeutsche Landesbausparkasse	Gesetz über die LBS Norddeutsche Landesbausparkasse, Nds. GVBl. Nr. 12/1994, S. 230–231.
22.	LBS-N(S)	LBS Norddeutsche Landesbausparkasse	Satzung der LBS Norddeutsche Landesbausparkasse, Nds. MBl. Nr. 17/2010, S. 499–501.
23.	LIAG(G)	Leibniz-Institut für Angewandte Geophysik[1565]	Gesetz über die Gründung des „Instituts für Geowissenschaftliche Gemeinschaftsaufgaben" (GGA-Gesetz), Nds. MBl. Nr. 25/1999, S. 428–429.
24.	LIAG(S)	Leibniz-Institut für Angewandte Geophysik	Satzung des Leibniz-Instituts für Angewandte Geophysik, http://www.liag-hannover.de/wir-ueber-uns/gesetze-regelungen/satzung.html (Stand 12.03.2015).
25.	NHG[1566]	Niedersächsisches Hochschulgesetz – Studentenwerke	NHG – VORIS 22210 (Stand 15.12.2015).
26.	NLFst(G1)	Niedersächsische Landesforsten	Gesetz über die Anstalt Niedersächsische Landesforsten, Nds. GVBl. Nr. 42/2004, S. 616–618.

1565 Umbenennung des „Instituts für Geowissenschaftliche Gemeinschaftsaufgaben" durch Nds. MBl. Nr. 25/2008, S. 379.

1566 Siehe auch KöR und SöR.

27.	NLFst(G2)	Niedersächsische Landesforsten	Gesetz zur Änderung des Gesetzes über die Anstalt Niedersächsische Landesforsten, Nds. GVBl. Nr. 23/2013, S. 306.
28.	NLFst(S)	Niedersächsische Landesforsten	Satzung der Anstalt öffentlichen Rechts Niedersächsische Landesforsten, Nds. MBl. Nr.26/2005, S. 563–564.
29.	NLMedienA	Niedersächsische Landesmedienanstalt	Hauptsatzung der Niedersächsischen Landesmedienanstalt, Nds. MBl. Nr. 11/2015, S. 310–312.
30.	NMedienG	Niedersächsisches Mediengesetz	NMedienG – VORIS 22620 (Stand 25.02.2016).
31.	Nord-LB(G1)	Norddeutschen Landesbank - Girozentrale -	Gesetz über die Norddeutsche Landesbank – Girozentrale –, Nds. GVBl. Nr. 18/1970, S. 186–188.
32.	Nord-LB(G2)	Norddeutsche Landesbank – Girozentrale -	Staatsvertrag zwischen dem Land Niedersachsen, dem Land Sachsen-Anhalt und dem Land Mecklenburg-Vorpommern über die Norddeutsche Landesbank – Girozentrale –, Nds. GVBl. Nr. 35/2007, S. 632–635.
33.	Nord-LB(S)	Norddeutsche Landesbank – Girozentrale –	Satzung der Norddeutschen Landesbank – Girozentrale –, Nds. MBl. Nr. 4/2016, S. 118–122.
34.	NöVersG	Öffentlich-rechtliche Versicherungsanstalten	Gesetz über die öffentlich-rechtlichen Versicherungsunternehmen Nds. GVBl. Nr. 1/1994, S. 5–8.
35.	NTierSK	Niedersächsische Tierseuchenkasse	Hauptsatzung der Niedersächsischen Tierseuchenkasse, https://www.ndstsk.de/index.php?bereich=6&topic_id=161 (Stand 02.06.2015).
36.	ÖffSB(S1)	Öffentliche Sachversicherung Braunschweig	Satzung der Öffentlichen Sachversicherung Braunschweig, Nds. MBl. Nr. 40/1958, S. 709–711.

37.	ÖffSB(S2)	Öffentliche Sachversicherung Braunschweig	Satzung der Öffentlichen Sachversicherung Braunschweig, Nds. MBl. Nr. 18/1998, S. 710 713.
38.	ÖffSB(S3)	Öffentliche Sachversicherung Braunschweig	Satzung der Öffentlichen Sachversicherung Braunschweig, Nds. MBl. Nr. 7/2015, S. 213–216.
39.	PrLV-H(S2[1567])	Provinzial Lebensversicherung Hannover	Satzung der Provinzial Lebensversicherung Hannover, Nds. MBl. Nr. 30/1995, S. 912–915.
40.	RKrdSt(S1)	Ritterschaftliches Kreditinstitut Stade	Satzung des Ritterschaftlichen Kreditinstitut Stade, Nds. MBl. Nr. 4/1970, S. 65–67.
41.	RKrdSt(S2)	Ritterschaftliches Kreditinstitut Stade	Satzung des Ritterschaftlichen Kreditinstitut Stade, Nds. MBl. Nr. 7/2010, S. 208–210.
42.	RKrdSt(S3)	Ritterschaftliches Kreditinstitut Stade	Satzung des Ritterschaftlichen Kreditinstitut Stade, Nds. MBl. Nr. 1/2016, S. 2–4.
43.	StW-H	Studentenwerk Hannover	Satzung des Studentenwerks Hannover, Verkündungsblatt der Gottfried Wilhelm Leibniz Universität Hannover, Nr. 17/2013, S. 172–176.

III. Für die teil-rechtsfähige Anstalt des öffentlichen Rechts (tr-AöR):

	Abkürzung	Name	Rechtsgrundlage
1.	BrLB	Braunschweiger Landessparkasse	Statut der Braunschweigischen Landessparkasse, https://www.blsk.de/wir-ueber-uns/vorstand-und-gremien/statut/pdf/statut_blsk.pdf (Stand 12.12.2007).

1567 Siehe auch bei KöR.

2.	PolAN(G)	Polizeiakademie Niedersachsen	Gesetz zur Neuordnung der Ausbildung für den gehobenen nichttechnischen Verwaltungsdienst in Niedersachsen, Nds. MBl. Nr. 28/2007, S. 444–446.
3.	PolAN(S)	Polizeiakademie Niedersachsen	Grundsatzung der Polizeiakademie Niedersachsen, Nds. MBl. Nr. 21/2008, S. 573–575.

IV. Für die nicht-rechtsfähige Anstalt des öffentlichen Rechts (nr-AöR):

	Abkürzung	Name	Rechtsgrundlage
1.	ATAfN	Alfred Toepfer Akademie für Naturschutz[1568]	Beschluss des Landesministeriums über die Errichtung einer Norddeutschen Naturschutzakademie, Nds. MBl. Nr. 16/1981, S. 364–365.
2.	HAB	Herzog August Bibliothek Wolfenbüttel	Ordnung der Herzog August Bibliothek Wolfenbüttel, Nds. MBl. Nr. 13/2014, S. 271–272.
3.	NIfR(S1)	Niedersächsisches Institut für Radioökologie[1569]	Beschluss des Landesministeriums über die Errichtung eines Niedersächsischen Instituts für Radioökologie, Nds. MBl. Nr. 44/1983, S. 834–835.
4.	NIfR(S2)	Niedersächsisches Institut für Radioökologie	Eingliederung des Niedersächsischen Instituts für Radioökologie in die Universität Hannover, Nds. MBl. Nr. 35/1993, S. 1149.
5.	StaN	Steuerakademie Niedersachsen	Gesetz über die Steuerakademie Niedersachsen, Nds. MBl. Nr. 20/2006, S. 410–411.

1568 Umbenennung der „Norddeutsche Naturschutzakademie“ durch, Nds. MBl. Nr. 39/1995, S. 1213.

1569 Aufgelöst zum 31.12.1993, Eingliederung des Niedersächsischen Instituts für Radioökologie in die Universität Hannover, Nds. MBl. Nr. 35/1993, S. 1149.

6.	TIB	Technische Informationsbibliothek[1570]	Ordnung der Technischen Informationsbibliothek an der Universität Hannover, Nds. MBl. Nr. 26/1995, S. 820–821.

V. Für die (rechtsfähige) Stiftung des öffentlichen Rechts (SöR):

	Abkürzung	Name	Rechtsgrundlage
1.	AsseSt	Stiftung Zukunftsfonds Asse	Gesetz über die „Stiftung Zukunftsfonds Asse“ (AsseStG), Nds. GVBl. Nr. 19/2015, S. 314–315.
2.	HWBl	Herzog-Wilhelm-Blindenstiftung Braunschweig	Satzung der „Herzog-Wilhelm-Blindenstiftung Braunschweig“, Nds. MBl. 1962, S. 710–711.
3.	MBStB	Museums- und Bibliotheksstiftung in Braunschweig[1571]	Gesetz über die Aufhebung der Museums- und Bibliotheksstiftung in Braunschweig, Nds. MBl. Nr. 24/1969, S. 169.
4.	MudCl(S1)	Stiftung “Museumsdorf Cloppenburg“	Satzung der Stiftung „Museumsdorf Cloppenburg“, Nds. MBl. Nr. 14/1961, S. 409–410.
5.	MudCl(S2)	Stiftung “Museumsdorf Cloppenburg“	Änderung der Satzung der Stiftung „Museumsdorf Cloppenburg“, Nds. MBl. Nr. 22/1980, S. 490–491.
6.	MudCl(S3)	Stiftung “Museumsdorf Cloppenburg“	Änderung der Satzung der Stiftung „Museumsdorf Cloppenburg“, Nds. MBl. Nr. 4/2008, S. 170–171.
7.	NHG[1572]	Niedersächsisches Hochschulgesetz – Hochschulstiftung, Studentenwerk	NHG §§ 55 ff., 68 ff. – VORIS 22210 (Stand 15.12.2015).

1570 Umwandlung in eine Stiftung des öffentlichen Rechts zum 01.01.2016, Gesetz über die Stiftung „Technische Informationsbibliothek (TIB)“, Nds. GVBl. Nr. 10/2015, S. 151–154.

1571 Aufgelöst zum 31.03.1970, Gesetz über die Aufhebung der Museums- und Bibliotheksstiftung in Braunschweig, Nds. MBl. Nr. 24/1969, S. 169.

8.	SBK	Stiftung Braunschweigischer Kulturbesitz	Gesetz über die „Stiftung Braunschweigischer Kulturbesitz“, Nds. GVBl. Nr. 43/2004, S. 649–650.
9.	SnGst(G)	Stiftung niedersächsischer Gedenkstätten	Gesetz über die „Stiftung niedersächsische Gedenkstätten” (GedenkStG), Nds. GVBl. Nr. 35/2004, S. 494–496.
10.	SnGst(S)	Stiftung niedersächsischer Gedenkstätten	Satzung der „Stiftung niedersächsische Gedenkstätten”, Nds. MBl. Nr. 12/2005, S. 253.
11.	St-TiHo(S)	Stiftung Tierärztliche Hochschule	Satzung der „Stiftung Tierärztliche Hochschule Hannover“, Nds. GVBl. Nr. 37/2002, S. 854–855.
12.	St-TiHo(V)	Stiftung Tierärztliche Hochschule	Verordnung über die „Stiftung Tierärztliche Hochschule Hannover“, Nds. GVBl. Nr. 37/2002, S. 852–853.
13.	StTIB(G)	Stiftung „Technische Informationsbibliothek (TIB) – Leibniz – Informationszentrum Technik und Naturwissenschaften – Universitätsbibliothek“	Gesetz über die Stiftung „Technische Informationsbibliothek (TIB)“, Nds. GVBl. Nr. 10/2015, S. 151–154.
14.	StTIB(S)	Stiftung „Technische Informationsbibliothek (TIB) – Leibniz – Informationszentrum Technik und Naturwissenschaften – Universitätsbibliothek“	Satzung der Stiftung „Technische Informationsbibliothek (TIB) – Leibniz – Informationszentrum Technik und Naturwissenschaften – Universitätsbibliothek“, Nds. MBl. Nr. 48/2015, S. 1542–1544.

1572 Siehe auch KöR und AöR.

15.	StW-G	Studentenwerk Göttingen	Satzung der Stiftung „Studentenwerk Göttingen“, http://www.studentenwerk-goettingen.de/satzung0.html (Stand 30.06.2011).
16.	StZAPf(G)	Stiftung Zukunft der Altenpflegeausbildung	Gesetz über die „Stiftung Zukunft der Altenpflegeausbildung“, Nds. GVBl. Nr. 3/2012, S. 20–21.
17.	StZAPf(S)	Stiftung Zukunft der Altenpflegeausbildung	Satzung der „Stiftung Zukunft der Altenpflegeausbildung“, Nds. MBl. Nr. 41/2012, S. 974–976.
18.	StZIN(G)	Stiftung Zukunfts- und Innovationsfonds Niedersachsen[1573]	Gesetz über die „Stiftung Zukunfts- und Innovationsfonds Niedersachsen“, Nds. GVBl. Nr. 15/2007, S. 209–210.
19.	StZIN(S)	Stiftung Zukunfts- und Innovationsfonds Niedersachsen	Satzung „Stiftung Zukunfts- und Innovationsfonds Niedersachsen“, Nds. MBl. Nr. 36/2008, S. 968–969.

1573 Aufgelöst zum 31.12.2010, Art. 5 Abs. 1 Haushaltsbegleitgesetz 2011, Nds. GVBl. Nr.32/2010, S. 631 (632).

VI. Für die juristische Person des öffentlichen Rechts (JPöR):

	Abkürzung	Name	Rechtsgrundlage
1.	ARL(S1)[1574]	Akademie für Raumforschung und Landesplanung[1575]	Satzung der Akademie für Raumforschung und Landesplanung, Nds. MBl. Nr. 6/1953, S. 58–59.
2.	ARL(S2)	Akademie für Raumforschung und Landesplanung	Satzung der Akademie für Raumforschung und Landesplanung, Nds. MBl. Nr. 13/1968, S. 254–255.
3.	BRRKv	Braunschweigischer Ritterschaftlicher Kreditverein	Satzung des Braunschweigischen ritterschaftlichen Kreditvereins, Nds. MBl. Nr. 28/1968, S. 626–628.
4.	CGGHKv	Calenberg-Göttingen-Grubenhagen – Hildesheim'scher ritterschaftlicher Kreditverein	Satzung des Calenberger Kreditvereins, http://www.calenberger.de/pdf/calenberger_satzung_05_web.pdf (Stand 1992).

VII. Für die staatliche GmbH (st. GmbH)[1576]:

	Abkürzung	Name	Rechtsgrundlage
1.	CUTEC	Clausthaler Umwelttechnik-Institut GmbH	Gesellschaftsvertrag der Clausthaler Umwelttechnik-Institut GmbH (CUTEC-Institut).
2.	DSMZ	Leibniz-Institut DSMZ-Deutsche Sammlung von Mikroorganismen und Zellkulturen GmbH	Gesellschaftsvertrag der Leibniz-Instituts DSMZ –Deutsche Sammlung von Mikroorganismen und Zellkulturen GmbH.

1574 Siehe auch bei AöR.

1575 „Umwandlung" in eine Anstalt des öffentlichen Rechts, vgl. Satzung der Akademie für Raumforschung und Landesplanung, Nds. MBl. Nr. 5/2002, S. 69–72.

1576 Eine Namensnennung erfolgt nur, soweit bis zur Veröffentlichung eine ausdrückliche Zustimmung der betreffenden Einrichtung hierzu vorlag, welche mir ihre Rechtsgrundlagen freundlicherweise zur Verfügung gestellt hatte.

3.	EaSoA	Niedersächsische Gesellschaft zur Endablagerung von Sonderabfall mbH	Satzung der Niedersächsische Gesellschaft zur Endablagerung von Sonderabfall mbH.
4.	HIS(S1)[1577]	HIS Hochschul-Informations-System GmbH[1578]	Satzung der HIS Hochschul-Informations-System GmbH.
5.	HWW(G)	Harzwasserwerke GmbH	Gesetz zur Umwandlung der Harzwasserwerke des Landes Niedersachsen in eine Gesellschaft mit beschränkter Haftung, Nds. GVBl. Nr. 10/1996, S. 251.
6.	HWW (S2)[1579]	Harzwasserwerke GmbH	Gesellschaftsvertrag der Harzwasserwerke Gesellschaft mit beschränkter Haftung (Stand 15.10.1996).
7.	LEA	Lea Gesellschaft für Landeseisenbahnaufsicht mbH	Gesellschaftsvertrag der LEA Gesellschaft für Landeseisenbahnaufsicht mbH.
8.	RamBmG	Rammelsberger Bergbaumuseum Goslar GmbH	Gesellschaftsvertrag der Rammelsberger Bergbaumuseum Goslar GmbH.
9.	GmbH1		Gesellschaftsvertrag der GmbH1.
10.	GmbH2		Gesellschaftsvertrag der GmbH2.

1577 Siehe auch bei st. e. G.

1578 Umgewandelt zum 31.04.2014 in eine eingetragene Genossenschaft, vgl. https://www.his.de/ueber-his/kurzportrait.html, zuletzt abgerufen am 21.06.2016.

1579 Siehe auch bei AöR.

VIII. Für die staatliche AG (st. AG):

	Abkürzung	Name	Rechtsgrundlage
1.	DMAg	Deutsche Messe AG	Gesellschaftsstatut der Deutschen Messe AG, Beteiligungsbericht der Region Hannover Stand 2008, 10–46, S. 1–3.
2.	SagAg	Salzgitter AG	Satzung der Salzgitter AG, http://www.salzgitter-ag.com/fileadmin/mediadb/szag/investor_relations/coporate_governance/satzung/satzung_2013.pdf (Stand 23.05.2013).
3.	VWAg	Volkswagen AG	Satzung der Volkswagen AG, http://www.volkswagenag.com/content/vwcorp/content/de/investor_relations/corporate_governance/satzung.bin.html/downloadfilelist/downloadfile/downloadfile/file/Satzung_Mai_2015_de.pdf (Stand 05.2015).

IX. Für den staatlichen eingetragenen Verein (st. e. V.):

	Abkürzung	Name	Rechtsgrundlage
1.	3NKN	3N-Kompetenzzentrum Niedersachsen Netzwerk Nachwachsende Rohstoffe e. V.	Satzung des „3N-Kompetenzzentrum Niedersachsen Netzwerk Nachwachsende Rohstoffe e. V.", http://www.3-n.info/download.php?file=pdf_files/3NeV/3nev-satzung-01122010.pdf (Stand 01.12.2010).
2.	BrLsch	Braunschweigische Landschaft e. V.	Satzung der Braunschweigischen Landschaft, http://www.braunschweigischelandschaft.de/fileadmin/user_upload/bl/news/Geschaeftsstelle/Satzung_7-2014.pdf (Stand 06.08.2014).

	Abkürzung	Name	Rechtsgrundlage
3.	DInKt	Deutsches Institut für Kautschuktechnologie e. V.	Satzung des Deutschen Instituts für Kautschuktechnologie e. V., http://www.dikautschuk.de/org/mitglied/satzung_dik.pdf (Stand 04.2011).
4.	EmLsch	Emsländische Landschaft e. V.	Satzung der Emsländischen Landschaft, http://www.genealogie-emsland-bentheim.de/0925_2010_01_21_Satzung-Emslaendische-Landschaft.pdf (Stand 05.02.2002).
5.	LVG	Landesvereinigung für Gesundheit und Akademie für Sozialmedizin Niedersachsen e. V.	Satzung der Landesvereinigung für Gesundheit und Akademie für Sozialmedizin Niedersachsen e. V., http://www.gesundheit-Nds.de/CMS/images/stories/PDFs/Satzung-LVG&AFS.pdf (Stand 27.06.2011).
6.	N21	n-21 e. V.	Satzung des „n-12: Schulen in Niedersachsen online“ e. V., http://www.n-21.de/staticsite/staticsite.php?menuid=38&topmenu=33 (Stand 13.11.2003).
7.	NStT	Niedersächsischer Städtetag e. V.	Satzung des Niedersächsischen Städtetages, http://www.nst.de/media/custom/437_4858_1.PDF?1323245965 (Stand 21.10.2009).

X. Für die staatliche eingetragene Genossenschaft (st. e. G.):

Abkürzung	Name	Rechtsgrundlage
HIS(S2)[1580]	HIS Hochschul-Informations-System eG	Satzung der HIS Hochschul-Informations-System eG, https://www.his.de/fileadmin/user_upload/PDFs/satzung_his_eg_28012014.pdf (Stand 28.01.2014).

1580 Siehe auch bei st. GmbH.

XI. Für die staatliche Stiftung des bürgerlichen Rechts (st. SbR):

	Abkürzung	Name	Rechtsgrundlage
1.	BaStW(S)	Barkenhoff-Stiftung Worpswede	Satzung der „Barkenhoff-Stiftung“, Nds. MBl. Nr. 11/1982, S. 243–245.
2.	BaStW(U)	Barkenhoff-Stiftung Worpswede	Stiftungsurkunde der „Barkenhoff-Stiftung“, Nds. MBl. Nr. 11/1982, S. 243.
3.	FamN(S1)	Stiftung „Familie in Not”	Satzung der Stiftung „Familien in Not – Stiftung des Landes Niedersachsen“, Nds. MBl. Nr. 21/1978, S. 672–673.
4.	FamN(S2)	Stiftung „Familie in Not”	Satzung der „Stiftung Familien in Not – Stiftung des Landes Niedersachsen“, Nds. MBl. Nr. 9/2002, S. 137–138.
5.	FamN(U)	Stiftung „Familie in Not”	Stiftungsurkunde der Stiftung „Familien in Not – Stiftung des Landes Niedersachsen“, Nds. MBl. Nr. 21/1978, S. 672.
6.	GISMA(S1)	Stiftung GISMA (German International Graduate School of Management and Administration (GISMA))	Satzung der Stiftung „German International Graduate School of Management and Administration (GISMA)“, Nds. MBl. Nr. 23/1999, S. 426–427.
7.	GISMA(S2)	Stiftung GISMA (German International Graduate School of Management and Administration (GISMA))	Änderung der Satzung der Stiftung „German International Graduate School of Management and Administration (GISMA)“, Nds. MBl. Nr. 35/2001, S. 785.
8.	HEH	Herzogin-Elisabeth-Hospital	Satzung des „Herzogin-Elisabeth-Hospitals“, Nds. MBl. Nr. 30/2005, S. 623–624.
9.	HWK(S1)	Hanse-Wissenschaftskolleg (HWK)	Satzung des „Hanse-Wissenskollegs“, Nds. MBl. Nr. 43/1995, S. 1306–1308.

10.	HWK(S2)	Hanse-Wissenschaftskolleg (HWK)	Satzung des „Hanse-Wissenskollegs“, Nds. MBl. Nr. 47/2009, S. 1009–1011.
11.	HWK(U)	Hanse-Wissenschaftskolleg (HWK)	Stiftungsurkunde des „Hanse-Wissenskollegs“, Nds. MBl. Nr. 43/1995, S. 1306.
12.	KTSt(S1)	Kinder von Tschernobyl – Stiftung des Landes Niedersachsen	Satzung der Stiftung „Kinder von Tschernobyl“, Nds. MBl. Nr. 24/1992, S. 987–988.
13.	KTSt(S2)	Kinder von Tschernobyl – Stiftung des Landes Niedersachsen	Satzung der „Stiftung Kinder von Tschernobyl“, Nds. MBl. Nr. 37/1998, S. 1227–1229.
14.	KTSt(U)	Kinder von Tschernobyl – Stiftung des Landes Niedersachsen	Stiftungsurkunde und § 1 Satzung der Stiftung „Kinder von Tschernobyl“, Nds. MBl. Nr. 24/1992, S. 987.
15.	NBingSt	Niedersächsische Bingostiftung für Umwelt und Entwicklungszusammenarbeit	Satzung der „Niedersächsischen Bingostiftung für Umwelt und Entwicklungszusammenarbeit“, Nds. MBl. Nr. 18/2009, S. 464–467.
16.	NLotSpSt	Niedersächsische Lotto-Sport-Stiftung	Satzung der „Niedersächsischen Lotto-Sport-Stiftung“, Nds. MBl. Nr. 10/2009, S. 294–296.
17.	NLottSt(S1)	Niedersächsische Lottostiftung[1581]	Satzung der „Niedersächsischen Lottostiftung“, Nds. MBl. Nr. 42/1997, S. 1691–1693.
18.	NLottSt(S2)	Niedersächsische Lottostiftung	Satzung der „Niedersächsischen Lottostiftung“, Nds. MBl. Nr. 4/2003, S. 86–88.

1581 Aufgelöst und eingegliedert in die Niedersächsische Lotto-Sport-Stiftung, Satzung der „Niedersächsischen Lotto-Sport-Stiftung“, Nds. MBl. Nr. 10/2009, S. 294–296.

19.	NLottSt(U)	Niedersächsische Lottostiftung	Stiftungsurkunde der „Niedersächsischen Lottostiftung“, Nds. MBl. Nr. 38/1993, S. 1193.
20.	NUmwSt(S1)	Niedersächsischen Umweltstiftung	Satzung der „Niedersächsischen Umweltstiftung“, Nds. MBl. Nr. 39/1989, S. 1221–1223.
21.	NUmwSt(S2)	Niedersächsischen Umweltstiftung	Satzung der „Niedersächsischen Umweltstiftung“, Nds. MBl. Nr. 50/2007, S. 1523–1525.
22.	NUmwSt(U)	Niedersächsischen Umweltstiftung	Stiftungsurkunde der „Niedersächsischen Umweltstiftung“, Nds. MBl. Nr. 39/1989, S. 1221.
23.	NWattSt	Niedersächsische Wattenmeer-Stiftung	Satzung der „Niedersächsische Wattenmeer-Stiftung“, Nds. MBl. Nr. 31/1998, S. 1096–1098.
24.	NWirtA(S)	Niedersächsisches Wirtschaftsarchiv Braunschweig	Satzung der Stiftung „Niedersächsisches Wirtschaftsarchiv Braunschweig", Nds. MBl. Nr. 20/2005, S. 410–411.
25.	NWirtA(U)	Niedersächsisches Wirtschaftsarchiv Braunschweig	Stiftungsgeschäft der Stiftung „Niedersächsisches Wirtschaftsarchiv Braunschweig", Nds. MBl. Nr.20/2005, S. 410.
26.	ResFN(S)	Resozialisierungsfonds beim Niedersächsischen Justizministerium[1582]	Neufassung der Satzung des „Resozialisierungsfonds beim Niedersächsischen Justizministerium“, Nds. MBl. Nr. 21/1996, S. 838–839.
27.	ResFN(U)	Resozialisierungsfonds beim Niedersächsischen Justizministerium[1583]	Stiftungsurkunde des „Resozialisierungsfonds beim Niedersächsischen Minister der Justiz“, Nds. MBl. Nr. 62/1979, S. 2030.

1582 Aufgelöst zum 30.06.2004, Stiftung „Resozialisierungsfonds beim Niedersächsischen Justizministerium“ Nds. MBl. Nr. 27/2004, S. 535.

1583 „Umbenannt“ durch Neufassung der Satzung der Stiftung „Resozialisierungsfonds beim Niedersächsischen Justizministerium“, Nds. MBl. Nr. 37/1994, S. 1362–1363.

28.	StbRB(S1)	Stiftung des Landes Niedersachsen für berufliche Rehabilitation	Satzung der „Stiftung des Landes Niedersachsen für berufliche Rehabilitation Behinderter", Nds. MBl. Nr. 31/1978, S. 956–957.
29.	StbRB(S2)	Stiftung des Landes Niedersachsen für berufliche Rehabilitation	Satzung der „Stiftung des Landes Niedersachsen für berufliche Rehabilitation", Nds. MBl. Nr. 14/2005, S. 280–281.
30.	StbRB(S3)	Stiftung des Landes Niedersachsen für berufliche Rehabilitation	Änderung der Satzung der „Stiftung des Landes Niedersachsen für berufliche Rehabilitation", Nds. MBl. Nr. 17/2011, S. 306–307.
31.	StbRB(U)	Stiftung des Landes Niedersachsen für berufliche Rehabilitation	Stiftungsurkunde der „Stiftung des Landes Niedersachsen für berufliche Rehabilitation Behinderter", Nds. MBl. Nr. 31/1978, S. 956.
32.	StJbJ	Stiftung Jugendbildung Juist	Satzung der Stiftung „Jugendbildung Juist", Nds. MBl. Nr. 4/2006, S. 55–56.
33.	StLSb(S)	Stiftung Lager Sandbostel	Satzung der Stiftung „Lager Sandbostel", Nds. MBl. Nr. 1/2005, S. 16–17.
34.	StLSb(U)	Stiftung Lager Sandbostel	Stiftungsurkunde der Stiftung „Lager Sandbostel", Nds. MBl. Nr. 1/2005, S. 15.
35.	StN(S1)	Stiftung Niedersachsen	Satzung der „Stiftung Niedersachsen", Nds. MBl. Nr. 6/1987, S. 126–128.
36.	StN(S2)	Stiftung Niedersachsen	Satzung der „Stiftung Niedersachsen", Nds. MBl. Nr. /1993, S. 1209–1211.
37.	StN(U)	Stiftung Niedersachsen	Stiftungsurkunde der „Stiftung Niedersachsen", Nds. MBl. Nr. 6/1987, S. 126.
38.	StOpfH(S)	Stiftung Opferhilfe Niedersachsen	Satzung der Stiftung Opferhilfe Niedersachsen, Nds. MBl. Nr. 7/2002, S. 99–100.
39.	StOpfH(U)	Stiftung Opferhilfe Niedersachsen	Stiftungsurkunde der Stiftung Opferhilfe Niedersachsen, Nds. MBl. Nr. 7/2002, S. 98–99.

40.	VWSt(S)	Volkswagenstiftung[1584]	Satzung der „Volkswagenstiftung“, Nds. MBl. Nr. 15/1989, S. 488–489.
41.	VWSt(U)	Volkswagenstiftung	Stiftungsurkunde Stiftung Volkswagenwerk, Nds. MBl. Nr. 49/1963, S. 1048.
42.	ZeVA(S)	Zentrale Evaluations- und Akkreditierungsagentur Hannover, ZevA	Satzung der „Zentralen Evaluations- und Akkreditierungsagentur Hannover, ZEvA“, Nds. MBl. Nr.37/2008, S. 1001–1003.
43.	ZeVA(U)	Zentrale Evaluations- und Akkreditierungsagentur Hannover, ZevA	Stiftungsurkunde der „Zentralen Evaluations- und Akkreditierungsagentur Hannover, ZEvA“, Nds. MBl. Nr.37/2008, S. 1000 (1001).

XII. Für die staatliche nicht-rechtsfähige Stiftung des bürgerlichen Rechts (nr-SbR)[1585]

XIII. Für die nicht-rechtsfähige Verwaltungseinheit (nr-VE):

	Abkürzung	Name	Rechtsgrundlage
1.	EigBetrVO	Eigenbetriebsverordnung	Eigenbetriebsverordnung (EigBetrVO), Nds. GVBl. Nr. 2/2011, S. 21–25.
2.	HCC	Hannover Congress Centrum	Betriebssatzung des Eigenbetriebs Hannover Congress Centrum, https://www.hannover.de/content/download/407469/8544445/version/1/file/HCC-Eigenbetriebsszg-INTRANET.pdf (Stand 01.09.2011).

1584 „Umbenannt“ durch Neufassung der Satzung der „Volkswagenstiftung“, Nds. MBl. Nr. 15/1989, S. 488.

1585 Siehe st. SbR.

3.	ITN	IT.Niedersachsen	Betriebsanweisung für IT.Niedersachsen, Nds. MBl. 11/2014, S. 243–244.
4.	IZN	Informatikzentrum Niedersachsen (IZN)	Vorläufige Betriebssatzung für das Informatikzentrum Niedersachsen (IZN), Nds. MBl. Nr. 30/1997, S. 1150–1151.
5.	LGLN(S1)	Landesbetrieb Landvermessung und Geobasisinformation Niedersachsen	Betriebsanweisung des Landesbetriebs Landvermessung und Geobasisinformation Niedersachsen, Nds. MBl. Nr. 41/2009, S. 880–881.
6.	LGLN(S2)	Landesbetrieb Landvermessung und Geobasisinformation Niedersachsen	Betriebsanweisung des Landesbetriebs Landvermessung und Geobasisinformation Niedersachsen, Nds. MBl. Nr. 31/2014, S. 572–573.
7.	LSKN	Landesbetrieb für Statistik und Kommunikations-technologie[1586]	Betriebsanweisung des Landesbetriebs für Statistik und Kommunikationstechnologie, Nds. MBl. Nr. 31/2008, S. 836–838.
8.	LWKN	Niedersächsischer Landesbetrieb für Wasserwirtschaft und Küstenschutz	Betriebssatzung für den Niedersächsischen Landesbetrieb für Wasserwirtschaft und Küstenschutz, Nds. MBl. Nr. 39/2004, S. 855–856.
9.	LZN	Logistik Zentrum Niedersachsen	Betriebsanweisung für das Logistik Zentrum Niedersachsen, Nds. MBl. Nr. 28/2010, S. 696–697.
10.	NBiblS	Niedersächsische Bibliotheksschule	Satzung der Niedersächsischen Bibliotheksschule, Nds. MBl. Nr. 56/1978, S. 2084.
11.	NInL	Niedersächsisches Institut für Landeskunde an der Universität Göttingen	Satzung des Niedersächsischen Instituts für Landeskunde an der Universität Göttingen, Nds. MBl. Nr. 19/1961, S. 496–497.

1586 Aufgelöst zum 31.12.2013, Auflösung des Landesbetriebes für Statistik und Kommunikationstechnologie Niedersachsen und Errichtung eines Landesamtes für Statistik Niedersachsen und eines Landesbetriebes IT.Niedersachsen, Nds. MBl. 11/2014, S. 242.

12.	NStB	Niedersächsische Staatsbäder	Geschäftsordnung für die Niedersächsischen Staatsbäder, Nds. MBl. Nr. 9/1952, S. 95–97.
13.	VwÄKN[1587]	Ärzteversorgung Niedersachsen	Alterssicherungsordnung der Ärztekammer Niedersachsen, https://www.aekn.de/fileadmin/media/Downloadcenter/Arzt-und-Recht/Berufsrecht/Alterssicherungsordnung2016.pdf (Stand 13.06.2015).
14.	VwIngK[1588]	Versorgungswerk der Ingenieurkammer	Satzung des Versorgungswerkes der Ingenieurkammer Niedersachsen, https://www.bbik.de/assets/files/Satzung_Versorgungswerk_25_08_11.pdf (Stand 25.08.2011).
15.	VZG	Verbundzentrale des Gemeinsamen Bibliothekenverbandes	Betriebsanweisung für den Landesbetrieb Verbundzentrale des Gemeinsamen Bibliotheksverbundes (VZG), Nds. MBl. Nr. 36/2003, S. 728–730.

1587 Siehe auch KöR, Nds. HKG.
1588 Siehe auch KöR, NIngG.

Anhang 2: Diagramm der dekonstruierten Rechtsformen der Staatsverwaltung

Erläuterung: Entsprechend der vorangegangenen Untersuchung lassen sich damit die Rechtsformen der Staatsverwaltung in einem Schaubild – abhängig von der ihnen im Einzelfall zugrundeliegenden Personenmehrheit (Alt. 1) oder Personeneinheit (Alt. 2) – in einem ersten Schritt auf zwei Rechtsformen, die Körperschaft und die Verwaltungseinheit dekonstruieren (ergänzt wurde dies um die in der vorliegenden Untersuchung nicht näher vertieften, jedoch angesprochenen gemischtwirtschaftlichen Unternehmen durch Beteiligung Privater (bzw. PPP), intermediäre Anstalt usw.). In einem zweiten Schritt lässt sich die Körperschaft sodann weiter als Polysem in die Bundkörperschaft, die sich durch eine Personenidentität auszeichnet – in der die Mutterkörperschaft(en) Mitglieder der Einrichtung sind auf der einen – sowie die Selbstverwaltungskörperschaft – für die eine Personenverschiedenheit zwischen Mitgliedern und Mutterkörperschaft(en) vorliegt – auf der anderen Seite differenzieren.

Die Rechtsformen der Anstalt, Stiftung, GmbH, AG, e. V. und e. G. sind insofern zum einen Synonyme mit der Körperschaft, soweit ihnen eine Willensmehrheit zugrunde liegt. Zum anderen sind die Rechtsformen der Anstalt, Stiftung, GmbH, AG jedoch auch Synonyme mit der nicht-rechtsfähigen Verwaltungseinheit, soweit ihnen eine Willenseinheit zugrunde liegt. In diesem Sinne stellen die Begriffe der Anstalt, Stiftung, GmbH, AG ebenso Polyseme dar, welche sowohl eine ihnen zugrundeliegende Personenmehrheit als auch eine Personeneinheit betreffen können. Eine im Einzelfall diesen Verwaltungseinheiten verliehene Rechtsfähigkeit beschränkt sich insofern auf eine bloß formelle Wirkung, deren Wirkung in gleicher Weise auch für nicht-rechtsfähige Verwaltungseinheiten durch entsprechende Regelungen und damit unabhängig von einer Rechtsfähigkeit begründet werden kann[1589].

1589 Siehe hierzu Kap. C.I.2.a.ii.

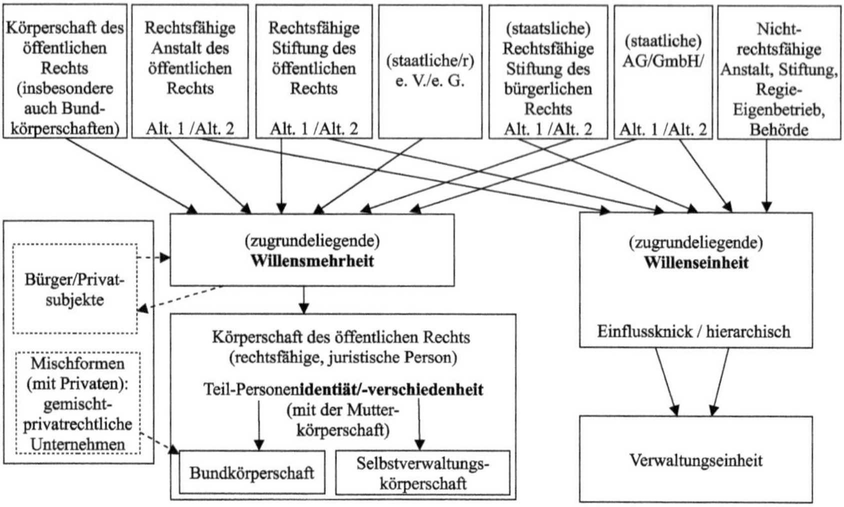
Körperschaft des öffentlichen Rechts (insbesondere auch Bundkörperschaften)
Rechtsfähige Anstalt des öffentlichen Rechts
Alt. 1 /Alt. 2
Rechtsfähige Stiftung des öffentlichen Rechts
Alt. 1 /Alt. 2
(staatliche/r) e. V./e. G.
(staatsliche) Rechtsfähige Stiftung des bürgerlichen Rechts
Alt. 1 /Alt. 2
(staatliche) AG/GmbH/
Alt. 1 /Alt. 2
Nicht-rechtsfähige Anstalt, Stiftung, Regie-Eigenbetrieb, Behörde
Bürger/Privatsubjekte
Mischformen (mit Privaten): gemischt-privatrechtliche Unternehmen
(zugrundeliegende) Willensmehrheit
Körperschaft des öffentlichen Rechts (rechtsfähige, juristische Person)
Teil-Personenidentiät/-verschiedenheit (mit der Mutterkörperschaft)
Bundkörperschaft
Selbstverwaltungskörperschaft
(zugrundeliegende) Willenseinheit
Einflussknick / hierarchisch
Verwaltungseinheit

www.ingramcontent.com/pod-product-compliance
Ingram Content Group UK Ltd.
Pitfield, Milton Keynes, MK11 3LW, UK
UKHW021918290926
8980IPUK00015B/1327

9 783631 701348